生态产品价值实现的理论基础与实践路径

刘耕源　杨志峰　杨　青　著

科学出版社

北　京

内 容 简 介

本书创新性地构建基于能值的"自然贡献-人工投入-存在价值"三元服务价值理论和非货币量生态系统服务价值核算方法体系，核算生态系统服务，并进行生态系统服务变化的归因分析，以识别和量化引起生态系统服务变化的因素，为落实生态系统保护与管理政策提供理论、方法及数据基础。

本书可供环境科学、生态经济学、生态地理学、环境生态系统工程、生态规划与管理、资源管理、国土空间规划等方面的科研工作者及环境管理政策制定者参考，也可作为我国生态核算数据参考工具书，可供高等院校生态经济学、资源经济学、环境生态工程等课程的教学参考。

审图号：GS 京（2024）2311 号

图书在版编目（CIP）数据

生态产品价值实现的理论基础与实践路径 / 刘耕源，杨志峰，杨青著.
北京：科学出版社，2024.11. -- ISBN 978-7-03-079612-7

Ⅰ．F062.2

中国国家版本馆 CIP 数据核字第 2024J6M399 号

责任编辑：周　杰　李　洁/责任校对：樊雅琼
责任印制：赵　博/封面设计：无极书装

科学出版社　出版
北京东黄城根北街 16 号
邮政编码：100717
http://www.sciencep.com
北京中科印刷有限公司印刷
科学出版社发行　各地新华书店经销
*
2024 年 11 月第 一 版　开本：787×1092　1/16
2025 年 2 月第二次印刷　印张：33 1/4
字数：800 000
定价：500.00 元
（如有印装质量问题，我社负责调换）

前言

进入新时代，站在新起点、面向新征程，我国党和政府积极推进生态文明建设，贯彻新发展理念，对"绿水青山就是金山银山"以及提升生态产品生产能力和价值作出了一系列部署要求。2010年12月，国务院印发的《全国主体功能区规划》中，首次从国家顶层设计层面提出生态产品权威概念并对生态产品进行定义界定，"生态产品是指维系生态安全、保障生态调节功能、提供良好人居环境的自然要素""保护和扩大自然界提供生态产品能力的过程也是创造价值的过程"。2012年11月，党的十八大报告首次提出要"增强生态产品生产能力"。2015年4月，《中共中央 国务院关于加快推进生态文明建设的意见》提出"良好生态环境是最公平的公共产品，是最普惠的民生福祉"。2015年9月，《生态文明体制改革总体方案》中提出"树立自然价值和自然资本的理念，自然生态是有价值的"。2016年8月，中共中央办公厅、国务院办公厅下发《关于设立统一规范的国家生态文明试验区的意见》，提出"探索建立不同发展阶段环境外部成本内部化的绿色发展机制""为企业、群众提供更多更好的生态产品"，建立健全生态产品价值的实现机制，并率先在贵州、浙江、江西和青海四省开展生态产品市场化先行试点工作，随后福建、海南两省分别被列为生态产品价值实现的先行区、试验区，推行生态产品市场化改革，探索生态产品价值充分体现、绿水青山生态产品价值转化为金山银山的发展路径。2017年2月，国务院印发的《全国国土规划纲要（2016—2030年）》提出"建立健全国土空间开发保护和用途管制制度，全面实行自然资源资产有偿使用制度和生态保护补偿制度，将资源消耗、环境损害、生态效益纳入经济社会发展评价体系"。2017年10月，《中共中央 国务院关于完善主体功能区战略和制度的若干意见》中，首次提出"要建立健全生态产品价值实现机制，挖掘生态产品市场价值""科学评估生态产品价值，培育生态产品交易市场"，首次对生态产品价值的实现工作提出了具体要求。2017年10月，党的十九大报告中对生态产品的要求进一步深化，明确提出"既要创造更多物质财富和精神财富以满足人民日益增长的美好生活需要，也要提供更多优质生态产品以满足人民日益增长的优美生态环境需要"。2019年4月，中共中央、国务院发布的《关于建立健全城乡融合发展体制机制和政策体系的意见》中进一步提出"探索生态产品价值实现机制"改革事项。2019年6月，中共中央办公厅、国务院办公厅印发《关于建立以国家公园为主体的自然保护地体系的指导意见》，提出"提升生态产品供给能力，维护国家生态安全，为建设美丽中国、实现中华民族永续发展提供生态支撑"。2018年4月，习近平在深入推动长江经济带发展座谈会上强调指出："选择具备条件的地区开展生态产品价值实现机制试点，探索政府主导、企业和社会各界参与、市场化运作、可持续的生态产品价值实现路径。"2020年3月，习近平再次来到浙江安吉县考察时强调，要践行"绿水青山就是金山银山"发展理念，推进生态文明建设迈上新台阶，把绿水青山建得更美，把金山银山做得更大，让绿色成为发展最动人的色彩。2022年10月，党的二十大吹响了以中国式现代化全面推进中华民族伟大复兴的号角。人与自然和谐共生是中国式现代化的重要内涵和本质特征。牢固树立和践行"绿水青山就是金山银山"的理念，坚持保护优先、绿色发展，着力化解保护与发展的矛盾，是实现人与自然和谐共生的必由之路。历史教训告诉我们，人类对大自然的伤害最终会伤及人类自身，以大量消耗资源、牺牲生态环境为代价的经济增长是不可持续的。由此看出，将"绿水青山"转变为"金山银山"，实际是国家在推动将生态文明理念融入经济社会发展的方方面面，实现我国发展方式向绿色化的转变。"十四五"是中国绿色转型的重要时期，在此期间，中国确立生态文明建设的四梁八柱，形成包括发展理念、政策目标、重点领域、体制机制等在内的绿色发展基本框架。"十四五"和更长一个时期，生态产品价值实现及其市场化将是绿色发展的主要抓手。"两山"理论体现的是发展观的变革，是相对于传统经济发展模式的转变，对应于"两山"理论的经济发展特征至少体现为如下几方面：①要素投入上强调对生态流量资源的挖掘；②生产方式上强调对生态环境要素的非消耗性利用；③要素性质上强调生态环境公共产品属性的回归；④经济价值上强调生态环境非货币化价值的显性化。

　　实施这些重大制度的关键前提，就是能对生态系统服务进行核算；而要落实"绿水青山就是金山银山"的发展理念，必须要过生态系统服务与生态资本核算、度量和交易这一关。绿色发展的新形势也对生态系统服务核算提出了紧迫要求。传统的生态系统服务货币量核算方法一直存在学术争议，包括：①自然可以满足人们的某些偏好、给人类提供某种有价值的体验被人误解为这就是自然的工具性体现，而基于人类主观偏好的定价反映的是支付意愿而非真实价值；②核算出的货币价值并不等于市场价值，也不能等于交易价值；③对总服务和资产的简单加和从方法学层面存在重复计算的问题等。因此，本书拟重新梳理生态系统服务的理论与组成，全新构建基于生态系统贡献者（生产者）视角的生态系统服务非货币量核算方法体系，以期解决生态系统服务价值度量难、核算难、货币化难、交易难等基础性难题。

　　生态系统服务变化驱动力与归因分析也是当前研究的核心难点之一。生态系统的复杂性使得生态系统服务驱动力和归因分析研究一直处于尝试阶段，而强相关又不能确定因果性。但识别和量化影响生态系统服务变化的因素及其贡献率对于生态系统精细化管理至关重要。因此，本书构建生态系统服务变化的归因分析方法，识别生态系统服务变化驱动力并量化其贡献率。

　　本书由刘耕源教授、杨志峰院士和杨青特聘研究员共同撰写及统稿，并得到全国政协经济委员会原副主任、中国发展研究基金会副理事长刘世锦先生，国际能值学会前任会长Mark Brown教授、Sergio Ulgiati教授指导，部分章节得到巴西保利斯塔大学Biagio Giannetti教授、Feni Agostinho教授和M. V. B. Cecilia Almeida教授，意大利Parthenope大学的Marco Casazza博士，意大利威尼斯大学Francesco Gonella教授，中国科学院生态环境研究中心郑华研究员，国务院发展研究中心赵勇老师、黄俊勇老师，中国自然资源经济研究院范振林老师、姚霖老师，北京师范大学毛显强教授、徐琳瑜教授、张力小教授、郝岩副教授、孟凡鑫副教授、李慧老师及学生颜宁聿、刘畅、王永阳、李诗雨、陈钰、王雪琪、霍兆曼，北京腾景大数据应用科技研究院的陈世举、岁月媛等的建议和帮助，在此一并表示由衷的感谢！

  本书的内容也包含下面所列项目的部分研究成果，包括：国家重点研发计划项目"粤港澳大湾区复合生态系统减污降碳协同调控技术"（2022YFF1301200）、国家自然科学基金项目"面向流域水代谢目标的生态价值核算及资本转化机制研究"（52070021）、"城市产业代谢过程对流域生态健康影响的时空机制研究"（41471466）、"基于城市群产业代谢网络关联机制的协同减排政策工具开发与实证"（71673029），以及环境模拟与污染控制国家重点联合实验室专项基金课题"人地耦合框架下生态系统服务变化归因分析及中长期效果评估研究"（21K01ESPCW）和"海南国家公园研究院科研项目（KY-23ZK02）"。同时致谢高等学校学科创新引智计划（B17005）对合作国际专家的资助。

  由于工作时间紧迫，研究人员经验和水平有限，某些研究思路难以全面完成，或有待将来继续完善；书中不足和疏漏之处也在所难免，敬请专家、学者和管理部门同志批评指正，促进生态产品价值实践不断完善。

刘耕源 杨志峰 杨 青
2023 年 9 月于铁狮子坟

目 录

前言
第 1 章 引言 ··· 1
　1.1 生态产品价值实现的研究意义 ··· 1
　　1.1.1 生态文明建设和绿色发展对生态系统服务核算研究提出迫切需求 ··············· 1
　　1.1.2 生态系统服务核算研究是当前学术界研究的热点和难点 ······················· 2
　　1.1.3 生态系统服务变化驱动力与归因分析是当前研究的核心难点之一 ··············· 3
　1.2 国内外研究进展 ··· 4
　　1.2.1 生态系统服务核算方法研究进展 ·· 4
　　1.2.2 经济学方法的国际争论与探讨 ·· 8
　　1.2.3 能值分析方法的国际争论与探讨 ·· 8
　　1.2.4 生态系统服务价值变化归因分析研究进展 ···································· 18

一、理 论 篇

第 2 章 生态产品价值实现机制的理论基础：热力学、景感学、经济学与区块链 ········ 23
　2.1 价值理论与生态产品价值理论 ·· 23
　2.2 多元化生态产品价值核算体系 ·· 25
　2.3 生态产品价值实现机制：经济学与区块链 ····································· 28
　2.4 本章小结 ·· 30
第 3 章 生态产品的三元价值理论 ··· 31
　3.1 生态产品（服务）的三元价值理论 ·· 31
　　3.1.1 生态系统服务的概念与研究进展 ·· 31
　　3.1.2 生态系统服务与自然资本 ·· 32
　　3.1.3 生态系统过程、功能与服务的差异性 ·· 33
　　3.1.4 生态产品三元价值理论的应用 ··· 33
　3.2 能值分析方法适用于三元价值理论的契合点 ································· 36
　3.3 生态系统服务分类体系及核算方法比较 ······································ 36
　　3.3.1 生态系统服务分类体系比较 ·· 36
　　3.3.2 货币量与非货币量生态系统服务核算的核心差异点与可能的融合点 ·········· 38

3.4　生态系统及其服务分类体系重构 ································· 39
　　3.5　本章小结 ·· 41

第4章　不容忽视的生态产品定价的价值观陷阱与市场化迷思 ······· 42
　　4.1　给生态定价是否太过以人类为中心了 ··························· 42
　　4.2　从生态系统服务到生态产品：概念的变迁与理论的升级 ······ 43
　　　　4.2.1　原始文明时期——顺应自然 ································ 43
　　　　4.2.2　农业文明时期——利用自然 ································ 44
　　　　4.2.3　缘起于工业文明的人类中心论——改造自然 ············· 44
　　　　4.2.4　生态中心主义——重视自然 ································ 45
　　　　4.2.5　生态文明与可持续发展——融入自然 ····················· 45
　　4.3　生态价值概念的变化与内涵梳理 ································· 46
　　4.4　将生态产品价值融入全球资本市场可能存在的价值观担忧 ··· 49
　　　　4.4.1　对于生态价值的深度讨论 ···································· 49
　　　　4.4.2　如何避免生态产品市场化后可能导致的价值观变化 ····· 50
　　4.5　生态系统服务的定价，究竟是一种严肃的经济主张，还是一种为了
　　　　　引起决策者共鸣的方法 ··· 51
　　4.6　经济学理论的变化及对生态价值的理解也在不断变化中 ······ 53
　　　　4.6.1　古典经济学阶段 ··· 53
　　　　4.6.2　新古典经济学阶段 ·· 53
　　　　4.6.3　环境经济学阶段 ··· 54
　　　　4.6.4　生态经济学阶段 ··· 54
　　4.7　生态产品市场化定价的经济逻辑 ································· 55
　　　　4.7.1　经济逻辑 ·· 55
　　　　4.7.2　支持生态产品市场化和货币化的观点 ····················· 57
　　　　4.7.3　反对生态产品市场化和货币化的观点 ····················· 57
　　4.8　采用市场的手段或者对自然进行市场化定价的真正目的 ······ 58
　　　　4.8.1　自愿行动 ·· 59
　　　　4.8.2　市场机制 ·· 60
　　　　4.8.3　监管市场 ·· 60
　　4.9　本章小结 ··· 61

二、方　法　篇

第5章　林地生态系统服务核算方法学构建 ····························· 65
　　5.1　林地生态系统及其服务 ··· 65
　　5.2　林地生态系统服务产生机制与核算方法构建 ··················· 66
　　　　5.2.1　直接服务 ·· 66
　　　　5.2.2　间接服务 ·· 70
　　　　5.2.3　存在服务 ·· 74

	5.2.4 加和原则	75
5.3	2000~2015年中国有林地生态系统服务时空变化分析	75
	5.3.1 研究区概况	75
	5.3.2 中国有林地生态系统服务空间分布特征	76
	5.3.3 中国有林地不同生态系统服务空间分布特征	79
	5.3.4 2000~2015年中国有林地生态系统服务时空变化分析	83
5.4	2000~2015年中国灌木林生态系统服务时空变化分析	86
	5.4.1 研究区概况	86
	5.4.2 中国灌木林生态系统服务空间分布特征	87
	5.4.3 中国灌木林不同生态系统服务空间分布特征	89
	5.4.4 2000~2015年中国灌木林生态系统服务时空变化分析	94
5.5	本章小结	97

第6章 基于分类管理的草地生态系统服务核算方法学构建 99

6.1	引言	99
6.2	草地生态系统服务分类体系	99
6.3	草地生态系统服务能流图	100
6.4	草地生态系统服务产生机制与核算方法构建	101
	6.4.1 直接服务	101
	6.4.2 间接服务	101
	6.4.3 存在服务	102
	6.4.4 加和原则	102
6.5	基于能值的草地分类管理指数	102
	6.5.1 传统的草地分类管理指数	102
	6.5.2 基于能值的非货币量草地分类管理指数	103
6.6	2000~2015年中国草地生态系统服务时空变化分析	103
	6.6.1 案例区概况	103
	6.6.2 中国草地生态系统服务空间分布特征	104
	6.6.3 中国草地不同生态系统服务空间分布特征	107
	6.6.4 2000~2015年中国草地生态系统服务时空变化分析	112
	6.6.5 基于能值的中国草地生态系统分类管理与可持续发展	121
6.7	本章小结	126

第7章 基于"源-过程-汇"不同功能的湿地生态系统服务核算方法学构建 128

7.1	引言	128
7.2	湿地生态系统服务分类体系	129
7.3	湿地生态系统服务能流图	130
7.4	湿地生态系统服务产生机制与核算方法构建	131
	7.4.1 直接服务	131
	7.4.2 间接服务	132

		7.4.3 存在服务	134
		7.4.4 加和原则	134
	7.5	2000~2015年中国湿地生态系统服务时空变化分析	135
		7.5.1 案例区概况	135
		7.5.2 中国湿地生态系统服务空间分布特征	136
		7.5.3 中国湿地不同生态系统服务空间分布特征	139
		7.5.4 2000~2015年中国湿地生态系统服务时空变化分析	145
		7.5.5 中国湿地生态系统服务重要性及其政策启示	166
	7.6	本章小结	169

第8章 农业生态系统服务核算方法 171
  8.1 农业生态系统、农业生态产品及农业生态系统服务 171
  8.2 农业生态系统所提供的服务核算方法 174
  8.3 对农产品定价的方法学综述 176
  8.4 中国农产品生态服务及负服务的核算 177
  8.5 中国农业生态系统服务的空间分布 179

第9章 城市蓝绿基础设施生态系统服务核算方法 182
  9.1 引言 182
  9.2 理论与框架 184
    9.2.1 研究方法及理论依据 184
    9.2.2 技术路线及关键技术 188
  9.3 城市蓝绿基础设施生态系统服务核算方法 193
    9.3.1 模型算法流程及相关数学公式 193
    9.3.2 数据内容及类型 198
    9.3.3 数据预处理技术与成果 201
    9.3.4 模型算法相关支撑技术 201
  9.4 案例分析 203
    9.4.1 模型应用实证及结果解读 205
    9.4.2 模型应用案例可视化表达 212
  9.5 本章小结 213

第10章 海洋生态系统服务核算方法 215
  10.1 引言 215
  10.2 国内外研究现状 217
    10.2.1 海洋生态系统服务分类现状 217
    10.2.2 现有的海洋生态系统服务价值评估方法 219
    10.2.3 海洋生态系统服务价值研究区域现状 221
  10.3 海洋生态系统服务价值评估框架构建 223
    10.3.1 海洋生态系统类型的划分 223
    10.3.2 海洋生态系统服务分类体系的构建 224

  10.3.3 海洋生态系统能流图的绘制 ································· 225
  10.3.4 海洋生态系统服务价值核算方法构建 ························· 230
10.4 中国海洋生态系统服务价值评估 ···································· 235
  10.4.1 研究区概况 ·· 235
  10.4.2 数据来源与预处理 ·· 236
10.5 结果分析 ··· 238
  10.5.1 中国海洋生态系统服务总价值核算结果与分析 ··········· 238
  10.5.2 中国单位面积海洋生态系统服务价值核算结果与分析 ··· 241
10.6 本章小结 ··· 246

三、实践与政策篇

第11章 中国生态系统服务数据库开发及时空变化分析 ············· 251
11.1 数据库开发 ··· 251
  11.1.1 数据库技术需求 ·· 251
  11.1.2 数据库技术选型 ·· 251
  11.1.3 数据库技术架构 ·· 252
  11.1.4 数据架构 ··· 253
11.2 中国省级生态系统服务及其时空变化分析 ······················ 255
  11.2.1 中国省级生态系统服务 ··· 255
  11.2.2 中国省级生态系统服务时空变化分析 ······················ 256
11.3 中国地级市生态系统服务及其时空变化分析 ··················· 269
  11.3.1 中国地级市生态系统服务 ······································· 269
  11.3.2 中国地级市生态系统服务时空变化分析 ·················· 273
11.4 本章小结 ··· 277

第12章 中国生态系统服务变化归因分析与管理启示 ················· 278
12.1 归因分析方法 ··· 278
  12.1.1 基于偏微分方程的一般性归因分析方法 ·················· 278
  12.1.2 基于偏微分方程的生态系统服务变化归因分析方法 ··· 279
12.2 中国生态系统服务变化归因分析 ···································· 281
  12.2.1 中国不同生态系统类型的生态系统服务变化归因分析 ··· 281
  12.2.2 中国不同省、自治区、直辖市生态系统服务变化归因分析 ··· 289
  12.2.3 中国自然指标划分区域生态系统服务变化归因分析 ··· 292
  12.2.4 中国生态系统服务变化的生态系统类型归因分析 ····· 299
12.3 基于归因分析的中国生态系统管理启示 ·························· 302
12.4 本章小结 ··· 304

第13章 水坝建设对河流生态系统服务价值的影响 ····················· 306
13.1 引言 ·· 306
13.2 研究方法 ··· 307

13.2.1 系统边界的确定 ··················· 307
  13.2.2 基于能值分析构建大坝建设前后的生态系统模型 ··················· 307
  13.2.3 大坝建设前后生态系统服务分类 ··················· 309
  13.2.4 生态系统服务计算 ··················· 310
  13.2.5 研究区概况 ··················· 311
 13.3 结果分析 ··················· 312
  13.3.1 建坝前河流面积预估 ··················· 312
  13.3.2 建坝前后河流生态系统服务价值核算 ··················· 312
  13.3.3 核算分析 ··················· 313
 13.4 本章小结 ··················· 314

第14章 对存在价值中生物多样性计算方法学的讨论 ··················· 316
 14.1 引言 ··················· 316
 14.2 生物多样性维持的三种视角与计算方法 ··················· 319
  14.2.1 基于能值的本地生物多样性维持计算方法 ··················· 319
  14.2.2 基于能值的生物多样性对本地经济贡献的计算方法 ··················· 321
  14.2.3 基于能值的稀有物种对全球生物多样性维持重要性分摊计算方法 ··················· 322
 14.3 案例区概况及数据来源 ··················· 322
  14.3.1 案例区概况 ··················· 322
  14.3.2 数据来源 ··················· 323
 14.4 中国生物多样性维持服务潜力评估：基于方法 a1 和方法 a2 ··················· 323
  14.4.1 中国省级生物多样性维持服务潜力评估 ··················· 323
  14.4.2 中国不同生态系统类型生物多样性维持服务潜力评估 ··················· 328
 14.5 中国生物多样性对本地经济贡献评估：基于方法 b ··················· 332
  14.5.1 中国省级生物多样性对本地经济贡献评估 ··················· 332
  14.5.2 中国不同生态系统类型生物多样性对经济贡献评估 ··················· 334
 14.6 稀有物种全球占比下的中国生物多样性评估：基于方法 c ··················· 335
 14.7 讨论：生物多样性计算方法学及其适用范围 ··················· 337
  14.7.1 国家尺度和省级尺度生物多样性计算结果对比 ··················· 337
  14.7.2 不同计算方法的生物多样性结果对比 ··················· 338
  14.7.3 不同生物多样性计算方法的适用范围 ··················· 342
 14.8 本章小结 ··················· 342

第15章 基于机器学习的生态系统服务多尺度快速核算系统开发与变化预测 ··················· 344
 15.1 引言 ··················· 344
 15.2 基于空间网格数据的增强表单型的生态系统服务快速计算系统的模块化设计 ··················· 347
  15.2.1 基于空间网格数据的增强表单型生态系统服务快速计算框架设计 ··················· 347
  15.2.2 基于能值的生态系统服务模块设计逻辑 ··················· 348
  15.2.3 生态元快速计算软件设计 ··················· 356

15.3 机器学习方法的选择 ··· 358
    15.3.1 长短期记忆 ··· 360
    15.3.2 土地利用预测模型 ·· 364
15.4 数据使用及分析方法 ·· 366
    15.4.1 基于 MATLAB 的 LSTM 模型 ··· 366
    15.4.2 基于 IDRISI 的 CA-Markov 模型 ·· 368
15.5 研究结果 ·· 371
    15.5.1 LSTM 模型预测降水量结果 ··· 371
    15.5.2 CA-Markov 模型预测土地利用类型结果 ································· 378
    15.5.3 2030 年生态系统服务预测结果 ··· 381
15.6 本章小结 ·· 383

第 16 章 农业生态产品及其价值实现路径 ··· 385
16.1 如何提升已经通过市场化价值实现的农业生态产品的溢价增值 ········· 385
    16.1.1 绿色度的提升实际是不可更新资源使用比例的降低 ··················· 385
    16.1.2 特殊度的提升实际是利用自然贡献提升特色农产品的自然投入 ····· 387
    16.1.3 形成农业产业链，系统降低负服务 ·· 388
16.2 尚未通过市场化价值实现的农业生态产品的价值补偿和价值奖励机制 ··· 388
    16.2.1 价值补偿途径 ··· 388
    16.2.2 农业生态系统提供的特殊服务类产品的价值奖励 ······················ 389
    16.2.3 农业生态系统存在价值类生态产品的价值变现 ························· 389
16.3 通过减少负服务实现农业生态产品的价值保值与价值变现 ················ 390
    16.3.1 多途径减少温室气体排放造成的固碳释氧服务的折减 ················ 390
    16.3.2 通过土地养分管理策略对氮磷、农药、杀虫剂损害的减少 ·········· 390
    16.3.3 合理的景观结构可减少农业生态系统负服务的产生 ··················· 391
16.4 可行的金融方案与思考 ··· 391
    16.4.1 不应对已经付费或价值实现的产品长期进行二次农业补贴 ·········· 391
    16.4.2 最佳提升非市场化农业生态产品的途径是建立生态交易平台 ······· 392
    16.4.3 通过生态产品认证，建立绿色消费市场 ·································· 392
    16.4.4 利用生态补贴或形成生态保护基金，减少负服务 ······················ 393
16.5 本章小结 ·· 393

第 17 章 海洋生态产品及其价值实现路径 ··· 394
17.1 海洋生态产品的类型与特点 ··· 394
    17.1.1 海洋生态产品形成机制 ··· 394
    17.1.2 陆地、海洋同类型生态产品的差异性比较 ······························· 397
    17.1.3 海洋生态产品分类 ··· 398
17.2 已通过市场化价值实现的海洋生态产品的溢价增值路径 ··················· 401
    17.2.1 促进渔业蓝色增长，推动海水养殖循环经济发展 ······················ 401
    17.2.2 加快海洋生态旅游业发展，创新海洋生态旅游产品类型 ············· 402

17.3 尚未或正在探索性地进行价值实现的海洋生态产品的价值补偿和
　　　价值变现路径 ··· 403
　　17.3.1 全球尺度海洋生态产品的价值实现路径 ······················ 403
　　17.3.2 区域尺度海洋生态产品的价值实现路径 ······················ 405
17.4 通过减少负服务实现海洋生态产品的价值保值 ···················· 406
　　17.4.1 多途径减少海洋过度养殖捕捞造成的水质恶化、生物多样性
　　　　　减少等负服务的产生 ··· 406
　　17.4.2 多途径减少滨海和海洋矿产资源开发造成的水质恶化、岸线
　　　　　侵蚀等负服务的产生 ··· 407
　　17.4.3 多途径减少滨海生态系统破坏和地下水超采造成的海水入侵
　　　　　等负服务的产生 ·· 408
17.5 推动海洋战略性新兴产业发展，挖掘新兴海洋生态产品 ······· 408
17.6 本章小结 ··· 409

第 18 章　生态产品价值实现的市场化途径一：生态银行运行机制　410

18.1 引言 ··· 410
18.2 湿地缓解银行的信用计算、运行机制 ································· 412
　　18.2.1 湿地缓解银行的信用确定与核算方法 ·························· 413
　　18.2.2 湿地缓解银行的运行机制 ·· 417
18.3 湿地缓解银行存在的问题和挑战 ·· 420
18.4 中国的生态银行探索与经验 ·· 421
18.5 本章小结 ··· 423

第 19 章　生态产品价值实现的市场化途径二：生态银行的中国本土化改造　424

19.1 引言 ··· 424
19.2 基于"生态元"的代币机制与信用核算改进方法 ···················· 424
　　19.2.1 "生态元"理论与代币机制 ·· 424
　　19.2.2 "生态元"核算方法体系 ··· 425
　　19.2.3 基于"生态元"的生态银行信用运行机制 ······················ 426
19.3 基于"生态元"的生态银行运行案例模拟 ····························· 427
　　19.3.1 案例区介绍与数据来源 ··· 427
　　19.3.2 现有的湿地缓解银行信用和"生态元"信用结算结果与比较 ··· 428
19.4 基于"生态元"的湿地缓解银行的应用场景 ·························· 431
19.5 政策配套机制 ··· 432
　　19.5.1 基于"生态元"推进自然资源资产产权制度改革 ············· 432
　　19.5.2 依托生态银行构建多元可持续的生态治理资金渠道 ······ 433
　　19.5.3 加快建立分类型的生态产品价值实现机制 ··················· 433
19.6 本章小结 ··· 434

第 20 章	生态银行如何支持生物多样性保护	435
20.1	引言	435
20.2	通过生态银行开展的生态补偿在生物多样性保护上的信用核算难题	436
20.3	国际生态银行对生物多样性缓解的经验与局限	437
	20.3.1 美国的湿地缓解银行和濒危物种缓解银行	437
	20.3.2 澳大利亚新南威尔士州的生物多样性银行	439
	20.3.3 英国的生境银行	440
20.4	生物多样性银行的中国本地化思考	441
20.5	本章小结	441
第 21 章	**生态产品价值实现未来展望**	**442**

主要参考文献	444
附录 1　附表	482
附录 2　某泉水生态系统食物网中物种能值转换率求解方法	505
附录 3　文中缩写及其含义汇总	509

第1章

引　言

1.1　生态产品价值实现的研究意义

1.1.1　生态文明建设和绿色发展对生态系统服务核算研究提出迫切需求[①]

在国内，生态文明建设已受到国家决策层和全社会高度重视。2013年，党的十八届三中全会将生态文明建设作为"五位一体"战略布局的一个重要方面，党的十八届五中全会则将绿色发展作为五大发展理念之一，党的十九大报告将建设生态文明提升为"千年大计"，将提供更多"优质生态产品"纳入民生范畴。2017年，习近平总书记在党的十九大报告中指出，必须树立和践行绿水青山就是金山银山的理念；统筹山水林田湖草系统治理，实行最严格的生态环境保护制度。2018年5月18～19日召开的全国生态环境保护大会上习近平总书记进一步指出，要充分运用市场化手段，完善资源环境价格机制。2019年，习近平总书记在两会期间特别强调，要保持加强生态文明建设的战略定力。2022年，党的二十大报告指出，推动经济社会发展绿色化、低碳化是实现高质量发展的关键环节。这是立足我国进入全面建设社会主义现代化国家、实现第二个百年奋斗目标的新发展阶段的战略选择，必须牢固树立和践行"绿水青山就是金山银山"的理念，站在人与自然和谐共生的高度谋划发展。应当说，加强生态文明建设的理论高度有了，必要性、紧迫性的认识也到位了，关键是如何落到实处。中央对建立系统完整的生态文明制度体系、加快生态文明体制改革已做出总体决策部署，明确提出要树立自然价值和自然资本的理念，保护自然就是增值自然价值和自然资本；提出构建反映市场供求和资源稀缺程度、体现自然价值和代际补偿的资源有偿使用和生态补偿制度，构建更多运用经济杠杆进行环境治理和生态保护的市场体系等重大制度。实施这些重大制度的关键前提，就是能对生态系统服务进行核算；而要落实习近平总书记提出的"绿水青山就是金山银山"的理念，也必须要过生态系统服务和生态资本核算、度量与交易这一关（刘耕源和杨青，2018）。

绿色发展的新形势对生态系统服务核算提出了紧迫要求。2008年金融危机后，全球加快推进绿色发展，国际社会对绿色发展能够带来经济增长新机遇基本形成共识，一直在为

[①] 在文献中有"生态系统服务功能""生态系统服务"等多种用法。"生态系统服务功能"是生态系统服务概念刚引入国内时一个特殊时期的不规范用法，但由于历史原因，在后续的文章、书籍、标准中仍沿用，本书将采用"生态系统服务"一词，部分引用中使用的"生态系统服务功能"一词也相应修改为"生态系统服务"。另外，全书中"生态产品"与"生态系统服务"为同一概念，不做细微概念区分。

推进绿色发展进行各种政策创新,其中以资源环境定价为基础的市场机制受到广泛研究和应用,其基础环节就是生态系统服务核算。

当前加快生态系统服务核算的研究和应用具有重要意义。一是贯彻落实党中央、国务院的决策部署。习近平总书记提出"绿水青山就是金山银山""保护生态环境就是保护生产力",而将其真正落到实处必然要对生态资本进行核算,确保各类制度体系能够落地,解决我国生态环境保护领域一直存在的"理念先进、行动落后"的问题。二是有助于全社会形成资源环境有限、有价、有偿使用的理念。长期以来,自然环境无限、无价、无偿使用的观念一直根深蒂固,这种观念伴随着我国粗放式的经济发展方式愈演愈烈,导致了长期以来我国资源环境利用效率不高、环境污染严重、生态遭到破坏等问题。开展生态资本和服务功能核算,将能够显示自然环境的供给能力是有限的,是有成本的,是需要价值补偿的。三是有利于形成支持生态文明建设和绿色发展的利益导向机制。只有开展生态资本和服务核算,生态资本才有可能进入市场交易体系,通过逐步建立生态资本的价格形成机制和交易机制,实现以最低代价保护生态环境。同时,生态资本和服务核算也为绿色金融发展提供基础。四是有利于形成经济社会可持续发展的评价体系和约束机制。生态资本和服务核算将为把资源消耗、环境损害、生态效益纳入经济社会发展评价体系提供技术支撑,并在此基础上形成促进可持续发展的激励手段和约束机制。

1.1.2 生态系统服务核算研究是当前学术界研究的热点和难点

将忽略生态环境影响及人类福利的国内生产总值(GDP)作为衡量经济发展的标准已引发了广泛的全球性学术争议,争议强调需寻找更好的度量手段以便更全面地反映经济发展的多方面影响及公众的感知。因此,从经济增长转向生态系统服务并将其作为可持续发展框架的研究核心已成为当前研究的趋势(Fioramonti,2013,2017)。

1997 年,两部开创性的著作,即由 Daily 主编的 *Nature's Services: Societal Dependence on Natural Ecosystems* 和同年 Costanza 等在 *Nature* 上发表的核算全球生态系统服务的文章 *The Value of the World's Ecosystem Services and Natural Capital*,引发了关于生态资本、生态系统服务以及相关政策等研究的热潮。但 Costanza 等的这篇文章也因其核算的不确定性引起了广泛的争论(Hueting et al.,1998;Bockstael et al.,2000)。后续由联合国公布的《千年生态系统评估报告》(Millennium Ecosystem Assessment,MA)、德国和欧盟委员会发起的"生态系统与生物多样性经济学"(The Economics of Ecosystems and Biodiversity,TEEB)项目等试图构建完整的货币量核算方法体系,但仍因方法学的复杂性与不确定性,很多建立在生态资本与服务准确计量基础上的生态环境保护制度难以有效开展。例如,由于生态资本与服务核算体系不健全,当前生态资本难以进入市场体系进行交易,绿色发展和生态文明建设难以成为广泛、经常性且可持续的企业行为,仅仅局限在依靠政府为环境保护和绿色发展提供公共产品,或由环境保护等非政府组织开展公益活动,难以真正形成自觉保护生态环境的长效机制。

1.1.3 生态系统服务变化驱动力与归因分析是当前研究的核心难点之一

从强相关性研究过渡到因果性，一直是学术界孜孜以求的。生态系统因其复杂性，往往不能根据领域知识，画出明确的因果图中的有向无环图（directed acyclic graph），其驱动力和导致变化的因果性研究一直处于尝试阶段。例如，Chen 等（2019）在 *Nature Sustainability* 上发表论文 *China and India Lead in Greening of the World through Land-use Management*，使用卫星监测叶面积指数（leaf area index，LAI）及其变化趋势进行研究，结果表明地球在变绿，直接因素（即人类土地利用管理）是地球变绿的关键驱动力。而这种变绿的趋势在中国和印度尤为突出。中国植被面积仅占全球植被面积的 6.6%，但中国叶面积指数净增长量占全球叶面积指数净增长量的 25%。而中国的变绿主要来自森林和农田，分别占 42% 和 32%（Chen et al.，2019）。该项研究将中国变绿归因于中国的森林保护和植树造林计划，当前 $2.08×10^6$ km^2 森林中已有 1/3 是人工林（Chen et al.，2019）。但是该研究的归因是通过分析森林统计数据与面积的相关性获得的，缺乏定量的因果关系分析与推理，因此在生态系统变化的归因分析或因果关系的研究上仍需要进一步突破，需要识别和量化引起生态系统变化的驱动力及其贡献量。

但确定复杂系统中的因果关系是非常困难的。目前研究中有使用相关性、预测性等确定因果关系的（Sugihara et al.，2012）。对于相关性而言，在某些情景中可能会出现矛盾的情况，如在某些情景中变量呈正相关，而在其他情景中则似乎不相关甚至负相关，这取决于系统状态（Casini et al.，2009）。这就意味着如果使用观测数据进行相关性拟合，可能会产生长时间呈正相关的变量会自发地变成负相关或不相关的问题[①]；另外，缺乏相关性并不意味着缺乏因果关系。因此使用相关性来推断因果关系是有风险的（Sugihara et al.，2012）。另一种方法是格兰杰因果关系（Granger causality，GC），即提供一种框架，该框架使用可预测性而非相关性来识别时间序列变量之间的因果关系（Granger，1969）。该方法被认为是因果关系问题的主要进步之一。如果将变量 X 从所有可能的因变量集合 U 中删除，Y 的可预测性（在某些理想化的模型中）下降，则将变量 X 称为"格兰杰因果关系"Y。这就意味着 GC 的关键要求是可分离性，即自变量对于因变量是独立唯一的。而可分离性是纯随机和线性系统的特征，GC 可用于检测非线性系统中强耦合（同步）变量之间的相互作用。但这种可分离性仅仅只能反映系统的一面，而不是整体（Granger，1969）。为克服格兰杰因果关系检验的局限性，Sugihara 等（2012）提出了新的算法，即"收敛交叉映射算法"，该方法是一种专门识别生态时间序列中因果关系的方法。在简单情况下，因果关系可分为三类：互为因果、单向因果与共同原因。使用收敛交叉映射算法可以将共同诱因 Z 导致 X 和 Y 发生变化的情况与 X 导致 Y 区分开。该方法尤其适用于从物种的动态行为来解开因果网络。尽管 Sugihara 等（2012）的收敛交叉映射算法在判定因果关系上具有优势，但在复杂系统中进行归因分析仍相当困难。

而现有研究中仍缺乏生态系统服务变化驱动力及归因分析研究，生态系统的复杂性也使得生态系统服务驱动力和归因分析存在诸多难题。但同时识别和量化影响生态系统服务

---

① Committee on Major U.S. 1999. Oceanographic Research Programs, National Research Council. Washington D.C.: Global Ocean Science: Toward an Integrated Approach. National Academies Press.

变化的因素及其贡献率对于生态系统精细化管理至关重要。因此本研究尝试识别生态系统服务变化驱动力并量化其贡献率。

1.2 国内外研究进展

1.2.1 生态系统服务核算方法研究进展

现有研究中，核算生态系统服务价值的方法主要有：经济学方法（Costanza et al., 1997，2017；MEA，2005；欧阳志云等，1999；赵同谦等，2004）、能值分析方法（禀赋视角）（Brown et al.，2006；Campbell and Brown，2012；Dong et al.，2012；Yang et al.，2018a，2019a，2019b，2020）、价值当量法（谢高地等，2003，2015）、生物物理法（Ouyang et al.，2016）和模型方法（Nelson et al.，2009；Rogers et al.，2019）等。

经济学的方法是使用经济价值来度量生态系统服务，其中经济价值是指在严格的经济条件下对生态系统服务总的支付意愿或对其损失的补偿（Costanza et al.，2017）。生态系统服务的经济价值评估方法主要包括揭示偏好价值评估法和陈述偏好价值评估法。揭示偏好价值评估法是通过考察人们与市场相关的行为，特别是在与环境联系紧密的市场中所支付的价格或他们获得的利益，间接推断出人们对环境的偏好，以此来估算环境质量变化的经济价值（Costanza et al.，2017）。陈述偏好价值评估法取决于个人对假定生态系统服务情景的反应，包括意愿调查价值评估方法和结构选择实验（Fioramonti，2014）。二者都是基于人类偏好或感知的价值。使用经济学方法核算生态系统服务价值影响力较大的研究为Costanza等（1997）在 *Nature* 上发表的 *The Value of the World's Ecosystem Services and Natural Capital* 一文。该研究假设每个生物群落每公顷价值不变，核算出整个生物圈的价值为每年16万亿~54万亿美元，平均每年33万亿美元（Costanza et al.，1997）。该数值大大超过了当时全球GDP（Costanza et al.，2017）。此研究在当时获得了大量积极报道，但其方法和核算结果也引起了争议。2005年，联合国发布的由100多个国家著名科学家完成的《千年生态系统评估报告》首先核算了生态系统服务的生物物理量及其变化，再将其转化为经济价值，以量化生态系统对人类福祉的重要性，进而评估不同生态系统管理体制可能产生的影响（MEA，2005）。该报告首次在全球尺度上系统、全面地揭示生态系统的现状、变化与趋势以及未来的情景和应采取的政策，对于帮助人们理解生态系统与人类福祉的关系、论证生态系统在减少贫困和改善人类福祉方面的潜力及促进生态系统综合管理等起到重要作用。《千年生态系统评估报告》的发布引起了世界范围内的强烈反响和关注。2010年，德国和欧盟委员会发起的"生态系统与生物多样性经济学"项目基于经济学概念与方法尝试将自然资本和生态系统服务价值纳入各级决策中。它要求各级决策者（包括国家和地方政策制定者、管理人员、企业和公民）广泛承认自然界对人类生计、健康、安全和文化等的贡献，并通过一系列政策工具和机制（部分是基于市场的）促进生态系统服务经济价值的利用（TEEB，2010）。我国学者欧阳志云等（1999）综合应用系统生态学和生态经济学方法等评估了中国陆地生态系统的间接经济价值。后续有赵同谦等（2003）核算了2000年中国陆地地表水生态系统服务的生态经济价值，其约为0.98万亿元。孙新章等

(2007)利用生态经济学方法核算了 2003 年中国农田生态系统提供的总服务价值,其为 1.9 万亿元。国内学者李文华等对中国生态系统服务评估研究也做出了重要贡献。例如,李文华等(2002,2008)对中国典型生态系统服务功能及其经济价值的评估开展了理论与方法的系列研究,并形成生态系统服务价值评估专著。后续其研究团队应用市场价值法、影子价格法和替代工程法等方法评估拉萨河谷地区达孜区人工林生态系统、灌丛草地生态系统的生产产品、固碳、释氧、涵养水源与维持营养物质循环等服务的总价值分别约为 264 万元/a(赵海珍等,2010a)和 265 万元/a(赵海珍等,2010b)。

能值(emergy)是产品或劳务形成过程中直接或间接投入应用的一种有效能(available energy)总量(Odum,1996;蓝盛芳等,2002),单位为太阳能焦耳(solar equivalent Joule,缩写为 sej)。能值分析方法中的一个关键概念为能值转换率(unit emergy value)。能值转换率是每单位某种类别的能量或物质所含能值之量(单位:sej/J,sej/g 或 sej/$)(Odum,1996)。能值分析方法的优势之一是能通过能值转换率将不同等级、不同类别的物质或能量转化为统一的衡量尺度(Brown and Ulgiati,2004a;Geng et al.,2013,2016;Odum,1996),即太阳能值,从而解决当前生态系统服务价值核算中缺乏共同度量尺度的问题,因此能值分析方法是重要的环境核算方法。它也能够细致剖析物质流动和能量传递,使其成为系统分析和评价的重要工具(刘耕源,2018)。它是从生态系统贡献者视角(donor side)量化支持每个流量或存量的环境工作量,而不是基于人类偏好和市场偶然性(刘耕源,2018)。同时,能值分析方法从热力学视角重新理解自然资产及生态系统服务的产生。因此,能值分析方法相比于经济学方法更加适用于核算来自自然生态系统的服务,如由太阳辐射、地月引力造成的潮汐能和深层地热等所驱动产生的基于存量与流量变化的生态系统服务。正如 TEEB(2010)中所指出的,生态系统服务价值核算研究已取得实质性进展,下一步需要明确的是以何种方式、在何种情况下以及出于何种目的使用哪些估值方法。

能值分析方法自 20 世纪 90 年代以来不断地改进与发展。早期的能值分析方法核算生态系统服务价值主要是先核算生态系统服务能值,再将其转化为能值货币价值(Em$)与经济价值进行比较。例如,核算不同尺度(国家、地区、自然保护区等)、不同生态系统类型(森林、湿地、草地、农田等)在提供原材料、调节气候、涵养水源、维持生物多样性等方面的价值(Campbell and Brown,2012;Dong et al.,2012),研究结果表明生态系统能值货币价值相较其市场价值更高,这也是货币话语下的一种折中算法。早期使用能值分析方法核算生态系统服务价值时也存在诸多争论,例如:①如何避免重复计算。研究中大多将核算的各项生态系统服务能值直接累加(孙洁斐,2008;汤萃文等,2012),该累加方法忽略了同一生态过程可以产生多于一项的生态系统服务(共同产品,co-product)以及上一阶段的凋落物(伴生产品,by-product)可以作为下一阶段的原材料。如果直接累加,实际上是对生态系统存量和所提供服务流量的高估。②在分项服务核算方法上并未完全从供应者的视角出发(能值分析不是直接使用货币量乘以能值货币比进行简单折算,不少研究虽然声称用能值分析方法,但是由于数据可得性的问题仍然使用的是货币量乘以能值货币比的手段)、能值转换率使用不当(能值转换率需要根据不同能值基准进行校准,即未考虑参考文献中能值转换率使用的能值基准问题以及未考虑能值转换率是否含有本地服务量的问题)的局限性(陈花丹等,2014;孙洁斐,2008;孙谦,2015;汤萃文等,2012)。

③未充分考虑能值分析方法适用范围问题，如能值分析方法在核算来自自然生态系统的服务如太阳能、风能等驱动的服务方面具有优势，但是在核算基于人类感受性的服务如美感、文化教育价值等方面存在局限性。④将能值转为能值货币价值并与货币价值（$）进行比较仍需进一步研究。能值货币价值是基于当地总货币产出与当地总能值投入之比（能值货币比）转化而来的，是一种宏观尺度的估算，而货币产出并未核算进入生态系统服务（主要是社会经济系统产出），因此用于自然方面的生态系统服务的价值转化非常牵强。

价值当量法在我国的主要贡献者为谢高地等。谢高地等（2003）改进了 Costanza 等（1997）全球生态系统服务价值核算研究在中国应用部分的不足（如耕地的生态系统服务价值被严重低估），综合我国 200 位生态学者问卷调查，制定出我国陆地生态系统生态服务价值当量因子表。基于该表，谢高地等（2003）核算出我国青藏高原生态系统服务价值为 0.94 万亿元/a。谢高地等（2008）在 2002 年和 2006 年对中国 700 位生态学者进行问卷调查的基础上，得出了新的生态系统服务评估单价体系。谢高地等（2015）结合文献资料和中国生态系统净初级生产力（net primary productivity，NPP）时空分布对单位面积生态系统服务价值当量因子表进行了修订和补充，并基于此核算出中国 2010 年生态系统服务价值为 38.1 万亿元。也有学者从生物生产力、社会支付、地表覆盖等方面对谢高地等提出的生态系统服务价值当量因子表进行区域修正，使得核算结果更能揭示小尺度的生态系统服务价值动态变化机制和效应（李广泳等，2016；李晓赛等，2015）。此外，虽然价值当量法是一种静态评估方法，但随着学者纳入动态因子对生态系统服务价值当量因子表进行修正与调整，使得该方法在一定程度上可以实现生态系统服务价值的动态评估（潘鹤思等，2018）。单位面积生态系统服务价值当量因子表具有在实际应用中易操作、结果易比较的优点（谢高地等，2015）。但由于生态系统服务价值当量因子表是基于专家经验打分量化单位面积生态系统服务价值，主观性较强（潘鹤思等，2018）。

生物物理法由欧阳志云等（1999）提出，该方法主要基于生态模型量化生态系统过程和功能。例如，欧阳志云等（1999）采用该方法评估了我国陆地生态系统有机质生产、维持大气 CO_2 和 O_2 平衡、营养物质循环与储存、水土保持等的生物物理量（即实物量）。欧阳志云等（2016）采用生物物理法核算了食物生产、固碳、固持土壤、防止沙尘暴、涵养水源、调蓄洪峰、提供栖息地等多项生态系统服务指标，评估了中国 2000~2010 年生态系统状况及生态系统服务变化。研究结果对于指导中国生态系统功能保护区划分、国家级生态保护红线规划及在国家交通网络规划中确定生态保护敏感区域具有重要意义。Zheng 等（2019）使用生物物理法量化了由于土地利用类型与覆盖变化引起的海南岛调节服务即固持土壤、调蓄洪峰、减少氮磷流失和固碳服务的变化。研究结果显示在 1998~2017 年，由于海南岛橡胶种植面积增加了 72.2%，其固持土壤、调蓄洪峰、减少氮磷流失和固碳服务分别下降了 17.8%、21.9%、56.3%（减少氮流失）、27.4%（减少磷流失）和 1.7%。通过情景分析，确定了海南岛在改善调节服务和生物多样性的同时实现增加橡胶产品供应以改善生计的策略。这种分析产品供应、调节服务、生物多样性及改善生计的一般方法具有推广作用。然而，使用生物物理指标的局限性之一就是存在多个度量单位不统一的指标，这些度量单位不统一的指标将会给决策带来挑战（Ouyang et al., 2020）。例如，如何将以毫克每升氮含量度量的水质变化与以吨碳当量评估的温室气体排放变化进行比较（Ouyang et al., 2020）？也正如 MEA（2005）中所陈述的，对生物物理关系进行量化的一个常见问题是只能得到整个关系链中某些环节的信息，并且这些信息的单位又常不一致。

目前生态系统服务评估模型主要包括生态系统服务价值综合评估和权衡（Integrated Valuation of Ecosystem Services and Tradeoff，InVEST）、ARIES、MIMES 等模型。其中 InVEST 模型最为成熟（马良等，2015）。InVEST 模型由美国斯坦福大学、世界自然基金会和大自然保护协会等机构联合开发，旨在权衡发展与保护之间的关系，寻求最优经济发展模式与生态系统保护管理策略（Tallis et al., 2010）。InVEST 模型于 2007 年发布，最初的版本（1.0.0）仅包括沉积物、污染物净化和未经分类的木材产量、生态系统固碳量、生物多样性与作物授粉模块，发展到当前最新的版本（3.8.4），包含近二十个模块，主要增加了滨海和海洋生态系统服务（如沿海蓝碳、海水渔业养殖、海浪能等）、与人类福祉相关的生态系统服务（如人居环境、人居风险评估等）、与城市相关的生态系统服务（城市制冷、减少城市洪水风险等）、文化教育服务（如休闲娱乐、风景名胜等）等[①]。该模型已在国际范围内广泛使用（Nelson et al., 2009；Tallis and Polasky, 2009；Papagiannakis and Lioukas, 2012）。例如，Nelson 等（2009）将 InVEST 模型应用于美国俄勒冈州威拉米特（Willamette）盆地 1990~2050 年三种土地利用类型变更方案中，即计划情景、发展情景和保护情景下的土地利用与覆盖变化及其相应的水质、土壤保持、洪峰调控、固碳、生物多样性保护等生态系统服务和生产商品的市场价值。研究发现，在保护情景下，虽然生产商品的市场价值受到抑制，但生态系统服务和生物多样性收益最大。研究结果以空间可视化方式量化生态系统服务并分析它们之间的权衡，有助于指导土地利用科学管理和决策。在国内，白杨等（2013）采用 InVEST 模型评价了三种情景即 2005 年实际状态、政策情景（退耕还林情景）和保护情景（强化保护情景）下白洋淀流域生物多样性保护、水源涵养、固碳、土壤保持、授粉、氮保持和磷保持 7 项生态系统服务。研究结果显示，政策情景下农业产出有所下降，固碳服务较保护情景差，氮和磷输出最少；而保护情景下农业产出不变，产水量最大，且固碳效应最强。研究通过评估不同管理策略下生态系统服务与农业经济的得失，对指导最优的生态保护与经济发展政策具有重要指导意义。InVEST 模型虽然在全球生态系统服务评估、生态补偿等方面应用广泛，但在应用中也存在一些挑战，如该模型缺乏统一的度量（Langan et al., 2018）、对空间基础数据种类要求高、存在运行状态不够稳定及经常弹出等错误（马良等，2015）。

还有很多其他研究团队为生态系统服务评估做出了突出贡献，在此不一一评述。综上，先前的生态系统服务评估方法主要有经济学方法、价值当量法、生物物理法、模型方法和能值分析方法。基于这些方法的研究为后续生态系统服务评估提供了方法论、指标参数和相关生态系统管理与保护政策的借鉴，但有些方面仍需进一步改进和统一。例如，经济学方法和价值当量法存在着主观性等局限性，生物物理法和模型方法存在着无统一量纲等局限性。而近年来落实我国生态文明建设的相关制度和习近平总书记提出的"绿水青山就是金山银山"的发展理念，更加强调生态系统作为贡献者所提供的服务及给人类带来的福祉，因此对生态系统贡献者视角（能值分析方法）度量生态系统服务提出了迫切需求，即需要构建基于生态系统贡献者视角的非货币量生态系统服务核算方法体系，且该方法可避免生

---

① Sharp R, Tallis H T, Ricketts T, et al. 2020. InVEST 3.8.4.post3+ug.g3731663 User's Guide, The Natural Capital Project. Stanford University, University of Minnesota, The Nature Conservancy, and World Wildlife Fund.

态系统服务评估中主观性和缺乏统一量纲的局限性。该方法体系也应避免上述提到的能值分析方法在核算生态系统服务价值中使用不当的情况。

1.2.2　经济学方法的国际争论与探讨

可以看出，经济学方法具有货币化后的价值直观、易理解、对于人类偏好价值有较强度量的优势。Spangenberg 和 Settele（2010）表示经济学方法在生态系统服务损失、鼓励生物多样性保护和生态系统服务管理等方面可发挥重要作用。但从定义来看，生态系统服务的经济价值只和其对人类福利的贡献有关，而人类福利是在每个人福利评估的基础上衡量的（Bockstael et al., 2000; Freeman et al., 2014）。由于人类具有偏见及获取信息的不完整性（如生态系统可以提供未被人类感知的、模糊的或者未来才表现出来的服务，同时生态系统服务是对人类福祉的直接或间接贡献，而人类福祉也可能来自社会系统等），使得以人感知为中心的传统经济学方法在核算生态系统服务价值上具有局限性（Costanza et al., 2017）。MEA（2005）指出，通过经济价值可对不同生态系统管理体制可能产生的影响进行比较，但生态系统的重要性不只在于生态系统对人类福利的贡献。在制定管理政策时，也应该充分考虑非效用价值，如生态系统的社会文化价值等。TEEB（2010）指出经济学方法核算出的价值对生态系统自身了解较少，以货币价值评估生态系统服务可能具有争议。Spangenberg 和 Settele（2010）指出基于经济学方法核算的生态系统服务价值仅能反映当前需求、知识和偏好，而这些是会随消费和生产的变化发生变化的。因此，一些生态经济学家呼吁谨慎使用经济学方法，最主要的原因是该方法未能对生态系统服务价值进行"客观度量"，即度量结果是否可复现、是否度量方法与主观假设无关等方面（Spangenberg and Settele, 2010）。Costanza 等在 2017 年年底在深圳南方科技大学举办的第九届国际生态系统服务大会的报告及发表在 *Ecosystem Services* 的文章中也指出使用经济学方法度量出的生态系统服务的货币价值并不等于市场价值，也不能到市场中进行交易（Costanza et al., 2017）。经济学方法是基于消费者视角的方法，因此需要一个从生态系统贡献者的视角出发系统全面地核算生态系统服务价值的方法。太阳能、地月引力造成的潮汐能和地热能是支持地球物质与能量循环的三大原始驱动力（刘耕源，2018），因此可用太阳能焦耳这一度量单位从供给者的角度核算生态系统服务价值，该方法称为能值分析方法。

虽然经济学方法在核算生态系统服务价值上存在一些质疑和局限性，但很多学者仍在不断探索，尝试深入理解生态系统对人类经济社会的贡献及解决和克服相关局限性。

1.2.3　能值分析方法的国际争论与探讨

能值分析方法可能是 H. T. Odum 最具突破性的贡献之一。它提供了生态和人类活动的生态中心视角，对于理解生态系统对人类活动所做的贡献及可持续发展的挑战至关重要。本研究基于该方法构建非货币生态系统服务核算方法体系。但与许多新理论及方法一样，能值分析方法也有一些争议和批评（Hau and Bakshi, 2004）。大多数批评是针对能值分析的理论基础及计算准则等。Odum 的专著（Odum, 1996）、论文等作品，以及其他能值工作者的论文、书籍等为人们理解能值分析方法做出了重要贡献。另外，正如 Hau 和 Bakshi（2004）所说，对于方法的不确定性、敏感性和量化的批评不仅适用于能值分析方法，也适用于所有侧重于产业活动整体视角的方法，如生命周期评估（life cycle assessment，LCA）、物质流分析（material flow analysis，MFA）和㶲分析（exergy analysis）等。这就需要相关学者合作起来共同为改进这些方法做出努力。下面主要针对能值分析方法本身及其在生态系统服务核算方面的优点、缺点及改进进行论述。

1.2.3.1 能值分析方法的特点及优点

能值分析方法克服了现在很多方法无法充分考虑生态过程对人类进步和财富积累的贡献问题。尽管许多生态产品或服务用于制造有价值的产品，有的甚至是维持生命必不可少的，但它们没有从传统经济学方法中获得价值。尽管能值分析方法在核算生态系统服务方面仍存在争议，但核算生态系统服务的重要性越来越被广泛接受。传统经济学方法基于人类偏好等核算生态产品和服务的货币价值。而能值分析方法基于热力学、系统理论和系统生态学，独立于以人为中心的价值，核算生态系统对人类的贡献。因此，能值分析方法的特点及优点（Hau and Bakshi，2004）主要包括：

（1）它提供了连接经济和生态系统的桥梁。由于能值可针对任何系统进行量化，因此可在客观基础上比较其经济和生态方面，而不受金钱观的影响。

（2）它弥补了货币价值无法客观评估非市场投入价值的不足。因此，能值分析方法提供了一种以生态为中心的估值方法。

（3）它是科学合理的，并具有严格的热力学方法。

（4）它的通用单位（太阳能等效能焦耳，简称太阳能焦耳，一般写作 sej/g、sej/J、sej/$ 等）使得该方法能够公平地比较所有资源，因为能值分析方法可以识别能量的不同品质。例如，电是比太阳光更优质的能源。

（5）能值分析方法能够为环境管理与决策提供比现有许多方法更加全面的指导及建议。例如，生命周期评估方法和㶲分析方法的确将研究的系统范围扩展到单个过程的范围之外，从而可以评估原材料消耗、能源使用及污染物排放的间接影响。但这些方法更多地关注排放及其影响，而忽略了生态系统对人类福祉的重要贡献。而能值分析方法可量化生态资本与生态系统服务对经济活动的重要贡献。

1.2.3.2 能值分析方法的质疑与解释

能值分析方法的上述优点及特点给一些研究工作带来了便利。尽管如此，就像任何一个新理论与方法的出现一样，能值分析方法也遭受到了一些批评与质疑。这些质疑集中在以下几方面：①能值分析方法是否违背了能量守恒定律；②能值定义中有效能的具体含义及其与其他热力学概念的关系；③能值转换率计算的科学性问题。

下面将依次对这些质疑进行解释。

（1）能值分析方法是否违背了能量守恒定律。能值分析方法是一种基于热力学原理的方法（Bastianoni et al.，2007；Odum，1996；Pimentel，2012；Sciubba and Ulgiati，2005），是遵守热力学第一定律即能量守恒定律的。可以从能值的定义及能值分析方法的计算准则角度来理解。能值为生产一个产品或服务所需的直接或间接的有效能总和。能值分析方法核心的计算公式为输出的能值等于输入流乘以其能值转换率，如图 1-1 所示，图 1-1 中的能值计算详见式（1-1）和式（1-2）。在生产产品或服务的过程中有一个输出（output），所有独立的能值输入都分配给这个过程的输出,即所有独立能值输入等于输出,如图 1-2 和式(1-3)所示。当生产过程的路径被拆分时,会根据拆分前该路径上总可用能量流(或质量流)的比例将能值分配给拆分的每个分支,如图 1-3 和式(1-4)所示。一个系统中能值不能被计算两次,反馈中的能值不能被重复计算为共同产品(co-product),如图 1-4 所示。只有那些由不同且独立的输入[Em(u_1)、Em(u_2)和 Em(u_3)]组成的能值流才能包含在输出[Em(y)]中,如图 1-5 所示。可以使用集合的方法来理解独立流的概念。集合的并集(U)是集合中所有不同元素的集合。例如,集合 {1, 2, 3} 和集合 {2, 3, 4} 的并集为 {1, 2, 3, 4},只有两个集合中不同元素才能由其并集表示,也即只有独立且不同的输入能值流才能包含在输出中。因此,能值分析方法是符合输入能值等于输出能值的,即符合能量守恒定律。

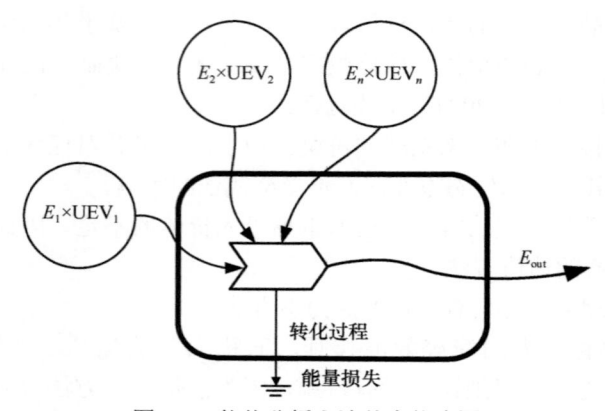

图 1-1 能值分析方法基本能流图

$$\text{Em}_{\text{out}} = \sum_{i=1}^{n} E_i \times \text{UEV}_i \tag{1-1}$$

$$\text{UEV} = \text{Em}_{\text{out}} / E_{\text{out}} \tag{1-2}$$

式中,E_1、E_2 和 E_n 为有效能投入;E_{out} 为有效能输出;Em_{out} 为系统输出产品的能值;UEV 为能值转换率。

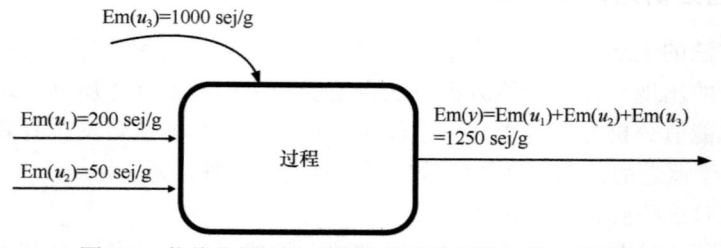

图 1-2 能值分析方法中输出能值等于输入能值示意图

$$\sum_{i=1}^{n} \text{Em}(u_i) = \text{Em}(y) \tag{1-3}$$

式中,Em(u_i)为图 1-2 中的输入能值流,sej/g;Em(y)为图 1-2 中的输出能值,sej/g。

第1章 引　言

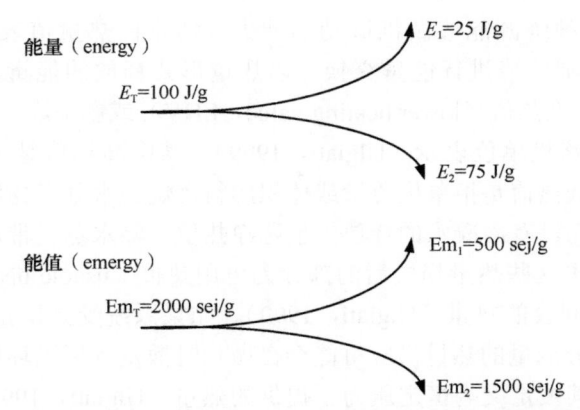

图 1-3　能值分析方法中路径拆分时的能值比等于拆分前的能量比示意图

$$\mathrm{Em}_j = \left(\frac{E_j}{E_\mathrm{T}}\right)\mathrm{Em}_\mathrm{T} \qquad (1\text{-}4)$$

式中，E_j 为图 1-3 生产过程中路径拆分前子路径 j 的有效能量；E_T 为图 1-3 生产过程中路径拆分前的总能量；Em_T 为图 1-3 生产过程中路径拆分前的总能值；Em_j 为图 1-3 生产过程中路径拆分前子路径 j 的能值。

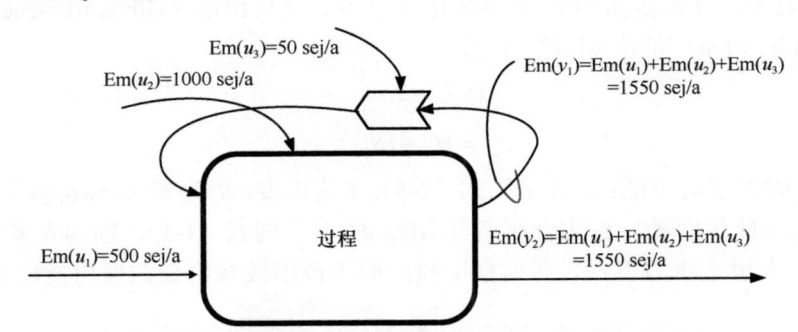

图 1-4　能值分析方法中一个系统里能值不能被计算两次示意图

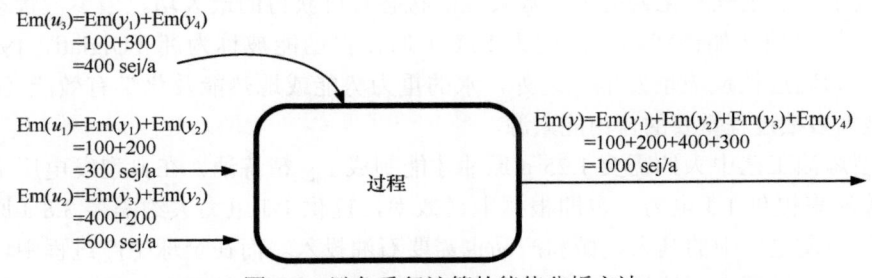

图 1-5　避免重复计算的能值分析方法

只有来源独立的输入能值流［$\mathrm{Em}(u_1)$、$\mathrm{Em}(u_2)$ 和 $\mathrm{Em}(u_3)$］才能包含在输出能值中

（2）能值定义中有效能的具体含义及其与其他热力学概念的关系。其他热力学概念主要包括能量（energy）、焓（enthalpy）、自由能（free-energy）、㶲（exergy）和体现能（embodied energy）等。

能量被定义为一种资源能够做机械功的能力，通常由热量值表示（Ulgiati，1999）。资源转化时都会与周围环境进行能量交换。以热量形式释放的能量可能为高热值（high heating value，HHV）、低热值（lower heating value，LHV）或燃烧焓（combustion enthalpy）等，可以用焦耳或卡路里单位表示（Ulgiati，1999）。其中高热值是包含在单位质量或体积燃料中的总能量。低热值是指单位质量或体积燃料燃烧的水分产物保留在通过的所有热回收装置的气相中，而没有冷凝水的释放，也称净热值。除水蒸气带走的热量外还有其他热量损失，总能量减去这些热量损失后的部分为可用热值（usable heating value），即在燃烧室燃烧时可被实际回收的热量（Ulgiati，1999）。如果系统受到恒定压力 P_r 并允许其体积 V 发生变化，则部分能量的热量供应可能会在做功时散发到周围环境中。为解释这一现象，引入焓的概念，其被定义为恒定压力下提供的热量（Ulgiati，1999），可以用式（1-5）表示：

$$H_e = U + P_r V \qquad (1-5)$$

式中，H_e 为焓所具有的热量；U 为系统内部热量（internal energy of the system）；P_r 为压力；V 为体积。

当系统发生变化，系统会与周围环境在恒定体积 V 或恒定压力 P_r 下以热量形式进行能量传递，并伴随着焓的变化。在恒定体积 V 下的变化可以用亥姆霍兹自由能（Helmholtz free-energy）表示；在恒定压力 P_r 下的变化可用吉布斯自由能（Gibbs free-energy）表示。二者可分别由式（1-6）和式（1-7）表达：

$$A = U - TS_e \qquad (1-6)$$

$$G = H_e - TS_e \qquad (1-7)$$

式中，A 为亥姆霍兹自由能；U 含义同式（1-5）；T 为温度；S_e 为熵（entropy，即系统物质不能用于做功的能量度量）；G 为吉布斯自由能；H_e 含义同式（1-5）。因为大多数现实中的变化过程发生在恒定压力下，吉布斯自由能的应用范围较亥姆霍兹自由能广泛（Ulgiati，1999）。

给定参考状态（温度、压力、化学势能等）下的自由能可定义为系统从一组参数表征的状态通过不可逆过程变化为另一参数表征的状态时可获得的最大功。当参考状态的参数等于平均环境参数（如该状态下温度为16℃）时，自由能被称为㶲（Ulgiati，1999）。除少数情况（如通过核反应堆发电）之外，水的重力势能或地热能及化学有效能（chemical exergy）是大多数过程重要的自由能来源。

在典型炼油工艺中大约需要 1.25 g 原油才能制成 1 g 精炼油。在典型发电厂中大约需要 3 J 精炼油来提供 1 J 电力。也即根据卡诺效率，提供 1 J 电力大约需要 3.8 J 原油。此外，炼油厂与发电厂中的其余机械和产品也需要石油投入。而在全球生产过程中，实际的能量投入与许多过程中所消耗的总能量有所不同，整个过程中的所有能量消耗将收敛到最终产品中。这个最终产品的能量总量以原油当量的形式表示，通常被称为体现能（Ulgiati，1999）。

与这种追溯过程相一致，Odum（1996）引入了能值的概念，即一种直接或间接地生产一个产品或服务所需的有效能总量。在人类历史上，对原煤和石油等化石燃料（即通过生态系统工作存储的太阳能）的关注是从 20 世纪 70 年代开始的。因为人类需要为其付费，且这些能源由于不可更新是存在短缺风险的。因此，开始关注石油和原煤存在前的能量来源，即关注生成这些付费能源之前免费的直接太阳能，以及雨水能、风能和可更新其他环境资源中的间接太阳能。直接和间接太阳能的可用性是自然生态系统及依赖它的人类社会的主要驱动力（Ulgiati，1999）。Odum（1996）将关注重点从人类社会与化石燃料之间的关系转移到人类社会与自然环境之间的关系，确定免费的环境支持人类活动所需的各种资源。因此，扩大的研究范围需要将石油能值扩展到太阳能值，通过一个新的单位即太阳能焦耳来度量生物圈中每个过程的环境总支持。能值为提供某个流量、能量存量或物质直接或间接需要的一种形式的有效能总和。因此太阳能值被定义为生产一个产品或服务过程中直接或间接需要的所有太阳能投入的总和，即太阳能值定义中的有效能实质是生产产品或服务直接或间接过程中所有太阳能投入的总和。这里的间接投入是由另外一个过程产生的，通常该过程可对太阳能进行集中和升级，即通过一定量的太阳能投入产生 1 J 或 1 g 给定产品。

综上，能量、自由能、体现能和能值的重要区别（Ulgiati，1999）主要体现在以下几方面。

A. 能量是一种资源能做机械功的能力，通常由热量值表示。而自由能是一种资源驱动转化过程和做功能力的度量，这种能力不一定与热量有关，而与梯度的存在（如温度、压力、浓度等环境状态参数）有关。

B. 能量（自由能、㶲）在系统中具有可被用完或耗尽的属性，而体现能度量的是系统中的实际能量加上之前生产和提供资源所消耗的能量（自由能、㶲，主要是不可再生能源）。因此体现能是一个混合概念，既包括已经存在的事物，又包括尚未耗尽的事物。

C. 能值是生产一个产品或服务所需的所有能量（自由能或㶲）的总和，可追溯至生产一个产品或服务过程中的最初自然资源（如太阳能、地热能等）的投入。这个过程生产或提供的最终产品或服务本身可能能量（自由能或㶲）在总能值中占比并不高，这是因为在其生产过程中可能还需要大量的其他能源/资源投入。因此，能值是对一个产品或服务之前使用过的总能量（自由能或㶲）的记忆（memory），是对总环境支持量的度量，而不是对最终产品或服务实际自身能量（自由能或㶲）的度量。

（3）能值转换率计算的科学性问题。能值转换率的计算是具有科学性的，主要原因：一是一般过程的能值转换率与具体案例中的能值转换率没有显著差异（Ulgiati，1999）；二是能值基准率及能值转换率计算方法的更新提高了能值转换率计算的准确性。下面将从这两个角度具体阐述。

A. 一般过程的能值转换率与具体案例中的能值转换率没有显著差异（Ulgiati，1999）。能值核算有时会因初级投入（如风能、雨水化学能、地热能等）能值转换率的计算方式遭到批评和质疑。因为这些初级投入是计算其他过程的基础流量，初级投入能值转换率的错误会影响其他结果的计算。就像任何一个其他科学领域一样，这种质疑是可取且正常的，它也促进能值研究工作者改进初级资源的评估。但是，无法找到一种完全令人满意的方法来计算初级投入的能值转换率并不能成为使整个能值分析方法无效的充分理由（Ulgiati，1999）。例如，Ulgiati（1999）基于 Odum（1996）中的数据和假设对原油的能值转换率重新估算，其结果为 5.8×10^4 sej/J，而不是常用的 5.4×10^4 sej/J。新旧结果差距并不大。Odum（1996）确实也认识到任何类型的产品或过程都没有单一的能值转换率，即每个产品（如雨水化学能、风能、海浪能、石油等）的生产路径都意味着一个独特的转化过程，进而引发不同的能值转换率。但目前已经假设一般过程的能值转换率与具体案例中的能值转换率没有显著差异（Hau and Bakshi，2004）。即使差距较大，它也不会给能值理论带来任何问题，只需要更新其中一些数据库即可（Ulgiati，1999）。

B. 能值基准及能值转换率计算方法的更新提高了能值转换率计算的准确性。首先是能值基准的更新。Brown 和 Ulgiati（2016）定义的地理生物圈（geobiosphere）系统边界包括岩石圈（地表以下约 100 km）和大气圈（高度约 80 km）的范围。驱动地理岩石圈的能值流是核算能值转换率的基准，因此对其的计算极为重要（Brown and Ulgiati，2016）。最初 H. T. Odum 和 E. C. Odum 开发能值分析方法时，仅太阳辐射能为地球动态和生命的原始驱动力（Odum H T and Odum E C，1976）。Odum（1996）的 *Environmental Accounting: Emergy and Environmental Decision Making* 一书指出，由地球-月亮-太阳系统的吸引力和热能产生的潮汐能，地壳的风化和侵蚀、地幔中的放射性衰变及地核中地区形成所产生的地热能，以及太阳辐射能共同构成地球生物圈的三大原始驱动力，此时核算的地球生物圈能值基准率为 $9.44×10^{24}$ sej/a。对这三种能量同时输入进行模拟，得出了地球生物圈基准线新的估值，为 $1.583×10^{25}$ sej/a（Odum，2000）。Brown 和 Ulgiati（2010）根据 Odum（1996）对能值的定义，使用相同的驱动能量及更新的数据进行了新的计算，得出了 $1.52×10^{25}$ sej/a 的能值基准率。Brown 等（2016）及 Brown 和 Ulgiati（2016）使用卫星等更精确的测量技术重新计算了地球生物圈流量，并重新解释了地热能与生物圈过程的相互作用，从而改变了地热能与能值基线的关系，算得全球能值基准为 $1.20×10^{25}$ sej/a。这一数值是目前能值研究领域普遍使用的最新能值基准率。

在早期的研究工作中，Campbell 等（2005）指出多个能值基准的合理性并提出将 $9.26×10^{24}$ sej/a 作为 Odum（2000）计算基准的代替。在 Campbell（2000）的另一项研究中提出了两个基准，即 $9.26×10^{24}$ sej/a 和 $1.058×10^{25}$ sej/a，分别用于短期和长期过程。Campbell 等（2010）指出基准 $9.26×10^{24}$ sej/a 是最合适的，因为它假设只有太阳辐射能和深层地热能才是地质过程的成因。

另外，在所有科学领域中，基本常数和标准并不是真正恒定的，而是根据新知识及技术进步变化的。尽管 $1.20×10^{25}$ sej/a 是目前的最新值，但随着人们对其了解的加深及不确定性的降低，这个数值可能会发生变化（Brown et al.，2016）。同时，人们不应该期望每种方法都能产生相同的基准率，而应该通过不同的计算方法和假设使得基准值落在相同数量级值的可接受范围内。这样便可以选择一个单一的商定的基准，以反映科学合理的不确定性估计内不同观点的协调（Brown and Ulgiati，2016）。

此外，能值转换率计算方法也在不断改进。能值转换率是能量流和能值的比率，它度量了能量等级网络中有效能流量或储量的位置（Odum，1996）。尽管大多数情况下，能值转换率由输出产品或服务的能值除以输出产品或服务的能量或质量算得（Odum，1996），但人们已经开始使用能更有效表征动态和复合生态系统的方法计算太阳能值转换率（Brown et al.，2006；Collins and Odum，2000；Heymans et al.，2002；Tilley，1999；Li et al.，2010；Ulanowicz et al.，2000）。例如，Tilley（1999）提出利用动态仿真模型计算能值转换率的方法；Collins 和 Odum（2000）描述了一种最小特征值方法，该方法根据系统食物网络中物种的能量传递及 NPP 构建系统食物网输入/输出能量流矩阵，再依据输入能值等于输出能值的原则构建物种生产力［在矩阵中取负号，用能量单位 J/(m²·a) 表示］与物种能值转换率（矩阵中的未知数）的乘积之和等于零的约束条件，同时模拟出系统食物网络中多个物种的能值转换率（Bardi et al.，2005；Brown et al.，2006；Collins and Odum，2000）。该方法的优点在于可以同时求解系统食物网络中多个物种的能值转换率。该方法分别被用于计算康泉（Cone）泉水生态系统（Bardi et al.，2005）、美国佛罗里达大沼泽地生态系统（Brown et al.，2006）和美国新罕布什尔州哈伯德布鲁克森林生态系统（Campbell and Tilley，2014）食物网络中物种的能值转换率等。该方法不仅能够同时求解系统中多个元素的能值转换率，还能反映系统中元素的等级（hierarchy）分布及相互关系和系统动态变化特征（Brown et al.，2006），因此计算能值转换率的准确性有所提高。

1.2.3.3 能值分析方法在生态系统服务核算中的局限性与改进

在 Odum（1996）正式出版 *Environmental Accounting: Emergy and Environmental Decision Making* 一书之前，用能量度量生态系统服务可追溯至 Gosselink 等（1974）的专著 *The Value of the Tidal Marsh* 一书。在该书中总能量流被用作评估潮间带沼泽价值的基础，并假设在沼泽地河口能量都供给生态系统产品和服务的生命支持，再用经济系统中的国内生产总值与能量消耗之比计算潮间带沼泽生态系统生产所需的能量对应的货币价值。该方法计算出的自然状态下的沼泽地生态系统价值比其产品市场价值高出数倍。该研究引起了公众广泛的注意，并在 20 世纪 70 年代初期沿海湿地保护立法中发挥了重要作用。但当时的经济学家强烈反对采用这样新的方法，他们认为价值和价格是由人们的"支付意愿"决定的，而不是由生产产品或服务所需的能量决定的。能值分析方法计算生态系统服务可以追溯至 Odum 使用微型模型和环境核算（能值分析方法）评估不同尺度的热带森林。Odum 将经济学方法评估的热带雨林经济价值与能值分析方法核算的热带雨林环境价值进行比较，以提出平衡热带雨林经济价值和环境价值的最佳使用水平。之后能值用于生态系统服务评估集中在以下几方面：①评估生态系统服务价值；②评估土地利用变化对生态系统服务的影响。前者主要评估了森林（Campbell and Brown，2012；Campbell and Tilley，2011；Doherty，1995）、湿地（Tilley and Brown，2006）及全球尺度（Brown and Ulgiati，1999）或与全球陆地生态系统生物地球化学流量相关的生态系统服务（Watanabe and Ortega，2011）等。对于森林生态系统，Doherty（1995）使用能值分析方法评估了包括美国佛罗里达、瑞典、波多黎各、泰国和巴布亚新几内亚在内的不同土地利用情况下森林生态系统的多种用途与服务，如提供纸浆用于造纸、提供电力生产的生物质、生产薪柴、固碳、供水和服务旅游业等。Campbell 和 Brown（2012）基于能值分析方法系统评估了 2005 年美国国家森林生态系统的自然资本和生态系统的供给服务（包括供给野生动物、水、化石燃料、矿物质、木材和薪柴）、调节服务（包括固碳、净化水质和空气）、支持服务（初级生产）与文化服务（休闲娱乐、提供信息等）。结果显示，2005 年美国国家森林生态系统服务的能值价值约为其经济价值的 3 倍。对于湿地生态系统，Tilley 和 Brown（2006）基于能值分析方法构建了美国佛罗里达州南部亚热带城市化流域生态水文模型，评估了亚热带湿地生态系统调节与管理雨水的服务。对于全球尺度，Brown 和 Ulgiati（1999）核算了 1995 年全球环境服务为 9.43×10^{24} sej。随后，Odum H T 和 Odum E P（2000）在一篇评论性文章中指出，经过几十年的理论讨论与实际应用，是时候认真考虑用能量学方法评估生态系统服务及在一个共同基础上评估市场产品和服务了。Peterson 等（2009）也指出使用能值这种核算生态系统对经济社会贡献的方法将相关的生态系统服务重新定义到产品中几乎肯定会导致有效的生态系统保护，只是鉴于目前人类社会由经济主导，人类究竟如何才能实施这种根本性的解决方案还不太清楚。对于与全球陆地生态系统生物地球化学流量相关的生态系统服务的研究，Watanabe 和 Ortega（2011）基于能值分析方法评估了全球陆地生态系统与水、碳和氮生物地球化学流量相关的生态系统服务，包括气候调节、水文调节、粮食生产和土壤形成等。结果显示，地下系统中最关键的生物地球化学流量为补给含水层、地下水流量、固碳、甲烷排放、生物固氮、一氧化二氮排放和氮浸出。对于评估土地利用变化对生态系统服务影响的研究，Watanabe 和 Ortegaa（2014）基于能值分析方法评估了巴西马托格罗索州南部东部地区的 Taquarizinho 流域由大草原转化为农田和牧场后对该地区与水和碳生物地球化学过程相关的生态系统服务（包括运河排泄、地下水补给、蒸散发、生物量固碳、土壤固碳等）的影响。

在国内，我国学者蓝盛芳于1998年引入能值分析方法（蓝盛芳，1998）。王健民和王如松（2001）应用能值分析方法评估了中国生物多样性的能值价值，其为 7.19×10^{24} sej/a。随后，国内基于能值评估生态系统服务的研究集中在：①评估生态系统服务价值，包括森林（Lu et al.，2017；旷建军等，2010；汤萃文等，2012；唐佳等，2018）、草地（董孝斌，2003；高雅，2014；李琳等，2016）、湿地［包括湖泊、河－湖、滨海湿地（又包括红树林等）、河口湿地等］（Zhao and Wu，2015；曹明兰等，2012；李凯等，2016；李丽锋等，2013；孟范平和李睿倩，2011；余宝花和董孝斌，2011；张佩和姚娟，2015）、农田（Ma et al.，2015；高耸耸，2015；马凤娇和刘金铜，2014；张颖聪，2012）、城市绿地（贾雨岚，2012）、城市周边地区生态系统、自然保护区（Liu et al.，2009；陈花丹等，2014；黄黄，2019；孙洁斐，2008；王楠楠，2013；温建丽，2018）、风景区（袁昆昆，2013）、海洋（秦传新等，2015；王一尧，2019；赵晟等，2015）和海岛生态系统（吴婧慈，2018）、荒漠生态系统（刘博，2014）等；②人类活动（Dong et al.，2012，2014）、土地利用变化（苏冠芳和张祖陆，2009）、土地整理（常春等，2009；刘世梁等，2014）或政策（王伟伟等，2019）等对生态系统服务的影响；③基于能值评估生态系统服务损失（李睿倩和孟范平，2012；刘旭等，2015；胡恒，2014）；④基于能值核算生态系统服务价值并指导生态补偿（王显金和钟昌标，2017）或基于能值核算生态系统服务供给与需求（马程等，2017）。基于能值分析方法评估森林生态系统服务价值的研究较早的如李海涛和许学工（2003）使用 Costanza 等（1997）研究中的经济学方法和 Odum（1996）研究中的能值分析方法同时评估了天山北坡三工河上游森林生态系统服务价值，并将基于这两种方法核算的结果进行比较分析。又如，Lu 等（2017）分别基于生态系统贡献者视角（能值分析方法）和消费者视角（经济学方法）核算了中国亚热带森林与3个亚热带人工林在恢复和演替过程中的生态系统服务动态变化，得出亚热带森林和人工林提供生态系统服务的效率比当前中国经济体系提供的类似服务高出两个数量级。对于草地生态系统，于遵波等（2006）基于能值分析方法评估了锡林郭勒羊草草地生态系统服务。对于湿地生态系统，孟范平和李睿倩（2011）基于能值分析方法评估了滨海湿地生态系统的调节服务，包括气候调节（表现为固碳释氧）、干扰调节（表现为促淤造陆和抗风消浪）、废弃物处理和生物控制（主要表现为对赤潮生物的抑制作用），支持服务包括营养物质循环、生物多样性维持及文化服务。对于红树林生态系统,曹明兰等(2012)基于能值分析方法评估了红树林生态系统的供给服务如活立木和凋落物生产,调节服务包括固碳释氧、处理污染物、防风消浪和维持生物多样性,支持服务如调节土壤养分和促淤造陆,以及文化服务如休闲娱乐和科研教育。对于农田生态系统,周淑梅等(2017)基于能值分析方法评估了华北平原典型高产农田生态系统正服务(以农产品供给为主)和负服务(以温室气体排放为主)。对于城市周边地区生态系统,Huang等(2011)基于能值分析方法构建了城市周边地区生态系统服务的生物物理评估框架,该框架主要包括五个步骤:①界定要评估的生态系统;②确定生态系统提供的服务;③生态系统服务能值评估;④构建影响矩阵,用于分析生态系统服务的系统角色;⑤生态系统服务综合分析。其以此框架评估了台北近郊自然生态系统区域(包括森林和河岸湿地生态系统)、农业生产区域(包括水稻田、旱地、果园、牧场和休闲水产养殖)及水域生态系统的供给服务(包括供应食物和淡水)、调节服务(包括调节水文、调节侵蚀、净化水质和处理废弃物)、文化服务(娱乐和生态旅游)、支持服务(土壤形成、初级生产和营养物质循环)。对于自然保护区,Liu等(2009)基于能值分析方法评估并比较了盐城三个国家级自然保护区的生态系统服务,包括生物多样性、净化大气和净化水质等。对于人类活动对生态系统服务的影响研究,Dong等(2012)基于能值分析方法核算了人类活动对中国新疆北部天然牧场草地自然资本(使用固定生物量、土壤有机质、土壤氮和土壤水储量度量)和生态系统服务(使用年动物饲料供应、人类食物供应、固碳释氧和土壤保持等度量)的影响。结果表明,该区域的牲畜承载能力在1994年达到上限,之后,草地的自然资本和主要生态系统服务稳步下降。对于土地利用变化对生态系统服务的影响研究,苏冠芳和张祖陆(2009)利用遥感与地理信息系统技术揭示了1992～2002年黄河口湿地植被覆盖变化特征及其对黄河口湿地生态系统服务变化的影响。对于土地整理对生态系统服务的影响,常春等(2009)基于能值分析方法和生态系统服务理论,发现江苏省吕城镇运河片项目区通过土地整理增加了农产品生产、大气调节、土壤形成、营养物质循环和涵养水源5项生态系统服务。对于政策对生态系统服务的影响,王伟伟等(2019)基于能值分析方法核算了禁牧政策对宁夏盐池县农业生态系统服务的影响,结果显示禁牧政策实施以后农业生态系统正负服务增速高于禁牧之前。对于基于能值计算生态系统服务损失的研究,胡恒(2014)基于能值理论构建了一套完整的海洋溢油生态系统服务损失评估体系;刘旭等(2015)基于价值评估法、能值分析方法和物种丰度经验公式法评估了填海工程对海洋生态系统服务造成的损失。对于基于能值核算生态系统服务价值并指导生态补偿的研究,王显金和钟昌标(2017)利用能值分析方法核算了杭州湾新区海涂湿地围垦前后生态系统服务的变化,并以此为依据从生态补偿标准、补偿主客体和补偿方式的关系出发,为海涂围垦生态补偿机制提出了参考意见。对于基于能值评估生态系统服务供给与需求的研究,马程等(2017)基于能值分析方法评估了北京市生态涵养区生态系统服务变化,并分析了各项生态系统与其城市系统之间的服务流动和依赖关系。

  由此可见,能值分析方法也与经济学方法一样,尽管在方法学本身和生态系统服务核算研究方面存在一些质疑,但能值研究者也在努力解决和克服这些局限性,有大量国内外学者基于能值分析方法开展生态系统服务核算及相关研究。采用能值分析方法核算生态系统服务研究改进之一在于研究内容广度和深度的扩展,由最开始较为单一的生态系统到几乎覆盖全部生态系统、从单一生态系统服务类型到多项全面的生态系统服务评估。这些研究工作为后续基于能值的生态系统服务核算研究提供了大量基础数据（如土地利用类型参数、生态参数等）及案例应用参考。

研究方法上，如前所述，部分基于能值的生态系统服务核算研究存在着如何避免重复计算、在分项服务核算方法上并未完成从生态系统贡献者视角出发、未充分考虑能值分析方法的适用范围等挑战。为克服这些局限性，Yang Q 等（2018）构建了基于能值分析方法的非货币量生态系统服务价值核算方法体系，该体系包括生态系统分类体系、生态系统服务分类体系、生态系统服务价值核算方法与生态系统服务加和原则，并将该方法体系应用于森林生态系统服务核算研究的案例中。随后，又构建了非货币量草地（Yang et al.，2020）、湿地（Yang et al.，2019a）、滨海和海洋（Yang et al.，2019b）、农田生态系统（Shah et al.，2019）服务核算系列方法体系。该方法体系从生态系统贡献者视角出发，构建了生态系统服务价值加和原则并发挥能值在度量来自自然生态系统服务的优势，从而有效克服了现有研究中利用能值分析方法核算生态系统服务的局限性。基于能值分析方法的生态系统服务核算研究的优势在于对传统经济核算方法的改进。基于该方法体系开发的"生态元系统服务功能在线可视化计算系统"取得了软件著作权（刘耕源等，2019）。基于该系列方法体系完成的《基于"生态元"的全国省市生态资本服务价值核算排序评估报告》（刘世锦和刘耕源，2019）被多家媒体报道，形成了较大的国内外影响。本书构建的非货币生态系统服务核算方法体系主要基于上述系列方法学研究以克服现有生态系统服务核算中的局限性。

1.2.4　生态系统服务价值变化归因分析研究进展

植被控制着土地与大气之间的碳、水、能量等的交换，并提供食物、纤维、燃料等其他有价值的生态系统服务（Bonan et al.，1992；Haberl et al.，2007）。植被结构和功能的变化受气候与环境变化及土地利用类型变化等人类活动的驱动（Piao et al.，2019）。量化植被变化及其对气候的影响引起了科学家和政策制定者的极大兴趣（Piao et al.，2019）。早在 20 世纪 80 年代，基于卫星遥感技术已经可以对全球范围内植被变化进行监测。例如，卫星数据表明自 1982 年以来中国已开始"变绿"，如西南地区和华北平原的"变绿"等（Chen et al.，2019；Piao et al.，2015）。这里的"变绿"是指在几年中某个位置的年平均绿叶面积在统计学上显著增加（Piao et al.，2019）。CO_2 施肥、气候变化和氮沉降的综合效应为中国变绿的三个原因（Piao et al.，2015）[①]。然而，研究发现合理的土地利用管理对中国变绿的趋势和生态系统服务改善做出了巨大贡献（Chen et al.，2019；Ouyang et al.，2016；Zhu et al.，2016）。例如，有研究表明世界在变绿，而这种变绿的趋势在中国和印度尤为突出。中国的变绿主要来自森林和农田，分别占 42% 和 32%（Chen et al.，2019）。该项研究将中国变绿归因于中国的造林工程，如三北防护林工程、京津冀风沙治理工程、天然林保护计划和退耕还林计划等（Chen et al.，2019）。又如，Ouyang 等（2016）的研究表明除生物多样性和提供栖息地外，中国生态系统服务即食物供给、固碳、保持土壤、预

---

① CO_2 施肥，是指提高大气 CO_2 浓度以加强植物生长的过程。根据不同的光合作用机制，某些种类的植物对 CO_2 浓度的变化更为敏感，提高 CO_2 浓度会在一定程度上促进植物的生长，其促进程度因植物类型的不同光合作用机制而异。常见的以此标准来区分的植物类型有：在光合作用中产生三碳化合物的植物、产生四碳化合物的植物和景天科植物。

防沙尘暴、涵养水源、调节洪峰服务在2000~2010年都呈现改善趋势。该研究进一步表明中国的保护政策如天然林保护和退耕还林计划显著促进了这些生态系统服务的改善。这激起了人们探索变绿趋势系统的、综合的驱动力的极大兴趣（Lucht et al.，2002；Piao et al.，2019；Zhu et al.，2016）。

当前识别变绿趋势机理的方法主要包括模型估计和采用卫星观测指数，如归一化植被指数（NDVI）（Goetz et al.，2005；Myneni et al.，1997；Piao et al.，2003）、叶面积指数（LAI）（Chen et al.，2019；Zhu et al.，2016）等，或者是将两种方法相结合使用（Zhu et al.，2016）。对于基于卫星测量的研究，Piao等（2019）基于卫星数据（2000~2017年）监测了全球植被的叶面积指数，揭示了全球变绿的趋势并识别出变绿趋势在中国和印度最为突出。又如，在北部高纬度地区（>50°N），AVHRR和Landsat卫星的记录表明，自20世纪80年代，植被绿度普遍增加，变绿趋势最明显的地区包括阿拉斯加北部、加拿大东北和西伯利亚的北极地区及斯堪的纳维亚地区（Beck and Goetz，2011；Ju and Masek，2016；Park et al.，2016）。对于使用模型方法识别生态系统服务变化的原因的研究，Ouyang等（2016）基于相关分析和回归分析将中国2000~2010年生态系统服务的改善归因于中国的保护政策。这些研究为识别变绿和生态系统服务改善原因提供了基础与借鉴，但变绿的归因分析研究仍存在一些挑战。首先，模型和基于卫星测量方法仍存在相当大的不确定性，尤其是在尝试准确地考虑各种因素的具体贡献时（Hegerl et al.，2010；Piao et al.，2019）。模型方法的不确定性主要来自模型参数、模型结构和环境驱动因素的数据选择（Sitch et al.，2008）。基于卫星测量方法中的不确定性源于不正确的传感器校准以及多个系列传感器不连续数据的不利影响（Chen et al.，2019）。其次，人们对多个因素之间的相互作用和非线性影响了解甚少（Norby et al.，2010），导致难以量化各个因素的贡献量和贡献率（Piao et al.，2019），进而导致未来不可信的估计和预测（Chen et al.，2019）。最后，中国很少有研究量化每个驱动因素的具体贡献，尤其是土地利用与土地覆盖变化（land use and land cover change，LUCC）的影响（Piao et al.，2015，2018）。而其他案例区的最新研究表明，土地利用变化对变绿意义重大，可能是影响变绿和生态系统服务变化的主导因素（Foley et al.，2005；Song et al.，2018）。基于此，本研究拟探索出能够识别并量化影响生态系统服务变化的因素及其贡献率且能够避免自变量共线性问题带来的估计偏差的方法。该方法为偏微分方程（partial differential equation，PDE）法。偏微分方程指含有未知函数及其偏导数的方程，用以描述自变量、未知函数及其偏导数之间的关系（Jost，2013）。目前已有使用偏微分方程进行新安江上游流域降水量、潜在蒸散发量和植被变化对流域径流影响的归因分析（黄蓉等，2019），尚未有研究使用偏微分方程识别并量化影响生态系统服务变化的因素及其贡献率。

一、理 论 篇

第一部分

第 2 章

生态产品价值实现机制的理论基础：
热力学、景感学、经济学与区块链

生态产品价值核算体系是市场化、多元化补偿的重要基础，也是生态产品市场交易的基础。生态产品价值市场化是使资源环境由外生变量转变为内生动力的重要途径，能够有效突破传统资本运营的思维局限。如果生态系统没有价格来指导其分配给更高价值的用途，则市场将无法使净收益最大化。生态产品作为生态文明建设精神的具象化的抓手（聂宾汗和靳利飞，2019），也是全面贯彻落实习近平总书记提出的"绿水青山就是金山银山"的具体实践之一。目前国内外学界探索研究出成本支出法、条件价值评估等不同的核算方法，并在一些地区进行了试点探索。但是，生态系统服务的效用类型、存在形式等不同，彼此之间不可通约，生态产品价值实现机制仍在探讨阶段，导致当前的研究依然存在一些缺陷并面临困境，例如缺少统一核算量纲；生态系统服务的货币价格受人为因素影响较大；核算实物量结果无法直接进行加总；当前生态产品价值发现机制不合理；产品流通与市场规则仍在探索阶段。因此，本章将从最关键的生态产品价值理论出发，梳理生态产品价值实现困境的根源，并尝试提出可能的多元方法模型与实践解决路径。

2.1 价值理论与生态产品价值理论

价值理论是各个经济学派的核心内容。价值一词有很多定义，比较常识性的且不束缚于某项价值理论中的定义是指对象或行为对特定的目标、目的或条件的贡献（王伟龙，2009）。对象或行为的价值可能与个人的价值体系紧密相关，因为个人的价值体系决定了对象或行为相对于感知世界中其他对象或行为对个人的相对重要性。但是，个人的感知是有限的，没有人拥有绝对完备的信息，而且处理自己拥有的信息的能力也很有限。因此，一个对象或行为可能有助于实现个人的目标、目的或条件，而个人却可能完全没有（或者仅仅是模糊地）意识到这种联系，这就形成了对该对象或行为价值的低估。因此，价值的确认，既要从个人及其价值体系的主观角度来评估，又要从其他可能相互联系的客观角度来评估。

经济思想史上充斥着各种确定价值的努力和尝试。生态经济学与新古典经济学存在的隔阂也集中体现在各自价值理论中，即有人评论为前者尊重自然的客观规律，而后者过于以人为本。当然，新古典经济学也存在着不断改进与思想的多样化，其中不少研究者都尝试寻求价值的不变计量单位。例如，亚当·斯密提出"所有劳动价值的'劳动力'本身就永远不会改变其本身的价值,是真正的终极标准"。他认为劳动力是具有不变价值的特殊属性(亚当·斯密,2008)。大卫·李嘉图(David Ricardo)却认为,没有任何商品(包括劳动力)的交换价值可以作为衡量其他商品交换价值变化的不变标准。另外,不可能仅凭汇率就将商品加起来去衡量国民财富或生产价值。他认为,这一衡量标准必须是那些资本和劳动力的报酬相对不变,并且资本和劳动力的使用也不随时间变化(即无技术变化)的商品。他提出小麦和黄金都具有这些特性。尽管没有创造价值,但它们可以衡量价值(大卫·李嘉图,2011)。劳动价值理论和对不变价值标准的追求在19世纪后期逐渐衰落,之后的研究认为交换价值是基于效用和稀缺性的。例如,Sraffa(1960)将商品分为基本商品(进入生产过程的商品)和非基本商品,他证明不变的价值标准是基本商品的组合,其反映了生产中平均投入的比例。这样设计出来的"商品"就可以用作衡量国民财富或收入的标准。随后,价值理论的"边际"革命源于20世纪一些经济思想的融合。卡尔·门格尔(Carl Menger)提出,可以根据主观重要性对人类的需求或欲望如食物、房子和衣服进行分类。在每个类别中,对于每种商品需求的增加可以形成一个有序的期望序列。他推断,人们对一个额外单位商品的渴望强度会随着商品的连续获得而降低(卡尔·门格尔,2007)。古典理论家寻求标准的商品物理单位来衡量交换价值,而新古典理论家则用效用代替。因为如果假定价值仅由边际消费效用确定,并且假定消费者在各种用途之间最优分配货币(即拥有完备的信息、没有外部性、固定的偏好以及没有人际关系),那么货币可通过边际效用作为商品和服务的价值载体实现从私人劳动到社会劳动的转化。货币因此成为标准的计量单位。商品和服务基于效用的价值体现在人们为获得商品或服务而支付的意愿(WTP)或他们为放弃商品而接受补偿的意愿(WTA)。支付意愿基于这些商品和服务的可用性产生变化,如那些已可被市场定价的生态产品和服务(包括农林产品、供水等)。尽管在20世纪经济学中存在生态产品"主观偏好"价值理论的主导影响,但主流经济学还是有许多分支理论发展,这些理论为"生态产品定价"提供了其他方法基础。例如,著名的数学家冯·诺伊曼(von Neumann,1945)投身经济学,他开发了基于"物理投入-产出关系"的一般均衡定价模型。在最大化利润率的目标函数和指定恒定增长率的约束下,确定了生产过程和最优价格。他所提出的"价格"在某种意义上类似于"生态价格",因为这些价格由实物的投入-产出关系决定。尽管冯·诺伊曼的定价与生态定价之间存在相似之处,但显然他的模型是用于经济体系,并反映"利润最大化"新古典主义主流的规范假设。然而,在生态产品定价的背景下,无论数学上如何优化,都很难实现其采用的利润最大化的函数目标。后续的生态经济研究者进一步开发了以生物物理/生态系统为中心的估值和定价方法(Costanza et al.,1991;Patterson,2002),即基于全球生态系统及其经济子系统中隐含的生物物理相互依赖性(或贡献值)进行的测量,用以区别使用成本效益进行估值的以人类为中心的方法。尽管这些生物物理上的相互依存关系很大比例是人类干预的结果,因此也从一定程度上间接反映了人类的偏好,但是这种生态产品定价的确倾向于突出物种和生态功能,而这种定价通常无法通过支付意愿等方法来实现。

  可以看出,生态学家和经济学家在价值理论的理解与目标性上是有一些差别的。例如,在生态学中,生态系统和非人类物种实际没有追求任何有意识的目标、目的或条件,因此它们按照"价值"原有的定义不能纳入现有的核算体系。然而,这些不能纳入的价值如生态系统服务中的固碳释氧、抵御土壤侵蚀、生物多样性的维持等在生态系统中又是非常重要的。这就需要在建立生态产品价值理论时，首先重新确认"生态产品价值"的导向目标。而生态学中的核心目标是自然选择与生物进化，其包括三方面：①通过随机突变或有性重组产生遗传变异；②通过繁殖成功进行自然选择；③通过存储在基因中的信息进行演替。尽管自然选择与生物进化的过程不需要参与者任何有意识的和以目标为导向的行为，但仍然可以将整个过程视为自然界的"目标导向"，这种目标已被嵌入物种自然选择与生物进化的过程中，可视为物种追求生存的目标。因此，现在所说的可持续发展或物种的自然选择进化，可类比经济效用最大化，成为生态产品的"导向目标"之一。

此外，生态产品的价值还有非自然属性的部分，即市场价值部分。生态产品的价值既包括生态属性价值（一个自然属性上不能削减的数量），又包括市场属性价值（WTP或WTA，包括美学、景观、教育等消费者偏好的数量）。生态属性价值和市场属性价值之间的主要区别在于，生态属性价值根据系统中生物物理相互依存性来衡量价值；而市场属性价值是基于消费者的偏好和其他决定市场交易价值的因素。类比绿色供应链理论，生态和经济系统中都有两种类型的生物物理相互依存关系，即后向关联和前向关联，两者都可以在确定商品的生态价格中发挥作用。后向关联涉及产品对后续过程物质/能量/劳力/服务的直接和间接输出。相反，前向关联涉及产品生成过程中物质/能量/劳力/服务的直接与间接输入。考虑到生态和经济系统的复杂性与反馈回环，大多数产品同时具有前向关联和后向关联，两者都决定着生态产品的价值。但是需要注意的是，某些生态产品仅具有后向关联，例如地球的三种基本驱动力（太阳能、地热能、潮汐能）是其他生态产品的基本驱动力，仅具有后向关联。个别产品仅具有前向关联，如废热（被耗散的）等。因此，生态产品的组成是多元性的，其价值实现规律也是多元性的，生态属性价值服从热力学规律；市场属性价值服从的是经济学规律而不是物理规律。

2.2 多元化生态产品价值核算体系

生态产品价值的统一核算是完善生态产品价值实现机制的核心。为了深入理解生态系统服务的内涵，需对生态系统服务分类有清晰的认识，从而确定生态产品的类型。现普遍使用的是 2005 年由联合国公布的《千年生态系统评估报告》，分为供给服务、调节服务、支持服务和文化服务 4 类（MEA，2005）；由德国和欧盟委员会发起的"生态系统与生物多样性经济学"项目增加了生态系统服务在经济方面的价值。生态系统服务分类的异同比较可详见刘耕源和杨青（2018）的研究。从该生态产品分类（图 2-1）可以看出以下几方面。

（1）供给服务类生态产品，即从生态系统获得的产品是现在价值核算方法最成熟的部分，因为这些产品已经进行了交易，存在市场定价，现有研究常直接用当前市场平均价格来确定这类生态产品的价值。但是也有研究提出需要剥离产品中的自然贡献与人工贡献，例如，根据 Shah 等（2019）的研究，在核算的 18 种常见农产品中，来自生态系统自身的贡献实际很低，如小麦占 18.79%，棉花占 15.34%，水稻占 9.99%，玉米仅占 0.39%，常见农产品的生态占比阈值在 0.39%~26.33%，而非生态部分占比阈值在 73.67%~99.61%；根据刘畅等（2019）的研究，水电中的人工投入约为自然投入的 15 倍。购买这些商品及服务

按不同生态系统服务分类的生态产品

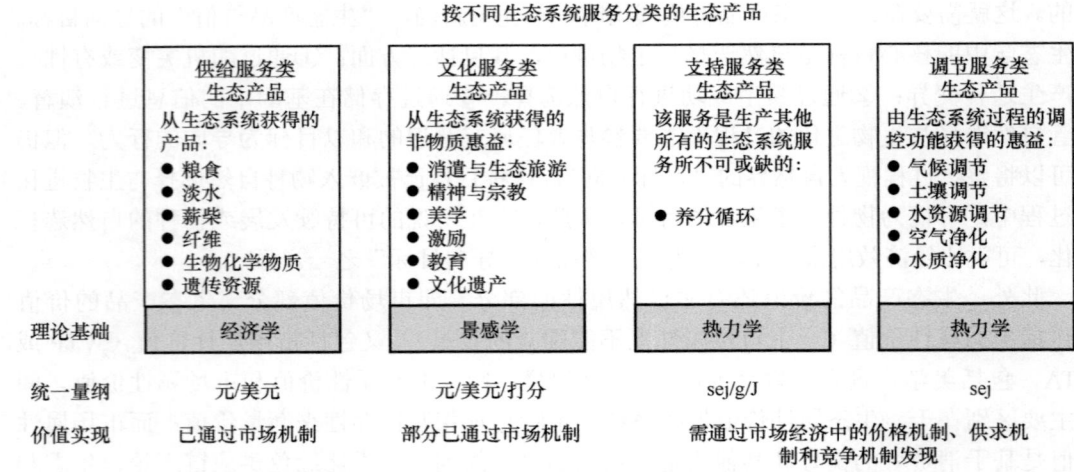

供给服务类生态产品	文化服务类生态产品	支持服务类生态产品	调节服务类生态产品
从生态系统获得的产品： ● 粮食 ● 淡水 ● 薪柴 ● 纤维 ● 生物化学物质 ● 遗传资源	从生态系统获得的非物质惠益： ● 消遣与生态旅游 ● 精神与宗教 ● 美学 ● 激励 ● 教育 ● 文化遗产	该服务是生产其他所有的生态系统服务所不可或缺的： ● 养分循环	由生态系统过程的调控功能获得的惠益： ● 气候调节 ● 土壤调节 ● 水资源调节 ● 空气净化 ● 水质净化
理论基础：经济学	景感学	热力学	热力学
统一量纲：元/美元	元/美元/打分	sej/g/J	sej
价值实现：已通过市场机制	部分已通过市场机制	需通过市场经济中的价格机制、供求机制和竞争机制发现	

图 2-1 基于不同生态系统服务的生态产品及所对应的理论基础

时的定价中实际已经包含了对人工投入的付费，不应将完整的定价算作生态产品的总价值，因此在计算农产品与提供水电等生态产品时，是否剥离人工投入将对确定该项服务价值产生巨大影响。这说明当前部分生态产品使用的市场均衡价格是大量混合了非生态部分的投入，需要对这种不纯粹的生态产品的估价准确性进行"质疑"。

（2）文化服务类生态产品，即从生态系统获得的非物质惠益。该部分生态系统服务一直以来都是核算的难点，常通过旅行价值法等进行价值估算。近年来，由赵景柱教授提出的关于景感营造理论和方法，即广义景感生态学（general landsenses ecology），或简称为景感学（landsenseology），已出现在该方面的应用（Zhao et al.，2015）。其思想主张将人的感知即视觉、嗅觉、听觉、味觉、触觉以及心理感受等纳入生态环境研究中（张学玲等，2017），并尝试定量化，如对"风感"的量化（王凯等，2019）和对绿色基础设施的量化（韩林桅等，2019）。景感营造主要有如下 3 种途径：一是借助已有载体，把愿景融入已有载体，使其成为景感。二是根据呈现愿景的需要，对已有载体进行不同程度的改造形成新的载体，并把愿景融入这一新的载体，使其成为景感。三是新构建载体并将愿景融入其中，使其成为景感。其基础逻辑是强调人的体验下的生态产品实现，例如相似的景区，其提供的景观、教育文化等服务也相同，但开发或附加服务导致的人的体验性不同而形成的感知差异会影响其价值实现的大小。这部分可以采用体验性打分方式，将景感学与经济学结合来进行价值实现。景感学可能是破解当前文化服务难以纳入问题的有效办法。

（3）支持服务类生态产品。该服务是生产其他所有生态系统服务所不可或缺的。在一般的核算中通常不包括生态支持服务功能，原因是这些功能支撑了产品提供功能与生态调节功能，而不是直接为人类的福祉做出贡献，这些功能的作用已经体现在产品功能与调节功能方面（欧阳志云等，2013）。而这也说明，该服务是全球性/区域性生态热力学过程的一环，与其他生态产品呈现前向关联或后向关联，是符合热力学规律的。

（4）调节服务类生态产品，是从生态系统过程的调控功能中获得的惠益。这部分产品大多是为人类提供服务而无法商品化的生态系统服务。虽然"货币化"失灵，但这种服务的产生必须遵守热力学第一定律。也就是说，进入所有经济和生态过程的能量输入必须等于这些过程的能量输出。就生态产品定价的流程而言，热力学第二定律的含义也很重要。所有生态和经济过程的耗散性意味着能量及物质（热力学）价值的下降，在生态产品定价中必须考虑到这一点。

基于热力学的定价，新古典经济学在生产理论中对物质加工与能量投入的分析中就已考虑了质量守恒和能量守恒原理，但因为受限于传统生产（和价格）理论中对生态系统物质/能量基础的理解不完整以及当时的能量规律仅表达为封闭系统中的能量守恒和耗散，古典经济学家未能将18世纪四五十年代发现的热力学定律用于扩展传统的生产视角，以便包括能量和能量规律或对质量守恒原理的更普遍应用（Christensen，1989；严茂超，2001；刘正刚等，2019）。基于热力学原理，能值是产品或劳务形成过程中直接或间接投入应用的一种有效能总量（Odum，1996；蓝盛芳等，2002；Geng et al.，2016），单位为太阳能焦耳（sej）。Odum（1988）确定了由生物圈的太阳能、潮汐能和地热能驱动的生物圈作为自然资源及生态系统服务的原始驱动力研究，将这些能量核算为太阳能等效能量，并把能值分析方法作为可持续性评估和自然资本评估的核算基础（Odum H T and Odum E C，2000）。Odum（1996）提供了价值观点的能源理论的最全面的表述。他的系统模型清楚地表明了能量流和伴随的货币逆流如何解析所有经济活动。然后，利用这种理论模型，Odum（1996）得出了一系列产品的能值转换率，以能值的形式衡量了经济系统中各种产品的热力学价值。Patterson（1983，1996）进一步开发了一种通过求解联立方程组来计算复杂生态经济系统中能值转换率的方法。Odum（1996）进一步通过引用Lotka（1922，1925）的最大功率原理，建立了热力学价值理论。能值分析方法的优势是能通过能值转换率将不同等级、不同类别的物质或能量转化为统一的衡量尺度（Brown and Ulgiati，2004a；刘耕源和杨志峰，2018），从而解决当前生态系统服务核算中缺乏共同度量尺度的问题。能值分析方法不仅是环境核算的重要方法，它对物质流动和能量传递的细致剖析，也使其成为系统分析和评价的重要工具。它允许量化支持每个流量或存储的环境工作量，从禀赋价值视角（贡献者视角）来评估每个资源，而不仅仅是基于人类偏好和市场偶然性，其方法学的不确定性与准确性也得到了充分的探讨（Li et al.，2011；Hudson and Tilley，2014）。同时，能值重新理解自然资产及生态系统服务的产生，因此，能值分析方法相比于经济学方法更加适用于核算来自自然生态系统的生态产品。

基于热力学、经济学、景感学等多元生态产品价值方法论的提出，首先，是面向了不同种类生态产品内涵的复杂性，可以形成针对不同服务的多准则计算框架和方法学。其次，也是面向了生态产品价值实现目标的多样性。例如，可以解决生态补偿到底是补偿给谁、依据什么确定补偿额度、用生态产品确定补偿时到底其中哪部分应该作为依据和准则等问题。生态系统服务是直接或间接贡献人类福利的生态特征、功能或过程，即人类从运作的生态系统中获得的福利（Costanza et al.，1997）。这种福利是自然生态系统贡献、人工投入和人类偏好共同作用的结果（刘耕源和杨青，2019）。因此基于生态系统服务进行生态补偿的研究中存在着直接将生态系统服务核算结果全部纳入生态补偿范围的现象，使得补偿标准远超出了当地经济发展水平和政府财政承受能力范围，致使难以为生态补偿实践提供科学指导。而生态补偿的内涵是对具有公共物品属性或外部性的生态系统服务进行补偿，对具有非公共物品属性的生态系统服务按照供求关系所确定的市场价格进行交易，相关方利益均衡，不存在补偿的问题（王兴杰等，2010），也即生态系统服务中的人工投入和基于人类偏好的价值并非生态补偿范畴的生态系统服务，因为二者已经在市场中完成了"交易"与"付费"。因此，识别纳入生态补偿范畴的生态系统服务类别是基于生态系统服务进行生态补偿研究和实践的前提。再次，可以确定生态产品价值的最优策略。例如，在经济学方面有帕累托最优，在热力学和景感学方面的最优策略与经济学方面可能并不一致。不同的学科伴随着不同的约束条件和目标函数，构成了复杂系统的非线性优化问题。例如，Costanza 和 Neill（1984）开发了一种线性规划方法来确定"最佳"生态产品价格和"最佳生产过程"，他们选择了"输入到系统中的太阳能值总量最小化"为目标函数，这满足 Odum[①] 提出的生态系统最大功率原理。Jørgensen（1998）等则将"生态可用能"（eco-exergy）视为生态系统分析中的最优目标函数。因此，对不同类型的生态产品而言，其最优策略应不只有一个目标函数。最后，生态产品的价值通过热力学、经济学、景感学计算出的不同单位的值也可通过一些方法进行统一核算，因为最终是通过转化为货币量来进行价值实现的，但不同生态产品的货币化方式不同，需要通过市场经济中的价格机制、供求机制和竞争机制去发现。例如，基于能值分析方法可以对以热力学为基础的生态产品形成稳定评估的统一标的物，即形成代币，为后续进一步通过市场途径货币化和实现交易创造条件，而近期形成的生态元（刘世锦和刘耕源，2019）和三元价值理论也在探索如何通过代币进一步获得真正意义的交易价格或市场价格。

2.3　生态产品价值实现机制：经济学与区块链

热力学、经济学和景感学所提供生态系统服务统一核算后形成的代币，可通过区块链和交易市场实现代币到交易价格或市场价格的转化。区块链是分布式数据存储、点对点传输、共识机制、加密算法等技术的集成应用，二者的集合使生态资产加密数字货币化的形成成为可能，可以有效解决生态产品市场交易机制中的公开透明和信任等问题。

热力学和景感学都有与区块链结合的理论基础。能值分析的基础是生态流（供应链），其目标之一是以绿色制造理论和供应链管理技术为基础，涉及供应商、生产厂、销售商和用户，其目的是产品从物料获取、加工、包装、仓储、运输、使用到报废处理的整个过程中，对环境的影响（负向作用）最小、资源效率最高（Beske-Janssen et al.，2015；Hassini et al.，2012）。此外，能值分析还能根据能量传递链追踪到能量起点，包括具体是哪种生态服务类型和哪种土地利用类型，这就需要探索建立生态产品的鉴定、评估、确权、上链、监管等机制。景感学的理论研究和实际应用也需要对生态及相关动态过程进行长期地、实时地、原位地观测，包括客观的"感"和人们主观的"感"等方面。这类观测只有通过物联网的途径才有可能获得，通过其他途径是很难或无法获得的。同时，物联网为趋善化过程与模型的实现提供了可行的途径，进而为土地利用的规划、建设、评价、管理与调控等提供了有效的保障（Zhao et al.，2015）。这就需要探索建立自然人的生态信用档案和评估体系。

区块链流程始于当事方无须中介直接进行对等交易。这些交易可以通过简单的协议传输数字资产或信息，也可以合并称为智能合约的复杂程序。这些智能合约会根据预定义的

[①] Odum H T. 1971. Environment, Power and Society. New York: Wiley.

编程规则自动执行和转移数字资产（Buterin，2013）。每一方都拥有可以用来验证交易的区块链分类账本的副本，一旦满意就将交易广播到网络。网络收集广播的交易并将其验证为按时间顺序排列的列表，称为"区块"。然后，网络将执行共识过程，以商定将当前交易块添加到分类账本中。在网络达成共识后，该区块将"链接"到所有网络运行中的区块，使用称为哈希的不可逆的加密过程来链接该区块。哈希将分布式账本数据汇总为简洁的字符串，如果基础数据发生更改，该字符串会发出警告。然后，更新分布式账本的每个副本，并创建一个包含新创建的哈希的新区块。然后，网络移至下一个区块，并且过程继续。区块链的吸引力在于其数据不篡改性、透明性、验证性以及隐私性和安全性（Aste et al.，2017；Catalini and Gans，2016）。区块链提供了一个几乎防篡改的交易历史纪录，可提高网络信心并防止交易被拒绝（Aste et al.，2017）。这段历史带有实现可追溯性的透明性（Kshetri，2017）和提供欺诈与腐败保护的可审计性（Kshetri，2017）。作为交易系统，它可以降低验证成本（Catalini and Gans，2016）和维护多个分类账本（Iansiti and Lakhani，2017）。目前，区块链技术已探索运用到碳市场支持电力生产和消费新经济模型的分布式能源系统及技术中（Green and Newman，2017），但如何将区块链应用于碳市场确实才刚刚开始被探索。碳市场的理论基础是，通过贸易可以在经济和环境协调的基础上更有效地实现减排（Schmalensee and Stavins，2017）。碳市场包括碳排放交易计划和碳补偿计划。碳排放交易计划设定了排放限值，分配了排放配额，并允许配额交易直到用于履行履约义务为止。碳补偿计划为减少、隔离或避免排放的项目发放碳信用额。这些项目向为其颁发碳信用额度的机构报告，然后可以将其注销或用于履行合规义务（MacKenzie，2009）。

因此，可以探索由自然资源部、国家发展和改革委员会、财政部、中国人民银行、国家金融监督管理总局等部门联合筹建生态产品交易平台和服务体系，为交易主体提供价格及供求信息，降低制度性交易成本，完善生态产品分等定级价格评估制度和审核制度，健全市场监测监管和调控机制，在此基础上探索实践区块链与生态产品核算应用，从而更好地发挥生态产品市场机制作用。

以生态产品与区块链的结合为例，探索建立生态产品的鉴定、评估、确权、上链、监管等机制。对每年各区域山水林田湖草生态系统所能提供的生态服务类产品进行核算，并将生态产品的增减值写入生态产品交易平台的数据块，区块链通过对数据块新的增减值的所有记录进行数字签名合法化校验，将新交易记录向所有节点全网广播，接受节点将自己的哈希加到所认可的数据块中做背书。将热力学、景感学等方法的核算结果作为代币可以实现各级生态用地产权主体与该区域签订智能合约，不同区域按照当地的市场价格对接，形成交易。基于规范统一的生态产品交易平台，盘活生态资源资产，利用区块链金融的不可更改、去中心化等特性，搭建生态产品产权抵押贷款平台、仓储融资平台、在线融资平台、生态保护和修复融资平台、生态补偿融资平台等，鼓励银行、证券、基金等各类金融机构按照风险可控、商业可持续原则，探索建立生态产品绿色银行，完善绿色信贷、绿色保险、绿色债券、绿色基金、绿色税收等金融体系，引入资本中介，拓宽绿色发展融资渠道，引导社会资本积极参与生态产品交易，逐步将"输血式"生态修复和生态补偿变为"造血式"绿色发展。其中，在绿色信贷方面，可借鉴浙江林权抵押贷款制度，探索和完善其他类别生态产品产权抵押贷款，建立生态产品抵押评估、担保和变现机制，鼓励发展规范的评估机构和从业人员承担信用评估服务。引导设立绿色担保基金，探索通过小额生态产品贷款担保合作社、资金互助社和国有控股担保公司等,解决产权抵押贷款难题。在绿色保险方面,应积极参与制定绿色保险标准及风险评估标准,探索建立绿色保险定价体系,扩大森林、农田、渔业等保险品种,探索设立生态产品收益保险、生态修复工程责任保险、绿色企业贷款保险等,推进政策性综合保险,推动绿色保险逐渐覆盖生态产品交易、生态修复、环境治理和生态农业等多个领域。在绿色债券方面,积极参与完善绿色债券评估和评级标准,降低绿色债券的融资成本,健全企业在生态产品交易平台、金融市场、股权交易中心等发行绿色债券融资或绿色债务融资工具的机制,引导投资主体与生态产品供给主体建立紧密型利益联结机制,共同参与生态经济建设。在绿色基金方面,探索设立生态保护和修复专项基金、生态补偿专项基金等,完善专项基金管理办法,实现生态保护和修复以及生态补偿的市场化、多元化。

完善的生态产品认证体系和生态信用制度体系,是保障生态产品价值实现的重要条件。其中,建立生态产品认证体系是指利用生态产品区块链来源可查、去向可追、责任可究的特点,将生态产品标的物打上地理标识和产权标签再进行上链,确保生态产品可防伪溯源,从而完善生态产品供给方与受益方的信任机制。建立生态信用制度体系是指建立企业主体、自然人的生态信用档案、正负面清单和信用评价机制,建设生态信用信息服务平台,将破坏自然资源与生态环境、超过资源环境承载能力开发等行为纳入失信范围,将生态信用信息上链并归集到生态信用平台,适当引入第三方信用服务机构,探索制定生态信用评级和绿色政务信用评价等标准规范,探索建立生态信用行为与金融信贷、行政审批、医疗保险、社会救助、税收等挂钩的联动奖惩机制。

2.4 本章小结

生态产品价值实现当前探索实践中仍面临着生态系统服务度量难、核算难、货币化难、交易难等基础性难题,生态系统服务的评价有很多种形式,包括物理量评价、物理量的市场评价、物理量的替代价值评价、无物理量的支付意愿及其他感受性的替代价值评价等。而这些方法的逻辑体系、效用类型、存在形式是不同的,强行用货币单位加和到一起,评价结果往往是相互矛盾的。为更好地解决上述问题,应逐步统一生态产品价值核算体系,根据其特点制定生态产品的价格形成机制、成本监审制度和价格调整机制,开展生态产品标的物价值化的价值核算,最终形成核算体系。区块链是分布式数据存储、点对点传输、共识机制、加密算法等技术的集成应用,生态产品核算的统一标的物为其提供了代币的基础,二者的集合使生态资产加密数字货币化的形成成为可能,可以有效解决生态产品市场交易机制中的公开透明和信任等问题。通过探索利用区块链、大数据等科技赋能生态产品价值实现,完善生态产品市场交易机制,建立统一的生态产品交易平台,促进绿色金融发展,推动自然资源管理能力现代化。

第 3 章

生态产品的三元价值理论

3.1 生态产品（服务）的三元价值理论

3.1.1 生态系统服务的概念与研究进展

"自然服务"一词最早出现在 Westman（1977）发表的 *How Much are Nature's Services Worth?* 一文中。其同义词"生态系统服务"第一次出现在 1981 年（Ehrlich and Ehrlich，1981），后在 1983 年得到系统介绍（Ehrlich and Mooney，1983）。但有学者认为自然系统提供人类福祉的观点和人类本身一样古老（Costanza et al.，2017）。Gómez-Baggethun 等（2010）详述了生态系统服务的概念及其发展历史，并考察了将生态系统服务纳入经济理论和实践的里程碑的市场及支付方案。20 世纪 50 年代后，随着生态资本的迅速消耗，生态系统服务的丧失更加明显（Beddoe et al.，2009）。人们对生态系统生态学及自然资本的非市场价值认识日益增强（Costanza et al.，2017），并在 20 世纪 80 年代创立了一个新的跨学科领域，即"生态经济学"（Costanza，1991），这使有关经济与生态系统相关关系的概念、方法学和案例研究得以扩散（Braat and de Groot，2012）。1995 年 10 月，生态系统服务历史上的一个关键事件，即在美国新罕布什尔州举办的保护与环境青年学者研讨会（Pew Scholars in Conservation and the Environment）。会议其中的一项主题为编写有关生态系统服务的书，这本书随后由 Gretchen Daily 主编并于 1997 年出版，即 *Nature's Services: Societal Dependence On Natural Ecosystems*（Daily，1997）。同年，Robert Costanza 在 *Nature* 上发表了核算全球生态系统服务的文章 *The Value of the World's Ecosystem Services and Natural Capital*（Costanza et al.，1997）。1997 年这两个开创性的著作引发了关于生态资本和生态系统服务及其相关政策等的研究热潮（刘耕源和杨青，2018）。

关于生态系统服务的概念，在各种出版物中都有所发展，至今尚未统一。主要有六种：①生态系统服务是自然生态系统和物种维持与实现人类日常生活的条件及过程（Daily，1997）；②生态系统服务是直接或间接影响人类福祉的生态特征、功能或过程，也即人类从正常运转的生态系统中获得的效益（Costanza et al.，1997）；③生态系统服务是人类从生态系统中获得的效益（MEA，2005）；④生态系统服务是自然的组成部分，可以直接享受、消费或创造人类福祉（Boyd and Banzhaf，2007）；⑤生态系统服务是主动或被动地产生人类福祉的生态系统的各个方面（Fisher et al.，2009）；⑥生态系统服务是生态系统对人类福祉的直接和间接贡献（TEEB，2010）。但近年，政府间生物多样性和生态系统服务科学政策平台（Intergovernmental Science-Policy Platform on Biodiversity and Ecosystem Services，IPBES）基于《千年生态系统评估报告》和现存的生态系统服务的含义，提出了一个新的名词，即"自然对人类的贡献"（nature's contribution to people，NCP），其定义为自然（生物和生态系统多样性及其相关的生态和进化过程）对人类生活质量的所有积极和消极的贡献（Díaz et al.，2018）。NCP 和生态系统服务含义的不同在于其包括了生态系统对人类负面或消极的贡献。同时，Díaz 等（2018）认为 NCP 的概念通过纳入更具包容性和跨学科的方法，扩展到了生态系统服务的概念之外，更加关注文化的重要性及在人与自然关系的理解中考虑了当地独特性。当然，新名词的提出也受到了较严厉的批评，例如 Maes 等（2018）就从生态系统服务已不仅仅是一个存量和流量的框架及生态系统服务具有包容性且能提供多种价值等方面进行反驳。首先，Maes 等（2018）认为 Díaz 等（2018）声称的"生态系统服务主要是描述人与自然之间存量和流量关系的研究框架，在很大程度上并没有吸收社会科学或包括本地人在内的当地实践者的各种观点"是不合理的，至少用该概念描述欧洲的实践经验是不合理的。Spake 等（2017）也认为生态系统服务将生态学家、经济学家、社会科学家联系在一起，他们共同努力了解自然与人如何在社会生态系统中相互作用。另外，Díaz 等（2018）认为生态系统服务概念中某些不适合用生物物理法或货币量化计算的文化服务的现有核算方法是比较落后的。但 Maes 等（2018）批评道，其实除了传统的调查法和访谈法外，已有研究开发了从社交媒体或移动端的应用程序中提取对自然的社会属性、经验值以及观察数据等的方法，这为更好地理解人类怎样享受生态系统服务中的文化服务提供了新的方法。此外，Díaz 等（2018）将生态系统服务视为建立在基于市场价值框架上的"狭隘的经济方法"。但 Maes 等（2018）认为早在 2013 年，欧盟启动的"生态系统及其服务制图和评估"（Mapping and Assessment of Ecosystems and their Services，MAES）中已在其概念模型中解决了多种价值的问题。其他方法的开发和应用，如专家打分法、参与式 GIS 绘图法（Brown and Fagerholm，2015）等，可确保将共享的自然界的社会和文化价值纳入生态系统评估中。因此，Maes 等（2018）呼吁使用 NCP 概念的专家使用生态系统服务相关知识库，对其进行补充和改进，以更加包容性和协作性的方式使用 NCP 概念以支持未来可持续的政策及措施。这些概念的争论核心是对于现有的生态系统服务的框架和方法与实践的不满足，尝试用新的框架与方法学解决现有的困局。

3.1.2 生态系统服务与自然资本

除了生态系统服务外，研究中还常用到自然资本（natural capital），其中的资本一般被定义为随时间推移产生服务流量的存量（Costanza and Daly，1992）。也就是说服务是一种流量，而资本是一种存量。这里的"资本"一词用于连接人类经济和生态维度。人类为了从生态系统中获得效益，自然资本必须与其他形式的资本（如制造资本、人力资本和社会文化资本等）相互作用，并需要人类来建立和维持。也即，生态系统服务可看作自然资本和其他形式的资本相互作用产生的对人类福祉的贡献。没有这些资本的相互作用，服务不会简单地流向人类福祉（Costanza et al.，2017）。这也就很好地解释了生态系统服务不仅包括自然贡献部分，还包括自然贡献与人类共同努力部分，以及存在价值（即人类对生态系统的存在的感知或偏好，以及其作为全球生态系统的局部存在的贡献）。这就意味着在核算生态系统服务之前需要构建能够清晰地识别或剥离生态系统服务不同服务价值形态的理论依据或基础。

3.1.3 生态系统过程、功能与服务的差异性

生态系统过程与功能指生态系统中存在的生物物理关系，与人类是否从中受益无关。而生态系统服务则为直接或间接地使人类受益的生态系统过程和功能（Costanza et al., 1997; Braat, 2013）。因此生态系统功能可包括NPP、固碳释氧、构建土壤、补给地下水、生物多样性等；而生态系统服务则可包括净化空气、净化水质、调节气候等。而从生态系统中收获的任何东西，如树木、鱼类、矿产、水等，不是服务，而是自然资本的消耗。这种自然资本对人类是有益的，但如果收获导致生态系统生产力下降或者功能的退化，那么虽然这对人类有利，但对于地球生物圈并不是净收益。

3.1.4 生态产品三元价值理论的应用

3.1.4.1 生态产品（服务）的三元价值理论提出思路

基于前期的研究（刘耕源，2018；刘耕源和杨青，2018）及图3-1可以发现，生态系统服务的形成包括纯自然贡献带来的服务（nature's contribution，这里并没有突出自然对人类的贡献，是因为不少功能是既对人类有用，又对整个生态系统有用，并间接地对人类有益，如NPP、固碳释氧、构建土壤、补给地下水、净化空气、调节局地温湿度、固持土壤等）、自然贡献和人工投入共同作用形成的服务（例如为了从森林生态系统中获取林产品需要投入机械、劳动力等），以及基于人类偏好和全球性服务在局地分摊的存在价值（existing value）三类。其中纯自然贡献的服务包括NPP、固碳释氧等。值得注意的是，这里考虑的生态系统边界是纯粹的自然生态系统，是不包括人类的居住、工厂生产或者其他经济系统等的，使用这种边界划定方法就使得自然生态系统（如森林生态系统、滨海生态系统等）摒除了人类在当地的开发规模、强度、技术水平干扰，实现了比较的前提和可能性。而现在很多计算生态系统服务的方法实际上混合计算了大量的人工投入（表征了人类对于生态系统的努力程度），如森林生态系统提供的木材产品或者其他林产品等服务是需要通过伐木工等的劳动、工具/设备的使用、电力等能源的投入等才能获得的；农业生态系统提供的农产品服务需要投入更多，包括种子、能源、机械、化肥、水、农民的劳动等，这些服务是自然贡献和人工投入共同作用的结果，甚至产生了负服务（dis-services，如环境损害、水土流失等）。例如，两块完全相同的林地所能提供的生态系统服务应该是一样的，但如果其中一块林地由于人类的砍伐、捕猎，按现有的核算方法其生态系统服务（尤其是供给功能）是远高于另一块未经扰动的林地的。但是如果合理地砍伐、捕猎并不造成林地的退化，两块林地所能提供的生态系统服务中的自然贡献部分应是一致的，而价值上的差异点应是人类在不同林地上的努力程度不同。换句话说，供给服务的增强提高了生态系统服务价值，提高的这部分只反映了人类的努力程度。因此，这也就很好地解释了在不少生态系统服务的研究中不愿意纳入农业生态系统生态服务的原因，这些研究认为现代农业生态系统已经是人类通过不可更新资源驱动的；而另一些研究则将农业生态系统提供的农业产品和农业

植物生长过程中所提供的服务全部加入，过高地计算了大量蕴含人工投入的生态服务价值。根据 Shah 等（2019）的研究，在核算的 18 种常见农产品中，来自生态系统自身的贡献实际很低，如小麦占 18.79%，棉花占 15.34%，水稻占 9.99%，玉米仅占 0.39%，占比阈值在 0.39%～26.33%，而产品的非生态部分占比阈值在 73.67%～99.61%。水坝系统也有同样的问题。根据刘畅等（2019）的研究，水电中的人工投入约为自然投入的 15 倍。因此在计算提供水电这一服务时，是否剥离人工投入将对该项服务价值产生巨大影响。但是如果能将自然贡献与人工投入完美剥离，就能解决这一问题。存在价值包括两类：一类是基于人类偏好的服务，包括审美、休闲娱乐、文化教育等，人类通过支付一定货币获得此服务。这一类的服务更适合通过支付意愿等接受者价值方法进行计算。另一类是全球性的服务在局地的分摊，这些服务不是由本地生态系统的存量、流量造成的直接影响或是对污染物等产生的间接影响，而是本地生态系统的存在对跨尺度的生态环境造成的影响（有的也存在存量、流量变化，但是这里的存量、流量是跨尺度的、多尺度共同影响造成的，这里需要考虑大尺度的影响在本地尺度的分摊效应）。这种存在服务价值反映了该生态系统的重要性，其中基于人类偏好的方法反映了该生态系统在人们感受中的重要性，而全球性的服务在局地的分摊反映了该生态系统在全球的重要性。例如，两片完全相同的湿地，其每年的门票收入不同，或者对全球气候变化的影响不同，表明其重要性不同。因此，生态产品（服务）可看作由"自然贡献-人工投入-存在价值"三部分组成，本研究称为"三元"。而在生态系统服务核算及相关应用研究中需要对"自然贡献-人工投入-存在价值"这三元进行剥离，以避免重复计算或高估生态系统服务造成的不良影响，即构建剥离"自然贡献-人工投入-存在价值"的生态系统服务三元价值理论。

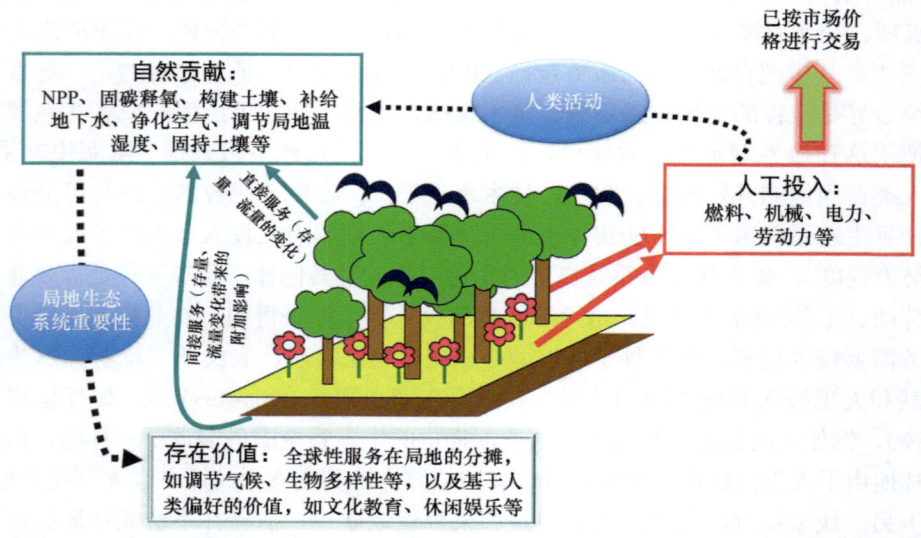

图 3-1 剥离"自然贡献-人工投入-存在价值"的生态系统服务三元价值理论示意图

以河流生态系统为例（图 3-2），自然贡献（A），为与生态系统存量、流量变化及其变化产生的附加影响相关的生态系统服务，包括直接服务（NPP、固碳释氧、补给地下水、增加底泥中有机质等）和间接服务（净化水质、运移营养物质和调节局地温湿度等）；人工投入（B），包括提供水源（人工投入部分）、水力发电潜力（人工投入部分）、渔产品（人工投入部分）等；存在价值（C），包括调节气候、生物多样性保护、休闲娱乐和文化教育等（刘耕源和杨青，2019）。而河流生态系统中人工投入部分主要表现在，为获取水电，除降水和高程差两大自然因素外，还需要投入机械、劳动力等建筑水坝。而基于"自然贡献-人工投入-存在价值"的生态系统服务三元价值理论，本研究仅核算降水和高程差两大自然因素，从而实现对人工投入的剥离。

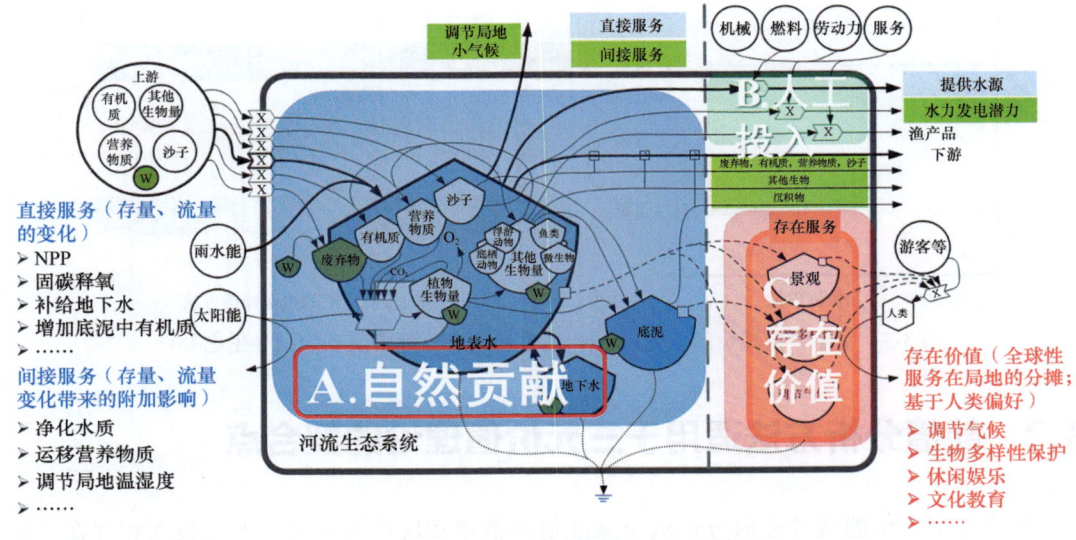

图 3-2 河流生态系统服务的三元价值图
W：污染物；X：相互作用

3.1.4.2 生态系统服务三元价值理论的可能应用

"自然贡献-人工投入-存在价值"的生态系统服务三元价值理论的可能应用在于指导生态补偿。生态补偿机制是一种让生态系统服务提供者愿意提供具有外部性或者公共物品属性生态系统服务的激励机制。因此纯自然贡献的生态系统服务作为一种典型的公共物品，是生态补偿的重点部分。而自然贡献和人工投入共同作用形成的服务，需要将人工投入从生态补偿范围中剥离，因为人工投入不属于公共物品，其已在供求关系形成的市场价格中进行了交易，相关方利益均衡，不存在生态补偿问题。存在价值的一部分作为一种付费获取的服务，实际上这种付费已是对生态系统服务的一种补偿。也即在"自然贡献-人工投入-存在价值"生态系统服务三元价值理论体系中仅需将自然贡献部分的生态系统服务作为生态补偿的对象。根据系统生态学原理，一个地区生态系统服务的产生包括当地可更新资源、不可更新资源、进口原材料和燃料等的投入。同理，在确定生态补偿标准时仅将其中自然贡献部分如可更新资源、不可更新资源等作为消费量纳入生态补偿体系中。传统基于生态系统服务价值的生态补偿方法将大量人工投入价值纳入生态补偿范围，容易造成生态补偿标准超出当地经济发展水平和政府财政的承受范围，使得政府在落实生态补偿政策时存在较多困难。"自然贡献-人工投入-存在价值"生态系统服务三元价值理论的创新点在于实现自然贡献与人工投入的剥离，生态补偿中通过自然贡献确定补偿基线，当两地自然贡献部分相同时，需要根据人工投入（基于人工投入绩效的支付）和存在价值（基于偏好的支付）进行二级修正，详见图3-3（刘耕源和杨青，2019）。因此，构建"自然贡献−人工投入−存在价值"生态系统服务三元价值理论体系，根据生态补偿的内涵，识别纳入生态补偿范围的生态系统服务，为生态补偿政策落地提供了精细化分析的前提与基础。同理，构建"自然贡献−人工投入−存在价值"生态系统服务三元价值理论体系，对实施建立在生态系统服务准确核算及价值剥离基础上的生态环境保护措施具有重要指导意义。

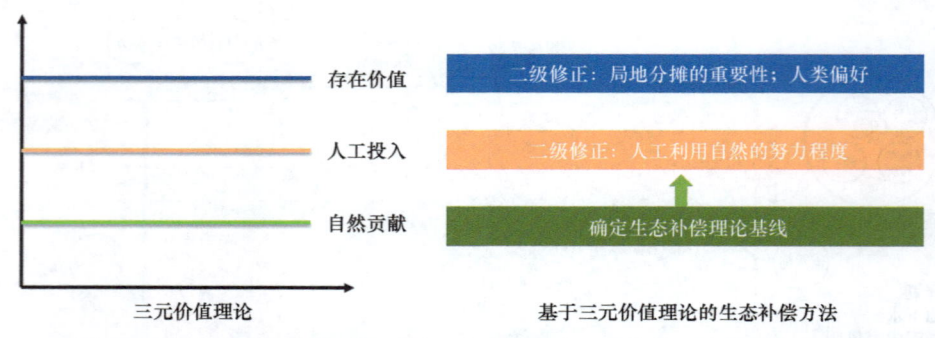

图 3-3 基于"自然贡献−人工投入−存在价值"三元价值理论指导生态补偿

3.2 能值分析方法适用于三元价值理论的契合点

能值分析方法能通过能值分析清单或能值转换率实现自然贡献、人工投入和存在价值三元价值的剥离，成为构建三元价值理论的必然选择。能值分析方法从生态系统贡献者的视角出发系统全面地核算生态系统服务价值。它的优势是能通过能值转换率将不同等级、不同类别的物质或能量转化为统一的衡量尺度（Odum，1996；Brown and Ulgiati，2004b；Geng et al.，2013，2016），即太阳能值（单位为太阳能焦耳，sej），从而解决当前生态系统服务价值核算中缺乏共同度量尺度的问题。目前已应用在森林生态系统（Yang Q et al.，2018）、湿地生态系统（Yang et al.，2019a）、滨海和海洋生态系统（Yang S et al.，2019）、水坝系统（Liu et al.，2019）、草地生态系统（Yang et al.，2020）、农业生态系统（Shah et al.，2019）、城市公园（Almeida et al.，2018）等。而该方法的使用也使传统的使用货币作为统一衡量尺度的方法在近期受到包括 Costanza 等学者的重新审视，Costanza 等（2017）指出，核算出的生态系统服务经济价值不等于市场价值，用货币单位表达的价值也不能等同于市场交易价值。因此，亟须构建及统一基于能值的生态系统服务价值核算方法框架，以从贡献者视角出发核算"自然贡献−人工投入−存在价值"三元价值。

3.3 生态系统服务分类体系及核算方法比较

3.3.1 生态系统服务分类体系比较

为深入理解生态系统服务的内涵，需对生态系统服务分类有清晰的认识。Daily 将生态系统服务分为 13 类；Costanza 等（1997）将其分为 17 类；2005 年由联合国公布的《千年生态系统评估报告》将其分为供给服务、调节服务、支持服务和文化服务 4 类（MEA，2005）；由德国和欧盟委员会发起的"生态系统与生物多样性经济学"项目增加了生态系统服务在经济方面的价值；"生态系统服务国际通用分类"（Common International Classification of Ecosystem Services，CICES）提供了用于自然资本核算的层次一致的科学分类方法。表 3-1 是世界上 4 个主要的生态系统服务分类的异同比较。

表 3-1 世界上 4 个主要的生态系统服务分类的异同比较

服务类型	Costanza et al., 1997[a]	MEA, 2005	TEEB, 2010	CICES, 2017[b]
供给服务	食物生产	食物	食物	生物量-营养
	供水	新鲜水	水	水
	原料	纤维等	原料	生物量-纤维、能源及其他
	—	观赏资源	观赏资源	—
	基因资源	基因资源	基因资源	—
	—	生化药剂和天然药物	药物资源	—
	—	—	—	生物量-机械能
调节服务	大气调节	空气质量调节	空气净化	气体-空气流动调节
	气候调节	气候调节	气候调节	大气组成和气候调节
	扰动调节（调控雨洪）	自然灾害调节	扰动调节	空气和液体流动调节
	水资源调节（自然灌溉和干旱预防等）	水资源调节	水流调节	液体流动调节
	废弃物处理	净化水资源和废弃物处理	废弃物处理（尤其是净化水资源）	废弃物、有毒物质等的调节
	侵蚀控制和泥沙滞留	侵蚀调节	侵蚀预防	质量流量调节
	土壤形成	土壤形成	维持土壤肥力	土壤形成和组成的维持
	授粉	授粉	授粉	生命周期的维持（如授粉）
	生物控制	昆虫和人类疾病管理	生物控制	昆虫维持和疾病控制
支持服务	营养元素循环	营养元素循环和光合作用初级生产	—	—
	避难所（繁殖地、迁徙栖息地）	生物多样性	生命周期维持（尤其是繁殖地）、基因库保护	生命周期维持、栖息地和基因库的保护
文化服务	娱乐（生态旅游、户外活动等）	娱乐和生态旅游	娱乐和生态旅游	身体的相互作用
	文化（审美、艺术、精神教育和科研等）	审美价值	文化、艺术和设计灵感	—
	—	文化多样性	—	—
	—	精神和宗教价值	精神体验	精神的相互作用
	—	知识体系和教育价值	认知发展的信息	智力的相互作用

注：a. 文献（Costanza et al., 1997）未将生态系统服务分为四大类，本列参照文献（Costanza et al., 1997）将生态系统服务 17 类归纳为四类；b. 参照 https://cices.eu/cices-structure/。

— 该分类体系中此项为空。

但以上分类在实际操作时也存在一些问题：

（1）大多研究在计算出所有生态系统服务价值的货币价值后，直接全部相加得到总价值，但由于一项生态过程可能会产生多于一项的生态系统服务，如增加 NPP 和固碳释氧都是由于植物光合作用，而光合作用产生的生物量又是土壤生成部分的原材料，如果直接把这些服务价值相加就存在重复计算的问题；产品的供给是生态系统产生的与人类交集的部分，是 NPP 的子集，如果同时计算了 NPP 及供给产品也会产生重复性问题。这也说明需要进一步厘清各种服务产生的机理以避免重复计算问题。

（2）调节服务，如生态系统对大气、水、土壤中污染物的净化功能等是否考虑了当污染物浓度超过生态系统净化能力就无法再净化超过能力范围的污染物的问题；文化服务中的休闲娱乐、文化教育等价值存在交叉但又不完全重叠，对于这两部分中价值的直接叠加是否会过高估计调节或文化服务价值？

（3）各种分类中均列出支持服务，但是在实际操作中并未计算支持服务。如果不计算却纳入进去，是否表示分类体系本身存在问题。因此，有待建立避免重复计算、合理及全面度量各类生态系统服务的分类体系。

3.3.2 货币量与非货币量生态系统服务核算的核心差异点与可能的融合点

（1）核心差异点是用非货币量方法和货币量方法分别核算来自自然系统服务及基于人类偏好价值时各具优势，需用优势方法核算其对应价值。

如图 3-4 所示，生产者为消费者提供商品，消费者反馈生产者工资，货币量方法应用在社会经济系统中，为了解决外部性问题，采用了环境税、国际贸易平衡等方式来试图平衡前端（左侧）可更新资源的投入，但是实际无法做到对环境的直接支付，因此通过替代价值等方法计算出的与自然系统存量、流量相关的服务的偏差很大。而非货币量方法实现了从源头的统一核算，例如在区域可更新资源的驱动下，通过光合作用，可直接带来生态系统 NPP 的增加及固碳释氧效应；初级生产者凋落经循环又可增加土壤有机质，同时在植物群落的演替过程中又可增加土壤矿物质；植被的存在还可截留径流补给地下水等。以上过程又可带来间接生态效益，如净化大气、水和土壤等污染物，从而减少人体健康和生态系统质量的损害等。但非货币量方法对于存在价值中纯支付意愿型的量化无能为力，例如

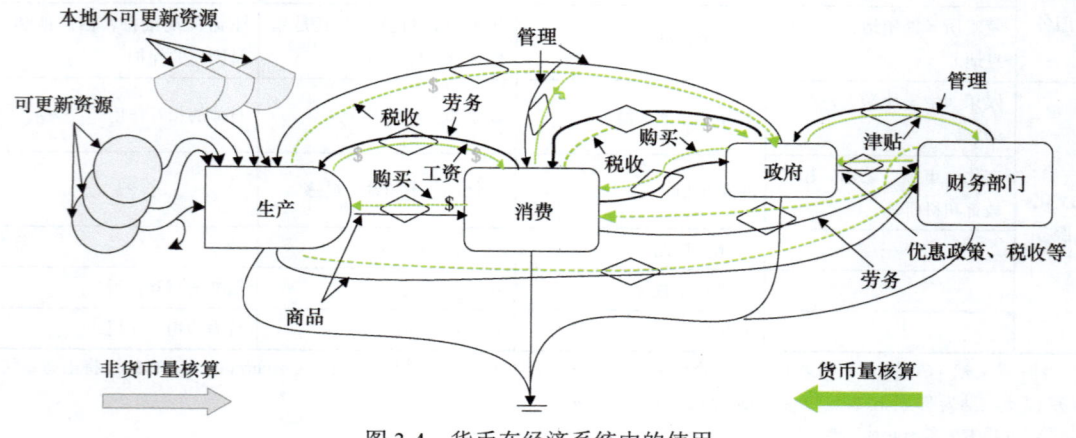

图 3-4 货币在经济系统中的使用

因生态系统存在带来的休闲娱乐旅游、科研文化教育等价值是完全基于人的偏好或感知，用支付意愿或货币量去度量更合理。

（2）当货币量化的方法（$）和能值量化的方法转为货币（Em$）后都不能反映市场价值时，能值分析方法至少可以作为货币量与非货币量价值核算方法的桥梁。

在第九届国际生态系统服务大会上，Costanza等（2017）提出对生态系统服务计算的重要反思：用货币单位来计算的生态系统服务的值，并不代表市场价值或交易价值。这说明经济学方法有替代市场法、影子价格等系列方法进行生态投入的量化，单位都是货币价值"元"（或"美元"），其实都不反映市场价值或交易价值，例如替代市场法是用某种有市场价格的替代物来间接衡量没有市场价格的环境物品的价值，而不是生态服务价值在市场机制中形成的价格；影子价格是根据消费者的支付意愿或机会成本确定的，也不是实际发生在市场中的价值（亚瑟·赛斯尔·庇古，2009）。能值分析方法中的能值货币比，即单位GDP所消耗的总太阳能值，是将生态系统与经济系统沟通起来的桥梁。通过使用形成一个产品或服务所需的直接或间接的总太阳能值（总能值）除以能值货币比，得到该产品或服务的能值货币价值（Em$），即与能值流量相当的经济价值，实现货币量价值向非货币量价值的转化。这也说明，当货币量化的方法（$）和能值量化的方法转为货币（Em$）后都不能反映市场价值时，能值分析方法至少可以作为货币量与非货币量价值核算方法的桥梁。

（3）货币量和非货币量生态系统服务评估是否有方法上可能的结合点。

基于能值分析方法核算的生态系统服务是一种"生物圈价值"，该价值实际是对生态系统服务货币价值核算的很好补充。因此，刘耕源（2018）建议用能量学方法记录环境负债、用货币化方法建立资产负债表的双重核算方法，以说明经济情况及环境对经济生产的贡献，即建立实现自然所有"利益相关者"财富回归"市场经济3.0"的全新金融体系（Barnes，2006）。在现实生活中，决策往往发生在地方或区域层面，价值评估过程涉及诸多利益相关者（Costanza et al.，2017）。因此，可能需要结合货币化和非货币化的价值评估过程以促进可持续的成果（Kenter，2016）。

3.4 生态系统及其服务分类体系重构

本研究根据中国2000年、2005年、2010年及2015年100 m×100 m土地利用类型遥感数据（徐新良等，2018），将林地（包括有林地、灌木林）、草地（包括高覆盖度草地、中覆盖度草地、低覆盖度草地）和湿地生态系统（包括沼泽地、湖泊、水库坑塘、河流）[各生态系统特征详见徐新良等（2018）]纳入研究范围。需要说明的是，根据《湿地公约》，湿地包括自然湿地和人工湿地，前者包括沼泽、湖泊、河流、近海与海岸等，后者包括稻田、水库等。因此，本研究将沼泽地、湖泊、河流、水库坑塘生态系统统称为湿地生态系统。

根据生态系统存量和流量的变化、由存量和流量变化带来的附加影响、基于人类偏好和全球生态系统服务在局地的分摊将生态系统服务分为直接服务、间接服务和存在服务。其中，直接服务包括NPP、固碳释氧、构建土壤、增加底泥中有机质、补给地下水等；间接服务包括净化空气、净化水质、固持土壤、营养物质运移、水电潜力的自然贡献、调节局地温湿度等；存在服务包括调节气候、生物多样性、休闲娱乐和文化教育等。具体生态系统服务分类详见表3-2。需要说明的是，生态系统服务分类中的直接服务、间接服务和存在服务并非和3.1.4节提到的"自然贡献-人工投入-存在价值"生态系统服务三元价值完全一一对应。生态系统服务分类中的直接服务和间接服务同属于三元价值理论中的自然贡献部分，存在服务和三元价值理论中的存在价值相对应。而三元价值理论中的人工投入部分，正如前所述已经在市场中进行了交易，不纳入生态系统服务和生态补偿范围内。

表3-2　本研究的生态系统及其服务类型

	生态系统服务	有林地	灌木林	高覆盖度草地	中覆盖度草地	低覆盖度草地	沼泽地	湖泊	水库坑塘	河流
直接服务	NPP	√	√	√	√	√	√	√	√	√
	固碳释氧	√	√	√	√	√	√	√	√	√
	构建土壤	√	√	√	√	√				
	增加底泥中有机质						√	√		
	补给地下水	√	√	√	√	√			√	√
间接服务	净化空气	√	√	√	√	√				
	净化水质						√	√	√	√
	固持土壤	√	√	√	√	√				
	营养物质运移									√
	水电潜力的自然贡献									√
	调节局地温湿度	√	√	√	√	√				
存在服务	调节气候	√	√	√	√	√	√	√	√	√
	生物多样性	√	√	√	√	√	√	√	√	√
	休闲娱乐和文化教育	√	√	√	√	√	√	√	√	√

注："√"表示生态系统具有此项生态系统服务。

生态系统服务分类及其含义见表3-3。

表3-3　生态系统服务分类及其含义

类型	代码	服务名称	含义	表征指标
直接服务	ES1	NPP	NPP是指植物光合作用固定的能量中扣除植物呼吸作用消耗掉的那部分后，剩下的可用于植物的生长和生殖的能量。需说明的是，本书用NPP替代了生态系统的产品（林产品/农产品等）来反映自然系统的服务，这里的服务反映了自然的贡献（nature's contribution）并且摒除了同地区人力投入的差异性	当地可更新资源
	ES2	固碳释氧	无机碳即大气中的二氧化碳通过植被光合作用转化为有机碳即碳水化合物，固定在植物体内或土壤中	生态系统单位面积固碳量
	ES3	增加底泥中有机质	考虑水生植物是湿地生态系统沉积物中有机质的主要来源，而沉积物中有机质对整个湿地生态系统物质流至关重要	湿地生态系统NPP的凋落物比例乘以凋落物有机质含量

续表

类型	代码	服务名称	含义	表征指标
直接服务	ES4	构建土壤	土壤通过机械和化学风化过程及植被凋落物的累积与腐烂构建了土壤矿物质和有机质	土壤中有机质和矿物质的构建量
	ES5	补给地下水	地表生态系统入渗补给了地下水	地下水补给量
间接服务	ES6	净化空气	生态系统净化大气污染物，如 SO_2、氟化物、NO_2、CO、O_3、PM_{10} 和 $PM_{2.5}$ 的能力	因生态系统净化大气污染物而减少的人体健康和生态系统质量的损失量
	ES7	净化水质	湿地生态系统可通过稀释、沉淀、吸收、化学和生物反应等净化水中污染物，如重金属等	因生态系统净化水体污染物而减少的人体健康和生态系统质量的损失量
	ES8	固持土壤	因生态系统的覆盖而减少了土壤侵蚀	潜在和实际侵蚀量之差度量土壤侵蚀减少量
	ES9	营养物质运移	径流势能驱动了河流生态系统运移营养物质	径流势能
	ES10	水电潜力的自然贡献	水资源在高程差引起的势能作用下下降，带动与发电机相连的涡轮机以产生水力发电。本研究中的水力发电是降水的汇聚和高程差共同作用引起的，不包括大坝建设及发电运行的人工投入	降水和造山运动所需能值
	ES11	调节局地温湿度	植被蒸腾和水分蒸发能够增加局地湿度，降低局地温度	生态系统蒸散发量
存在服务	ES12	调节气候	全球生态系统调节气候在局地的分摊	全球生态系统单位面积固碳量减少造成的人体健康和生态系统质量的损失量
	ES13	生物多样性	生态系统具有且维持着生物多样性	从生态系统维持生物多样性所需能量、生物多样性对经济贡献和稀有物种对全球生物多样性维持的重要性三个视角评估生物多样性
	ES14	文化教育和休闲娱乐	生态系统可提供的通过精神满足及认知能力的发展、思考、消遣和美学体验等的非物质利益（能力或者经历）	信息流

3.5 本章小结

  本章从生态系统贡献者视角出发，构建了生态系统服务三元价值理论，实现了以下突破：①构建了"自然贡献-人工投入-存在价值"三元价值理论体系，其可能的应用在于指导生态补偿，即通过自然贡献确定补偿基线，根据人工投入和存在价值进行二级修正；并识别了能值分析方法能通过能值分析清单或能值转换率实现自然贡献、人工投入和存在价值三元价值的剥离，成为构建三元价值理论的必然选择，为后续非货币量生态系统服务核算方法体系的构建提供了理论指导。②重构生态系统分类体系及生态系统服务分类体系，为后续构建非货币量生态系统服务核算方法体系提供基础。

第 4 章

不容忽视的生态产品定价的价值观陷阱与市场化迷思

本章尝试讨论从生态系统服务定价到当前生态产品这样的概念提出后可能的争议、悖论和理论反思。需要说明的是，这些批评和争议，并不只是近期才有，早期从生态系统服务定价提出后［我们用 Costanza 等（1997）的文章作为标志性的事件，实际上并不只有这篇文章］，生态系统服务定价的方法已经经受了多轮的讨论与批评，当然 Costanza 和 Schröter 等研究者也分别进行过反驳（Costanza et al.，2017；Schröter et al.，2014），特别是针对环境伦理、与生物多样性概念的混淆、过于乐观的假设与目标等方面。近年，虽然有大量的生态系统服务定价方面的文章发表，但是仍存在着一些批评，例如 Monbiot[①] 认为通过计算自然成本而获得投资和保护资金的概念是具有误导性的。另外，Sandel（2012）在他所著的 *What Money Can't Buy*: *the Moral Limits of Markets* 一书中也指出，市场价值会排挤非市场价值，市场有可能会改变人们所讨论事物的意义，用商业关系取代了道德义务。

4.1 给生态定价是否太过以人类为中心了

正如《千年生态系统评估报告》中所定义的那样，生态系统服务是人类直接或间接从自然中获得的好处，包括食品、水和原材料等商品，还包括气候调节、授粉、废物处理以及娱乐和生态旅游等服务。在评估中，生态系统服务被量化，目的是明确将其纳入决策过程，以防止人类赖以生存的有价值的服务减少。一般来说，单纯使用成本收益分析类的决策分析方法容易造成更多地关注人类使用的商品和服务，而忽视自然和环境的其他诸多受益。这通常会导致将自然简单地看作提供很多人类所需要的价值（但实际上并未考虑是否能提供更多其他价值）的植物组合。一个经常使用的例子是将热带雨林开发成油棕种植园。成本收益分析类的决策分析方法会认为后者单位成本的收益更高，因为木材和棕榈油的市场价值决定了其成本收益。但从详细的生态系统服务核算可以看出，热带雨林提供的服务总价值高于油棕种植园（Dislich et al.，2017），与森林相比，油棕种植园的生态系统功能普遍下降：14 项生态系统服务中有 11 项显示服务水平出现净下降。一些服务的减少可能会产生不可逆转的全球影响（如气体和气候调节、栖息地和苗圃功能、遗传资源、医药资源及信息功能的减少）。

---

① Monbiot G. 2018. Our natural world is disappearing before our eyes. We have to save it. The Guardian.

由此可以看出，生态系统服务评估方法并不规定自然仅对人类有价值。它只是承认自然对人类的价值，因此也承认人们对自然及其资源的依赖。Costanza 等（2017）解释道，"生态系统服务的概念并没有暗示以人类为中心，而是清楚地表明整个系统对人类和我们相互依存的其他物种都很重要"。他提出了"人类是嵌入社会和自然其余部分"的"全系统感知"观点。因此，不能简单地认为生态系统服务方法是以人类为中心。生态系统服务的评估与所有人在日常决策中所做的并无太大区别。通常，当面临选择时，人们会确定备选方案的成本和收益，对它们进行评估和权衡，最后选择能为我们自己和/或他人带来最大福祉的方案。人们可以不使用生态系统服务的概念，但实际过程是相似的。Costanza 等（2017）在其文章中写道："只要我们被迫做出选择，我们就在经历估值的过程。"

许多冠以"生态为中心"的人认为，由于其内在价值，自然应该不惜一切代价加以保护。这种观点实际上也是一种隐含的估值，在这种估值中，自然被赋予了比任何可能的替代品更高的价值（Costanza et al.，2017）。因此，即使有些研究者认为对自然的估价在道德上存在问题，但他们仍在潜意识中为其估价。在估值过程中，人们总是使用人的视角，因为这是人们唯一的视角。从定义上讲，这种观点并不应被扣上以人类为中心的帽子。而实际从生态系统服务到生态产品的提出，也存在概念的变迁与理论的升级。

4.2 从生态系统服务到生态产品：概念的变迁与理论的升级

对生态价值与地位的认知决定了人们的政策及经济行为（钱俊生，2013），纵观人类经济社会发展史，对生态环境和自然资源的价值（后文统称"生态价值"）观念的变化导致了从对生态的无限索取到可持续发展、与生态和谐相处，随着人类对自然的认识、利用和重建能力的变化，人地关系的内涵随着社会生产力的发展在广度和深度上都在发生着变化。人地关系是指人与自然之间的各种联系、影响和作用，以及"人与环境"这一综合体所呈现的各种状态，是人类生存与发展的基本关系（路甬祥，2004）。人类的生存发展依赖于生态环境，同时也影响着生态的结构、功能与演化过程。人地关系是双向的，人既可以从生态系统中索取生存资源与生活空间，享受生态系统服务，也会过度使用自然资源、向环境中排放废弃物，对生态平衡产生影响。一般来说，人地关系既包括人对自然的依赖，又包括人的积极作用（Du，2002）。人地关系经历了从"人类顺应自然""人类中心论"到"生物、生态中心论"的变化。英国哲学家和数学家怀特黑德试图通过提出人类对自然态度的"同质"视角来连接这些观点，他认为"现代科学在预先确定的限度内引导思想和观察，其基础是教条地假定不充分的形而上学假设，并从理性主义的思想中排除了更多更美好的存在价值"。在物质与精神的二元性之间，"存在着生命、有机体、功能、瞬时现实、互动、自然秩序等概念，它们共同构成了整个自然系统"（Whitehead，1920）。"生态产品"等概念是在探讨生态价值观变化和人地关系变化的背景下产生的。

4.2.1 原始文明时期——顺应自然

原始文明时期人类主要的物质生产方式是以"直接利用自然"为特征的采集和渔猎活

动。人类的食物及衣物完全来自生态系统中的植物和动物，在依附自然的生存方式下，人类对生态价值的认识是比较低级的和初步的，集中在提供食物的价值方面，认为自然生态系统是维持人类生存的资源库和食物库。这个时期生产力水平较低，人类只能被动地适应和过度依赖自然。"天命论"（自然灾害、农业生产年景好坏乃至民族兴衰都由天决定）是这一时期人地关系的典型认知。随后的"机械唯物主义"（人与地球紧密相连，但地球的发展规律支配一切）也包含着人类对地球崇拜的含义。人类只对从生态系统中直接获取的物质资源进行利用，而不存在对生态系统进行维护和管理等问题，这是一种顺应自然的本能意识和行为。

4.2.2 农业文明时期——利用自然

与原始文明时期以刀耕火种为代表的生产方式相比，人类在农业文明时期利用自然的方式发生了巨大变化，生产力有了极大提高，人类开始使用劳动工具，逐渐掌握了一些灌溉和耕作技术。随着人类改造自然能力的提高，人地关系的新观点也相应出现，其中"简单辩证唯物主义"（地理条件是可变的，不同的人可能不同）成为当时处理人地关系的核心概念。当时的人地关系可以概括为简单的、低级的协调关系。人类开始借助自然进行物质资料的生产（以粮食为主），在这个过程中对生态价值的认识也发生了巨大变化。农业文明时期形成的生态价值观认为自然界是维持人类和其他生命的源泉。因此，人类由于对自然的绝对依赖性，认为自然界是人类生命和一切生命源泉的认识来源。此外，农业文明时期开始形成以"人"为主题的人地关系意识观念。古代哲学家认为"天"是无心的，有人才有心（李祖扬和邢子政，1999）。这反映了人高于自然的思想，开始形成以人为主的基本认识观念，是之后的"人类中心论"的雏形。

4.2.3 缘起于工业文明的人类中心论——改造自然

人类在从原始文明到农业文明的转变中，从顺应自然变为利用自然。工业革命标志着人类从农业文明进入工业文明时代，工业革命以来，工业的蓬勃发展和工业文明的逐渐形成，彻底改变了人与自然的关系。工业文明时期，社会生产力迅速提高。在"人的努力可以征服自然"的思想指导下，人的积极作用得到了极大的加强。这一时期人地关系的内涵主要表现为人对自然的征服和支配。随着人类社会对自然长期、高强度的开发改造，人地关系日益紧张。资源和环境危机不断爆发，甚至威胁到人类自身的生存。人与自然的冲突促使人们重新审视人们的活动和观念，使人们逐渐意识到，只有人类社会与自然和谐发展，才能达到可持续发展的目标。这个时期的生态价值观以人类中心论和自然无价值为主（钱俊生，2013）。人类中心论的基本主张是，人类不同于自然界的其他生物，而且优于它们。在这些力量的作用下，人类与自然之间的关系在现代世界演变成了一种剥削和统治的关系（Mittelstaedt et al.，2014）。只要自然的服务和价值被视为理所当然，可持续性就会处于危险之中。自然资源和生态环境被认为取之不尽、用之不竭和没有价值，一切以人类的需求为中心。

"人类中心"（anthropocentric）有两个释义。一个是"把人视为宇宙的中心事实或最后目的"，另一个是"按照人类的价值观来考虑宇宙间所有事物"的思维方式（Kopnina et al.，

2018）。在这种价值观的主导下，工业化高度发展，创造了繁荣和发达的现代化社会，也付出了自然资源枯竭和生态环境污染代价。哈丁在 1968 年的文章《公地悲剧》（*The Tragedy of the Commons*）中指出，人口过剩正在耗尽地球的资源。他警告说，如果没有应对措施，人类注定要遭受痛苦（Hardin，1968）。1972 年，第一次世界人类环境会议召开，首次提出资源保护问题。1992 年召开的联合国环境与发展大会上提出了世界经济-可持续发展战略。至此，人类已逐渐意识到发展经济不能以破坏环境为代价，亟须寻找两者平衡、协同发展的方式。近年来出现了新的人类中心主义价值观——"现代人类中心主义"或"后人类中心主义"，它强调，为了解决人类所面临的生态危机，应立足于人的利益需要及其满足来看待人与自然之间的关系（王鹏伟，2021）。

4.2.4 生态中心主义——重视自然

人类中心主义的缺点是：保护自然是为了当前生活的人类的利益，而子孙后代的利益没有包括在内，生态的内在价值没有得到承认（Emmenegger and Tschentscher，1993）。与人类中心主义不同的是，生态中心主义将人视为生物圈中的平等成员，人类与其他生物都有其存在和发展的固有"内在价值"（Callicott，1984）。20 世纪 50 年代以来，以利奥波德等为代表，生态中心主义从大地伦理学、深层生态学和自然价值论的角度阐述了保护生态系统及其中的生命体与非生命体的伦理理由，把道德义务的范围扩展到了整个地球（王雨辰，2022）。在生态中心主义中，自然具有道德考量，因为它除了对人类有用之外，还有内在价值。例如，根据这种理论可以判断砍伐雨林是错误的，因为这将导致许多植物和动物物种的灭绝。生态中心主义自人类进化以来就一直伴随着人类，它是一种"旧"的可持续发展理论（Washington，2015），反映了一种以生态为中心的世界观[①]。有证据表明，生态中心价值观正在越来越多地融合到以自然为基础的生态中心理论中（Taylor，2008）。

从生态的角度考虑，生态中心主义认为生态圈和所有生命都是相互依存的，人类和非人类都绝对依赖自然提供的生态系统过程与功能（Washington，2013）。仅靠以人类为中心的保护伦理是完全不足以保护生物多样性的。生态中心主义植根于一种进化的理解，认为今天的每个物种和每个有机体都经历了同样漫长的生存斗争。生态中心主义伦理道德理论所追求的基本理念包括三个层次，从通过自然的保护到在保护人体健康的同时，既保持基本的生态过程和生命维持系统，又能保证人类对环境的持续利用，最终实现环境、人类经济、社会的可持续协调发展，实现人与自然环境两者价值的统一（李伟玲，2022）。

4.2.5 生态文明与可持续发展——融入自然

工业文明的 300 年中，人类付出了沉重的环境代价，开始思考自身发展的问题，自 20 世纪中期以来，人们对环境问题的关注不断增加，随后对可持续发展概念的关注也不断增加。最初，关于经济增长与可持续发展的讨论主要局限于理想主义和现实主义环境科学家之间的辩论。此后为恢复人与自然之间的平衡所做的一系列努力是从 20 世纪 60 年代开始

---

① Knudtson P, Suzuki D T. 1992. Wisdom of the Elders.

采取的限制和防止环境破坏的一系列措施[①]，然而，早在 19 世纪中期，与工业生产有关的环境问题就已被反复讨论，并以监管的方式。同时，将人类的可持续发展与生态系统的可持续发展联系起来。

人类中心论往往从个体的视角看待人与自然的关系，把人作为唯一的理性存在者，人的理性赋予了人类一种特权，使得人类可以把其他非理性的存在物当作工具来任意使用。生物与生态中心主义对此进行了批判，具有重要的意义，但是，它们又陷入了整体主义的视角，完全从生态整体去思考人与自然的关系，把人的个体性消融于生态的整体性之中。上述理论都是抽象地看待人与自然的关系，没有从社会历史的变化中理解生态危机的产生根源以及解决方法。

认识到传统价值观的内容和缺陷后，为了促使社会朝着健康、有序的方向发展，人类必须超越在传统发展模式中占主导地位的价值观，树立一种全新的价值观，这便是生态价值观诞生的必要性和必然性。这种价值观倡导人与生态协调发展，把人与生态看成高度相关的统一体。在过去的几十年里，关于生态文明的讨论开始兴起，"生态文明"被视为一套实现人与自然和谐的道德和伦理行为规范，其基本原则是尊重自然和社会正义，以低投入、循环和高效率为生产模式，以遵循绿色、资源节约型和健康的生活方式为消费模式，形成基本的社会生态价值观（Marinelli, 2018）。与人类中心主义不同的是，生态文明关注代内公平和代际公平。生态文明价值观意识到了生态系统能力的局限性及其与国家社会经济规模之间存在的必然联系，这要求对生态系统价值有一定的量化理解，对生态系统供求比有一定的定量评估。从工业文明到生态文明的转变有助于促进"生态繁荣"（Pan, 2021）。工业文明基于功利主义伦理原则，以利润最大化为目标，并最终将其重点放在为少数人积累资本上，而对人和自然的关心较少，其核心思想是"工业化是进步的关键标志"，而生态文明的理念是基于对工业文明产生的不可持续发展模式的重新思考。表 4-1 为生态价值观理论变化趋势总结。

表 4-1 生态价值观理论变化趋势

生态价值观理论	原始文明	农业文明	工业文明	生态文明
人与生态关系	原始、共生	顺应、利用	改造、破坏	协调、保护
价值观理论	自然无用论	环境决定论	人类中心主义	生态中心主义和可持续发展
人与自然的矛盾	无	较小	强	强
价值观尺度	无	局地	地区/国家层面	全球

4.3 生态价值概念的变化与内涵梳理

在上述价值观变化影响的驱使下，人们逐渐意识到自然与生态环境的价值以及生态保护的必要性，生态的工具价值与内在价值之间差异的复杂性是一个难以解决的问题。

[①] Baas L. 2005. Cleaner production and industrial ecology: Dynamic aspects of the introduction and dissemination of new concepts in industrial practice. Erasmus Universiteit Rotterdam (EUR).

Bohm[①]认为对人与生态进行分割讨论是陷入当前生态危机的部分原因，不应该把物质和自然与意识、事实、意义和价值脱节，人类研究生态价值是为了"修正、修复以及利用它"，通过观察、实验和理性思考的系统科学知识的进步来理解与控制的视角（Collingwood，1960）。这种变化引起了学术界的广泛关注，科学家从不同角度出发，提出了多个定义生态系统所提供、包含的不同类型的产品或价值的概念，其中较有代表性的包括"生态系统服务""生态系统功能""自然资本""生态产品"等，这些概念将抽象的生态价值具象化，使得对生态系统的价值研究有了明确的研究对象，然而不同概念在侧重点和思考角度方面均有差异。

继 1935 年英国生态学家 Tansley 提出"生态系统"的概念并将其定义为"一定空间内生物和非生物成分通过物质循环及能量流动的相互作用、相互依存而构成的一个生态学功能单位"之后，Westman（1977）提出，生态系统所提供的利益的社会价值可以被潜在地列举出来，以便社会能够做出更明智的政策和管理决策。他将这些社会福利称为"大自然的服务"。现在人们通常将其称为"生态系统服务"。Costanza 等（1997）将生态系统服务定义为在自然资源转化过程中提供给人类的过程和产出。通过该定义可以看出，生态系统服务针对人类主体，因而价值的衡量也应该以生态系统为人类提供的物质资料和服务为标准。生态系统服务主要分为供给服务、调节服务、文化服务和支持服务（MEA，2005）。供给服务反映了一个生态系统对经济系统提供的产品或能量的贡献。生态系统在一定时间内提供的各类产品的产量可以通过现有的经济核算体系获得，是由生态系统提供的已经进入市场交易的水、农作物、食品等产品。调节服务是指生态系统调节气候、水文、生化周期、地表过程以及各种生物过程的能力，包括调节气候、调节水文、保持土壤、调蓄洪水、降解污染物、固碳、释氧等生态调节功能。文化服务指的是从生态系统的物理环境、位置等获得的娱乐、文化、精神思考等方面的知识和象征性利益的情况（谢高地等，2015）。支持服务与供给服务、调节服务及文化服务的区别在于，支持服务对人类的影响常常具有间接性，或者持续较长的时间，而其他服务对人类的影响常常是直接的并且持续时间较短（谢高地等，2015）。"生态系统服务"概念的诞生与上述价值观理论中的"可持续"有密切联系。"可持续性"是一种无限期延续既定行为或过程的能力[②]。可以通过提供可持续过程或行为的方式来理解和概念化"服务"（Löbler，2016）。生态系统提供服务，这是大自然进行的对人类有益的活动。人类的意图、兴趣或欲望无法解释所有这些不同类型服务的存在。值得注意的是，所谓"服务"是人与自然共存的综合概念，可以分为在非人类（自然到自然）之间传输的服务、大自然向人类提供的服务、人与人之间交换的服务，以及人类对自然的服务，并不是以人类中心论为指导思想（Löbler，2017）。人类离开自然就无法生存。人类一旦理解了这种循环交织的关系，就可以在不降低生活质量的情况下调整他们的生活以适应自然循环，从而实现可持续发展。"服务"作为一种普遍现象既不能用人类的动机或意图来解释，又不能用人类的价值观念来解释。从人类的角度来看，动物或植物在接受其他物种的服务时是否体验到价值既无法观察到又无法识别。根据 Hill（1977）的定义，"服务是由其他经济单位的活动而引起的，同一经济体的人或产品的状况发生的变化"。尽管该

---

① Bohm D. 1994. Postmodern Science and a Postmodern World.
② https://www.thwink.org/sustain/glossary/Sustainability.htm.

定义是从人地角度出发的，但它可以很容易地扩展到生态系统中的其他实体，该定义涵盖了人类和生态系统服务的概念的起点，要描述这个概念，首先要确定人为服务和自然服务的共同之处，以及如何定义人与自然的关系（Löbler，2017）。

Costanza等（1997）认为生态系统服务可分为两大范畴：一为生态产品，旨在提供人类生活之必需；二为生态功能，用以保证人类生活之品质。以上涵盖了人造资本和人力资本，包括来自自然资本的物流、能流及资讯流，将之融合为一体，进而产生人类的福利。"服务"一词在生物学和生态学领域已牢固确立（Herre et al.，1999；Ollerton，2006）。在这些学科中，服务的交换并未与产品的交换进行区分："互惠主义通常涉及货物和服务的直接交换"（Here et al.，1999）。由于服务主导逻辑尚未被整合到生物学和生态学中，这种区分与之前在商品主导逻辑中对商品和服务的区分非常相似（Vargo and Lusch，2010）。按照服务主导的逻辑，"产品"被视为间接的服务，"服务"被视为直接的服务。有人指出，以服务主导的逻辑"代表了迈向建立真正积极的交换理论的第一步"（Vargo，2007）。此外，Vargo（2007）认为克服新古典主义的观点是营销与交换。如果实现了交换，价值势必会出现。资源是为特定的转化而整合的，交换是否有益以及对谁有益是由环境决定的，而不是由资源或交换决定的（Löbler，2017）。

"生态产品"概念在我国首次出现是在2010年发布的《全国主体功能区划》中将生态产品与农产品、工业品和服务产品并列为人类生活所必需的、可消费的产品。任耀武和袁国宝（1992）将生态产品定义为：通过生态工艺生产出来的安全可靠无公害的产品。这是狭义的生态产品定义，至此，对生态产品的定义仍局限于"物质产品"的范畴，与上述"供给服务"和"自然资本"概念再度重合。广义的生态产品可以理解为某区域生态系统所提供的产品和服务的总称，是区域生态系统为人类生产生活所提供的最终产品与服务价值的总和。张林波等（2019）将生态产品定义为：生态系统通过生物生产和与人类共同作用为人类福祉提供的最终产品或服务。这里对"生态产品"的定义已经超过Costanza等（1997）所定义的物质产品的界限，与生态系统服务概念相对应（于丽瑶等，2019）。生态产品具有一定的经济属性，能产生附加价值；具有生态属性，为代际利益考虑；能人为开发利用；客观载体表现为于环境因素甚至于环境本身。

王金南等（2021）提出将生态产品服务产业发展为"第四产业"以提高生态产品供给和生态产品价值实现能力。生态产品在政府管制下可通过税费、构建生态资源权益交易市场实现价值。部分生态产品在满足产权明晰、市场稀缺、可精确定量的前提条件下，可通过收取税费或开展生态资源权益交易等方式实现价值，价值支付形式为生态环境资源税费或者相关权益的市场交易价格。"第四产业"理论认可了广义的"生态产品"与"生态系统服务"的对应关系，广义的"生态产品"可以看作从措辞上对"生态系统服务"的重新定义，"产品"是一种流量形态（与"自然资本"相比）。从"服务"到"产品"的转变也意味着价值观念的改变，从认可生态系统的价值且将其认定为对人类的无偿"服务"转变为可市场化、可交易、可以成为新型产业的"产品"，意味着对生态系统价值的保护进入全新的方式和阶段。

4.4 将生态产品价值融入全球资本市场可能存在的价值观担忧

生态产品概念的提出需要谨慎地审视其可能造成价值观的变化后引起的更严重的影响。例如，Vié 等[1]认为大自然是"地球上最大的公司"。当从经济角度看待自然时，他认为，人类作为一种"主仆"关系中的提供者，不仅在其周围的世界，而且在自己身上做出了根本性的改变。Sullivan（2009）警告说，过去的资本投资革命，如18世纪英国的公用土地圈地和19世纪的工业革命，导致"人们与景观的关系破裂"，农村人口转变为工厂工人和资本服务提供者。她认为，在生态系统服务运动中，人类正在看到"资本捕获和封闭自然的新一轮重大浪潮"，这将以深刻的文化和心理动荡为代价。

4.4.1 对于生态价值的深度讨论

"绿水青山就是金山银山"理念的根本目的并不是尽量多地去开发自然资源的经济价值，而是要维护生态系统的稳定和认可、保护其价值。目前已经存在一些地方一味追求将绿水青山"转化"为金山银山，破坏了生态平衡，徒增无须的能量"熵"（谭荣，2021），将不利于生态保护和可持续发展，因此有必要树立和宣扬科学的生态价值观。目前我国已经走过了用绿水青山换来金山银山和既要绿水青山又要金山银山的阶段，已经进入了认可绿水青山就是金山银山的阶段，避免对自然的无序开发，这种新型生态价值观带来对新的生态保护模式的要求。摒弃过去以快速工业化和城镇化为目标的发展模式，解决如何尽可能保障和显化生态系统的价值的科学问题。

在过去，生态产品的价值被认为由使用价值和非使用价值组成（Potschin and Haines-Young，2011）。自然资源被认为可以由可替代的部分和不可替代的部分组成，其中前者由经济方法来衡量其价值，后者则通过生态学方法来衡量其价值（Limburg et al.，2002）。非排他性会造成生态保护成本容易出现"搭便车"现象，影响人们对生态保护的热情和意识。如果生态系统服务价值通常是从社会责任的角度考虑的，那么如何才能最好地量化这些价值？通过博弈论实验或小组讨论来评估生态系统服务价值是可能的，但这些仍然受到假设偏差的影响（Murphy，2004）。

投资生态系统服务的责任在于整个社会而不是个人。这种观点可以追溯到公元530年查士丁尼编纂的罗马法中首次确立的"公共信托原则"，并一直延续到中世纪的英国法院[2]和美国的法律（Ruhl and Salzman，2006a）。"公共信托原则"规定，为了人民的利益保护自然资源是政府的责任，Sax（1970）规定了美国法定制度的适用范围。Ruhl 和 Salzman（2006b）研究了公共信托原则如何适用于生态系统服务，得出结论认为需要将其扩展到适用于所有生态系统服务的范围。与私人或非政府组织投资相比，向政府实体付款是为生态系统服务投资的最优先选择。生态系统服务界正在进行几场辩论（Farley，2012；Schröter et al.，2014），其中一些辩论已从个人价值角度转向社会价值角度考虑生态系统服务。生态

---

[1] Vié J C, Hilton-Taylor C, Pollock C, et al. 2009. The IUCN Red List: A key conservation tool. Wildlife in a changing world-An analysis of the 2008 IUCN Red List of Threatened Species, 1.

[2] Slade D C, Kehoe R K, Stahl J K. 1997. Putting the public trust doctrine to work.

经济学家通常从社会福利的角度来定义帕累托最优值,而不是像传统经济学家那样从个人福利的角度去定义帕累托最优值,但他们试图通过个人偏好的衡量来寻找社会福利。对生态产品进行定价可以估计社会最优值,将生态系统服务与生物物理流联系在一起,为评估奠定了基础,并允许呈现生物物理和货币结果。

4.4.2 如何避免生态产品市场化后可能导致的价值观变化

忽视或边缘化当地价值也可能留下难以修复的不信任,并可能引发当地抗议甚至破坏,随着时间的推移危及保护成果。当市场化手段与当地生态产品的工具价值和关系价值一致时,冲突可以避免或更容易解决。然而,当与行为者或群体的价值观发生冲突时,则可能出现价值观崩塌或者冲突。长期以来,一个国家相对于其他国家的经济发展水平一直是基于其 GDP 的量化参数(Palumbo,2013)。然而,在过去几年里,各种学者开始质疑以 GDP 逻辑作为经济绩效关键指标的指导意义(Fioramonti,2017)。批评的点主要来自 GDP 逻辑没有考虑到人类和环境退化的巨大成本。这意味着人们需要重新审视和重新定义经济增长,为实现生态社会可持续的繁荣提供另一种与传统经济学增长理念截然不同的愿景和战略(Tisdell,2001)。在某些区域内,生态系统可能是高度非线性的和不可逆转的,在这些非线性点上,生态系统服务的可用性可能会因生态系统条件的微小变化而发生显著变化。自然功能的生态系统为人类提供的一项有价值的服务是避免不利的阈值条件(Ciriacy-Wantrup,1968)。在边际制度下,自然服务有替代品,如防洪或财产替代。然而,在临界阈值以下,洪水严重程度随着树木密度的减少而大幅增加。生态系统条件的轻微变化会使经济价值发生重大变化,因为人类生命和社区可能面临重大风险。在这种情况下,传统的货币价值衡量方法可能无法充分反映严重洪灾的影响。对于接近"临界阈值"的树木的价值,传统的估价方法可能并不适用。生态系统服务价值具有效率和可持续性两个组成部分。在线性边缘区域,经济和生态系统的实际状态没有发生显著变化,而在非线性、非边缘区域,生态产品的价值是一种可持续性价值,因为它们保护经济和生态系统不崩溃。可持续性值可能比阈值左右和阈值以下的效率值更重要。一旦不可逆性阈值被打破,生态-经济系统将沿着增加社会为避免阈值而付出的价值和不可逆转的期权价值的路径移动(Arrow and Fisher,1974)。

生态系统服务的交换价值是生态系统服务的交易比例。许多生态系统服务不符合市场交易的条件,因为它们在本质上不是"私有"的。例如,湿地或树木的防洪服务,一旦向一个人提供,就可能间接地向所有人提供。湿地和森林所有者无法为这项服务捕获所有潜在的社会 WTP。当没有明确的服务市场时,必须采用更间接的方法来评估经济价值。可以使用各种评估技术为这些服务建立 WTP。

当服务在正常市场上可以直接交易时,价格就是交换价值。以交换为基础的自然商品或服务的福利价值是其市场价格减去将该服务推向市场的成本后的净额。例如,木材对社会的交换价值是其"立木率",是木材的市场价格减去收割和时间分配管理成本。基于交易所的估值相对简单,因为可以通过交易来衡量价值。市场价格反映了商品和服务的价值,但只反映了边际价值。环境服务市场的形成往往反映了这些服务的估值(Chichilnisky and Heal,2000)。

4.5 生态系统服务的定价，究竟是一种严肃的经济主张，还是一种为了引起决策者共鸣的方法

生态系统服务（或者称为生态产品）的定价，容易让人产生这样的理解，即传统的保护自然本身的做法已经不能阻止严重的栖息地破坏和物种的减少。它之所以失败，很大程度上是因为哲学层面和科学上的论证很少胜过经济利润或保障就业的前景。环保主义者通常不能拿出足够的钱来满足其商业利益。生态系统服务的市场价值最初可能只是提醒人们在此过程中失去了什么（如防洪、水体净化、碳封存和物种栖息地等好处）的一种方式。然而有人意识到，通过让人们买卖这些服务，我们可以拯救世界并同时获利。

人们对生态系统服务付费（PES）的热情高涨现在也引起了警觉和批评，但并非所有批评者都完全拒绝 PES，他们只是对新金融市场和联合国减少发展中国家毁林及森林退化造成的排放机制（REDD）等全球倡议的盲目信仰提出建设性批评。PES 交易可能出错的地方在于，传统的自然资源保护主义者试图保护森林和其他景观，主要是为了它们的内在价值，但是，即使环保主义者开始从经济角度考虑时，这些价值观的重要性也可能会降低。此外，许多生态系统服务也可能难以定价。虽然为生态系统服务提出经济论据通常会引起决策者的"更多共鸣"，但 PES 可能存在产生不当激励的风险。如果该系统向土地所有者支付费用以储存碳，他们可能会种植非本地物种或基因"改良"树木，以更快地储存碳；或者可能会阻止碰巧对生物多样性有益但对人类不利的自然现象，包括火灾、干旱、疾病或洪水等生态系统损害。

另外，也有批评指出当前经济学的一些想法在一些具体情况下会失灵。例如，对于某些生态系统调节服务，大自然太慷慨了，其所能提供的商品和服务非常丰富，以至于人们不愿意为它们支付太多；对于某些文化服务，世界上有很多优美的自然景观都位于交通不便和危险的地方，无法吸引许多游客。另外，是否要考虑自然所能提供服务的利润率？自然系统相对使用强度较低，与其他经济发展替代方案竞争缺乏吸引力。

虽然早期对生态系统服务的兴趣很大程度上是出于发展中国家的保护问题，但现在关于生态系统服务的大部分研究以及越来越多的政策建议都来自较富裕的国家。尽管研究人员已发表了数千篇关于生态系统服务的论文，但仍存在研究结果模糊的问题。例如，很容易看到这样的结论，即虽然很多生态系统服务仍"未核算"，但其价值"显然是巨大的"。人们在考虑生态系统服务时，没有理由不从伦理、行为或其他意义上思考"价值"。但这些价值本质上是主观的，不容易量化。但是，如果研究人员声称代表可量化的经济价值，则其用法应与公认的经济理论一致，通常情况并非如此。

Costanza 等（1997）在《自然》杂志上发表的关于世界生态系统服务价值的著名论文的缺陷也说明了计算边际价值的重要性。他们对某些地方某些类型的生态系统的价值进行了一系列估计。然后，他们采用这些针对特定时间和地点的价值估计，并将它们外推到全球类似生态系统的所有区域。该研究对世界自然资本和生态系统服务的价值进行了 33 万亿美元的估算。虽然 Costanza 等的这项工作得到了极大的关注，但经济学家对它的近乎普遍的批评却很少受到关注。遗憾的是，批评的打击既没有阻止一些相同的作者在不改进其方法的情况下更新他们早期的作品，又没有阻止其他人效仿他们有缺陷的方法。例如，经

济学家 Michael Toman 认为 Costanza 等提出的是天文数字，并讽刺是"对无穷大的严重低估"。他认为全世界所有生态系统服务的价值是无法估量的，至少没有其中一些，人类的生活将是不可能的（也就是说没有可替代方式）。而且也并不意味着各地的一切都同样重要和有价值。即使 Costanza 等推断价值的世界各地的所有生态系统在功能上都与估计价值的生态系统相同，但由于规模原因，这种做法仍然无效：当仅有少量产品，每增加一个价值就很大；相反，如果已经有很多产品，再增加一个就没什么价值。收益递减原则与边际估值原则密切相关，例如当 Costanza 等进行 33 万亿美元的估算时，收益递减原则可能被极大忽略了。尽管，那些受威胁或濒危的生态系统可能会提供大量生态系统服务，但如果根据后来可能会被证实被夸大或错误估值而制定出了政策，这些政策也可能会反过来损害生态保护工作的信誉。另外，如果某个特定区域的自然生态系统不能提供足够好的污染处理能力或足够的洪水防洪能力，那么没有必要过度强调自然系统在这方面的价值，替代方案可能会更有效地解决污染或防洪的问题。这就说明，实际需要比较和判断自然生态系统提供的产品或服务相比人工替代方案，哪个更具有性价比，这样才能判断珍贵的土地资源到底应该用作什么。如果不具有性价比，有时使用人工替代方案也可能是一种可行的策略。以预留河岸缓冲区进行市政污水处置为例，有时这种通过自然的解决方案对污染去除并不是很有效，那么使用从源头减少污染物的策略可能比留出大片成本高昂的自然土地进行污水净化更具有性价比。

上面的例子也产生了一个悖论：生态系统服务可能只有在刚开始时有最重要的价值，后续边际收益快速递减。这个悖论适用于各种生态系统服务，刚开始提供服务时价值很大，后续再增加服务的提供却价值骤减。例如，自然栖息地可以给作物传粉的野生蜜蜂提供生存环境，然而蜂群可以授粉的作物越来越多，则后续留给它授粉的作物就越来越少。再如，湿地和森林有涵养水源服务，涵养的水可以防止倾泻下去淹没下游村庄，所以也有防洪的功能，并且储存的水可在旱季供湿地和森林使用。但是这些湿地和森林区域涵养的水越多，其进一步能储存水的空间就越少，当出现更多的降雨时，还需要寻找额外的区域来储存更多的雨水。还有一个例子是关于"生物勘探"，当在一个地区的生物中发现有价值的化合物的可能性越大，那继续在不同地区寻找该化合物的价值就越小。

这些经济论点并不意味着生态系统服务没有价值。不过，这些经济论点确实表明，在生态系统提供非常有价值的有形服务的情况下，也往往出现收益递减很快的情况。此类服务可能会为某些保护提供经济激励，但它们可能不会为大量保护提供激励。

基于经济学的费用效益分析更加理性，还需要强有力的可持续发展伦理。应该如何看待当前对生态系统服务研究的热情？对它们进行估值的努力是否只是正面我赢/反面你输的命题，在这些命题中，如果可以估计的价值被证明是可观的，他们就会被吹捧，如果他们不这样做，倡导者会诉诸无法衡量的事物吗？这种策略是否会适得其反？因为它鼓励保护项目的反对者利用负面的经济发现作为研究区域不值得保护的证据。对这种后果的担忧是否会片面鼓励政策驱动证据的收集，研究人员会单方面仅收集支持保护案例，那么采用这种偏向性方法得出有关生态系统服务价值的预期结论是否合理？无论这些问题的答案是什么，最站得住脚的估值研究很可能只会为保护提供有限的支持，而大规模保护更有说服力的理由将是那些不能简化为货币术语的理由。与此同时，生态系统服务估值工作可能会继续进行。

4.6 经济学理论的变化及对生态价值的理解也在不断变化中

4.6.1 古典经济学阶段

古典经济学家认为自然提供的服务是免费的（O'neill et al.，2008）。亚当·斯密在《国富论》中提出，同样是劳动和土地，同样要参与分配的资本，所有的所得和所有可交换的价值，根本的来源是工资、利润和地租。"我的价值尺度是劳动量"这一朴素的劳动价值论始终为英国工业革命时期的经济学所坚持，并阐明了"商品的价值量与投入其劳动的量成正比"这一观点。资本也同劳动和土地一样要参与分配，他认为"工资、利润和地租是一切收入和一切可交换价值的根本源泉"。英国工业革命时期的经济学家大卫·李嘉图始终坚持"我的价值尺度是劳动量"的朴素劳动价值论，并阐明了"商品的价值量与投入其劳动的量成正比"的观点。马克思认为价值产生于劳动与自然的结合："劳动不是一切财富的源泉。"该理论认为价值量的大小是由它所消耗的社会必要劳动时间决定的。对生态产品来说，人类赋予生态产品的劳动消耗量决定着其价值。运用劳动价值论来考察生态产品的价值的关键在于生态产品是否凝结着人类劳动（贾后明和吴娅茹，2002）。目前，在这一问题上存在着两种不同的观点（姜文来，1999）：一种观点认为自然资源（如水资源、森林资源）是自然界赋予的天然产物，不是人类创造的劳动产品，没有凝结着人类劳动，因此没有价值。另一种观点则认为，当今社会人类为减缓自然资源的消耗速率，使其适应经济发展需求增长而投入了大量的人力和物力，自然资源已不再是纯天然的自然资源，已经有了人类的劳动参与，具有劳动价值（姜文来，1999）。两种意见均未解决无偿使用生态资源问题。前者认为自然资源是没有价值的，这就造成了不计成本地使用自然资源，破坏了生态平衡。后者认为自然资源价值只是对所耗费的劳动的补偿，没有涉及对自然资源本身被耗费的补偿。因此，用劳动价值论解释自然资源价值还有一定困难。到了19世纪，伴随着工业的增长，以及技术发展和资本积累的空前加速，古典经济学思维出现了一系列变化：从土地和劳动力转移到劳动力和资本要素上来；由实物分析向货币分析转变（Hubacek and van der Bergh，2006）；从使用价值到交换价值（Kohn，2004）的转换。效用价值理论认为生产是一种创造效用的过程，但人们不一定非要通过自然的恩赐才能得到人的主观感受，这也是效用的一种来源。人类经济社会的生产和生活，都离不开自然资源，其对人类的效用是巨大的。因此，自然资源是具有价值的。但效用价值论同样存在缺陷：首先，它将商品的价值混同于使用价值或物品的效用。商品有两种属性，一是价值，二是使用价值。其次，效用价值理论认为，将客观经济问题转化为主观心理范畴，忽视了自然资源价值所反映的经济内涵，效用价值理论认为自然资源价值的度量尺度是效用，但效用本身是一种主观心理现象。古典经济学家从资本和劳动的线性函数的角度来看待"进步"，而没有考虑到过程的热力学和生态规则以及生态系统多样性的原则（Hufstra and Huisingh，2014）。

4.6.2 新古典经济学阶段

到了古典经济学时期的末期，部分学者继续从物理角度关注自然资源。新古典经济学（NCE）是一种经济学方法，关注通过供求关系确定市场中的商品、产出和收入分配（Goodland and Ledec，1987）。新古典经济学将自然资源作为限制生产要素，将技术变革作为超越自然限制的前进道路。Washington（2015）总结了新古典经济学的八个假设：①强烈的人类中心主义；②自由市场和"看不见的手"将控制所有需要的东西的想法（Daly，1991）；③经济可以在不断增长的 GDP 方面永远增长的想法（Daly，1991）；④拒绝接受生长的任何生物物理限制；⑤生产导致消费的循环理论，导致生产处于一个永无休止的循环中（Daly，1991）；⑥忽略热力学第二定律（Georgescu-Roegen，1977）；⑦生态环境损害仅仅是一种"外部性"（Cobb and Daly，1989）；⑧所有形式的资本都可以被替代。随着边缘主义革命的完成，新古典经济学逐渐将其分析限制在交换价值的范围内。庇古写道，"社会生活中可用的一个明显的衡量工具是金钱。因此，我们的调查范围被限制在社会福利中可以直接或间接与金钱这一衡量标准挂钩的部分"（Pigou，1920）。作为解决经济外部性的一种方式，货币分析很快就扩展到了市场的范围之外。格雷、拉姆齐、伊泽和霍特林等在 1910~1930 年提出了对资源消耗可能给子孙后代带来的外部影响的担忧，并对贴现率（Martínez-Alier and Roca，1987）所涉及的伦理和技术问题进行了详细的阐述。该阶段首次将生态价值与市场相联系，并考虑了通过货币衡量生态价值的可能性。

4.6.3　环境经济学阶段

环境经济学的基本论据可以归纳为以下几点：纯粹的新古典经济学在很大程度上忽视了自然的经济贡献，因为它的分析范围仅限于那些有价格的生态系统产品和服务。非市场化的生态系统服务被视为积极的外部性，如果以货币价值衡量，可以更清晰地将生态因素纳入经济决策。这一阶段，一系列货币估值技术发展起来并日趋完善，以期引出这些不同的价值类型。生态系统服务估值技术通常依赖于相关的市场商品和服务作为代理，如享乐定价方法（Ridker and Henning，1967）和旅行成本方法[①]。这里所说的环境，是指一切外界有机无机的物质、能量及其功能的总体（方巍，2005），是以人为中心或主体（人类中心主义），与人的生存、发展和享受有关的环境。环境经济学认为，环境资源的价值既表现为资源实体的有形物质性价值，又包括生态功能的价值，如无形的舒适服务。自然资源价值理论（natural value theory）以环境变化对自然资源的影响评价或自然资源变化对环境的影响评价为主要研究内容，基于环境资源价值论，以经济学方法对自然资源进行综合评价，从而对自然资源进行更科学的定价（李金昌，1999）。

4.6.4　生态经济学阶段

生态经济学将经济社会置于生态系统中考察，克服了只顾向自然界索取、对自然界缺乏投入、忽视经济发展对自然界的依赖等传统价值理论和再生产理论的缺陷（谢标和杨永岗，1999）。生态价值论对自然资源的价值研究有很大的启发作用，但也难免存在瑕疵：第一，理论只考虑自然资源作为生产资料的价值，而对作为环境资源的自然资源的价值置之不理；第二，这一理论本质上是一种利用价值的理论，它决定了自然资源的价值对人类和

[①] Clawson M. 1959. Methods of measuring the demand for and value of outdoor recreation. Resources for the Future 10.

经济生活的有用性；第三，理论上所讲的补偿，仅仅是过于狭隘的补偿范围所用自然资源的补偿。综上，生态价值论虽然可以对自然资源的价值进行一定程度的阐述，但由于上述难以弥补的瑕疵的存在，自然资源的实际价值并不能得到很好的衡量。

结合近年来生态产品概念的定义和发展，生态产品不应该仅包括可以市场化的部分，而是生态系统可以为人类提供的物质产品、调节服务和文化服务的总和。通过价值理论的变革，生态的各种价值可以用广泛的生物物理、货币和社会文化指标来衡量。然而，将不同的指标结合起来存在挑战。当它们使用相同的度量标准进行测量时，它们才具有直接的可比性。例如，成本效益分析可以使用货币指标来比较成本与市场和非市场经济效益的关系。然而，其他的值不能放在一起，因为它们既无可比性又不兼容。大多数估值研究都关注生态产品对人类的贡献和与良好生活质量相关的价值，只有不到 10% 的人涉及生态价值的多方面。使用不同的生物物理、货币和社会文化指标有助于评估生态价值的多元性，以引出不同类型的生态价值之间的可比性、兼容性和代表性等。生态与人的利益冲突是人与生态关系中的矛盾。经济模式内生态问题和成本的外部化就是这些对立问题的一个代表性例子。在稀缺性的理论配置模型中，虽然劳动、土地和资本是平等的，但土地和自然资源与劳动和资本仍然不平衡，这会继续阻碍许多产业发展和实施平衡的、生态可持续的战略，而这是创造性和创新性设计思维所必需的（Whitehead，1920），仅靠经济学方法无法完成生态产品价值的全面、合理化核算，因此考虑将其与生态学相结合。

4.7 生态产品市场化定价的经济逻辑

4.7.1 经济逻辑

经济思想史上充满了确立价值意义的斗争：价值是什么以及如何衡量价值。亚里士多德首先区分了使用价值和交换价值。使用价值与交换价值的悖论直到 16 世纪才得到解决（Schumpeter and Lekachman，1978）。钻石-水悖论认为，虽然水具有无限或不确定的价值，是生命所必需的，但它的交换价值很低；然而，非必要的钻石具有很高的交换价值。根据这一观察，人们普遍认识到商品的交换价值和使用价值之间的区别。价值的另一个定义是：一种商品的数量与另一种商品的数量之间的主观等价关系，这种价值取决于效用和稀缺性（Schumpeter and Lekachman，1978）。200 年后，亚当·斯密引用钻石-水悖论区分了商品的交换价值和使用价值，但用它来否定使用价值作为交换价值的基础。亚当·斯密提出了生产成本价值论，认为工资、利润和地租是交换价值的三个原始来源。他还提出了一种交换价值的劳动负效用理论，指出商品交换基于将商品带到市场所需的劳动的不愉快。当劳动力是唯一的稀缺因素时，商品将根据劳动力使用的比例进行交换（Schumpeter and Lekachman，1978）。除了阐述关于交换价值起源的假设之外，亚当·斯密还试图建立一个价值计量单位，即实际价格，即所有商品价值的终极和真正标准，只有劳动本身的价值是不变的。因此，劳动可以是一个数字，它具有不变价值的特殊性质（Schumpeter and Lekachman，1978）。

Sraffa（1960）在其著作《以商品为手段生产商品：批判经济理论的前奏》中确立了商

品之间的交换比率可以根据商品在生产中的使用来确定的条件：一组商品价格将耗尽整个产品。这些汇率比率不是基于任何最优性或边际性条件，他将商品分为基本商品（进入所有生产过程的商品）和非基本商品，并表明一个不变的价值标准将是反映生产中平均投入比例的基本商品的组合，这种人造的"商品"就可以用来衡量国家财富或收入。

20世纪中期，凯恩斯经济学说中的"有效需求"是其经济学说强调的一个重要问题，凯恩斯认为资本的边际效率递减会出现社会投资不足，并引起"有效需求"不足，并认为提高生态价值，应从分析有效需求和生态资本的边际效率等着手（Eatwell and Milgate，2011）。新古典综合派将凯恩斯的宏观收入决定论和新古典的均衡价格论等综合为一体，用新古典微观经济分析的理论和方法构造了一个综合的新经济学理论体系，并形成了基本经济理论体系、经济增长论和经济周期论（刘涤源，1996）。数学家冯·诺伊曼开发了基于物理投入产出关系的一般均衡定价模型，在最大化利润率的目标函数和指定恒定增长率的约束下，确定了生产过程和最优价格（冯路和何梦舒，2014）。这些经典和传统的经济定价理论为生态产品定价提供了理论基础与方法启发。上述的传统经济学效用价值论多半认为价值取决于资源的稀缺性，资源越稀缺，对人类精神和物质的满足程度越高，其价值就越大。

亚当·斯密在《国富论》中描述"每个人试图应用他的资本，使得其产品获得最大的价值"，强调资源配置的最佳方式是市场调节。"当市场上某种商品的量刚好满足它的有效需求时，市场价格和自然价格大致或者完全相同"。他把商品价值严格定义为"无差别的人类劳动的凝结"。亚当·斯密认为，价格有两种含义，表示特定物品的效用时称为使用价格，表示由于占有某物而获得的购买力称为交换价格。商品的实际市场价格和自然价格往往不一致，这是因为商品的供给量和有效需求之间的偏差。通过市场识别价值，水的价格极低而空气免费，是因为数量巨大使得边际成本降低。

为了从一种商品（如劳动力或金钱）中获得最大的满足感，个人必须将该商品分配到不同的用途中，以使其在每种用途中的边际效用相等[①]。因此，边际效用将为解释交换价值提供基础。如果把铁、水泥、化肥、天然物质和劳动力等看作不完全的消耗品，那么它们所生产的商品的边际效用就可以用来解释它们的交换价值。这一逻辑建立了一个完整的价值理论。它还证明了交换价值可以基于使用价值。只有认识到效用和稀缺性在决定交换价值方面的重要性，以及保证金在决定价值方面的作用，这个问题才得以解决[①]。

价值边际效用理论对于生态系统服务价值评估概念的演变的意义在于，它可以用来衡量使用价值，而不仅仅是货币单位的交换价值（Farber et al.，2002）。基于效用的商品和服务价值反映在人们获得它们的支付意愿（WTP）或放弃它们而接受补偿的意愿（WTA）中。WTP和WTA是这些价值的衡量标准。图4-1显示，曲线D代表个人或群体的每单位商品或服务T的WTP。这是一个"边际"WTP。T_0单位的"总"WTP是聚合区域$A+B$。A区域对于具有一定效用阈值的商品或服务来说可能非常大，当这些商品变得越来越稀缺时，它们的价值就会越来越高。许多生态产品和服务都是如此，如氧气和水等维持生命的产品；"边际"值是有限的，而"总"值是不确定的。

指导经济思想的基本价值概念本质上是具有人类中心主义的，或工具性的。虽然价值一般可以指对一个目标、期望条件等的贡献，但经济学家使用的心理模型是，价值基于想

[①] Blaug M. 1968. Economics of education: selected readings.

要满足快乐或效用目标。事物之所以有价值，是因为它们能实现个人满足快乐和需求目标。环境中物体的价值可以从边缘考虑，也可以从整体考虑；也就是说，多一棵树的价值与所有树的价值之比。虽然价值与一件东西的效用有关，但价值的实际衡量需要一些客观的衡量，即这件东西能在多大程度上提高快乐和幸福（Farber et al., 2002）。

4.7.2 支持生态产品市场化和货币化的观点

货币被认为能够整合更多信息，如价格、供应和需求，从而反映"生产的实际社会和环境成本"（Costanza et al., 2013）。以污染税、限额与交易计划为代表的市场工具被推广为经济高效和有针对性的生态保护措施，为资源分配提供了灵活性（Dargusch and Griffiths, 2008）。支持生态市场化的学者认为市场机制鼓励竞争、创造力，可以利用经济专业知识实现"设计和创造生态市场"①。"公地悲剧"中所概述的核心思想是生态和自然资源总量"逐渐减少"的思想，即如果不实施市场化、设置特定产权等避免措施，人口可能日益超过其资源的限制（Hardin, 1998）。然而，这些市场化措施导致在环境正义领域出现了一定争议，可能会导致生态资源在人群中的不平等（Brulle and Pellow, 2006）。

标准福利经济学认为，只有解决环境问题的成本大于未来收益时，才视为失败的市场（Bromley, 2007）。研究阿尔卑斯山生态系统服务价值的目的并不是给阿尔卑斯山的生态价值加上一个准确绝对的价格标签，而是能使ES的边际变化在决策中得到体现并以一种合理的方式进行方案比较。定价并不是给生态系统赋予一个"价格标签"，而是使其价值的边际变化以更加准确和直观的方式体现出来，以达到促进更合理的决策的目的（Gret-Regamey et al., 2008）。

4.7.3 反对生态产品市场化和货币化的观点

尽管上述学者和实践者支持环境信息货币化，但其他人批评货币化可能导致决策不注重环境（Cuckston, 2018; Cooper and Senkl, 2016）。货币化方法可能会产生一种将人与自然分离的经济观点（Cuckston, 2018; Hines, 1991），并产生一种工具性思维，在这种思维中，决策者只有在这些行为增加其财务价值的情况下才能持续行动（Hrasky and Jones, 2016）。

有学者提出了对自然资源是否适合通过市场机制的方式来进行价值最大化的疑问，因为过于显著的外部性会导致市场很难实现合理配置，同时也面临同时具备经济和生态双重价值的自然资源产权确定、定价等难题（谭荣, 2021）。提供货币化的环境信息有助于提高决策者对生态方面的意识（Cuckston, 2018; Mildenberger et al., 2020）。他们认为，这可能会导致一种工具心态，即只有在保护提供足够的金融价值时，自然才会受到保护。正如Boiral（2016）以及Sullivan和Hannis（2017）所建议的，仅以货币表示环境绩效有可能降低环境信息的感知重要性，因为如果仅提供货币化的环境信息，对环境的支付意愿最低。

有部分研究对将生态"市场化"和"价格化"之后可能导致的"生态中产"问题提出

---

① Bryan B, Crossman N, Ward J, et al. 2008. Environmental Auctions and Beyond. National Market-Based Instrument Pilot Programme Round 2. Report to the Department of Agriculture, Fisheries and Forestry, 118.

担忧（Dooling，2009）。Banzhaf 和 Walsh（2008）的一篇论文最早提出"环境中产化"一词，并阐明了对低收入居民因价格过高而无法生存的担忧。市场化可能导致富人才有能力购买生态条件更好的土地。

其他研究人员警告称，用货币来衡量自然最终会损害其保护（Boiral，2016；Sullivan and Hannis，2017）。例如，Hines（1991）认为，使用生态价值的货币衡量方法不会导致环境意识的提高，而是鼓励经济手段"利用经济论据为破坏自然辩护"（Cuckston，2018）。批评者担心，理性主义的经济学方法可能会助长环境和社会问题的发展，而难以从根本上解决环境问题（Hines，1991）。因此，一些学者建议向决策者提供定性或定量的非货币环境信息（Bayefsky，2013；Cho and Patten，2007；Sinden，2004）。

批评者认为在信息不完善、产权界定不清晰的情况下的市场工具与定价会导致对自然的过度利用（Bardsely et al.，2002），对生态系统进行估值是不明智的，不应该对人类生命、环境美学或长期生态效益等"无形资产"进行货币化赋值（Costanza et al.，1997）。给生态价值贴上"价格"标签会导致自然的商品化，有可能排挤环境行为规范（Neuteleers and Engelen，2015）。以碳税为例，碳税作为一种政策工具，提供了理论上的成本效益、价格稳定性和行政简单性（Mildenberger et al.，2020）。然而，这些潜在的经济优势可能伴随着高昂的政治代价。碳税曾经在公民投票和选举中被否决，该政策被认为不会减少排放、成本太高、倒退以及可能破坏经济繁荣。

4.8 采用市场的手段或者对自然进行市场化定价的真正目的

Coase（1960）评估外部性和产权的框架为考虑市场机制有效分配生态系统服务的潜力提供了一个有用的起点，在他的表述中，一个人或一个群体的行为会对另一个人或另一个群体产生不利影响。科斯理论框架如图 4-1 所示。横轴从左到右代表私人行为造成的环境破坏（Q_{ED}）水平，从右到左代表生态系统的服务水平（Q_{ES}）。

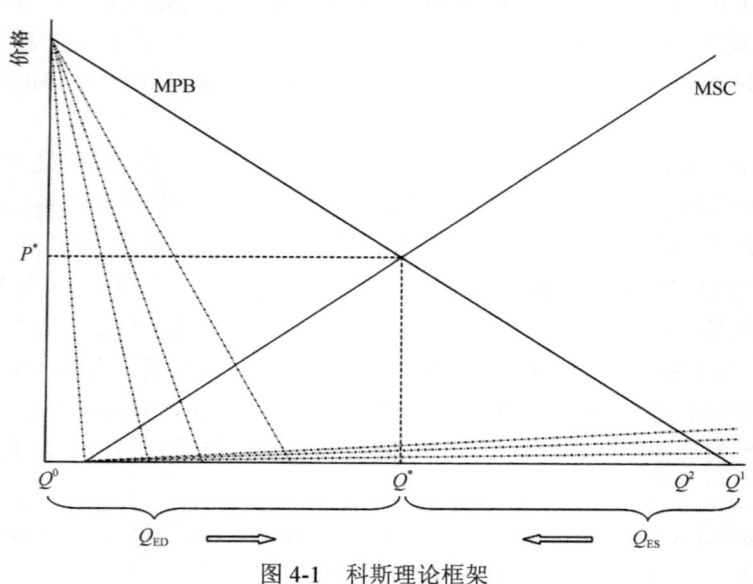

图 4-1 科斯理论框架

生态系统服务市场（MES）和 PES 的一个根本问题是它们对于产权的定义不同。这两种方法都假定土地所有者拥有绝对的产权，可以随心所欲地处理他们的土地，因此需要采用"用户付费"的方法。这与私有产权受社会需求限制的假设相反——美国法院在许多案件中支持"污染者付费"的观点。向"用户付费"的转变将严重限制保护环境的政策选择。当产权有利于公众享有对生态系统服务的权利时，存在更多选择。

这些选择中最有前途的是"监管市场"——已经证明成功的市场类型。通过这种政策，政府对污染或资源开采（二氧化硫排放、捕鱼、用水等）设定了总体限制。在这个总体限制范围内，人们可以买卖开采资源或污染的权利。美国二氧化硫排放市场就是一个成功的例子。可以为其他开采资源或污染的权利创建类似的市场。

这些例子涉及监管市场，其限制了资源开采（渔业）或损害（污染）的总水平。然后，通过市场分配开采或排放污染物的权利。生态系统服务本身可以在市场上买卖，得到更好的保护的想法在环保团体、其他非政府组织（NGO）和政府机构中得到了广泛认同。实际上，美国农业部成立了一个环境市场办公室（Bhagwat et al.，2008）。农场、牧场和森林提供对社会至关重要的商品及服务——清洁的水和空气、野生动物栖息地、碳储存和风景。由于缺乏正式的结构来销售这些服务，农民、牧场主和林地所有者通常不会因提供这些关键的公共利益而得到补偿。事实证明，以市场为基础的保护方法是实现环境目标和维持工作与自然景观的一种具有成本效益的方法。如果没有经济激励，这些生态系统服务可能会随着私有土地的出售或转为开发而消失。

如果假设生态系统服务目前供应不足，如何增加它们的供应？传统上，政府使用监管方法来限制空气和水的污染或限制某些土地的使用。这些监管或"命令与控制"方法可能具有优势，但由于其"一刀切"的设计，它们也可能成本高昂。相比之下，激励或基于市场的方法已被推广为更灵活地实现预期环境目标的一种方式，因此通常成本要低得多。下面将探讨与围绕 MES 的争论相关的基于市场的想法的三种变体，即自愿行动、市场机制和监管市场。

4.8.1 自愿行动

即使在没有减少破坏生态系统服务的动机的地方，人们有时也会看到改善环境的自愿行动。在某些情况下，尽管缺乏显著的直接利益，个人还是选择单独行动以增加生态系统服务。这些自愿行动包括向慈善组织捐款、对环境负责的行为和消费者偏好、自愿提供公共产品、"绿色市场"以及具有"企业责任"特征的行为。它们可以在政府环境保护政策被认为过于薄弱的情况下发展。在国际上，当居住在一个国家的用户无法影响政府保护另一个国家生态系统服务的行动时，我们观察到这种志愿服务，尤其是在保护贫穷国家的生物多样性方面。

然而，自愿行动的范围往往有限，预计只会产生很小的影响。鉴于政府的参与可能对经济产生复杂的影响，必须谨慎解释轶事证据。通常，搭便车的动机大于采取自愿行动的冲动。与国家安全的情况一样，生态系统服务带来的个人利益相对于社会利益而言往往非常小。在这种情况下，自愿行动和慈善捐款不足以实现公共物品的有效供应。事实上，促进志愿服务的努力只取得了很小的进步。在对美国、欧洲和日本的七个此类主要项目进行分析后，Morgenstern 和 Pizer（2007）认为，自愿项目具有真实但有限的量化影响，通常在 5% 左右。

这些自愿行动的水平与贡献对信息、政府政策和技术以及其他因素的变化很敏感（Kotchen，2006）。在某些情况下，自愿行动可以作为政府行动的补充。然而，在其他情况下，政府行动可能会导致减少自愿提供公共产品或参与绿色市场。总的来说，虽然自愿行动在许多情况下可以发挥重要作用，但它们不太可能达到生态系统服务的最佳水平。

4.8.2 市场机制

回想上面描述的科斯理论框架，在许多情况下，政府可以考虑引入环境市场有两个可能的起点。第一，污染者必须为污染、破坏或开采环境资源付出代价。第二，用户或"污染者"必须付费才能消费或使用生态系统服务。这两种选择对应于科斯首先认识到的外部性的互惠性质。

4.8.3 监管市场

考虑到环境危害相对应的私人权利市场的可能性，这些行为的好处虽归于个人，但可以监视这些操作并强制执行限制。对这些权利的需求 Q_{ED} 代表个人支付意愿曲线的总和。加在一起，它们产生 MPB。这些个人产权可以由政府限量创造，然后在市场上的污染者或开采者之间进行交易。本书将这些类型的市场机制称为监管市场，因为它们要求政府通过对污染水平、环境退化或资源开采施加和强制执行限制来限制"供应"。这是限额与交易计划中使用的机制。在这些情况下，政府通过对允许的污染或资源开采总量设定上限来造成供应短缺。在此限度内，公司买卖污染或资源开采权，具体取决于这些权利对他们的价值。

在开放获取的情况下，或者在生态系统服务的受污染者权利未得到执行的情况下，初始条件将是图 4-2 中的 Q^2 所示的损害水平。政府可以在 Q^* 处确定总允许损害水平的上限，因此造成供应短缺。个人可以购买（或出售）污染权，从而在潜在污染者之间形成市场。在竞争市场中，人们期望 Q^* 权利的固定供应有一个均衡价格（P^*），每个污染者根据他或她的支付意愿购买权利。通过有效地将 Q^2 降低到 Q^*，这样的市场可以最小的成本实现生态系统服务的最佳水平。

在某些情况下，此类环境市场包括抵消或减轻环境危害的行为。例如，可以通过种植额外的树木来封存碳以抵消碳排放，可以通过在其他地方创建新的湿地来减轻湿地破坏，可以通过在河流沿岸种植遮阴树来抵消增加河流温度的废水排放。在某种程度上，这些形式的"负面损害"或"负面污染"代表了实现所需生态系统服务水平的低成本方式，扩大市场机制，将它们包括在内，可以实现降低总体成本。

然而，重要的是要认识到，这种市场对缓解或抵消的需求的产生只是因为政府政策强加的破坏环境的权利供应有限（例如，限制碳排放创造了以碳封存的形式来抵消的需求）。通过允许缓和和补偿"计入"限制净损害水平，它们成为该市场的一部分。然而，它们并不代表生态系统服务市场。相反，它们是实现遵守"污染者付费"环境损害限制的间接机制。这些和其他环境市场评估强调了明确建立初始分配权利及限制、管理可转让性的规则以及监督和执行程序的重要性。

4.9 本章小结

通过价值理论的变革,生态的各种价值可以用广泛的生物物理、货币和社会文化指标来衡量。仅靠经济学方法存在局限性,无法完成生态产品价值的全面、合理化定价。生态产品定价既需要符合生态学意义上的价值衡量,又需要符合市场规律以及边际效用理论。支持生态产品定价的学者认为"价格"有助于更高效的生态保护措施的推进且可以更加准确、直观地反映生态价值的边际变化;反对生态产品定价的学者担心定价会对决策和社会观念产生负面影响。本章探讨了围绕生态产品市场化的三种途径,即自愿行动、市场机制和监管市场。这些以市场为基础的机制在限制环境破坏方面具有有效性,从而保护了生态系统服务。

二、方　法　篇

第 5 章

林地生态系统服务核算方法学构建

5.1 林地生态系统及其服务

基于本书理论部分的分类体系,本章针对有林地(21)和灌木林(22)进行生态系统服务的研究。本研究用能流图表示林地生态系统服务形成的过程,见图 5-1。

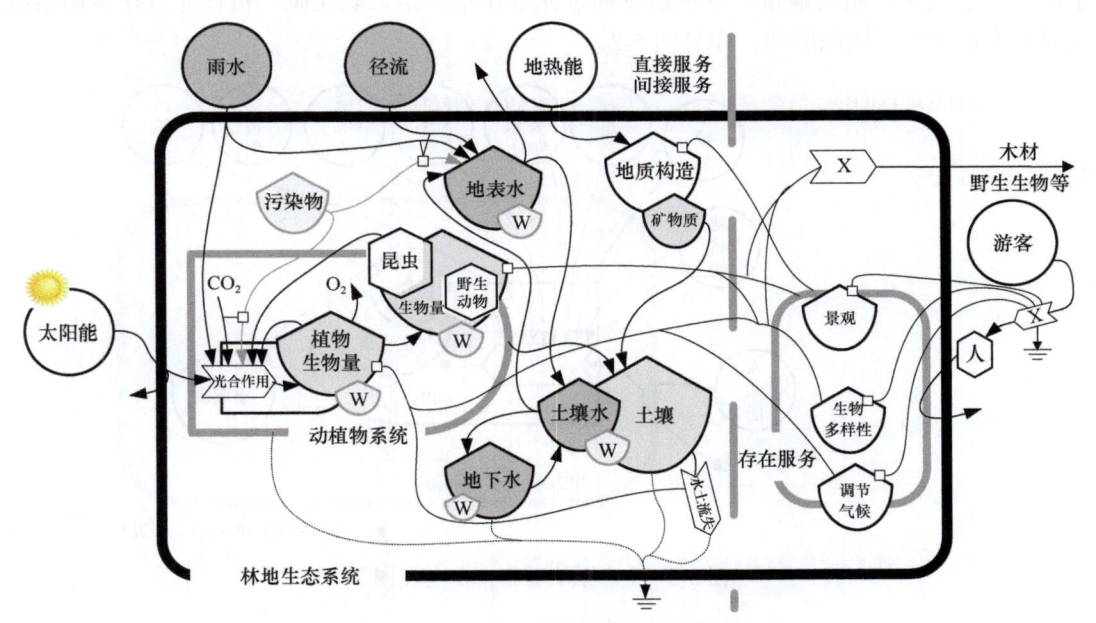

图 5-1 林地生态系统服务形成能流图

W,污染物;X,不同物质流量的共同作用

本研究的林地生态系统仅考虑纯自然生态系统,人类活动和社会经济系统在边界之外,以防止不同林地生态系统由于社会经济系统规模、开发强度、开采技术不同导致实际研究边界不相同,而结果无法比较的问题。能流图(图 5-1)从左到右可以看出,当地的太阳能、雨水、径流、地热能等驱动了植被的光合作用,产生净初级生产力(NPP),在此过程中植被将大气中的 CO_2 固定到其体内,并释放氧气,形成固碳释氧的服务。植被凋落物进入土壤经过一系列生物作用等成为土壤有机质的来源。另外,成土母质在长时间风化、气候和植被等作用下形成土壤矿物质的来源。土壤中有机质和矿物质增加共同构建了土壤肥力。能流图(图 5-1)从上往下可以看出,林地生态系统的地表水入渗进入地下,构成补给地下水服务。同时，林地生态系统具有净化大气污染物如 SO_2、NO_x、CO、O_3、PM_{10} 和 $PM_{2.5}$ 等的能力。由于林地生态系统的覆盖，会形成固持土壤的服务，其蒸散可达到增加湿度降低温度的效果。在能流图（图 5-1）的右侧主要是局地林地生态系统对全球气候调节和生物多样性的贡献，以及能量等级较高的以信息流的方式给人类提供的文化教育和休闲娱乐服务。

5.2 林地生态系统服务产生机制与核算方法构建

5.2.1 直接服务

5.2.1.1 NPP

NPP 是植物光合作用固定的能量中扣除植物呼吸作用消耗掉的那部分后，剩下的可用于植物的生长和生殖的能量。绿色植物通过光合作用固定二氧化碳。植物光合作用由系统边界内本地可更新资源驱动，详见图 5-2。

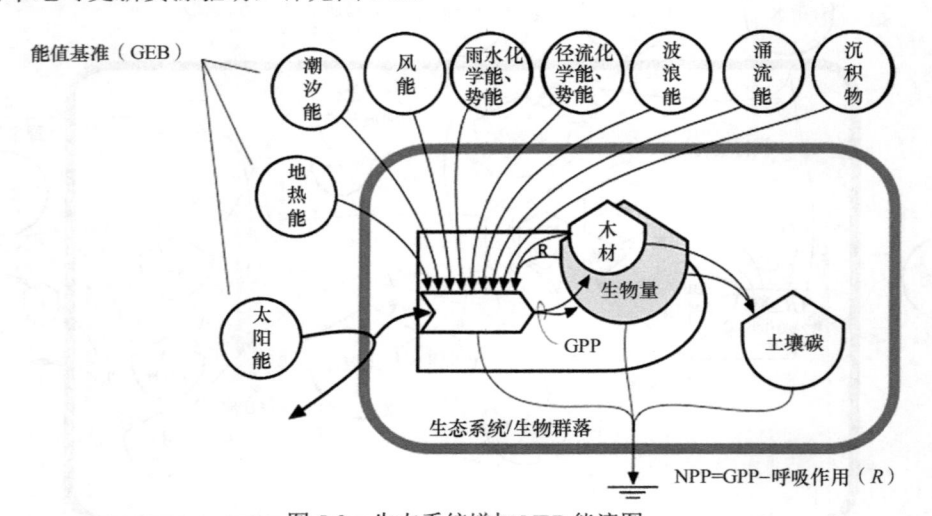

图 5-2　生态系统增加 NPP 能流图

在林地生态系统中，植物通过本地可更新资源与能源的相互作用，把太阳能等转变为化学能，储存在所形成的有机化合物（生物量）中，而植物也需要通过呼吸作用释放一部分能量。这里 NPP 的产生是所有输入资源与能量累积的结果，其计算公式为

$$\text{Em}_{\text{NPP}fi} = \max(R_{fi}) \quad (5\text{-}1)$$

式中，$\text{Em}_{\text{NPP}fi}$ 为林地生态系统 i NPP 服务对应的能值，sej/a；$\max(R_{fi})$ 为林地生态系统 i 本地每种可更新资源投入的最大值，sej/a。取最大值是为了解决可能的重复计算问题，在区域的投入中，只有太阳能、潮汐能、地热能为初级能源，且不会被相互替代，所以它们的投入需要加和，为 $\sum$(太阳能, 潮汐能, 地热能)。其他的投入项，包括风能、波浪能、雨水化学能、径流势能和化学能等，这些能量由于在全球尺度也是太阳能、潮汐能和地热能转

化而成的,因此不计入全球尺度的能量输入,但它们在局地尺度可能发挥着巨大的作用。如果由初次能源转化的本地二次能源(当然,这些二次能源可能也不完全是由本地初次能源转化而来)再与本地二次能源相加,就会出现重复计算问题。因此,取本地三种初级能量之和与其他物种能量的最大值将合理地避免此问题。式(5-1)将转化为

$$\text{Em}_{\text{NPP}} = \max(R_{fi})$$
$$= \max[\sum(\text{太阳能},\text{潮汐能},\text{地热能}),\text{波浪能},\text{风能},\text{雨水化学能},\text{径流势能},\text{径流化学能}] \quad (5\text{-}2)$$

式(5-2)中各个可更新资源能值具体计算方法如下:

太阳能值=土地面积×太阳辐射能×(1−反射率)×卡诺效率×能值转化率 (5-3)

地热能=土地面积×热通量×卡诺效率×能值转化率 (5-4)

潮汐能=大陆架面积×吸收率×年潮汐次数×平均潮汐范围×海水密度×
重力加速度×潮汐能能值转换率 (5-5)

风能=0.5×[陆地面积×空气密度×陆地风应力拖拽系数×(年均风速×3.16)^3×
(3.154×10^7)+海洋面积×空气密度×海洋风应力拖拽系数×(年均风速×
1.58)^3×(3.154×10^7)]×能值转化率 (5-6)

式(5-6)中,陆地风应力拖拽系数=1.64×10^3,海洋风应力拖拽系数=1.26×10^3(Garratt,1992)。

雨水化学能=(土地面积×降水量×蒸腾系数×雨水密度×雨水吉布斯自由能+
大陆架面积×降水量×雨水密度×雨水吉布斯自由能)×能值转化率 (5-7)

径流势能=土地面积×降水量×径流系数×雨水密度×重力加速度×平均海拔×
能值转化率 (5-8)

径流化学能=土地面积×降水量×径流系数×雨水密度×河流水的吉布斯自由能×
能值转化率 (5-9)

波浪能=海岸线长度×1/8×海浪密度×重力加速度×(海浪高度)^2×海浪速度×
(3.15×10^7)×能值转化率 (5-10)

5.2.1.2 固碳释氧

本研究中,固碳释氧服务包括固碳和释氧两部分。而固碳又包括生物固碳和物理固碳两部分。其中生物固碳指植被通过光合作用固定二氧化碳。物理固碳,如生物所附着的某些岩石可以有一定的固碳效果,是否应该计算到生态系统服务中将在今后的研究中继续探讨。本研究仅考虑生物固碳部分。释氧是指固碳的光合作用中[如各种绿色植物和光合自养微生物(如蓝藻等)],将二氧化碳转化为氧气和碳水化合物的过程中释放的氧气的功能。固碳不只有光合作用方法,还包括化能合成作用,如硝化细菌通过氧化氨合成有机物等。这里用图 5-3 来反映此项服务的生成机制。由图 5-3 可知,植被通过光合作用将大气中的碳固定在其体内产生 NPP,形成植被固碳;同时以根系和植被凋落物形式进入土壤中形成土壤固碳。可以看出,固碳释氧服务的能量投入过程是与前面 NPP 服务有重叠过程,所以这里也说明了不能简单地将各种能想到的服务算出的值加起来,一定要考虑重复计算问题。固碳释氧虽然是两部分,但是其能量投入是一致的,因此按照能值代数学,只需计算其中一种即可,这里只计算固碳服务。

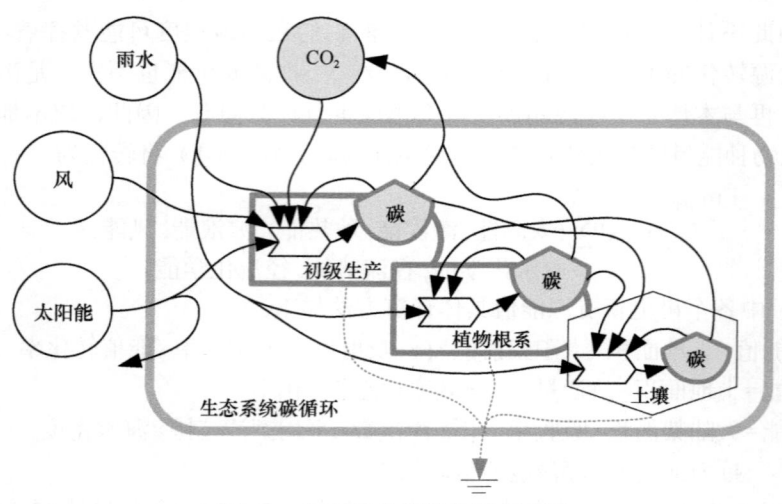

图 5-3　生态系统固碳作用能流图

该项服务的具体计算公式如下：

$$\mathrm{Em}_{\mathrm{CS}fi} = \frac{C_{fi}}{T_{ci}} \cdot S'_{fi} \cdot \mathrm{UEV}_{\mathrm{cs}fi} \tag{5-11}$$

$$\mathrm{UEV}_{\mathrm{cs}fi} = \frac{(\mathrm{Em}_{\mathrm{NPP}fi})/S'_{fi}}{\mathrm{NPP}_{fi}} \tag{5-12}$$

式中，$\mathrm{Em}_{\mathrm{CS}fi}$ 为林地生态系统 i 固碳服务所需的能值，sej/a；C_{fi} 为第 i 个林地生态系统单位面积固碳量，g C/(m²·a)；T_{ci} 为第 i 个林地生态系统碳库的平均周转时间，a；S'_{fi} 为经 VF 修正后的第 i 个林地生态系统的面积，m²；$\mathrm{UEV}_{\mathrm{cs}fi}$ 为第 i 个林地生态系统固碳的能值转换率，sej/g；$\mathrm{Em}_{\mathrm{NPP}fi}$ 含义同式（5-1）中的 $\mathrm{Em}_{\mathrm{NPP}fi}$；$\mathrm{NPP}_{fi}$ 为第 i 个林地生态系统的 NPP，g C/(m²·a)。式（5-11）和式（5-12）也适用于灌木、草地等生态系统。

5.2.1.3　构建土壤

土壤是通过机械和化学风化过程及有机质的累积和腐烂形成的[①]，这一形成过程主要由五个要素相互作用，即成土母质、植被、气候、地形和时间（Jenny，1994）。研究表明，形成土壤所需时间极其漫长，随气候因素不同而有所不同：①在温和气候条件下，形成 1 cm 厚土壤需 200～400 年时间；②在热带潮湿地生态系统区形成 1 cm 厚土壤需要大约 200 年；③需要大约 3000 年的时间来累积足够的有机质和矿物质以形成土壤肥力（Eni，2019）。因此，生态系统构建土壤分为构建土壤有机质和构建土壤矿物质。本研究主要考虑植被和成土母质对土壤构建的年均贡献。

1）构建土壤有机质

由图 5-4 可知，植物通过光合作用增加了林地生态系统生物量，植被凋落物（生物量的一部分）进入土壤成为土壤有机质的来源（Lemaire et al.，2011；Zhao et al.，2014），并可通过土壤有机质来度量此服务。需要注意的是，这里的植被凋落物是每年新形成的植被

---

① Earle S. 2015. Weathering and Soil, Physical Geology. BC Campus, Vancouver.

凋落物，周转时间为一年，因此用于构建林地生态系统土壤有机质的能值是按每年重新分配本地可再生资源的方式计算的，具体计算公式如下：

$$\mathrm{Em}_{\mathrm{OM}fi} = \mathrm{Em}_{\mathrm{NPP}fi} \times k_{1i} \times k_2 \tag{5-13}$$

式中，$\mathrm{Em}_{\mathrm{OM}fi}$ 为林地生态系统 i 构建土壤有机质所需的能值，sej/a；$\mathrm{Em}_{\mathrm{NPP}fi}$ 含义同式（5-1）中的 $\mathrm{Em}_{\mathrm{NPP}fi}$；$k_{1i}$ 为第 i 个林地生态系统植被凋落物占生物量的比例，%；k_2 为植被凋落物中碳含量，%。

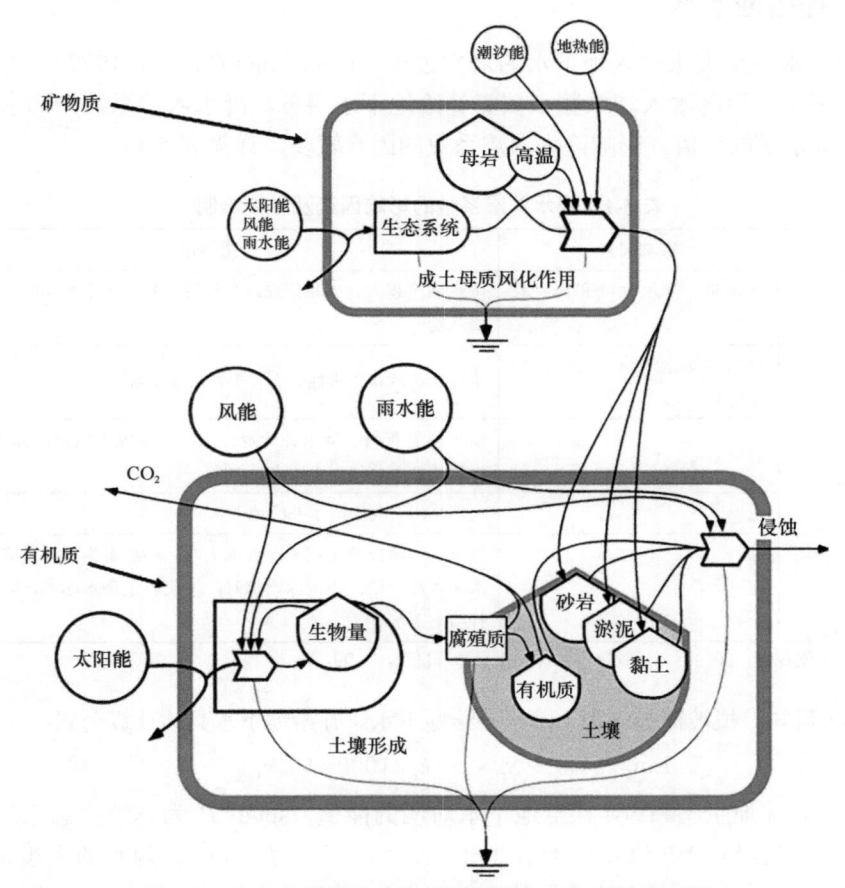

图 5-4　生态系统构建土壤（有机质和矿物质）能流图

2）构建土壤矿物质

由图 5-4 可知，土壤矿物质是母岩在长期气候因素和地质过程共同作用的风化产物。具体计算公式为

$$\mathrm{Em}_{\mathrm{Min}fi} = \max[(P_{ij} \times \mathrm{BD}_i \times D_i \times S'_{fi} \times R \times 10\,000)/T_{\mathrm{m}j}] \times \mathrm{UEV}_{\mathrm{m}j} \tag{5-14}$$

式中，$\mathrm{Em}_{\mathrm{Min}fi}$ 为林地生态系统 i 构建土壤矿物质所需的能值，sej/a；P_{ij} 为林地生态系统 i 土壤中第 j 种矿物质占总矿物质的比例，%；BD_i 为第 i 种林地生态系统的土壤容重，g/cm³；D_i 为第 i 个林地生态系统的土壤厚度，cm；S'_{fi} 为经过 VF 修正后的第 i 个林地生态系统的面积，m²；R 为土壤矿物质占总土壤质量的比例，%，取值 95%（刘丛强，2009）；10 000 为

m^2 转化为 cm^2 的系数；T_{mj} 为第 j 种矿物质的周转时间，a；UEV_{mj} 为第 j 种矿物质的能值转换率，sej/g。

由上述分析可见，土壤有机质和矿物来源不同，林地生态系统 i 构建土壤所需的能值（Em_{SBfi}）可用下式计算：

$$Em_{SBfi} = Em_{OMfi} + Em_{Minfi} \tag{5-15}$$

5.2.1.4 补给地下水

补给地下水是地表水进入地下水的水文过程（Freeze and Cherry，1979）。考虑到大气降水补给地下水，用降水入渗系数来核算补给地下水服务。降水入渗系数指降水入渗补给地下水量与降水量的比值。影响降水入渗系数的因素较多，详见表 5-1。

表 5-1 降水入渗系数的影响因素及影响机制

类型	影响因素	影响机制
降水特征	降水量、降水强度和历时长短等	降水强度越大，越易形成地表径流，补给地下水历时短，不利于入渗补给
土壤入渗性能	包气带岩性、土壤含水量、厚度等	土壤渗透性和给水性好有利于补给地下水
地表情况	植被	植被覆盖有利于降水补给地下水，一是因为植被阻滞了地表径流，二是植被根系使表土透水性加强
	地形	地形平坦有利于降水补给地下水
地下水埋深	地下水埋深	地下水埋深反映了盛水库容的大小，当后者为零时，降水量对地下水无入渗补给；当埋深增加时，表明有了盛水库容，降水就可入渗补给地下水

资料来源：孟素花等，2013；齐子萱等，2019；张平和李日运，1999。

由表 5-1 可知，植被覆盖有利于降水补给地下水。补给地下水具体计算公式：

$$Em_{GRfi} = P_i \times S'_{fi} \times \rho \times k_i \times 1000 \times UEV_{GR} \tag{5-16}$$

式中，Em_{GRfi} 为林地生态系统 i 补给地下水对应的能值，sej/a；P_i 为林地生态系统 i 的年均降水量，m；S'_{fi} 为经过 VF 修正后的林地生态系统 i 的面积，m^2；ρ 为水的密度，kg/m^3；k_i 为林地生态系统 i 的降水入渗补给系数；1000 为 kg 转化为 g 的系数；UEV_{GR} 为降水入渗补给地下水的能值转换率，因是降水补给地下水，因此此处使用雨水的能值转换率（sej/g）。

5.2.2 间接服务

因为生态系统对可能产生损害的污染物有吸附、净化、保持而减少损害的服务，包括对气、水、土污染物的去除（这里包括两部分：一是基于环境容量的稀释降解；二是进行的净化和吸收）；同时考虑这些污染物会给人体健康和生态系统质量带来损害（刘耕源等，2013a，2013b）[图 5-5（a）]，在核算生态系统对气、水、土等污染物的净化作用时使用由生态系统对污染物的净化能力而带来人体健康和生态系统质量损害的减少量。另外，因为生态系统覆盖相对于裸地覆盖会减少土壤侵蚀量，以及因为植被的蒸散发可起到降低温度和增加湿度的作用,这也作为生态系统间接服务的一部分。

(a)

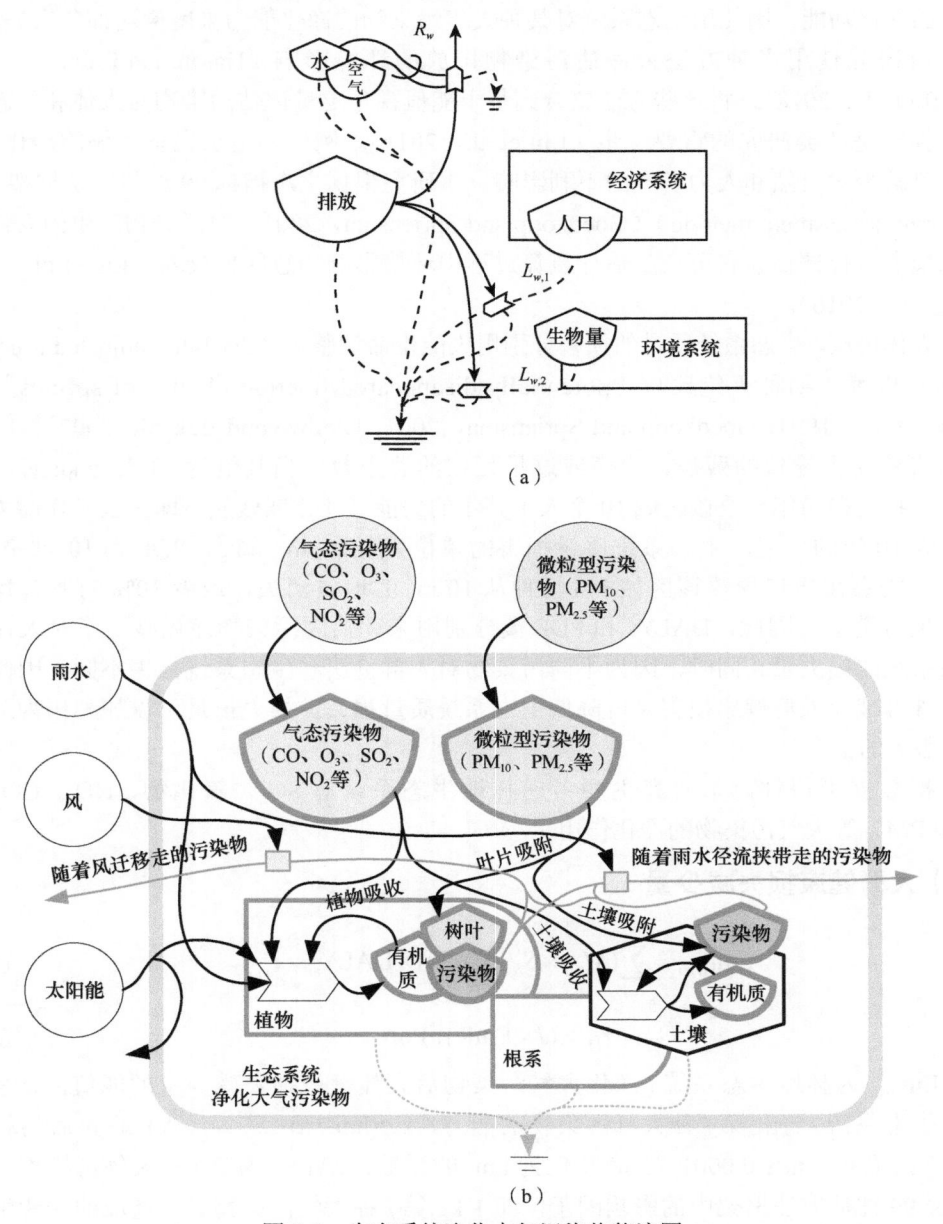

(b)

图 5-5　生态系统净化大气污染物能流图

R_w 表示生态系统净化污染物所需的能值;$L_{w,1}$ 和 $L_{w,2}$ 分别表示受污染物影响人体健康和生态系统质量损失量

5.2.2.1　净化大气

考虑生态系统对 SO_2、NO_x、PM_{10}($PM_{2.5}$)等大气污染物的净化[图 5-5(b)]而减少人体健康和生态系统质量损失。因为单位面积某类生态系统对某种大气污染物的净化能力是固定的,当大气污染物浓度小于阈值时,生态系统能完全净化这部分污染物,不会造成人体健康及生态系统质量损失;当大气污染物浓度超过净化能力时,生态系统仍只能净化

固定的污染物，超出部分仍会给人体健康和生态系统质量带来损失，这部分是生态系统无法提供的净化功能。因此用生态系统对某种大气污染物的净化能力来度量这部分损失量。

已有研究使用多种方法来评估污染物排放的环境影响（Hasan and Rahman，2017；Stolaroff et al.，2018），将这些方法整合到基于能值视角定量评估污染物对人体和生态系统的实际损害是此类研究的重要一步（Liu et al.，2011）。例如，由于生态系统的净化功能，污染物可减少对自然和人力资产的不利影响。本研究根据生态指标99评估方法框架（eco-indicator 99 assessment method）（Goedkoop and Spriensma，2001）对污染物产生的人体和生态系统损害进行评估。它可初步估计核算过程中环境影响的总能值投入（Liu et al.，2011；Timm et al.，2016）。

对人体健康、生态系统质量的损害分别用失能生命调整年（disability adjusted life years，DALYs）和潜在物种灭绝比例［potentially disappeared fraction（PDF）of species］衡量（Murray et al.，1994；Goedkoop and Spriensma，2001；Ukidwe and Bakshi，2007）。DALYs估算由特定伤害导致的残疾、患病或过早死亡的总人数。当其值为10人·a/kg时，表示1 kg污染物会在当年导致该区域10个人1整年的失能（死亡或残疾，即失去工作能力）或者1个人10年的失能。生态系统质量损害的单位为PDF·m²·a/kg，PDF为10（%）时意味着污染物会在当年导致该区域1%物种从10 m²的地方消失，或者10%的所有物种从1 m²的地方消失。因此，DALYs和PDF被分别用来评估因污染物净化减少了对人体健康和生态系统的损失量。同时，因为不同污染物对人群健康和生态系统损害不同，因此净化污染物既可减少人群健康损害又可降低生态系统质量损失。损失量是可以加和作为总的净化空气服务的。

根据数据可得性，本研究主要考虑林地生态系统对SO_2、氟化物、NO_x、CO、O_3、PM_{10}和$PM_{2.5}$等大气污染物的净化作用。

1）人群健康损失减少量

$$\text{Em}_{\text{HH}fi} = \sum_{i=1}^{n}(M_{aij} \times S'_{fi} \times 0.0001 \times \text{DALY}_{aj} \times \tau_H) \tag{5-17}$$

$$\tau_H = (I \times \text{EmR})/\text{Pop} \tag{5-18}$$

式中，$\text{Em}_{\text{HH}fi}$为林地生态系统i净化大气污染物后人体健康损失减少量的能值，sej/a；M_{aij}为林地生态系统i净化第j种大气污染物的能力，kg/(hm²·a)；S'_{fi}为经VF修正后的林地生态系统i的面积，m²；0.0001为m²转化为hm²的系数；DALY_{aj}为第j种大气污染物在eco-indicator 99评估方法框架中的影响因子，即1 kg第j种大气污染物对人造成的失能生命调整年，（人·a）/kg；τ_H为区域人均卫生总费用对应的能值，sej；I为该地区投入到医疗卫生方面的总费用，元①，由政府、社会和个人卫生支出三部分来源组成，反映一定经济条件下政府、社会和个人对卫生保健的支付水平和重视程度。该数据来源于2001～2016年《中国卫

---

① 值得说明的是，这里使用了医疗方面的投入来计算由患病或死亡造成的损失。损失部分有多种核算方法，有采用人群患病或死亡减少的这部分人的产出部分，也有计算投入的医疗等社会成本的部分。本研究采用了后者。但是在计算时，由于投入的医疗等社会成本的能量成本缺乏相关数据，更精确的方法应该是收集每年医院和医疗投入的物质流/能流值并进行计算。本书采用了通过不同区域的能值货币比进行投入金额的折算，其实只算入了对医疗投入的服务部分，所以结果会偏小。

生和计划生育统计年鉴》。人均卫生总费用即某年卫生总费用与同期平均人口数之比。EmR 为地区能值货币比，sej/元，可在 http://www.emergy-nead.com/country/data 获取；Pop 为地区常住人口数，人。

2）生态系统质量损失减少量

同林地生态系统净化大气污染物从而减少了人群健康损失的原理一样，用林地生态系统净化大气污染物能力来核算生态损失减少量：

$$\text{Em}_{\text{EQ}fi} = \sum_{j=1}^{n}(M_{aij} \times \text{PDF}_{aj} \times 0.0001 \times \text{Em}_{\text{sp}fi}) = \sum_{j=1}^{n}(M_{ij} \times \text{PDF}_{aj} \times 0.0001 \times \text{Em}_{\text{NPP}fi}) \quad (5\text{-}19)$$

式中，$\text{Em}_{\text{EQ}fi}$ 为林地生态系统 i 净化大气污染物后生态系统损失减少量的能值，sej/a；M_{aij} 为林地生态系统 i 净化第 j 种大气污染物的能力，kg/(hm²·a)；PDF_{aj} 为受 1 kg 第 j 种大气污染物的影响物种的潜在灭绝比例，PDF·m²·a/kg；0.0001 为 m² 转化为 hm² 的系数；$\text{Em}_{\text{sp}fi}$ 为维持林地生态系统 i 的物种所需的能值，可用区域可更新资源对应的能值计算，即式（5-1）中的 $\max(R_{fi})$（sej/a）。

因此，林地生态系统 i 净化大气污染物所需的能值（$\text{Em}_{\text{AP}fi}$）的计算公式为

$$\text{Em}_{\text{AP}fi} = \text{Em}_{\text{HH}fi} + \text{Em}_{\text{EQ}fi} \quad (5\text{-}20)$$

5.2.2.2 固持土壤

土壤侵蚀受降水、植被、地形、土壤等多因素影响，各因素影响机制详见表 5-2。

表 5-2　固持土壤的影响因素及影响机制

类别	影响因素	影响机制	参考文献
植被	植被覆盖度	植被覆盖度增加会拦截降水，减弱降水侵蚀强度	左琴和岳艳杰，2018
植被	植被高度	只有在一定高度下，植被覆盖度才能有效减少降水能量。植被过高其冠层汇集的雨滴能量更大，对地表的侵蚀更强	陈永宗，1989
植被	植被枯枝落叶层	植被枯枝落叶层可形成土壤表层保护层，同时可有效拦截地表径流	汪有科等，1993；张志强等，2006
地形	坡度	坡度越大，同等降水产流量越大，水流侵蚀力越强	王恒松等，2015
地形	坡长	理论上，当坡面其他条件一致时，坡长越长，越到下坡水量越多，水流能量越大，侵蚀作用也增强	王恒松等，2015
土壤	土壤可蚀性	土壤可蚀性表示土壤遭受侵蚀的难易程度	陈浩，2019
降水	降水	雨滴击溅和产流冲刷是影响土壤侵蚀的重要过程。雨滴以一定的速度降落打击地表，如果地表裸露，会使土壤颗粒发生分离和位移	陈浩，2019
土地利用方式	土地利用方式	不同土地利用类型下水土流失差异较大。耕种，尤其是在陡坡耕种，地表覆盖遭到破坏，水土流失较为严重	李学敏等，2018

由表 5-2 可知，植被覆盖可拦截降水，起到固持土壤的作用，因此本研究使用区域潜在侵蚀量和现实侵蚀量之差，即因生态系统覆盖而固持的土壤量来核算生态系统固持土壤的服务，计算公式如下：

$$\mathrm{Em}_{\mathrm{SR}fi} = G_{fi} \times 10^6 \times r_{\mathrm{OM}i} \times k_3 \times k_4 \times \mathrm{UEV}_{\mathrm{soil}} \tag{5-21}$$

$$G_{fi} = (G_{\mathrm{P}i} - G_{\mathrm{R}i}) \times S'_{fi} \times 10^{-6} \tag{5-22}$$

式中，$\mathrm{Em}_{\mathrm{SR}fi}$ 为林地生态系统 i 固持土壤所需的能值，sej/a；G_{fi} 为林地生态系统 i 的年固持土壤总量，t；10^6 为 t 转化为 g 的系数；$r_{\mathrm{OM}i}$ 为林地生态系统 i 的土壤中有机质含量，%；k_3 为 g 转化为 kcal 的系数，为 5.4 kcal[①]/g；k_4 为 kcal 转化为 J 的系数，为 4186 J/kcal；$\mathrm{UEV}_{\mathrm{soil}}$ 为土壤的能值转换率，sej/J，来源详见 Brown 和 Ulgiati（2024）；$G_{\mathrm{P}i}$ 为林地生态系统 i 的潜在土壤侵蚀模数，t/(km²·a)；$G_{\mathrm{R}i}$ 为林地生态系统 i 的现实侵蚀模数，t/(km²·a)；S'_{fi} 为经过 VF 修正后的林地生态系统 i 的面积，m²；10^{-6} 为 m² 转化为 km² 的系数。

5.2.2.3　调节局地温湿度

植被通过蒸腾作用有利于局地温度调节，尤其是叶子减少了到达植被冠层以下的太阳辐射，引起冠层以下区域地表温度降低（Gaitani et al.，2011）。此外，热量随着水从植被孔隙中蒸发被吸收，此过程也达到冷却周围空气的效果（Akbari et al.，1997；EPA，2008；Picot，2004）。生态系统蒸散发过程中所吸收能量等于其降温增湿过程的能量投入，因此可用林地蒸散发过程吸收的能量来评估林地降温增湿的效益。具体计算方法如下：

$$\mathrm{Em}_{\mathrm{MR}fi} = \mathrm{ET}_i \times S'_{fi} \times \mathrm{UEV}_{\mathrm{ET}} \tag{5-23}$$

式中，$\mathrm{Em}_{\mathrm{MR}fi}$ 为林地生态系统 i 调节局地温湿度即蒸散发所需的能值，sej/a；ET_i 为林地生态系统 i 的年蒸散发量，g/m²；S'_{fi} 为经 VF 修正后的林地生态系统 i 的面积，m²；$\mathrm{UEV}_{\mathrm{ET}}$ 为蒸散发的能值转换率，sej/g，由于蒸散发是对雨水的蒸散发，因此此处使用雨水的能值转换率。需要注意的是，本章的蒸散发包括林地蒸发（即林地土壤和碎屑层的蒸发）、林冠截留和林地蒸腾作用。

5.2.3　存在服务

存在服务是全球性生态系统服务在局地的分摊价值，因此应该使用单位面积的贡献量来核算此类服务。本研究中，林地生态系统的存在服务先仅考虑调节气候服务。

根据《联合国气候变化框架公约》（UFNCCC），气候变化主要表现为全球气候变暖、酸雨和臭氧破坏，其中全球气候变暖是人类最迫切需要解决的问题。同时根据文献（Goedkoop and Spriensma，2001；IPCC，2013；Roelfsema et al.，2018）数据可得性，本研究调节气候服务主要考虑全球林地生态系统作为碳汇减少了气候变化对人体健康和生态系统质量的影响，用全球林地生态系统单位面积年均固碳量来核算。因数据可得性，纳入核算的温室气体包括 CO_2、CH_4、NO_x 和氢氟碳化物（HFC），具体计算方法如下：

$$\mathrm{Em}_{\mathrm{cr1}fi} = \sum_{j=1}^{n} \left(C_{ij} \times 0.001 \times \frac{\mathrm{DALY}_{gj}}{T_{gj}} \times S'_{fi} \times \tau_{\mathrm{H}} \right) \tag{5-24}$$

$$\mathrm{Em}_{\mathrm{cr2}fi} = \sum_{j=1}^{n} \left(C_{ij} \times 0.001 \times \frac{\mathrm{PDF}_{gj}}{T_{gj}} \times \mathrm{Em}_{\mathrm{sp}i} \right) \tag{5-25}$$

[①] 1 kcal=4186 J。

式中，Em_{cr1fi} 为林地生态系统 i 因减少温室气体排放而减少人群健康伤害所需能值，sej/a；Em_{cr2fi} 为林地生态系统 i 因减少温室气体排放而减少生态系统质量损失所需能值，sej/a；C_{ij} 为全球尺度上单位面积林地生态系统 i 对温室气体 j 的平均固定量，g/(m²·a)；0.001 为 g 转化为 kg 的系数；$DALY_{gj}$ 为 1 kg 第 j 类温室气体造成的失能生命调整年，人·a/kg；T_{gj} 为第 j 类温室气体的生命周期，年；τ_H 含义同式（5-17）中的 τ_H；S'_{fi} 为经过 VF 修正后第 i 类林地生态系统面积，hm²；PDF_{gj} 为第 j 类温室气体造成的潜在物种灭绝比例，(PDF·m²·a)/kg；Em_{spi} 为维持林地生态系统 i 的物种所需的能值，可用区域可更新资源对应的能值计算，即式（5-1）中的 $\max(R_{fi})$（sej/a）。

林地生态系统 i 调节气候服务（Em_{CRfi}）可由式（5-26）计算得到：

$$Em_{CRfi} = Em_{cr1fi} + Em_{cr2fi} \tag{5-26}$$

5.2.4 加和原则

在核算出各项生态系统服务后，最后加和需要遵循以下加和原则。由于直接服务中的 NPP、固碳释氧都是由于光合作用，受当地太阳能、雨水等可更新资源驱动。土壤有机质来源于植被凋落物，也是光合作用产物的一种转化，受当地可更新资源驱动，而土壤矿物质则是成土母质和风化、气候等长期作用的结果，同样受当地可更新资源的驱动。降水在形成地表水的同时，也有部分入渗构成对地下水的补给，另外有部分形成蒸散发，起到调节局地温湿度的作用。因此，补给地下水和调节局地温湿度也受当地可更新资源驱动。为避免重复计算，本研究取 NPP、固碳释氧、构建土壤、补给地下水和调节局地温湿度的最大值，然后再加上净化服务、固持土壤和调节气候作为一个地区有林地生态系统服务总和。该加和原则也适用于灌木林和草地生态系统。因此一个地区林地生态系统 i 服务总和（Em_{fi}）具体计算公式如下：

$$Em_{fi} = \sum [\max(Em_{NPPfi}, Em_{CSfi}, Em_{SBfi}, Em_{GRfi}, Em_{MRfi}), Em_{APfi}, Em_{SRfi}, Em_{CRfi}] \tag{5-27}$$

5.3 2000～2015 年中国有林地生态系统服务时空变化分析

5.3.1 研究区概况

受中国气候带的影响，中国森林物种丰富，植被类型多样。根据国家林业和草原局 2019 年底数据，中国森林覆盖率已由 20 世纪 70 年代初的 12.7% 增长到 2018 年的 22.96%，森林面积和蓄积量分别达 2.2 亿 hm² 和 175.6 亿 m³，实现 30 年持续增长（国家林业和草原局，2019），也是世界范围内增长最多的（Wang et al.，2017）。从 20 世纪 70 年代末期，中国启动了一系列大型造林和再造林工程（Sun et al.，2015）。中国拥有世界上最大的人工林面积[①]。另外，中国森林资源呈现出分布不均、单位面积蓄积量差异大等特征（张盼盼，2019）。具体地，中国近一半的森林集中分布在内蒙古、黑龙江、云南、四川、西藏、广西

[①] FAO. 2016. Global Forest Resources Assessment 2015. Rome: FAO.

6个省份，而森林面积比例不足全国2%的省份共有16个，江苏、海南、宁夏等省份的森林面积比例均不足全国1%（张盼盼，2019）。中国大陆（内地）31个省份中，仅西藏、新疆、四川、吉林、青海、云南和福建7个省份乔木林蓄积量大于100 m³/hm²，其余省份单位面积蓄积量较小（张盼盼，2019）。2015年中国约有6%的森林受火灾、有害生物等灾害的影响，高于全球平均4%的水平（张盼盼，2019）。

5.3.2 中国有林地生态系统服务空间分布特征

图5-6展示了中国2000年和2015年有林地生态系统服务总值及单位面积生态系统服务价值的空间分布。由图5-6可知，就生态系统服务总值而言，整体上呈现出以下特点：①有林地面积越大，生态系统服务总值相对较大；②南部省份尤其是西南部省份及东北三省整体上大于华北、华中、华东及西北部省份；③2015年前后生态系统服务总值空间分布特征基本一致，且各省份大小排序变动较小。具体地，云南稳居第一，2000年及2015年生态系统服务总值分别为$2.83×10^{22}$ sej/a和$3.25×10^{22}$ sej/a；黑龙江排名第二，但其生态系统服务总值与云南相差较大，2000年和2015年黑龙江有林地生态系统服务总值分别占云南的62%和67%；排名第三的内蒙古与紧跟其后的四川、广东、广西、西藏等省份差距相对较小。上海有林地生态系统服务总值最小，2000年和2015年分别为$1.52×10^{18}$ sej/a和$1.59×10^{18}$ sej/a，天津、宁夏、江苏、青海在两年都分别排名倒数第二、第三、第四、第五，位次并未发生变化，这与这些省份有林地面积较小有关。

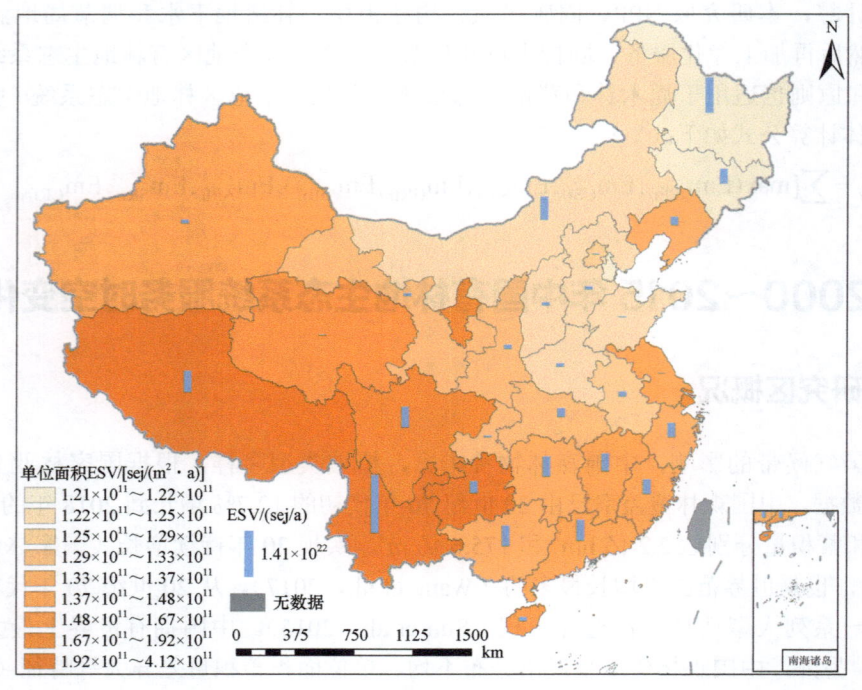

（a）2000年有林地

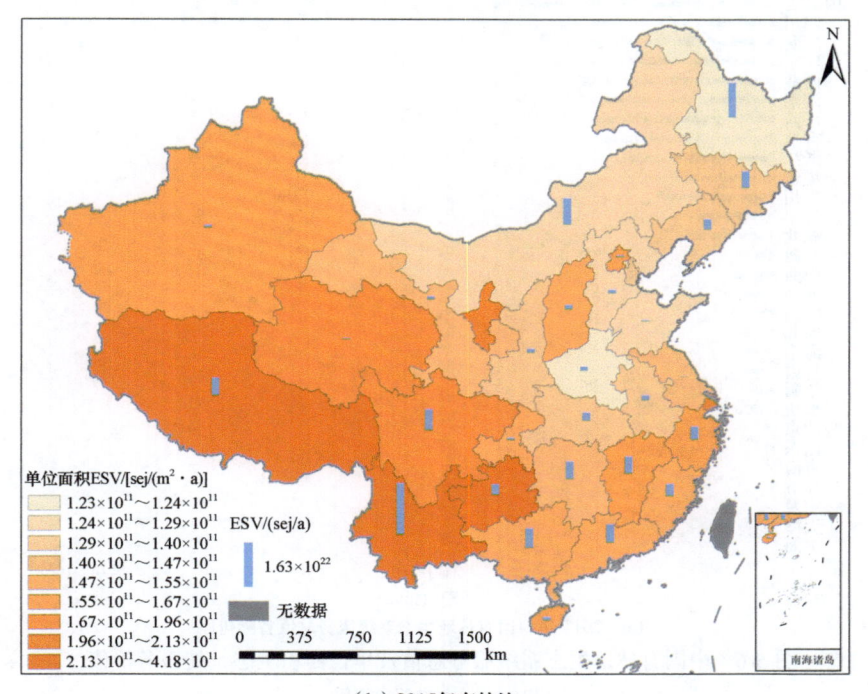

（b）2015年有林地

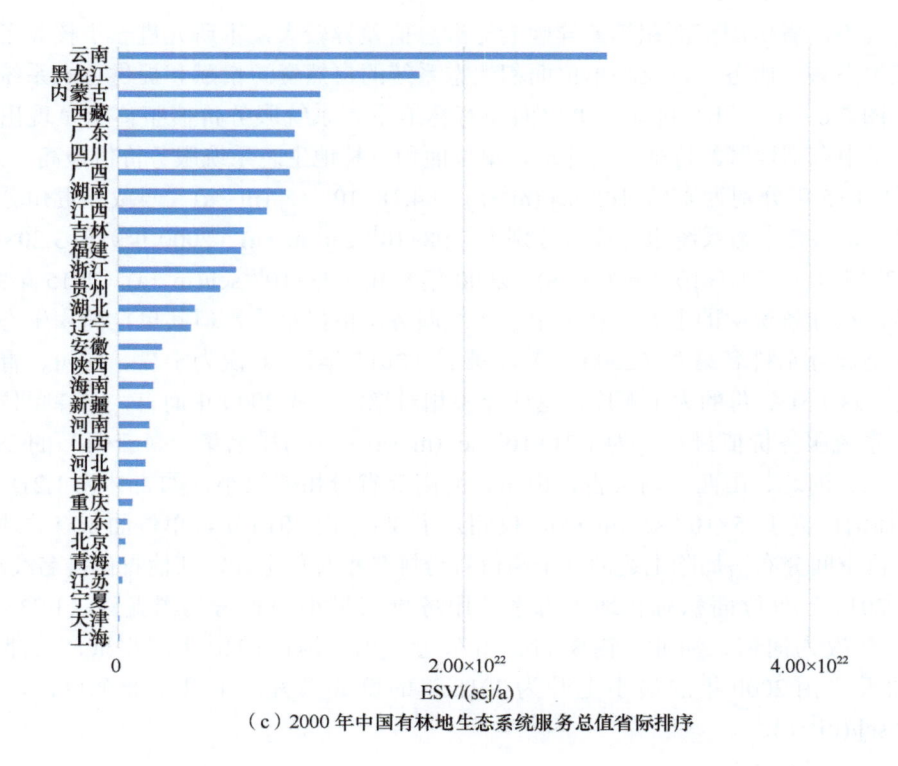

（c）2000年中国有林地生态系统服务总值省际排序

(d) 2015 年中国有林地生态系统服务总值省际排序

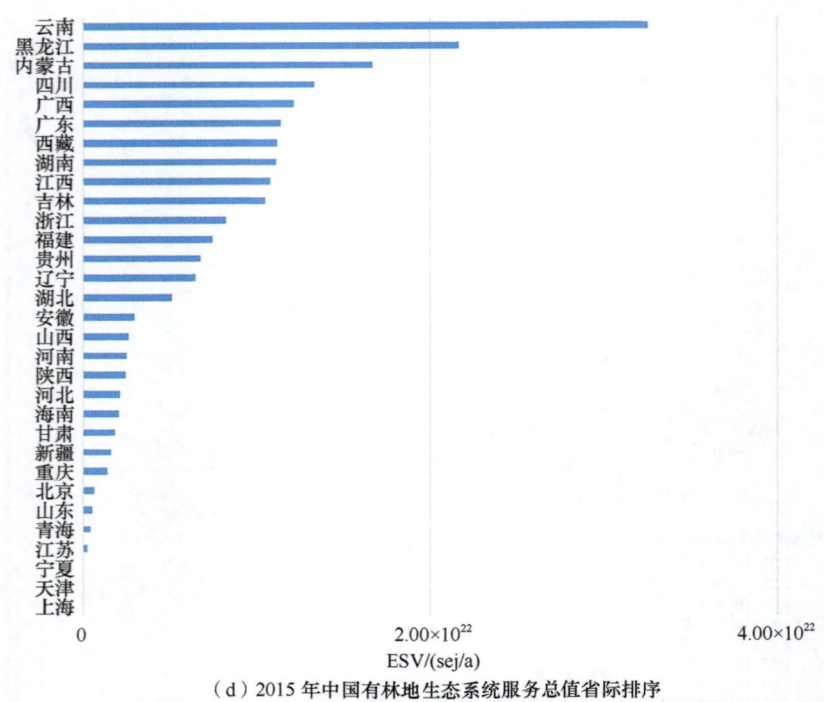

图 5-6 中国有林地生态系统服务总值及单位面积生态系统服务价值

ESV：生态系统服务价值

考虑到不同省份国土面积等差异因素导致总值差异较大，本研究进一步核算了各省份单位面积生态系统服务，以反映单位面积生态系统的自然资源禀赋和提供生态系统服务的强度。由图 5-6（a）、（b）可知，单位面积有林地生态系统服务价值整体上呈现出西南地区普遍大于中东部地区的特征。具体地，单位面积有林地生态系统服务价值最高的为云南，2000 年和 2015 年分别为 4.12×10^{11} sej/(m²·a) 和 4.18×10^{11} sej/(m²·a)。西藏和贵州分别排名第二、第三，二者生态系统服务价值分别为 2.98×10^{11} sej/(m²·a)（2000 年）和 3.20×10^{11} sej/(m²·a)（2015 年）、2.97×10^{11} sej/(m²·a)（2000 年）和 3.06×10^{11} sej/(m²·a)（2015 年）。值得注意的是，东部省份中的上海有林地生态系统服务总值虽最小，但其单位面积生态系统服务价值在全国分别排名第四（2000 年）和第五（2015 年）。其次为宁夏、四川、青海、新疆和海南，这五个省份的大小顺序在这两年中相对稳定。就 2000 年而言，天津单位面积有林地生态系统服务价值最小，为 1.21×10^{10} sej/(m²·a)，仅为排名第一（云南）的 29%。吉林、黑龙江、河北、山西、内蒙古、山东、河南等省份相差很小，如吉林为 1.21×10^{11} sej/(m²·a)，而河南为 1.25×10^{11} sej/(m²·a)，仅相差了 3%。而 2015 年，单位面积有林地生态系统服务价值空间分布格局除上述的 9 个高值省份排名相对稳定外，其他省份排名波动较大。具体地，2015 年单位面积有林地生态系统服务价值最小的省份为黑龙江（1.23×10^{11} sej/(m²·a)），其次为河南、河北、内蒙古、山东等。华北地区的山西、北京、天津等明显上升，如天津由 2000 年的最小上升为 2015 年的倒数第九，上升了 8 个位次，价值为 1.38×10^{11} sej/(m²·a)。

5.3.3 中国有林地不同生态系统服务空间分布特征

图 5-7 为 2015 年有林地生态系统各服务的空间分布。由图 5-7 可知，单位面积 NPP 服务价值较高的区域集中西南地区的横断山脉、南岭及武夷山地区，这与这些省份是中国森林资源主要集中区、雨热同期的优越气候条件相关。具体而言，云南最大，为 3.05×10^{11} sej/($m^2\cdot a$)；其次为贵州，为 1.93×10^{11} sej/($m^2\cdot a$)，可见二者差距较大，贵州仅为云南的 63%；再次为排名第三的西藏，其单位面积 NPP 服务价值为 1.80×10^{11} sej/($m^2\cdot a$)，与贵州相差不大。东北、华北、华中和西北地区单位面积 NPP 服务价值相对较小。其中东北地区虽也为中国天然森林集中区，如大小兴安岭、长白山等地区，但因这些地区气候条件相对较差，其单位面积 NPP 服务价值相对较小。华中地区和华北地区的单位面积 NPP 服务价值较小与这些地区降水量相对较少有关。固碳释氧和构建土壤服务的分布特征和 NPP 服务整体一致，集中在西南、东南地区，不同之处在于长白山地区的这两类服务价值相对较高。补给地下水服务价值的高值区集中在东南部的江西、广西、福建、浙江、广东、上海、湖南等省份，这与这些地区降水量丰富有关。净化空气服务价值的高值区集中在中国西部地区（青海、新疆、西藏和宁夏等）及经济较为发达的北京、上海、浙江等省份，与这些地区人均卫生总费用较高有关。对于固持土壤而言，由于数据可获取性，有林地潜在侵蚀模数和现实侵蚀模数在全国取值一致，因此各省份有林地固持土壤服务价值一致。调节局地温湿度服务价值高值区集中在两个地区：一是东南沿海省份，如江浙沪、两广地区、海南、福建等省份，与这些地区临近海洋，水的热容量大，蒸散发量较大有关；二是西藏东南部、云南中西部等，与这些地区受西南季风影响带来大量水汽有关。降水量相对较少的北部及中西部

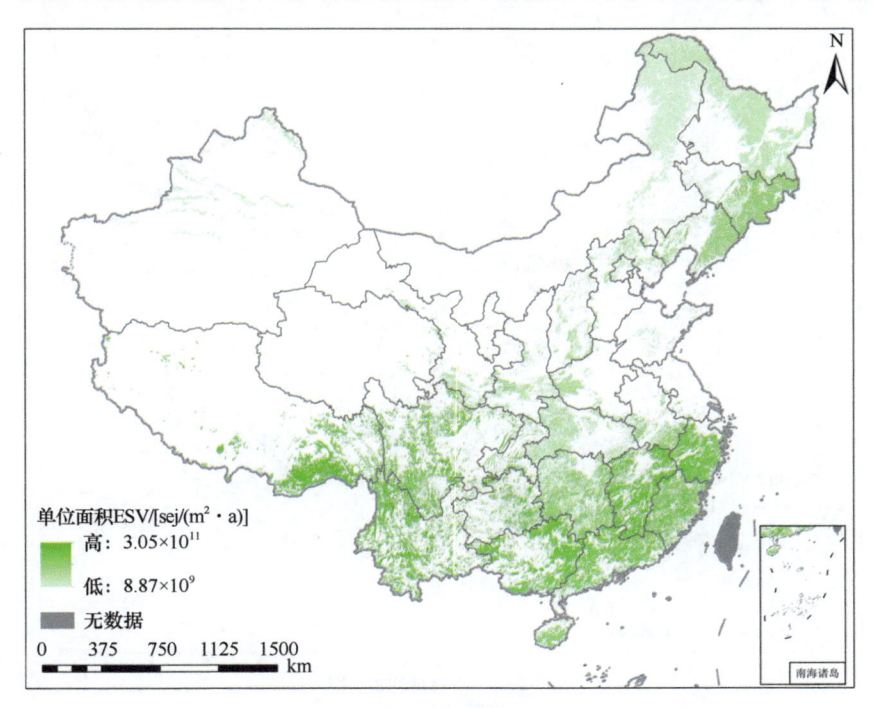

（a）2015年有林地NPP

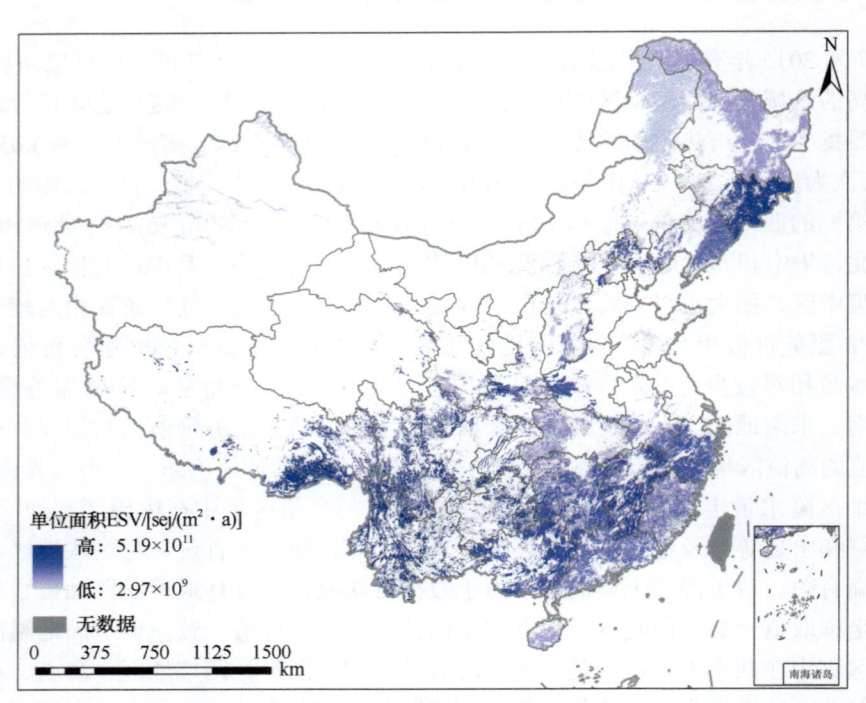

(b) 2015年有林地固碳释氧

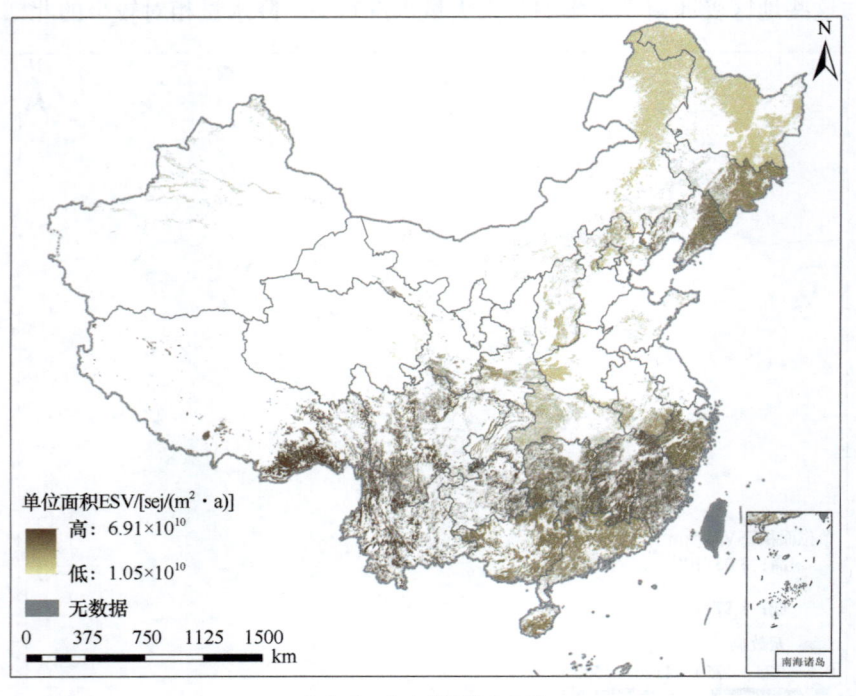

(c) 2015年有林地构建土壤

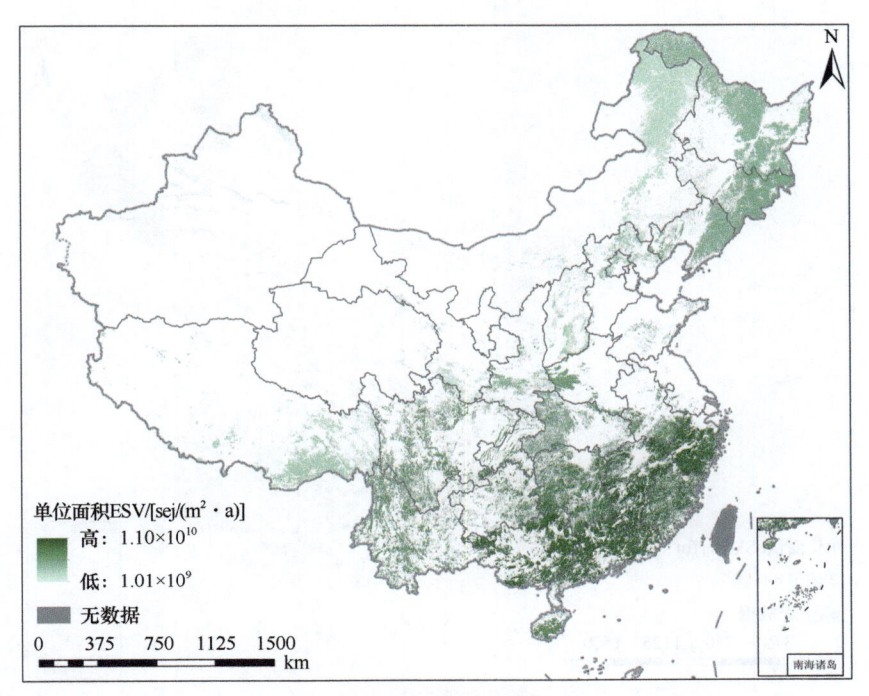

第 5 章　林地生态系统服务核算方法学构建

（d）2015年有林地补给地下水

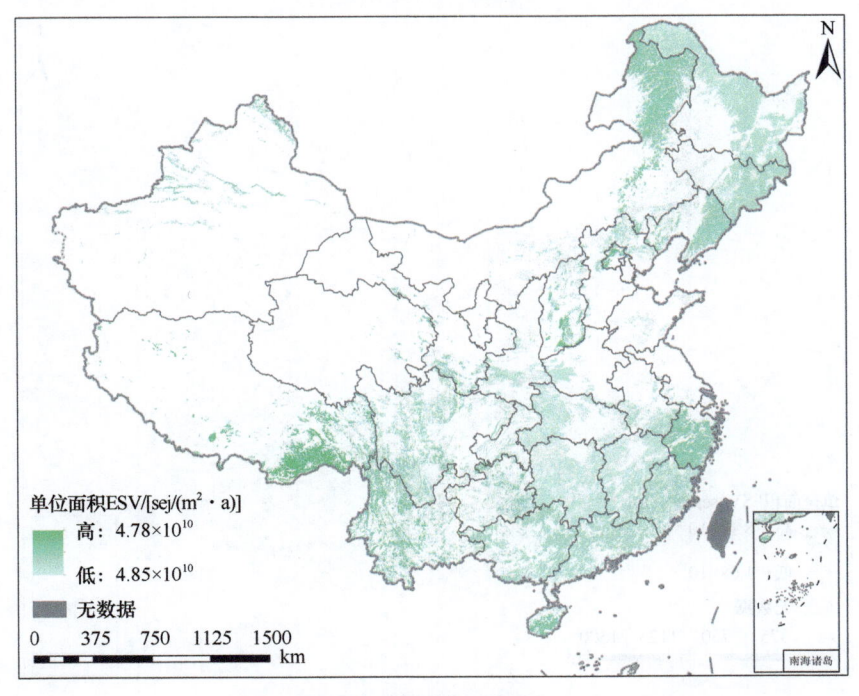

（e）2015年有林地净化空气

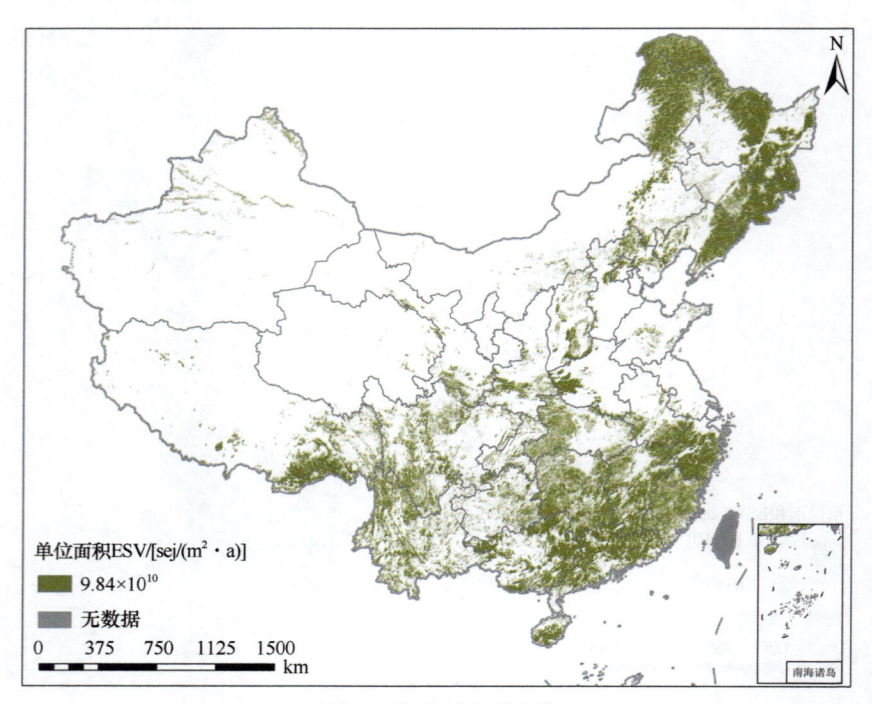

(f)2015年有林地固持土壤

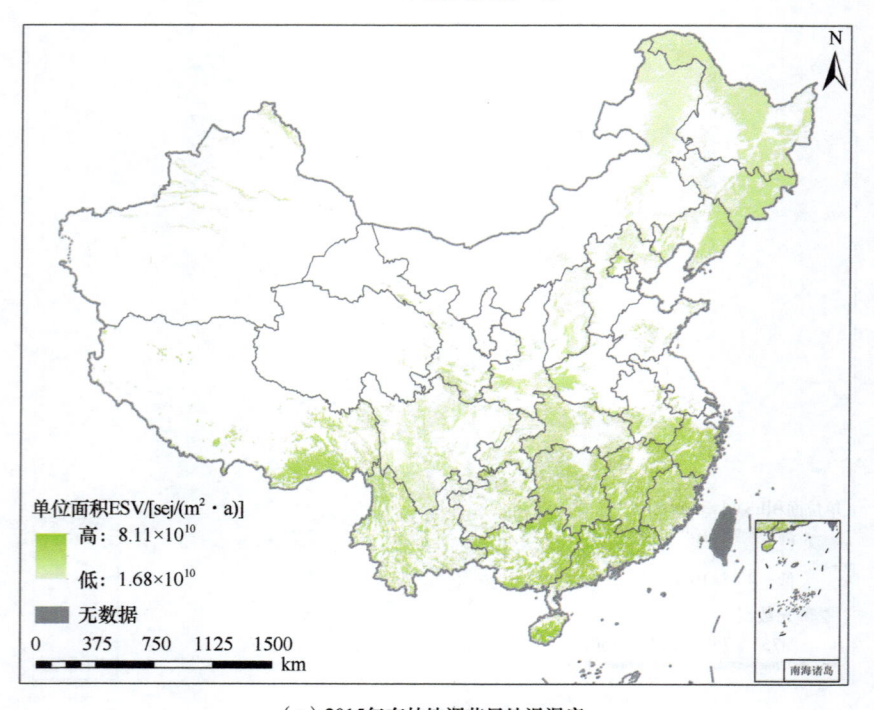

(g)2015年有林地调节局地温湿度

（h）2015年有林地调节气候

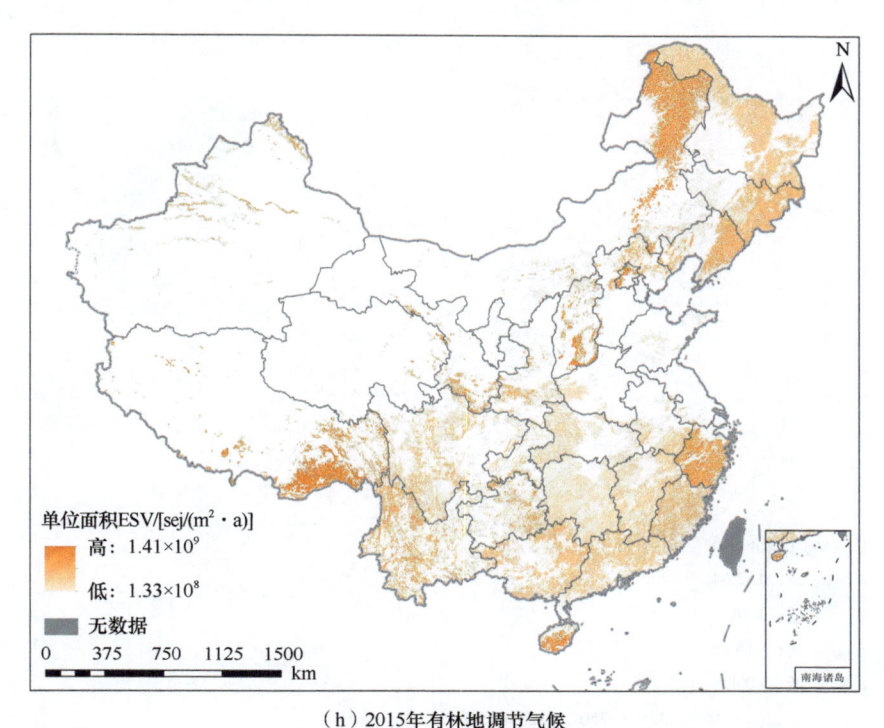

图 5-7　2015年中国有林地生态系统各服务空间分布

ESV：生态系统服务价值。后同

地区调节局地温湿度服务价值明显较小。调节气候服务分布特别明显有别于调节局地温湿度，但与净化空气服务的空间分布特征基本一致，也与高值区的人均卫生费用较高有关。

5.3.4　2000～2015年中国有林地生态系统服务时空变化分析

2000～2005年［图5-8（a）］，除海南、贵州、福建、湖南和广西有小幅下降外，其余省份都呈现出不同增幅。增幅较大的地区集中在大小兴安岭、长白山、祁连山脉等地区；增幅低值区集中在南方省份。也有部分省份增幅较大，如上海、宁夏、青海等，但因其有林地面积较小，在图5-8（a）中并不明显。其中增幅最大的为上海，为152.64%；其次为青海，但其增幅与排名第一的上海相差较大，为46.78%；再次为重庆（29.46%）、内蒙古（28.49%）及河北（27.50%）等省份，增幅相对接近。增幅最小的省份为浙江省，仅增长了1.76%，其次为云南（2.35%）和广东（2.67%）等省份。下降的五个省份集中在南方地区，降幅相对较小，按照其降幅大小依次为海南（15.26%）、贵州（3.27%）、福建（2.89%）、湖南（0.96%）、广西（0.44%）。

2005～2010年［图5-8（b）］，有林地生态系统服务价值呈现出上升和下降省份近1∶1的比例，其中上升和下降省份的数量分别为14个和17个，且降幅明显大于增幅。这种下降的趋势尤其集中在上海、大小兴安岭、西部省份、河北和广东。其中，上海降幅最大，为68.29%，其次为青海（28.23%）、内蒙古（12.45%）和新疆（12.01%）等。其余省份降幅小于10%。降幅较小的地区集中在南方省份尤其是西南部省份，如福建、四川、云

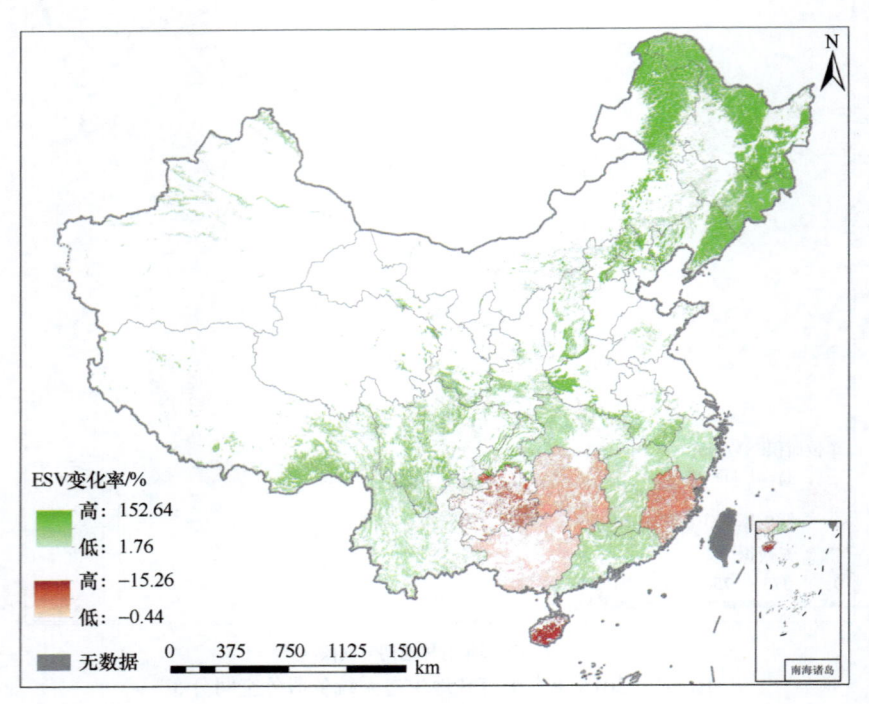

（a）2000～2005年有林地

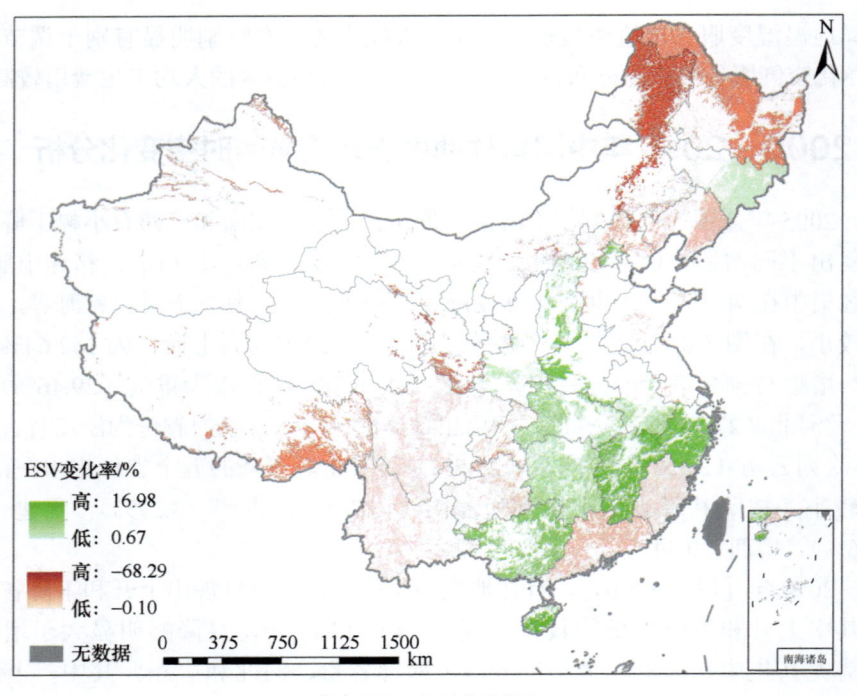

（b）2005～2010年有林地

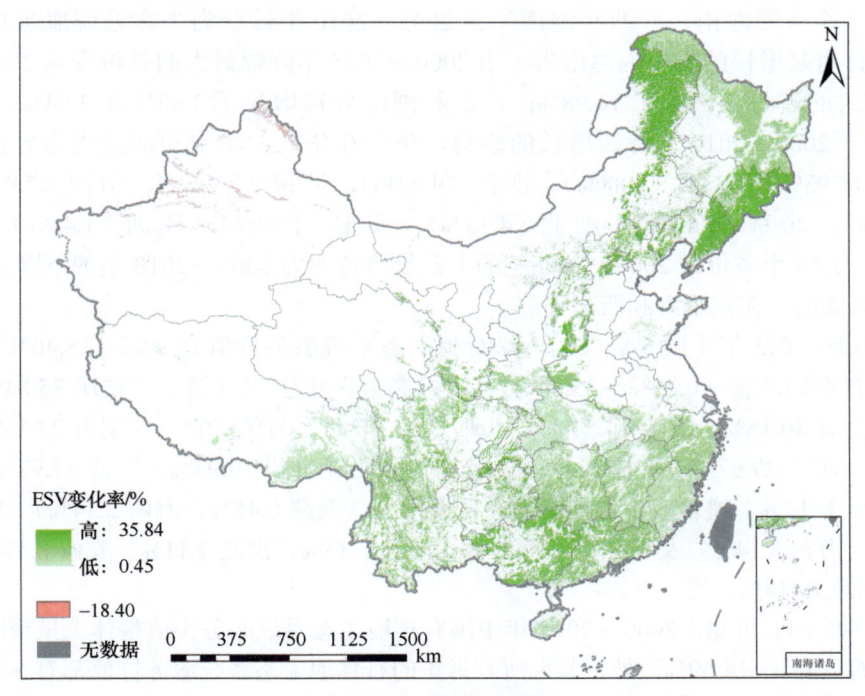

(c) 2010~2015年有林地

(d) 2000~2015年有林地

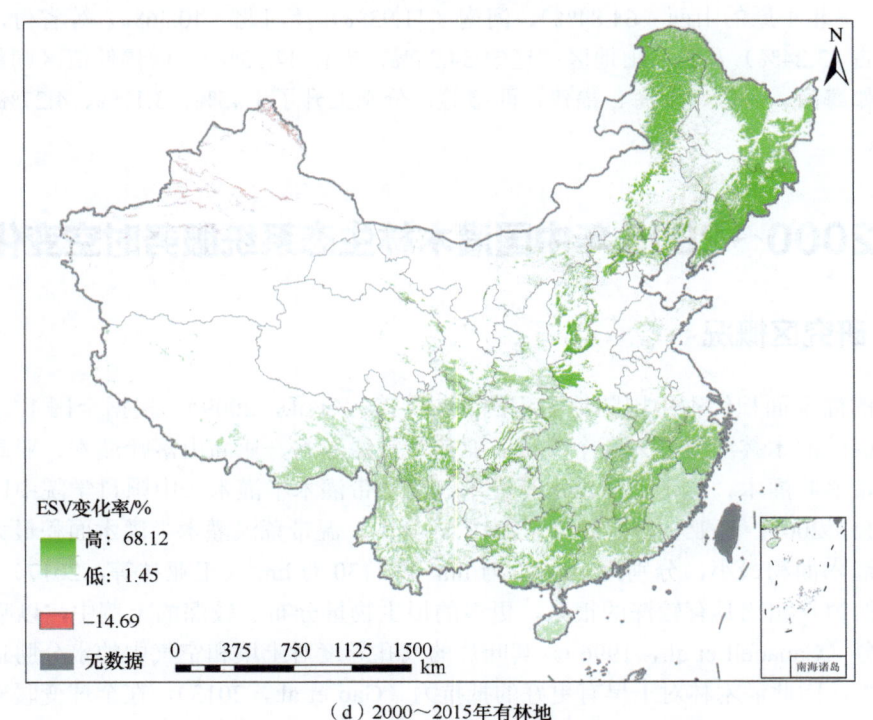

图 5-8 2000~2015 年中国有林地生态系统服务变化

南、贵州等，分别下降了 0.10%、0.23%、0.44% 和 0.93%。在 2000~2005 年下降的 5 个省份中有 3 个（即海南、广西和湖南）在 2005~2010 年转变为生态系统服务增加的省份。其中有明显增幅的省份为海南省，由 2000~2005 年降幅最大的省份变为 2005~2010 年增幅最大的省份，增长了 16.98%；广西和湖南分别增长了 3.99% 和 3.54%。有 11 个省份维持了 2000~2010 年持续增长的态势，集中在华北、华中和部分南方省份，分别为宁夏（15.93%）、江西（9.88%）、浙江（9.02%）、河南（7.92%）、山西（7.83%）、天津（6.76%）、北京（4.62%）、湖北（4.13%）、安徽（1.99%）、陕西（1.45%）和吉林（0.67%）。有 15 个省份由 2000~2005 年的上升趋势转变为 2005~2010 年的下降趋势，集中在大小兴安岭、东南沿海和西部省份。

在 2010~2015 年 [图 5-8（c）]，除新疆生态系统服务价值有下降（18.40%）外，其余省份都有不同增幅（0.45%~35.84%）。增幅高值区集中在直辖市（重庆 35.84%、北京 33.82%、上海 30.15%、天津 14.54%）、山西（32.14%）、大兴安岭（内蒙古 27.33%）和长白山地区（辽宁 29.67%、吉林 22.99%）及南方省份（贵州 19.93%、广西 17.97%）。其余省份增幅小于 15%。增幅较小的则集中在西南地区（西藏 0.45%、海南 2.34%）、华北平原的中南部（山东 5.14%）及长江中下游地区（江苏 2.85%、湖北 7.11%、安徽 8.47%、浙江 8.89%、江西 10.18%）等。

由图 5-8（d）可知，2000~2015 年中国有林地生态系统服务价值整体上呈现除新疆有较小幅度的下降（−14.69%）外，其余所有省份的有林地生态系统服务价值都有不同幅度增长的特征。增幅较大的地区集中在除上海外的直辖市（重庆 68.12%、北京 59.59%、天津 38.35%）、华北平原的山西（64.84%）、河南（41.93%）及河北（40.36%）等省份，大兴安岭（内蒙古 43.24%）及长白山地区（辽宁 54.37%、吉林 44.33%）。增幅低值区则集中在南方省份，如海南、江苏、上海、福建、西藏等，分别上升了 1.45%、3.17%、4.27%、4.82% 和 5.69%。

5.4 2000~2015 年中国灌木林生态系统服务时空变化分析

5.4.1 研究区概况

中国的灌木面积约占中国陆地面积的 20%（Piao et al.，2009）。根据全国 1∶100 万植被图，中国的灌木林主要分为 6 个类型：亚热带常绿灌木、亚高山落叶灌木、亚高山常绿灌木、温带落叶灌木、温带荒漠灌木半灌木和高寒带灌木半灌木（中国科学院中国植被图编辑委员会，2007；王亚林等，2017，2019）。其中，温带荒漠灌木半灌木面积最大，高寒带灌木半灌木面积最小，分别为 10 682 万 hm^2 和 1130 万 hm^2（王亚林等，2017）。灌木与其他类型的植被相比具有较深的根系，更多的根生物量分布于较深的土壤中，以吸收深层养分和水分（Canadell et al.，1996）。其叶片的气孔导度对土壤和空气中的水分胁迫具有较强的抵抗力，因此灌木林对干旱有更好的抵抗力（Gao et al.，2013），在全球变暖干旱加剧的背景下对区域生态系统过程发挥着重要作用（王亚林等，2019）。

5.4.2 中国灌木林生态系统服务空间分布特征

由图 5-9 可知，2000～2015 年中国灌木林生态系统服务价值整体上呈现出西南地区明显高于全国其他地区的特征。其中，尤为突出的是排名第一的云南，其灌木林生态系统服务价值 2000 年和 2015 年分别为 3.65×10^{22} sej/a 和 4.06×10^{22} sej/a，远远高于排名第二的四川，后者 2000 年和 2015 年的灌木林生态系统服务价值分别为云南的 39% 和 43%。排名第三的贵州和第二的四川灌木林生态系统服务价值相差较小，差值仅为贵州和四川灌木林生态系统服务价值的 12% 和 6%。广西和西藏也分别稳居第四或第五。灌木林生态系统服务价值较小的地区集中在灌木林面积较小的东部省份，如 2015 年前后排名最后七位的天津、江苏、宁夏、山东、浙江、北京和吉林。中部和北部地区灌木林生态系统服务价值处于中间水平，且排名在 2015 年前后波动不大。

就单位面积灌木林生态系统服务价值而言，同有林地生态系统类似，也整体上呈现出西部地区尤其是西南部省份明显高于中东部省份的特征。其中，稳居前五的依次为云南、西藏、贵州、新疆和宁夏。云南在 2000 年和 2015 年单位面积灌木林生态系统服务价值分别为 5.22×10^{11} sej/(m²·a) 和 5.27×10^{11} sej/(m²·a)。低值区集中在黑龙江及华中地区的河北、河南和山东，其中黑龙江在 2000 年和 2015 年单位面积灌木林生态系统服务价值分别为 2.35×10^{11} sej/(m²·a) 和 2.38×10^{11} sej/(m²·a)。由此可见，与有林地不同的是，单位面积灌木林生态系统服务价值在全国范围内相差较小，最小值与最大值的比值在 2000 年和 2015 年都为 45%，而有林地二者的比值在 2015 年前后约为 29%。

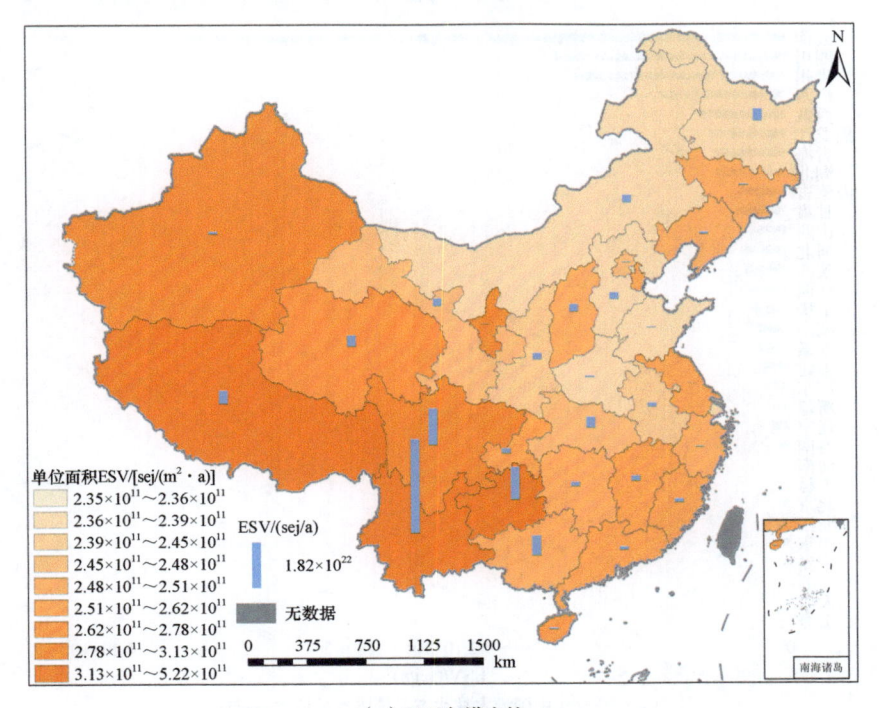

（a）2000 年灌木林

（b）2015年灌木林

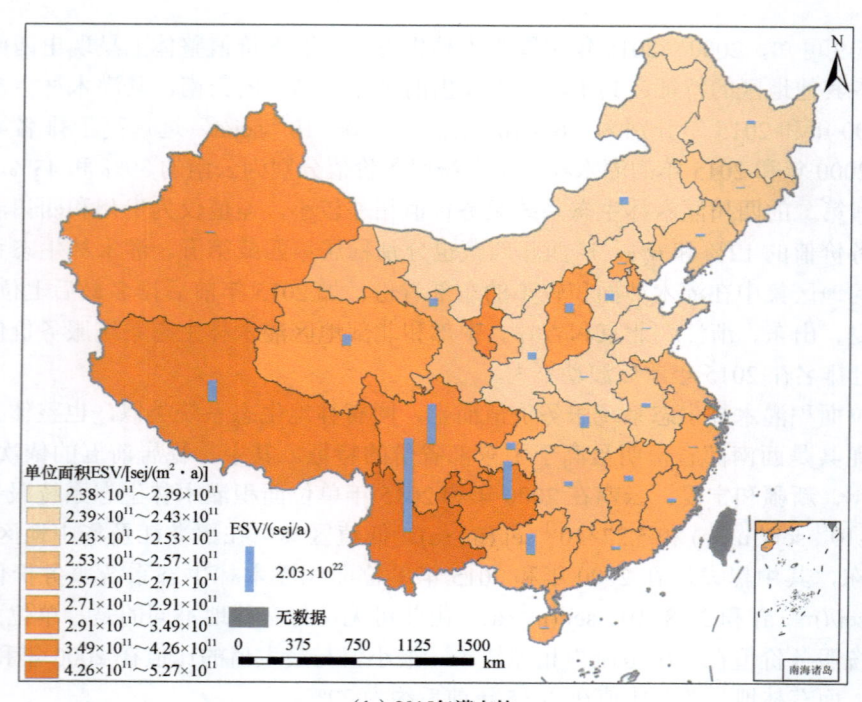

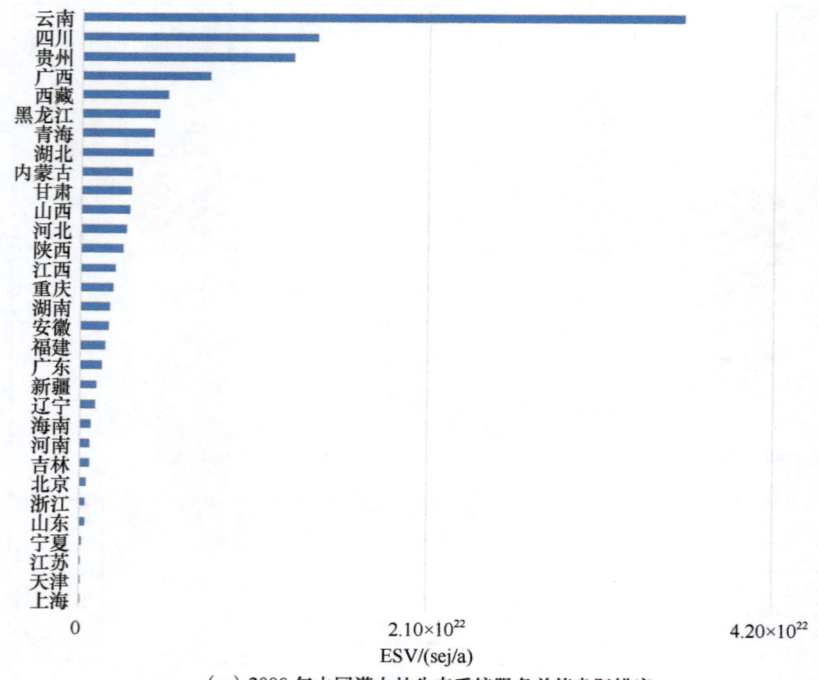

（c）2000年中国灌木林生态系统服务总值省际排序

第 5 章　林地生态系统服务核算方法学构建

（d）2015 年中国灌木林生态系统服务总值省际排序

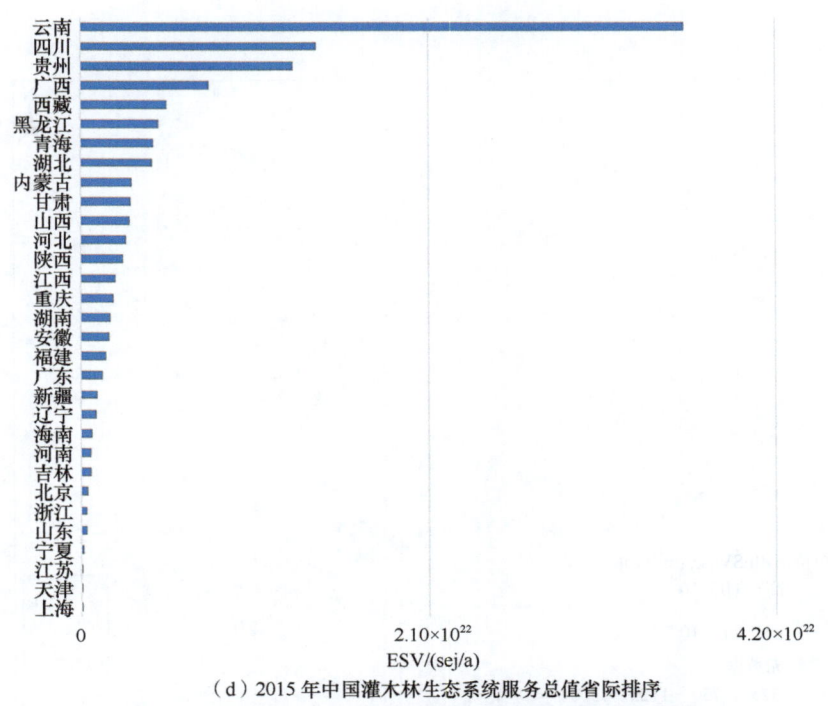

图 5-9　中国灌木林生态系统服务总值及单位面积价值

5.4.3　中国灌木林不同生态系统服务空间分布特征

图 5-10 展示了 2015 年中国灌木林生态系统各类服务的空间分布，由图 5-10 可知，几类服务价值整体上呈现出西南地区明显大于全国其余地区的特征，尤其突出表现在 NPP、固碳释氧、构建土壤等服务。具体地，就 NPP 服务价值而言，高值区集中在西南地区的云贵高原和青藏高原，其中服务价值最大的为云南（3.05×10^{11} sej/($m^2\cdot a$)），其次为贵州（1.93×10^{11} sej/(m^2/a)）和西藏（1.80×10^{11} sej/(m^2/a)），由此可见排名第一的省份与第二、第三的省份服务价值相差较大，后两者分别约为前者的 63% 和 59%。这与云南位于我国第二大天然林区的主林区即横断山脉且其雨热同期的优越气候条件相关。排名第四的四川 NPP 服务价值为 8.76×10^{10} sej/($m^2\cdot a$)，仅为排名第三的西藏的 49%。可见，虽 NPP 服务价值高值区集中在西南省份，但省际差异大。NPP 服务价值低值区集中在华北平原和部分东北省份，其中最小的为北京（1.15×10^{10} sej/($m^2\cdot a$)），其次为黑龙江（1.38×10^{10} sej/($m^2\cdot a$)）、天津（1.41×10^{10} sej/($m^2\cdot a$)）、山东（1.51×10^{10} sej/($m^2\cdot a$)）、河南（1.74×10^{10} sej/($m^2\cdot a$)）和内蒙古（1.83×10^{10} sej/($m^2\cdot a$)）等。固碳释氧服务分布特征与 NPP 服务相似，其高值区集中在云贵高原，其中云南、贵州分别排名第一、第二，服务价值分别为 3.23×10^{10} sej/($m^2\cdot a$) 和 3.19×10^{10} sej/($m^2\cdot a$)，远大于排名第三、第四的西藏（2.32×10^{10} sej/($m^2\cdot a$)）和四川（1.44×10^{10} sej/($m^2\cdot a$)）。固碳释氧服务价值较小的地区集中在新疆和华北平原，其中最小的为新疆，服务价值仅为 7.85×10^{8} sej/($m^2\cdot a$)，其次为天津（1.24×10^{9} sej/($m^2\cdot a$)）、北京（2.11×10^{9} sej/($m^2\cdot a$)）、山东（2.15×10^{9} sej/($m^2\cdot a$)）等。这与这些地区降水量较少、气候相对干旱有关。构建土壤服务和 NPP 服务空间分布特征一致，在此不加赘述。补给地下

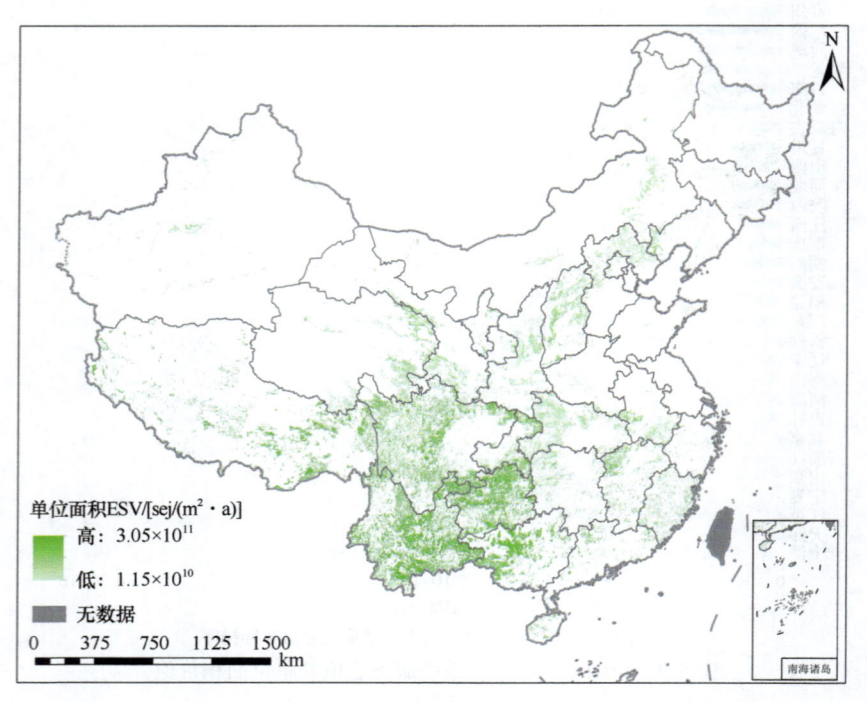

（a）2015年灌木林NPP

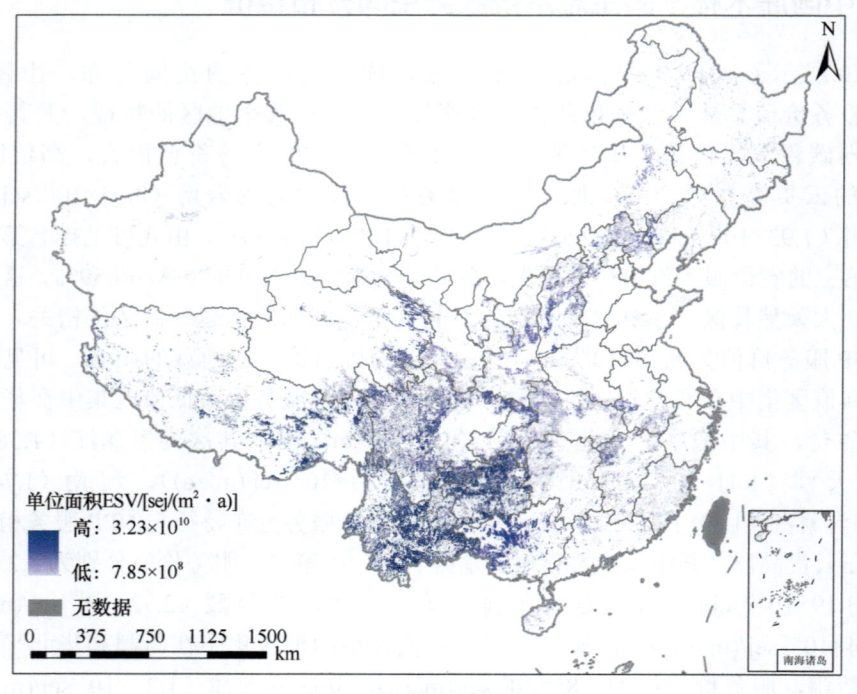

（b）2015年灌木林固碳释氧

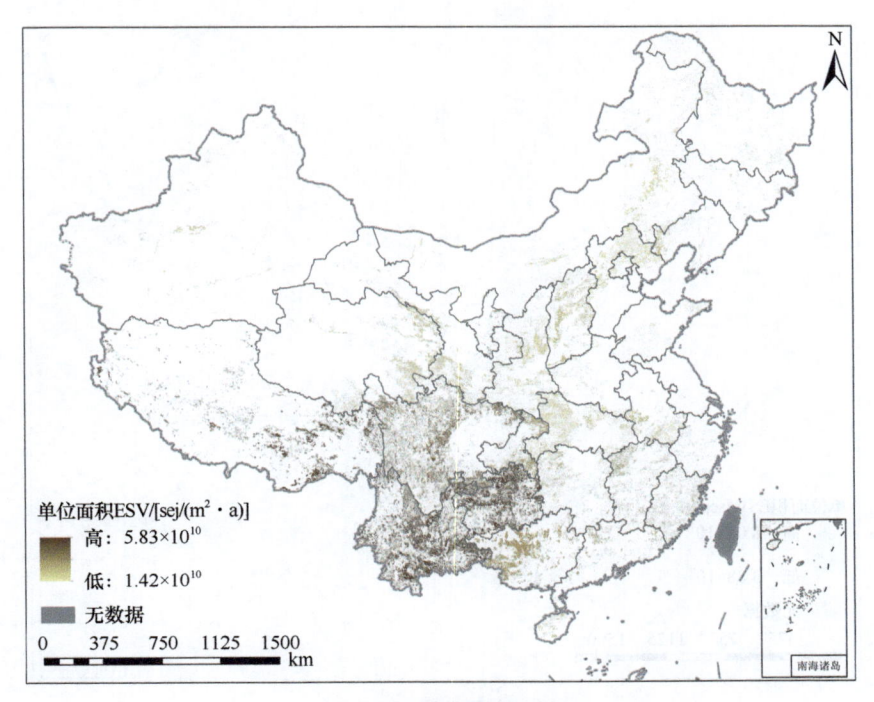

（c）2015年灌木林构建土壤

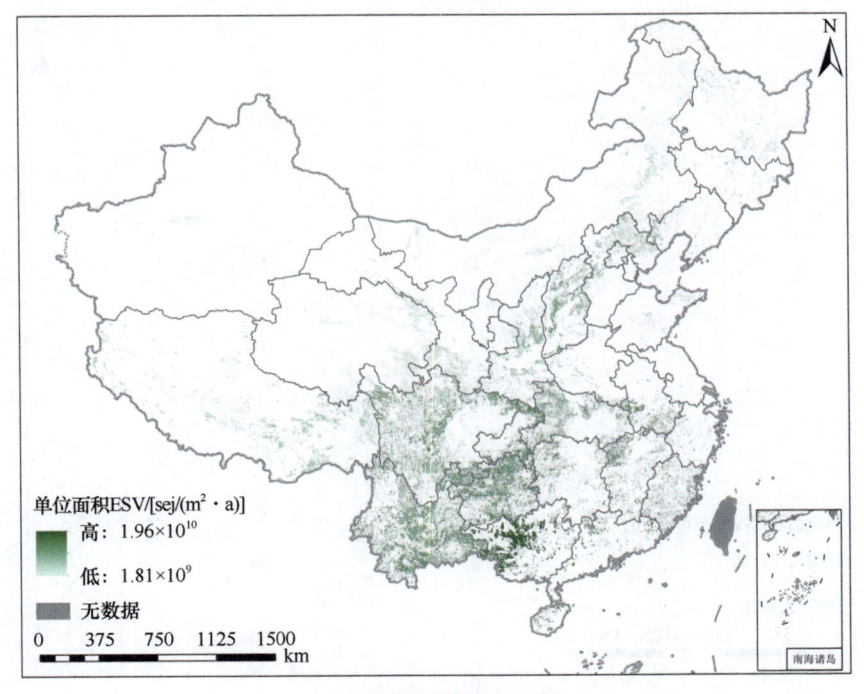

（d）2015年灌木林补给地下水

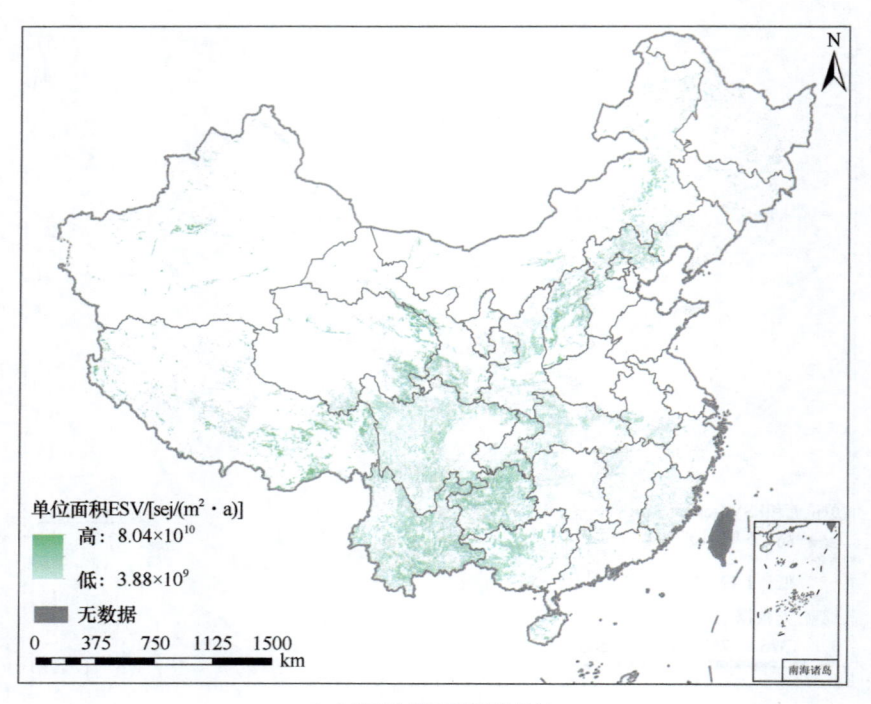

（e）2015年灌木林净化空气

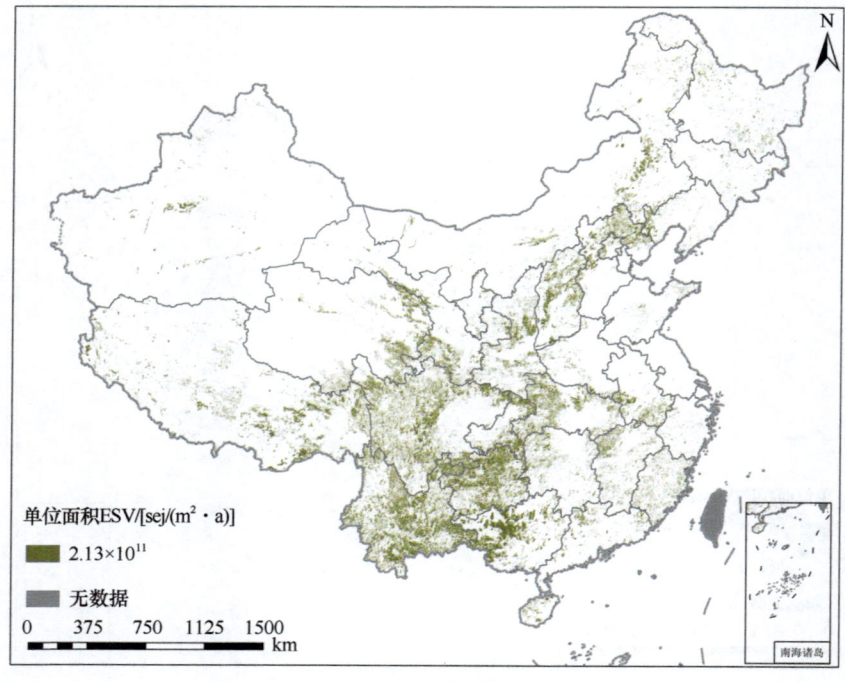

（f）2015年灌木林固持土壤

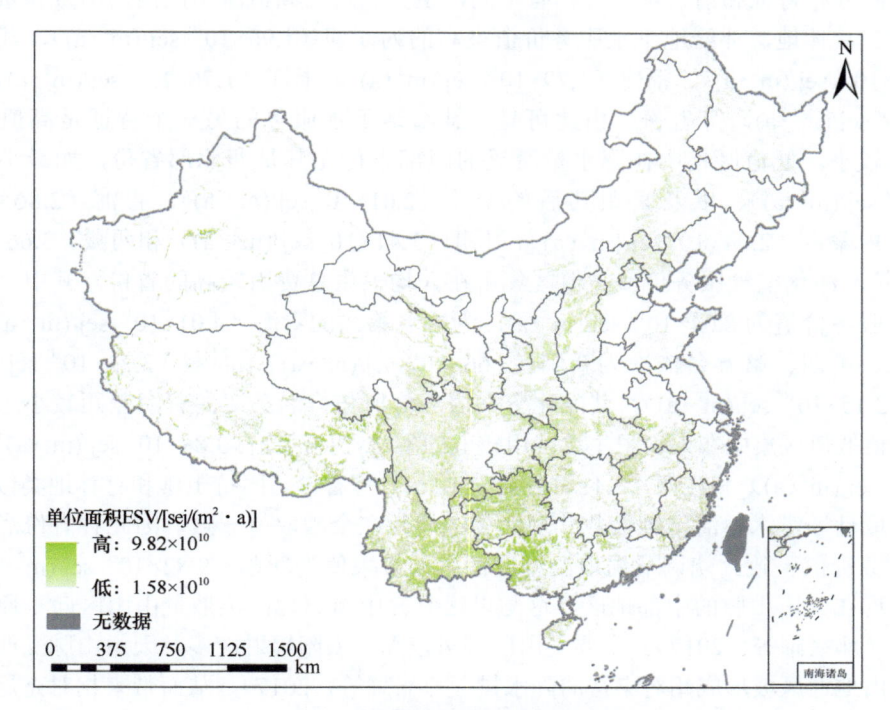

（g）2015年灌木林调节局地温湿度

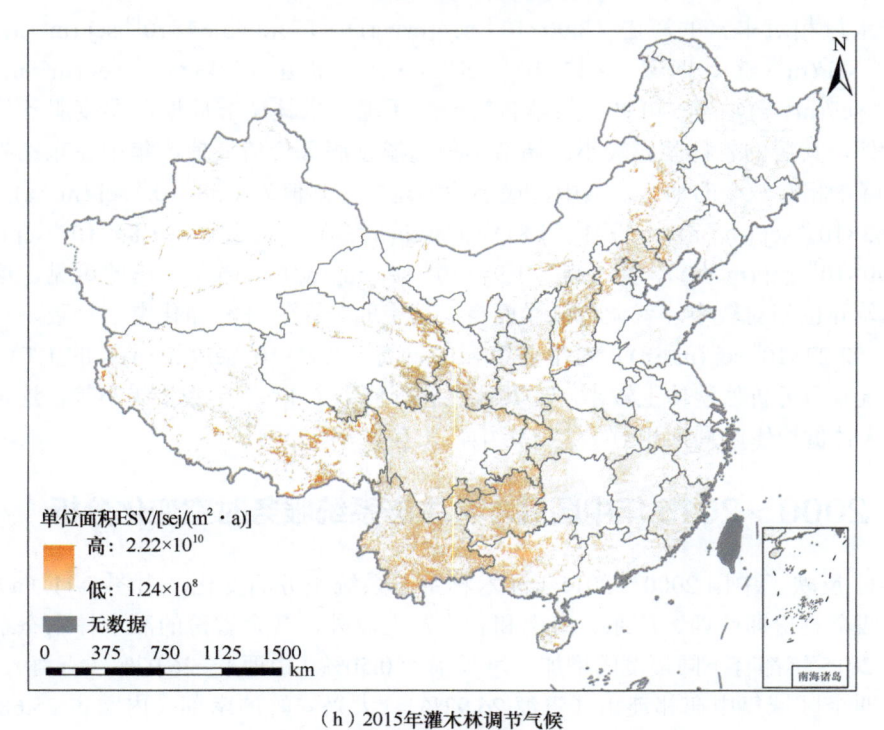

（h）2015年灌木林调节气候

图 5-10　2015 年中国灌木林生态系统各服务空间分布

水服务空间分布特征和前三项服务稍有不同，主要表现为高值区由西南向南方和东南沿海省份转移。具体地，补给地下水服务价值最高的为江西（1.96×10^{10} sej/(m²·a)），其次为广西（1.80×10^{10} sej/(m²·a)）、福建（1.79×10^{10} sej/(m²·a)）、浙江（1.76×10^{10} sej/(m²·a)）、广东（1.69×10^{10} sej/(m²·a)）等省份。由此可见，补给地下水服务的另一个特征是高值区省际差异相对较小。低值区集中在降水量匮乏的西部省份尤其是西北部省份，如最小的新疆（1.81×10^{9} sej/(m²·a)），以及紧跟其后的宁夏（2.01×10^{9} sej/(m²·a)）、青海（2.86×10^{9} sej/(m²·a)）、内蒙古（2.94×10^{9} sej/(m²·a)）、甘肃（3.41×10^{9} sej/(m²·a)）和西藏（3.66×10^{9} sej/(m²·a)）等。净化空气服务价值高值区集中在人均卫生总费用较高的省份。其中，排名第一的上海服务价值为8.04×10^{10} sej/(m²·a)，为排名第二的青海（4.01×10^{10} sej/(m²·a)）的两倍，第三、第四、第五名依次为新疆（3.66×10^{10} sej/(m²·a)）、西藏（3.23×10^{10} sej/(m²·a)）和北京（3.15×10^{10} sej/(m²·a)），其净化空气服务价值与排名第二的青海差距较小。净化空气服务价值低值区集中在人均卫生总费用较低的省份，如河南（3.88×10^{9} sej/(m²·a)）、湖南（4.15×10^{9} sej/(m²·a)）和江西（4.42×10^{9} sej/(m²·a)）等省份。固持土壤和有林地类似，由于数据可获取性，灌木林潜侵蚀模数和现实侵蚀模数在全国取值一致，因此各省份灌木林固持土壤服务价值一致。就调节局地温湿度而言，最大值为新疆（9.82×10^{10} sej/(m²·a)），尤其突出表现在天山山脉的中部地区，这与以往研究中新疆地区蒸散量由山区向平原减少的特征一致（邓兴耀等，2017）。主要受山区海拔较高、太阳辐射较多及天山山脉受西风带的影响，在山地迎风坡形成相对丰富的降水量（邓兴耀等，2017），从而带来相对充足的蒸散发量。天津（4.08×10^{10} sej/(m²·a)）排名第二，但与新疆相差较大，其值仅为新疆的41%。再次为降水量相对丰富的海南（3.90×10^{10} sej/(m²·a)）、广东（3.64×10^{10} sej/(m²·a)）、江苏（3.45×10^{10} sej/(m²·a)）、西藏（3.43×10^{10} sej/(m²·a)）、福建（3.43×10^{10} sej/(m²·a)）、广西（3.41×10^{10} sej/(m²·a)）等。可见，除排名第一的新疆灌木林调节局地温湿度服务价值远大于第二名外，其后的省份差异较小。调节局地温湿度服务价值低值区集中在东三省、内蒙古等北部降水相对较少的地区。其中，最小的为辽宁，其值为1.58×10^{10} sej/(m²·a)，其次为河北（1.63×10^{10} sej/(m²·a)）、吉林（1.81×10^{10} sej/(m²·a)）、内蒙古（1.85×10^{10} sej/(m²·a)）、陕西（1.90×10^{10} sej/(m²·a)）、黑龙江（1.97×10^{10} sej/(m²·a)）等省份。由此可见，这些低值区的省际差异也相对较小。就调节气候而言，其空间分布特征和净化空气一致，且排名第一的上海（2.22×10^{9} sej/(m²·a)）为排名第二的青海（1.32×10^{9} sej/(m²·a)）的1.7倍，不同的是调节气候服务价值整体上较小，比其他服务价值小了1~2个数量级不等，这可能与温室气体对人体健康影响周期相对于大气污染物长有关。

5.4.4　2000～2015年中国灌木林生态系统服务时空变化分析

图5-11反映了中国2000～2015年灌木林生态系统服务的变化。由图5-11（a）可知，除南方的四个省份即广西、广东、海南和湖南及上海外，其余省份的灌木林生态系统服务在2000～2015年都有不同幅度的增加，增长率为0.50%（山西）～26.92%（青海）。其中增幅较大的四个区域集中在祁连山（青海26.92%）、大兴安岭的南部（内蒙古25.68%）、京津冀（依次为15.28%、20.42%和14.50%）及西南地区。中东部地区增幅明显小于上述区域。灌木林生态系统服务价值减少的5个省份按降幅排序依次为：海南（17.88%）、上海

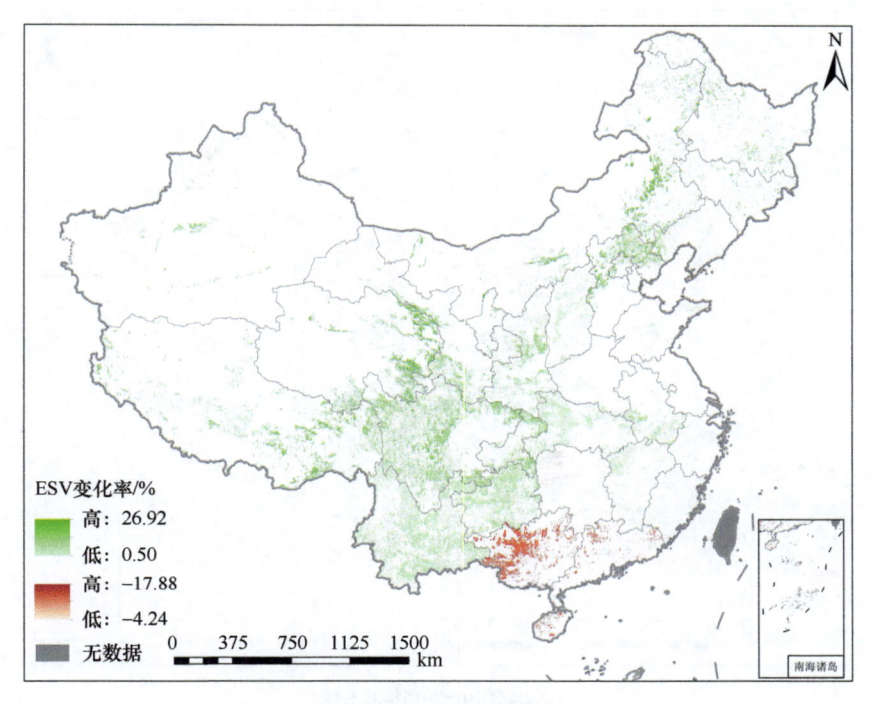

（a）2000～2005年灌木林

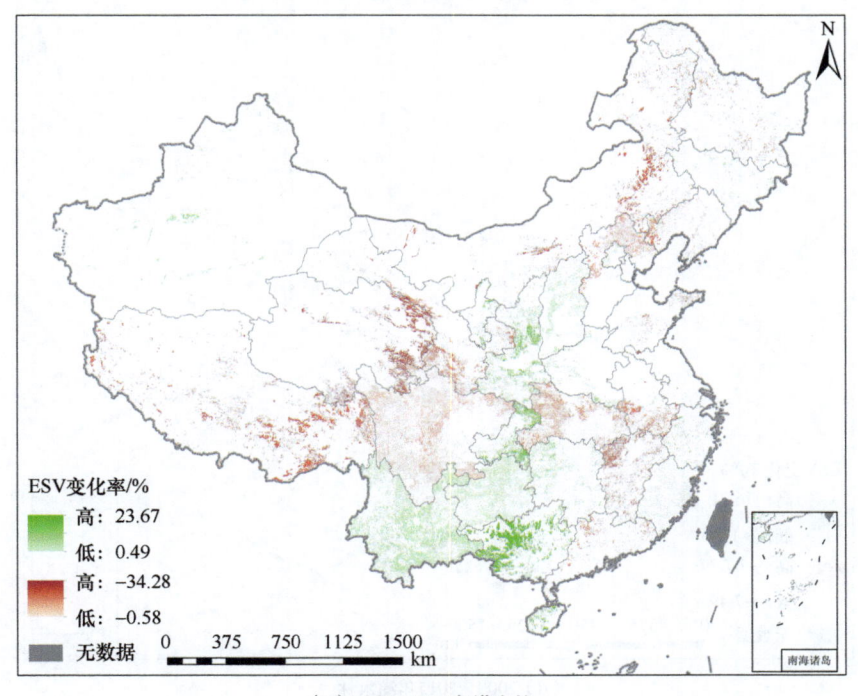

（b）2005～2010年灌木林

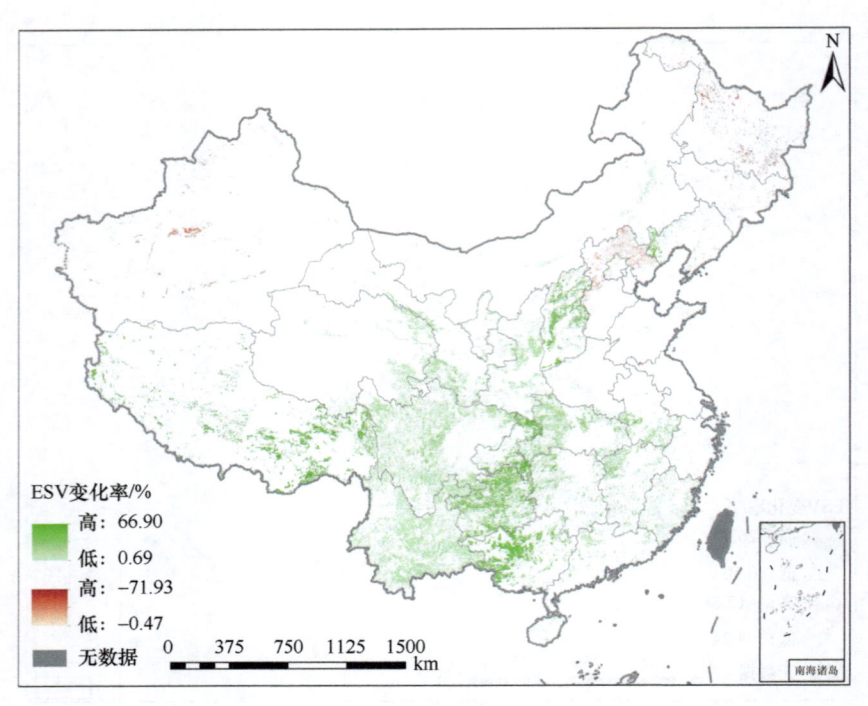

(c) 2010～2015年灌木林

(d) 2000～2015年灌木林

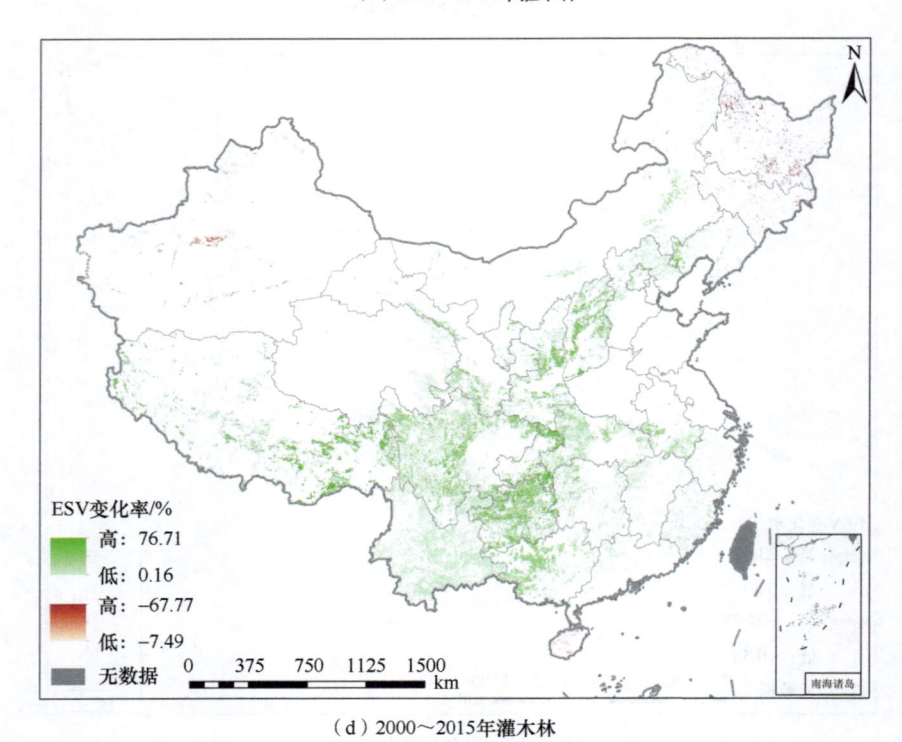

图 5-11　2000～2015 年中国灌木林生态系统服务变化

（10.42%）、广西（9.90%）、广东（8.23%）、湖南（4.24%）。减少的原因主要是当地灌木林生态系统面积的下降，依次下降了15.44%、31.87%、11.52%、9.96%和4.17%。

2005～2010年，灌木林生态系统服务价值下降与上升省份个数近乎相等［图5-11(b)］，分别为15个和16个。下降省份的灌木林生态系统面积明显大于2000～2005年水平。下降地区集中在青藏高原、四川盆地、内蒙古高原、除吉林外的东北地区、华北平原和长江中下游平原，降幅为0.58%（四川）～34.28%（上海）。而上升的地区集中在黄河流域上游的宁夏（23.67%）及中游段的陕西（6.75%）和山西（1.07%），云贵高原的广西（8.84%）、云南（1.24%）和贵州（0.70%），四川盆地东侧的重庆（4.31%），以及东南沿海的海南（11.57%）、福建（0.85%）和浙江（7.07%）。另一突出特点是在2000～2005年下降的海南、广西及湖南在2005～2010年转换为生态系统服务价值增加的省份，增幅依次为11.57%、8.84%和1.71%。而上海和广东在2005～2010年延续了前五年下降的趋势，分别下降了34.28%和1.35%。

由图5-11（c）可知，2010～2015年，除黑龙江、吉林、天津、河北、江苏和新疆外，中国其他省份灌木林生态系统服务价值都呈现出不同增幅。增幅最大的为西藏，增加了66.90%，其次为重庆，增幅为35.97%，可见第一名的增幅近乎为第二名增幅的2倍。再次为山西（31.76%）、湖南（23.57%）、上海（22.98%）、贵州（19.78%）、辽宁（19.70%）和广西（17.53%）等地。增幅较小的区域则集中在内蒙古（0.69%）、华北平原的北京（0.85%）、山东（1.89%）和河南（2.31%）及东部沿海的海南（0.98%）和浙江（5.65%）等。六个下降省份按降幅的排序依次为：黑龙江（71.93%）、新疆（47.76%）、吉林（32.59%）、天津（13.94%）、江苏（4.58%）和河北（0.47%）。

整体上，2000～2015年中国灌木林除黑龙江、新疆、上海、江苏、吉林和海南守住2000年生态系统服务价值外，其他省份均有不同幅度增加，详见图5-11（d）。增幅高值区的分布范围和2010～2015年大致重叠，如增幅大于20%的西藏（76.71%）、宁夏（57.79%）、重庆（57.48%）、山西（33.83%）、陕西（29.19%）、辽宁（28.08%）、贵州（27.59%）、四川（21.62%）、湖南（20.36%）等。增幅最小的为广东，仅增长了0.16%，另一小幅增长区集中在华北平原的山东（1.58%）、天津（1.99%）和河南（7.27%）。下降的六个省份中，黑龙江降幅最大，为67.77%。其次为下降了39.78%的新疆，由此可以看出黑龙江的降幅接近新疆的两倍。再次为华东地区的上海和江苏，分别下降了27.60%和18.69%，吉林是东北地区又一下降地区，降幅为17.49%，降幅最小的为海南，仅下降了7.49%。

5.5 本章小结

本章构建基于能值的林地生态系统服务核算方法体系，包括林地生态系统服务能流图、林地生态系统服务分类体系及其核算方法体系，又进一步以中国为例核算了有林地和灌木林生态系统服务。通过构建基于能值的林地生态系统服务核算方法体系，能够有效识别林地生态系统服务形成机制，核算林地生态系统服务的环境工作量，避免重复计算，能为核算林地生态系统服务提供基础性工具。本章的主要结论如下：

（1）空间上，2000年和2015年有林地生态系统服务总值具有类似的分布特征，即南方地区尤其是西南部省份及东北三省要明显大于华北、华中、华东及西北部省份。有林地单位面积生态系统服务价值整体上呈现出西南地区要明显高于中东部省份的特征。就单项生态系统服务而言，也整体上呈现出南方地区大于其他地区的特征。

（2）时间上，2000~2015年，除新疆有小幅下降（-14.69%）外，中国其余省份有林地生态系统服务价值都呈现出不同增幅[1.45%（海南）~68.12%（重庆）]，增幅较大的集中在华北平原和东北地区。

（3）就灌木林生态系统而言，空间上，生态系统服务总值、单位面积生态系统服务价值和各子类生态系统服务价值都整体上呈现出西南地区或南方地区明显高于全国其他地区的特征。与有林地生态系统相似的是，二者生态系统服务总值排名第一的云南要远高于排名第二的省份。

（4）时间尺度上，除黑龙江、新疆、上海、江苏、吉林和海南外，全国其他省份灌木林生态系统服务2000~2015年都有不同增幅[0.16%（广东）~76.71%（西藏）]。

第 6 章

基于分类管理的草地生态系统服务核算方法学构建

6.1 引言

全球草地生态系统面积为 $3.2 \times 10^9 \ hm^2$，占全球总面积的 20%，在维持生态平衡和人类生计方面发挥着重要作用（Straton，2006；Han et al.，2018；Peciña et al.，2019）。但由于气候变化和人为干扰，全球约有 50% 的草地生态系统退化（Harris，2010；Seto et al.，2011；Zhan et al.，2017）。草地退化导致其生态系统服务如生物量和生物多样性的丧失、土壤侵蚀等（Turner et al.，2001；Wei et al.，2017；Yang Q et al.，2019）的下降。为进一步防止草原退化，许多国家实施了生态保护项目，如美国的自然保护区计划（Conservation Reserve Program，CRP）（USDA，2014）、中国的退牧还草及草原生态补偿机制等（Liu et al.，2018），但因降低放牧强度会降低农民收入，这些措施不受欢迎（Guo et al.，2006）。公众对这些政策的反应揭示了两个相反的愿景：保护和生产。

为了解决这一矛盾，Guo 等（2003）提出了草地分类管理指数（index of classification management of grassland，ICG），即牲畜生产能力的货币价值与牲畜生产能力和草地生态系统服务的货币价值总的比值，以评估生产和生态系统服务的相对重要性（Liu et al.，2018）。

先前的生态系统服务评估主要将货币作为通用度量单位（Murray，2013），因为货币价值更便于决策者监控政策效果（Greenhalgh et al.，2017）。但此方法具有基于人类偏好的主观性（Franzese et al.，2017）及计算出的货币价值并不等于市场价值或交易价值的局限性（Costanza et al.，2017）。同时，此方法仅能反映有限时间范围内的社会价值（Mellino et al.，2015）和局限的生态效益（Franzese et al.，2017），忽略了后代及其他物种（Brown and Ulgiati，2011）。本章提出基于能值的草原生态系统服务价值评估方法体系，以开发高效且可持续的草原分类管理策略。

6.2 草地生态系统服务分类体系

草原生态系统的直接服务包括 NPP、固碳释氧、构建土壤、补给地下水；间接服务包括净化空气、固持土壤和调节局地温湿度；存在服务包括调节气候、生物多样性、基于人类偏好的文化教育和休闲娱乐，具体分类详见图 6-1。

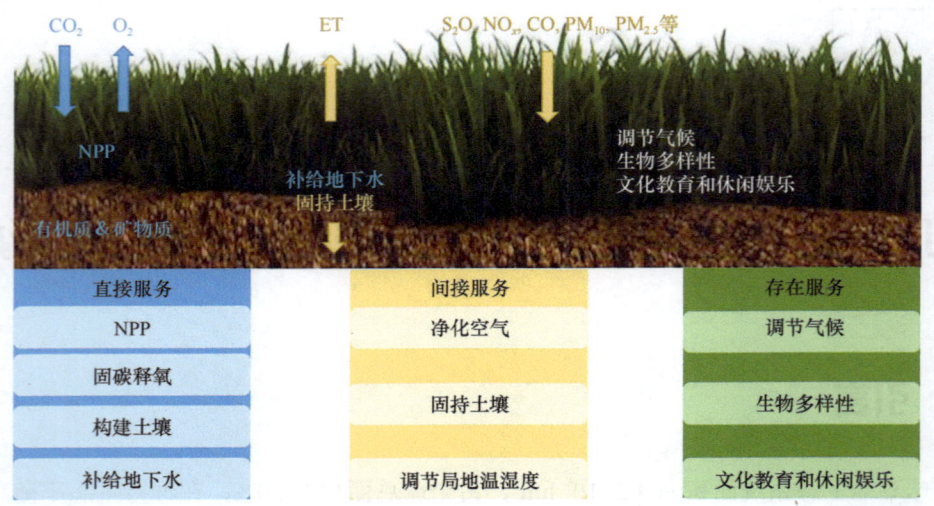

图 6-1 草地生态系统服务分类体系

ET：蒸散发。后同

6.3 草地生态系统服务能流图

图 6-2 为草地生态系统服务能流图。从左到右，太阳能、雨水化学能等可更新资源驱动光合作用，产生 NPP，在此过程中空气中的碳被固定到植被中。来自植被和其他成分的枯枝落叶是自然状态下土壤有机质的主要来源。同时矿物质在母岩长期的风化作用下形成土壤中的矿物质。土壤有机质和矿物质是构建土壤的来源。由于草地生态系统的覆盖，土壤被保持，因此有保持土壤这一服务。

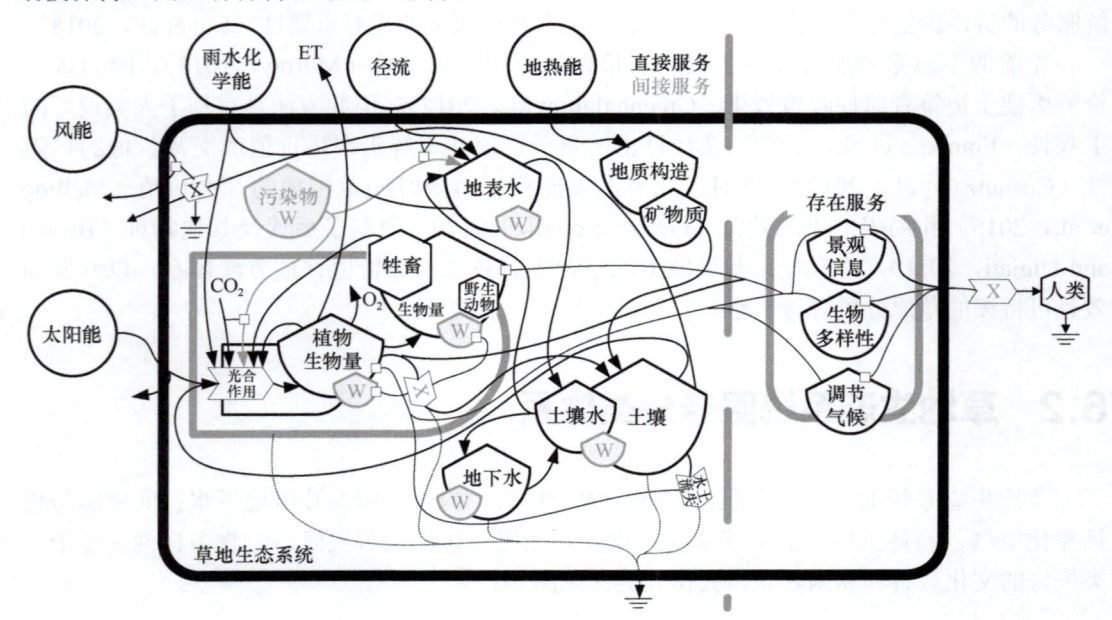

图 6-2 草地生态系统服务能流图

W：污染物；X：不同物质流量的共同作用。后同

草地生态系统还可以通过多种物理、化学、生物过程净化大气、水及土壤污染物，这一服务会减少污染物对人体健康及生态系统质量的损害。能流图从上到下，降水是地表水和地下水的来源，大气降水和地表水可通过渗透补给地下水。同时，降水蒸发和植物蒸腾可通过增湿降温达到调节局地温湿度的效果。从微观到宏观，局地草地生态系统在调节气候、生物多样性、提供休闲娱乐和文化教育信息方面发挥着作用，由于其具有较高的能量层级，这些服务被置于能流图的右侧。

6.4 草地生态系统服务产生机制与核算方法构建

由于部分草地生态系统服务核算方法与林地生态系统一致，本部分重点介绍草地生态系统服务形成机制及草地生态系统服务核算方法中不同于林地生态系统之处。

6.4.1 直接服务

6.4.1.1 NPP

草地生态系统的 NPP 服务计算方法与林地生态系统一致，但须将林地生态系统中此项服务的计算公式中的面积换为草地生态系统的面积。

6.4.1.2 固碳释氧

据估计，到 2030 年，全球草地生态系统土壤每年可封存 0.2~0.8 Gt 二氧化碳（Ghosh and Mahanta, 2014）。草地生态系统此项服务计算方法与林地生态系统一致，但须将式（5-11）和式（5-12）中的林地生态系统固碳量 C_{fi}、碳库的平均周转时间 T_{ci}、生态系统面积 S'_{fi}、Em_{NPPfi} 和 NPP_{fi} 换成草地生态系统相对应的数据。

6.4.1.3 构建土壤

草地生态系统构建土壤服务的计算方法与林地生态系统一致，但须将式（5-13）和式（5-14）中的林地生态系统的可更新能值 Em_{NPPfi}、生态系统植被凋落物占生物量的比例 k_{1i} 及生态系统面积 S'_{fi} 换为草地生态系统相对应的数据。

6.4.1.4 补给地下水

草地生态系统补给地下水服务计算方法与林地生态系统一致，但须将式（5-16）中的生态系统年均降水量 P_i、生态系统面积 S'_{fi} 和降水入渗补给系数 k_i 换为草地生态系统相对应的数据。

6.4.2 间接服务

6.4.2.1 净化空气

草地生态系统净化空气服务计算方法与林地生态系统一致，但须将式（5-17）和式（5-18）

中的净化大气污染物能力 M_{aij}、生态系统面积 S'_{fi}、区域人均卫生总费用对应的能值 τ_H 换为草地生态系统相对应的数据。另外，对于草地生态系统，考虑的大气污染物也同林地生态系统。

6.4.2.2 固持土壤

因数据可得性，草地生态系统固持土壤服务计算方法与林地生态系统略有不同，具体计算方法如下：

$$\text{Em}_{\text{SR}gi} = G_{gi} \times S'_{gi} \times r_{\text{OM}gi} \times 10^6 \times k_3 \times k_4 \times \text{UEV}_{\text{soil}} \quad (6-1)$$

式中，$\text{Em}_{\text{SR}gi}$ 为草地生态系统 i 固持土壤所需的能值，sej/a；G_{gi} 为因草地生态系统 i 的覆盖而固持的土壤量，t/(hm²·a)；S'_{gi} 为经 VF 修正后第 i 个草地生态系统的面积，hm²；$r_{\text{OM}gi}$ 为草地生态系统 i 的土壤有机质含量，%；10^6 为 t 转化为 g 的系数，g/t；k_3 为 g 转化为 kcal 的系数，kcal/g；k_4 为 kcal 转化为 J 的系数，J/kcal；UEV_{soil} 为土壤的能值转换率，sej/J。

6.4.2.3 调节局地温湿度

草地生态系统调节局地温湿度服务计算方法与林地生态系统一致，但须将式（5-23）中生态系统年均蒸发量 ET_i 和生态系统面积 S'_{fi} 换为草地生态系统相对应的数据。

6.4.3 存在服务

全球草地生态系统贡献了约 34% 的陆地生态系统碳储量（WRI，2000）。草地生态系统调节气候计算方法与林地生态系统一致，但须将式（5-24）和式（5-25）中的全球生态系统单位面积固碳量 C_{ij}、生态系统面积 S'_{fi}、区域人均卫生总费用对应的能值 τ_H 和维持生态系统的物种所需的能值 Em_{spi} 换为草地生态系统相对应的数据。

6.4.4 加和原则

草地生态系统加和原则与林地生态系统一致，故一个地区草地生态系统 i 的服务总和（Em_{gi}）具体计算公式如下：

$$\text{Em}_{gi} = \sum [\max(\text{Em}_{\text{NPP}gi}, \text{Em}_{\text{CS}gi}, \text{Em}_{\text{SB}gi}, \text{Em}_{\text{GR}gi}, \text{Em}_{\text{MR}gi}), \text{Em}_{\text{AP}gi}, \text{Em}_{\text{SR}gi}, \text{Em}_{\text{CR}gi}] \quad (6-2)$$

6.5 基于能值的草地分类管理指数

6.5.1 传统的草地分类管理指数

Guo 等（2003）提出了基于牲畜生产力货币价值的草地分类管理指数，它的计算方法是草地生产能力的货币价值除以草地的生产能力与其生态系统服务对应的货币价值之和，具体计算方法如下：

$$\mathrm{ICG} = \frac{40 \times \mathrm{PS}' \times \mathrm{CC}}{40 \times \mathrm{PS}' \times \mathrm{CC} + \mathrm{ES_{mg}}} = \frac{40 \times \mathrm{CC}}{40 \times \mathrm{CC} + \mathrm{ES_{mg}}} \quad (6\text{-}3)$$

式中，模型中的牲畜以羊为例，40 表示市场上单个牲畜的平均质量为 40 kg；PS′ 为羊的固定价格，在此模型中取 1 美元/kg（Guo et al.，2003）；CC 为草地年均承载力，即单位面积草地可承载的羊的数量；$\mathrm{ES_{mg}}$ 为使用货币单位度量的单位面积草地生态系统服务价值，美元/hm²。当 0＜ICG＜0.25、0.25＜ICG＜0.75、ICG＞0.75 时，草地生态系统可分别归类为生态功能区、混合功能区和经济功能区（Guo et al.，2006）。生态功能区草地主要以生态系统服务为目标，经营策略以禁牧和封育为主，ICG 越接近 0，表明其被保护的紧急等级越高。混合功能区草地既追求生态效益，又要承担经济生产的任务。应该在其草地承载力范围内合理放牧、区划轮牧、承包到户（郭正刚等，2004）。但需要维持生产活动和草地保护之间的平衡，以及防止草地进一步退化，ICG 越接近 0.25，该地区草地保护压力越大、越需要警惕草地退化的风险。经济功能区的草地可进行生产活动，但仍需根据当地实际情况把生产活动控制在生态承载力范围内，以使其可持续生产。

6.5.2 基于能值的非货币量草地分类管理指数

传统的草地分类管理指标 ICG，是基于生态系统服务的货币价值进行计算的。由于本研究使用的是能值分析方法，作者借助相似方法构建了基于能值的非货币量的草地分类管理指数，即 ICG′。其中案例区的承载力用当地可更新资源对应的能值表示（Zhao et al.，2005），具体计算公式如下：

$$\mathrm{ICG}' = \frac{\max(R)_\mathrm{g}}{\max(R)_\mathrm{g} + \mathrm{ESV_g}} \quad (6\text{-}4)$$

式中，ICG′ 为基于能值的非货币量草地分类管理指数；$\max(R)_\mathrm{g}$ 为单位面积草地生态系统可更新资源对应的能值，sej/(m²·a)，用以表示当地草地的承载力；$\mathrm{ESV_g}$ 为案例区单位面积草地生态系统服务，sej/(m²·a)。因 NPP、固碳释氧、构建土壤、补给地下水和调节局地温湿度由当地可更新资源，即 $\max(R)_\mathrm{g}$ 驱动，此处的 $\mathrm{ESV_g}$ 为除这五类生态系统服务外其他四类生态系统服务之和。

基于能值的草地生态系统分类管理指标不仅能够定量化识别草地保护和防止进一步退化的紧急程度，且由于能值是基于生物物理的指标，能够量化支持每个流量或存储的环境工作量，细致剖析物质流动和能量传递，比传统的基于货币化的草地分类管理指数能更准确地反映系统要素的动态变化及各要素之间的相互关系与作用，因此更加适用于系统分析和评估。

6.6 2000～2015 年中国草地生态系统服务时空变化分析

6.6.1 案例区概况

考虑数据的可得性，本研究以中国草地生态系统为案例核算其生态系统服务并进一步指导其分类管理。草地生态系统是中国最大的陆地生态系统，面积为 3.94×10^8 hm^2，分别占中国和世界草原面积的 40% 和 13%（Han et al.，2018）。但中国约有 22% 的草地退化（Bao et al.，1998），华北地区近 90% 的草地处于不同退化程度（Nan，2010），且退化区域还在逐年增加（Feng et al.，2015）。因此，迫切需要改善中国草地生态系统的可持续利用。

6.6.2 中国草地生态系统服务空间分布特征

由图 6-3 可知，中国草地生态系统服务总值整体上呈现出以下特点：草地生态系统面积较大的省（自治区、直辖市），草地生态系统服务总值相对较大；西部地区尤其是西南部省（自治区、直辖市）草地生态系统服务总值明显大于中东部省（自治区、直辖市）。具体地，2000 年和 2015 年，西藏和云南草地生态系统服务总值分别稳居第一位、第二位，分别为 4.38×10^{22} sej/a 和 4.71×10^{22} sej/a、2.70×10^{22} sej/a 和 3.02×10^{22} sej/a。可见，排名第一的西藏远大于第二的云南，后者在 2000 年和 2015 年分别为前者的 62% 和 64%。紧跟云南之后的 10 个省（自治区、直辖市）在 2000 年和 2015 年都稳居第三至第十二位且排名变动变化较小。但草地生态系统服务总值呈现出阶梯状分布，第一梯队即排名第三至第六的新疆（2.50×10^{22} sej/a）、四川（2.42×10^{22} sej/a）、内蒙古（2.39×10^{22} sej/a）和青海（1.95×10^{22} sej/a）的草地生态系统服务总值要明显大于第二梯队即排名第七至第九的贵州（7.61×10^{21} sej/a）、甘肃（7.11×10^{21} sej/a）和陕西（6.71×10^{21} sej/a），而第二梯队又明显大于第三梯队即排名第十至第十二的山西（3.59×10^{21} sej/a）、广西（2.80×10^{21} sej/a）和河北（2.76×10^{21} sej/a）（括号中为 2015 年数据）。草地生态系统服务总值低值区集中在草地生态系统面积较小的京津、东南沿海的江浙沪、海南及东北的辽宁和吉林。其中，上海和天津在 2000 年和 2015 年均为最小和倒数第二，其草地生态系统服务总值依次为 2.97×10^{18} sej/a 和 5.76×10^{18} sej/a、

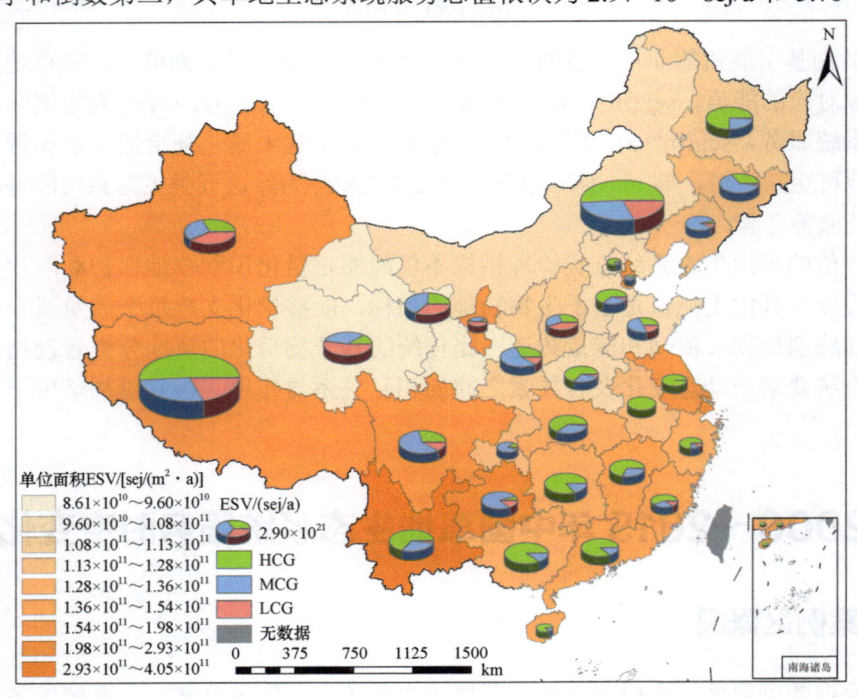

（a）2000 年草地

第 6 章　基于分类管理的草地生态系统服务核算方法学构建

（b）2015年草地

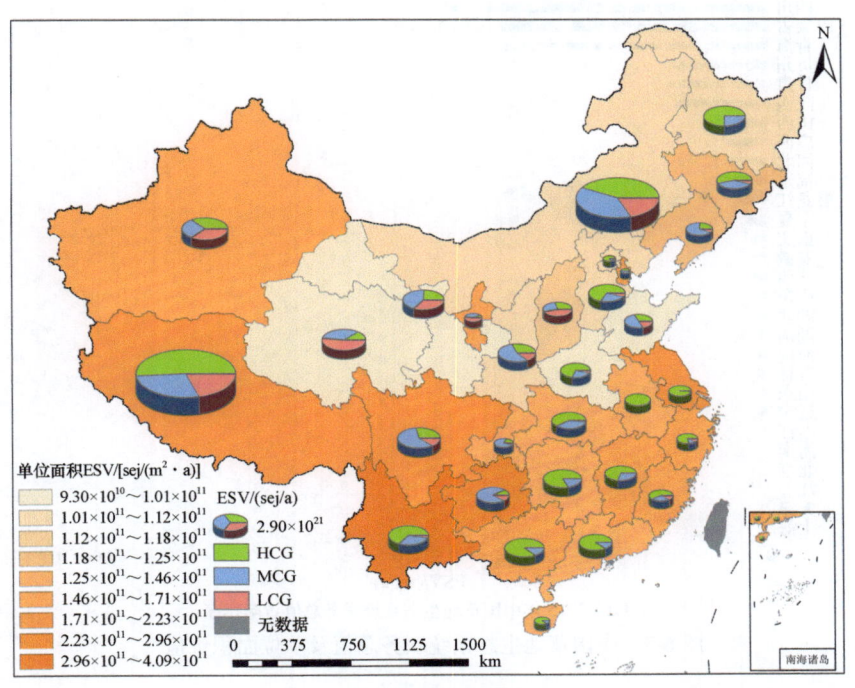

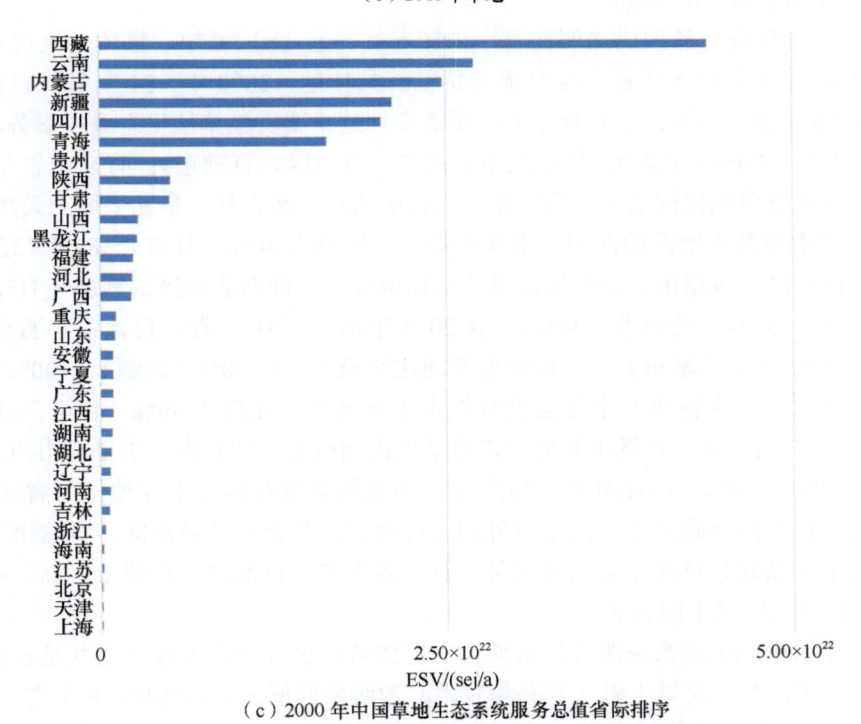

（c）2000年中国草地生态系统服务总值省际排序

(d) 2015 年中国草地生态系统服务总值省际排序

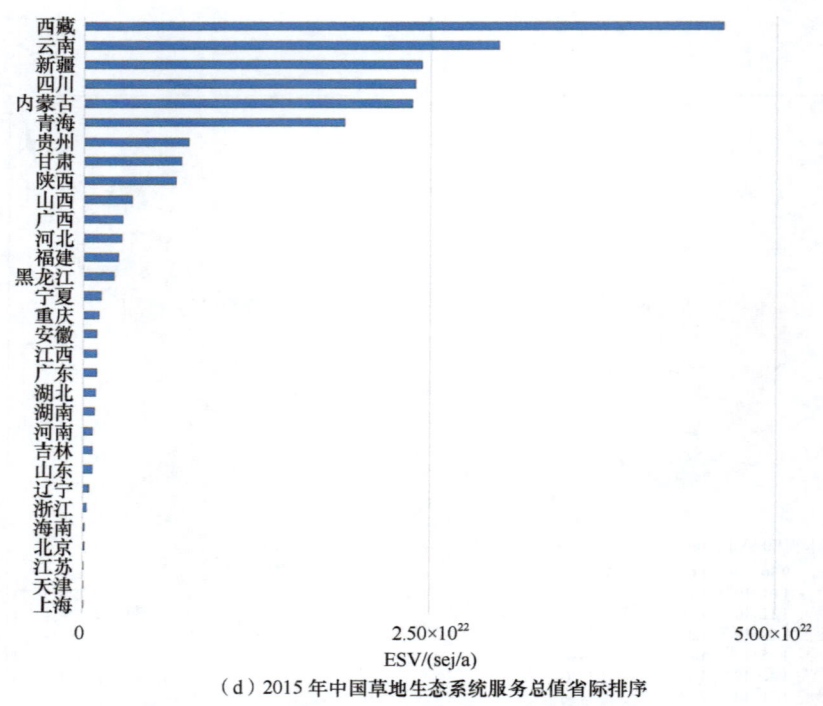

图 6-3　中国草地生态系统服务总值及单位面积价值

$2.55×10^{19}$ sej/a 和 $2.34×10^{19}$ sej/a。

就草地生态系统服务构成比例而言，由图 6-3（a）、(b) 可知，整体上呈现出高覆盖度草地＞中覆盖度草地＞低覆盖度草地的特征。具体地，2000 年，31 个省（自治区、直辖市）中有 18 个省（自治区、直辖市）高覆盖度草地主要贡献草地生态系统服务，比例为 51%（内蒙古）～100%（上海），集中在中东部省（自治区、直辖市）；有 9 个省（自治区、直辖市）中覆盖度草地比例最大，集中在东三省中的辽宁和吉林、华北平原的天津和山东，以及陕西、甘肃及西南地区的四川、重庆和贵州，比例为 40%（甘肃）～87%（辽宁）；仅有 4 个省（自治区、直辖市）以低覆盖度草地比例较大，即西北地区的新疆（41%）、青海（53%）和宁夏（53%）及山西（44%）。就 2015 年而言，31 个省（自治区、直辖市）中有 21 个省（自治区、直辖市）以高覆盖度草地比例最大，从 38%（新疆）～100%（上海）；有 7 个省（自治区、直辖市）中覆盖度草地占主导地位，比例为 40%（甘肃）～81%（贵州）；仅 3 个省（自治区、直辖市）低覆盖度草地比例较大，即青海、宁夏和山西，比例依次为 52%、52% 和 46%。由此可知，2015 年，中低覆盖度草地占主导地位的省（自治区、直辖市）集中在青海及除新疆、内蒙古外的二级阶梯，其余省（自治区、直辖市）以高覆盖度草地为主贡献其总草地生态系统服务。具体各个省（自治区、直辖市）高、中、低覆盖度草地比例详见附录 1 附表 A1。

就单位面积草地生态系统服务价值而言，整体特征表现为南方地区尤其是云贵高原明显高于北方地区，黄河流域上游（青海和甘肃）为明显低值区。具体地，9 个省（自治区、直辖市）在 2015 年前后稳居前九，分别为云南＞贵州＞上海＞西藏＞四川＞江苏＞宁夏＞新疆＞天津（2015 年排序）。其中，云南两年稳居第一，2000 年和 2015 年单位面积草地生态系统服务价值分别为 $4.05×10^{11}$ sej/(m²·a) 和 $4.09×10^{11}$ sej/(m²·a)；其次为贵州，2000 年和 2015 年分别为 $2.93×10^{11}$ sej/(m²·a) 和 $2.96×10^{11}$ sej/(m²·a)，与云南相差相对较小；第三至第九位范围为 $2.23×10^{11}$～$1.61×10^{11}$ sej/(m²·a)，相差也相对较小。低值区集中在黄河流域，尤其是上游的甘肃、青海及下游的河南、山东。其中，最小的为甘肃省，2000 年和 2015 年单位面积草地生态系统服务价值分别为 $8.61×10^{10}$ sej/(m²·a) 和 $9.30×10^{10}$ sej/(m²·a)。

6.6.3 中国草地不同生态系统服务空间分布特征

本节进一步研究了草地不同生态系统各服务的空间分布，详见图 6-4。由图 6-4 可知，除固持土壤外，草地生态系统各服务价值整体上呈现出西南地区明显高于中东部省（自治区、直辖市）的特征。具体地，NPP、固碳释氧和构建土壤的高值区都集中在西南地区的云贵高原（云南和贵州）、青藏高原（青海和西藏）和横断山脉（四川）地区。就 NPP 而言，这些地区草地生态系统的 NPP 占中国草地 NPP 的 51%。这些地区及宁夏、新疆、甘肃、广西、重庆和陕西草原总固碳量占中国草原总固碳量的 64%，中国其余省（自治区、直辖市）仅占 36%。因此中国西部草原总固碳量占中国草原总固碳量的 60% 以上。就构建土壤服务价值而言，云南排名第一，为 $5.38×10^{10}$ sej/(m²·a)。其次为贵州和四川，分别为 $3.70×10^{10}$ sej/(m²·a) 和 $2.84×10^{10}$ sej/(m²·a)，分别仅占云南的 69% 和 53%，与第一名相差较大。再次为集中在南方地区的省（自治区、直辖市），即上海、江西、浙江、福建、海南、安徽等，范围为 $2.07×10^{10}$～$2.28×10^{10}$ sej/(m²·a)。构建土壤服务价值的低值区集中在东北地区，其中黑龙江、吉林和辽宁分别为服务价值最少的前三位，范围为 $3.83×10^{9}$～$6.99×10^{9}$ sej/(m²·a)。补给地下水服务价值高值区集中在降水量相对丰富的南方及东部省（自治区、直辖市），如河北（$2.81×10^{10}$ sej/(m²·a)）、江西（$2.38×10^{10}$ sej/(m²·a)）、广西（$2.18×10^{10}$ sej/(m²·a)）、福建（$2.18×10^{10}$ sej/(m²·a)）、浙江（$2.14×10^{10}$ sej/(m²·a)）、广东（$2.05×10^{10}$ sej/(m²·a)）等；低值区集中在降水量相对匮乏的西部地区，其中补给地下水服务价值最小的为新疆（$1.29×10^{9}$ sej/(m²·a)），其次为宁夏（$1.44×10^{9}$ sej/(m²·a)）、青海（$2.04×10^{9}$ sej/(m²·a)）、内蒙古（$2.10×10^{9}$ sej/(m²·a)）、甘肃（$2.44×10^{9}$ sej/(m²·a)）等。

对于净化空气服务和调节气候，高值区集中在人均卫生总费用全国水平较高的地区（详见附录 1 附表 A2），如青海（$2.88×10^{9}$ sej/(m²·a)、$1.22×10^{9}$ sej/(m²·a)）、新疆（$2.71×10^{9}$ sej/(m²·a)、$1.11×10^{9}$ sej/(m²·a)）、西藏（$2.42×10^{9}$ sej/(m²·a)、$9.63×10^{8}$ sej/(m²·a)）、北京（$2.25×10^{9}$ sej/(m²·a)、$9.62×10^{8}$ sej/(m²·a)）、上海（$1.66×10^{9}$ sej/(m²·a)、$6.65×10^{8}$ sej/(m²·a)）、天津（$1.14×10^{9}$ sej/(m²·a)、$4.89×10^{8}$ sej/(m²·a)）等地区；低值区则主要分布在人均卫生总费用全国水平较低的地区，如江西（$3.52×10^{8}$ sej/(m²·a)、$1.27×10^{8}$ sej/(m²·a)）、安徽（$4.29×10^{8}$ sej/(m²·a)、$1.70×10^{8}$ sej/(m²·a)）、河南（$2.87×10^{8}$ sej/(m²·a)、$1.16×10^{8}$ sej/(m²·a)）和湖南（$3.23×10^{8}$ sej/(m²·a)、$1.21×10^{8}$ sej/(m²·a)）等地区。括号内前者为净化空气服务，后者为调节气候服务。固持土壤整体上呈现出中东部省（自治区、直辖市）高于西部省（自治区、直辖市）的特征。其中，高值区集中在内蒙古高原、黄土高原和云贵高原，低值区则集中在西部的青藏高原、甘肃、新疆等，范围为 $1.61×10^{10}$～$9.94×10^{10}$ sej/(m²·a)。调节局地温湿度服务则整体上呈现出西部地区大于中东部地区的特征。其中最大的为新疆，其调节局地温湿度服务为 $1.42×10^{11}$ sej/(m²·a)；其次为上海（$1.18×10^{11}$ sej/(m²·a)）、天津（$1.10×10^{11}$ sej/(m²·a)）

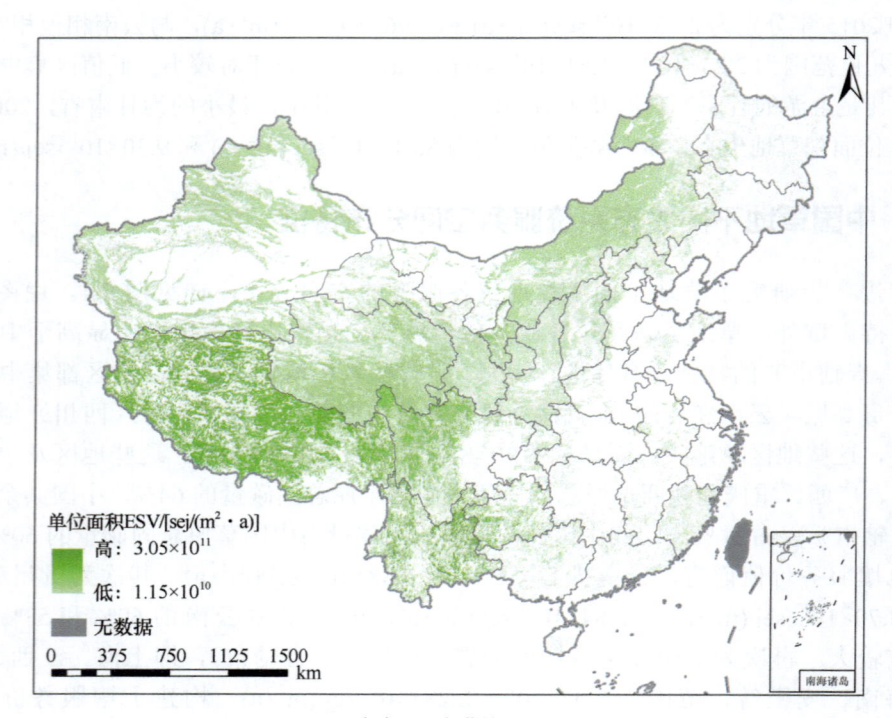

(a) 2015年草地NPP

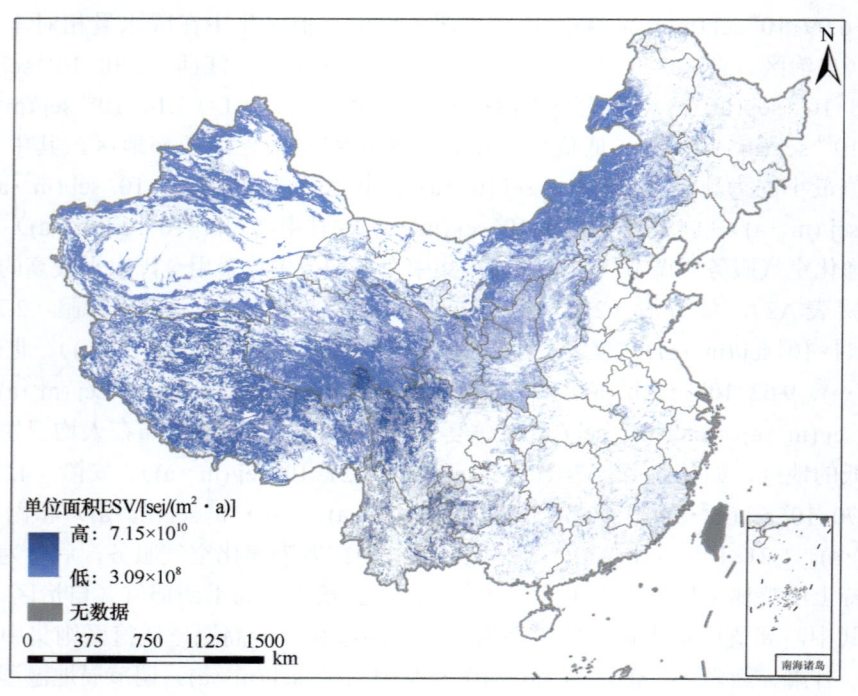

(b) 2015年草地固碳释氧

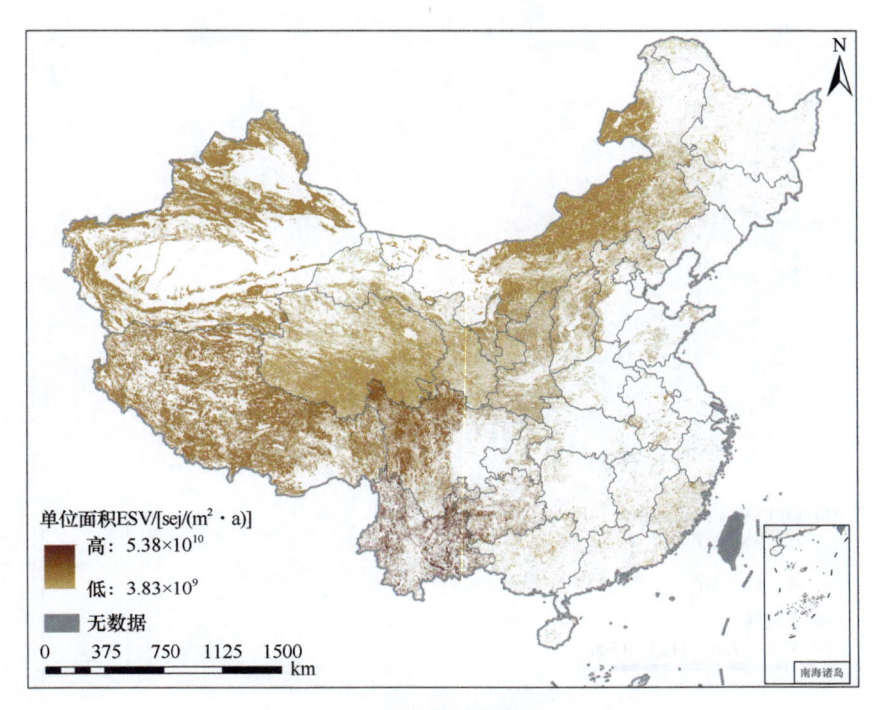

（c）2015年草地构建土壤

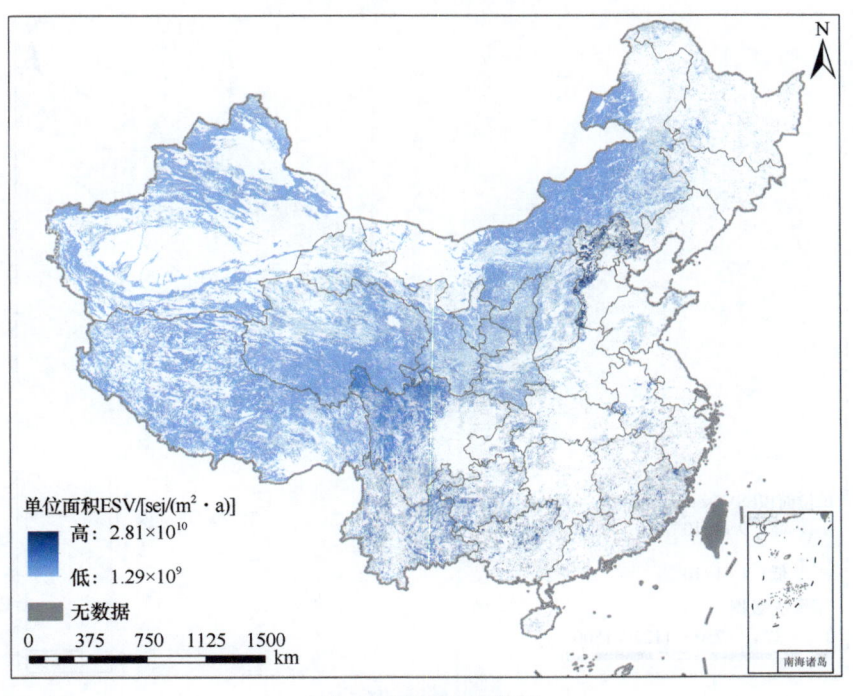

（d）2015年草地补给地下水

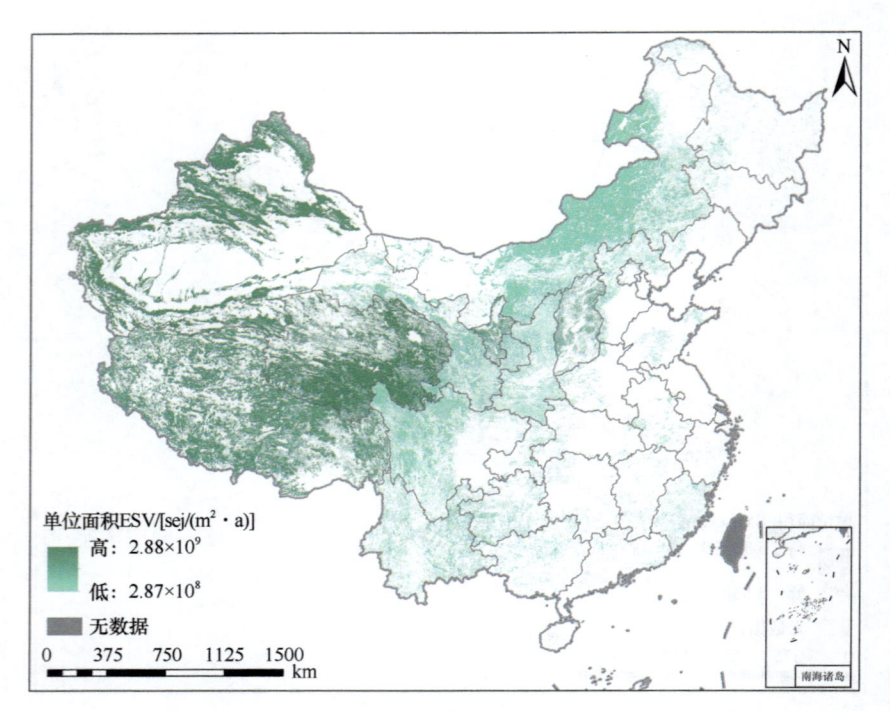

（e）2015年草地净化空气

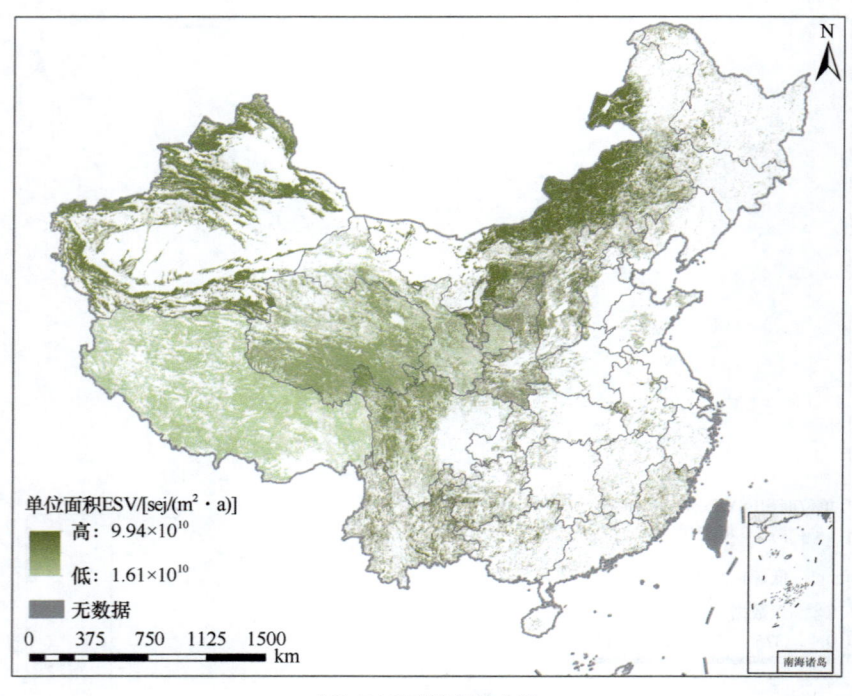

（f）2015年草地固持土壤

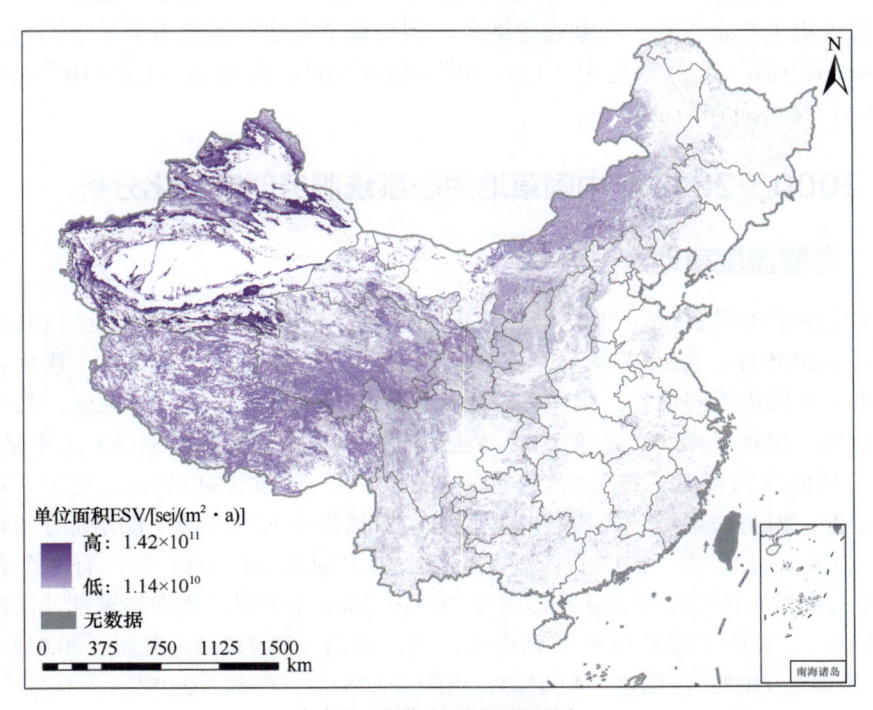

(g) 2015年草地调节局地温湿度

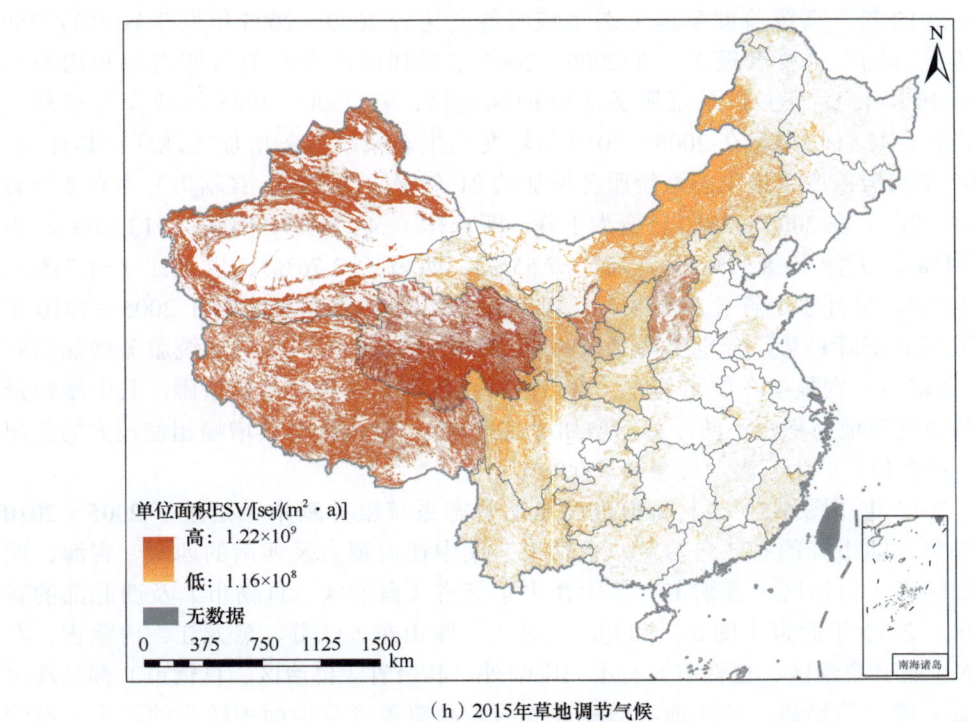

(h) 2015年草地调节气候

图 6-4　2015 年中国草地生态系统各服务空间分布

和甘肃（9.97×10¹⁰ sej/(m²·a)）等，但前两者因草地生态系统面积较小，故在地图上并不明显。而低值区集中在东三省、内蒙古等地区，例如调节局地温湿度服务最小的为吉林，为 1.14×10¹⁰ sej/(m²·a)，其次为辽宁（1.20×10¹⁰ sej/(m²·a)）、内蒙古（1.37×10¹⁰ sej/(m²·a)）、黑龙江（1.67×10¹⁰ sej/(m²·a)）等。

6.6.4　2000～2015 年中国草地生态系统服务时空变化分析

6.6.4.1　高覆盖度草地

图 6-5 反映了中国 2000～2015 年高覆盖度草地生态系统服务时空变化。由图 6-5（a）可知，2000～2005 年，除山东及东南部省（自治区、直辖市）有下降外，其余省（自治区、直辖市）呈现出不同增幅，集中在祁连山脉、内蒙古高原和河北等地区。其中，增幅最大的为吉林，增加了 48.05%，但因其高覆盖度草地较少，在图 6-5（a）上不是很明显；第二至第五名依次为青海（35.34%）、上海（34.73%）、甘肃（34.49%）、辽宁（33.52%），增幅较为接近，但与增幅第一的吉林相差较大；增幅最小的为江苏，仅增加了 0.09%，其次为浙江（0.60%）、云南（2.07%）、湖北（3.62%）、湖南（4.71%）等。有 9 个省（自治区、直辖市）高覆盖度草地生态系统服务在 2000～2005 年下降，集中在东部及南部省（自治区、直辖市），按照下降幅度从大到小依次为：海南（22.71%）、贵州（20.01%）、江西（6.28%）、湖南（6.06%）、福建（4.04%）、重庆（2.75%）、广西（2.05%）、山东（0.39%）、广东（0.31%）。

2005～2010 年，高覆盖度草地生态系统服务变化较 2000～2005 年发生较大的空间转移［图 6-5（b）］，主要表现在：在 2000～2005 年增加的两个高值区即青海和内蒙古在 2005～2010 年转变为生态系统服务下降的高值区；在 2000～2005 年减少的东部及南部省（自治区、直辖市）在 2005～2010 年转变为生态系统服务增加的地区。具体地，2000～2005 年高覆盖度草地生态系统服务增加的 21 个省（自治区、直辖市）中有 8 个省（自治区、直辖市）在 2005～2010 转变为下降，即吉林（-44.24%）、青海（-12.33%）、内蒙古（-9.51%）、天津（-8.39%）、上海（-7.55%）、西藏（-3.76%）、黑龙江（-1.75%）、河北（-0.11%）。另外 3 个省（自治区、直辖市），即山东、湖南和广东在 2005～2010 年延续了前五年的下降趋势，分别下降了 5.97%、1.98% 和 1.86%。生态系统服务增加的省（自治区、直辖市）则集中在中东部省（自治区、直辖市）及西北部的新疆，其中增幅最大的为高覆盖度草地面积较小的江苏，增加了 124.94%，其次为与其增幅相差较大的贵州（36.49%），增幅最小的为云南，仅增加了 0.96%。

2010～2015 年［图 6-5（c）］高覆盖度草地生态系统服务基本上延续了 2005～2010 年变化的趋势，即下降的省（自治区、直辖市）集中在内蒙古及西南的西藏、青海、四川等，增加的省（自治区、直辖市）集中在中东部省（自治区、直辖市）及西北部的新疆。就 2000～2015 年而言［图 6-5（d）］，整体上，除山东、江苏、黑龙江、内蒙古、海南和天津 6 个省（自治区、直辖市）有不同降幅外，其余省（自治区、直辖市）都呈现出生态系统服务增加的趋势。具体地，增幅最大的为高覆盖度草地面积较小的辽宁（自治区、直辖市），增加了 258.16%；其次为增幅不到辽宁一半的上海、贵州和吉林，分别增加了 91.57%、88.67% 和 78.89%。其余省（自治区、直辖市）增幅相对较小，其中增幅最小

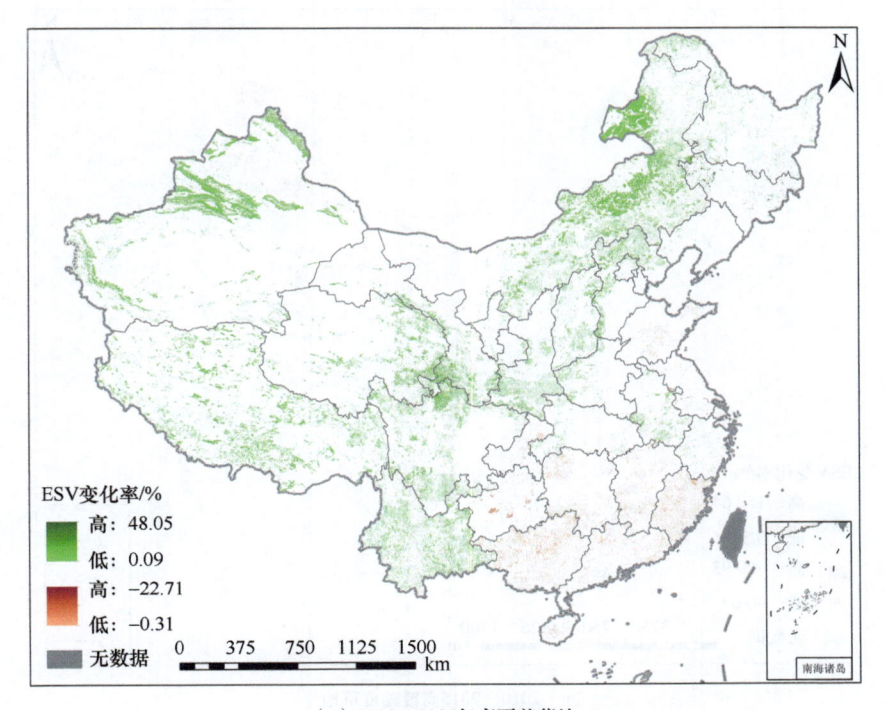

第6章　基于分类管理的草地生态系统服务核算方法学构建

（a）2000～2005年高覆盖草地

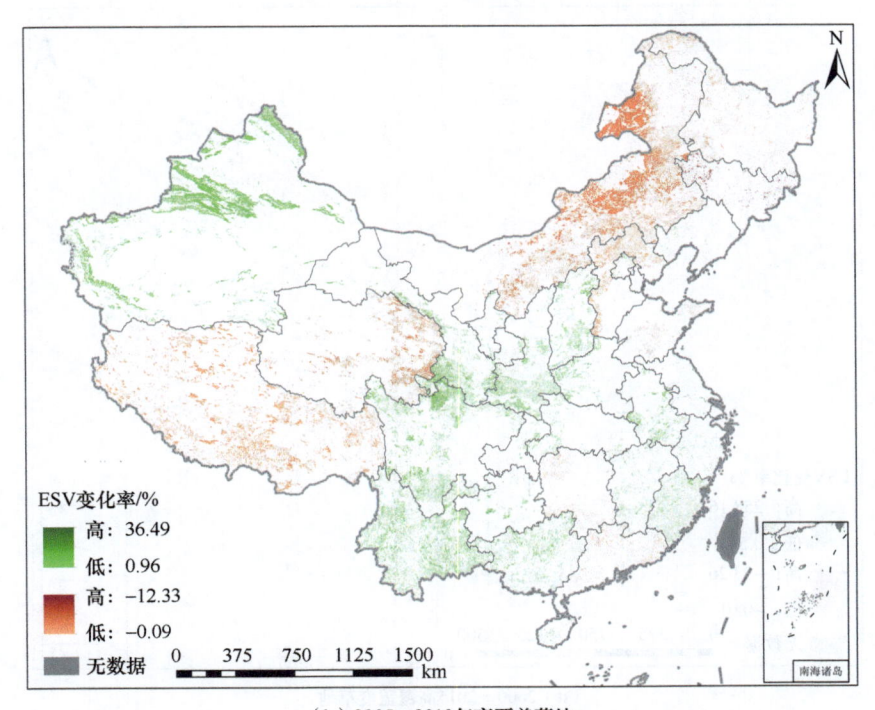

（b）2005～2010年高覆盖草地

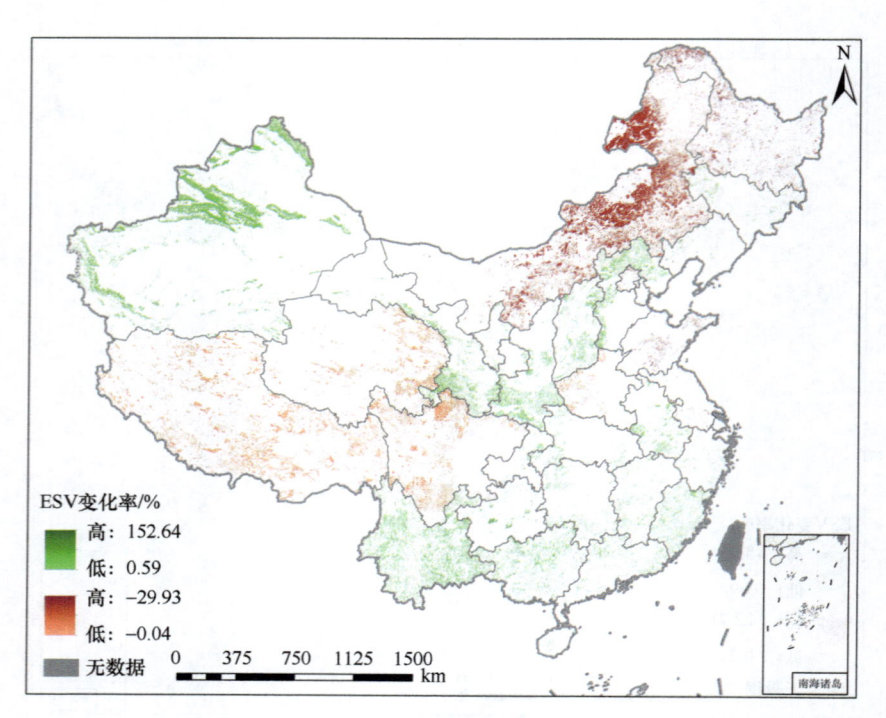

（c）2010～2015高覆盖度草地

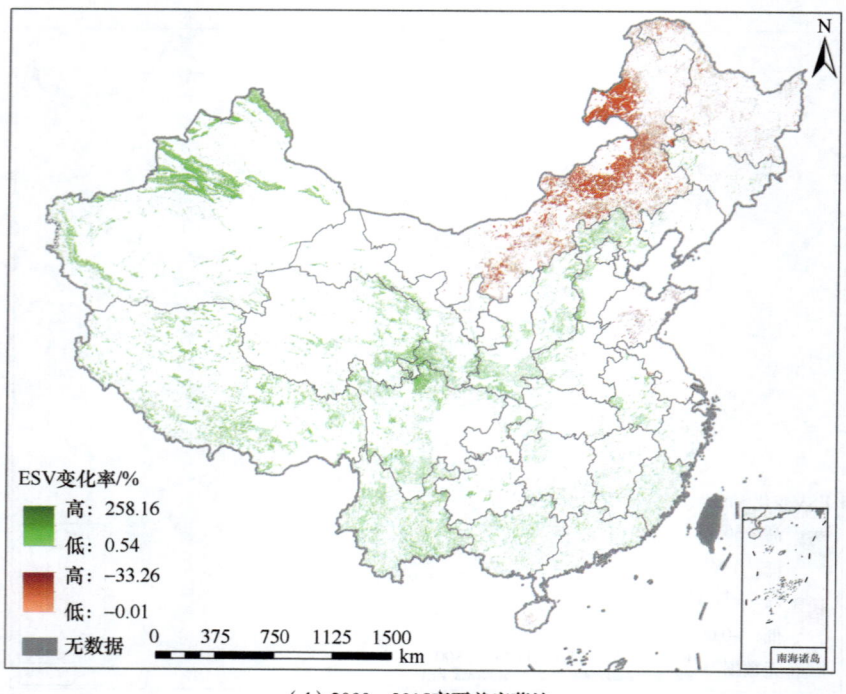

（d）2000～2015高覆盖度草地

图 6-5　2000～2015 年中国高覆盖度草地生态系统服务变化

的为湖南，仅增加了0.54%。下降的6个省（自治区、直辖市）集中在中东部省（自治区、直辖市），降幅从大到小依次为：山东（33.26%）、江苏（29.93%）、黑龙江（18.58%）、内蒙古（17.61%）、海南（12.75%）、天津（0.01%）。

6.6.4.2 中覆盖度草地

由图6-6（a）可知，整体上，2000～2005年，中覆盖度草地生态系统服务下降地区集中在东南部省（自治区、直辖市），中西部省（自治区、直辖市）则呈现出增长趋势。增幅高值区集中在青海、甘肃和东北部省（自治区、直辖市）。其中，增幅最大的为青海，增加了49.07%；其次为辽宁（22.02%），但其增幅不到青海的一半；再次为甘肃及东北部的黑龙江和吉林，分别增加了19.58%、17.99%和16.56%。但由于其面积不大，在地图上并不明显。增幅最小的为中覆盖度草地面积较小的江苏，仅增加了0.11%，然后为增加了0.53%的宁夏。下降的东部及东南部省（自治区、直辖市）按降幅大小顺序为天津（23.03%）、海南（13.90%）、浙江（12.13%）、广东（10.25%）、安徽（6.41%）、福建（5.40%）、江西（4.61%）、河南（3.77%）及湖南（0.69%）。

2005～2010年[图6-6（b）]，中覆盖度草地生态系统服务与2000～2005年有明显的不同，主要表现为：①在2000～2005年增长的21个省（自治区、直辖市）中有10个省（自治区、直辖市）在2005～2010年转变为下降[2005～2010年下降的省（自治区、直辖市）总个数为12个]；②而在2000～2005年下降的9个省（自治区、直辖市）中有7个省（自治区、直辖市）（广东和天津除外）在2005～2010年转变为增加的省（自治区、直辖市）；③在2005～2010年延续2000～2005年增长趋势的省（自治区、直辖市）集中在中国地形第二级阶梯的中部和北部，如新疆、内蒙古、陕西等省（自治区、直辖市）。其中，增幅最大的为宁夏，增加了41.61%；其次为与宁夏增幅相差较大的安徽和浙江，分别增加了24.81%和17.74%。其余省（自治区、直辖市）增幅较小且差距不大，其中增幅最小的为吉林，仅增加了0.88%；其次为贵州和内蒙古，分别增加了1.04%和1.09%。下降的12个省（自治区、直辖市）中，降幅都相对较小。其中，降幅最大的为2000～2005年增幅最小的江苏，下降了15.35%，但由于其中覆盖度草地面积较小，在地图上并不明显；其次为2000～2005增幅最大的青海，降幅为10.98%；再次为降幅非常接近青海的重庆，下降了10.36%。降幅低值区集中在东北的黑龙江及西南的广西、云南等，分别下降了0.43%、0.64%和0.64%。

2010～2015年[图6-6（c）]则基本延续了2005～2010年中覆盖度草地生态系统服务变化的趋势，主要表现在：2010～2015年下降的10个省（自治区、直辖市）中有6个省（自治区、直辖市）即山东、黑龙江、江苏、青海、河北和西藏在2005～2010年也为下降的省（自治区、直辖市）；在2010～2015年上升的20个省（自治区、直辖市）中有14个在2005～2010年也上升。具体地，增幅最大的为安徽，增加了85.81%；其次为增幅约为安徽1/3的广西，增加了27.11%；再次为广东（18.81%）、天津（15.23%）等。增幅最小的为四川，仅增加了0.25%；其次为海南，增加了0.52%。下降的10个省（自治区、直辖市）中降幅较大的集中在东三省即辽宁、吉林和黑龙江，分别下降了57.44%、37.77%和28.39%；山东降幅排名第三，为36.44%；下降最小的为西藏，其次为河北，分别下降了2.14%和3.42%。

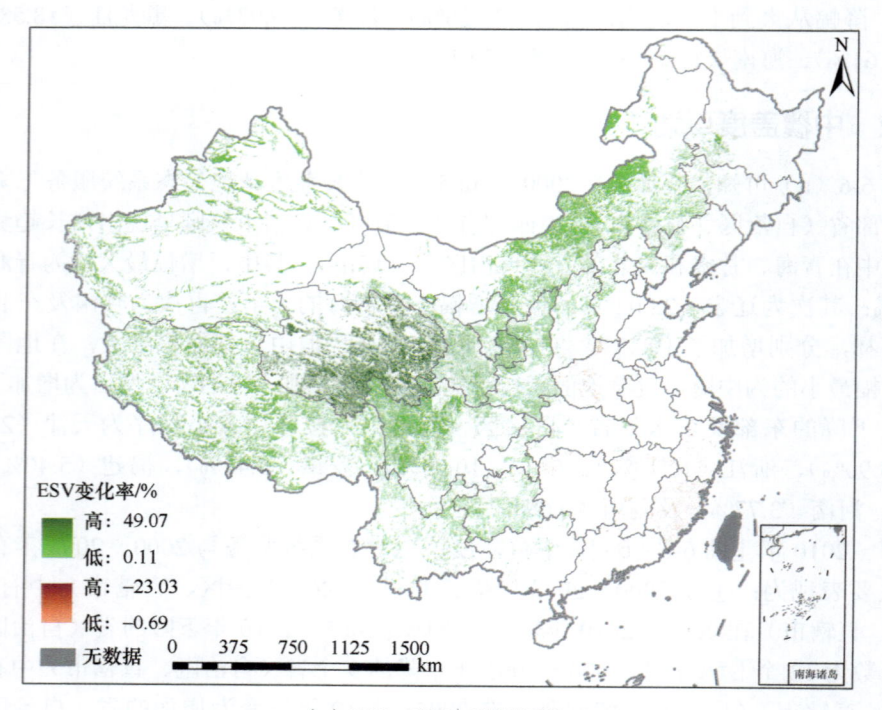

(a) 2000～2005中覆盖度草地

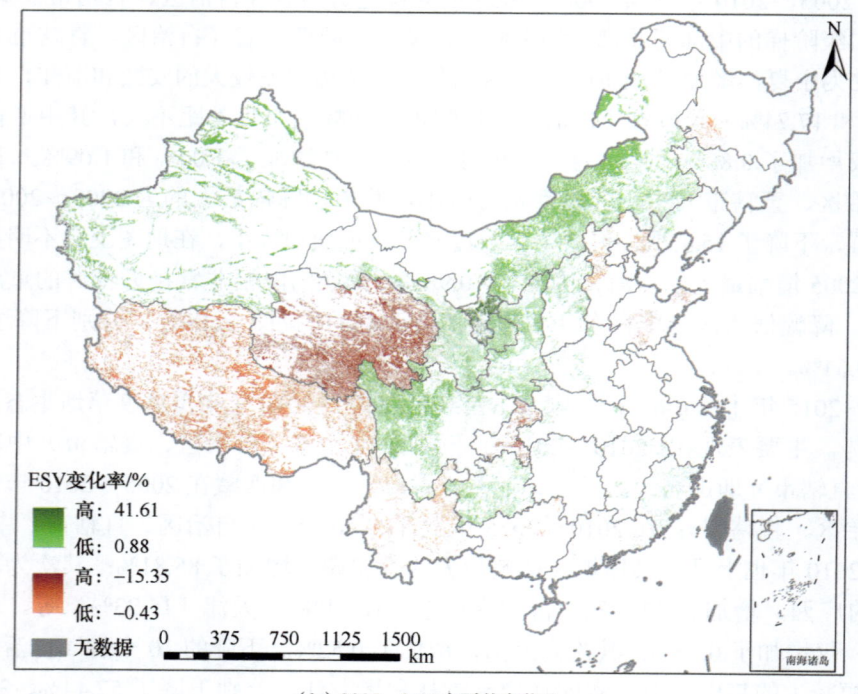

(b) 2005～2010中覆盖度草地

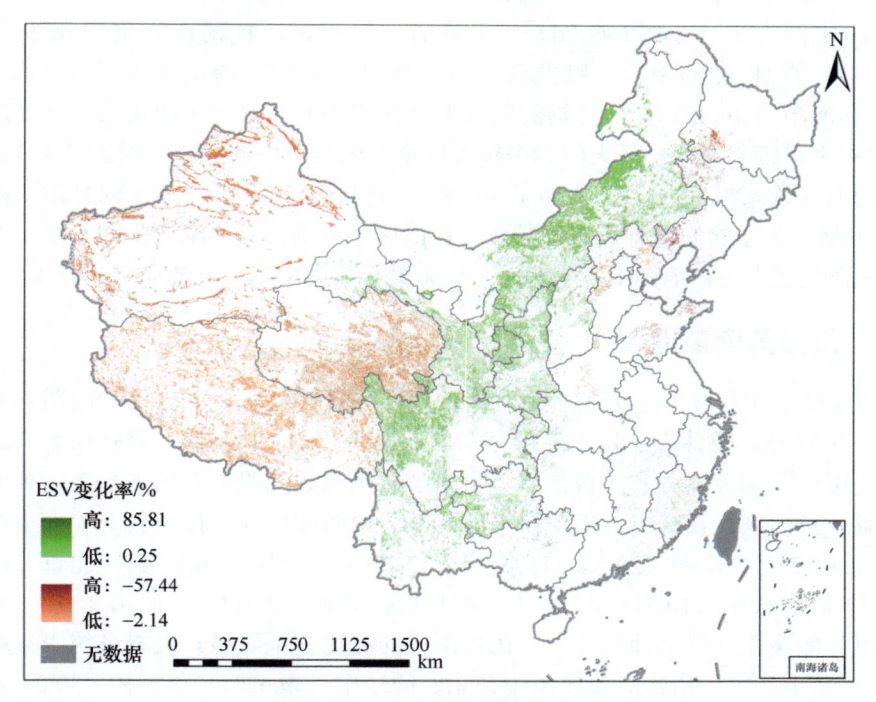

(c) 2010~2015中覆盖度草地

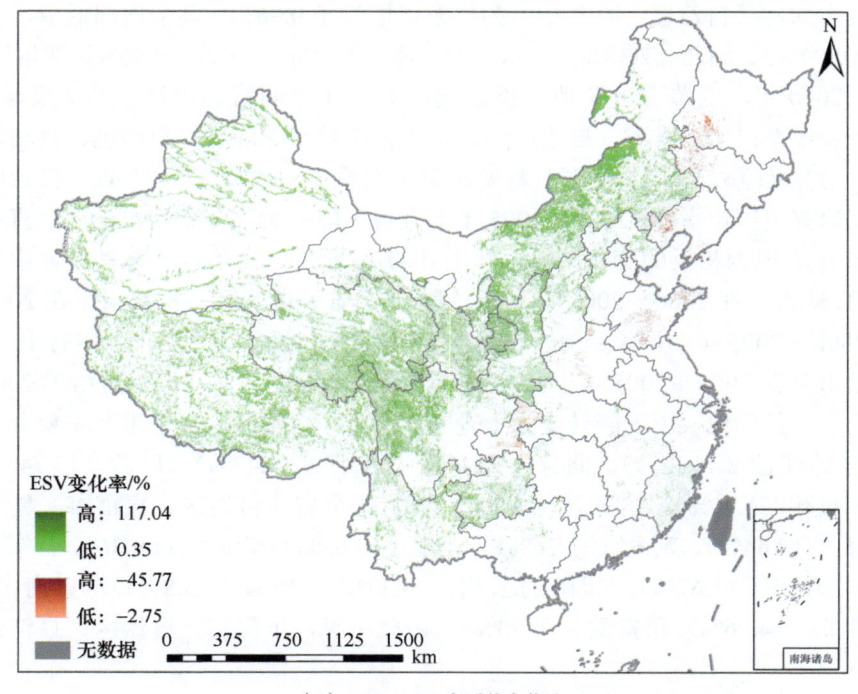

(d) 2000~2015中覆盖度草地

图 6-6　2000~2015 年中国中覆盖度草地生态系统服务变化

就 2000～2015 年而言，中国中覆盖度草地生态系统服务上升和下降省（自治区、直辖市）的比例为 2∶1 [图 6-6（d）]，下降省（自治区、直辖市）集中在东三省 [辽宁（45.77%）、吉林（26.83%）、黑龙江（15.87%）]，华北平原的天津（16.76%）、山东（34.58%）和河南（10.76%），东部沿海的江苏（26.90%）和海南（10.05%）及西南的重庆（2.75%）。生态系统服务增幅最大的为中覆盖度草地面积较小的安徽，增加了 117.04%；其次为增幅约为安徽 42% 的宁夏，增加了 49.18%；再次为增幅为 41.18% 的甘肃。内蒙古的增幅为 22.16%，处于除安徽外所有增长省（自治区、直辖市）增幅的中间水平，但因其中覆盖度草地面积较大，在地图上较为明显。增幅最小的为广东，仅增加了 0.35%。

6.6.4.3 低覆盖度草地

图 6-7 反映了中国低覆盖度草地生态系统服务 2000～2015 年变化。由图 6-7（a）可知，2000～2005 年，整体上呈现出除部分东部及中西部省（自治区、直辖市）有较小幅度下降外，全国中西部大部分省（自治区、直辖市）生态系统服务有增加趋势。具体地，下降的 9 个省（自治区、直辖市）集中在东部及部分中西部地区，按照其降幅大小顺序依次为：广西（24.72%）、江西（20.52%）、浙江（17.77%）、福建（16.37%）、北京（14.69%）、贵州（11.42%）、海南（10.71%）、重庆（9.19%）、湖南（2.91%）。但由于这些省（自治区、直辖市）低覆盖度草地面积较小，在地图上的变化并不明显。生态系统服务增加的省（自治区、直辖市）中，增幅高值区集中在东北的辽宁（39.62%）和吉林（30.04%）、黄土高原的陕西（26.22%）和山西（22.27%）、西北的青海（20.94%）和新疆（18.95%）等地区。增幅最小的省（自治区、直辖市）为广东，增长了 0.96%。其余增幅低值区集中在中部的河南（0.97%）、湖北（2.38%）及东部的天津（3.79%）、江苏（4.46%）等地区。

2005～2010 年，低覆盖度草地生态系统服务变化空间格局出现了较大变动 [图 6-7（b）]，主要表现在：①上升省（自治区、直辖市）个数和下降省（自治区、直辖市）个数近似相等，分别为 16 个和 14 个 [上海无此类生态系统，故只有 30 个省（自治区、直辖市）包括在研究范围内]；② 2000～2005 年上升或下降的大部分省（自治区、直辖市）在 2005～2010 年表现为相反的变化趋势，即上升的 16 个省（自治区、直辖市）中有 6 个省（自治区、直辖市）在 2000～2005 年下降，有 10 个省（自治区、直辖市）在 2005～2010 年延续了 2000～2005 年的增长趋势，下降的 14 个省（自治区、直辖市）中有 11 个省（自治区、直辖市）在 2000～2005 年上升，仅 3 个省（自治区、直辖市）延续了 2000～2005 年下降的趋势。具体地，由下降转变为上升的 6 个省（自治区、直辖市）主要分布在东部和西南地区的江西（46.12%）、北京（32.41%）、浙江（14.47%）、广西（13.74%）、海南（4.81%）和贵州（1.96%）。由上升转变为下降的 11 个省（自治区、直辖市）集中在华北平原的河南（-18.44%）、河北（-4.26%）、天津（-0.63%）和山东（-9.36%），东部的广东（-12.47%）、江苏（-1.67%），西南的云南（-5.32%）、西藏（-3.87%）、青海（-0.61%）及中部的湖北（-4.26%）和安徽（-0.90%）。由此可见，下降省（自治区、直辖市）降幅都相对较小。

2010～2015 年低覆盖度草地生态系统服务变化最显著的特征为西部及北部的草地面积大省呈现出不同幅度的下降趋势 [图 6-7（c）]，即新疆（-26.76%）、内蒙古（-15.23%）、青海（-5.75%）、四川（-0.81%）和西藏（-0.14%）；另一下降地区集中在东北的辽

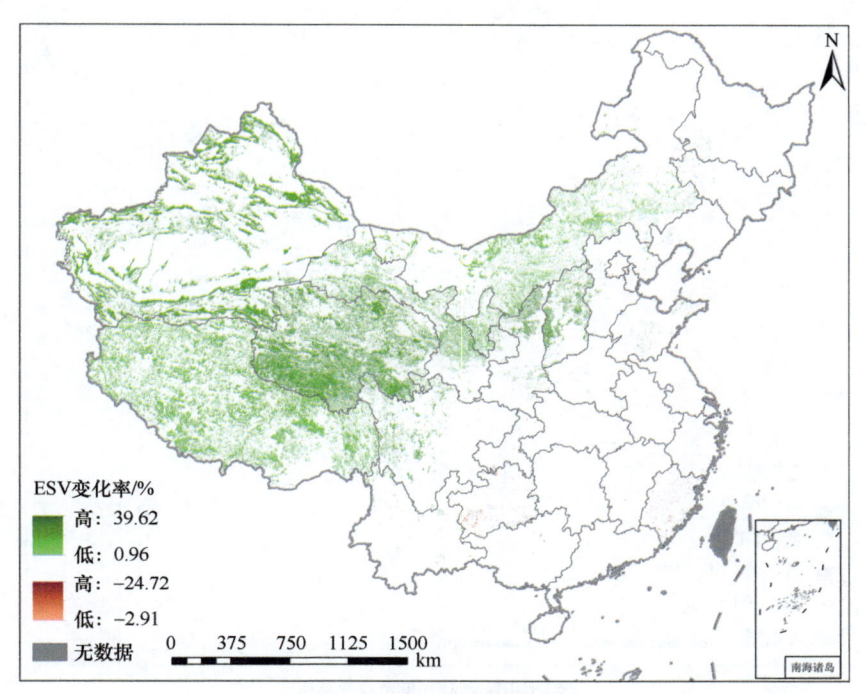

第6章 基于分类管理的草地生态系统服务核算方法学构建

（a）2000～2005年低覆盖度草地

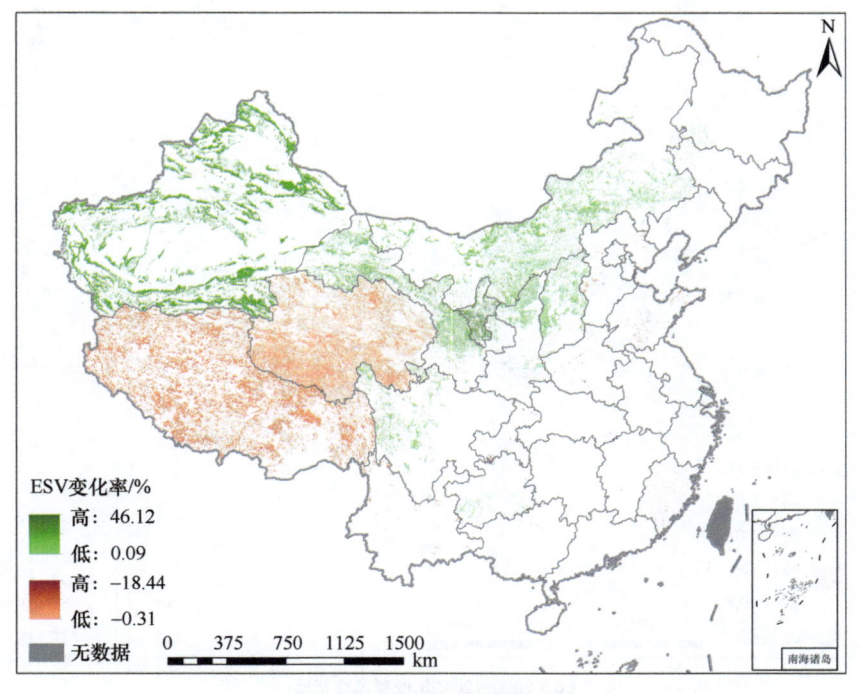

（b）2005～2010年低覆盖度草地

· 119 ·

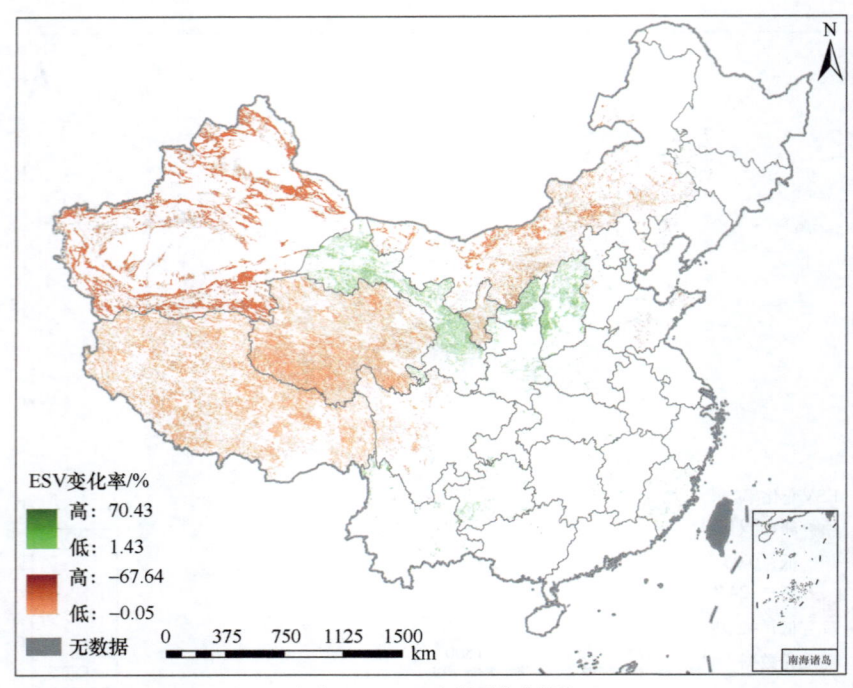

（c）2010～2015年低覆盖度草地

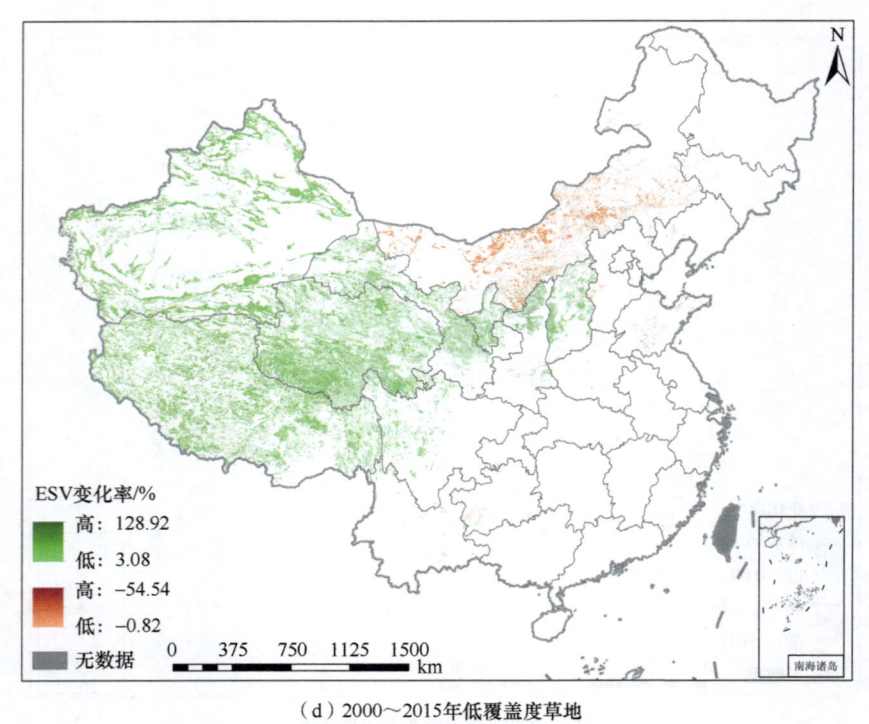

（d）2000～2015年低覆盖度草地

图6-7　2000～2015年中国低覆盖度草地生态系统服务变化

宁（-67.64%）、黑龙江（-0.59%），东部沿海的山东（-39.04%）、江苏（-18.29%）、海南（-15.83%）及华北的河北（-12.09%）和天津（-0.05%）。生态系统服务增加的省（自治区、直辖市）则集中在中部省（自治区、直辖市）。其中，增幅最大的为吉林，增加了70.43%；其次为增加了65.63%的安徽；再次为广西（52.64%）、湖南（34.94%）、云南（25.83%）等省（自治区、直辖市）。增幅最小为浙江，仅增加了1.43%；倒数第二的甘肃增幅与浙江接近，为1.48%。

就2000~2015年整体而言，除东部及北部等的11个省（自治区、直辖市）有所下降外，全国大部分省（自治区、直辖市）呈现出不同的增长趋势［图6-7（d）］。具体地，增幅排在前两名的为吉林和安徽，分别增加了128.92%和114.11%；排在其后增幅较大的地区则集中在黄土高原，如陕西、宁夏、山西、甘肃，分别增加了61.95%、40.74%、34.88%和34.82%，可见其增幅与前两名的差距较大。增幅最小的为天津，增加了3.08%，其次为低覆盖度草地面积较大的西藏和新疆，分别增加了6.42%和7.00%。下降的11个省（自治区、直辖市）集中在东部及北部，按照其降幅大小顺序依次为：辽宁（54.54%）、山东（38.47%）、海南（21.24%）、江苏（16.07%）、河南（13.44%）、内蒙古（9.95%）、福建（8.11%）、重庆（7.99%）、浙江（4.53%）、河北（3.96%）、贵州（0.82%）。

6.6.5 基于能值的中国草地生态系统分类管理与可持续发展

6.6.5.1 基于能值的中国草地生态系统分类管理空间分布格局

由表6-1可知，22%的中国草地属于经济功能区，69%的中国北方草地属于混合功能区和经济功能区，这与先前研究中国约有22%的草地退化（Bao et al., 1998）及华北地区近90%的草地处于不同退化程度（Nan, 2010）的结果基本一致。54%的中国草地属于混合功能区，表明中国草地巨大的退化潜力，亟须实施草地生态系统的保护和恢复措施。北方地区的混合功能区和经济功能区分别占全国其相应部门的67%和76%，表明北方草地生态系统的保护压力要大于南方地区。

表6-1 2015年草地生态系统面积及各部门草地占总面积的比例

省（自治区、直辖市）	面积/m² HCG	面积/m² MCG	面积/m² LCG	面积/m² 合计	比例/%
北京	7.59×10^8	1.28×10^8	5.75×10^7	9.45×10^8	
天津	8.28×10^7	6.01×10^7	2.75×10^6	1.46×10^8	
河北	1.71×10^{10}	7.47×10^9	1.26×10^9	2.58×10^{10}	
山西	8.70×10^9	7.73×10^9	1.40×10^{10}	3.04×10^{10}	
内蒙古	1.04×10^{11}	8.77×10^{10}	2.99×10^{10}	2.22×10^{11}	
辽宁	8.80×10^8	2.64×10^9	2.11×10^8	3.73×10^9	
吉林	2.87×10^9	2.19×10^9	2.75×10^8	5.34×10^9	
黑龙江	1.48×10^{10}	4.98×10^9	2.80×10^8	2.01×10^{10}	
上海	2.58×10^7	—	—	2.58×10^7	
江苏	5.51×10^8	7.78×10^6	4.18×10^6	5.63×10^8	

续表

省（自治区、直辖市）	面积/m² HCG	面积/m² MCG	面积/m² LCG	面积/m² 合计	比例/%
浙江	$1.64×10^9$	$2.99×10^8$	$1.63×10^8$	$2.10×10^9$	
安徽	$7.56×10^9$	$6.72×10^6$	$8.95×10^6$	$7.58×10^9$	
福建	$1.02×10^{10}$	$5.28×10^9$	$1.66×10^9$	$1.71×10^{10}$	
江西	$4.40×10^9$	$1.82×10^9$	$8.89×10^7$	$6.31×10^9$	
山东	$2.08×10^9$	$3.31×10^9$	$1.24×10^9$	$6.63×10^9$	
河南	$4.80×10^9$	$1.92×10^9$	$2.54×10^8$	$6.97×10^9$	
湖北	$3.77×10^9$	$2.56×10^9$	$1.46×10^8$	$6.48×10^9$	
湖南	$5.01×10^9$	$1.12×10^9$	$5.83×10^7$	$6.19×10^9$	
广东	$5.72×10^9$	$7.97×10^8$	$1.45×10^7$	$6.53×10^9$	
广西	$1.63×10^{10}$	$2.38×10^9$	$8.69×10^7$	$1.88×10^{10}$	
海南	$8.65×10^8$	$1.31×10^8$	$1.04×10^7$	$1.01×10^9$	
重庆	$1.43×10^9$	$6.30×10^9$	$3.77×10^8$	$8.11×10^9$	
四川	$4.07×10^{10}$	$8.30×10^{10}$	$1.31×10^{10}$	$1.37×10^{11}$	
贵州	$2.22×10^{10}$	$2.09×10^{10}$	$2.57×10^9$	$2.57×10^{10}$	
云南	$4.70×10^{10}$	$2.46×10^{10}$	$2.32×10^9$	$7.39×10^{10}$	
陕西	$1.84×10^{10}$	$3.38×10^{10}$	$7.65×10^9$	$5.99×10^{10}$	
甘肃	$2.18×10^{10}$	$3.75×10^{10}$	$1.72×10^{10}$	$7.65×10^{10}$	
青海	$2.37×10^{10}$	$7.81×10^{10}$	$9.23×10^{10}$	$1.94×10^{11}$	
宁夏	$5.52×10^8$	$3.07×10^9$	$3.87×10^9$	$7.49×10^9$	
新疆	$7.65×10^{10}$	$3.50×10^{10}$	$4.27×10^{10}$	$1.54×10^{11}$	
西藏	$1.19×10^{11}$	$6.88×10^{10}$	$4.38×10^{10}$	$2.32×10^{11}$	
合计[a]	$5.63×10^{11}$	$5.24×10^{11}$	$2.76×10^{11}$	$1.36×10^{12}$	
CoS	$1.53×10^{11}$	$1.49×10^{11}$	$2.49×10^{10}$	$3.27×10^{11}$	24[b]
MPS	$2.44×10^{11}$	$2.81×10^{11}$	$2.05×10^{11}$	$7.30×10^{11}$	54[c]
IPS	$1.66×10^{11}$	$9.34×10^{10}$	$4.61×10^{10}$	$3.06×10^{11}$	22[d]
北方[h] 草地面积合计	$4.16×10^{11}$	$3.74×10^{11}$	$2.55×10^{11}$	$1.05×10^{12}$	
北方的 CoS	$1.53×10^{11}$	$1.47×10^{11}$	$2.48×10^{10}$	$3.25×10^{11}$	31[e]
北方的 MPS	$1.43×10^{11}$	$1.59×10^{11}$	$1.86×10^{11}$	$4.88×10^{11}$	47[f]
北方的 IPS	$1.19×10^{11}$	$6.88×10^{10}$	$4.38×10^{10}$	$2.32×10^{11}$	22[g]

注：CoS、MPS 和 IPS 分别表示生态功能区、混合功能区和经济功能区；HCG、MCG 和 LCG 分别表示高、中、低覆盖度草地生态系统。

a 表示中国大陆（内地）31 个省（自治区、直辖市）草地生态系统面积之和；绿色、浅蓝、深蓝分别表示该省（自治区、直辖市）的草地子类归属于生态功能区、混合功能区和经济功能区。

b、c、d 分别表示归属于生态功能区、混合功能区和经济功能区的省（自治区、直辖市）占总草地生态系统面积的比例。

e、f、g 分别表示归属于生态功能区、混合功能区和经济功能区的北方省（自治区、直辖市）占北方（自治区、直辖市）总草地生态系统面积的比例。

h 表示北方地区，根据中国南北方地理分界线，包括黑龙江、吉林、辽宁、内蒙古、北京、天津、河北、山西、山东、河南、陕西、甘肃、青海、宁夏、新疆和西藏。

资料来源：徐新良等，2018。

省级尺度上（图6-8），各个省（自治区、直辖市）高、中、低覆盖度草地生态系统归属于生态功能区、混合功能区和经济功能区的空间分布格局相似，即经济功能区——西藏和云南，混合功能区——西北部省（自治区、直辖市）及除云南以外的秦岭以南的省（自治区、直辖市），生态功能区——华北平原、黄土高原、内蒙古和黑龙江。具体地，就高覆盖度草地［图6-8（a）］而言，有7个省（自治区、直辖市）属于生态功能区，即黑龙江、内蒙古、陕西、山西、河南、山东和北京，表明这些省（自治区、直辖市）的高覆盖度草地应保护起来，不适宜放牧等生产活动。图6-8（a）背景色越红表示省（自治区、直辖市）ICG′越接近0，即这些省（自治区、直辖市）草地的生态系统服务价值要远大于其生产价值，因此，这些省（自治区、直辖市）草地按照紧急保护程度为：黑龙江＞内蒙古＞山东＞山西＞陕西＞北京＞河南。而可适当用于生产活动的草地集中在东北地区的吉林和辽宁、华北地区的津冀、西北及除云南外秦岭以南的省（自治区、直辖市），即图6-8（a）中背景色为蓝色的省（自治区、直辖市）。蓝色颜色越浅表示这些省（自治区、直辖市）越接近划分为生态功能区，即这些省（自治区、直辖市）防止草地退化、保护草地生态系统的压力越大。由图6-8（a）可知，这些省（自治区、直辖市）集中在东北地区的辽宁和吉林、安徽、河北、华中的湖北和湖南等，而西北地区省（自治区、直辖市）保护草地生态系统的压力相对较小。就中覆盖度草地［图6-8（b）］而言，除华北地区的河北和北京及华中地区的湖北与高覆盖度草地属于不同分区外，其余都相同。具体地，河北和湖北的中覆盖度草地属于生态功能区，而北京属于混合功能区。另外，生态功能区的紧急保护程度在空间布局上发生了变化，按照紧急保护程度，依次为黑龙江、山东、河南、陕西、山西、内蒙古、河北和湖北。而混合功能区的辽宁和吉林在保护中等覆盖度草地，防止其进一步退化上依旧面临着较大的压力，再次为江苏、海南、安徽、湖南、重庆等，西北及西南地区的

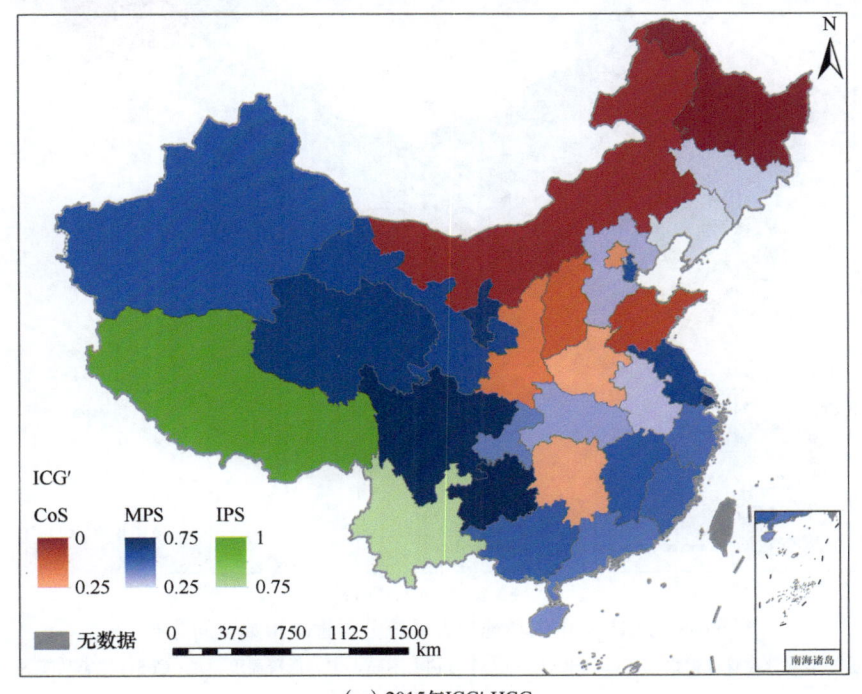

（a）2015年ICG′ HCG

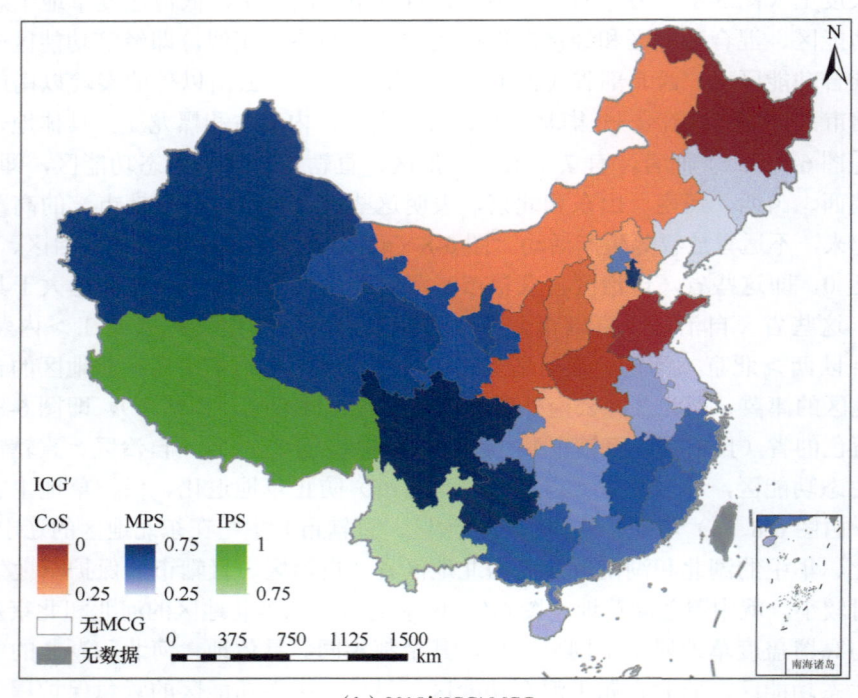

（b）2015年ICG′ MCG

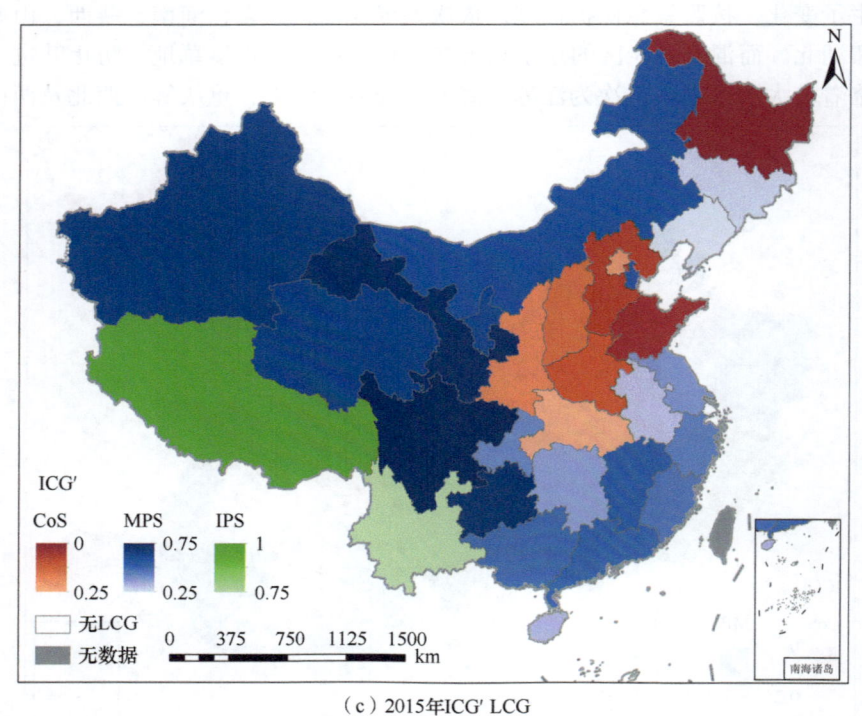

（c）2015年ICG′ LCG

图6-8 2015年中国草地生态系统分类管理指数空间分布

ICG′：基于能值的草地分类管理指数；HCG、MCG和LCG分别表示高、中、低覆盖度草地；CoS：生态功能区；MPS：混合功能区；IPS：经济功能区

省（自治区、直辖市）如四川、贵州、新疆等同为混合功能区，但其保护草地生态系统的压力相对较小。而低覆盖度草地的分类管理空间分布与高、中覆盖度草地稍有不同，主要表现在内蒙古被归为混合功能区［图6-8（c）］，表明内蒙古的低覆盖度草地可适当地进行生产活动。被划分为生态功能区的区域集中于东北地区的黑龙江，华北平原的京冀、山东、河南，黄土高原的中西部山西和陕西及湖北地区。生态功能区的这8个省（自治区、直辖市）中，黑龙江依然是草地保护压力最大的一个，另外也反映其草地生态系统服务的重要性；其次草地生态系统的保护与恢复压力集中在华北平原的山东、河北、河南；再次为黄土高原中西部的山西和陕西，北京和湖北也属于生态功能区，但压力相对较小。可以适当有生产活动的混合功能区仍集中在西北和南方省（自治区、直辖市）及内蒙古，由图6-8（c）可知，依旧是东北地区的辽宁和吉林及南方省（自治区、直辖市）的草地趋于退化的风险大于西北部省（自治区、直辖市），也说明这些地区低覆盖度草地的生态系统服务较其生产价值大。

由图6-8可知，云南和西藏在3个草地生态系统子类都归为经济功能区。但实际上，其可再生资源的能值大于其他服务对应能值的原因是这些地区海拔高。西藏地区有青藏高原生态屏障、国家重点生态功能区、国家禁止开发区及国家级自然保护区等，而云南则有川滇生态屏障、川滇生物多样性生态功能区和国家级自然保护区等，这些事实说明这些地区不适宜进行大规模的草地生产活动，应该得到保护。因此，ICG′在确定基于能值草地分类管理时除了考虑其自然的贡献情况，还需要进一步考虑其生态脆弱性等因素，如生态环境脆弱的高海拔地区等进行综合分类决策。

另外，西藏及北部或南部省（自治区、直辖市），即内蒙古、新疆、青海、四川等，分别属于经济功能区和混合功能区，具有一定的放牧量，导致其草原不同的恶化程度。这些省（自治区、直辖市）又为中国草地面积分布集中区，加大了这些地区防止草地退化的压力。这与先前研究中草地退化热点地区主要分布在内蒙古、新疆、青海、西藏等省（自治区、直辖市）的大多数地区的结果一致（Hu et al., 2017）。

这些研究结果表明，基于ICG评估的经济功能区和混合功能区的省（自治区、直辖市）拥有自身的生产或放牧能力以及潜在的草地退化压力，特别是在生态环境脆弱的地区。草地生态系统的承载力及其服务随草地覆盖率和生产力的不同而不同，因此基于ICG进行草地分类管理也有不同，这给决策者带来了困难（Liu et al., 2018）。这意味着实时和动态的ICG对于政策设计更加实用。如果对当地生态环境承载力的判断存在一定的不确定性，那基于能值的草地生态系统分类管理指标至少可以识别判断承载力大小的指标，并结合当地实际情况对承载力指标的合理性进行判断与修正，而并非完成依赖于当地可承载的牲畜数量判断。也即，本研究基于能值的草地生态系统分类管理指标能够识别引起承载力高的因素，有些地区尽管承载力高但生态环境脆弱，进而识别分区的误判，对草地生态系统分类管理进行修正、调整。具体地，本研究基于能值的草地生态系统分类管理指标，其分子是基于能值的当地可更新资源，分母是当地可更新资源与其余生态系统服务之和，这就意味着在核算出当地草地生态系统分类管理指标后，还可以进一步结合当地实际情况对分类管理进行修正。例如，基于能值改进的ICG，核算出当地承载力即可更新资源远大于其生态系统服务，判断云南和西藏属于经济功能区，可在当地进行较大规模的草地生产活动。但由于基于能值的草地生态系统分类管理指标可以进一步识别当地高的可更新资源是由其高海拔造成的，现实中当地生态环境脆弱，属于生态保护区，因此不适宜进行大规模生产活动，属于结合当地实际情况对原草地生态系统分类管理的再次修正，这使得草地生态系统分类管理更合理、更科学。

6.6.5.2 草地生态系统分类管理与可持续发展

本研究以 2015 年为例，以能值形式表示地区承载力与承载力和生态系统服务总和之比，可为草地生态系统分类管理提供参考。需要通过收集多年连续数据，对 ICG 进行长期动态监控，以提供更加有效合理的草地管理建议。实际上，使用年均生态承载力和生态系统服务可能会导致不可持续的解决方案，如草地过度放牧，尤其是在生态环境脆弱区。此外，大多数中国草地生产力较低，因此，目前存在过度放牧以满足人类对畜产品不断增长的需求（Liu et al., 2018）。因此，它们的生态承载力以及承受自然灾害的能力将进一步降低。另外，尽管中国草地面积约为森林面积的 1.9 倍，但其保护投资仅占森林生态系统投资的 0.4%（Zheng et al., 2018）。因此，中国草地保护、恢复及限制放牧需要更多的资金。

在全球范围内，草地生态系统发挥着重要作用。然后，全球 49.2% 的草地正处于退化状态（Gang et al., 2014），这与过度放牧、全球变暖和干旱有关。草原的过度利用是一个世界性问题，需要立即引起重视。然而，保护全球草原所做的努力相对较少（Dai et al., 2016）。这与草原的大面积形成鲜明对比，草原的覆盖范围大于农业与湿地生态系统，分别为 3.2×10^9 hm²、1.4×10^9 hm² 和 6×10^8 hm²（Zheng et al., 2018）。此外，由于草原具有很高的经济与社会价值，因此被大量用于牲畜生产。这导致人们普遍忽略了其生态功能和利益，也暗示着草原生态系统服务研究对其可持续发展至关重要。

6.7 本章小结

本章从草地生态系统分类管理的角度出发，构建基于能值的草地生态系统服务核算方法体系，并基于能值改进草地生态系统分类管理指数，有效识别草地生态系统分类管理部门。本章以中国为例，核算其 2000～2015 年各类草地生态系统服务，揭示中国草地生态系统分类管理的空间布局及紧急保护程度，研究结果对揭示草地生态系统变化机制、识别草地生态系统服务改善路径及优化草地生态系统分类管理具有重要意义。本章的主要结论如下。

（1）中国草地生态系统服务总值整体上呈现出西部地区尤其是西南部省（自治区、直辖市）草地生态系统服务明显大于中东部省（自治区、直辖市），其中，2000 年和 2015 年西藏和云南草地生态系统服务总值分别稳居第一位、第二位，其值分别为 4.38×10^{22} sej/a 和 4.71×10^{22} sej/a、2.70×10^{22} sej/a 和 3.02×10^{22} sej/a。草地生态系统服务低值区集中在草地面积较小的京津，东南沿海的江浙沪、海南及东北的辽宁和吉林。整体上，按照草地生态系统服务总值大小为高覆盖度草地＞中覆盖度草地＞低覆盖度草地。

（2）中国单位面积草地生态系统服务价值整体上呈现出南方地区尤其是云贵高原明显高于北方地区、黄河流域上游（青海和甘肃）为明显低值区的空间分布特征。除固持土壤外，草地生态系统各服务整体上呈现出西南部省（自治区、直辖市）明显高于中东部省

（自治区、直辖市）的特征。

（3）2000~2015年，对高覆盖度草地而言，除山东、江苏、黑龙江、内蒙古、海南和天津6个省（自治区、直辖市）有不同降幅［0.01%（天津）~33.26%（山东）］外，其余25个省（自治区、直辖市）都呈现出生态系统服务增加的趋势，增幅为0.54%（湖南）~258.16%（辽宁）。

（4）就中覆盖度草地而言，2000~2015年生态系统服务上升和下降省（自治区、直辖市）个数的比例为2∶1。下降省（自治区、直辖市）集中在东三省［辽宁（45.77%）、吉林（26.83%）、黑龙江（15.87%）］，华北平原的天津（16.76%）、山东（34.58%）和河南（10.76%），东部沿海的江苏（26.90%）和海南（10.05%）及西南的重庆（2.75%）。其余21个省（自治区、直辖市）呈现不同增幅，范围为0.35%（广东）~117.04%（安徽）。

（5）对低覆盖度草地生态系统服务而言，2000~2015年，除11个省（自治区、直辖市）（辽宁、山东、海南、江苏、河南、内蒙古、福建、重庆、浙江、河北、贵州）有所下降（降幅为0.82%~54.54%）外，其余省（自治区、直辖市）呈现出不同的增长趋势［3.08%（天津）~128.92%（吉林）］。

（6）对于中国草地分类管理，需要被划分为生态功能区的草地生态系统集中在内蒙古、华北平原及黄土高原，说明北方地区的草地生态系统保护压力大于南方地区。属于混合功能区的省（自治区、直辖市）集中在西北省（自治区、直辖市）及除云南外秦岭以南的省（自治区、直辖市）。这些省（自治区、直辖市）拥有一定的放牧承载力，但同时也面临着保持生产活动和草地保护平衡、防止草原退化的压力。西藏和云南被划分为经济功能区，主要是由于其海拔相对较高，其可再生资源的能值大于其他服务对应能值。但现实中该地区为生态保护区，不适宜进行大规模的生产活动。因此，本研究基于能值的草地分类管理指标能够识别引起承载力高的因素，即有些地区尽管承载力高但生态环境脆弱，进而识别分区的误判，对草地分类管理进行修正、调整。

第 7 章

基于"源–过程–汇"不同功能的湿地生态系统服务核算方法学构建

7.1 引言

湿地生态系统在向人类提供食物、调节气候、为各种物种提供栖息地及文化教育等服务方面发挥着关键作用（MEA，2005；Ouyang et al.，2018）。有研究表明，全球有超过一半的湿地生态系统已经消失（Langan et al.，2018）。由于人口和经济的增长，剩下湿地生态系统的 60% 也已退化或处于不可持续利用的状态（MEA，2005）。在中国，"湿地面积不低于 8 亿亩[①]"被列为 2020 年生态文明建设的主要目标之一。研究也表明，人类越来越认识到湿地生态系统服务的价值（Maltby and Acreman，2011；Ricaurte et al.，2017）。然而，湿地生态系统的复杂性和差异性使得湿地生态系统服务价值评估存在诸多挑战（Langan et al.，2018）。第一个挑战是剖析湿地生态系统的复杂性和差异性。根据系统生态学原理，可将湿地生态系统分为"源""过程""汇"三类。例如，水源地是大江大河的发源地，这类生态系统可被称为"源"型湿地生态系统，因此水质是评估其生态系统服务时首先需要考虑的（Liu et al.，2008）。河流是水"源"和水"汇"的连接器，因此可被称为"过程"型湿地生态系统，其重要的服务在于物质运移。湖泊可以看作汇水区，因此被称为"汇"型湿地生态系统。此类生态系统有时为封闭且无进出水口状态或者有水流流出（Gao et al.，2018），因此在评估其生态系统服务时应该考虑水体是否处于富营养化状态。第二个挑战是湿地生态系统服务形成机制的不确定性。例如，部分研究采用其他研究的生态系统服务分类体系（如《千年生态系统评估报告》），但并未严格剖析湿地生态系统服务形成机制及其与服务之间的关联性。第三个挑战是存在着湿地生态系统功能重复计算的问题，简单地将算出的服务价值直接累加就会造成潜在的重复计算的问题。

因此，本章研究的目的在于开发一种适用于湿地生态系统服务评估的方法体系，该方法能够实现以下研究目的：①揭示湿地生态系统的复杂性和差异性；②厘清湿地生态系统服务的形成机制；③构建统一度量的湿地生态系统服务核算方法。

[①] 1 亩≈666.67 m²。

7.2 湿地生态系统服务分类体系

湿地生态系统服务可分为直接服务、间接服务和存在服务。直接服务是生态系统中存量和流量的变化；间接服务是存量和流量变化带来的附加影响，如生态系统的伴生产品等（Yang W et al., 2018）；存在服务是全球性服务在局地的分摊及基于人类偏好的文化教育、休闲娱乐服务。表 7-1 列出了本研究具体的湿地生态系统服务类型及其相对应的"源""过程""汇"生态系统类型（图 7-1）和 MEA（2005）中对应的供给服务、调节服务、支持服务和文化服务。

表 7-1 湿地生态系统服务分类体系及其重要度

湿地生态系统服务类型		"源" 沼泽地	"过程" 河流	"汇" 湖泊、沼泽地、水库坑塘	MEA，2005
直接服务	（A1）NPP	●●●	●	●●●	供给服务
	（A2）固碳释氧	●●●	●	●●●	调节服务
	（A3）增加底泥中有机质	●●		●●●	调节服务
	（A4）补给地下水	●		●	调节服务
间接服务	（B1）净化水质		●●●	●●	调节服务
	（B2）净化空气	●	●	●	调节服务
	（B3）营养物质运移	●	●●●		调节服务
	（B4）水电潜力 a		●●●		供给服务
	（B5）调节局地温湿度	●●●	●●●	●●●	调节服务
存在服务	（C1）调节气候 a	●●●	●●●	●●●	调节服务
	（C2）生物多样性	●●●	●	●●●	支持服务
	（C3）文化教育及休闲娱乐服务	●●●	●●●	●●●	文化服务

注："●●●""●●""●"表示生态系统服务重要性等级分别为高、中、低。
空格表示湿地生态系统无左边相应的服务。
水电潜力 a 表示水力发电潜力的自然贡献部分，如降水和高程差，不包括人工投入部分。
a. 表示湿地生态系统单位面积固碳量的均值，因此所有湿地生态系统此项服务的重要等级都为"●●●"。

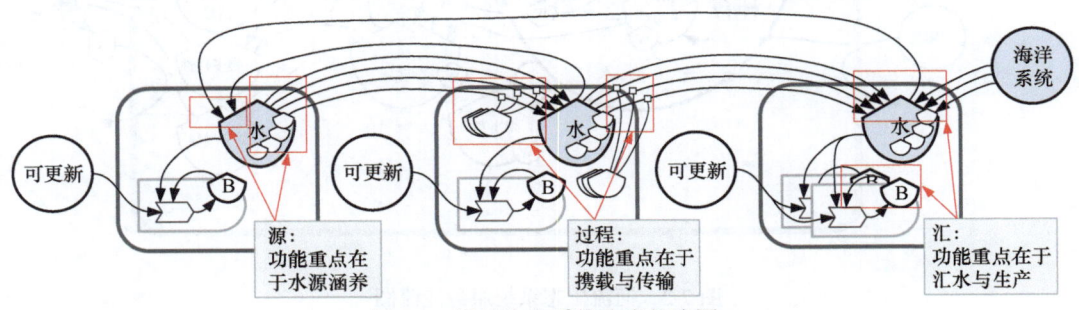

图 7-1 湿地生态系统分类能流图
B：生物量

江河发源地属于"源"型湿地生态系统，如中国的三江源为亚洲三大河流（黄河、长江和澜沧江）的发源地（Liu et al.，2017），因此核算其湿地生态系统服务时，水质及水源保护是最为重要的（Liu et al.，2008）。又因其为重要的生物栖息地，其生物多样性的重要性也很高，因此在表 7-1 中用"●●●"表示此类生态系统 NPP、固碳释氧、生物多样性服务的重要性等级。对于典型的"过程"型湿地生态系统，其流动性属性导致其在净化水质、水电潜力（自然贡献部分，不包括人工投入部分，本研究的水电潜力都只包括自然贡献部分）和营养物质运移服务的重要性（Liu et al.，2011）。对于"汇"型湿地生态系统，湖泊和水库坑塘是河流的汇，具有有机物沉积的重要功能。沼泽地不仅是汇水区，也有丰富的树木、灌木林和草地，因此 NPP、固碳释氧和生物多样性服务尤为重要（Keddy，2010），因此沼泽地这三类服务的重要性等级为"●●●"。Reynaud 和 Lanzanova（2017）的研究甚至表明文化教育服务是湖泊生态系统的重要服务，这是基于能值分析方法评估生态系统携带的信息来评估其文化教育服务的原因，其中信息在能量系统中处于较高的层级。因此，本研究使用"●●●"表示所有湿地生态系统的文化教育及休闲娱乐服务的重要性。

7.3　湿地生态系统服务能流图

图 7-2 以河流生态系统为例展示了湿地生态系统服务能流图。图 7-2 显示太阳光驱动的光合作用将大气中的碳固定到植物中，并产生 NPP。碳通过生物（主要是植物）的死亡迁移到水体的沉积物中。地下水的补给过程通常在渗流区内以通向地下水位的流量发生（Singh et al.，2019），地下水被地表水（湖泊和河流）的补给程度较小（Smerdon，

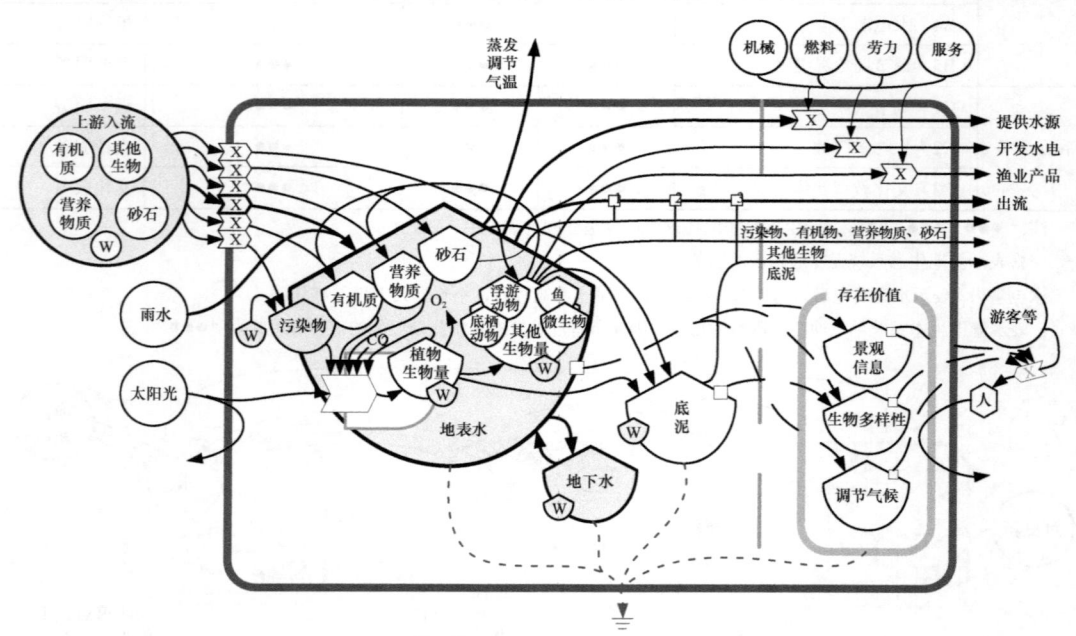

图 7-2　河流生态系统服务能流图
太阳能等可更新资源在输入时会有一部分因为反射等丧失；最下方的虚线表示能量的耗散

2017)。湿地生物通过生物富集、生物吸收和植被修复将有害物质分解为毒性较小或无毒的物质（Vijayaraghavan and Balasubramanian，2015）。河流的流动也可稀释和降解水体中的污染物。同时，由于重力作用和/或径流的流动性，河流生态系统具有运移营养物质的功能。此外，在河流势能和造山运动引起的高程差的驱动下，河流生态系统具有水力发电的潜力。由于河流生态系统的热容量高于土壤或植被，因此它可在微观和宏观两个尺度调节气候（Steeneveld et al.，2014）。河流生态系统是淡水生物的栖息地（Muneepeerakul et al.，2019），因此有着贡献生物多样性的作用。在图 7-2 的右侧，因河流生态系统作为一种景观，又可提供相关知识信息等，因此具有休闲娱乐和文化教育价值。

7.4 湿地生态系统服务产生机制与核算方法构建

部分湿地生态系统服务核算方法与前述的林地生态系统一致，为避免重复，本部分重点阐述湿地生态系统服务形成机制及其与林地生态系统服务核算方法的不同之处。有部分服务仅针对部分湿地生态系统，以下会给出说明。若未给出说明，则计算方法属于每个湿地生态系统子类。

7.4.1 直接服务

7.4.1.1 NPP

湿地生态系统 i 的 NPP 服务（Em_{NPPwi}）计算方法与林地生态系统一致，但须将林地生态系统中计算此项服务的面积换为湿地生态系统的面积。

7.4.1.2 固碳释氧

尽管湿地生态系统泥炭和湖泊沉积物在全球范围内的空间分布上总量较小，但其总体上较高的碳密度及较长的碳沉积时间使其成为全球范围内非常可观的碳库（Downing and Duarte，2009）。据估计，陆地水域每年固定了陆地生态系统 1.9 Pg C，其中 10.5% 被封存于水域中的沉积物（Cole et al.，2007）。由于数据可得性，湿地生态系统此类服务核算与林地生态系统稍有不同，具体计算公式为

$$Em_{cswi} = C_{wi} \cdot S_{wi} \cdot UEV_{cswi} \tag{7-1}$$

$$UEV_{cswi} = \frac{(Em_{NPPwi})/S_{wi}}{NPP_{wi}} \tag{7-2}$$

式中，Em_{cswi} 为湿地生态系统 i 固碳释氧所需的能值，sej/a；C_{wi} 为湿地生态系统 i 的年均固碳量，g C/m²；S_{wi} 为湿地生态系统 i 的面积，m²；UEV_{cswi} 为第 i 个湿地生态系统固碳的能值转换率，sej/g；Em_{NPPwi} 为驱动第 i 个湿地生态系统 NPP 所需的可更新资源对应的能值，sej/a，其计算方法同湿地生态系统 i 的 NPP 服务所需的能值计算方法；NPP_{wi} 为第 i 个湿地生态系统的 NPP 实物量，g C/(m²·a)。

7.4.1.3 增加底泥中有机质

沉积物中的有机质是水生生物的食物和能量来源之一，也是湿地生态系统生产力养分再循环的来源之一（Froelich et al., 1979）。同时，沉积物中有机质营养的均衡对整个生态系统的物质流通至关重要（Meyers and Teranes, 2001; Westrich and Förstner, 2007）。本研究沉积物中有机质的构建服务是指在没有富营养化的湿地生态系统中沉积物中有机物的积累，当湿地生态系统处于富营养化状态时，此项服务不计算在总服务中。

植被的颗粒状碎屑物是湖泊有机沉积物的主要来源（Lerman et al., 1995），几乎所有的有机物都来源于植物，只有不到10%的有机物来自动物（Meyers and Ishiwatari, 1995）。增加底泥中有机质的具体计算方法如下：

$$\text{Em}_{\text{SB}wi} = \text{OM}_{wi} \times k_{w1} \times k_{3i} \times k_4 \times S_{wi} \times \text{UEV}_{\text{OM}wi} \tag{7-3}$$

$$\text{OM}_{wi} = k_{5i} \times \text{NPP}_{wi} \tag{7-4}$$

式中，$\text{Em}_{\text{SB}wi}$ 为湿地生态系统 i 的有机质沉积所需的能值，sej/a；OM_{wi} 为第 i 个湿地生态系统有机质沉积量，g C/(m²·a)；k_{w1} 为湿地生态系统植物吸收有机质比例，取值为 0.78（Mitsch and Gosselink, 1993）；k_{3i} 为第 i 个湿地生态系统中 g 转化为 kcal 的系数；k_4 为 kcal 转化为 J 的系数，取值为 4186；S_{wi} 为第 i 个湿地生态系统的面积，m²；$\text{UEV}_{\text{OM}wi}$ 为第 i 个湿地生态系统中沉积有机质的能值转换率，sej/J；k_{5i} 为沉积有机质占第 i 个湿地生态系统 NPP 的比例，取值为 30.37%（Gale and Reddy, 1994）；NPP_{wi} 为第 i 个湿地生态系统的 NPP 实物量，g C/(m²·a)。

7.4.1.4 补给地下水

地表水在补给地下水方面发挥着特殊的作用（Silveira and Usunoff, 2009）。湿地生态系统补给地下水服务计算方法同林地生态系统，但须将式（5-16）中的生态系统年均降水量 P_i、生态系统面积 S'_{fi} 及降水入渗补给系数 k_i 换为湿地生态系统相对应的数据。

7.4.2 间接服务

7.4.2.1 净化水质

湿地生态系统具有通过多种过程去除水中污染物的能力（Ostroumov, 2004），包括稀释、沉淀、吸收、漂浮、化学和生物反应等（González et al., 2014）。但当污染物浓度超过水体自净能力时，该自净能力将不能继续发挥作用（González et al., 2014; Yang et al., 2009）。

因此，利用湿地生态系统的自净能力来评估其净化水质服务。类似于林地生态系统的净化污染物服务，该项服务利用因净化水质污染物带来的人体健康和生态系统质量损害的减少来核算。考虑数据的可得性，本研究考虑的水质污染物为水体中的重金属，主要包括铬（Cr）、镍（Ni）、铜（Cu）、锰（Mn）、锌（Zn）、镉（Cd）和铅（Pb）。

(1) 人体健康损失减少量：

$$\mathrm{Em}_{\mathrm{HH}wi} = \sum_{j=1}^{n}\{[M_{wij} \times 0.001 \times \mathrm{NPP}_{wi} \times S_{wi} \times \mathrm{DALY}_{wj} \times (1 \times 10^{-6}) \times \tau] / T_{wj}\} \quad (7\text{-}5)$$

式中，$\mathrm{Em}_{\mathrm{HH}wi}$ 为第 i 个湿地生态系统减少人体伤害所需的能值，sej/a；M_{wij} 为第 i 个湿地生态系统净化第 j 种水体污染物的能力，mg/kg；0.001 为 kg 转化为 g 的系数；NPP_{wi} 为第 i 个湿地生态系统的 NPP 实物量，g C/(m²·a)；S_{wi} 为第 i 个湿地生态系统面积，m²；DALY_{wj} 为第 j 类水体污染物引起的人体失能生命调整年，(人·a)/kg；1×10^{-6} 为 mg 转化为 kg 的系数；τ 为区域人均卫生总费用对应的能值，sej；T_{wj} 为第 j 类水体污染物的周转时间，年，取值为 1000 年。

(2) 生态系统质量失减少量：

$$\mathrm{Em}_{\mathrm{EQ}wi} = \sum (M_{wij} \times 0.001 \times \mathrm{NPP}_{wi} \times (1 \times 10^{-6}) \times \mathrm{PDF}_{wj} \times \mathrm{Em}_{\mathrm{sp}wi}) / T_{wj} \quad (7\text{-}6)$$

式中，$\mathrm{Em}_{\mathrm{EQ}wi}$ 为湿地生态系统 i 减少生态系统损失所需的能值，sej/a；M_{wij} 为第 i 个湿地生态系统净化第 j 类水体污染物的能力，mg/kg；0.001 为 kg 转化为 g 的系数；NPP_{wi} 为第 i 个湿地生态系统的 NPP 实物量，g C/(m²·a)；1×10^{-6} 为 mg 转化为 kg 的系数；PDF_{wj} 为第 j 类水体污染物引起的潜在物种灭绝比例，(PDF·m²·a)/kg；$\mathrm{Em}_{\mathrm{sp}wi}$ 为第 i 个湿地生态系统维持当地物种所需能值，等于当地的可更新资源对应的能值，即由 NPP 服务计算得到；T_{wj} 为第 j 类水体污染物的周转时间，年，取值为 1000 年。

湿地生态系统 i 净化水质服务所需的能值（$\mathrm{Em}_{\mathrm{WP}wi}$）计算方法如下：

$$\mathrm{Em}_{\mathrm{WP}wi} = \mathrm{Em}_{\mathrm{HH}wi} + \mathrm{Em}_{\mathrm{EQ}wi} \quad (7\text{-}7)$$

7.4.2.2 净化空气

湿地生态系统具有净化空气的服务（湿地生态系统净化空气服务所需的能值为 $\mathrm{Em}_{\mathrm{AP}wi}$），尤其是沼泽生态系统，因为其植被数量相对于其他湿地生态系统要多（Cherry，2011）。湿地生态系统净化空气计算方法与其净化水质计算方法类似，但须将式（7-5）和式（7-6）中的净化水质污染物能力 M_{wij}、水体污染物引起的失能生命调整年 DALY_{wj} 和潜在物种灭绝比例 PDF_{wj} 换为大气污染物相对应的参数。

7.4.2.3 营养物质运移

物质运移是指固体颗粒的运动，通常是由于重力对物质或对其中包含物质的流体的作用而产生的（Czuba，2018）。营养物质运移在为河流中的鱼类及其他生物提供栖息地方面具有重要意义（Valero et al.，2017）。在本研究中，该服务仅针对河流生态系统而言，运输的物质包括营养物质、有机质和沉积物等。因径流势能驱动了河流生态系统物质运移，则其计算方法和 NPP 服务中的河流势能一致，具体如下：

$$\mathrm{Em}_{\mathrm{MT}} = S_r \times R_r \times \rho \times k_r \times h_r \times g \times \mathrm{UEV}_{\mathrm{rgeo}} \quad (7\text{-}8)$$

式中，$\mathrm{Em}_{\mathrm{MT}}$ 为河流生态系统运移物质所需的能值，sej/a；S_r 为河流生态系统面积，m²；R_r 为河流生态系统年均降水量，m；ρ 为水的密度，kg/m³；k_r 为径流系数，取值为 25%；h_r 为河流生态系统所在地区高程差，m；g 为重力加速度，取值为 9.8 m/s²；$\mathrm{UEV}_{\mathrm{rgeo}}$ 为河流势能的能值转换率，sej/J。

7.4.2.4 水电潜力

此服务仅针对河流生态系统而言。大坝集水区的水资源在高程差引起的势能作用下下降，带动与发电机相连的涡轮机以产生水力发电（Xu et al.，2018）。水电是可再生资源利用最广泛的形式，几乎没有温室气体排放（Solarin et al.，2019）。从生态系统贡献者视角分析，水力发电是降水的汇聚和高程差共同作用的结果，因此它受降水量和造山运动的驱动，具体计算方法如下。

$$Em_{HG} = Em_r + Em_{mb} \tag{7-9}$$

$$Em_r = \sum_{i=1}^{n}(S_{dci} \times R_{di} \times \rho \times 1000 \times UEV_r) \tag{7-10}$$

$$Em_{mb} = \sum_{i=1}^{n}(S_{dci} \times r_{di} \times (1\times 10^6) \times \rho_m \times UEV_m) \tag{7-11}$$

式中，Em_{HG} 为河流生态系统水电潜力（自然贡献）所需的能值，sej/a；Em_r 为河流生态系统中降水量对水电潜力的贡献，sej/a；Em_{mb} 为河流生态系统中造山运动对水电潜力的贡献，sej/a；S_{dci} 为河流生态系统第 i 个大坝的集水面积，m^2；R_{di} 为河流生态系统中第 i 个大坝所在区的年均降水量，m；ρ 为水的密度，kg/m^3；UEV_r 为雨水的能值转换率，sej/g；r_{di} 为第 i 个大坝所在区的年均侵蚀率，m；1×10^6 为 m^3 转化为 cm^3 的系数，即 $1\ m^3=1\times 10^6\ cm^3$；$\rho_m$ 为山体的密度，g/cm^3；UEM_m 为山的能值转换率，sej/g。

7.4.2.5 调节局地温湿度

由于水的热容量大于不透水面、岩石、土壤及植被的热容量（Steeneveld et al.，2014），其在白天蒸发量增加，带来明显的降温增湿作用，可形成独特的局地小气候（Bai et al.，2013；Carrington et al.，2001）。湿地生态系统调节局地温湿度计算方法与林地生态系统一致，但须将式（5-23）中的生态系统蒸散发量 ET_i 及生态系统面积 S'_{fi} 换为湿地生态系统相对应的数据。

7.4.3 存在服务

湿地生态系统 i 调节气候服务（Em_{CRwi}）计算方法与林地生态系统类似，但须将式（5-24）~式（5-26）中全球生态系统单位面积固碳量 C_{ij}、生态系统面积 S'_{fi}、区域人均卫生总费用对应的能值 τ_H 和维持生态系统的物种所需的能值 Em_{spfi} 换为湿地生态系统相对应的数据。

7.4.4 加和原则

对于河流生态系统，径流势能是 NPP 服务的投入之一，也驱动营养物质运移，所以本研究中一个地区总的湿地生态系统服务不将营养物质运移计算在内。同时，水电潜力（n）的自然贡献部分由径流势能驱动，假设给定区域中水电站到河流起点的距离与河流总

长度之比为 x，则存在三种情况：水电站位于①河段的起点（$x=0$）；②河段的终点（$x=1$）；③起点和终点之间的位置（$0<x<1$）。对于 NPP 服务，还存在着两种情况：①径流势能为最大的可更新资源；②雨水化学能、风能等其他形式的可更新资源最大。如果是情况①，则水电站位置的三种情况都应该考虑，具体的湿地生态系统 i 的总服务（Em_{wi}）计算公式如下。

情况①和水电站位置①组合情况下：

$$Em_{wi} = \sum[\max(Em_{NPPwi}, Em_{CSwi}, Em_{SBwi}, Em_{GRwi}, Em_{MRwi}), Em_{WPwi}, Em_{APwi}, Em_{HGwi}, Em_{CRwi}] \quad (7\text{-}12)$$

情况①和水电站位置②组合情况下：

$$Em_{wi} = \sum[(1-x) \times \max(Em_{NPPwi}, Em_{CSwi}, Em_{SBwi}, Em_{GRwi}, Em_{MRwi}), Em_{WPwi}, Em_{APwi}, Em_{HGwi}, Em_{CRwi}] \quad (7\text{-}13)$$

情况①和水电站位置③组合情况下：

$$Em_{wi} = \sum[\max(\max(Em_{NPPwi}, Em_{CSwi}, Em_{SBwi}, Em_{GRwi}, Em_{MRwi}), Em_{HGwi}), Em_{WPwi}, Em_{APwi}, Em_{CRwi}] \quad (7\text{-}14)$$

情况②：

$$Em_{wi} = \sum[\max(Em_{NPPwi}, Em_{CSwi}, Em_{SBwi}, Em_{GRwi}, Em_{MRwi}), Em_{WPwi}, Em_{APwi}, Em_{HGwi}, Em_{CRwi}] \quad (7\text{-}15)$$

对于其他湿地生态系统，其总生态系统服务计算公式为

$$Em_{wi} = \sum[\max(Em_{NPPwi}, Em_{CSwi}, Em_{SBwi}, Em_{GRwi}, Em_{MRwi}), Em_{WPwi}, Em_{APwi}, Em_{CRwi}] \quad (7\text{-}16)$$

7.5 2000～2015 年中国湿地生态系统服务时空变化分析

7.5.1 案例区概况

考虑数据的可得性，本研究选择中国湿地生态系统作为案例研究。尽管中国总的水资源量排名全球第六，但由于其拥有 14 亿人口，其人均水资源量仅占世界平均水平的 1/4（Gu et al., 2017）。有 16 个省（自治区、直辖市）的水资源处于严重短缺水平，且其中 6 个省（自治区、直辖市）为极度短缺水平。同时，中国水资源存在着时空分布不均衡的特征（Yang et al., 2015）。北方地区人口占中国总人口的 47%，但仅有全国 19% 的水资源可用。中国南方地区人口占总人口的 53%，却有着全国 81% 的水资源（Barnett et al., 2015；Gu et al., 2017）。图 7-3 显示了 2015 年中国湿地生态系统面积。由图 7-3 可知，内蒙古湿地生态系统面积最大，为 5.67×10^{10} m²，其次为黑龙江（4.62×10^{10} m²）、青海（3.27×10^{10} m²）和西藏（3.22×10^{10} m²）。而北京湿地生态系统面积最小，为 2.74×10^8 m²，其次为上海（2.97×10^8 m²）和宁夏（6.34×10^8 m²）。由图 7-3 还可以进一步发现，东北及北方的内蒙古和甘肃湿地生态系统中沼泽地面积比例最大，西部省（自治区、直辖市）如新疆、西藏、

青海及长江流域中下游的江西、安徽和江苏则以湖泊生态系统面积较大，华北地区及南方省（自治区、直辖市）则主要以水库坑塘或河流生态系统面积较大。本研究数据不包括香港、澳门和台湾。

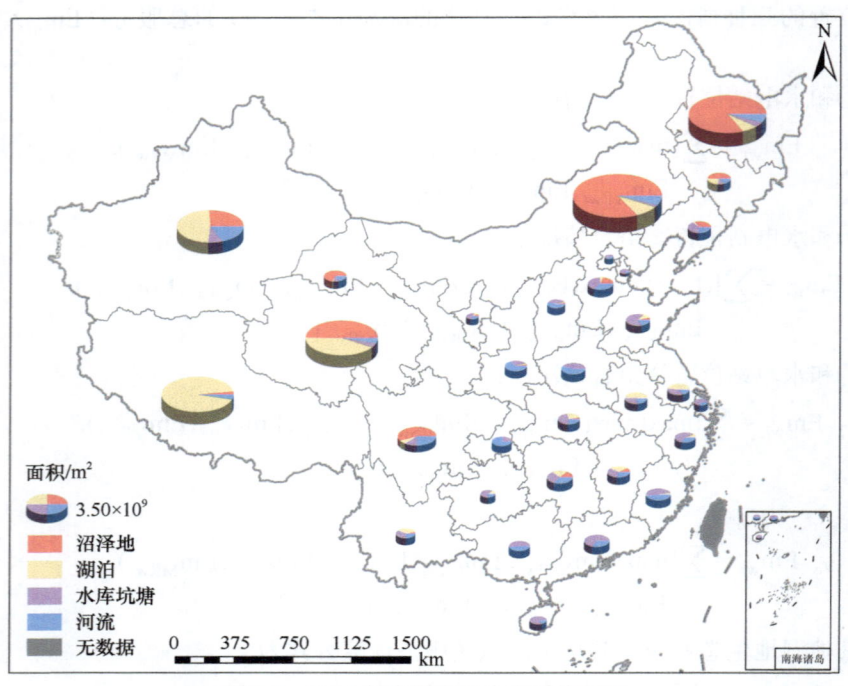

图 7-3　2015 年中国湿地生态系统面积

资料来源：徐新良等，2018

7.5.2　中国湿地生态系统服务空间分布特征

由图 7-4 可知，整体上中国湿地生态系统服务价值高值区集中在第一级阶梯和第二级阶梯、第二级阶梯和第三级阶梯分界线的南方省（自治区、直辖市），如四川、广西、湖北、甘肃、湖南、云南等省（自治区、直辖市），其服务大小呈现出省际阶梯式分布。具体地，四川 2000 年和 2015 年都稳居第一名，湿地生态系统服务价值分别为 1.37×10^{23} sej/a 和 1.47×10^{23} sej/a，排名第二或第三的湖北和广西分别为 7.17×10^{22} sej/a（2000 年）、7.06×10^{22} sej/a（2015 年）和 6.09×10^{22} sej/a（2000 年）、8.44×10^{22} sej/a（2015 年）。也即，2000 年广西和湖北湿地生态系统服务价值分别占四川的 44% 和 52%，2015 年广西和湖北湿地生态系统服务价值分别占四川的 57% 和 48%。可见排名第二、第三的广西和湖北与排名第一的四川差距较大，此为第一个阶梯。类似地，排名第四至第十的省（自治区、直辖市）与排名第二、第三的省（自治区、直辖市）湿地生态系统服务价值也呈现阶梯式分布。具体地，2000 年排名第四的云南和排名第十的福建分别占排名第三广西的 48% 和 25%，而 2015 年，排名第四的甘肃和排名第十的福建分别占排名第三湖北的 45% 和 22%。排名后二十一位的省（自治区、直辖市）则属于湿地生态系统服务价值低值区梯队。上海、天津、海南和山东 2000 年和 2015 年都排在低值区的倒数四名。其中，2000 年和 2015 年湿地生态系统服务价值最小的都为上海，分别为 5.74×10^{19} sej/a 和 4.66×10^{19} sej/a。

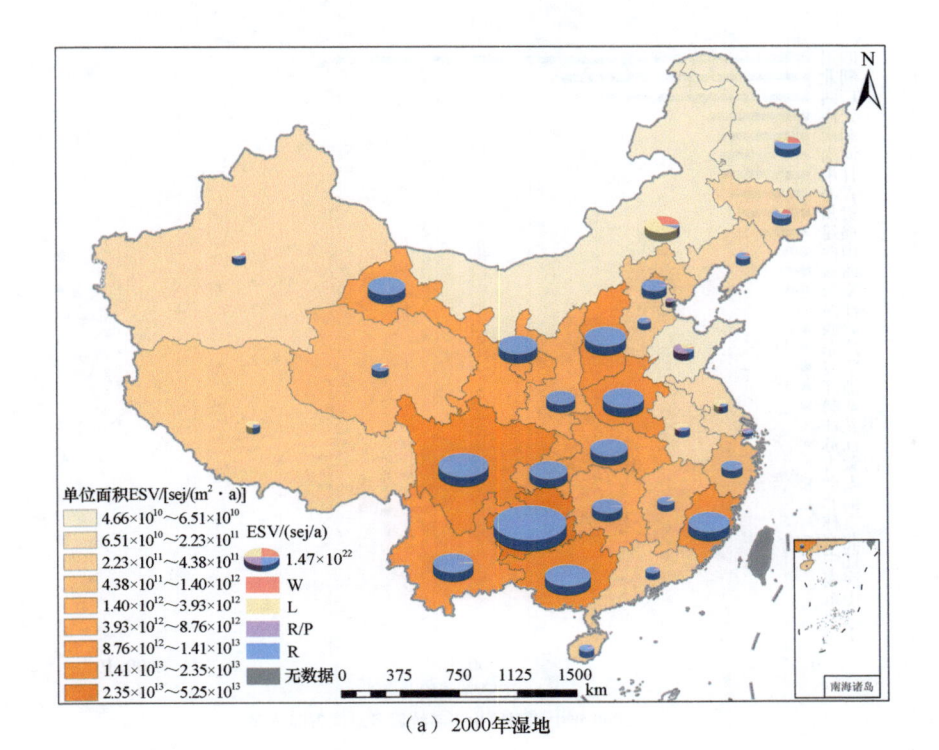

第7章 基于"源-过程-汇"不同功能的湿地生态系统服务核算方法学构建

（a）2000年湿地

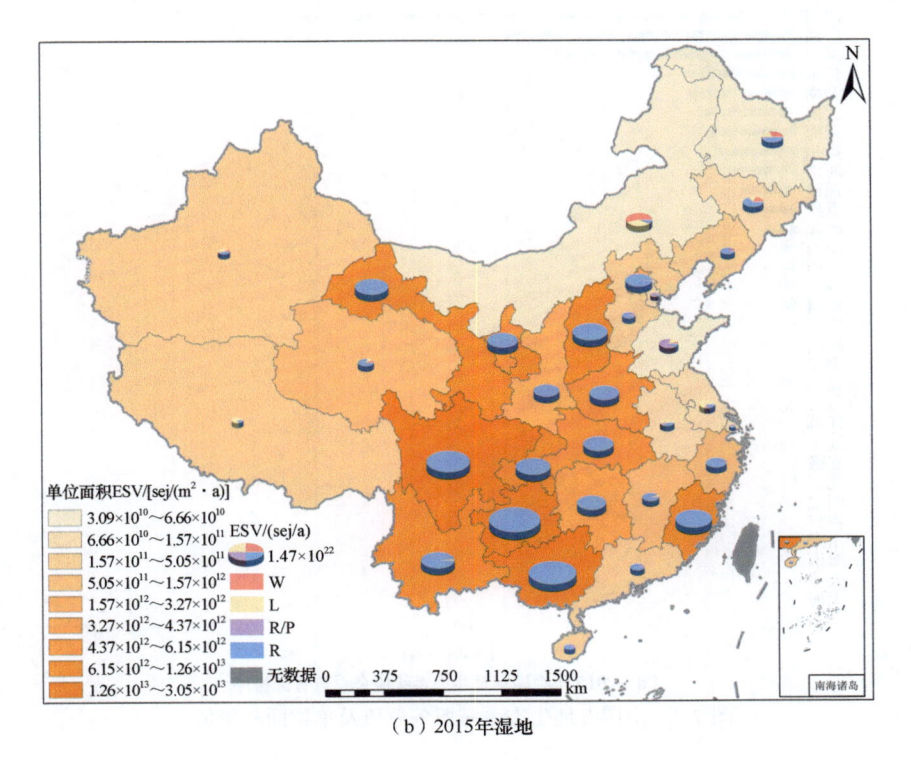

（b）2015年湿地

（c）2000 年中国湿地生态系统服务总值省际排序

（d）2015 年中国湿地生态系统服务总值省际排序

图 7-4　中国湿地生态系统服务总值及单位面积价值

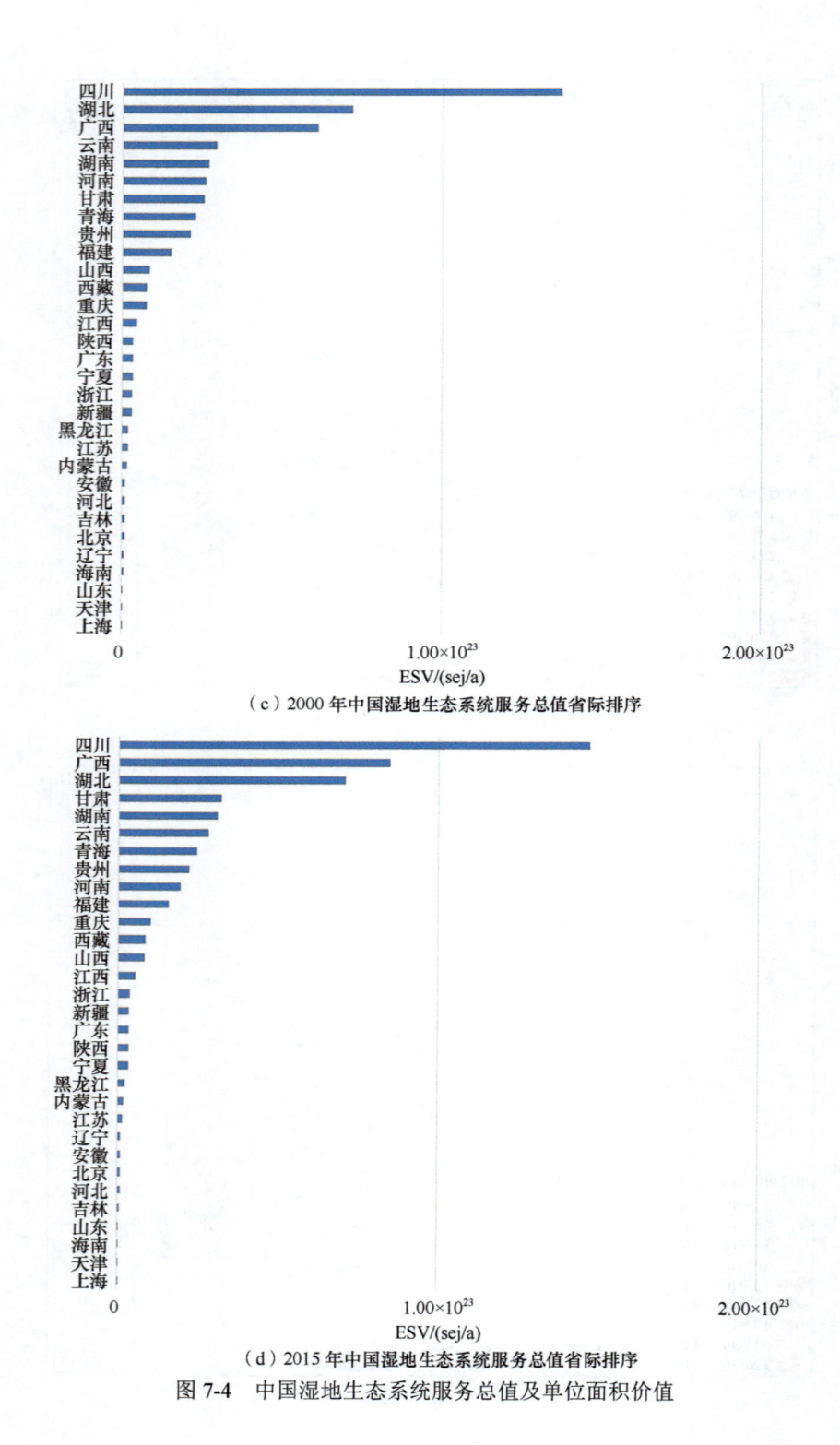

就单位面积湿地生态系统服务价值而言，2000年和2015年，高值区集中在中国地形第二级阶梯的中南部省（自治区、直辖市），而内蒙古、中国东部及西部省（自治区、直辖市）单位面积湿地生态系统服务价值相对较低，且省（自治区、直辖市）排名2000~2015年变化不大。具体地，西南部的贵州、四川、广西、浙江和山西在2000年和2015年单位面积湿地生态系统服务价值稳居前五。其中，贵州排名第一，2000年和2015年分别为5.25×10^{13} sej/(m^2·a)和3.05×10^{13} sej/(m^2·a)。2000年排名第二的四川为2.35×10^{13} sej/(m^2·a)，占当年排名第一的贵州的45%，差距较大；而2015年排名第二的广西占贵州的81%，相差较小。2000年排名前五的另外三个省（自治区、直辖市）即广西、福建和山西相差较小，排名第五的山西2000年和2015年分别占当年排名第三的广西和四川的72%和57%。单位面积湿地生态系统服务价值低值区则集中在内蒙古和东部省（自治区、直辖市），其次为西部省（自治区、直辖市）。具体地，内蒙古2000年和2015年最小，分别为4.66×10^{10} sej/(m^2·a)和3.09×10^{10} sej/(m^2·a)；其次为东部地区的排名第二至第八的黑龙江、山东、吉林、天津、江苏、安徽、上海，2000年和2015年分别为5.89×10^{10}~1.96×10^{11} sej/(m^2·a)及4.73×10^{10}~2.32×10^{11} sej/(m^2·a)；再次为西部省（自治区、直辖市）的新疆和西藏，分别为2.23×10^{11} sej/(m^2·a)（2000年）、2.72×10^{11} sej/(m^2·a)（2015年）和2.48×10^{11} sej/(m^2·a)（2000年）、2.67×10^{11} sej/(m^2·a)（2015年）。

7.5.3 中国湿地不同生态系统服务空间分布特征

图7-5反映了中国湿地不同生态系统服务的空间分布特征。由图7-5可知，对于湿地生态系统NPP服务，高值区集中在西南部省（自治区、直辖市），低值区则集中在北方的东部省（自治区、直辖市）。具体地，NPP服务最高的为云南，为3.05×10^{11} sej/(m^2·a)；其次为贵州（1.93×10^{11} sej/(m^2·a)）、西藏（1.80×10^{11} sej/(m^2·a)）、四川（1.15×10^{11} sej/(m^2·a)）、宁夏（7.60×10^{10} sej/(m^2·a)）等。可见，排名第一的云南和排名第二的贵州在NPP服务上相差较大，前者是后者的1.58倍。而低值区则集中在华北平原地区，如最小的为北京（1.15×10^{10} sej/(m^2·a)）；其次为山西（1.20×10^{10} sej/(m^2·a)）、黑龙江（1.38×10^{10} sej/(m^2·a)）、天津（1.41×10^{10} sej/(m^2·a)）、陕西（1.50×10^{10} sej/(m^2·a)）、山东（1.51×10^{10} sej/(m^2·a)）、河南（1.74×10^{10} sej/(m^2·a)）等。湿地生态系统的固碳释氧服务高值区集中在西南部省（自治区、直辖市）、东北地区和长江中下游地区等，低值区则与NPP服务类似，集中在华北平原地区。其中，高值区的西南部省（自治区、直辖市）包括四川（1.20×10^{11} sej/(m^2·a)）、西藏（8.57×10^{10} sej/(m^2·a)）、云南（5.19×10^{10} sej/(m^2·a)）、广西（4.24×10^{10} sej/(m^2·a)）等；东北地区包括吉林、辽宁和黑龙江，其固碳释氧服务依次为4.26×10^{10} sej/(m^2·a)、2.83×10^{10} sej/(m^2·a)和1.48×10^{10} sej/(m^2·a)；长江中下游地区则主要包括安徽（3.99×10^{10} sej/(m^2·a)）、湖北（1.25×10^{10} sej/(m^2·a)）、湖南（1.16×10^{10} sej/(m^2·a)）等。低值区的华北平原中天津最小，其固碳释氧服务为1.67×10^7 sej/(m^2·a)；其次为北京（1.77×10^7 sej/(m^2·a)）、山东（2.25×10^7 sej/(m^2·a)）、河北（2.57×10^7 sej/(m^2·a)）、河南（3.58×10^7 sej/(m^2·a)）等。NPP服务和固碳释氧服务整体上南方尤其是西南部省（自治区、直辖市）大于北方尤其是华北地区，可能与西南部地区雨热充足且同期，而华北地区相对干旱的气候条件相关。对于补给地下水，高值区不同于NPP和固碳释氧服务高值区。补给地下水服务高值区集中在长江中下游湿地

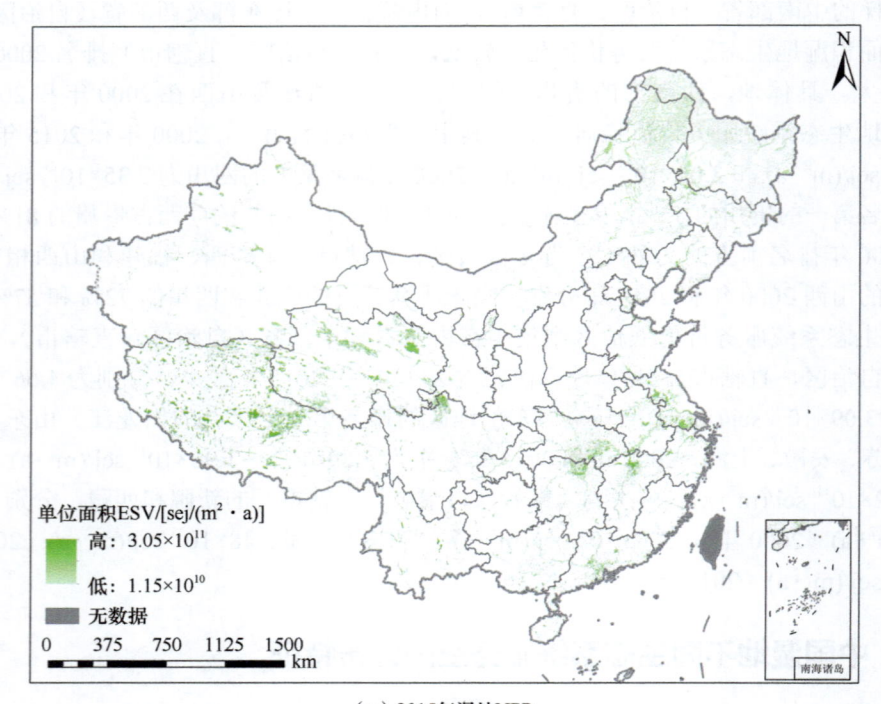

(a) 2015年湿地NPP

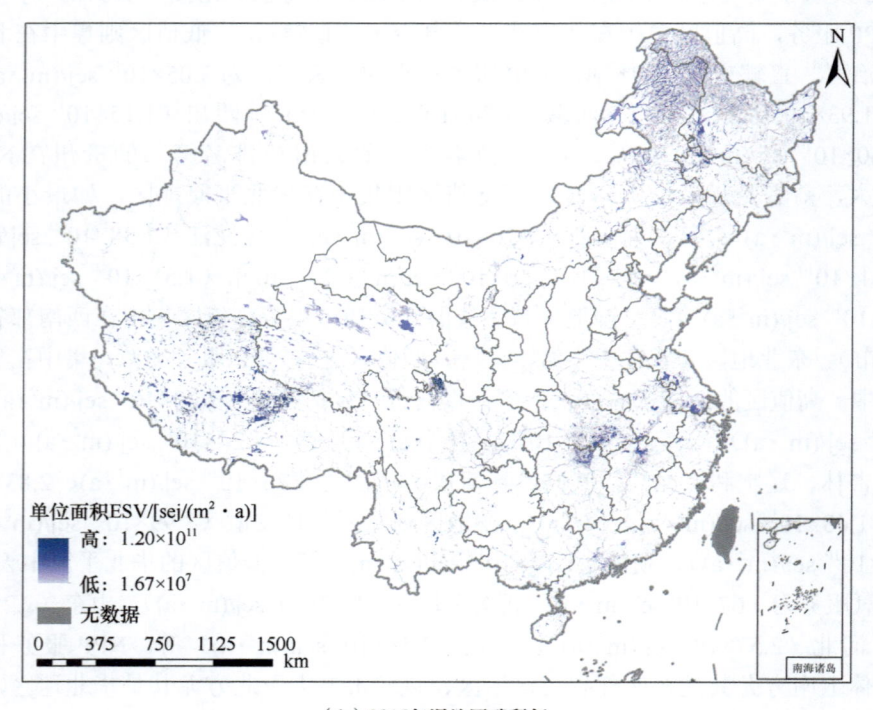

(b) 2015年湿地固碳释氧

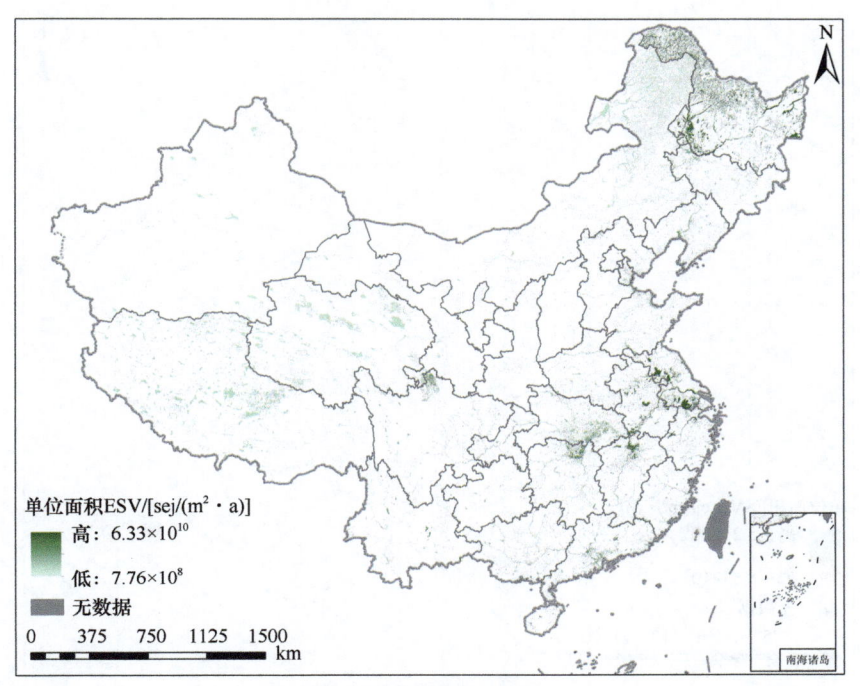

(c) 2015年湿地补给地下水

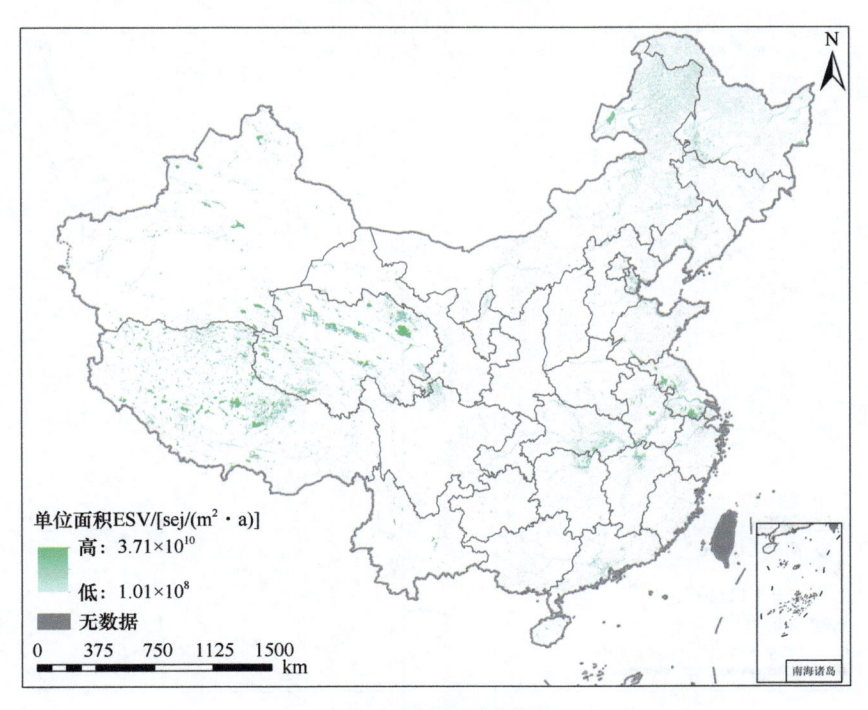

(d) 2015年湿地净化水质

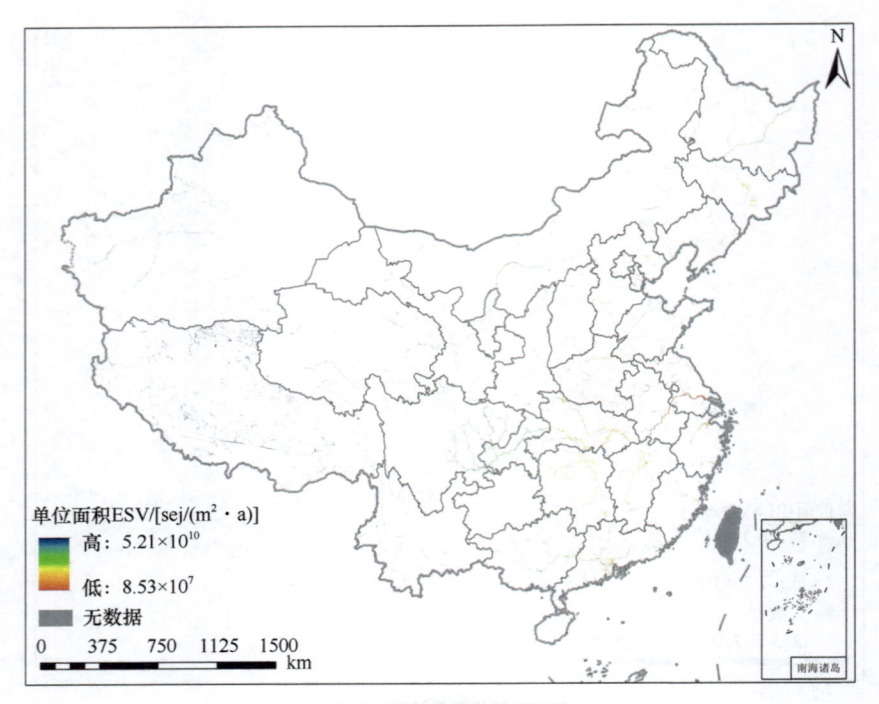

（e）2015年湿地营养物质运移

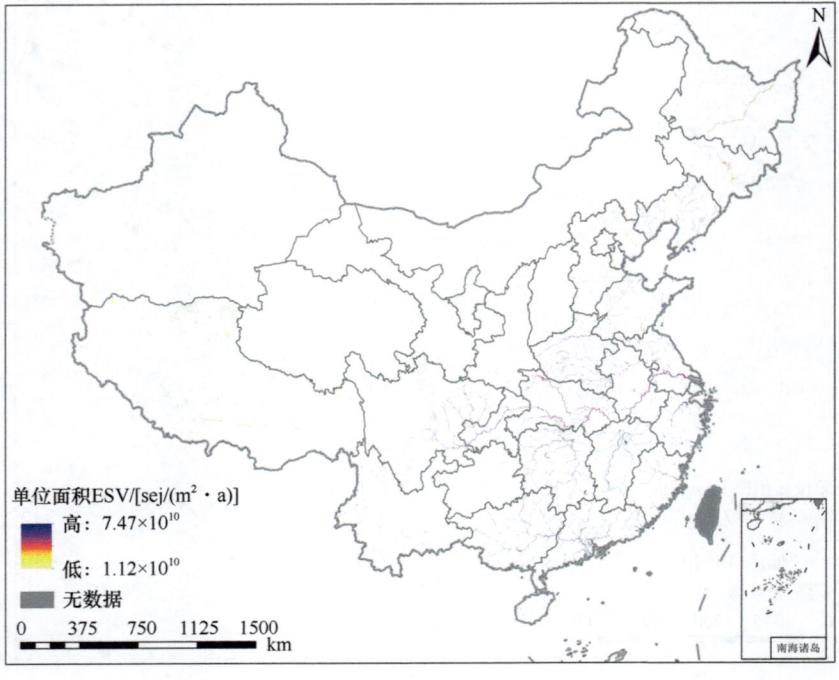

（f）2015年湿地水电潜力

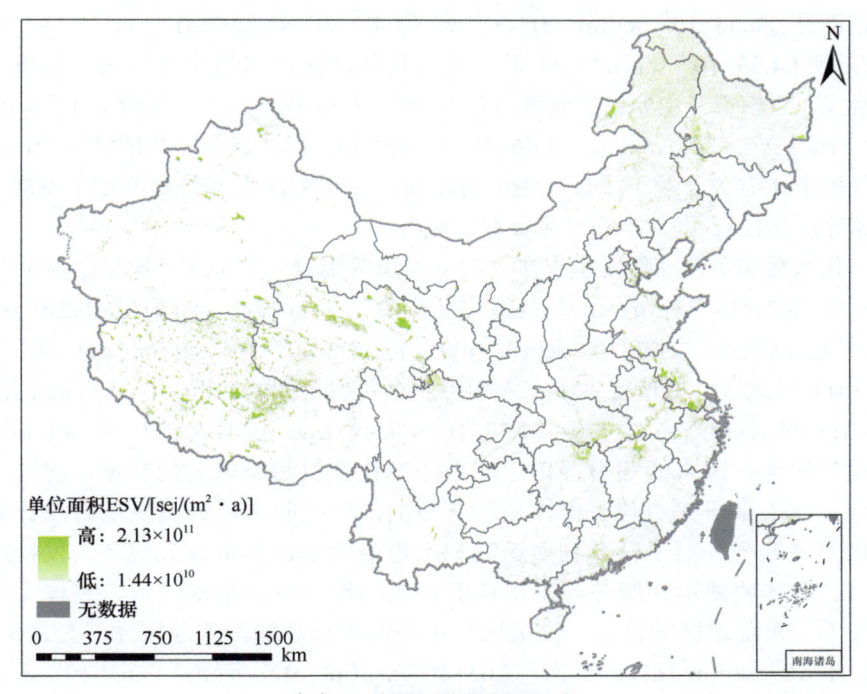

第 7 章 基于"源–过程–汇"不同功能的湿地生态系统服务核算方法学构建

(g) 2015 年湿地调节局地温湿度

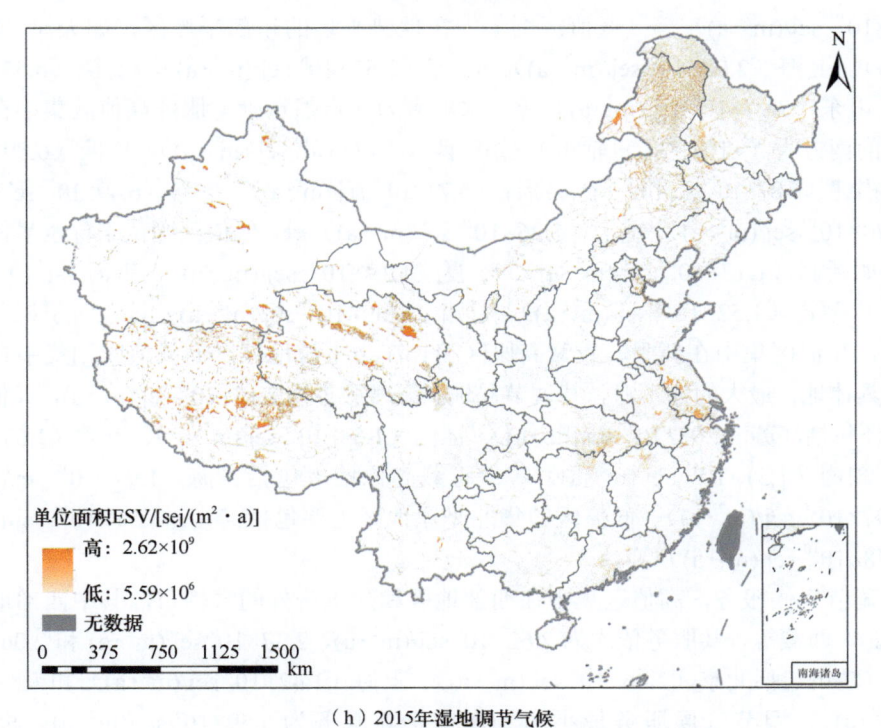

(h) 2015 年湿地调节气候

图 7-5 2015 年中国湿地生态系统各服务空间分布

生态系统，尤其是湖泊生态系统；低值区则集中在西北地区。具体地，高值区的长江中下游地区包括浙江（6.33×10^{10} sej/($m^2\cdot a$)）、上海（5.48×10^{10} sej/($m^2\cdot a$)）、江苏（4.56×10^{10} sej/($m^2\cdot a$)）、安徽（4.53×10^{10} sej/($m^2\cdot a$)）等。这与这些地区降水量丰富有关。低值区的西北部省（自治区、直辖市）主要包括新疆（7.76×10^{8} sej/($m^2\cdot a$)）、宁夏（8.61×10^{8} sej/($m^2\cdot a$)）、青海（1.22×10^{9} sej/($m^2\cdot a$)）、甘肃（1.46×10^{9} sej/($m^2\cdot a$)）等。这与这些地区地处内陆、降水量较少、气候干旱有关。对于增加底泥中有机质，由于中国大部分湖泊处于不同富营养化状态（吴锋等，2012），因此本研究未计算此服务。

对于净化水质服务，高值区集中在人均卫生总费用较高的地区（详见附录1附表A2），如西部的青海（3.71×10^{10} sej/($m^2\cdot a$)）、新疆（3.03×10^{10} sej/($m^2\cdot a$)）、西藏（2.61×10^{10} sej/($m^2\cdot a$)）和经济较发达的上海（2.60×10^{10} sej/($m^2\cdot a$)）、天津（1.02×10^{10} sej/($m^2\cdot a$)）、江苏（8.53×10^{9} sej/($m^2\cdot a$)）等地区。低值区集中在人均卫生总费用较低的地区（详见附录1附表A2），如河南（1.01×10^{8} sej/($m^2\cdot a$)）、安徽（1.37×10^{8} sej/($m^2\cdot a$)）、广西（1.91×10^{8} sej/($m^2\cdot a$)）等。对于净化空气服务，因未能获得湿地生态系统净化空气污染能力的数据，因此本研究未核算该项服务。未来研究中若获得该项服务数据，可按照本研究提供的方法计算湿地生态系统净化空气服务。对于营养物质运移和水电潜力（自然贡献）服务，仅针对河流生态系统而言。营养物质运移服务与中国西高东低的地形特征基本一致，整体上呈现出西南部地区大于中东部地区的特征。高值区集中在海拔较高的西部地区尤其是西南部地区，如西藏（5.21×10^{10} sej/($m^2\cdot a$)）、云南（4.05×10^{10} sej/($m^2\cdot a$)）、青海（3.63×10^{10} sej/($m^2\cdot a$)）、四川（2.58×10^{10} sej/($m^2\cdot a$)）、甘肃（2.09×10^{10} sej/($m^2\cdot a$)）、贵州（1.70×10^{10} sej/($m^2\cdot a$)）、新疆（1.11×10^{10} sej/($m^2\cdot a$)）等；低值区则集中在地势平坦的东部平原区，如天津（8.53×10^{7} sej/($m^2\cdot a$)）、上海（2.00×10^{8} sej/($m^2\cdot a$)）、江苏（2.53×10^{8} sej/($m^2\cdot a$)）、安徽（6.57×10^{8} sej/($m^2\cdot a$)）、山东（7.97×10^{8} sej/($m^2\cdot a$)）等。水电潜力（自然贡献）服务高值区集中在降水量相对丰富的南方省（自治区、直辖市），如江西（7.47×10^{10} sej/($m^2\cdot a$)）、广西（6.89×10^{10} sej/($m^2\cdot a$)）、福建（6.87×10^{10} sej/($m^2\cdot a$)）、浙江（6.77×10^{10} sej/($m^2\cdot a$)）、广东（6.49×10^{10} sej/($m^2\cdot a$)）、湖南（5.70×10^{10} sej/($m^2\cdot a$)）、重庆（5.26×10^{10} sej/($m^2\cdot a$)）等。低值区则位于降水量较少的西部地区，如新疆（1.12×10^{10} sej/($m^2\cdot a$)）、宁夏（1.19×10^{10} sej/($m^2\cdot a$)）、青海（1.49×10^{10} sej/($m^2\cdot a$)）、内蒙古（1.52×10^{10} sej/($m^2\cdot a$)）、甘肃（1.69×10^{10} sej/($m^2\cdot a$)）等。对于调节局地温湿度服务，高值区集中在新疆、青藏高原区和长江中下游地区，而低值区则集中在华北平原地区。具体地，最大的为上海，其调节局地温湿度服务为2.13×10^{11} sej/($m^2\cdot a$)，其他长江中下游地区还包括江苏（1.93×10^{11} sej/($m^2\cdot a$)）、江西（1.63×10^{11} sej/($m^2\cdot a$)）、安徽（1.63×10^{11} sej/($m^2\cdot a$)）、湖南（1.31×10^{11} sej/($m^2\cdot a$)）等；青藏高原地区包括青海（1.97×10^{11} sej/($m^2\cdot a$)）、西藏（1.97×10^{11} sej/($m^2\cdot a$)）。低值区的华北平原地区主要包括河南（1.51×10^{10} sej/($m^2\cdot a$)）、河北（1.58×10^{10} sej/($m^2\cdot a$)）等。

对于调节气候服务，高值区集中在西部地区和除重庆外的直辖市，其中西部地区包括青海、新疆、西藏等，其服务依次为2.62×10^{9} sej/($m^2\cdot a$)、2.37×10^{9} sej/($m^2\cdot a$) 和2.06×10^{9} sej/($m^2\cdot a$)；直辖市包括北京（2.06×10^{9} sej/($m^2\cdot a$)）、上海（1.42×10^{9} sej/($m^2\cdot a$)）和天津（1.05×10^{9} sej/($m^2\cdot a$)）。调节气候服务最小的为海南，其服务为5.59×10^{6} sej/($m^2\cdot a$)；再次为河南（2.47×10^{8} sej/($m^2\cdot a$)）、湖南（2.59×10^{8} sej/($m^2\cdot a$)）、江西（2.72×10^{8} sej/($m^2\cdot a$)）、山东

（$3.00×10^8$ sej/(m^2·a)）等。可见，排名最后的海南和其他省（自治区、直辖市）在调节气候服务上相差较远。

7.5.4 2000～2015年中国湿地生态系统服务时空变化分析

由于部分省（自治区、直辖市）湿地生态系统面积相对较小，生态系统服务变化在土地利用类型背景图上并不明显，故此部分补充了以省（自治区、直辖市）为底图的湿地生态系统服务变化图。

7.5.4.1 沼泽地生态系统

图7-6反映了2000～2015年中国沼泽地生态系统服务时空变化。由图7-6（a）可知，2000～2005年，整体上，中国沼泽地生态系统服务呈现出800 mm等降水量线以西以北的地区增加、以南以东的地区下降的特征。有研究根据中国湖泊沼泽湿地的分布特征、南北气候特征及地形地貌，将中国湖泊沼泽湿地分为六个区域：东北山地与平原地区、东部平原地区、蒙新高原地区、青藏高原地区、云贵高原地区、华南沿海地区（许凤娇等，2014）。东北山地和平原地区、蒙新高原地区、青藏高原地区、东部平原地区的北部处于沼泽地生态系统服务上升的状态，而云贵高原和华南沿海地区则处于沼泽地生态系统服务下降的趋势。增幅高值区集中在北方省（自治区、直辖市），低值区集中在东部及西部省（自治区、直辖市）。具体地，增幅最大的为宁夏，增加了50.17%，其次为与其增幅相差较大的内蒙古、四川、河北、青海和陕西，分别增加了15.66%、11.84%、11.11%、11.08%和10.79%，再次为增幅小于10%的山西（8.76%）、辽宁（8.19%）、甘肃（7.77%）、黑龙江（7.15%）、西藏（4.26%）、山东（3.96%）、新疆（1.18%）和江苏（0.63%）。降幅较大的地区集中在南方的江西、广东和海南，分别下降了38.65%、34.99%和23.75%；其次为东北的吉林、广西和河南，降幅在10%～20%，分别下降了19.27%、14.48%和13.59%。降幅小于10%的地区为安徽（9.29%）、天津（8.19%）、湖南（5.64%）、湖北（4.46%）和云南（1.80%）。

2005～2010年，中国沼泽地生态系统服务变化与2000～2005年在空间分布上大致呈相反趋势[图7-6（b）]，即大部分在2000～2005年生态系统服务上升的省（自治区、直辖市）在2005～2010年表现为下降趋势，反之亦然。具体地，在2000～2005年下降的14个省（自治区、直辖市）中有10个在2005～2010年转变为上升，分别为青海（12.02%）、内蒙古（7.26%）、甘肃（5.82%）、河北（4.76%）、四川（3.70%）、山西（3.59%）、辽宁（2.19%）、新疆（2.08%）、西藏（1.50%）和江苏（0.32%）（括号内为2005～2010年增幅）；在2000～2005年下降的11个省（自治区、直辖市）中有5个在2005～2010年为上升，具体为吉林（27.00%）、海南（18.50%）、湖南（12.24%）、广西（2.81%）和河南（1.80%）（括号内为2005～2010年降幅）。有4个省（自治区、直辖市）即山东、宁夏、黑龙江和陕西在2005～2010年保持了2000～2005年的增加趋势，分别增加了27.37%、26.00%、7.10%和4.70%；有6个省（自治区、直辖市）即江西、湖北、安徽、广东、天津和云南在2005～2010年延续了2000～2005年的下降趋势，降幅分别为41.50%、12.55%、12.00%、7.02%、3.07%和0.22%。

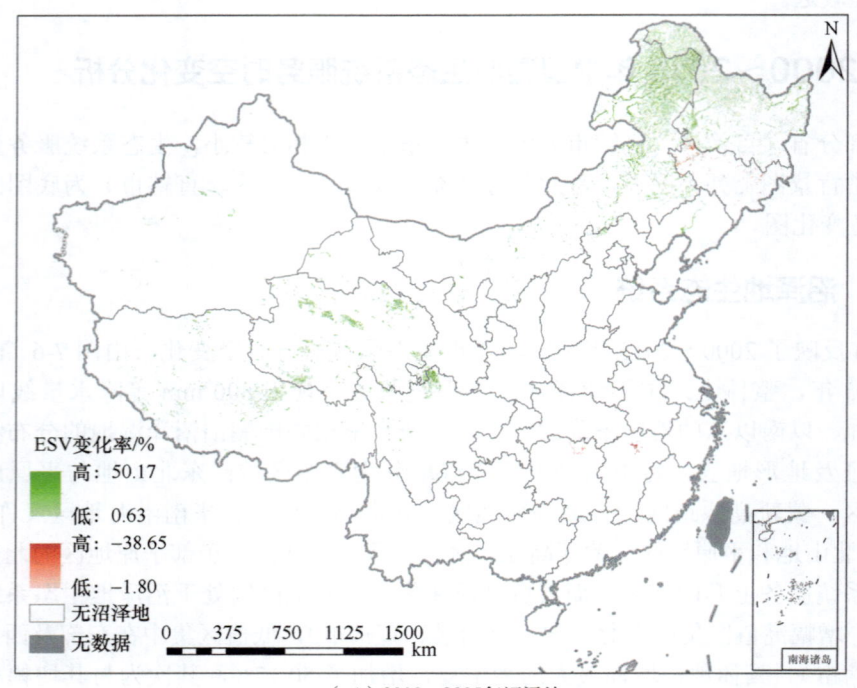

(a1) 2000~2005年沼泽地

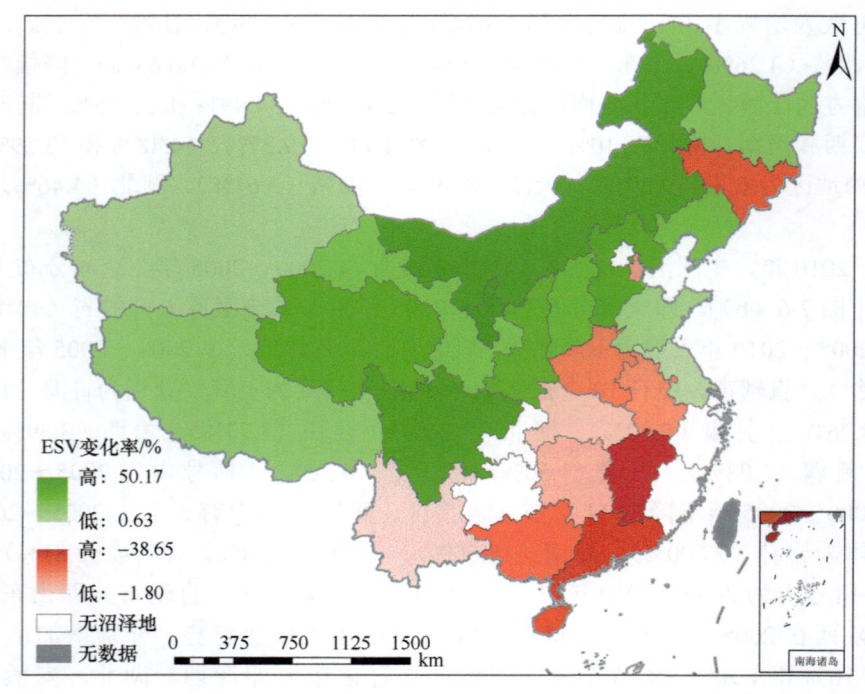

(a2) 2000~2005年沼泽地

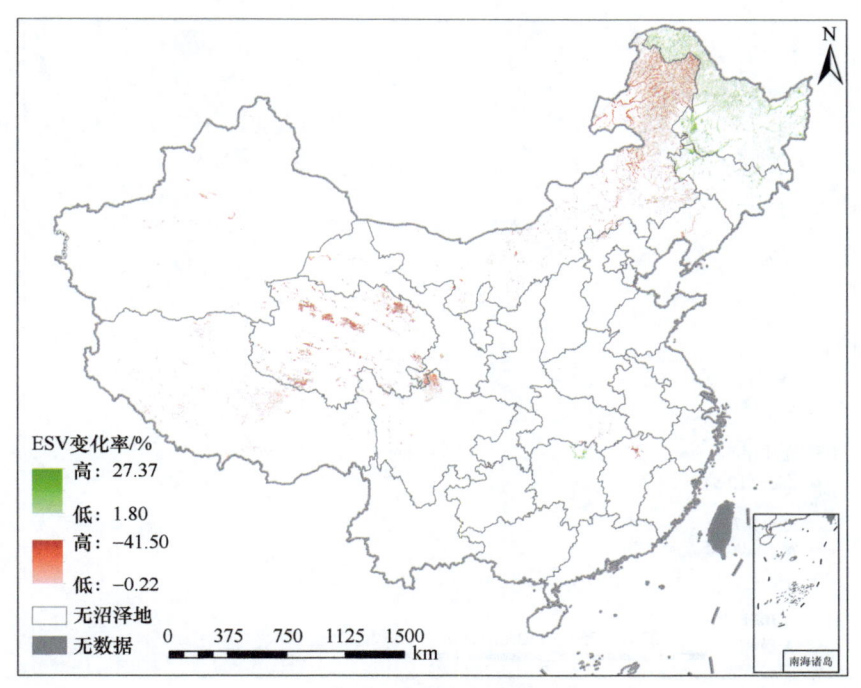

第7章 基于"源–过程–汇"不同功能的湿地生态系统服务核算方法学构建

（b1）2005～2010年沼泽地

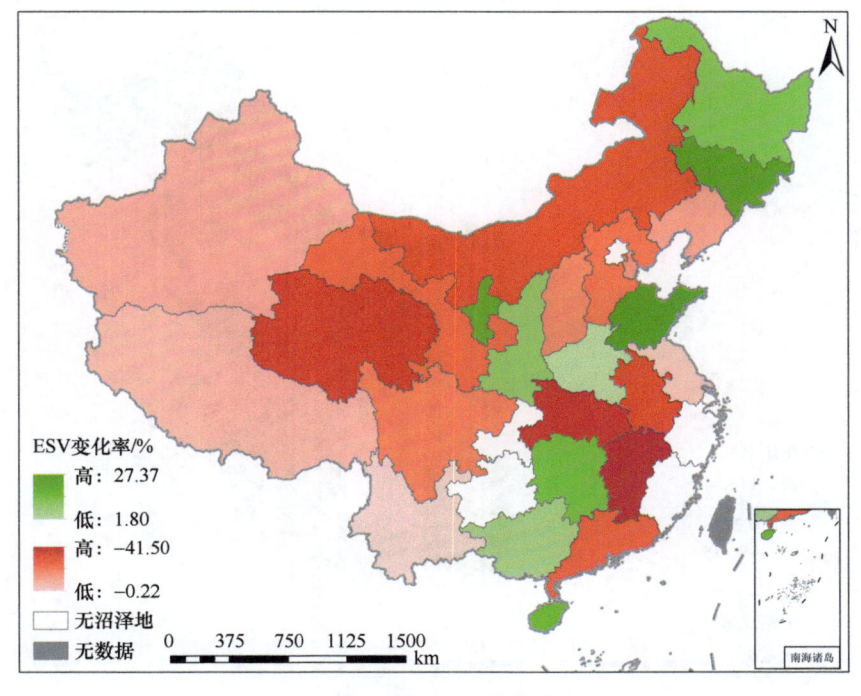

（b2）2005～2010年沼泽地

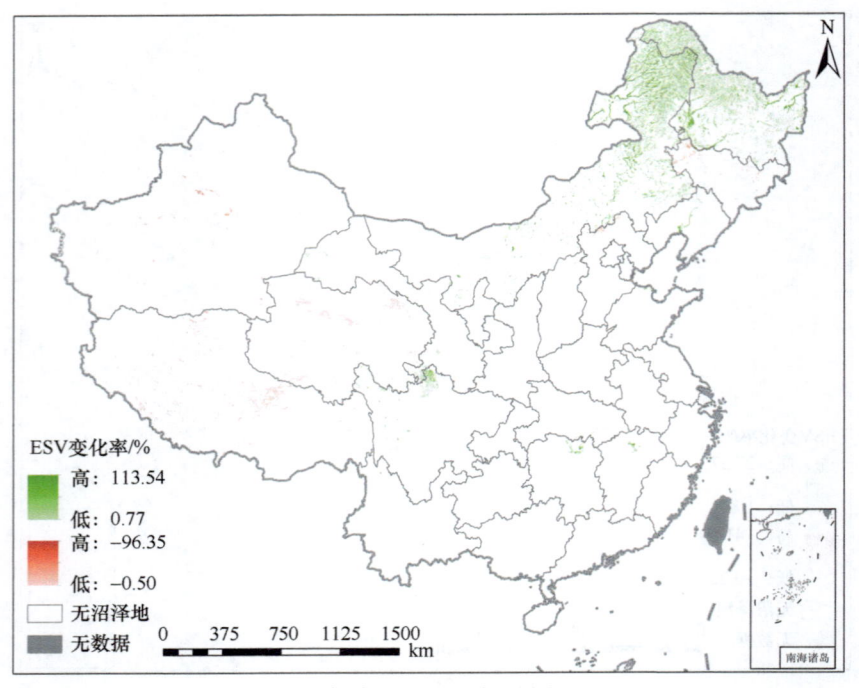

(c1) 2010～2015年沼泽地

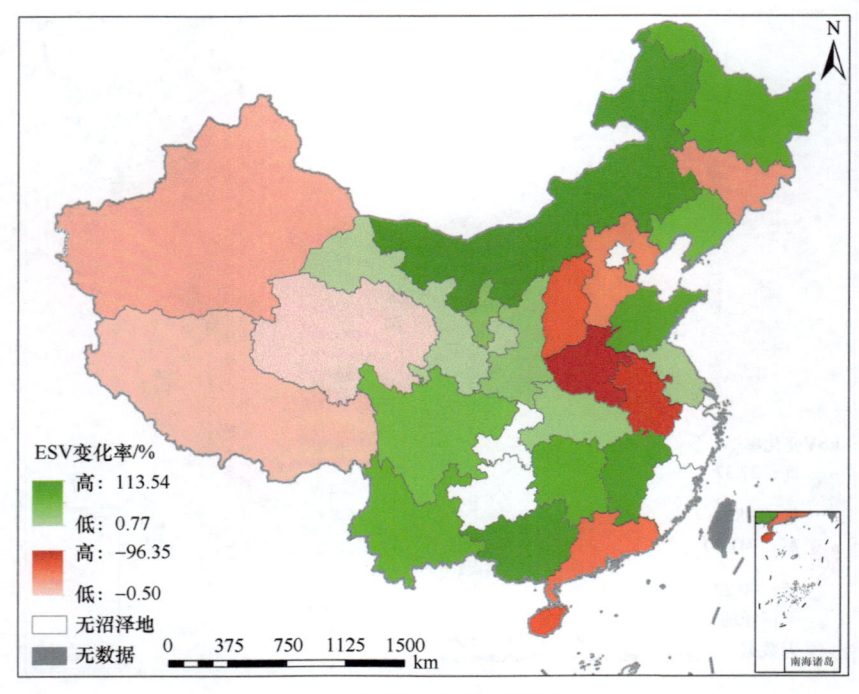

(c2) 2010～2015年沼泽地

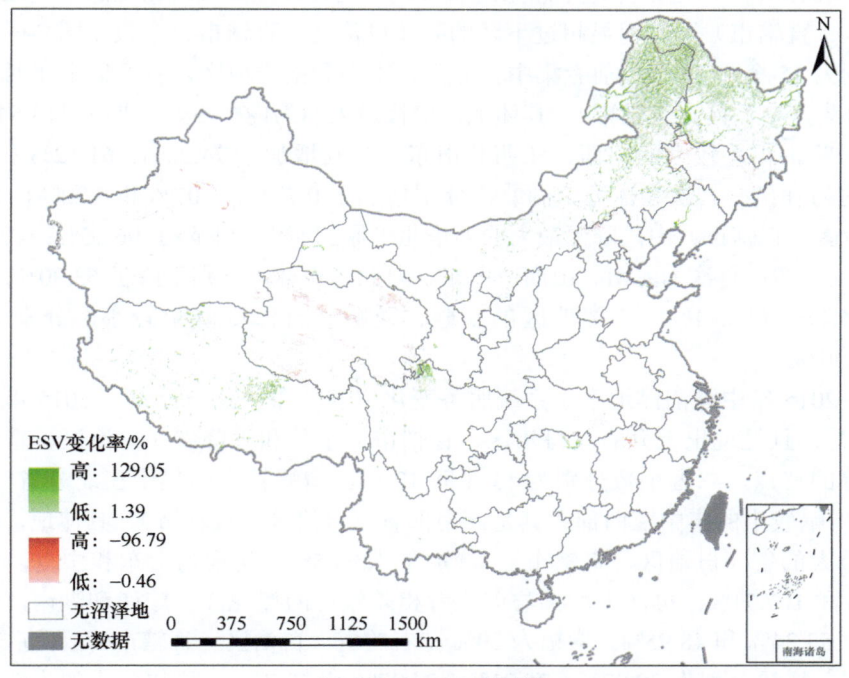

（d1）2000～2015年沼泽地

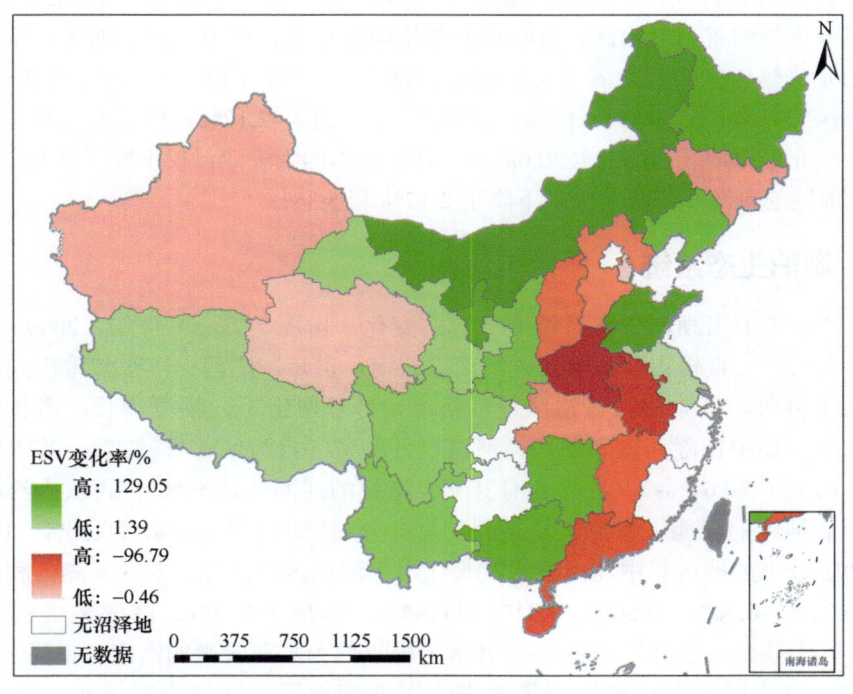

（d2）2000～2015年沼泽地

图 7-6　2000～2015 年中国沼泽地生态系统服务变化：（a）2000～2005 年；（b）2005～2010 年；（c）2010～2015 年；（d）2000～2015 年

2010～2015年，中国沼泽地生态系统服务改善明显，主要表现在生态系统服务增加的省（自治区、直辖市）个数明显超过下降的省（自治区、直辖市）个数[图7-6（c）]，二者个数分别为15个和10个，前者集中在北部、中部和南方地区，后者集中在西部和华北平原的部分省（自治区、直辖市）。具体地，增幅最大的为内蒙古，增加了113.54%，其次为增幅与内蒙古相差较大的广西、江西和山东，分别增加了74.28%、61.12%和59.10%。增幅最小的为甘肃，其次为江苏、湖北，分别增加了0.77%、1.07%和3.22%。下降的10个省（自治区、直辖市）中，降幅最大的为华北平原的河南，下降了96.35%；其次为下降了94.49%的安徽；再次为海南、山西、广东、河北和吉林，分别下降了63.90%、44.50%、25.25%、24.47%和8.41%。西部地区的新疆、西藏和青海则降幅较小，分别为4.46%、0.85%和0.50%。

2000～2015年中国沼泽地生态系统服务变化空间分布特征与2010～2015年大体一致[图7-6（d）]，且呈现出上升省（自治区、直辖市）个数和下降省（自治区、直辖市）个数大致相等的特点，二者个数分别为13个和12个。增幅较大的集中在北方省（自治区、直辖市），增幅较小的集中在西部尤其是西南部省（自治区、直辖市）。具体地，内蒙古依旧是增幅最大的省（自治区、直辖市），增加了129.05%；其次为山东和宁夏，分别增加了110.68%和107.71%；再次为增幅与前三者相差较远的黑龙江、广西和湖南，分别增加了64.65%、53.24%和48.95%。增幅为20%左右的省（自治区、直辖市），即辽宁、陕西、云南和四川，增幅分别为29.97%、26.21%、24.27%和20.73%。增幅最小的为江苏，其次为西部省（自治区、直辖市）西藏、甘肃，分别增长了1.39%、1.82%和2.28%。沼泽地生态系统服务下降的省（自治区、直辖市）则集中在华北、华中及西北地区。具体地，河南和安徽仍是降幅较大的两个省（自治区、直辖市），分别下降了96.79%和95.60%；其次为南方地区的海南（67.38%）、广东（54.82%）、江西（42.17%）和黄土高原地区的山西（41.80%）、华北平原地区的河北（20.08%）。降幅最小的为天津，仅下降了0.46%；其次为集中在西北地区的青海和新疆，分别下降了2.77%和5.35%。

7.5.4.2 湖泊生态系统

图7-7显示了中国湖泊生态系统服务时空变化。由图7-7（a）可知，2000～2005年，除7个省（自治区、直辖市）即陕西、河南、云南、贵州、广西、广东和重庆湖泊生态系统服务有所下降外，其余省（自治区、直辖市）都呈现出不同幅度增长。增长的省（自治区、直辖市）集中在除西南和陕西、河南以外的省（自治区、直辖市）。其中增幅最大的为海南，增加了80.64%；其次是约有其一半增幅的江西（41.59%）；再次为约有江西一半增幅的西北地区的新疆、青海、甘肃和宁夏，分别增加了21.81%、20.50%、19.17%和16.34%。增幅较小的地区集中在内蒙古及长江中下游地区的江苏、安徽、湖南和湖北，增幅分别为0.27%、0.30%、0.66%、0.84%和0.84%，增幅不到1%。降幅最大的省（自治区、直辖市）为陕西，下降了46.53%；其次为降幅约为陕西一半的河南，下降了23.89%。其余5个省（自治区、直辖市）则集中在中国西南地区，降幅相对较小，依次为云南（4.26%）、贵州（3.32%）、广西（2.88%）、广东（1.71%）和重庆（1.01%）。

2005～2010年，中国湖泊生态系统服务变化空间布局与2000～2005年差别较大，主要表现为湖泊生态系统服务下降省（自治区、直辖市）个数明显增多，且超过服务增加的

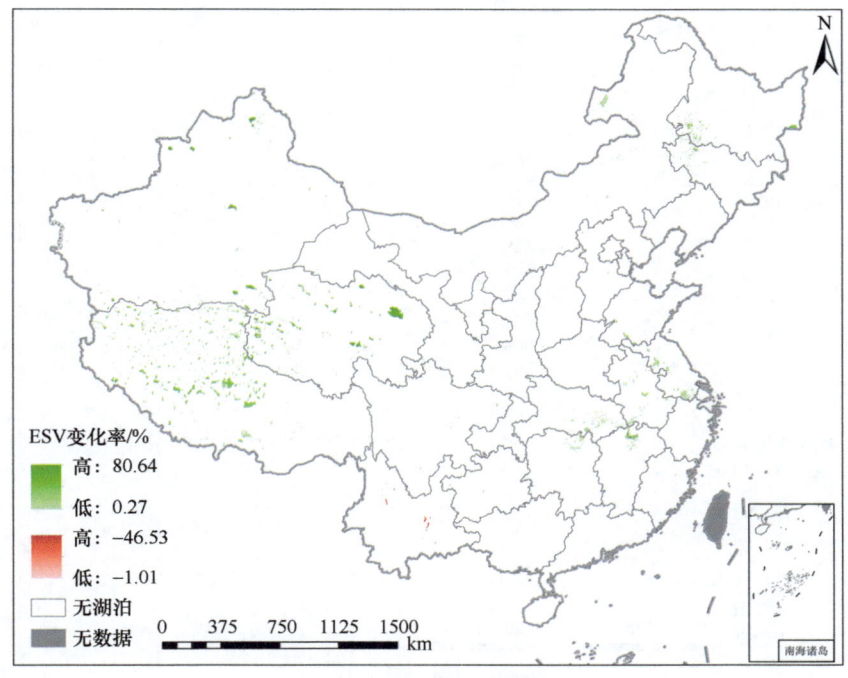

第7章 基于"源–过程–汇"不同功能的湿地生态系统服务核算方法学构建

（a1）2000~2005年湖泊

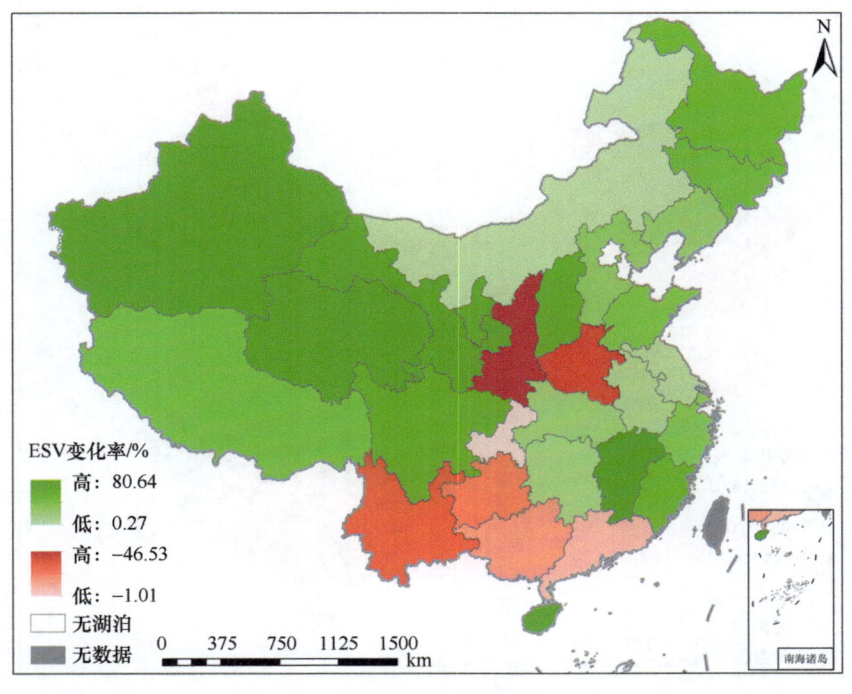

（a2）2000~2005年湖泊

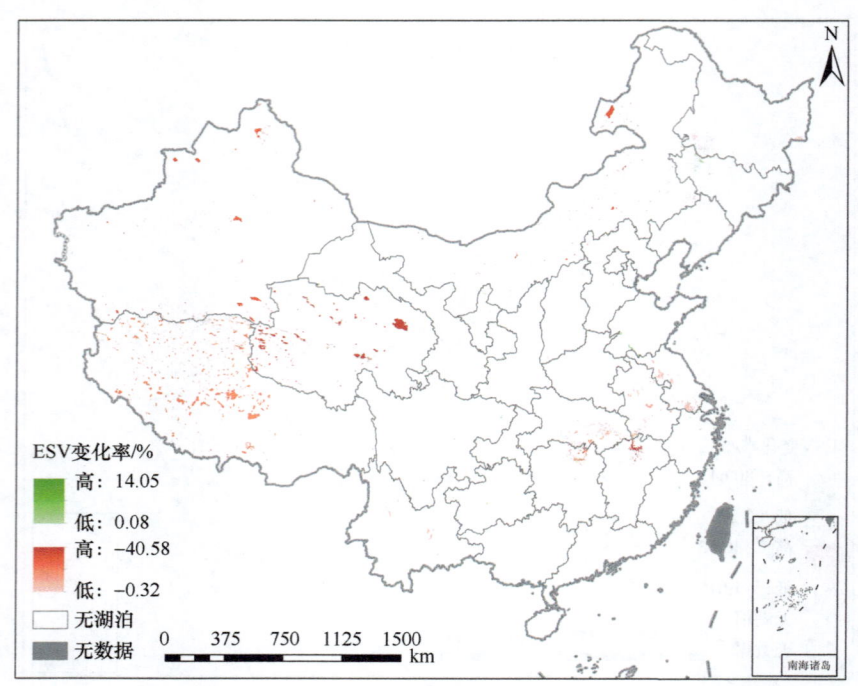

(b1)2005～2010年湖泊

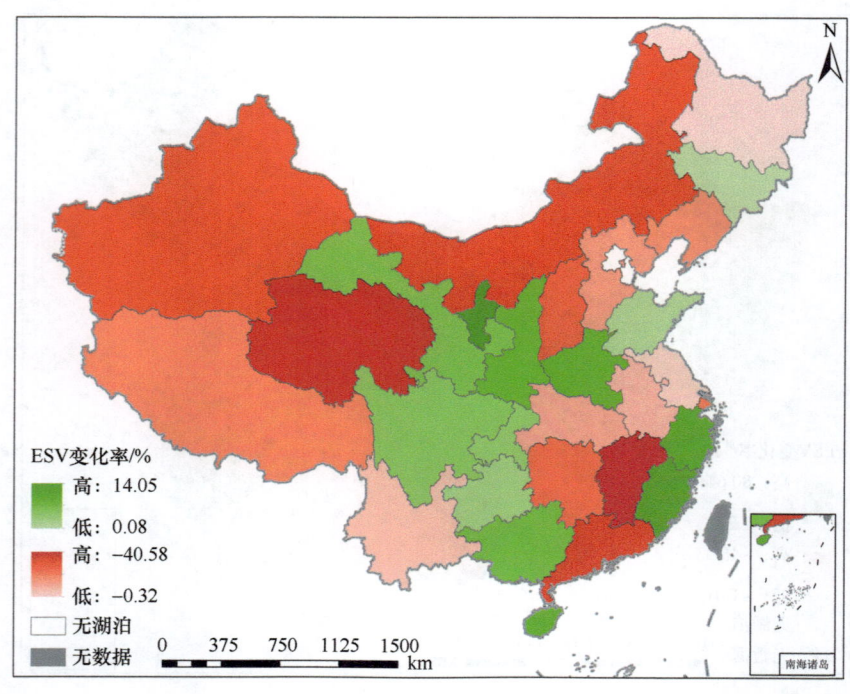

(b2)2005～2010年湖泊

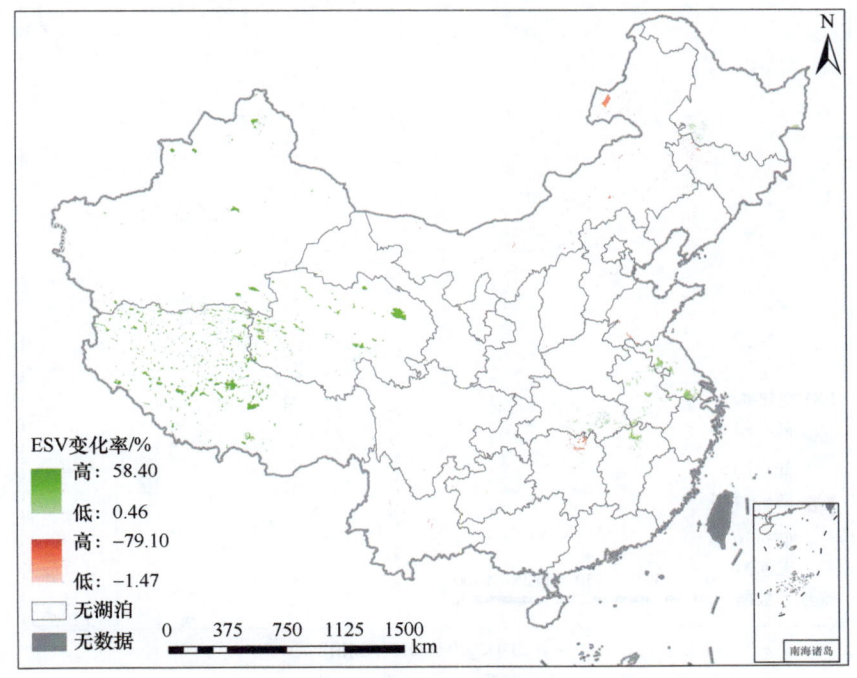

第 7 章 基于"源–过程–汇"不同功能的湿地生态系统服务核算方法学构建

(c1) 2010～2015年湖泊

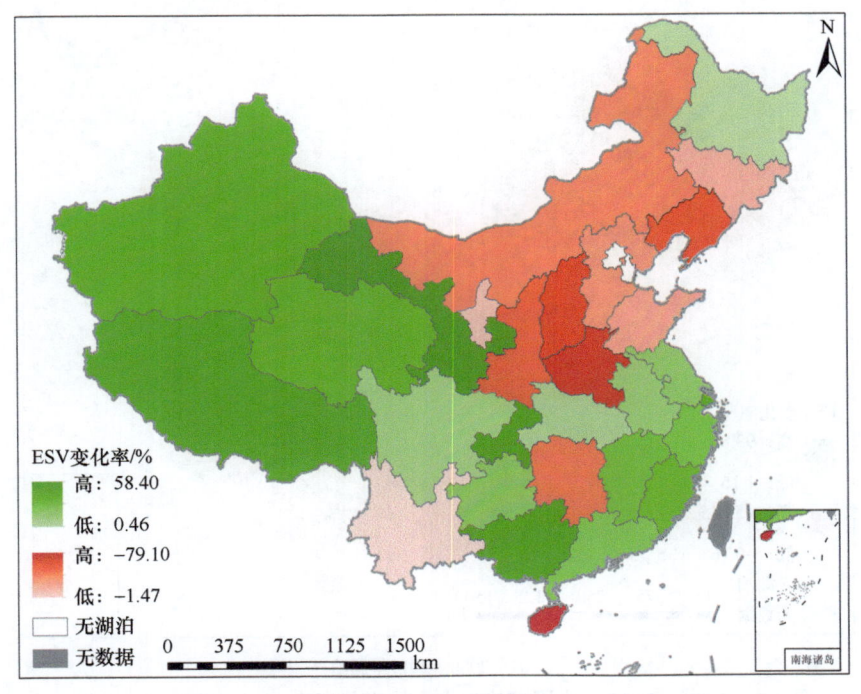

(c2) 2010～2015年湖泊

(d1) 2000~2015年湖泊

(d2) 2000~2015年湖泊

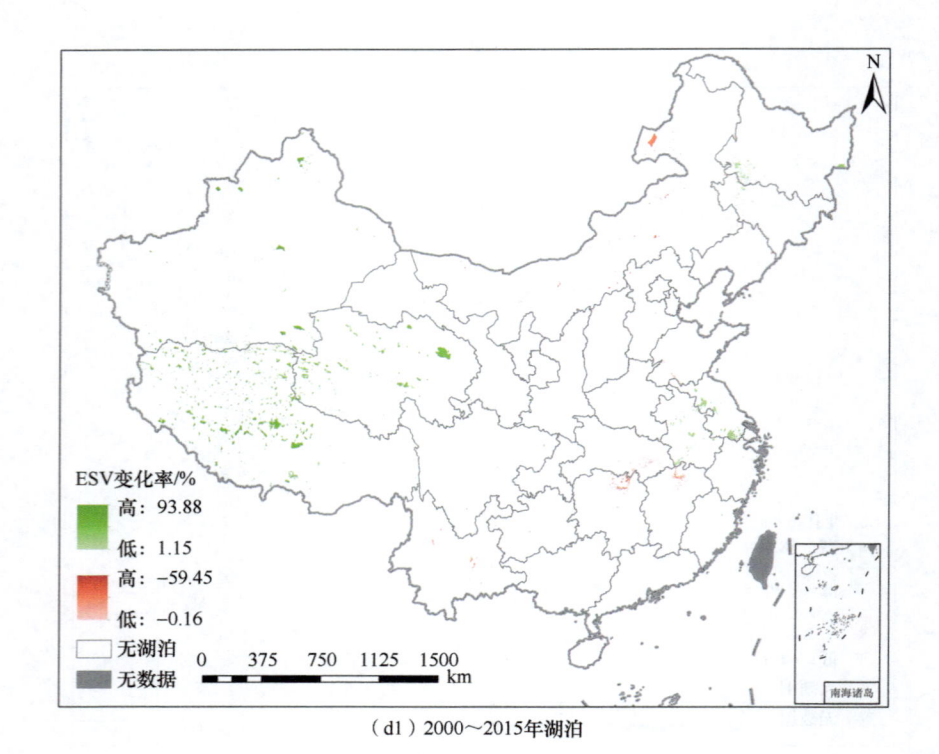

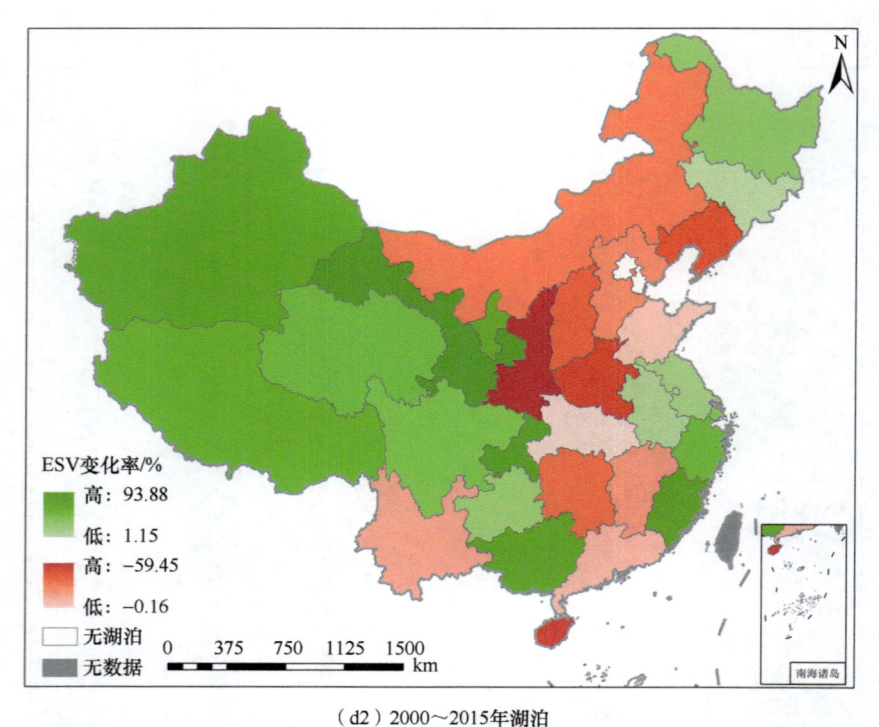

图 7-7　2000~2015 年中国湖泊生态系统服务变化：(a) 2000~2005 年；
(b) 2005~2010 年；(c) 2010~2015 年；(d) 2000~2015 年

省（自治区、直辖市）个数，依次为16个和13个［图7-7（b）］。下降省（自治区、直辖市）集中在华北地区、西北部省（自治区、直辖市）、青藏高原地区、长江中下游省（自治区、直辖市）等。其中，降幅最大的为江西，下降了40.58%；其次为降幅与江西相差较大的青海和广东，分别下降了13.79%和10.38%。其余省（自治区、直辖市）降幅都在10%以下。降幅最小的为黑龙江，仅下降了0.32%；其次为南方地区的江苏、云南、安徽和湖北，分别下降了0.53%、0.55%、0.97%和1.79%。湖泊生态系统服务增幅整体较小，范围为0.08%～14.05%。其中，增幅最大的为宁夏，增加了14.05%；其次为东南沿海的福建、浙江和海南，分别增加了12.94%、12.81%和10.66%。其余省（自治区、直辖市）增幅不到6%，其中增幅最小的为吉林，增加了0.08%；其次为增幅不到1%的山东和贵州，二者分别增加了0.11%和0.90%。

中国湖泊生态系统服务在2010～2015年明显改善，主要体现为服务增加省（自治区、直辖市）个数明显增多，服务下降省（自治区、直辖市）个数减少；湖泊生态系统服务增加和减少的省（自治区、直辖市）个数在2010～2015年分别为17个和12个［图7-7（c）］。整体上呈现出湖泊生态系统服务增加的省（自治区、直辖市）集中在南方及西部地区、下降的省（自治区、直辖市）集中在华北地区的特点。增幅较大的省（自治区、直辖市）集中在西部地区的甘肃、重庆、广西、西藏、新疆和青海，分别增加了58.40%、47.02%、34.90%、26.43%、18.05%和16.87%；其次为东部地区的上海、福建、江西、浙江、广东等，分别增加了20.25%、15.62%、11.25%、8.82%和7.53%。增幅最小的为黑龙江，仅增加了0.46%。降幅最大的为海南，下降了79.10%；其次为集中在华北地区且与海南降幅相差较大的河南、山西、陕西及东北的辽宁，分别下降了39.85%、37.62%、27.44%和33.94%。其余省（自治区、直辖市）降幅小于20%，其中降幅最小的为云南；其次为宁夏，分别下降了1.47%和1.63%。

2000～2015年中国湖泊生态系统服务变化空间分布特征与2010～2015年类似［图7-7（d）］，即生态系统服务增加的省（自治区、直辖市）集中在东部及西部地区，中部省（自治区、直辖市）则主要为生态系统服务下降的地区。具体地，增幅最大的为甘肃，增加了93.88%；其次为增幅约为其一半的重庆和福建，分别增加了48.71%和46.86%；再次为增幅较为接近的广西和西北地区的新疆、宁夏和西藏，分别增加了36.78%、34.69%、30.52%和29.41%。增幅低值区中吉林、安徽、江苏为增幅较小的前三位，分别增加了1.15%、2.92%和4.49%。下降的省（自治区、直辖市）则集中在中国中部，降幅较大的省（自治区、直辖市）集中在华北地区。具体地，降幅最大的为陕西，下降了59.45%；其次为海南，降幅为58.22%；再次为河南、辽宁和山西，分别下降了51.78%、35.16%和32.98%。降幅最小的为湖北，仅下降了0.16%；其次为东部沿海的山东和广东，分别下降了3.38%和5.28%。

7.5.4.3 水库坑塘生态系统

图7-8反映了2000～2015年中国水库坑塘生态系统服务时空变化。由图7-8（a）可知，2000～2005年，除集中在南方地区的云南、广东、广西、贵州和江西及两个直辖市上海和北京外，中国其余省（自治区、直辖市）水库坑塘生态系统服务都呈现出不同增幅。具体地，增幅高值区集中在华北地区的山西（44.82%）、山东（41.17%）、河南（36.10%）

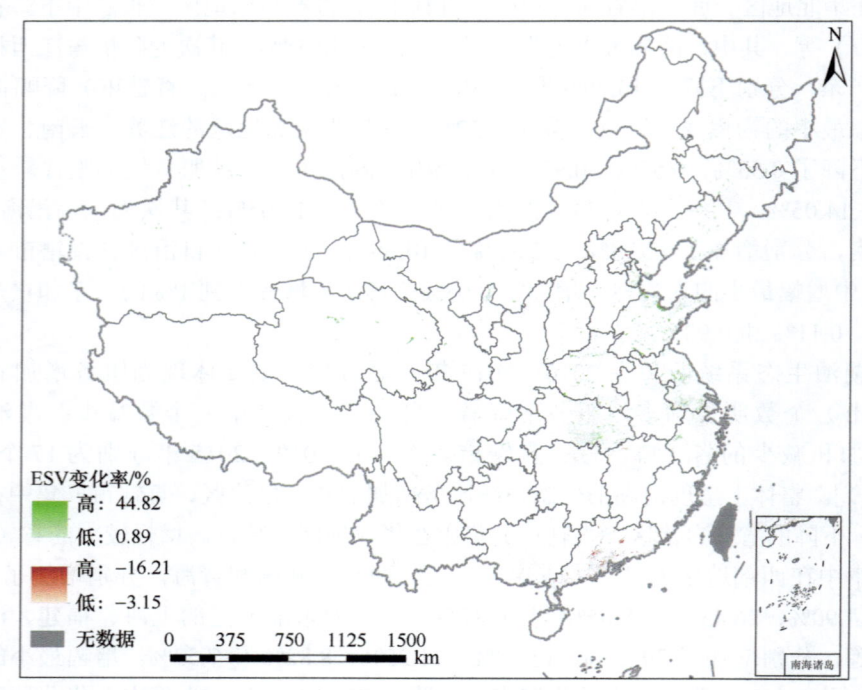

(a1) 2000~2005年水库坑塘

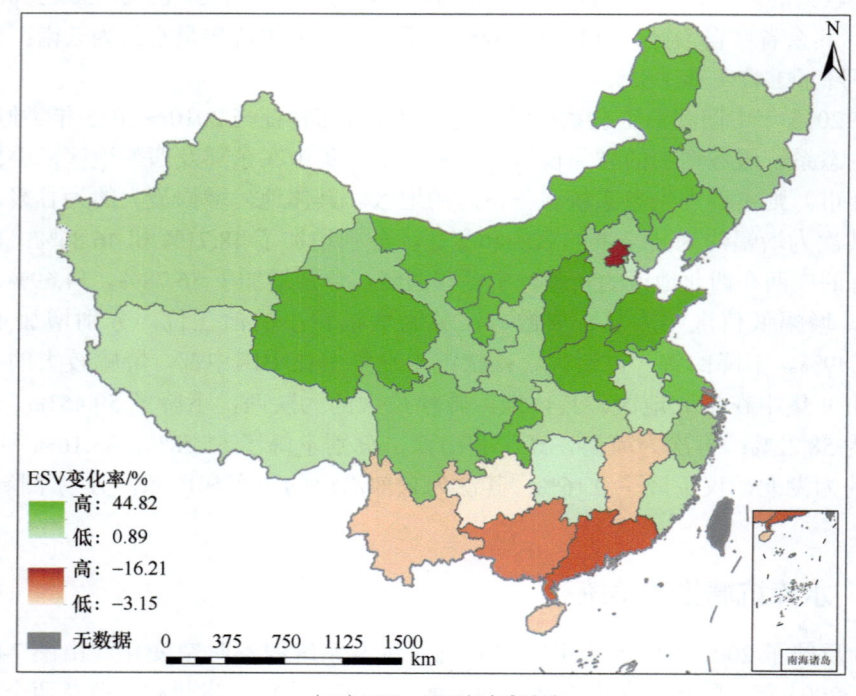

(a2) 2000~2005年水库坑塘

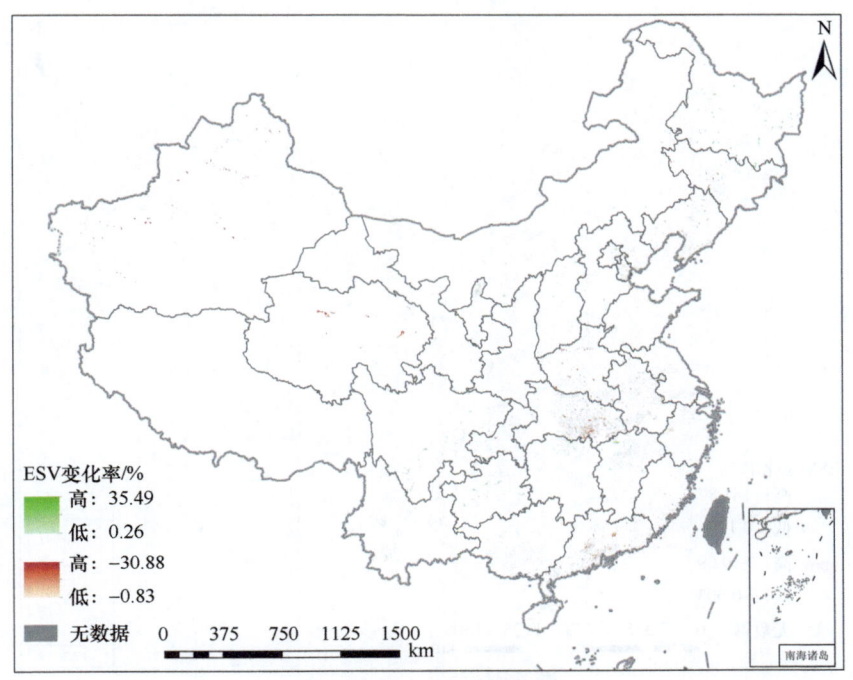

第7章 基于"源–过程–汇"不同功能的湿地生态系统服务核算方法学构建

（b1）2005～2010年水库坑塘

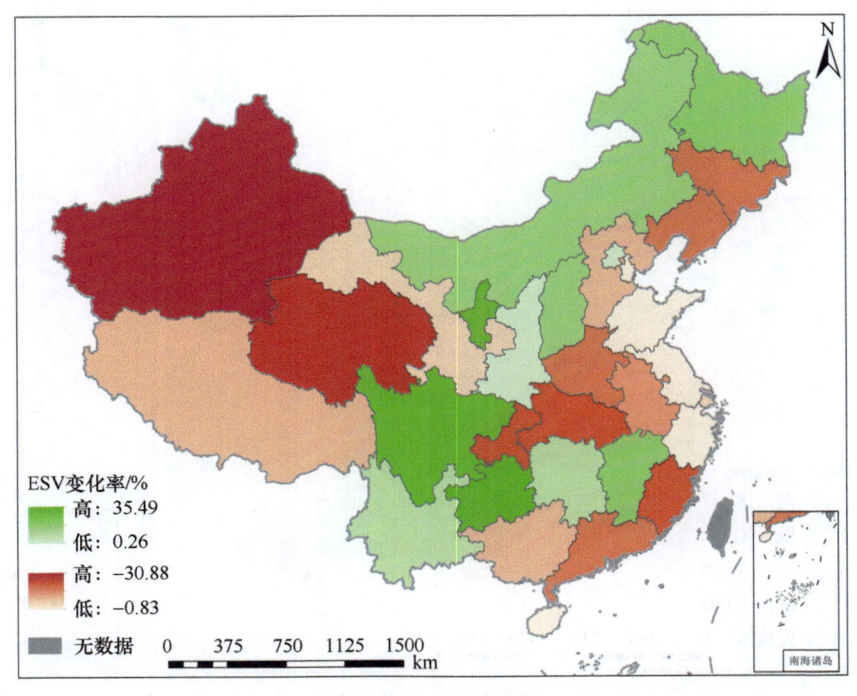

（b2）2005～2010年水库坑塘

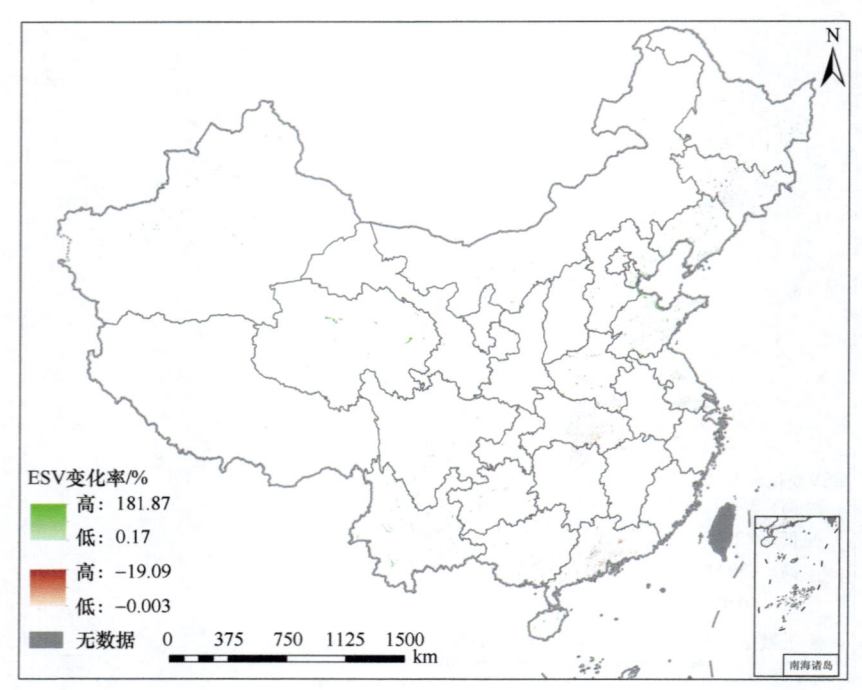

（c1）2010～2015年水库坑塘

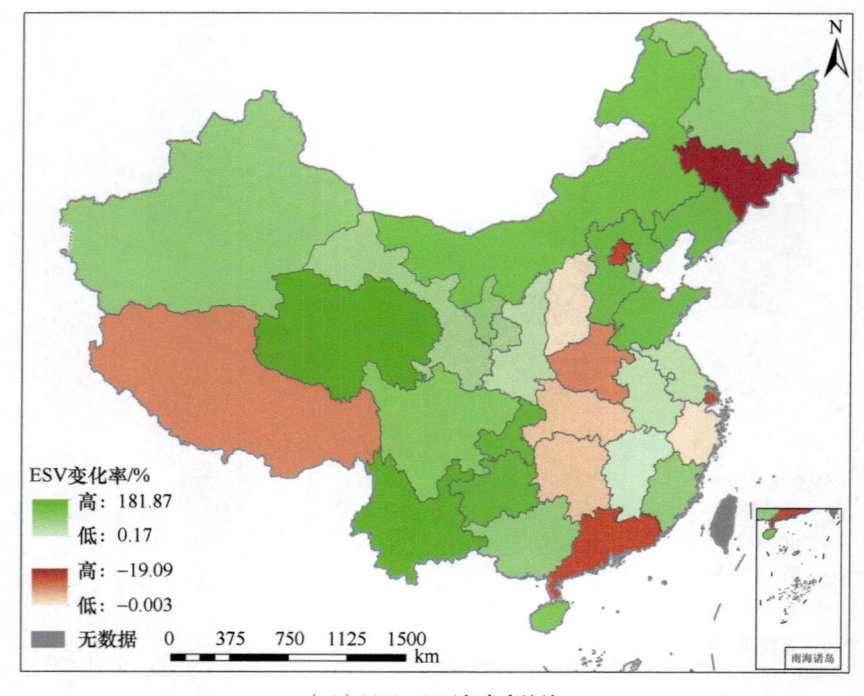

（c2）2010～2015年水库坑塘

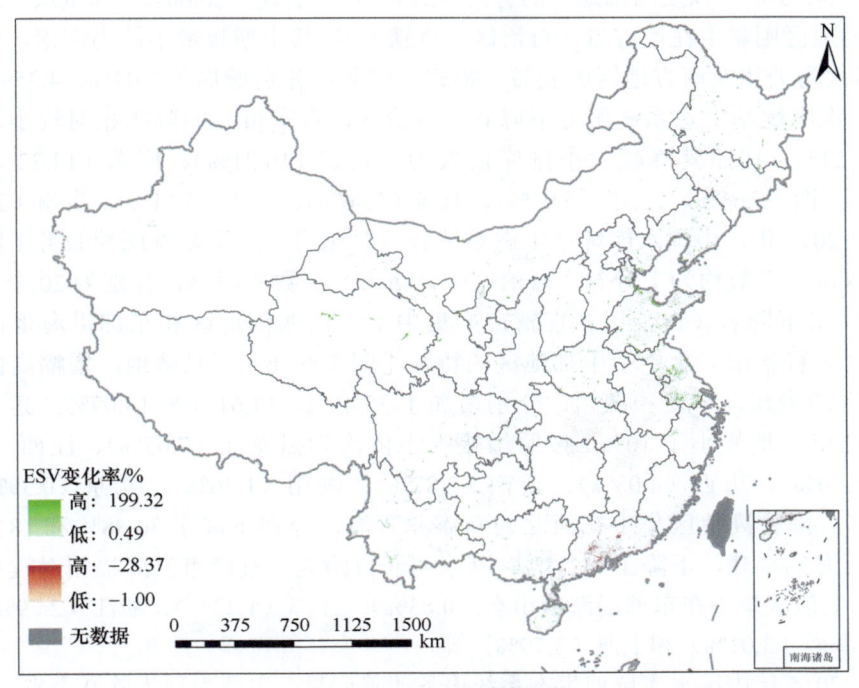

第7章 基于"源–过程–汇"不同功能的湿地生态系统服务核算方法学构建

(d1) 2000～2015年水库坑塘

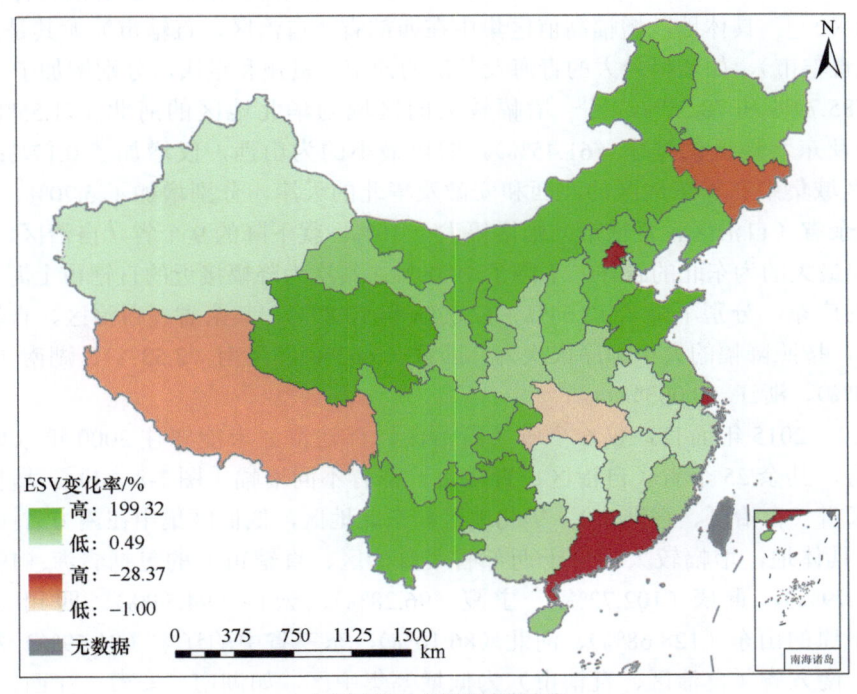

(d2) 2000～2015年水库坑塘

图 7-8　2000～2015 年中国水库坑塘生态系统服务变化：(a) 2000～2005 年；
(b) 2005～2010 年；(c) 2010～2015 年；(d) 2000～2015 年

和内蒙古（24.10%），以及西部地区的青海（29.82%）、宁夏（26.60%）和重庆（25.80%）。增幅较小的地区则集中在南方省（自治区、直辖市），其中增幅最小的为湖南，仅增加了 0.89%；其次为天津及南方地区的安徽、福建、湖北，分别增加了 3.04%、4.35%、4.75% 和 9.89%。水库坑塘生态系统服务下降省（自治区、直辖市）的降幅相对较小，范围为 3.15%～16.21%。按照其降幅大小排序依次为：北京（16.21%）、广东（14.32%）、上海（12.77%）、广西（9.66%）、云南（5.91%）、海南（5.46%）、江西（5.14%）、贵州（3.15%）。

2005～2010 年，中国水库坑塘生态系统服务恶化明显，主要表现为服务下降省（自治区、直辖市）个数约为上升省（自治区、直辖市）个数的两倍，分别为 20 个和 11 个；整体上呈现出下降省（自治区、直辖市）集中于中国西部地区和东部沿海地区、上升省（自治区、直辖市）集中于中部地区的特征[图 7-8（b）]。具体地，增幅高值区集中在西部地区的贵州、宁夏和四川，分别增加了 35.49%、17.61% 和 13.07%。其余省（自治区、直辖市）增幅小于 10%，按照增幅大小依次为黑龙江（7.65%）、江西（6.18%）、内蒙古（5.10%）、山西（4.03%）、云南（2.87%）、湖南（1.36%）、北京（0.39%）和陕西（0.26%）。降幅高值区集中在西北的新疆和青海，分别下降了 30.88% 和 18.20%；再次为东部沿海的福建，下降了 11.53%。其余省（自治区、直辖市）降幅相对较小，小于 10%；降幅低值区集中在东部沿海的山东（0.83%）、江苏（1.23%）、浙江（2.79%）、天津（2.96%）、海南（3.01%）和上海（3.79%）等。

2010～2015 年中国水库坑塘生态系统服务改善明显，主要表现为除 9 个省（自治区、直辖市）下降外，其余省（自治区、直辖市）都有不同幅度增加，且增幅整体上大于降幅[图 7-8（c）]。具体地，增幅高值区集中在西部省（自治区、直辖市）尤其是西南部省（自治区、直辖市），如增幅最大的青海及其次的云南、贵州和重庆，分别增加了 181.87%、100.99%、85.79% 和 78.55%。另一增幅较大的区域为华北地区的河北（71.55%）、山东（63.34%）及东北地区的辽宁（61.45%）。增幅最小的为山西，仅增加了 0.17%；另一增幅较小的区域集中在华东地区的江西和安徽及华北的天津，分别增加了 5.70%、8.03% 和 9.76%。其余省（自治区、直辖市）则增幅大于 10%。就下降的 9 个省（自治区、直辖市）来说，降幅最大的为东北的吉林，下降了 19.09%；其次为降幅接近的直辖市上海和北京及东部沿海的广东，分别下降了 12.64%、12.62% 和 10.87%。其余省（自治区、直辖市）降幅小于 5%，按照降幅的大小顺序依次为：西藏（3.63%）、河南（2.53%）、湖南（1.73%）、湖北（1.03%）、浙江（0.003%）。

就 2000～2015 年而言，仅 6 个省（自治区、直辖市）未能守住 2000 年水库坑塘生态系统服务，其余 25 个省（自治区、直辖市）都有不同增幅[图 7-8（d）]。增幅高值区集中在西部省（自治区、直辖市）、华北地区和东北地区，低值区集中在南方省（自治区、直辖市）。具体地，增幅较大的位于西部省（自治区、直辖市）的包括青海（199.32%）、贵州（143.79%）、重庆（102.72%）、宁夏（96.28%）、云南（94.54%）、四川（79.42%）等，华北平原的山东（128.68%）、河北（86.10%），东三省中的辽宁（81.59%）及黑龙江（60.41%）。南方省（自治区、直辖市）为低增幅集中区，如湖南、安徽、江西、浙江等，分别增加了 0.49%、6.37%、6.46% 和 8.37%。下降的 6 个省（自治区、直辖市）按照降幅大小依次为：广东（28.37%）、上海（26.68%）、北京（26.49%）、吉林（14.30%）、西藏（2.72%）、湖北（1.00%）。

7.5.4.4 河流生态系统

图 7-9 反映了中国 2000～2015 年河流生态系统服务时空变化。中国有九大流域分区，即松辽流域、海河流域、淮河流域、黄河流域、长江流域、珠江流域、东南沿海诸河流域、雅鲁藏布江流域和内陆河流域，详见图 7-9（a）。由图 7-9（a）可知，2000～2005 年，中国河流生态系统服务整体上呈现出上升省（自治区、直辖市）个数约为下降省（自治区、直辖市）个数的两倍，上升地区集中于内陆河流域、松辽流域、海河流域、长江流域中下游、珠江流域下游，下降地区集中在长江流域上游、雅鲁藏布江流域、黄河流域、珠江流域上游的特征。增幅高值区集中于内陆河流域的北方省（自治区、直辖市），低值区集中在长江流域中下游的南方省（自治区、直辖市）；降幅高值区集中在珠江流域上游、长江流域的上游、雅鲁藏布江流域，低值区集中在黄河流域。具体地，增幅最大的为内蒙古，然后为集中于北方地区的青海、宁夏、甘肃、吉林，分别增加了 54.12%、38.41%、35.72%、30.72% 和 26.42%。再次为湖北（19.13%）和山东（13.26%），其余省（自治区、直辖市）增幅小于 10%。其中，增幅低值区集中在南方省（自治区、直辖市），如上海、江西、重庆、浙江、江苏等，分别增加了 0.59%、0.62%、0.88%、1.33% 和 1.43%。对于河流生态系统服务下降的省（自治区、直辖市），降幅最大的为海南，下降了 60.84%；其次为集中在西部尤其是西南部地区的广西、宁夏、贵州、四川、西藏和云南，分别下降了 41.69%、31.49%、18.59%、18.26%、11.61% 和 11.16%。其余下降省（自治区、直辖市）降幅小于 5%，依次为南方省（自治区、直辖市）湖南（4.63%）和福建（3.32%）及黄土高原的陕西（1.84%）、山西（1.10%）和河南（0.74%）。

2005～2010 年，中国河流生态系统服务有所改善，主要表现在除集中在青藏高原、内陆河流域中西部和海河流域的 9 个省（自治区、直辖市）河流生态系统服务有所下降外，其余 22 个省（自治区、直辖市）都有不同幅度增长，且增幅整体大于降幅［图 7-9（b）］。河流生态系统服务增加的省（自治区、直辖市）呈现出增幅最大的省（自治区、直辖市）即宁夏与其他省（自治区、直辖市）增幅相差较大的特征。具体地，宁夏增幅最大，为 134.21%；其次，新疆和江西增幅仅约为宁夏增幅的 1/5，分别增加了 29.71% 和 27.39%；再次为增幅较为接近的辽宁、浙江和北京，分别增加了 22.91%、22.69% 和 20.13%。其余省（自治区、直辖市）增幅小于 20%，其中增幅最小的为四川，仅增加了 0.02%；其次为增幅仅有 0.15% 的海南。就河流生态系统服务下降的 9 个省（自治区、直辖市）而言，降幅在 2005～2010 年普遍较小，按照其降幅大小顺序依次为：青海（16.41%）、西藏（12.38%）、山东（7.32%）、河北（5.53%）、内蒙古（4.50%）、江苏（2.36%）、山西（1.95%）、天津（0.47%）、广西（0.02%）。

就 2010～2015 年而言，由图 7-9（c）可知，中国河流生态系统服务较 2005～2010 年有所恶化，主要表现在河流生态系统服务下降区域增多，下降省（自治区、直辖市）个数超过上升省（自治区、直辖市）个数，分别为 16 个和 15 个。河流生态系统服务下降地区集中于内陆河流域的西部、黄河流域的上游、长江流域的中游、海河流域及松辽流域的东部；上升地区集中于珠江流域、长江流域上游、内陆河流域中东部。具体地，降幅最大的为宁夏；其次为河南和湖北及东北的吉林，增幅依次为 37.16%、28.62%、27.46% 和 21.80%。其余降幅小于 20%，其中降幅最小的为下降了 0.59% 的河北；其次为南方地区的

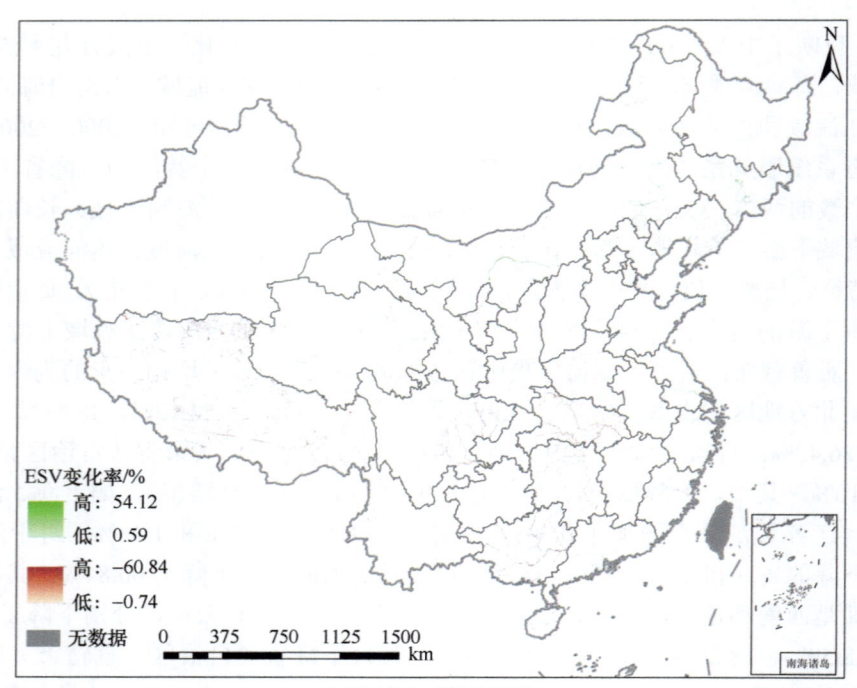

（a1）2000～2005年河流

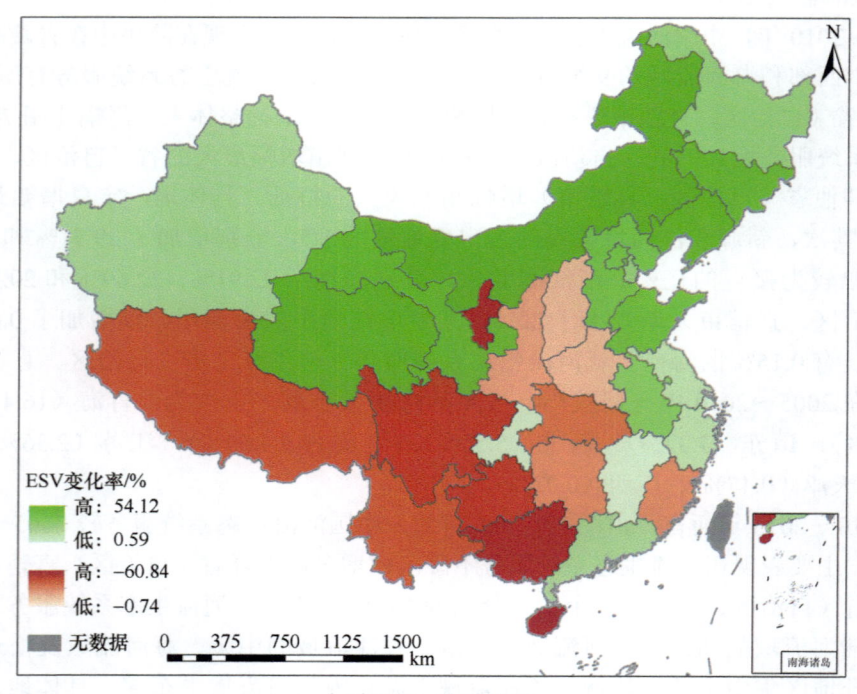

（a2）2000～2005年河流

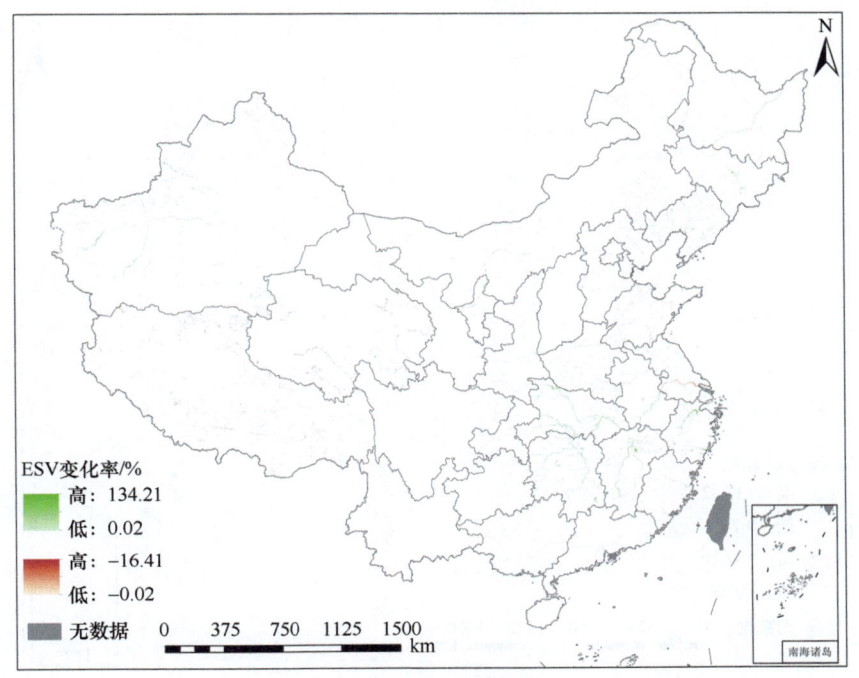

第 7 章 基于"源–过程–汇"不同功能的湿地生态系统服务核算方法学构建

（b1）2005~2010年河流

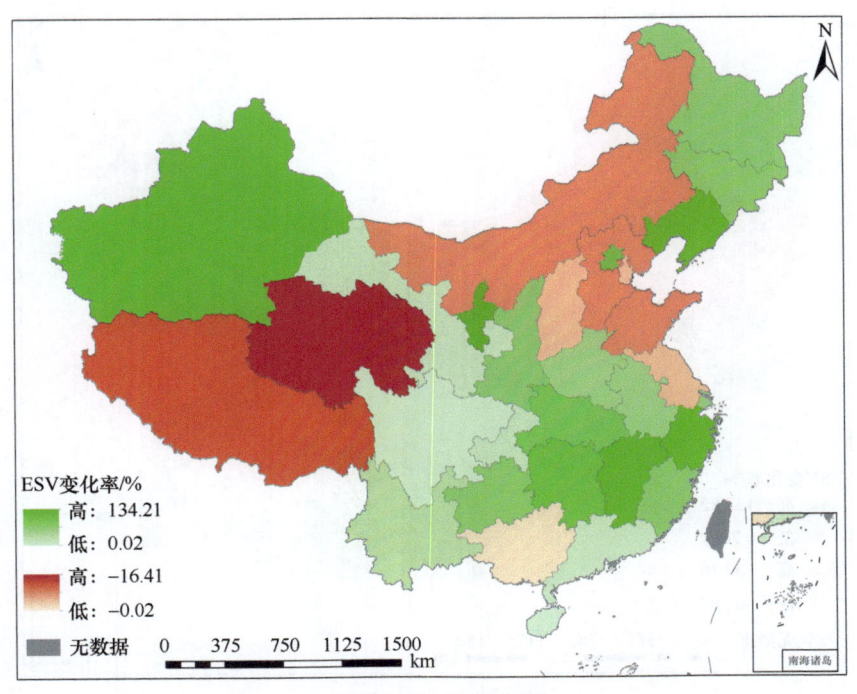

（b2）2005~2010年河流

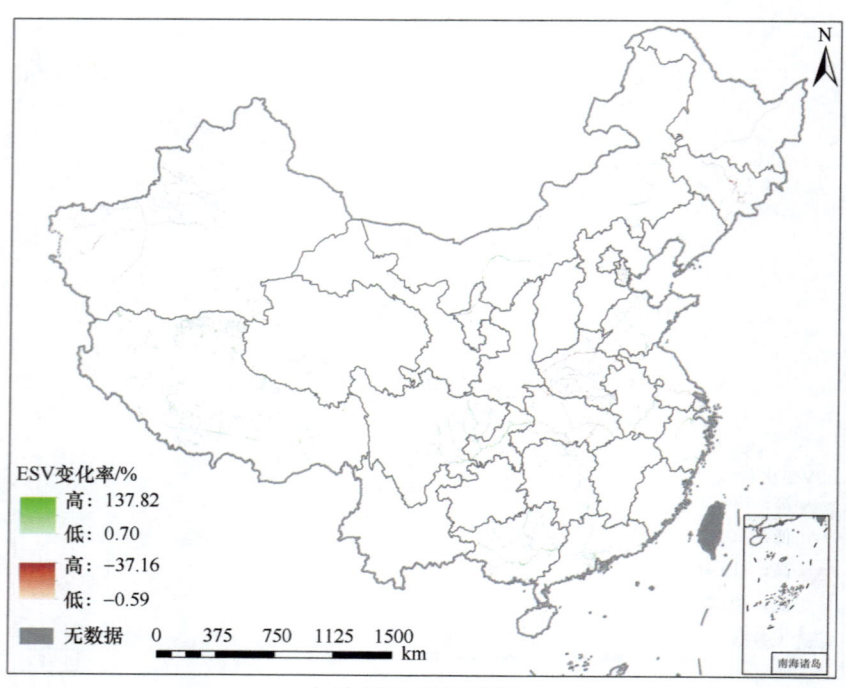

（c1）2010～2015年河流

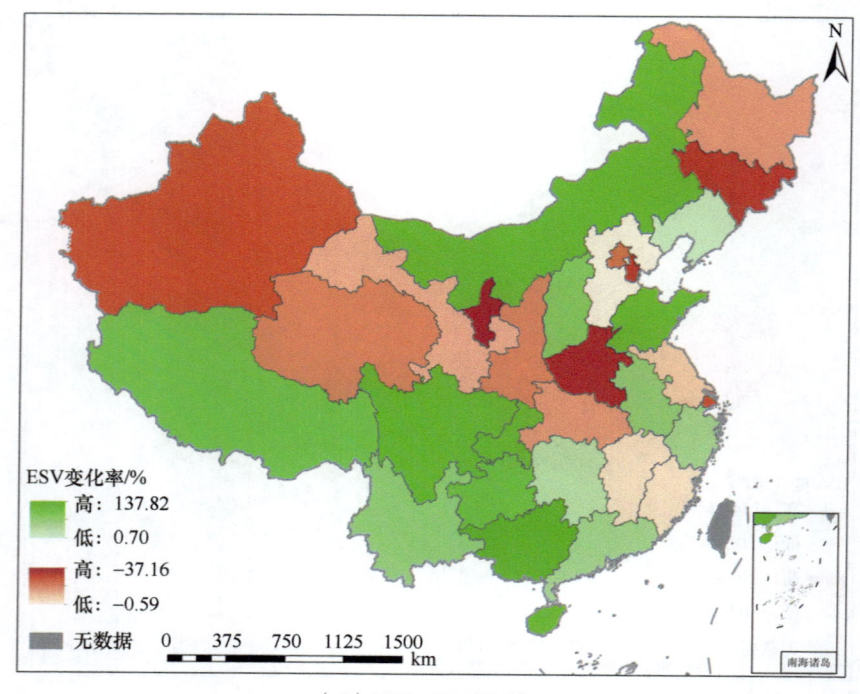

（c2）2010～2015年河流

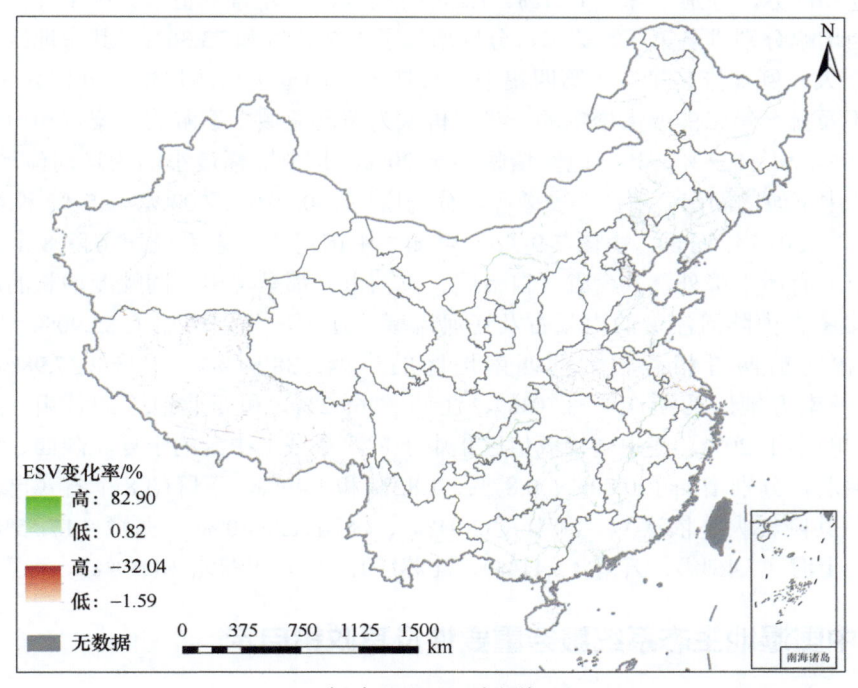

(d1) 2000～2015年河流

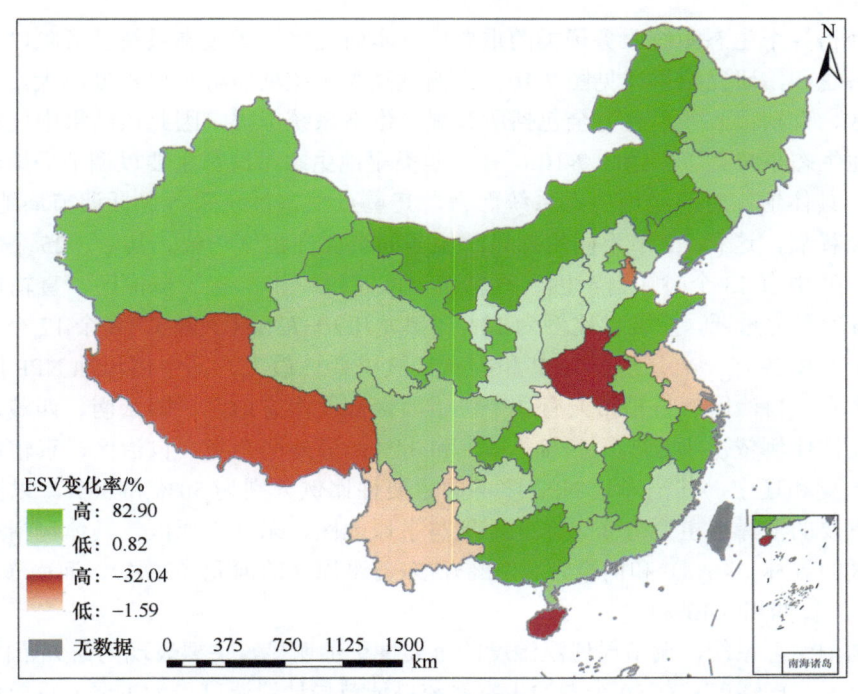

(d2) 2000～2015年河流

图7-9 2000～2015年中国河流生态系统服务变化：(a) 2000～2005年；(b) 2005～2010年；(c) 2010～2015年；(d) 2000～2015年

江西、福建和江苏，分别下降了1.21%、1.23%和3.43%。增幅高值区集中于珠江流域，如海南和广西增幅分别排名第一、第二，分别增加了137.82%和73.30%。其余地区增幅与此区域相差较大，例如排名第三、第四集中于长江上游的重庆和四川增幅分别为33.89%和30.97%，不及排名第二的海南增幅的一半。再次为黄河流域中下游的内蒙古和山东，分别增加了26.66%和24.26%。其余地区增幅小于20%，其中增幅最小的为辽河流域的辽宁；其次为长江中下游的湖南、浙江、安徽等，分别增加了0.70%、2.03%、3.52%和4.02%。

就2000~2015年而言，由图7-9（d）可知，中国河流生态系统服务除8个省（自治区、直辖市）有所下降外，其余省（自治区、直辖市）都呈现出不同幅度增长的趋势。增幅高值区集中在内陆河流域的内蒙古及辽河流域的辽宁，分别增加了82.90%和67.97%；其次为增幅与前两者相差较大的西南地区的广西（38.64%）、重庆（37.98%），山东（32.95%）及南方地区的浙江（28.70%）、江西（26.62%）和西北地区的甘肃（26.39%）。其余地区增幅小于20%，其中增幅低值区集中于黄河流域上中游的宁夏、陕西、山西及海河流域的河北，分别增加了0.82%、0.87%、1.82%和1.49%。下降的8个省（自治区、直辖市）按照其降幅大小依次为：海南（32.04%）、河南（26.40%）、西藏（17.55%）、天津（12.27%）、上海（7.46%）、云南（5.11%）、江苏（4.37%）和湖北（1.59%）。

7.5.5　中国湿地生态系统服务重要性及其政策启示

7.5.5.1　中国湿地生态系统服务重要性

为了获得各个生态系统服务子类的重要性，本研究将子类生态系统服务除以各子类生态系统服务总和，研究结果详见图7-10。比例越高表示该项服务重要程度越大。由于部分省（自治区、直辖市）并没有完全包括所有湿地生态系统子类，因此该结果中仅包括当地拥有的湿地生态系统类型。由图7-10可知，四类湿地生态系统都主要以调节局地温湿度重要性最大。具体地，对沼泽地生态系统而言，其重点生态系统服务包括调节局地温湿度、NPP及固碳释氧。这和7.2节不同生态系统服务的重要性程度一致。其中，25个省（自治区、直辖市）中有13个省（自治区、直辖市）即超过一半的省（自治区、直辖市）以调节局地温湿度最为重要，重要性比例为28%（黑龙江）~72%（天津）。其余12个省（自治区、直辖市）中各有一半分别以NPP和固碳释氧重要性最大。其中沼泽地NPP服务最为重要的6个省（自治区、直辖市）有4个位于西南部及南方地区，即云南、西藏、广西和海南，重要性比例依次为67%、49%、36%和34%；另外两个省（自治区、直辖市）为位于北方的宁夏和辽宁，其沼泽地NPP服务的重要性比例分别为50%和38%。以固碳释氧服务最为重要的沼泽地主要分布于东北山地与平原地区、东部平原区，具体包括东北山地与平原地区的吉林（46%）和内蒙古（33%），东部平原区的河北（35%）、河南（34%）和安徽（30%）及四川（46%）。

对于湖泊生态系统，调节局地温湿度的重要性更加明显，主要表现为研究范围内的29个省（自治区、直辖市）有20个湖泊生态系统以调节局地温湿度最为重要，重要性比例为39%（上海）~82%（山东）。另外9个省（自治区、直辖市）中有8个以NPP服务最为重要，且这8个中有5个位于西南部地区，包括贵州、云南、四川、广西和重庆，其NPP服务重要性比例分别为67%、63%、59%、50%和50%。另外两个为位于东部地区的辽宁和

第7章 基于"源–过程–汇"不同功能的湿地生态系统服务核算方法学构建

福建，NPP 重要性比例分别为 52% 和 47%。仅一个省即浙江以补给地下水服务最为重要，重要性比例为 38%，但该省的调节局地温湿度服务重要性紧跟其后，重要性比例为 32%。由此可见，对于中国湖泊生态系统，调节局地温湿度补给地下水服务最为重要。

水库坑塘生态系统的重点服务分布特征与湖泊生态系统基本一致，即重点服务为调节局地温湿度，主要表现为 31 个省（自治区、直辖市）中有 22 个以调节局地温湿度服务最为重要，重要性比例为 36%（安徽）～82%（北京）。剩余的 9 个以 NPP 服务最为重要，重要性比例为 44%（江西）～88%（云南）。这 9 个集中于南方地区尤其是西南部地区，包括云南（88%）、贵州（79%）、宁夏（61%）、西藏（49%）、重庆（47%）、湖南（47%）、广

省（自治区、直辖市）	NPP	CS	GR	WP	MR	CR
北京	10	0	3	4	82	2
天津	9	0	2	7	81	1
甘肃	12	0	2	5	81	0
河南	18	0	5	2	76	0
山东	17	0	5	3	75	0
山西	12	0	3	8	74	2
青海	10	0	1	14	73	1
河北	19	0	3	4	73	0
新疆	15	0	1	12	70	2
内蒙古	23	0	3	3	70	1
陕西	22	0	6	2	69	1
辽宁	29	0	6	2	63	0
广东	33	1	9	1	56	0
海南	31	1	8	4	55	0
福建	34	1	9	2	54	0
黑龙江	20	0	26	1	53	0
吉林	43	1	5	0	50	1
上海	19	0	25	5	50	1
西藏	49	0	1	2	47	0
湖北	42	3	11	1	43	0
江苏	24	1	32	1	42	0
广西	45	1	12	1	41	0
江西	44	2	12	1	41	0
四川	46	1	11	1	40	0
浙江	25	1	34	2	38	0
湖南	47	4	13	1	36	0
安徽	26	1	35	1	36	0
重庆	47	4	13	1	36	0
宁夏	61	2	1	4	31	2
贵州	79	2	4	1	14	0
云南	88	2	2	0	7	0

(a) 水库坑塘

省（自治区、直辖市）	NPP	CS	GR	WP	MT	HG	MR	CR
天津	15	0	2	6	0		75	1
上海	13	0	10	8	0		68	0
新疆	13	0	0	11	6	6	62	1
江苏	13	0	10	3	0	19	55	0
湖北	18	0	3	2	2	26	49	0
甘肃	17	0	1	3	17	14	47	0
安徽	16	0	13	2	0	24	45	0
广东	20	0	3	1	1	29	45	0
北京	15	0	2	6	4	25	45	3
山东	19	0	3	1	1	31	44	0
山西	14	0	3	1	11	23	42	0
内蒙古	25	0	2	2	10	21	39	1
浙江	18	0	14	2	1	26	39	0
海南	23	0	4	3	2	33	37	0
青海	24	0	1	5	24	10	35	0
重庆	23	0	4	1	5	33	34	0
黑龙江	18	0	14	1	3	30	34	0
江西	25	0	4	1	2	35	33	0
河南	23	0	1	1	4	36	32	0
陕西	19	0	3	1	13	32	31	1
河北	27	0	3	1	1	8	30	31
福建	25	0	4	1	3	36	30	1
湖南	26	0	4	1	4	37	29	0
辽宁	30	0	4	1	3	35	27	0
西藏	50	0	0	0	4	14	5	26	0
广西	27	0	4	1	4	39	25	0
吉林	37	2	3	0	5	28	24	0
四川	21	0	3	2	21	31	23	0
宁夏	58	1	1	3	9	21	2	
贵州	64	1	1	2	0	6	17	10	0
云南	71	1	1	0	9	11	6	0

(b) 河流

· 167 ·

省（自治区、直辖市）	NPP	CS	GR	WP	MR	CR
山东	12	0	3	2	82	0
内蒙古	12	0	1	4	82	0
山西	10	0	3	5	81	2
新疆	9	0	1	12	78	1
黑龙江	9	0	12	2	77	0
甘肃	18	0	2	4	76	1
青海	14	0	1	12	73	1
河北	21	0	4	2	72	0
湖北	21	0	6	2	71	0
湖南	21	0	6	2	71	0
吉林	25	1	3	0	70	0
江西	22	0	6	2	69	0
江苏	12	0	16	3	68	0
安徽	14	0	18	2	65	0
陕西	29	0	8	2	61	1
西藏	44	0	1	6	48	1
广东	41	2	11	0	45	0
河南	43	0	12	1	44	1
海南	42	3	11	2	42	0
宁夏	51	1	1	5	41	1
上海	22	0	30	8	39	1
福建	47	3	13	1	36	0
辽宁	52	0	11	1	36	0
四川	59	0	6	1	34	0
广西	50	2	14	0	33	0
云南	63	0	2	2	33	0
浙江	28	1	38	1	3	0
重庆	50	5	13	1	31	1
贵州	67	1	3	1	28	0

（c）湖泊

省（自治区、直辖市）	NPP	CS	GR	WP	MR	CR
天津	17	2	4	5	72	1
山东	20	6	4	1	70	0
新疆	20	4	1	5	69	2
山西	14	12	3	1	68	2
甘肃	24	4	2	1	68	1
青海	25	4	1	5	63	2
江西	29	4	6	0	61	0
广东	32	8	7	0	52	0
湖南	34	10	7	0	48	0
湖北	33	14	7	0	45	0
陕西	29	19	6	1	45	1
江苏	24	6	25	1	44	0
内蒙古	32	33	3	0	31	0
海南	34	27	7	1	31	0
宁夏	50	17	1	2	29	1
黑龙江	23	24	24	0	28	1
河南	32	34	7	0	27	0
河北	33	35	5	0	27	1
西藏	49	23	1	1	26	1
广西	36	32	7	0	24	0
辽宁	38	34	6	0	20	1
云南	67	11	1	0	19	0
安徽	25	30	27	0	17	0
吉林	34	46	3	0	16	0
四川	44	46	2	0	8	0

（d）沼泽地

重要性比例/%

低　　　　高

图 7-10　2015 年中国湿地生态系统服务重要性

CS：固碳释氧；GR：补给地下水；WP：净化水质；MT：营养物质运移；HG：水电潜力（自然贡献）；MR：调节局地温湿度；CR：调节气候。颜色由浅红到深红，颜色越深表示该项服务越重要

西（45%）、四川（46%）和江西（44%）。而且这9个中有4个NPP服务重要性比例和调节局地温湿度重要性比例非常接近，差距最大的仅相差6个百分点，这4个即西藏（49%、47%）、四川（46%、40%）、广西（45%、41%）和江西（44%、41%）（括号内前后比例分别为NPP和调节局地温湿度服务重要性比例）。

河流生态系统除与其他生态系统一致以调节局地温湿度和NPP服务为其重点服务外，由于其流动性，其水电潜力（自然贡献）也为其重点服务之一。具体表现为31个省（自治区、直辖市）中有18个以调节局地温湿度服务最为重要，重要性比例为31%（河北）~75%（天津）。有8个以水电潜力（自然贡献）服务最为重要，即广西（39%）、湖南（37%）、福建（36%）、河南（36%）、江西（35%）、辽宁（35%）、陕西（32%）、四川（31%）。剩下5个以NPP服务重要性比例最大，这些省（自治区、直辖市）同沼泽、湖泊和水库坑塘生态系统一样主要位于西南部地区，包括云南（71%）、贵州（64%）、宁夏（58%）、西藏（50%）和吉林（37%）。

综上可知，中国湿地生态系统整体上以调节局地温湿度为最重要的服务，其次重要的服务为NPP，且以NPP服务为重点服务的省份集中在中国西南部地区。沼泽生态系统由于其植被相对其他湿地生态系统丰富，固碳释氧服务重要性相对于其他湿地生态系统更为重要。另外，河流生态系统服务由于其较强的流动性，其在水电潜力（自然贡献）上提供着重要服务。这一研究结果与7.2节对各个湿地生态系统重点服务的判断基本一致。

7.5.5.2　中国湿地生态系统服务时空变化的政策启示

2011年中国政府发布了《全国主体功能区规划》，将土地进行了四个基本划分，即优化开发区域、重点开发区域、限制开发区域和禁止开发区域。其中，限制开发区域是指资源承载能力较弱、大规模经济聚集且生态系统和生态安全关系到整个国家或大面积区域的地区。目前这些地区的生态系统退化潜力大，有必要限制大型高强度工业化城镇化的发展，以维持和提高其生态产品的供应能力。该研究识别了各项湿地生态系统服务的空间分布及重点服务，可服务于生态功能区规划。例如，调节局地温湿度服务较高的区域可设计为休闲区，如公园、福利院等，以发挥其生态和社会效益。具有较高NPP及固碳释氧服务的西南部地区，同时也是大江大河的发源地，应注重保持现有的湿地生态系统尤其是其水质及生物栖息地以保证其在维持生物多样性、固碳、减缓气候变化和避免源头污染等方面的作用。长江中下游如江苏、安徽、浙江、上海等地重要的地下水补给区可规划为重点防洪区。具有较高净化水质服务的区域应该减少污染物排放，以将污染物浓度控制在生态系统净化水质能力范围内。在具有高营养物质运移服务的地区，减少沉积物、保持河道畅通应是当地重点项目。此外，可将同时具有多个重要服务的区域规划为综合生态功能区，以更加充分地发挥其综合生态效益。相对以往研究，本研究通过定量化各项生态系统服务的具体重要性比例来识别重点服务，进而能够为重点功能区划提供更加准确的数据支撑。

7.6　本章小结

本章构建基于能值的湿地生态系统服务核算方法体系，包括剖析湿地生态系统的复杂性和差异性、厘清湿地生态系统服务的形成机制、构建统一度量的湿地生态系统服务核算方法。以中国湿地生态系统为例,核算其2000~2015年湿地生态系统服务价值,并进一步识别不同生态系统服务子类的重要性程度,研究结果可有效服务于湿地生态系统个性化功能区规划及重点功能的保护。本章的主要结论如下:

(1) 2000年和2015年,整体上中国湿地生态系统服务价值高值区集中在第一级阶梯和第二级阶梯、第二级阶梯和第三级阶梯分界线的南方省份,且服务大小呈现出省际阶梯式分布。就单位面积湿地生态系统服务而言,高值区集中在中国地形第二级阶梯的中南部省份,而内蒙古、中国东部及西部省份单位面积湿地生态系统服务价值相对较低,且排名2000~2015年变化不大。

(2) 2000~2015年中国沼泽地生态系统服务呈现出上升省份(13个)和下降省份个数(12个)大致相等的特点。增幅较大的集中在北方,较小的集中在西部尤其是西南部;下降的区则集中在华北、华中地区及西北地区。增幅和降幅范围分别为1.39%(江苏)~129.05%(内蒙古)和0.46%(天津)~96.79%(河南)。

(3) 2000~2015年中国湖泊生态系统服务价值增加的省份集中在东部及西部地区,下降的地区则主要为中部省份。增幅和降幅范围分别为1.15%(吉林)~93.88%(甘肃)和0.16%(湖北)~59.45%(陕西)。

(4) 就水库坑塘生态系统而言,2000~2015年仅6个省份未能守住2000年其生态系统服务,其余25个都有不同增幅。增幅高值区集中在西部、华北地区和东北地区,低值区集中在南方。增幅和降幅范围分别为0.49%(湖南)~199.32%(青海)和1.00%(湖北)~28.37%(广东)。

(5) 2000~2015年,中国河流生态系统服务价值除8个省份有所下降外,其余都呈现出不同幅度增长的趋势。增幅高值区集中在内陆河流域的内蒙古及辽河流域的辽宁。增幅和降幅范围分别为0.82%(宁夏)~82.90%(内蒙古)和1.59%(湖北)~32.04%(海南)。

(6) 中国湿地生态系统整体上以调节局地温湿度为最重要的服务,其次重要的服务为NPP,且集中在中国西南部地区。沼泽生态系统和河流生态系统由于自身特性,分别以固碳释氧和水电潜力(自然贡献)为其重点服务。

(7) 本章通过定量化识别湿地生态系统重点服务功能,可指导重点生态功能区划。例如,调节局地温湿度服务较高的区域可设计为休闲区;具有较高NPP及固碳释氧服务的大江大河的发源地,应更加注重保持现有的湿地生态系统尤其是其水质及生物栖息地;重要的地下水补给区可规划为重点防洪区;具有多个重要服务的区域可规划为综合生态功能区等。与以往研究不同,本研究通过定量化各项生态系统服务的具体重要性比例来识别重点服务,进而能够为重点功能区划提供更加准确的数据支撑。

第 8 章

农业生态系统服务核算方法

党的十八大以来,"绿水青山就是金山银山"理念被赋予新的时代内涵,是新时代正确处理经济发展和生态环境保护关系的根本遵循[①],其中生态产品是我国在生态文明建设理念上的重大变革,为"绿水青山就是金山银山"理论提供实践抓手和物质载体(张林波等,2019),农业生态产品价值的实现是其中最关键的一环,对我国粮食安全、生态保护、国家战略布局意义重大。但当前涉及农业生态产品或农产品价值实现的解读和策略,仍存在一些疑惑,包括:①农产品不是已经通过市场的途径定价了吗?其生态产品价值是否已经实现?如果没有实现或没有完全实现,到底哪一块没有实现?②现在大部分的农业生态产品或农产品价值实现的政策建议,提出要加大当地财政扶持力度,建立品牌,扩大特色农产品市场占有率,实现农业生态产品价值。是否要进一步扩大农业、增加农田面积、增加销售、提升售价,那这种量上的增加,是否就是农业生态产品价值实现?③很多文献在提及农业生态产品价值实现时,都混杂着扶贫、生态补偿等,但这些到底与生态产品价值实现的关系是什么?

本研究将梳理农业生态系统、农业生态产品及农业生态系统服务的概念与边界,基于三元价值理论提出农业生态系统服务的核算方法。

8.1 农业生态系统、农业生态产品及农业生态系统服务

传统上,农产品被视为"生态系统服务"的主要来源,也被纳入了不同的生态系统服务分类体系(刘耕源和杨青,2018),但人们也逐渐意识到,除供给服务和支持服务之外,农业生态系统还可以提供一系列调节和文化服务(MEA,2005)。农业的调节服务包括洪水控制、水质控制、气候调节等;文化服务包括农田景观、教育、娱乐和旅游等。农田或农产品通常将在当地形成传统饮食与文化习俗(Daily,1997)。世界粮食首脑会议通过的罗马宣言和行动计划明确提出重视"农业多功能性"(multi-functionality in agriculture)的主张,强调农业不仅仅具有提供食物和纤维的经济生产功能,还具有生态涵养、景观保护、文化传承和确保食品安全的功能。1999 年,日本颁布的《食物·农业·农村基本法》正式确立了农业多功能性的概念(李瑞扬,2008)。农业多功能性指农业不仅具有经济性的功能即生产和提供农产品、获得经济收益,还包括其他的功能如生态和社会功能等,并将农

---

① http://www.yutainews.com/hb/2020/0407/10106.html。

业价值分为生态价值、经济价值和社会价值。同时，越来越多的研究者也发现了农业生态系统可能会造成"损害"，包括丧失保护生物多样性的栖息地、营养物质的流失、水道淤积以及人类和非目标物种的农药中毒等（Zhang et al.，2007）。当然，适当的农田管理［如农业最佳管理实践（BMPs）等］可以减轻农业的许多负面影响，同时在很大程度上维持提供服务。

基于能值分析方法和三元价值理论（刘耕源和杨青，2019）可细致绘制农业生态系统[①]能流图（图8-1），可以看出农业生态系统是由自然生态系统与人工共同驱动的。自然生态系统的输入项包括太阳光、风能、降水、径流等；人工投入为主要驱动，分为种植过程的人工投入（包括机器设备、能源材料、农药、化肥、种子、劳力、服务等）和收获过程的人工投入（包括机器设备、能源材料、劳力、服务等）。与前期的研究（杨青和刘耕源，2018）类似，农业生态系统服务可分为直接价值型服务（NPP增加[②]、固碳释氧、补给地下水等）、间接价值型服务（调节局地温湿度等）和存在价值型服务（调节全球气候、旅游价值、文化价值等）。农产品是部分（或大部分）的生物量在收获后（即包含了收获过程的人工投入）后形成的产品。

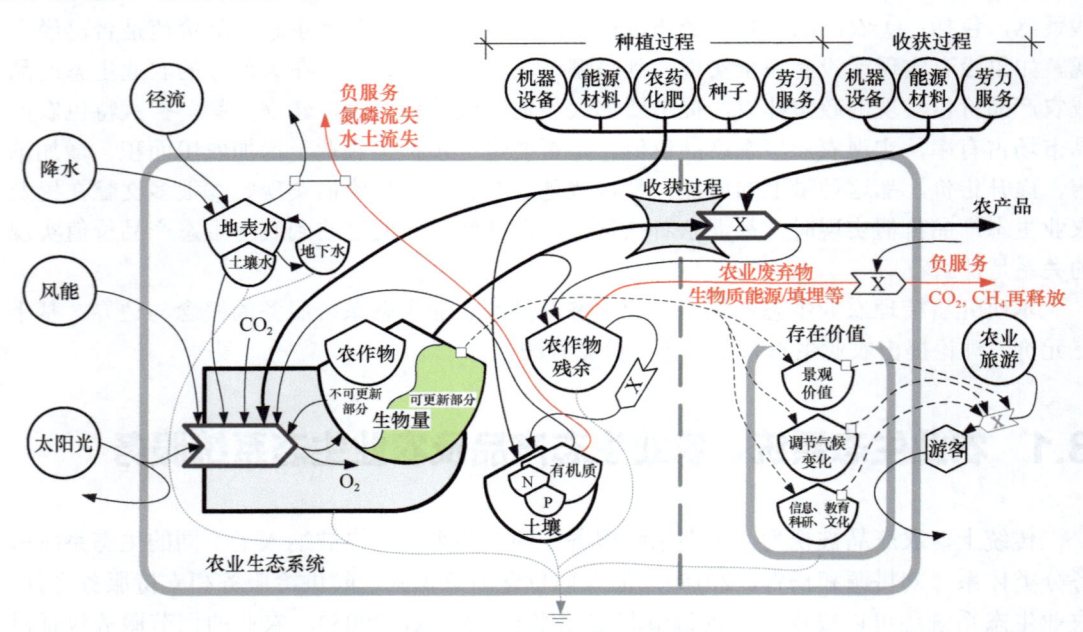

图 8-1　农业生态系统能流图

农业生态系统所能提供的服务与其他自然生态系统是不同的，具体的差异点包括：

（1）大量地混合了人工投入。由于农业生态系统是人类福祉主导的、以农产品（或新能源原材料）为单一目的的、以最优化产出率为目标的半自然半人工系统。但需要明确，人工投入是已经市场定价并且已经（或大部分）支付的，如购买的农药、化肥，使用的电

[①] 这里所绘制的农业生态系统能流图，是狭义的概念，这里主要是考虑种植业，畜牧业、渔业等并没有在图中反映。另外，为了使该系统与其他自然生态系统相比较，该系统也不包含人、人工建造的客体，如村庄、建筑物等。

[②] 这里没有直接用农产品，是因为农产品包含大量人力投入。此外，农业在收获后的剩余部分会存在进一步使用或形成负服务的情况。

力、燃料，人类提供的劳力与服务等，这部分已成为农产品价格中的固定比例。

（2）农业生态系统是否提供传统意义上生成土壤的服务？传统农业是将农作物残余物翻耕生成新的土壤，但现代农业过多地使用化肥，或者直接补充高营养土壤，使得自然生成的土壤比例变低。另外，高强度农业种植业使得土壤中的营养物质消耗很快，大水漫灌等不合理的灌溉方式也会增加水土流失等负服务。

（3）农业生态系统是否提供净化大气、净化水体和净化土壤等调节服务？换句话说，即使农业生产过程存在净化大气、水体和土壤的情况，是否应该算作一种服务？在不少研究中均指出农业作物在满足其生长进行光合作用的同时，也会吸附空气中的粉尘、烟尘等固体污染物和一些有毒气体，如梧桐、柳杉、槐树、夹竹桃能吸收 SO_2（利多等，2015）。此外，农业生态系统净化水质和净化土壤也有相关报道（张迎颖等，2019）。但与自然生态系统不同，农业生态系统的核心目标是生产食物，而净化大气、净化水体和净化土壤将不同程度地降低生产出食物的品质。可以这么理解，与自然生态系统一样在植物生长的过程中的一些吸附、吸收、降解虽然也提供了净化的效果，但是考虑到农业生态系统的目标性，其实并不适宜作为一种服务，或是将其纳入农业所提供的生态产品（因为产品的目标是使其价值最大化）。

（4）农业生态系统种植期提供的服务或产品在收割期之后的折减问题。虽然在种植期农业生态系统也会通过光合作用固碳释氧，但根据政府间气候变化专门委员会（IPCC）等机构的估计，农业活动（不包括土地开垦所产生的排放）占全球人为温室气体排放量的 12%～14%（US EPA，2006；IPCC，2007）。土地利用变化是全球第二大 CO_2 排放成因，例如自然生态系统向农业的转化使温带地区土壤碳库减少了 30%～50%（50～100 年），热带地区减少了 50%～75%（20～50 年）（Lal，2008a，2008b）。此外，农业活动还以多种方式排放温室气体，例如全球人为排放的 CH_4 和全球每年排放的 N_2O 中约有 49% 归因于农业[①]。在全球范围内，大约 50% 的氮肥被作物吸收，氮肥的 2%～5% 被存储为土壤氮，25% 的氮因 N_2O 排放而损失，而 20% 转移至水生生态系统（Galloway et al.，2004）。除了直接排放 N_2O 之外，合成氮肥的生产也是一种能源密集型过程，会产生额外的温室气体。淹水水稻种植会通过土壤微生物对土壤有机质进行厌氧分解，这一过程排放 CH_4。收获后燃烧农作物残留物的做法也会大量生成 CH_4 和 N_2O[②]。

（5）负服务问题。由于农业生态系统是为了粮食生产这一单一目标而驱动的，其大量的农药化肥施用、不良的灌溉方式等会形成污染。服务和负服务的发生是一种伴生过程，有些会成为利益的来源，有些会破坏人类的福祉（Zhang et al.，2007；von Döhren and Haase，2015），必须同时研究以增进对它们与生态产品价值实现之间关系的了解（Shackleton et al.，2016）。例如，从地方到全球尺度，农业对氮和磷的生物地球化学循环和养分利用率都具有深远的影响（Galloway et al.，2004）。氮和磷肥料大大增加了生物圈中氮和磷的含量，并对自然生态系统产生了复杂的并通常是有害的影响（Vitousek et al.，1997）。农业生态、系统中施用的氮肥中约有 20% 进入水生生态系统（Galloway et al.，2004），

[①] FAO. 2003. World Agriculture: Towards 2015/2030. Interim Report. Rome: FAO.
[②] 如果考虑畜牧业，畜牧生产也促进了 CH_4 和 N_2O 的排放（Pitesky et al.，2009）。反刍动物，如牛、绵羊、山羊和水牛，会排放 CH_4 作为其消化过程（肠发酵）的伴生产品。牲畜粪便也可以通过有机化合物的生物分解释放 CH_4，或通过粪肥中所含氮的微生物代谢释放 N_2O。

使得地下水污染和饮用水中硝酸盐含量增加，富营养化使得水华的发生频率和严重性增加，由缺氧造成鱼类死亡甚至在沿海海洋生态系统中形成"死亡区域"（Bouwman et al.，2009）等。

（6）需要关注农业生态系统能提供的独特服务，如控制病虫害、授粉等。部分农业生态系统可以通过养殖害虫天敌提供的生态系统服务替代杀虫剂等的投入造成的负服务。例如，美国在农业生态系统中通过养殖害虫天敌抑制大豆蚜虫，在2007~2008年，为4个州提供的控制病虫害的生态系统服务价值约为2.39亿美元（Landis et al.，2008），估算能为全美提供的服务价值为每年45亿美元（Losey and Vaughan，2006）。授粉是另一项重要的农业生态系统服务。大约65%的植物物种需要动物授粉，对200个国家的数据进行的分析表明，对粮食生产具有全球重要性的75%的作物物种主要依靠昆虫来实现动物授粉（Klein et al.，2007）。值得注意的是，这些独特的生态系统服务其实是通过改善农田管理策略减少农业生态系统的负服务，并进一步产生新的服务。

综上，将农业生态系统所能产生的生态系统服务与负服务列于表8-1。

表8-1 农业生态系统所能产生的生态系统服务与负服务

直接价值型服务	间接价值型服务	存在价值型服务	负服务
NPP（农产品） （同其他自然生态系统）	调节局地温湿度 （同其他自然生态系统）	旅游 （同其他自然生态系统）	水土流失（负服务）
固碳释氧 （同其他自然生态系统；仅种植期）	空气净化（不应考虑） （不同于其他自然生态系统；降低核心目标品质）	文化 （同其他自然生态系统）	N/P的释放、农药、杀虫剂等污染
涵养水源 （同其他自然生态系统；包括补给地下水及调蓄径流）	水净化（不应考虑） （不同于其他自然生态系统；降低核心目标品质）	教育与科研 （同其他自然生态系统）	温室气体（CO_2、CH_4）的重新释放
生成土壤 （不同于其他自然生态系统；大量人工投入）	土壤净化（不应考虑） （不同于其他自然生态系统；降低核心目标品质）	景观 （同其他自然生态系统；但需考虑不同农业景观下可能会形成的负服务）	
	保持水土（应考虑为负服务） （不同于其他自然生态系统）		
	独特服务 （控制病虫害、授粉等）		

注：有些研究中将农田的保持水土能力与裸地相比，并提出也存在保持水土的服务，但本研究认为应与同NDVI的自然生态系统的保持水土能力相比，并需考虑收获期后的农田裸地的负服务。

8.2 农业生态系统所提供的服务核算方法

利用能值分析方法，可以将农业生态系统服务进行核算比较。能值分析方法的优点在于其是基于贡献者视角，能够细致剖析物质流动和能量传递，允许量化每个流量或存量的环境工作量/投入量（Odum，1996；刘耕源，2018）。具体的计算方法如下。

（1）食物供给。食物供给是农业生态系统提供的农产品的量，为输入农业生态系统的总能量，计算公式如下：

$$E_{FP} = R + \sum_{i=1}^{n} P(X_i) \tag{8-1}$$

式中，E_{FP} 为食物供给服务能值，sej；R 为可更新资源的能值，sej，是太阳能、风能和雨水化学能的最大值与灌溉用水的化学能之和；$P(X_i)$ 为种植与收获过程中投入的非可更新资源/能源的能值，sej。

（2）固碳释氧。植物通过光合作用将大气中的二氧化碳固定到植物中，因此碳固定的值等于植物吸收二氧化碳转换成有机碳的值，计算公式如下：

$$E_{CS} = \frac{CP \times (1-\delta) \times C_A}{C_e} \times UEV_{OC} \tag{8-2}$$

式中，CP 为农作物的产量，g；δ 为农作物产量部分的含水量，%；C_A 为碳吸收率，%；C_e 为作物的经济系数，是农作物产量与经济产量的比例，经济产量是指在单位面积土地上所收获作物可供食用或其他用途的作物籽粒或其他干物重；UEV_{OC} 为有机碳的能值转换率，sej/g。

（3）涵养水源。地下水补给是降水和农作物灌溉过程中，除去植物自身吸收的部分，其余土壤吸收渗透到地下，补给地下径流，计算公式如下：

$$E_{GS} = (P \times A + I) \times \rho_w \times \beta \times G_w \times UEV_w \tag{8-3}$$

在农田休耕时段，因为没有人为的灌溉水输入，则计算公式变为

$$E_{GSF} = (P \times A) \times \rho_w \times \beta \times G_w \times UEV_w \tag{8-4}$$

式中，E_{GS} 和 E_{GSF} 分别为农田耕种和休耕时段地下水补给的能值，sej；P 为区域降水量，m；A 为灌溉面积，m²；I 为农田灌溉水体积，m³；ρ_w 为水密度，g/cm³；β 为渗透系数；G_w 为水的吉布斯自由能，J/g；UEV_w 为水的能值转换率，sej/J。

（4）生成土壤有机质。植物通过光合作用增加了生态系统生物量，部分植被凋落物和农业收割后残余物进入土壤成为土壤有机质的来源（Lemaire et al., 2011; Zhao et al., 2014），可通过土壤有机质来度量此服务。需要注意的是，这里的植被凋落物是每年新形成的植被凋落物，周转时间为1年，因此用于构建农业生态系统土壤有机质的能值是按每年重新分配本地可再生资源的方式计算的，具体计算公式如下：

$$Em_{OM} = Em_{NPP} \times k_1 \times k_2 \tag{8-5}$$

式中，Em_{OM} 为土壤有机质构建的能值，sej/a；Em_{NPP} 为农业生态系统可更新资源对应的能值，sej/a，即 NPP；k_1 为农业生态系统植被凋落物和农业收割后残余物占生物量的比例，g/g，%，仅考虑用来生成土壤的部分；k_2 为植被凋落物中碳含量，g/g，%。

（5）调节局地温湿度。农业生态系统通过增加湿度、降水量和降低温度来调节小气候，由于植物蒸发过程中吸收的热量等于生态系统中湿度的增加值和温度的降低值，因此蒸发所需的能量可以用来测量湿度的增加值和温度的降低值，公式如下：

$$E_{MR} = E_{CE} \times A \times \rho_w \times (1-\alpha) \times UEV_{CE} \tag{8-6}$$

式中，E_{MR} 为植物蒸发所需要的能值，sej；E_{CE} 为农田蒸发量，mm/a；ρ_w 为水密度，g/cm³；

α 为蒸发过程中光合作用用水比例；UEV_{CE} 为径流水的能值，sej/g。

（6）温室气体再释放（负服务）。农业生态系统在种植过程中和收获过程之后会产生温室气体。基于 eco-indicator 99 评估方法框架，用温室气体导致的人体健康损失和生态系统质量损失来衡量其产生的负服务。具体计算公式如下：

$$E_{HL} = \sum M_i \times DALY_i \times \tau_H \tag{8-7}$$

式中，E_{HL} 为人类健康损失的能值，sej；M_i 为第 i 种排放到空气中温室气体的量，g/a；$DALY_i$ 为第 i 种温室气体导致的失能生命调整年，（人·a）/kg（Goedkoop and Spriensma，2001）；τ_H 为区域人均卫生总费用对应的能值，sej。

$$E_{EL} = \sum M_i \times PDF(\%)_i \times E_{BIO} \tag{8-8}$$

式中，E_{EL} 为生态系统质量损失的能值，sej；M_i 为第 i 种排放到空气中温室气体的量，g/a；$PDF(\%)_i$ 为由第 i 种温室气体导致潜在物种灭绝比例，$(PDF·m^2·a)/kg$；E_{BIO} 为农业生态系统所在研究区物种所需的能值，可用区域可更新资源对应的能值计算（sej/g）。

（7）氮、磷、农药、杀虫剂等污染（负服务）。在农业生产中，人类向农业生态系统中投入大量的化肥、农药来提高农作物的产量，但是同时，农药和化肥的过度使用使得土壤残留，造成土壤污染，影响农业生态系统的可持续性，并进一步通过食物链影响人体健康。同时一部分营养物质、农药、杀虫剂等随着径流流入河流中，造成水体富营养化等，本研究通过对人体健康损失和生态系统质量损失来衡量土壤和水污染，计算公式与式（8-7）和式（8-8）相同。

（8）水土流失（负服务）。土壤侵蚀强度是通过流域区域的水文和地形特征来测量的。农业土壤侵蚀可按式（8-9）计算：

$$E_{SE} = SE \times Area \times OM \times G \times UEV_E \tag{8-9}$$

式中，E_{SE} 为土壤侵蚀能值损失量；SE 为土壤侵蚀量，g/km^2；Area 为耕地面积，km^2；OM 为土壤中有机质含量，%；G 为能量转换系数，kcal/g；UEV_E 为土壤能值转换率，sej/J。

8.3 对农产品定价的方法学综述

农民在中国国民经济中处于基础地位，是中国经济发展的前提和源泉，在某种程度上，农业发展决定国民经济的发展。农产品作为国民经济基础的一类重要产品，其与其他工业产品具有不同的特征，如对产品价格反映的有限性。农产品价格依照价值规律的作用，通过价格机制调节资源配置，促进农产品总供给和农产品需求的平衡。农产品价格形成机制主要由市场价格和政策价格决定，农产品价格波动直接关系着农产品生产者的切身利益和生产积极性，现阶段很多学者对农产品价格进行研究，研究者集中在农产品价格波动的影响因素，如宏观政策、通货膨胀（Durevall et al.，2013；Zhang et al.，2014）、贸易对农产品价格的影响（Bekkers et al.，2017），以及其他因素（Myers，2006；Zilberman et al.，2013）。此外，更多的学者采用模型来研究农产品价格，例如 Fox（1953）采用空间均衡模型，从空间需求角度对农产品价格进行了研究。Cardner（1975）采用均衡移动模型，从产业组织角度对农产品价格波动及其传递进行了研究，推导出农产品收购向食品零售环节的双向价格传递模型。与此同时，一些新的方法不断开发出来，如 ARCH 模型（Engle，1982）、一般均衡模型（van Tongeren et al.，2001）、SPLINE-GARCH 模型（Engle and Rangel，2008）等。还有很多学者根据消费者行为对农产品定价的影响，Naseem 等（2013）调查市场上销售大米的各种属性的偏好，实证分析了消费者行为为选择稻米所支付的价格与其属性之间的关系；Yin 等（2010）建立 logit 模型，分析了影响消费者选择有机食品的主要因素，发现消费者购买有机食品的意愿对有机食品价格的接受程度、消费者对自身健康的关注程度等因素的强烈影响（Hasselbach and Roosen，2015）。然而，少部分学者研究农产品生态价值以及基于生态价值农产品定价问题。

8.4 中国农产品生态服务及负服务的核算

图 8-2 显示的是典型种植业的能值流动及其系统所产生的生态服务和负服务，并运用于 6 种典型农作物中。结果表明，可更新资源是农业生态系统中投入最少的，在 6 种典型农作物中，可更新资源投入最高和最低的分别是稻谷和豆类，分别为 1.23×10^{10} sej/m² 和 1.0×10^{10} sej/m²。人工投入分为耕种时期的资源投入和收割时期的资源投入。耕种时期的资源投入均高于收割时期的资源投入，小麦是耕种时期投入最多的，为 4.84×10^{11} sej/m²；收割时期投入最多的是稻谷，为 3.804×10^{11} sej/m²。R 可以反映农业系统的对自然资源的使用情况以及系统的可持续性，可以看出，中国 6 种典型农作物的 R 均小于 5%，说明中国农作物的生长更多地依靠外部资源的投入，农业生态系统更多地由人类控制和主导，油料是 6 种典型农业生态系统中 R 最高的农作物，其 R 为 4.15%；小麦则是 R 最低的农作物，其 R 为 2.47%。

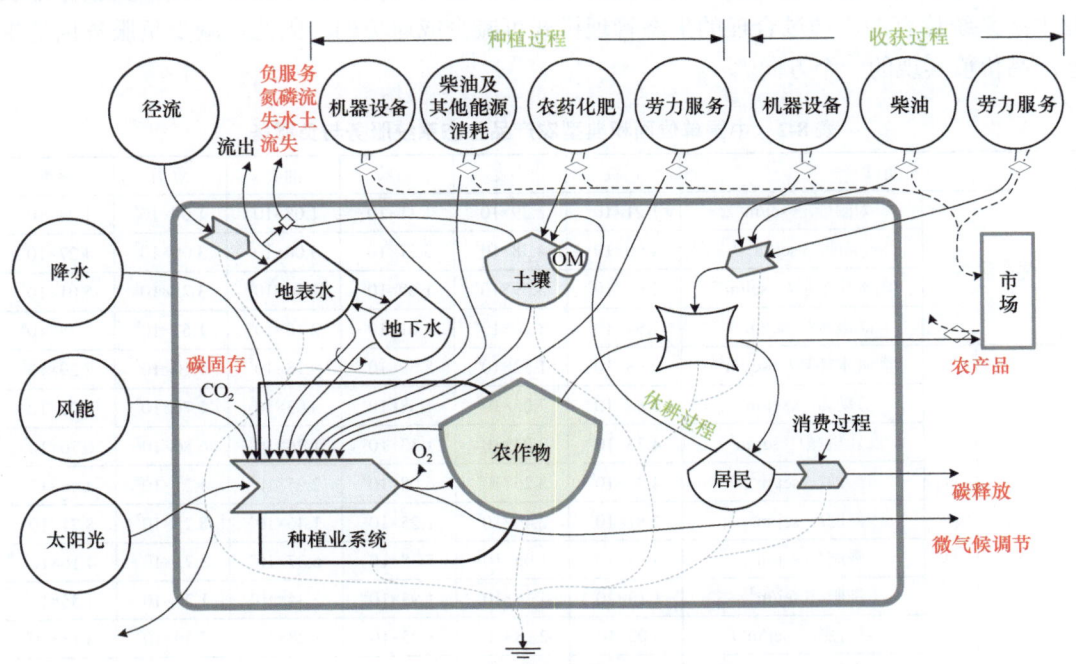

图 8-2　典型种植业的能流图（1×10^{10} sej/m²）

单位：10^{10} sej/m²

农业生态系统带来的生态服务主要有食物供给、碳固定、微气候调节以及地下水补给。其中，农业生态系统提供的食物供给服务是最高的，食物供给最高的农业生态系统是稻谷，为 $6.77×10^{11}$ sej/m² （最低的是油料系统，为 $3.59×10^{11}$ sej/m²）。其次是地下水补给服务，说明现阶段自然降雨和农田灌溉被农作物吸收后有部分水通过土壤与岩石缝隙流到地下，补给地下水；农业生态系统提供的碳固定服务是所有服务中最低的。总的来说，农业生态系统主要的服务是食物供给，而其他服务则大约是食物供给服务的 10%，尽管农业生态系统通过自身及其进行的光合作用对周边环境产生一定的生态系统服务，但对生态环境的贡献较少。

负服务包括温室气体（GHG）排放和土壤、水污染导致的人体健康损失与生态环境损失，以及土壤侵蚀。其中，土壤和水体污染较高，分别是 $7.191×10^{11}$ sej/m²、$4.256×10^{11}$ sej/m²、$4.27×10^{11}$ sej/m² 及 $4.64×10^{11}$ sej/m²、$4.99×10^{11}$ sej/m²、$4.83×10^{11}$ sej/m²。GHG 排放仅次于土壤和水污染，最高与最低的分别为稻谷和小麦，分别为 $5.28×10^{10}$ sej/m² 和 $1.66×10^{9}$ sej/m²。土壤侵蚀则相对较低，最高的为玉米，为 $2.04×10^{10}$ sej/m²；最低的为豆类，为 $2.5×10^{9}$ sej/m²。可以看出，土壤和水污染是主要的生态负服务，其主要原因是农业生态系统追求产量的同时对农药、化肥等的不科学、不合理施用，进而残留的化肥、农药致使土壤污染，污染物随地表径流流入河体，造成水污染，对生态环境产生生态负服务。

表 8-2 详细列出了中国单位面积典型农产品生态系统服务与负服务，可以看出这 6 种农业生态系统提供了 4 项生态服务（即生态产品），包括已经通过市场化价值实现的农产品，以及具体温湿度调节服务、固碳释氧服务和涵养水源服务。负服务包括温室气体排放、氮/磷/农药/杀虫剂等污染和水土流失这 3 项。存在服务在此未列出。具体来说，农产品中自然贡献比例非常少，为 1.41%~2.89%，大部分贡献来自人工投入，而且这部分已经支付费用。由此看来，另外 3 项农产品才是真正需要价值实现的核心产品。另外，负服务是农业生态系统特有的，通过合理的生态管理模式可减少或避免的，因此，减少负服务也是生态产品价值实现的一个方向。

表 8-2 中国单位面积典型农产品生态系统服务与负服务

项目			稻谷	小麦	玉米	油类	豆类	薯类
可更新投入		太阳能/（sej/m²）	$1.21×10^7$	$1.39×10^7$	$1.11×10^7$	$1.08×10^7$	$1.08×10^7$	$1.24×10^7$
		风能/（sej/m²）	$4.00×10^7$	$4.38×10^7$	$3.37×10^7$	$3.00×10^7$	$3.00×10^7$	$4.27×10^7$
		雨水化学能/（sej/m²）	$2.66×10^8$	$3.69×10^8$	$1.60×10^8$	$1.00×10^8$	$3.75×10^7$	$5.01×10^7$
		灌溉水/（sej/m²）	$1.94×10^8$	$3.10×10^8$	$2.01×10^8$	$2.16×10^8$	$1.67×10^8$	$1.72×10^8$
不可更新投入	种植过程	灌溉水能耗/（sej/m²）	$9.93×10^7$	$1.32×10^8$	$8.59×10^7$	$9.18×10^7$	$7.10×10^7$	$7.29×10^7$
		劳动力/（sej/m²）	$6.88×10^6$	$7.05×10^7$	$1.58×10^7$	$3.03×10^7$	$1.76×10^7$	$2.25×10^7$
		农业机械/（sej/m²）	$4.73×10^7$	$2.04×10^8$	$1.13×10^8$	$1.26×10^8$	$6.86×10^7$	$6.70×10^7$
		柴油/（sej/m²）	$4.37×10^9$	$8.26×10^9$	$6.08×10^9$	$2.95×10^8$	$4.21×10^9$	$4.46×10^9$
		氮肥/（sej/m²）	$7.81×10^7$	$2.46×10^8$	$1.25×10^8$	$1.46×10^8$	$8.25×10^7$	$8.71×10^7$
		磷肥/（sej/m²）	$3.64×10^6$	$1.05×10^7$	$5.38×10^6$	$6.37×10^6$	$3.71×10^6$	$4.16×10^6$
		钾肥/（sej/m²）	$1.13×10^6$	$4.16×10^6$	$1.93×10^6$	$2.34×10^6$	$1.26×10^6$	$1.35×10^6$
		复合肥/（sej/m²）	$9.00×10^6$	$2.18×10^7$	$1.25×10^7$	$1.28×10^7$	$7.39×10^6$	$8.13×10^6$
		农药/（sej/m²）	$1.73×10^5$	$3.04×10^5$	$1.74×10^5$	$2.17×10^5$	$1.25×10^5$	$1.45×10^5$
		塑料薄膜/（sej/m²）	$8.74×10^5$	$1.72×10^6$	$1.05×10^6$	$1.30×10^6$	$8.36×10^5$	$1.40×10^6$

续表

项目			稻谷	小麦	玉米	油类	豆类	薯类
不可更新投入	收获过程	服务/（sej/m²）	7.94×10⁹	1.03×10¹⁰	7.59×10⁹	6.87×10⁹	6.89×10⁹	7.21×10⁹
		劳动力/（sej/m²）	5.20×10⁶	5.97×10⁶	9.03×10⁶	4.82×10⁶	2.81×10⁶	2.53×10⁹
		农业机械/（sej/m²）	1.15×10⁷	4.34×10⁷	2.13×10⁷	2.34×10⁷	1.35×10⁷	2.47×10⁶
		柴油/（sej/m²）	1.56×10⁸	3.33×10⁸	2.39×10⁸	2.59×10⁸	2.13×10⁸	1.26×10⁸
		服务/（sej/m²）	6.98×10⁹	3.12×10⁹	5.74×10⁹	2.75×10⁹	2.75×10⁹	2.39×10⁹
生态服务（产品）		粮食供给/（sej/m²）	2.02×10¹⁰	2.35×10¹⁰	2.04×10¹⁰	1.10×10¹⁰	1.45×10¹⁰	1.47×10¹⁰
		自然比例/%	2.28	2.89	1.77	2.87	1.41	1.51
		人工比例/%	97.52	97.02	98.04	96.36	98.62	98.64
		局地温湿度调节/（sej/m²）	5.63×10¹⁰	6.30×10¹⁰	4.80×10¹⁰	5.49×10¹⁰	3.72×10¹⁰	5.66×10¹⁰
		固碳释氧/（sej/m²）	6.22×10¹⁰	4.67×10¹⁰	5.32×10¹⁰	2.05×10¹⁰	1.58×10¹⁰	3.32×10¹⁰
		涵养水源/（sej/m²）	2.31×10⁹	3.07×10⁹	1.61×10⁹	1.38×10⁹	8.74×10⁸	9.53×10⁸
负服务		温室气体排放/（sej/m²）	1.36×10¹⁰	2.79×10¹⁰	1.80×10¹⁰	2.43×10¹¹	1.50×10¹⁰	1.59×10¹⁰
		氮/磷/农药/杀虫剂等污染/（sej/m²）	1.01×10¹⁰	1.37×10¹⁰	9.26×10⁹	8.72×10¹⁰	6.69×10⁹	7.76×10⁹
		水土流失/（sej/m²）	6.75×10⁸	2.35×10⁹	1.27×10⁹	5.32×10⁸	2.50×10⁸	2.40×10⁸

8.5 中国农业生态系统服务的空间分布

对不同省份的农业生态系统服务和负服务进行计算，结果如图 8-3 所示，对于单位面积食物供给服务，黑龙江和吉林是 31 个省份中较高的。黑龙江和吉林作为农业大省，拥有充足的农业生产资源和条件，黑龙江有着超过 1×10⁷ hm² 的耕地面积，但是其单位面积食物供给服务却较少，说明该省农业发展并没有充分地使用耕地资源。相反，上海虽然耕地面积较少，仅有 3.456×10⁵ hm²，仅高于北京和西藏，但是其谷物的单位面积产量为 7042 kg/hm²，仅次于吉林，说明上海由于地域面积有限，需要从较少的种植面积中取得较高的产量来满足社会和市场的需求。对于气候调节服务，河南是最高的，福建则是最低的。对于中国西北部地区（陕西、甘肃、青海、宁夏、新疆），由于温度较高，农田相对于温度适中的区域，农田蒸散发量相对较高，气候调节服务会增多。对于碳固定服务，新疆和宁夏分别是最高与最低的省份。南方地区相比于北方地区降水量充足，因此，除植物吸收的水分外，有较多的水渗透到地下，补给地下水。总的来说，农业生态系统主要的服务是食物供给，而其他服务则大约是食物供给服务的 10%，尽管农业生态系统通过自身及其进行的光合作用对周边环境产生一定的生态系统服务，除食物供给服务外，其他生态系统服务对生态环境的贡献较少。

反观生态系统负服务中，新疆是 31 个省份中农业生态系统温室气体排放最多的省份，为 8.98×10¹¹ sej/m²，主要原因是新疆拥有 31 个省份前列的农业机械总动力（2.3148×10⁷ kW·h），种植过程中化石燃料的大量使用产生过多的温室气体。北京由于单位面积农药、化肥施用量较高，大量的农药残留物导致土壤和水污染较严重，浙江产生的土壤侵蚀

省份	FP	CR	CS	GWS	GE	SWP	SE
新疆	40.87	0.43	5.65	9.77	8.98	16.16	0.46
宁夏	46.53	0.33	2.93	5.08	2.2	6.8	0.66
青海	23.46	1.12	1.01	1.75	1.28	11.93	0.71
甘肃	31.09	0.35	1.62	1.92	1.45	54.87	0.61
陕西	32.75	0.3	0.71	1.15	2.88	7.83	0.53
西藏	67.08	0.57	2.43	20.83	2.7	22.26	0.59
云南	29.69	0.37	0.95	1.47	1.76	21.21	0.48
贵州	25.44	0.45	0.77	1.96	1.08	6.83	0.56
四川	27.27	0.4	1.04	1.93	1.48	16.85	0.67
重庆	28.28	0.45	0.96	1.41	1.61	14.53	0.68
海南	41.98	0.55	2.21	5.48	5.95	20.17	0.46
广西	33.53	0.3	0	2.06	2.37	31.4	0.36
广东	48.6	0.73	1.45	3.27	4.26	85.77	0.56
湖南	46.59	1.17	1.53	5.94	3.3	71.27	1.32
湖北	50.51	1.16	1.24	4.12	5.21	86.81	1.47
河南	69.68	4.3	0.75	13.73	7.67	63.45	8.06
山东	37.54	0.49	1.19	1.74	3.26	50.11	0.67
江西	38.04	0.73	1.31	4.81	2.02	60.52	0.83
福建	35.55	0.22	1.09	1.62	1.38	27.53	0.18
安徽	37.76	0.62	0.96	3.55	3.45	52.85	0.86
浙江	64.66	0.47	0.94	3.46	1.97	60.77	0.4
江苏	48.12	0.33	1.01	3.93	3.74	43.01	0.61
上海	77.48	0.85	2.34	5.13	2.25	46.92	0.24
黑龙江	76.46	1.04	2.19	3.31	3.19	46.49	2.16
吉林	86.49	0.33	1.33	1.67	2.68	32.78	0.86
辽宁	61.98	0.33	1.35	2.14	2.21	41.59	0.64
内蒙古	28.11	0.22	1.84	1.33	1.6	11.1	0.73
山西	38.46	1.58	0.68	0.93	1.45	17.85	1.38
河北	43.6	1.17	1.15	0.68	1.32	27.94	0.56
天津	67.31	0.85	1.45	3.72	2.38	31.61	0.52
北京	37.09	0.47	1.03	3.48	3.61	66	0.42

生态系统服务、负服务 /(1×10^{11}sej/m²)

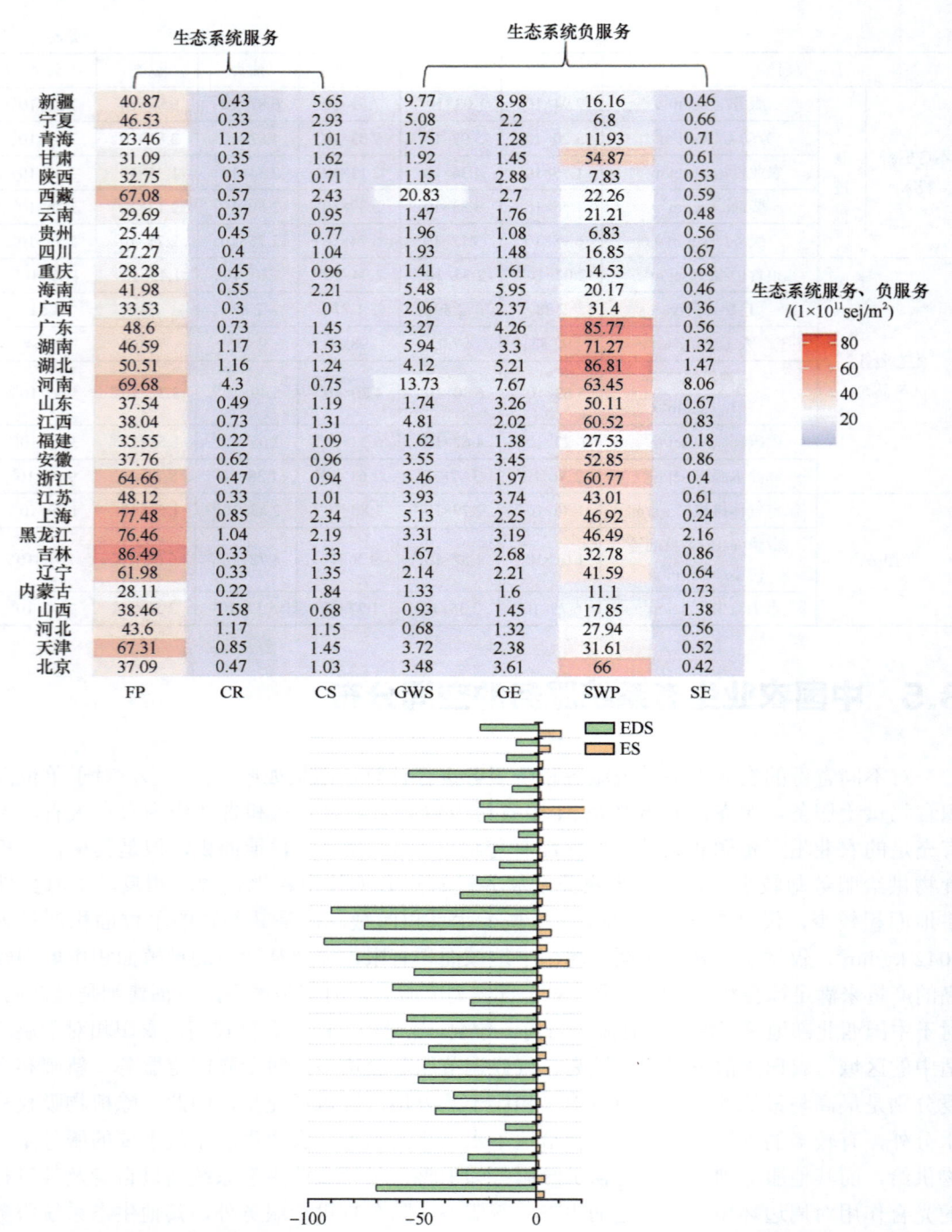

图 8-3 中国各省（自治区、直辖市）农业生态系统服务及负服务（1×10^{11}sej/m²）

是 31 个省份中最高的，主要原因是浙江地势复杂的山地和丘陵占浙江土地面积的 70.4%，地势由西南向东北倾斜。较大的坡度导致水土侵蚀比较严重。可以看出，土壤和水污染是主要的生态系统负服务，其主要原因是农业生态系统追求产量的同时对农药、化肥等的不科学、不合理施用，进而残留的化肥、农药致使土壤污染，污染物随地表径流流入河体，

第 8 章　农业生态系统服务核算方法

造成水污染，对生态环境产生生态系统负服务。

进一步计算各省（自治区、直辖市）总生态系统服务和生态系统负服务，为避免重复计算，生态系统服务指的是气候调节、碳固定和地下水补给的最大值，生态系统负服务则是 GHG 排放，土壤和水污染以及土壤侵蚀的加和（Yang W et al.，2018）。从图 8-3 可以看出，绝大多数农业生态系统的生产过程中产生的生态系统负服务远高于其带来生态系统服务，大约是 10 倍关系。海南（1.16×10^{13} sej/m^2）产生的单位面积生态系统负服务是 31 个省份最高的，是宁夏（7.06×10^{11} sej/m^2）的 10 倍多，主要来自土壤和水污染负服务；海南单位面积化肥施用量是 31 个省份中最多的，每平方米农业用地 4.71 g，而宁夏仅有 0.21 g，残留的农药导致水和土壤污染。提供生态系统服务最高的省份是河南，河南拥有丰富的农业种植条件，其农业播种面积为 1.4425×10^7 hm^2，是 31 个省份最高的，同时降水量和土地条件都适宜农作物的种植。图 8-4 显示的是总生态系统服务的空间分布，可以看出，总生态系统服务比较高的地方集中于华北区域的河北、山东和河南，主要原因是这 3 个省份有着丰富的耕地资源，其耕地面积占中国耕地总面积的 21%，充足的耕地资源使得这 3 个省份更加注重农业发展。2015 年，山东、河南、河北是中国农业产值较多的 3 个省份，其产值之和占中国农业总产值的 22.5%，农业产量的增高换来大量的生态系统服务，同时也会导致更多的生态系统负服务的产生。

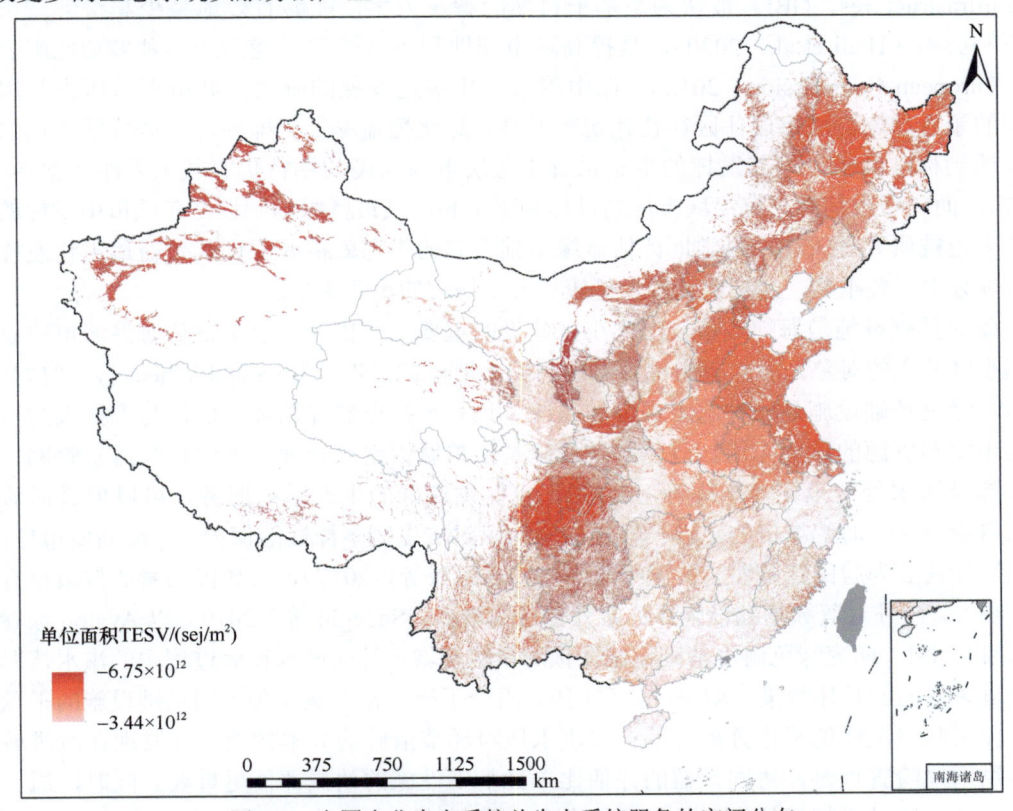

图 8-4　中国农业生态系统总生态系统服务的空间分布

第 9 章

城市蓝绿基础设施生态系统服务核算方法

9.1 引言

随着城市化进程高速发展，城市绿地碎片化、城市热岛效应等城市病层出不穷。洪涝灾害、高温胁迫、水资源短缺和空气污染已被证明是全球城市集群或大型城市中最具影响且最严重的事件（Zhang B et al., 2015）。如何从生态、减排、健康的角度出发，科学地规划城市、更新城市已成为城市规划者的重要命题。城市蓝绿基础设施（green & blue infrastructures，GBI）被认为是基于自然的解决方案，能够有效地减少和缓解城市化的不利影响（Hadi et al., 2020），是提高城市韧性和可持续发展能力的一种多功能组合设施（European Commission, 2012）。在中国城市化快速发展的阶段，城市人口压力与用地之间的矛盾加剧，城市居住区往往建筑密度高、绿化覆盖率低。即使部分居住区平均绿地率已达到标准要求，但其发挥的生态系统服务质量与居民的期待仍有较大差距（栾博等，2017）。面向城市韧性、海绵城市规划目标和碳中和，城市蓝绿基础设施在城市中发挥的作用越来越被研究者关注，科学地评估蓝绿基础设施的生态效益并保证其效益最大化发挥在城市规划中至关重要，是构建韧性、健康、安全城市的重要举措。

蓝绿基础设施是海绵城市及海绵小区建设的重要工程措施，也是评估海绵城市建设及海绵小区效果的对象之一。美国佛罗里达州的土地保护报告（Silva and Wheeler, 2017）中提出，绿色基础设施是一种水土耦合的系统，具有维持自然界循环、保护与维持人与自然各类生物和资源的重要作用。蓝色基础设施是指与城市雨洪管理有关的传统排水管网、蓄滞设施及污水处理设施（李辉等，2017），也提供良好的生态系统服务，可以促进河流湖泊的自我净化、海绵城市的建设、气候变化的应对与生物多样性的保护[1]，提高城市环境，并能够让其成为居民宜居性的关键组成部分（时运兴等，2017），对居民的身心健康也有重要影响[1]。国外对蓝绿基础设施评估研究也日益增多。Sadeghi 等（2019）以 Avalon 绿巷网络项目（GSI）研究绿色雨水基础设施在预防和缓解城市社区雨水径流过程中的洪水情况和污染危害方面的具体效果。Alves 等（2019）组合了绿、蓝、灰 3 种不同基础设施的干预策略，使用收益关联的货币分析方法核算洪水风险环节措施的成本效益，并发现在改进城市社区洪水风险管理时，协同效益的评估比单独基础设施的效益评估更重要。同时，绿、蓝和灰 3 种基础设施相互补充与关联可能会产生最佳的适应策略。可见，将生态效益和社会效益纳入蓝绿基础设施的评估是未来的趋势之一，有助于社区尺度蓝绿基础设施的建设。

---

[1] Ioji C, Costache G O, Breustec J. 2018. 基于历史图像资料的城市蓝绿基础设施空间的连通性研究. 城市规划学刊, (5): 125.

在城市规划与建设中，蓝绿基础设施的结合应用已成为热潮，两者结合的生态效益也是研究热点。现有研究中，蓝绿基础设施的评估集中于单一目标视角，如雨洪管理能力，但只有通过全面分析它们的复合（组合）效益才能理解蓝绿基础设施所提供的完整净福利，也才能在城市规划中正确地运用蓝绿基础设施，使得城市建设生态化、可持续化。目前，已有不少学者对海绵城市建设效果的评估方法进行了研究。除一些简单的通过"径流总量控制率""下沉式绿地覆盖率"等单一指标进行粗略评估的方法外（任心欣和汤伟真，2015），目前综合的评估方法主要分为两类：指标体系建立法和模型模拟法。首先，在指标体系建立方面，出现了多种指标选择和赋予权重的方法。成本效益分析是评估项目效率最常用的方法之一，通过核算所有相关成本和效益来分析该项目的可行性与收益性，是在规划蓝绿基础设施时支撑决策的重要工具（Wild et al.，2017），在选择不同应用方案时为决策者提供了重要的参考依据。蓝绿基础设施所能提供的生态效益涉及广泛，精确地定量化评估其生态系统服务始终是亟待解决的难题；同时如何将多种效益统一标准进行比较衡量，评估其在整体生态系统服务中的贡献度也是关键。

综上所述，海绵小区建设具有环境效益、生态效益和社会效益，不同的蓝绿基础设施之间互相关联，目前还尚未出现充分考虑多效益及关联性的蓝绿基础设施建设效果评估框架。2018年《海绵城市建设评价标准》（GB/T 51345—2018）以年径流总量控制率及径流体积控制、源头减排项目实施有效性（保证SS去除）、路面积水控制与内涝防治、城市水体环境质量、自然生态格局管控与水体生态性岸线保护为考核目标；地下水埋深变化趋势、城市热岛效应缓解为考核目标，多方位考核建设效果，更偏重其建设的水环境效益。应充分考虑蓝绿基础设施作为微观生态系统本身的生态性，以及这些蓝绿基础设施与人群密集接触的社会性（俞孔坚等，2015），形成完整性的评估体系。

本章研究的总体目标是解决海绵小区规划及其设计过程中的成本与综合效益（生态效益、环境效益和社会效益）的系统分析难题；开发全新方法量化单元模块下的蓝绿基础设施的生态效益，再结合建设成本、环境效益与社会效益的采集，形成不同植被类型、不同生态组合形式下的蓝绿基础设施快速计算、快速比选、多目标优化和3D可视化集成。

拟解决的关键问题在于如下两点：

（1）创新模块化蓝绿基础设施多种生态系统服务评估方法学，实现不同植被类型、不同生态组合形式下的蓝绿基础设施快速计算、快速比选。城市居住区蓝绿基础设施能够发挥的生态效益包括增加生物量、固碳释氧、涵养水源、补给地下水、净化大气、调节温湿度等多种生态系统服务，不同类型的生态系统服务的效果衡量标准不同，只有将其统一定量才能够进行横向比较。同时，城市居住区是一个复杂系统，应用蓝绿基础设施类型、植被种类繁多，区分不同设施组合的差异化服务才能更好地优化小区环境、辅助城市规划中蓝绿基础设施的设计。本研究构建城市蓝绿基础设施生态系统服务数据库，运用生态热力学方法（能值分析方法）构建不同类型蓝绿基础设施的不同生态系统服务的核算方法学，能值分析方法是用于环境核算的主要方法之一，能值是某种流动或储存的能量中所包含的另一种能量的数量，即形成一种产品或服务的过程中直接和间接消耗的各种能量用太阳能量来表示的总和。能值分析方法的优势是能通过能值转换率将不同等级、不同类别的物质或能量转化为统一的衡量尺度，从而解决当前生态系统服务核算中缺乏共同度量尺度的问题。能值分析方法不仅是环境核算的重要方法，它对物质流动和能量传递的细致剖析，也使其成为系统分析和评价的重要工具。同时，能值重新理解生态系统服务及负服务的产生，因此，能值分析方法相较于经济学方法更加适用于核算来自自然生态系统的生态产品。该方法可将各类生态系统服务统一量纲核算，实现不同设施组合和不同生态系统服务的纵横比较。

（2）多元异质数据下的城市小区城市蓝绿基础设施综合比选与3D可视化集成。除了生态效益以外，还通过传感器获取环境数据、公众满意度的手机终端实时填报、通过对淘宝网工程成本数据的实时爬取，获得不同类型的蓝绿基础设施在建设、维护过程中的经济投入数据和公众对其的认知与喜爱程度的评分，结合生态效益，可以从经济、社会、生态三维度综合评价城市蓝绿基础设施，使得比选决策更具现实意义。

此外，城市居住区蓝绿基础设施在实际应用之前难以做到功能的评估与数据可视化模拟，城市规划者也难以分析其将带来的生态效益与未来应用效果，无法保证蓝绿基础设施的应用实现设计目标。本研究基于城市蓝绿基础设施能值核算数据库，通过大数据调用和快速计算技术，搭建可视化的小区蓝绿基础设施应用模型，内嵌小区生态效益评估与多目标优化工具，直观反映城市小区蓝绿基础设施在生态、环境、社会、经济投入之间的互动表现，模拟实现智慧化小区设计。

9.2 理论与框架

9.2.1 研究方法及理论依据

本研究通过对城市蓝绿基础设施的综合效益评估实现在海绵小区规划与设计过程中成本与综合效益（生态效益、环境效益和社会效益）的系统分析。总体思路是首先对城市蓝绿基础设施的应用进行实地调研和文献调研，确定研究对象及边界；其次采用文献综述法识别现存的生态系统服务核算方法，类比自然生态系统，构建城市蓝绿基础设施非货币量的生态系统服务核算方法，构建单位模块下的蓝绿基础设施的生态效益数据库；再次基于传感器获取的环境数据、蓝绿基础设施的淘宝网工程成本数据的实时爬取和手机终端公众意见采集的结果嵌套环境效益、经济投入和社会效益分析，形成单位模块下的蓝绿基础设施综合效益量化分析结果；最后搭建城市小区可视化平台，形成不同植被类型、不同生态组合形式下的蓝绿基础设施快速计算和比选，智能模拟不同情景下蓝绿基础设施应用所发挥的综合效益，进而实现多目标优化，利用3D集成技术，搭建可视化模拟与比选平台，实现社区尺度蓝绿基础设施的综合效益最大化发挥，进而提高城市小区生态系统服务，优化城市生态布局，促进构建韧性、健康的安全城市。具体研究方法与理论依据详细阐述如下。

1）人工建设的自然基础设施的分类学

由自然和设计的景观斑块互连构成的蓝绿基础设施，如水体和绿地空间，具有提供多种生态系统服务的能力，并激发出基于自然的解决方案来提高城市的韧性。本研究认为城市蓝绿基础设施是城市生态用地的重要组件，是为城市生态系统服务的基础设施，是城市水体和绿地空间勾连构成的自然或人工设计的生态景观，涵盖街道树、绿地、人工湿地、绿色屋顶、垂直绿化、透水铺装等。本研究考量从自然到人工，从平面到立体空间，从绿地、水体到硬地面的各类城市蓝绿基础设施，实现小区尺度生态组件的全覆盖，具体包括街道树、下沉式绿地、生物滞留池、绿色屋顶、垂直绿化、透水铺装六大类。在六大类蓝绿基础设施类目下，对植被的选择、技术设计要求、材质选择进行细分，得到百种蓝绿基础设施列表。

2）蓝绿基础设施提供的生态系统服务的正负服务

将生态系统服务价值分为直接价值、间接价值和存在价值，三类价值中又分为不同子类。直接价值中的分类依据与NPP存量、土壤存量、水存量相关的生态系统服务；间接价值中的分类主要依据不同介质的影响，如大气、水、土壤等介质；存在价值分类中的旅游休闲价值和文化教育价值要区分当地和非当地，以使用适当的能值货币比。依据以上分类标准，类比自然生态系统，对城市蓝绿基础设施的生态系统服务进行识别，本研究认为街道树、下沉式绿地、生物滞留池等蓝绿基础设施具有增加生物量、固碳释氧、调蓄水量、补给地下水、调节温湿度、净化大气、减少水土流失等生态系统服务；绿色屋顶和垂直绿化是在立体空间构建的绿地空间，无法进行地下水补给，故无补给地下水的生态系统服务；透水铺装设施是特殊的蓝绿基础设施，在提高城市水韧性方面发挥重要作用，在此考量其发挥的补给地下水和减少水土流失等生态系统服务。各类蓝绿基础设施的生态系统服务识别见表9-1。

表9-1 城市蓝绿基础设施所提供的生态系统服务及负服务

设施类型		生态系统服务					与环境效益相关的生态系统正、负服务				负服务
A、B类		增加生物量	固碳释氧	补给地下水	调蓄水量	调节温湿度	净化水	净化大气	减弱噪声	绿化垃圾	释放VOC	蚊虫增多
A1	生物滞留池	○	○	○	○	○	○	○	○	○	/	○
	渗透塘	○	○	○	○	○	○	○	○	○	/	○
A2	雨水花园	○	○	×	○	○	○	○	○	○	/	○
	雨水塘	○	○	×	○	○	○	○	○	○	/	○
B1	下沉式绿地	○	○	○	○	○	○	○	○	○	/	○
	植草沟	○	○	○	○	○	○	○	○	○	/	○
B2	植草沟	○	○	○	○	○	○	○	○	○	/	○
	植被缓冲带	○	○	○	○	○	○	○	○	○	/	○
B3	绿色屋顶	○	○	×	○	○	○	○	○	○	/	×
C类												
C1 透水铺装	透水混凝土路面	/	/	○	×	/	/	/	/	/	/	/
	透水沥青路面	/	/	○	×	/	/	/	/	/	/	/
	透水砖路面	/	/	○	×	/	/	/	/	/	/	/
	透水胶黏石	/	/	○	×	/	/	/	/	/	/	/
	植草砖	/	/	○	×	○	/	/	/	/	/	/

续表

设施类型		生态系统服务								负服务		
C2	渗井	/	/	○	○	×	/	/	/	/	/	/
	渗管/渠	/	/	○	○	×	/	/	/	/	/	/
C3	蓄水池	/	/	×	○	○	/	/	/	/	/	/
	雨水罐/桶/蓄水罐	/	/	×	○	○	/	/	/	/	/	/
	调节池	/	/	×	○	○	/	/	/	/	/	/
D 类												
D1	小区树林	○	○	○	○	○	○	○	○	○	○	/
D2	生态树池	○	○	○	○	○	○	○	○	○	○	/

注：○表示存在服务；×表示不存在服务；/表示未考虑。

3）蓝绿基础设施生态效益评估的热力学理论和方法学

蓝绿基础设施所能为居民提供的生态系统服务以调节服务为主，调节服务类生态产品是从生态系统的调控功能中获得的惠益。这部分产品大多是为人类提供服务而无法商品化的生态系统服务。虽然"货币化"失灵，但这种服务的产生必须遵守热力学第一定律。也就是说，进入所有经济和生态过程的能量输入必须等于这些过程的能量输出。就生态产品定价的流程而言，热力学第二定律的含义也很重要。所有生态和经济过程的耗散性意味着能量与物质（热力学）价值的下降，在生态产品定价中必须考虑到这一点。

能值理论是生态经济学价值理论的一个新发展，以能值为基准，将不同种类、不可比较的能量转换为统一标准——能值进行分析和比较，是对生态系统能量流动的度量标准。它的创立者美国著名生态学家 Odum（1996）将能值定义为一种流动或储存的能量中包含的另外一种类别能量的数量。对能值分析方法的研究已经扩展到经济社会、生态环境等多个领域，将其运用于评价经济投入和发展模式、环境政策、区域环境资源、以生态系统为基础的环境管理等多方面。本研究应用能值分析方法对蓝绿基础设施的生态系统服务进行核算，涵盖增加生物量、固碳释氧、调蓄水量（调蓄洪水）、补给地下水、净化大气、调节温湿度、减少水土流失（减少 SS）等方面的生态效益的定量化。能值分析方法可以建立一个一般核算方式难以做到的综合各项不同类型的能量的核算框架，以生态系统本身为主计算了其提供的产品和服务，避免了用支付意愿的货币分析方法缺乏稳定标的物等。以街道树这一类蓝绿基础设施为例，如图 9-1 所示，生态系统服务的能值流动包括与存量、流量的变化直接相关的直接价值（增加 NPP、固碳释氧、补给地下水），伴随着存量、流量过程的间接价值（净化大气、减少 SS、调蓄洪水），以及产生的存在价值。

4）动态费用效益分析

费用效益分析通过量化手段分析不同政策实施的成本和收益，为政策制定者、执行者以及相关利益群体的决策提供依据。周琪等（2018）表示环境费用效益分析应具备动态变化性的特点，是一个多尺度的过程和多种因素干扰的结果，主要包括约束条件的变化性、时空分布的变化性以及不确定性。

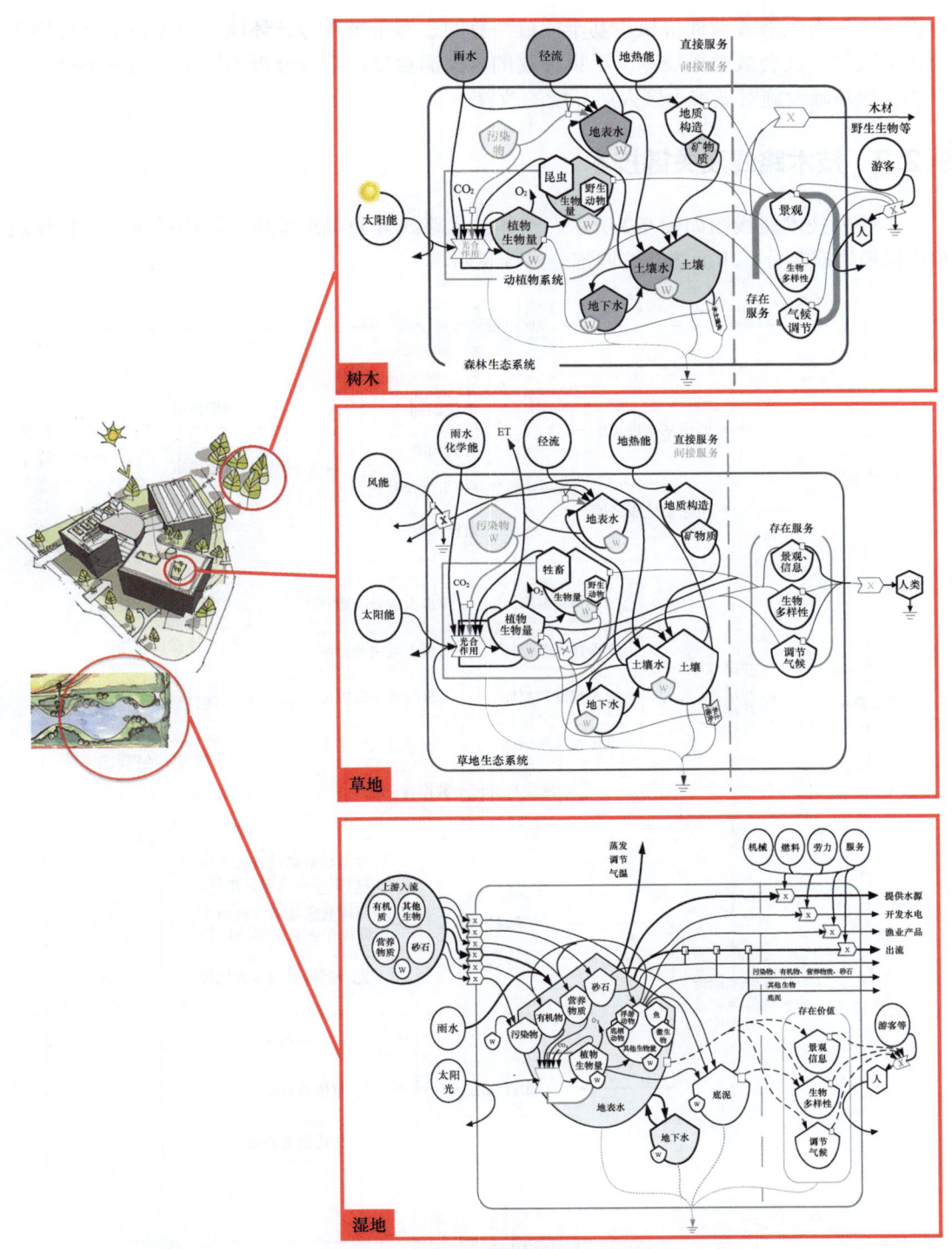

第 9 章 城市蓝绿基础设施生态系统服务核算方法

图 9-1 居住小区蓝绿基础设施的能流图

本章建立城市蓝绿基础设施的动态费用效益分析框架，用以评估其在住宅小区中应用所带来的生态效益和经济价值。费用评估模型主要是针对蓝绿基础设施应用的建设投入和维护成本,而生态效益评价模块基于能值核算的生态系统服务、环境效益模块基于传感器的污染数据、社会效益模块基于手机终端的居民满意度,重点分析不同生态系统类型组合下的蓝绿基础设施对城市小区人居环境的改善。

9.2.2 技术路线及关键技术

本研究技术路线图如图 9-2 所示。整体技术路线分为识别模块、调用模块、评价模块和模拟模块四部分,下面将从这四部分进行说明。

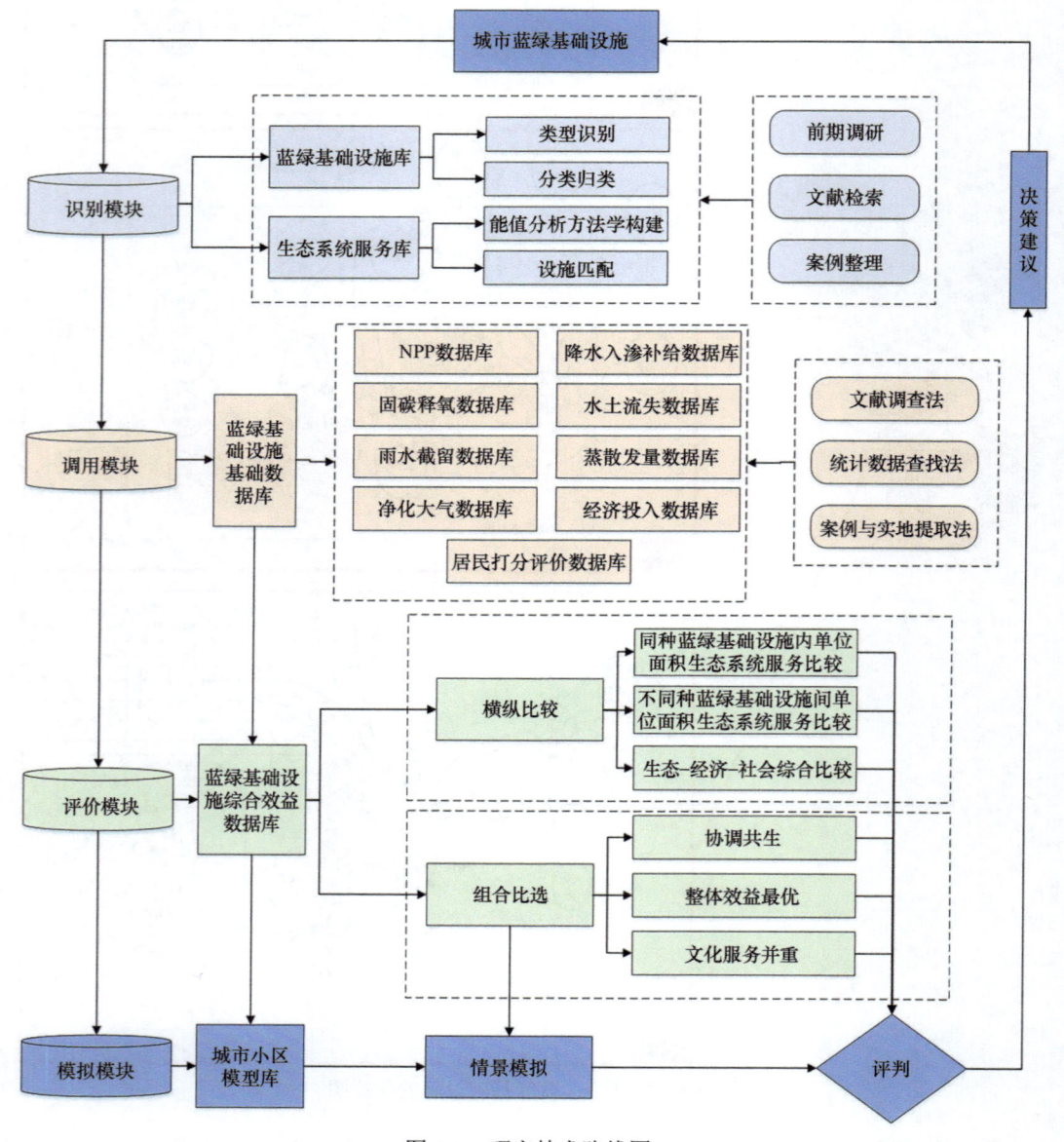

图 9-2 研究技术路线图

1）技术路线说明

A. 识别模块

对城市应用的各类蓝绿基础设施进行类型识别，识别内容包括植被类型、应用地块、设计类型等方面，识别完毕后将对该蓝绿基础设施进行分类归类，分别归于森林类（街道树）、草地类（下沉式绿地、绿色屋顶、垂直绿化）、湿地类（生物滞留池）、特殊类（透水铺装）。同时生态系统服务库将依据对该蓝绿基础设施的分类情况来匹配其对应的生态系统服务及能值分析方法，为后续的数据调用与快速运算奠定基础。

B. 调用模块

通过文献调查、统计数据查找、案例与实地提取等方法获得蓝绿基础设施基础数据库，数据库的内容包括 NPP 数据库、固碳释氧数据库、雨水截留数据库、蒸散发量数据库等基础参数数据库。依据识别模块对该种设施的植被类型、设计要求的识别和匹配的生态系统服务核算公式，从基础数据库中调用核算过程所需的基础参数，达到蓝绿基础设施与核算参数智能匹配。

C. 评价模块

根据系统设定的核算公式，依据调用模块所调配的基础参数，完成不同种类的蓝绿基础设施的各类生态系统服务核算、经济投入核算和社会评价核算，形成蓝绿基础设施综合效益数据库。在数据库中对蓝绿基础设施进行横纵比较，实现同种蓝绿基础设施内的单位面积生态系统服务比较和不同种蓝绿基础设施间的单位面积生态系统服务比较，对比突出不同种蓝绿基础设施的最优生态系统服务。在蓝绿基础设施综合效益数据库中，通过对不同蓝绿基础设施的调用进行组合搭配，并从协调共生、整体效益最优、文化服务并重等维度进行组合比选。

D. 模拟模块

对不同类型的城市小区进行构建可视化模具，依据不同的情景设定在城市小区模型中进行模拟铺设，达到蓝绿基础设施的精准识别、基础数据的准确调用、生态效益的快速核算、不同目标下综合效益的智慧比较与结果的可视化呈现，有利于城市规划中的模拟设计与决策。

2）关键技术

关键技术一：城市蓝绿基础设施模块化成本-效益计算。

本研究基于"绿色"模块化理念对蓝绿基础设施进行成本-效益评估，将各类蓝绿基础设施通过成组、配套或者运用某种特定的衔接和组合方式科学合理、可重复、自由组合在一起，其可根据空间大小、环境地域条件的不同自由调配。对城市蓝绿基础设施不同组合的模块进行成本-效益计算，获得模块级的成本-效益结果，以达到在城市公共空间进行模块化的调用与比选（图9-3）。

关键技术二：考虑不同空间组合下对生态效益的影响。

景观生态学中一个基本观念是格局对生态过程和特征会产生强烈影响。城市景观结构和空间形态影响城市生态环境问题的产生及解决途径。城市整体景观格局包括各种景观要素的组合结构，以及由要素组合所表现出的城市空间形态。城市蓝绿基础设施是城市景观的骨架，对城市的生态效益产生重要影响，其中，对蓝绿基础设施不同的空间组合是影响

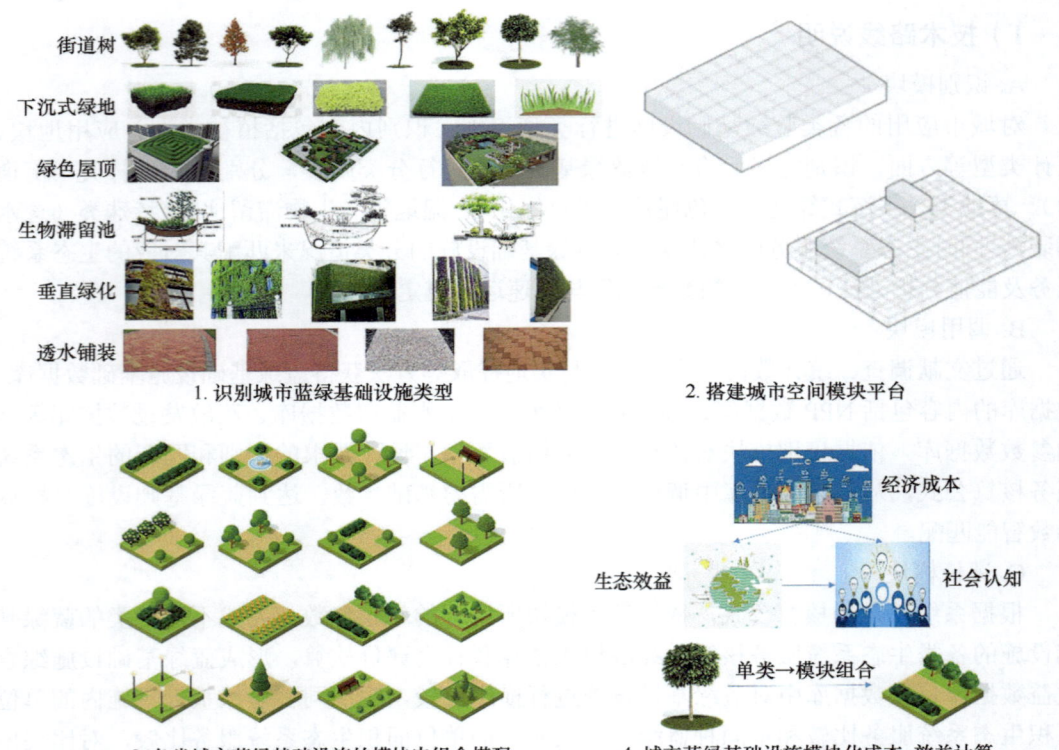

图 9-3　城市蓝绿基础设施模块化评估技术路径

生态效益的重要因素。本研究考虑了不同空间组合下蓝绿基础设施对生态效益的影响，将各类影响进行定量化衡量与比较，甄别不同空间组合的优势生态系统服务，为城市有限的空间格局规划提供最优化策略。具体技术路径为：首先根据本土环境和蓝绿基础设施要求进行植被类型的选择；其次利用 Netlogo 建立的简单空间明确模型来定量描述不同斑块布局下蓝绿基础设施发挥的生态效益；再次基于景观连通性、景观异质性、斑块聚合程度、土地利用情况等指标对斑块内单个细胞网格进行蓝绿基础设施的选择，实现多目标导向的景观布局；最后实现地面、屋顶和墙壁的三维空间组合，将能值计算结果效益进行叠加实现景观格局定量研究，得出不同空间组合对城市蓝绿基础设施生态效益的影响。

A. 植被选择

本研究中结合本土环境和蓝绿基础设施功能需要进行植被选择，以案例区北京为例，涵盖植被类型近 40 种，具体类型如表 9-2 所示。在进行植被选择时，主要考虑的因素包括植被对本土环境的适应、蓝绿基础设施对植被的要求（如耐水性、耐旱性等）、景观布局对植被的限制（树高、郁闭度、根茎等）、植被养护的要求、小区居民对植被的偏好程度等。

表 9-2　本研究的植被选择库（以北京为例）

常绿针叶林	乔木类	雪松、侧柏、云杉、油松、柳杉
	灌木类	铺地柏、翠柏、五针松
落叶针叶林（无灌木）	乔木类	水杉、金钱松

续表

常绿阔叶林	乔木类	香樟、广玉兰、女贞
	灌木类	大叶黄杨、桂花、夹竹桃、金叶女贞
落叶阔叶林	乔木类	垂柳、槐树、悬铃木、银杏、橡树、白蜡树、椴树、杨树、紫叶李、碧桃、枫树
	灌木类	白玉兰、海棠、石榴
藤本		五叶地锦、常春藤
草坪		结缕草、草地早熟禾、多年生黑麦草、高羊茅、狗牙根、野牛草、麦冬、八宝景天、鸢尾

B. 斑块布设

本研究使用 Mitchell 等（2015）利用 Netlogo 5.0.4 建立的简单空间明确模型来评估土地碎片化，即不同斑块布设对蓝绿基础设施提供生态系统服务的潜在影响，模型思路如图 9-4 所示。Netlogo 是一个可以模拟自然现象和社会现象的建模环境，适合对复杂系统进行建模评价的软件。首先，将单位模块下蓝绿基础设施提供的生态系统服务录入模型；之后，模型所构建的斑块函数可以通过调用单位模块化数据得到该类斑块提供的生态系统服务。不同类型斑块提供的生态系统服务取决于斑块大小、碎片化程度和斑块内应用的蓝绿基础设施，斑块内各项生态系统服务的流动则取决于斑块内各碎片之间的距离。本研究中设计的斑块大小为 24 m×24 m（共 576 个细胞网格）的细胞网格，单个细胞网格可以进行单项蓝绿基础设施的布设，蓝绿基础设施布设的数量等于该斑块中的细胞数，认为各细胞中心间的欧几里得距离为各单位模块蓝绿基础设施之间的距离，通过模型进行生态系统服务计算。在模型中，建立了 7 个斑块化情景，如图 9-5 所示，前 6 个为破碎化不断增加的"棋盘模式"，第 7 个为随机图案，研究不同棋盘格局或随机斑块布设下蓝绿基础设施所发挥的生态效益的差别。

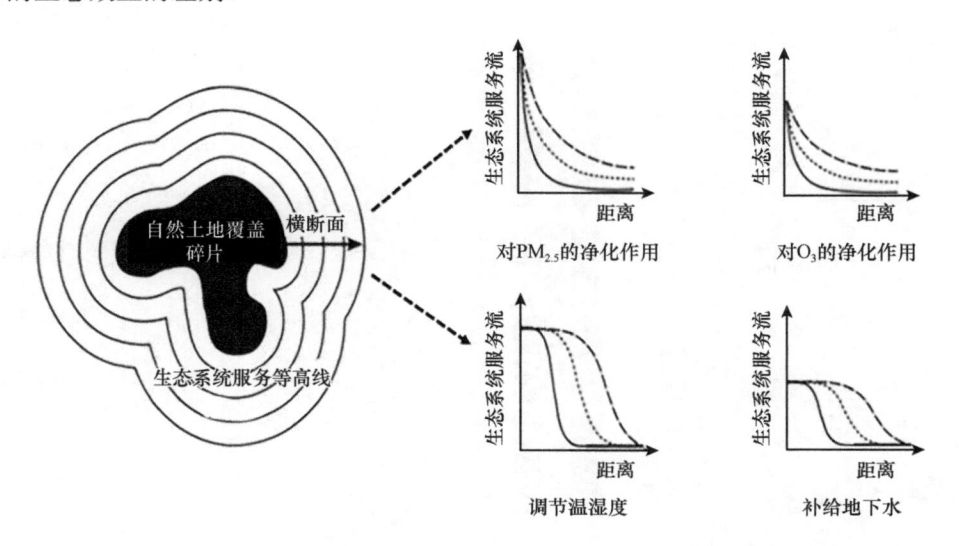

图 9-4 利用 Netlogo 建立简单空间明确模型来定量描述不同斑块布局下蓝绿基础设施发挥的生态效益

生态产品价值实现的理论基础与实践路径

4格棋盘
单个碎片大小为(12m×12m)的细胞网格
进行2块碎片的蓝绿基础设施铺设

16格棋盘
单个碎片大小为(6m×6m)的细胞网格
进行8块碎片的蓝绿基础设施铺设

36格棋盘
单个碎片大小为(4m×4m)的细胞网格
进行18块碎片的蓝绿基础设施铺设

64格棋盘
单个碎片大小为(3m×3m)的细胞网格
进行32块碎片的蓝绿基础设施铺设

144格棋盘
单个碎片大小为(2m×2m)的细胞网格
进行72块碎片的蓝绿基础设施铺设

576格棋盘
单个碎片大小为(1m×1m)的细胞网格
进行288块碎片的蓝绿基础设施铺设

随机图案
斑块大小为24m×24m(共576个细胞网格)
进行288块碎片的蓝绿基础设施铺设

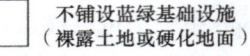

■ 铺设蓝绿基础设施　　□ 不铺设蓝绿基础设施（裸露土地或硬化地面）

图 9-5　在斑块大小为 24 m×24 m 的细胞网格中设定的 7 种斑块化情景

C. 景观布局

基于景观连通性、景观异质性、斑块聚合程度、土地利用情况等指标对各斑块内的细胞网格进行蓝绿基础设施类型的选择，实现城市小区规划中多目标导向的景观布局。

D. 空间组合

本研究中设计的蓝绿基础设施可以实现覆盖海绵小区内地面、屋顶、垂直墙壁三维空间。前面步骤对单个维度的斑块进行景观布局，现在将三维空间进行拼接，实现不同维度不同斑块类型不同设施选择的城市蓝绿基础设施空间组合，并通过斑块化蓝绿基础设施的数据实现空间组合下蓝绿基础设施综合效益的快速评估与可视化（图 9-6）。

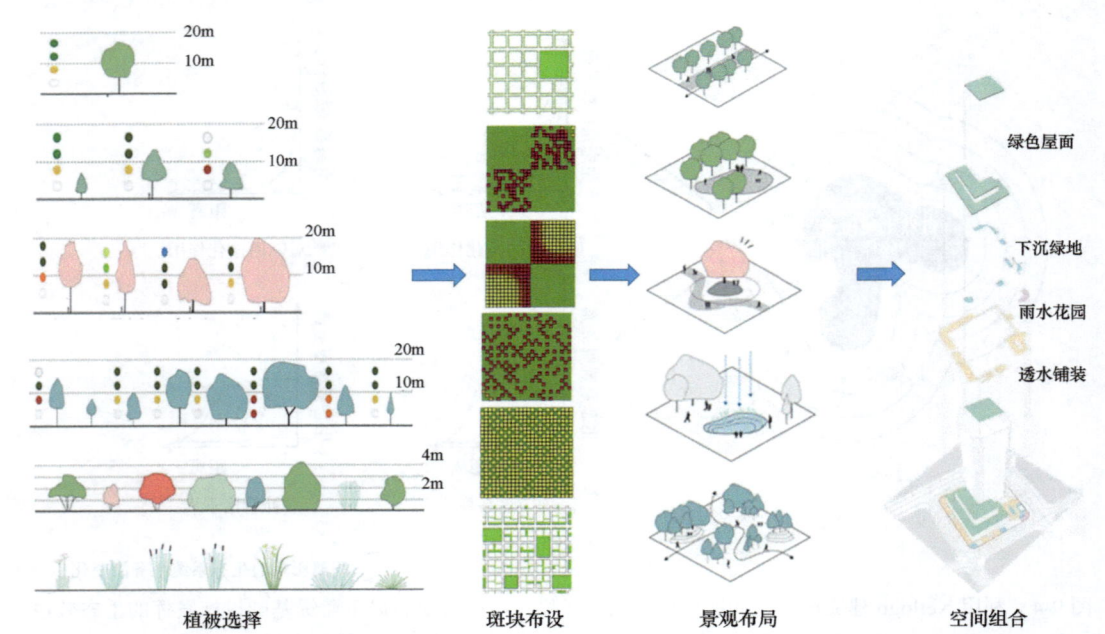

植被选择　　斑块布设　　景观布局　　空间组合

绿色屋面
下沉绿地
雨水花园
透水铺装

图 9-6　城市蓝绿基础设施的不同景观布设下生态效益差异性分析

9.3 城市蓝绿基础设施生态系统服务核算方法

9.3.1 模型算法流程及相关数学公式

1）模型算法流程

本研究的模型算法实现的整体思路为：首先通过 3D 建模软件对小区情况进行真实还原，使用 ThreeJS 加载地图组件和小区 3D 模型，在 Web 端进行展示；其次通过 3D 模型交互实现用户点击事件的交互；再次嵌套蓝绿基础设施基础数据库，对参数进行录入与校正，搭建蓝绿基础设施核算函数，在后台进行快速运算，将基础数据存储于数据仓库；最后用户通过点击楼面、屋顶或地面能够实现参数自定义，系统智能调用数据仓库的基础数据并进行自动运算，呈现直观的图表结果。

2）城市蓝绿基础设施生态系统服务核算方法学

A. 增加生物量

$$\mathrm{Em}_{\mathrm{NPP}i} = \max(R_i) \tag{9-1}$$

式中，$\mathrm{Em}_{\mathrm{NPP}i}$ 为第 i 个蓝绿基础设施驱动 NPP 所需的可更新资源对应的能值（增加 NPP 所需能值），sej；R_i 为该区域所有可更新能值的投入量，包括太阳能和地热能之和、风能、雨水化学能和人工灌溉水能之和、灌溉水能。

B. 固碳释氧

大气中的二氧化碳通过光合作用转化为碳水化合物并以有机碳的形式固定到植物中。

$$\mathrm{Em}_{\mathrm{CS}} = C \times S \times \mathrm{UEV}_{\mathrm{CS}i} \tag{9-2}$$

$$\mathrm{UEV}_{\mathrm{CS}i} = \frac{\mathrm{Em}_{\mathrm{NPP}i}}{\mathrm{NPP}_i} \tag{9-3}$$

式中，$\mathrm{Em}_{\mathrm{CS}}$ 为蓝绿基础设施固碳所需能值，sej；C 为固碳速率，是蓝绿基础设施对应的植被类型年单位面积的固碳量，g/m²；S 为设施面积，m²；$\mathrm{UEV}_{\mathrm{CS}i}$ 为第 i 个蓝绿基础设施固碳的能值转换率，sej/g；$\mathrm{Em}_{\mathrm{NPP}i}$ 含义同式（9-1）中的 $\mathrm{Em}_{\mathrm{NPP}i}$；$\mathrm{NPP}_i$ 为第 i 个蓝绿基础设施对应的植被的 NPP，g C/(m²·a)。

C. 调蓄水量

蓝绿基础设施中本身的植被布设具有雨水截留能力，能够对雨水进行调蓄；同时部分蓝绿基础设施本身在设计上有雨水蓄积空间，能够发挥物理上的雨水调蓄作用，如生物滞留池。以下分两种情况进行调蓄水量的能值核算。

对于街道树、绿色屋顶和垂直绿化：

$$\mathrm{Em}_{\mathrm{WS}} = \mathrm{PS} \times \mathrm{UEV}_{\mathrm{W}} \tag{9-4}$$

对于下沉式绿地和生物滞留池：

$$\mathrm{Em}_{\mathrm{WS}} = (\mathrm{PS} + \mathrm{DS}) \times \mathrm{UEV}_{\mathrm{W}} \tag{9-5}$$

$$\mathrm{DS} = T \times V \tag{9-6}$$

式中，Em_{WS} 为蓝绿基础设施调蓄水量的能值，sej；PS 为植被自身的雨水截留能力，kg/$(m^2 \cdot a)$；DS 为蓝绿基础设施设计蓄水能力，kg/$(m^2 \cdot a)$，其计算依据调蓄次数（T）和每次的调蓄量（V）来获得；UEV_W 为水的能值转换率。

D. 补给地下水

考虑到因蓝绿基础设施覆盖而产生的补给地下水服务，涉及的蓝绿基础设施包括街道树、下沉式绿地、生物滞留池和透水铺装，具体计算如下：

$$Em_{GW} = R \times \rho \times S \times k \times UEV_{GW} \qquad (9\text{-}7)$$

式中，Em_{GW} 为补给地下水所需的能值，sej；R 为研究区域年降水量，m；ρ 为水的密度，kg/m³；S 为面积，m²；k 为各类蓝绿基础设施的降水入渗补给系数；UEV_{GW} 为地下水的能值转换率，sej/g。

E. 净化大气

蓝绿基础设施能够净化 SO_2、CO、O_3、$PM_{2.5}$ 等大气污染物。考虑因蓝绿基础设施净化大气而减少了人体健康和生态系统质量损失，将蓝绿基础设施对各类大气污染物的净化减少的最大损失作为其所发挥的净化大气的效益，具体计算分为以下两方面。

人体健康损失减少量：

$$Em_{HH} = \max(M_i \times S \times DALY_i \times \tau_H) \qquad (9\text{-}8)$$

生态系统质量损失减少量：

$$Em_{EQ} = \max[M_i \times S \times PDF(\%)_i \times E_{Bio}] \qquad (9\text{-}9)$$

式中，Em_{HH} 为大气污染物净化让人体健康损失减少量的能值，sej；M_i 为净化第 i 种大气污染物的能力，kg/(hm²·a)；S 为设施面积，hm²；$DALY_i$ 为第 i 种大气污染物的影响因子；τ_H 为区域人均医疗卫生总费用对应的能值；Em_{EQ} 为大气污染物净化后生态系统质量损失减少量对应的能值，sej；PDF_i 为第 i 种大气污染物影响的物种潜在灭绝比例；E_{Bio} 为研究区物种所需的能值，用地区可更新资源能值即式（9-1）中的 Em_{NPPi} 度量。

因此，净化大气服务的计算公式为

$$Em_{AP} = Em_{HH} + Em_{EQ} \qquad (9\text{-}10)$$

F. 调节温湿度

蓝绿基础设施通过增湿降温来调节小气候。由于蒸散发过程中吸收的能量等于生态系统中增湿降温的能量，因此蒸散发所需的能量可用于度量增湿降温所需能量。由于生物滞留池具有水面蒸散发，与街道树、下沉式绿地、屋顶绿化、垂直绿化具有不同的蒸散发特征，因此区别计算。

对于街道树、下沉式绿地、屋顶绿化、垂直绿化：

$$Em_{MR} = E_{EW} \times S \times UEV_{EW} \qquad (9\text{-}11)$$

对于生物滞留池：

$$Em_{MR} = (E_{EW} + E_W) \times S \times UEV_{EW} \qquad (9\text{-}12)$$

式中，Em_{MR} 为调节温湿度所需能值，sej；E_{EW} 为年均蒸发量，m；E_W 为水面的年均蒸发量，m；S 为研究区域面积，m²；UEV_{EW} 为水蒸气的能值转换率，sej/g。

第9章 城市蓝绿基础设施生态系统服务核算方法

G. 减少水土流失

蓝绿基础设施中街道树可以类比森林生态系统由于覆盖而减少了水土流失；其他蓝绿基础设施类比其在海绵城市中的应用，其主要衡量指标是 SS 去除率。本研究中将 SS 去除率进行转化，衡量蓝绿基础设施在水土保持方面的作用。具体计算如下：

$$\mathrm{Em}_{\mathrm{RSE}} = G_i \times \mathrm{UEV}_{si} \quad (9\text{-}13)$$

对于街道树：

$$G_i = (G_{Pi} - G_{Ri}) \times S_i \quad (9\text{-}14)$$

对于其他蓝绿基础设施：

$$G_i = G_r \times r \quad (9\text{-}15)$$

式中，$\mathrm{Em}_{\mathrm{RSE}}$ 为减少水土流失所需能值，sej/a；G_i 为因蓝绿基础设施而覆盖的固土量，kg/a；UEV_{si} 为土壤的能值转换率，sej/kg；G_{Pi} 为生态系统 i 的潜在土壤侵蚀系数，t/(km²·a)；G_{Ri} 为生态系统 i 的现实侵蚀系数，t/(km²·a)；S_i 为生态系统 i 的面积，km²；G_r 为土壤侵蚀模数，g/(m²·a)；r 为该设施的 SS 去除率，%。

3）城市蓝绿基础设施投入-产出能值示意图

依据上述能值核算方法，综合考量经济建设投入、日常维护成本和社会居民认知，形成城市蓝绿基础设施投入-产出能值分析，涵盖近百种不同类型蓝绿基础设施。结合特定植被类型和设计要求举例说明各类蓝绿基础设施的生态效益分析，如图 9-7～图 9-12 所示。

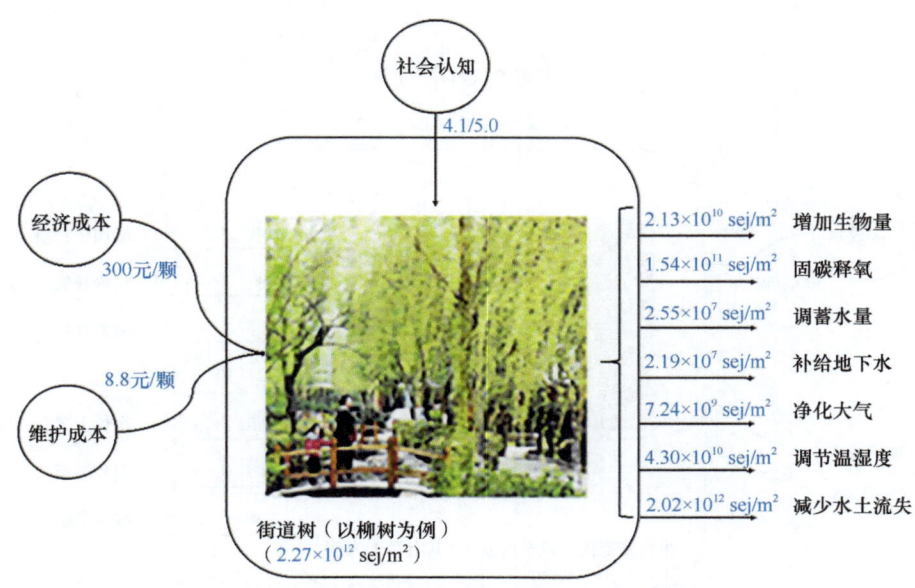

图 9-7 街道树投入-产出效益分析（以柳树为例）

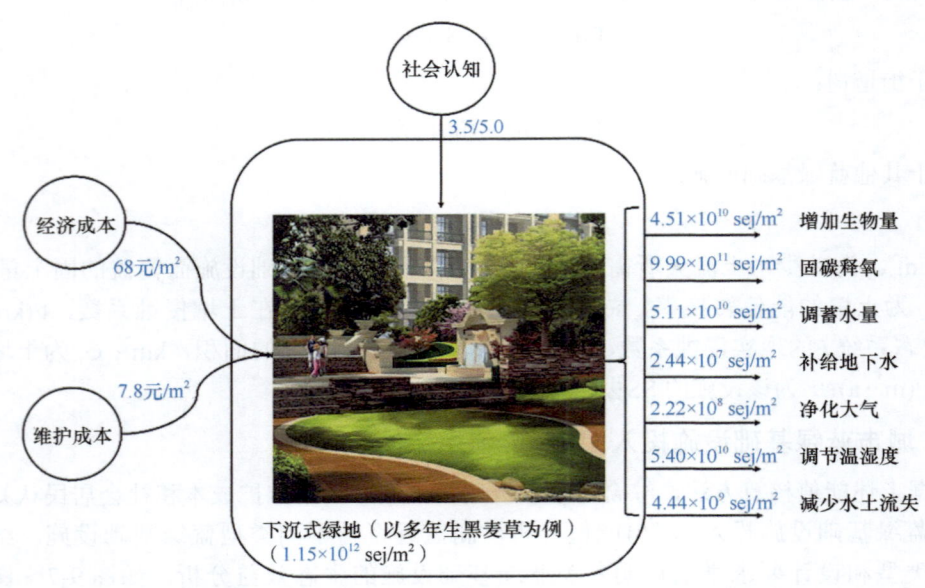

图 9-8　下沉式绿地投入-产出效益分析（以多年生黑麦草为例）

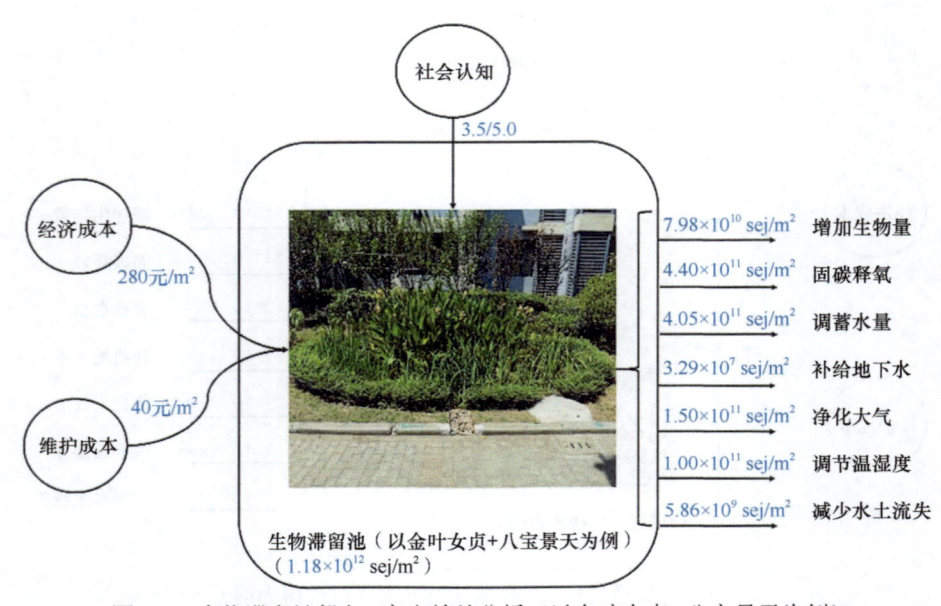

图 9-9　生物滞留池投入-产出效益分析（以金叶女贞+八宝景天为例）

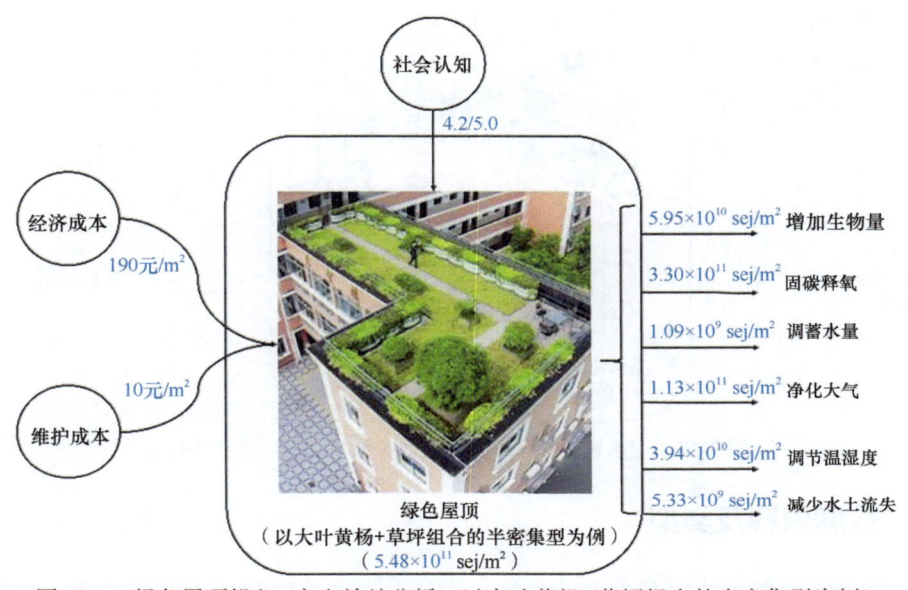

第 9 章 城市蓝绿基础设施生态系统服务核算方法

图 9-10　绿色屋顶投入-产出效益分析（以大叶黄杨+草坪组合的半密集型为例）

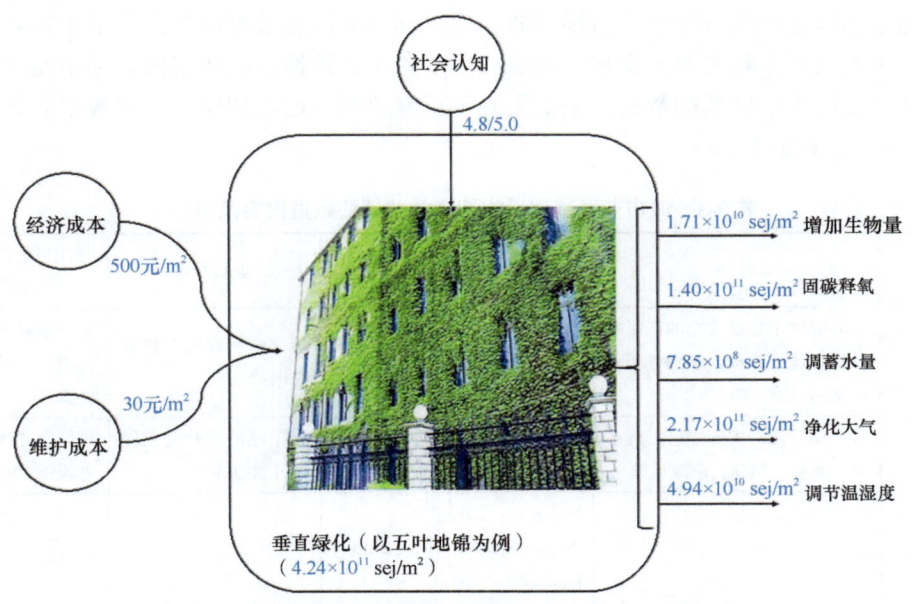

图 9-11　垂直绿化投入-产出效益分析（以五叶地锦为例）

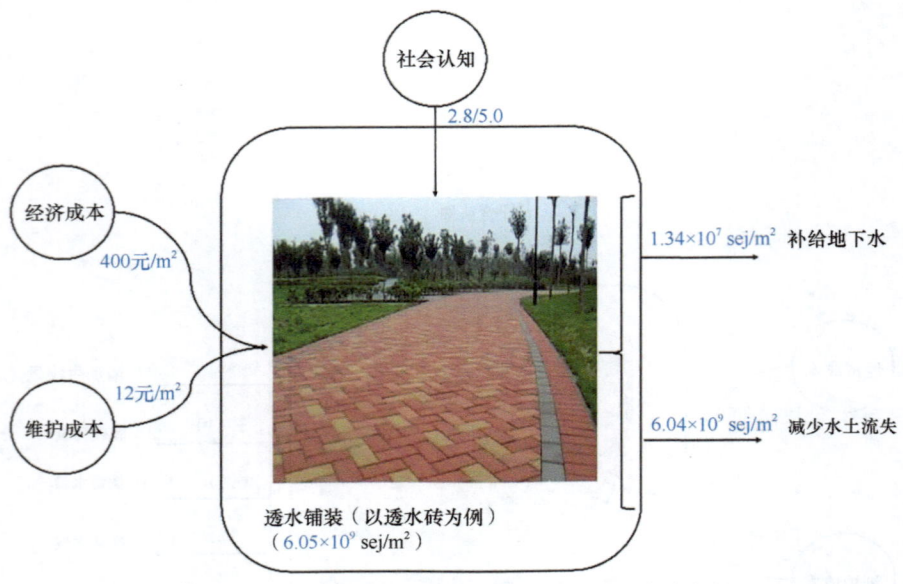

图 9-12 透水铺装投入-产出效益分析（以透水砖为例）

9.3.2 数据内容及类型

本研究中所涵盖的蓝绿基础设施包括街道树、生物滞留池、下沉式绿地、绿色屋顶、垂直绿化、透水铺装六大类，所涉及的数据内容主要包括三大类：一是经济成本类数据，主要来源于小区建设规划文件、市场调研、淘宝网等外嵌套数据库等；二是生态系统服务类数据，主要来源于相关参考文献、国家或城市的统计数据和具体案例规划中爬取的数据等；三是城市居民小区基础数据，主要来源于百度地图与现场调研。具体数据内容及类型详见表 9-3，说明如下。

表 9-3 城市蓝绿基础设施综合效益评估数据内容及类型

类型	内容	来源	获取方式	使用目的及在模型中的作用
蓝绿基础设施类型数据	以海绵城市建设改造的低影响开发设施为基础，识别各类蓝绿基础设施类型	《海绵城市建设技术指南——低影响开发雨水系统构建》	国家住房和城乡建设部网站	识别蓝绿基础设施类型，核算其生态效益
生态基础数据及相关系数	可更新资源：太阳辐射、降水量、海拔、风速、灌溉量等	各省（自治区、直辖市）统计年鉴	中国经济与社会发展统计数据库	核算研究区当地可更新资源能值
	植被固碳量	Sun et al.，2015 Pothier and Millward，2013 hand et al.，2019 马景行，2017 Kovacs et al.，2013 赵明等，2009 张青云等，2021 李辉等，1999	中国知网及 Web of Science 数据库	核算蓝绿基础设施的固碳服务

续表

类型	内容	来源	获取方式	使用目的及在模型中的作用
生态基础数据及相关系数	NPP	朱文泉等，2007	中国知网	核算蓝绿基础设施的固碳服务
	植被雨水截留能力	Hand et al.，2019 Pothier and Millward，2013 龙佳，2020	中国知网及 Web of Science 数据库	核算蓝绿基础设施的调蓄水服务
	设计降水量、径流深等设施设计参数	《海绵城市建设技术指南——低影响开发雨水系统构建》	国家住房和城乡建设部网站	核算蓝绿基础设施的调蓄水服务
	降水入渗补给系数	汪成刚，2015	中国知网	核算蓝绿基础设施补给地下水服务
	大气污染物净化能力 M_{ij}	中国生物多样性国情研究报告，1998	Google 学术	核算蓝绿基础设施净化大气服务
	大气污染物的影响因子 $DALY_l$ 和物种潜在灭绝比例 PDF_l	Goedkoop and Spriensma，2001	Google 学术	核算蓝绿基础设施净化大气服务
	区域医疗总费用与常住人口之比 τ_H	Lin L Z et al.，2018	Web of Science 数据库	核算蓝绿基础设施净化大气服务
	潜在土壤侵蚀系数 G_{Pi} 和现实土壤侵蚀系数 G_{Ri}	孙洁斐，2008 赵同谦等，2004	中国知网	核算蓝绿基础设施减少水土流失服务
	SS 去除率	《海绵城市建设技术指南——低影响开发雨水系统构建》	国家住房和城乡建设部网站	核算蓝绿基础设施减少水土流失服务
	蒸散发量	傅声雷和娄治平，2011 程根伟和陈桂蓉，2003 周琳，2015 Fini et al.，2009 Leuzinger et al.，2010 Pataki et al.，2011 中国科学院资源环境科学数据中心	中国知网、Web of Science 数据库、https://cgiarcsi.community/ 及数据中心平台下载	核算蓝绿基础设施调节局地小气候服务
能值转换率	UEV_W，水的能值转换率	Brown and Ulgiati，2024	Web of Science 数据库	核算蓝绿基础设施调蓄水服务
	UEV_{GW}，地下水的能值转换率	Brown and Ulgiati，2018	Web of Science 数据库	核算蓝绿基础设施补给地下水服务
	UEV_{Si}，土壤的能值转换率	Odum，2000	能值系统网站（emergy systems website）	核算生态系统减少水土流失服务
	UEV_{EW}，水蒸气的能值转换率	Brown and Bardi，2001	能值系统网站	核算蓝绿基础设施调节温湿度服务
经济基础数据	设施投入成本、维护费用	—	淘宝网	核算经济效益
社会基础数据	居民意见收集、打分评价		手机终端问卷收集	核算社会效益

（1）经济成本类数据：该类数据主要用于费用的评估，考虑了城市蓝绿基础设施的建设投入成本和日常维护成本，用以评价城市进行蓝绿基础设施建设或更新所需投入的基本费用。建设投入成本包括设施建造的基础材料费、人工费、植被采购费、能源消耗费用等；日常维护成本包括设施基本维护的人工费、检修费、植被养护费等。数据主要通过非公开的小区海绵化改造规划文件、市场调研获得的市场价格、美国 BMP 数据库中记录的 BMP 设施的成本数据和嵌套的淘宝等商业交易平台获得。

（2）生态系统服务类数据：该类数据主要用于蓝绿基础设施的生态系统服务的效益评估，考量增加生物量、固碳释氧、涵养水源、补给地下水、调节温湿度、净化大气、减少水土流失等生态系统服务。通过相关文献调研构建城市蓝绿基础设施生态系统服务基础数据库，为生态效益能值核算提供基础数据。数据库内容包括小区常见植被的 NPP、固碳能力、雨水截留能力、对大气污染物（SO_2、NO_x、$PM_{2.5}$、O_3）的削减能力、SS 去除率、不同土壤类型的降雨入渗补给系数、年际灌溉水量、蒸散发量和各类能值转换率，主要通过文献调研、统计年鉴搜索和能值核算数据库获得。

（3）城市居民小区基础数据：该类数据主要用于城市住宅小区的三维模型构建和居民评价维度的评判。本研究选取北京通州某小区作为基础模型，构建城市住宅小区蓝绿基础设施可视化应用模型。通过百度地图等网络公开资料和现场调研情况获取该小区的边界、建筑类型和构造情况、可用绿地面积、屋顶面积等数据，代入软件进行模拟构建。通过手机终端实时填报问卷调查获得居民打分数据，手机终端填报界面如图 9-13 所示。

图 9-13　手机终端居民意见收集系统

9.3.3 数据预处理技术与成果

本研究的数据关键在于构建蓝绿基础设施生态系统服务数据库，相关数据的预处理流程见图 9-14。首先需要识别蓝绿基础设施的类型，剖析其设计差异和应用特征，识别其生态系统服务类型，揭示生态系统服务形成的能值流动机制，进而构建生态系统服务核算方法。通过文献和统计网站的数据爬取，将获取的实物量与参数数据归纳整理成程序端可配置界面的数据格式，除系统提供默认参数外，用户可通过自定义填写来更改蓝绿基础设施的基础参数设定。基于本研究构建的生态系统服务核算方法在 Java 程序中构建函数，通过可配置界面填入参数后，调用函数计算各蓝绿基础设施的单位面积生态系统服务能值，在数据仓库中对核算结果进行存储。结合 3D 模型展示技术，在线可视化配置蓝绿基础设施面积，智慧调用数据仓库中的单位面积生态系统服务能值，实时进行设定情景下的生态效益核算，并通过图表进行展示，为城市绿地空间优化提供依据。

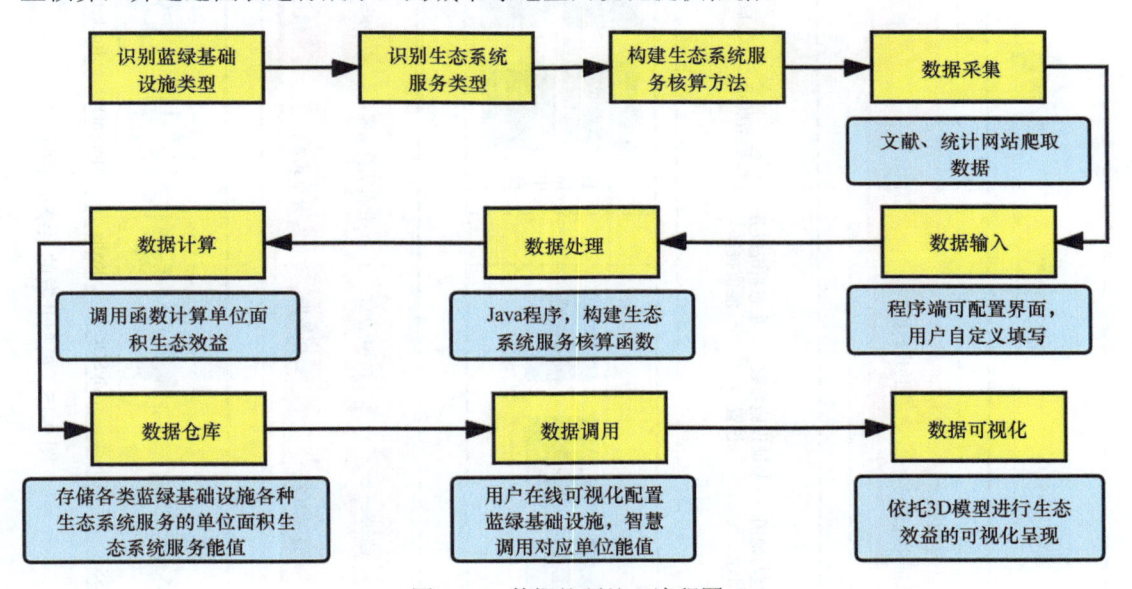

图 9-14 数据的预处理流程图

9.3.4 模型算法相关支撑技术

本研究的模型重点在于小区尺度蓝绿基础设施的可视化呈现与智能比选，模型开发的系统框架图如图 9-15 所示，分为展示层、网关层、业务应用层、中台层、公共技术层和基础设施层。具体支撑技术说明如下。

1）展示层

展示层主要通过 ThreeJS、WebGIS 和 OpenLayer 进行 3D 模型的呈现；OpenLayer 是一个专为 WebGIS 客户端开发提供的 JavaScript 类库包，它运行在浏览器，用于实现标准格式发布的地图数据访问。OpenLayer 支持各种地图来源及 WMS、WFS 服务，可以在浏览器端与 GeoServer、ARCGIS 等主流服务器无缝连接。

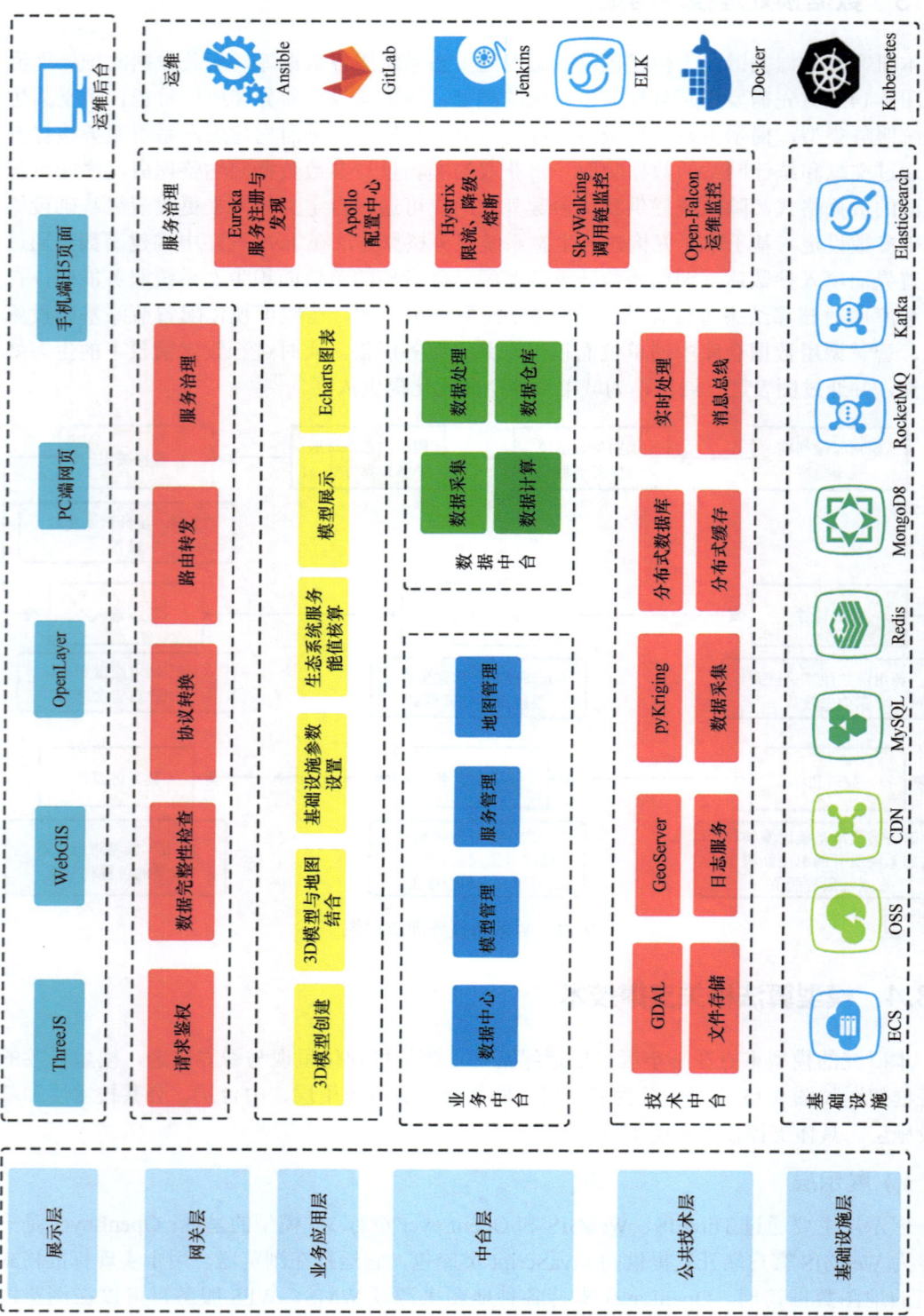

图 9-15 模型开发的系统架构图

2）网关层

网关是一种充当转换重任的计算机系统或设备，在网关层以上实现网络互联。具体实现流程分为请求鉴权、数据完整性检查、协议转换、路由转发和服务治理。

3）业务应用层

业务应用层为本模型中的关键，主要实现的业务包括 3D 模型创建、3D 模型与地图结合、基础设施参数设置、生态系统服务能值核算、模型展示和 Echarts 图表。Echarts 基于 html5 Canvas，是一个纯 Javascript 图表库，提供直观、生动、可交互、可个性化定制的数据可视化图表。创新的拖拽重计算、数据视图、值域漫游等特性大大增强了用户体验，赋予了用户对数据进行挖掘、整合的能力。

4）中台层和公共技术层

中台层和公共技术层主要包括业务中台、数据中台及技术中台。业务中台主要进行数据、模型、服务和地图的管理，允许用户交互式操作；数据中台主要包括数据采集、数据处理、数据计算和数据仓库，完整路径实现数据预处理。技术中台通过 GDAL 库进行地理信息的计算，完成各种不同类型地图数据读取、坐标系转换、几何运算等功能；通过 GeoServer 服务器进行地图服务，方便地发布地图数据，允许用户对特征数据进行更新、删除、插入操作，通过 GeoServer 可以比较容易地在用户之间迅速共享空间地理信息，可以将地图发布为标准的 WMS、WFS 服务；利用克里金空间插值（PyKriging）生成蓝绿基础设施基础数据库；分布式数据库的应用可以进行分布式利用和分布式缓存；最后通过 Eureka 服务注册与发现、Apollo 配置中心、Hystrix 限流、降级、熔断、Skywalking 调用链监控和 Open-Falcon 运维监控进行实时处理。

5）基础设施层

通过 ECS、OSS、CDN、MySQL、Redis、MongoDB、RocketMQ、Kafka 和 Elasticsearch 进行基础设施层的搭建与调用。MongoDB 在海量数据的存储及检索上有较大的优势。另外，MongoDB 支持地理信息的存储、检索、索引，可以作为地图数据库的扩充。同时，MongoDB 天生支持数据扩展。

9.4 案例分析

海绵城市建设分为 2015 年的第一批和 2016 年的第二批，第一批试点城市有重庆、迁安、白城、镇江、嘉兴、池州、厦门、萍乡、济南、鹤壁、武汉、常德、南宁、遂宁、贵安新区和西咸新区，第二批试点城市包括北京、天津、大连、上海、宁波、福州、青岛、珠海、深圳、三亚、玉溪、庆阳、西宁和固原。

本研究选择的小区所在城市共 7 个，分别是北京、山东青岛、广西南宁、江西萍乡、福建厦门和湖北武汉。各城市的小区总数为 20 个（图 9-16）。发动 15 个团队进行了实地调研、填写问卷及资料收集。城市的相关情况主要包括海绵城市建设批次、南北情况、沿海/内陆情况、市降水量、市人口数和人均可支配收入，如表 9-4 所示。

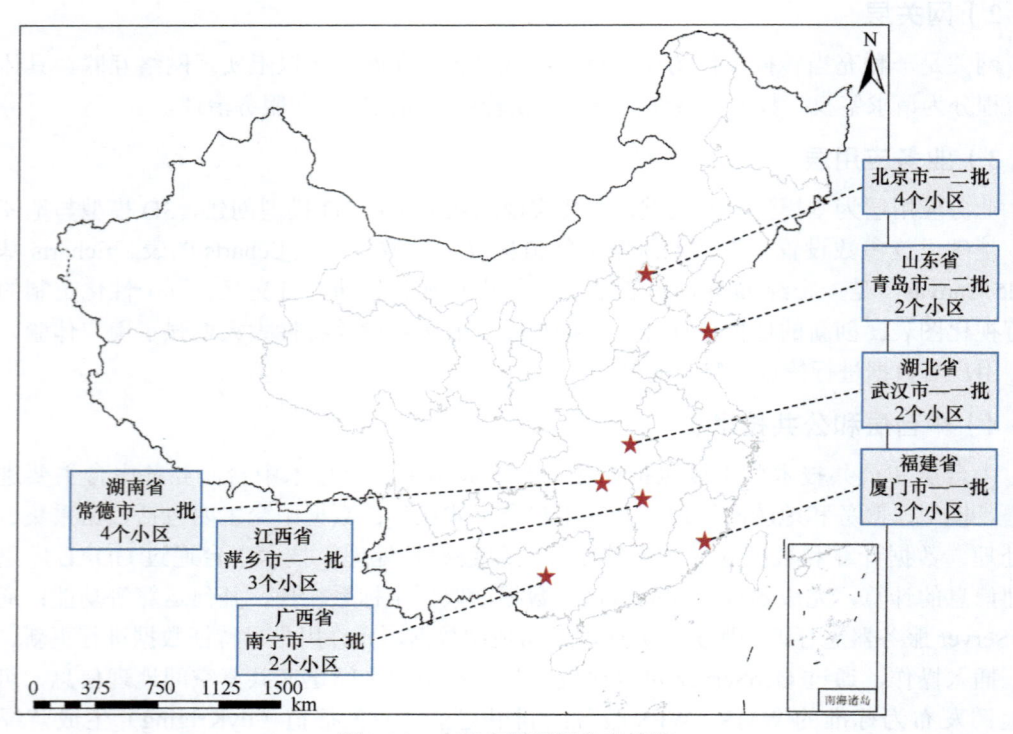

图 9-16 本研究调研区分布情况

表 9-4 调研区分布及基本情况

城市	小区编号	批次	南北情况	沿海/内陆情况	市降水量/m	市人口数/万人	人均可支配收入/元
北京	1	二	北	内陆	0.547	2 170	62 406
	2						
	3						
	4						
山东青岛	5	二	北	沿海	0.689	929	47 176
	6						
湖南常德	7	一	南	内陆	1.43	585	28 735
	8						
	9						
	10						
广西南宁	11	一	南	沿海	1.29	757	33 217
	12						
江西萍乡	13	一	南	内陆	1.77	193	33 120
	14						
	15						

第 9 章 城市蓝绿基础设施生态系统服务核算方法

续表

城市	小区编号	批次	南北情况	沿海/内陆情况	市降水量/m	市人口数/万人	人均可支配收入/元
福建厦门	16	一	南	沿海	1.20	401	50 019
	17						
	18						
湖北武汉	19	一	南	内陆	1.30	1 090	43 405
	20						

9.4.1 模型应用实证及结果解读

基于提出的模型和数据库，以北京作为案例区，对涵盖街道树、下沉式绿地、生物滞留池、绿色屋顶、垂直绿化和透水铺装的近百种蓝绿基础设施进行了综合效益核算和比较。同时，对北京通州 K2 百合湾小区进行了实证研究，提供了基于城市水韧性和碳中和背景下的住宅小区蓝绿基础设施多目标情景分析，预测每类情景组合下的生态–经济–社会效益，为住宅小区优化提供参考依据。

9.4.1.1 北京蓝绿基础设施生态效益核算与比较

1）蓝绿基础设施内的单位面积生态服务能值比较

在街道树这一类蓝绿基础设施中，本研究研究了枫树、橡树、海棠、白蜡树、杨树、油松、垂柳、银杏等 20 种常见树种的生态系统服务并将其进行对比。对于街道树，占主导地位的生态系统服务为减少水土流失或固碳释氧服务。在 20 种街道树设施中，悬铃木、杨树和橡树由于具有强大的固碳释氧作用而表现突出，总生态效益居于前列，悬铃木最高，生态系统服务能值达到 $6.11×10^{12}$ sej/(m^2·a)；油松具有突出的调节温湿度服务，其总生态效益也排在前列；其他街道树设施整体差异不大，生态系统服务能值在 $1.63×10^{12}$~$2.75×10^{12}$ sej/(m^2·a)，主要生态系统服务集中在减少水土流失，部分蓝绿基础设施的涵养水源服务表现较好（图 9-17）。

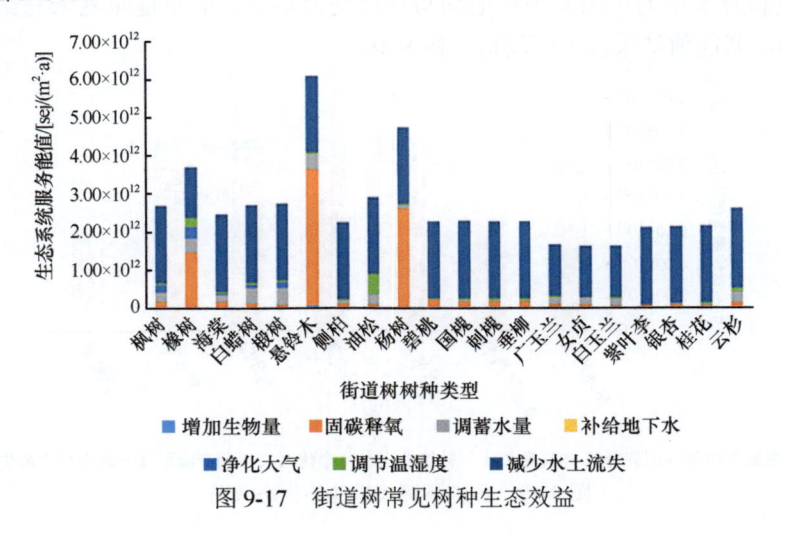

图 9-17 街道树常见树种生态效益

本研究中从设计上将绿色屋顶分为密集型、半密集型和粗放型进行考量，在植被选择上分为灌木、灌草与草坪三类进行考量，共计核算并比较了 27 种绿色屋顶的生态系统服务。从图 9-18 可以看到，密集型、半密集型和粗放型在不同植被选择中其生态系统服务能值都呈现递减的阶梯式分布，说明植被种植越密集，其发挥的生态效益越高。对比灌木、灌草和草坪三种不同的植被布设，草坪的生态效益比灌木类和灌草类高，主要体现在较高的固碳释氧服务。而灌木类和灌草类差异不大，其净化大气服务明显高于草坪类。针对具体植被来看，以铺地柏为主的绿色屋顶的生态效益最高，表现为较高的固碳释氧服务、净化大气服务和调节温湿度服务。金叶女贞次之，大叶黄杨最弱。

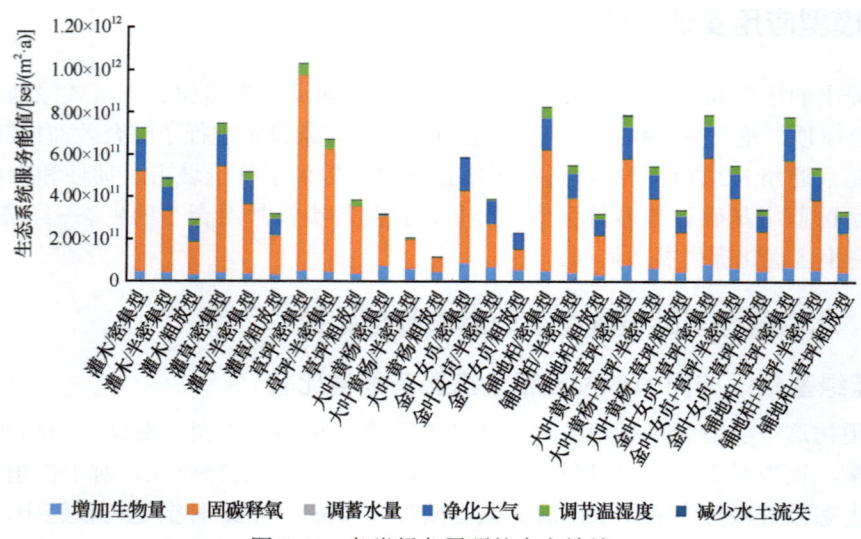

图 9-18　各类绿色屋顶的生态效益

对于下沉式绿地，本研究选取了 6 种常用的地被植物，分别为草地早熟禾、高羊茅、多年生黑麦草、狗牙根、野牛草和结缕草。6 种地被植物所发挥的生态服务差异不大，均表现为非常强的固碳释氧服务、较强的调蓄水量和调节温湿度服务。以高羊茅、多年生黑麦草、狗牙根和野牛草为主的 4 种绿地均与草坪均值持平，而草地早熟禾与结缕草因固碳释氧服务较弱，其能值结果低于平均值（图 9-19）。

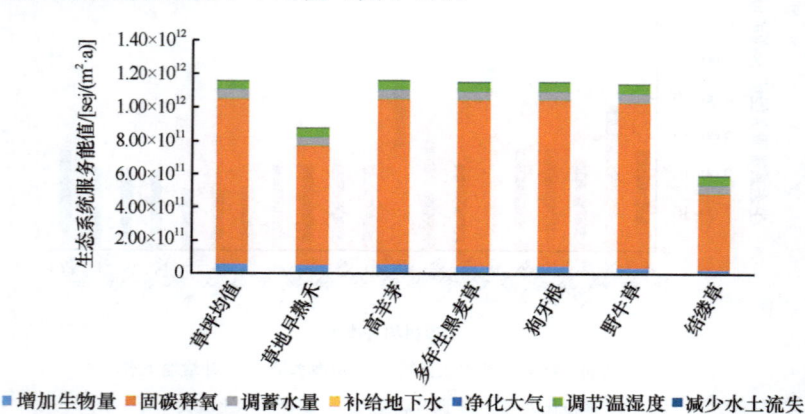

图 9-19　各类下沉式绿地的生态效益

第9章 城市蓝绿基础设施生态系统服务核算方法

本研究认为生物滞留池是人工湿地、雨水花园、植被缓冲带等海绵城市中应用的此类低影响设施的统称，植被选择一般为耐水性的灌草型。针对北京地区，选择了以大叶黄杨和金叶女贞为主的灌木及麦冬、狼尾草、结缕草、八宝景天与鸢尾等耐水性地被植物进行组合搭配构成 10 种生物滞留池，进行了生态效益能值核算和比较。可以发现，生物滞留池的各类生态系统服务较为均衡，其中以固碳释氧和调蓄水量作为主导，辅以净化大气和调节温湿度。10 种生物滞留池中，金叶女贞和结缕草的组合搭配提供的生态系统服务能值最高，大叶黄杨和结缕草的组合次之，但各类组合搭配提供的生态系统服务能值整体差距不大（图 9-20）。

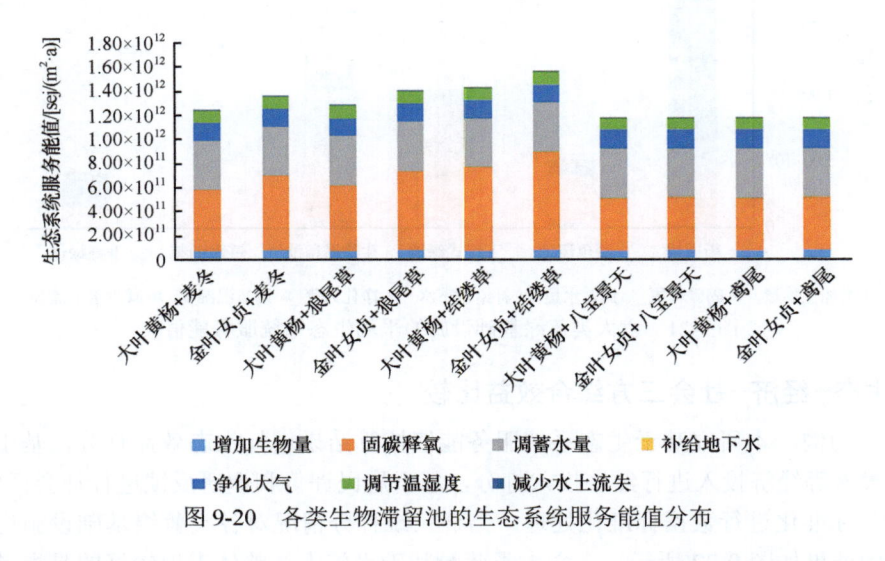

图 9-20 各类生物滞留池的生态系统服务能值分布

透水铺装主要考虑了透水砖、透水水泥混凝土和透水沥青混凝土 3 种，3 种透水铺装主要发挥的作用为补给地下水和减少水土流失，种类间差距不大，总生态效益集中在 $6.05×10^9$～$6.14×10^9$ sej/(m²·a)。对于垂直绿化，本研究集中考虑了五叶地锦在墙壁绿化中的应用，其突出的生态系统服务为净化大气和固碳释氧，调节温湿度和增加生物量次之，总生态效益为 $4.24×10^{11}$ sej/(m²·a)。

2）各类蓝绿基础设施间的生态系统服务能值比较

本研究对街道树、绿色屋顶、下沉式绿地、生物滞留池、透水铺装、垂直绿化六大类蓝绿基础设施在北京本地数据基础上进行了平均化处理，用来比较这六大类蓝绿基础设施间的生态系统服务能值差异，结果如图 9-21 所示。街道树的生态系统服务能值最为突出，是其他类型蓝绿基础设施的总生态效益的 2 倍及以上；生物滞留池和下沉式绿地次之，之后是绿色屋顶和垂直绿化，透水铺装的生态效益最低，主要在于透水铺装的应用主要为设计上对雨水径流的引导，进而产生一定的补给地下水服务，但此服务相较于其他类型的生态系统服务甚微。从生态系统服务类型来看，街道树在减少水土流失方面表现最为突出，可以认为大型树木的种植可以稳固水土，防止水土流失；下沉式绿地在固碳释氧方面表现突出，说明绿地草坪的应用能够加强城市的固碳效率；生物滞留池在调蓄水量方面表现突出，在于其设计了额外的水存储容量，能够较好地进行雨水调蓄，同时基于水面作用，生物滞留池在调节温湿度方面体现出较强的服务价值；垂直绿化在净化大气方面表现突出，垂直绿化的应用能够对本无生态价值的墙面提供一定的生态增加值；增加生物量和补给地下水这两个服务无明显差别。

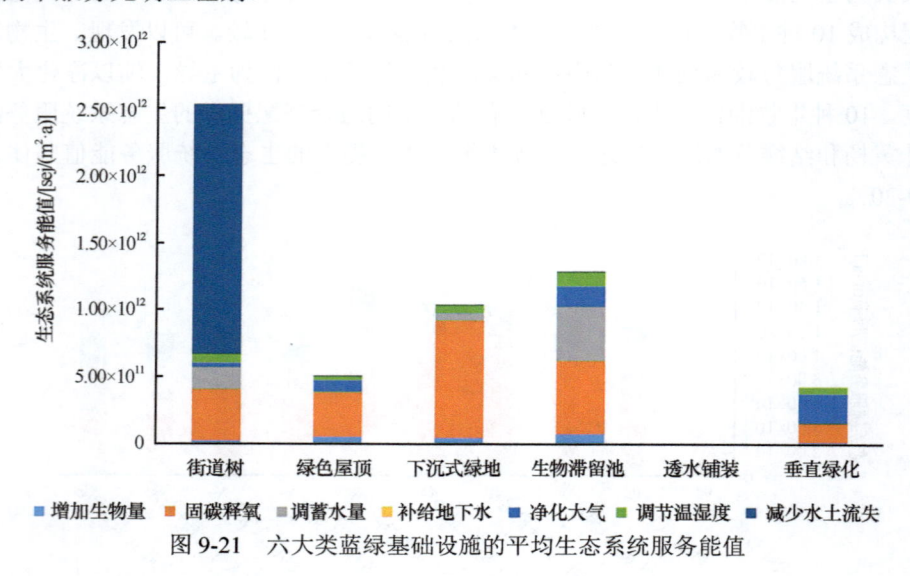

图 9-21 六大类蓝绿基础设施的平均生态系统服务能值

3）生态-经济-社会三方综合效益比较

以北京为例，本研究基于生态系统服务能值核算结果进行生态效益打分，基于建设成本和维护投入等经济投入进行经济投入打分，基于居民评价和调研反馈进行社会评价打分，通过标准差标准化进行数据标准化处理，结合三维打分情况对各类蓝绿基础设施进行综合评价。得到结果如图 9-22 所示，在六大类蓝绿基础设施中，整体表现较好的是街道树、绿色屋顶和下沉式绿地。生态评分中，与前面分析相符，街道树得分最高；经济评分中，下沉式绿地以较低的建设成本和维护投入获得最高评分，垂直绿化由于技术复杂、维护频率

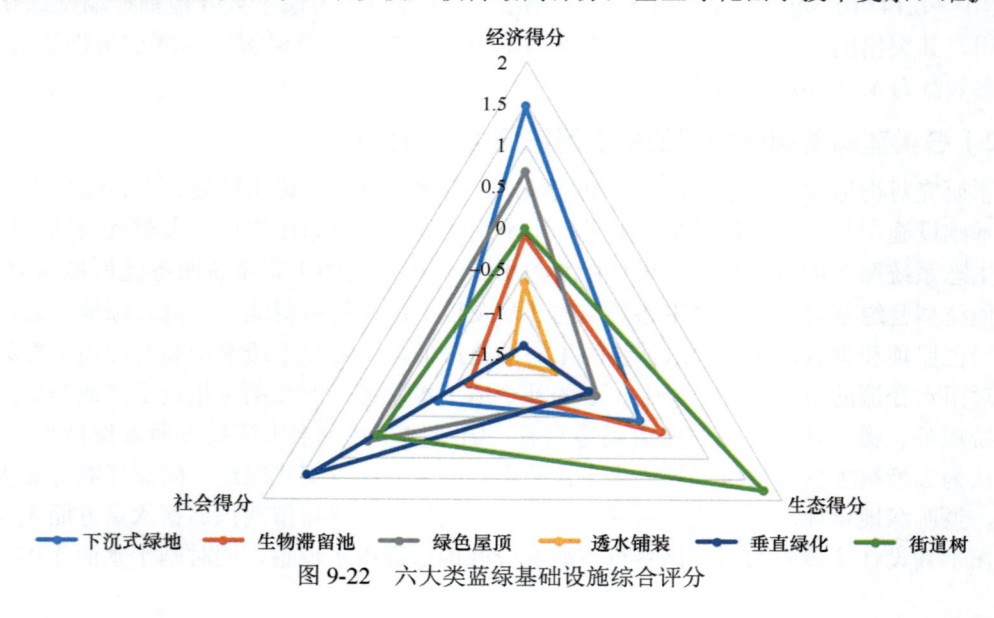

图 9-22 六大类蓝绿基础设施综合评分

· 208 ·

高、成本投入大而获得最低评分；社会评分中，垂直绿化具有较好的景观性和生态效益，获得居民喜爱和认可，得到最高评分，透水铺装由于应用面积广，发挥作用并不为居民所熟知而在社会得分中获得最低分。从综合评分来看，街道树以突出的生态系统服务，较为经济的建设维护成本及较好的社会认可度而获得最高评价；透水铺装由于日常维护频率较高、程序较为复杂而具有较高的经济投入，生态系统服务单一且较为隐蔽而不被公众认可，故综合得分较低。但在实际建设过程中，因透水铺装应用范围广，用地要求低，城市无法忽视透水铺装的应用，更应在硬地面上加大对透水铺装的应用，以达到城市生态效益的增值。

9.4.1.2 以北京市 K2 百合湾小区为实例进行不同情景组合下的设施比选

1）K2 百合湾小区

K2 百合湾小区位于北京市通州区，是 2011 年建成的商业居住区，并在北京市海绵城市建设专项规划范围内，该小区基本情况如表 9-5 所示。

表 9-5　K2 百合湾小区基础数据

总用地面积/m²	40 891
屋面面积/m²	11 311
硬化面积/m²	16 459
绿化面积/m²	23 692
容积率	2.0
绿化率/%	58

2）绿地空间的情景模拟

本研究基于居民对于住宅小区的绿地空间的不同要求，设定了不同情景进行组合比选（表 9-6）。

表 9-6　K2 百合湾绿地空间的情景设置情况

蓝绿基础设施选择	具体植被布设	情景目标
街道树（100%）	悬铃木	生态效益最佳
	悬铃木（50%）+白玉兰（50%）	
	悬铃木（40%）+白玉兰（30%）+银杏（30%）	
	悬铃木（25%）+白玉兰（25%）+银杏（25%）+桂花（25%）	
	悬铃木（20%）+白玉兰（20%）+银杏（20%）+桂花（20%）+云杉（20%）	
下沉式绿地（100%）	草地早熟禾	空间最广阔
	狗牙根	
街道树（30%）+下沉式绿地（70%）	悬铃木+草地早熟禾	景观有秩，生态效益优
	悬铃木，白玉兰【1:1】+草地早熟禾	
	悬铃木，白玉兰，银杏【4:3:3】+草地早熟禾	
	悬铃木，白玉兰，银杏，桂花【1:1:1:1】+草地早熟禾	
	悬铃木，白玉兰，银杏，桂花，云杉【1:1:1:1:1】+草地早熟禾	

续表

蓝绿基础设施选择	具体植被布设	情景目标
街道树（50%）+下沉式绿地（50%）	悬铃木+草地早熟禾	景观有秩，生态效益优
	悬铃木，白玉兰【1:1】+草地早熟禾	
	悬铃木，白玉兰，银杏【4:3:3】+草地早熟禾	
	悬铃木，白玉兰，银杏，桂花【1:1:1:1】+草地早熟禾	
	悬铃木，白玉兰，银杏，桂花，云杉【1:1:1:1:1】+草地早熟禾	
生物滞留池（30%）+下沉式绿地（70%）	大叶黄杨+麦冬+草地早熟禾	空间开阔，水连通
	大叶黄杨+鸢尾+草地早熟禾	
	大叶黄杨+麦冬+狗牙根	
	大叶黄杨+鸢尾+狗牙根	
生物滞留池（50%）+下沉式绿地（50%）	大叶黄杨+麦冬+草地早熟禾	空间开阔，水连通
	大叶黄杨+鸢尾+草地早熟禾	
	大叶黄杨+麦冬+狗牙根	
	大叶黄杨+鸢尾+狗牙根	
街道树（30%）+生物滞留池（21%）+下沉式绿地（49%）	悬铃木+草地早熟禾+大叶黄杨+麦冬	景观性强，组合搭配，蓝绿组合有序，生态效益优
	悬铃木，白玉兰【1:1】+草地早熟禾+大叶黄杨+麦冬	
	悬铃木，白玉兰，银杏【4:3:3】+草地早熟禾+大叶黄杨+麦冬	
	悬铃木，白玉兰，银杏，桂花【1:1:1:1】+草地早熟禾+大叶黄杨+麦冬	
	悬铃木，白玉兰，银杏，桂花，云杉【1:1:1:1:1】+草地早熟禾+大叶黄杨+麦冬	
街道树（10%）+生物滞留池（27%）+下沉式绿地（63%）	悬铃木+草地早熟禾+大叶黄杨+麦冬	景观性强，组合搭配，蓝绿组合有序，生态效益优
	悬铃木，白玉兰【1:1】+草地早熟禾+大叶黄杨+麦冬	
	悬铃木，白玉兰，银杏【4:3:3】+草地早熟禾+大叶黄杨+麦冬	
	悬铃木，白玉兰，银杏，桂花【1:1:1:1】+草地早熟禾+大叶黄杨+麦冬	
	悬铃木，白玉兰，银杏，桂花，云杉【1:1:1:1:1】+草地早熟禾+大叶黄杨+麦冬	

依据组合搭配进行了生态效益能值核算，具体结果如图9-23所示。如果小区所有绿地空间全部种植街道树，即形成一定面积的森林空间，将产生最大的生态效益但在具体实施中并不可取；单一的下沉式绿地应用或"下沉式绿地+生物滞留池"的组合铺设所带来的生态效益最低，虽然能够保证小区视野空间开阔，活动便捷，但却难以满足小区对生态系统服务的需求。一定数量的街道树的铺设能够使得小区绿地空间的生态效益大幅增加，如"街道树+下沉式绿地"或"街道树+下沉式绿地+生物滞留池"的组合搭配要高于单纯的地被植物草坪。加入生物滞留池的应用并没有增加小区绿地空间的生态效益，比"街道树+下沉式绿地"的组合搭配的生态效益要低，但生物滞留池能够提供较好的雨洪管理功能，同时增加小区水生态景观，所以生物滞留池的应用必不可少。

对不同情景设定下的综合效益进行比较，如图9-24所示，可以发现，全部种植街道树虽然能够获得最高的生态得分，但经济得分和社会得分均为最低，故综合得分最低，不符合居民小区对生态小区的追求。单一应用下沉式绿地能够获得最高的经济得分，即经济投入最少，但社会得分和生态得分并不高，可见在生态系统服务的提供和居民喜爱度方面还有待提升；"生物滞留池+下沉式绿地"的组合搭配在各项得分中并不高，处于中等水平，可见若在小区绿地空间中缺乏高大树木也难以满足居民对生态小区的要求。"街道树+生物滞留池+下沉式绿地"的组合搭配综合得分最高，在生态、经济和社会方面的得分也较为均衡，是小区应用类型最广、最适合的组合搭配。

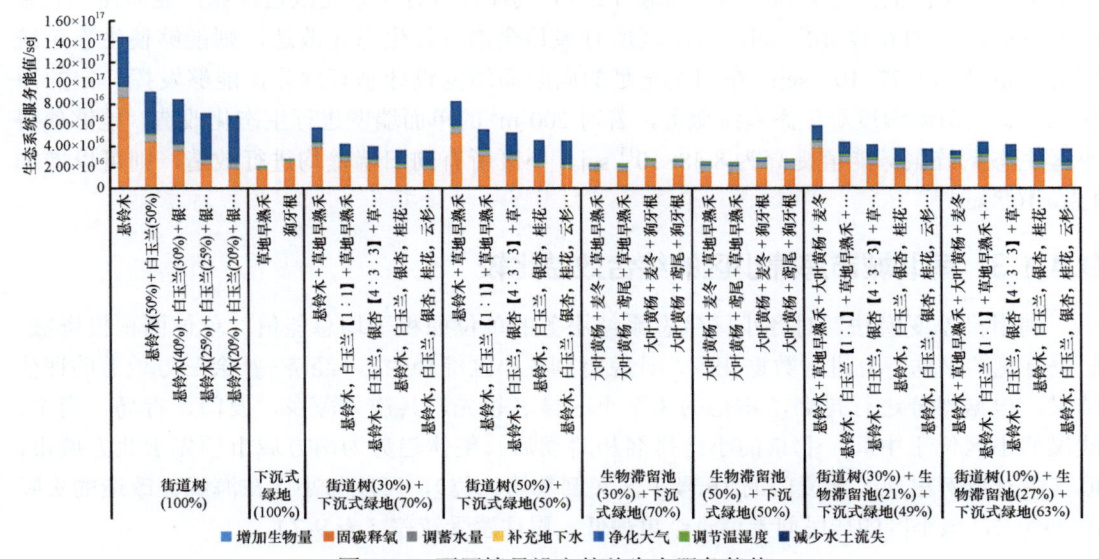

图 9-23　不同情景设定的总生态服务能值

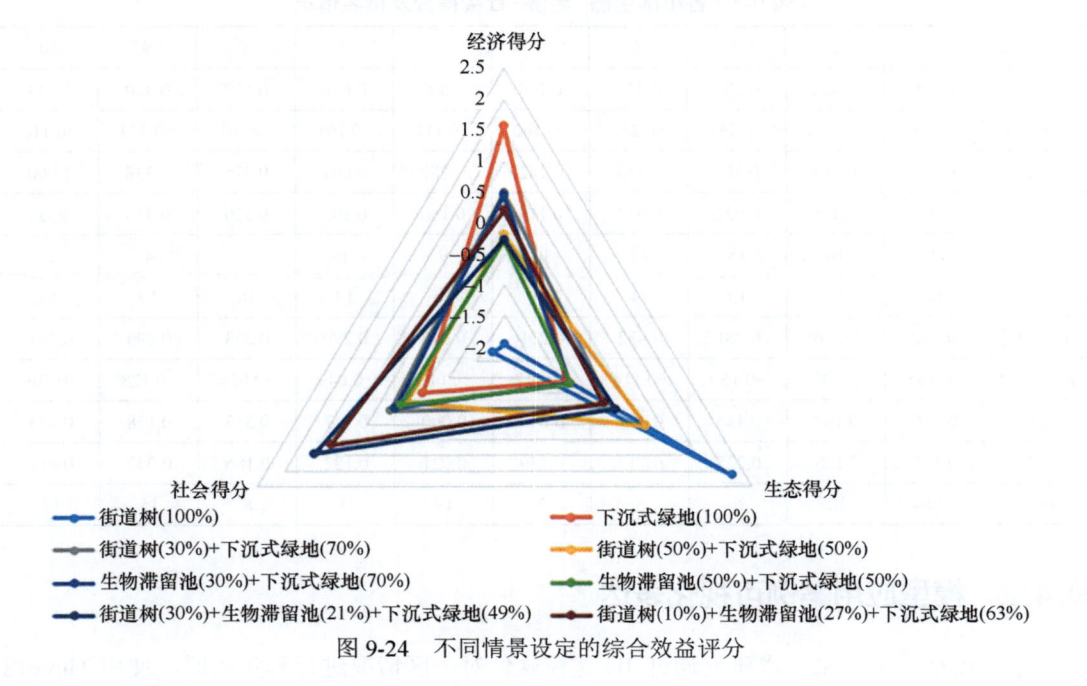

图 9-24　不同情景设定的综合效益评分

3）硬化地面、屋顶和墙壁的生态化效益

本研究的结果表明，在 K2 百合湾小区的硬化地面依据使用情况铺设不同类型的透水铺装能够增加其雨洪管理能力，提高小区水韧性，使得地下水体系获得补给，同时减少水土流失，按照 75% 的硬化地面进行生态化改造计算，透水铺装的使用能够使得生态系统服务能值增加 7.54×10^{13} sej；屋顶在承重范围内设计灌木、灌草或草坪型的绿色屋顶，能够大幅提高小区的生态效益，以单栋楼 125 m² 的屋顶进行生态化改造计算，能够使生态系统服务能值增加 6.37×10^{13} sej，若小区所有屋顶全部进行生态化改造，则能够使生态系统服务能值增加 5.77×10^{15} sej；在阳光充足的向阳面墙壁设计垂直绿化，能够发挥一定的净化大气、调节温湿度等生态系统服务，若对 200 m² 的单面墙壁进行生态化改造，能够使得小区生态系统服务能值提高为 8.48×10^{13} sej，小区所有向阳墙壁均进行改造，则可以增加 1.36×10^{15} sej。

9.4.1.3 南北城市海绵小区的综合效益比较

利用极差变换法，对各小区生态系统服务的单位面积平均总能值、单位面积投资额、居民意见的平均得分进行数据变换，计算得到各小区综合生态-经济-社会三方效益的评估结果。根据得分进行排名，常德的 4 个小区排名领先，其次为萍乡、厦门、青岛、南宁、武汉的小区位于中间，北京的小区排名相对靠后。整体趋势为南方城市领先于北方城市，但其中有特例出现，如厦门的 16 号小区（倒数第二位），可能与小区在海绵化改造的实际成效有关，该小区的居民问卷调查结果最低，居住感受较差（表 9-7）。

表 9-7 各小区生态-经济-社会得分及排名情况

小区编号	1	2	3	4	5	6	7	8	9	10
生态得分	0.000	1.000	0.201	0.222	0.169	0.300	0.676	0.587	0.930	0.113
经济得分	−0.103	−1.000	−0.251	−0.255	−0.102	−0.114	−0.101	−0.101	−0.324	−0.110
社会得分	0.115	0.115	0.115	0.115	0.282	0.282	0.604	0.475	0.338	1.000
平均分	0.004	0.038	0.022	0.027	0.116	0.156	0.393	0.320	0.315	0.334
排名	20	16	18	17	12	9	1	3	4	2
小区编号	11	12	13	14	15	16	17	18	19	20
生态得分	0.392	0.216	0.381	0.432	0.201	0.146	0.299	0.263	0.096	0.501
经济得分	−0.135	0.000	−0.150	−0.114	−0.117	−0.083	−0.049	−0.059	−0.128	−0.309
社会得分	0.046	0.162	0.445	0.377	0.513	0.000	0.117	0.353	0.158	0.143
平均分	0.101	0.126	0.225	0.232	0.199	0.021	0.122	0.186	0.042	0.112
排名	14	10	6	5	7	19	11	8	15	13

9.4.2 模型应用案例可视化表达

基于模型分析结果，本研究通过 3D 建模软件对小区情况进行真实还原，使用 ThreeJS 加载地图组件和小区 3D 模型，在 Web 端进行展示；通过 3D 模型交互实现用户点击事件

的交互，使用户通过点击楼面、屋顶或地面能够实现参数自定义，系统智能调用数据仓库的基础数据并进行自动运算，呈现直观的图表结果。

在模型构建界面中，用户可以通过鼠标拖动小区模型移动、旋转，调整模型方向，实现不同方位的设施布设。在参数设定界面，用户可以通过下拉框进行参数和情景的设定，根据研究的情况进行基础参数设置，根据目标情景选择蓝绿基础设施进行自主设计。在网格化的模型架构中，所有设施应用为单位模块，通过自由拉动进行设施布设，系统根据不同的景观布局、设施组合、空间格局从生态效益、社会效益和经济效益三方面得到综合效益，为用户快速、科学地提供参考依据（图 9-25）。

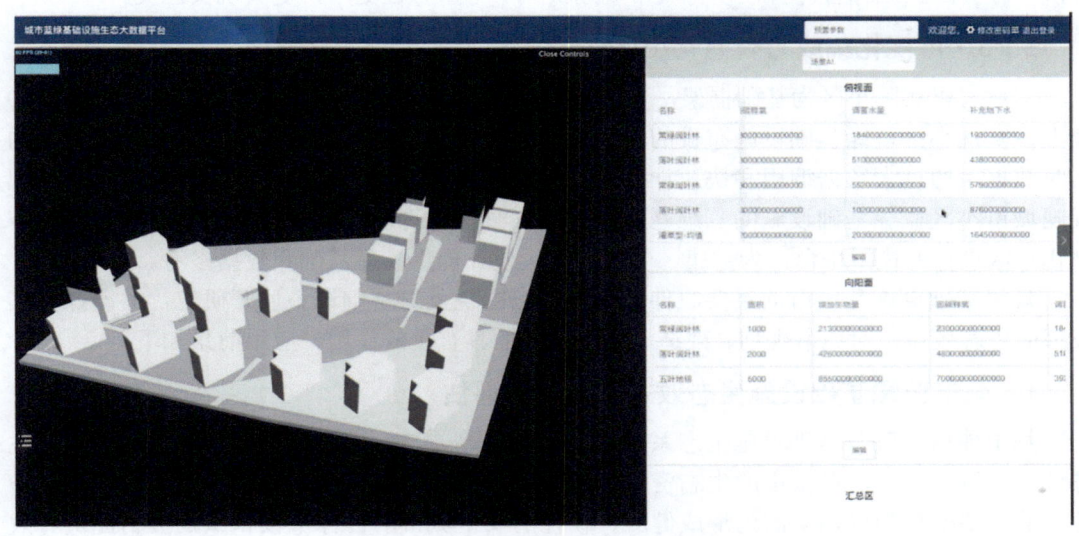

图 9-25　模型构建界面和参数设定界面

9.5　本章小结

本研究的创新性体现在以下几方面。

1）创新模块化蓝绿基础设施多种生态服务评估方法学，实现不同植被类型、不同生态组合下的蓝绿基础设施生态效益快速核算与组合比选

本研究完成了城市居住区中蓝绿基础设施不同类型、不同植被种类、不同设施组合的差异化生态效益核算，能够更好地优化小区环境，辅助城市规划中基础设施的设计。基于能值分析的生态系统服务真实价值的核算方法，构建了城市蓝绿基础设施生态效益数据库，实现了复杂组合下不同类生态效益的统一定量化，将各类生态系统服务功能同一量纲核算，达到不同设施组合和不同生态效益的横纵比较。本研究提出模块化核算理念，涵盖近百种蓝绿基础设施，覆盖 40 余种植被类型，将各类蓝绿基础设施通过成组、配套或特定的衔接方式结合成"蓝绿模块"，通过城市蓝绿基础设施生态效益数据库的调用，完成了不同"蓝绿模块"的生态效益的快速评估，并可以通过结果进行智慧比选。同时考虑了不同空间组合下对生态效益的影响，利用 Netlogo 建立空间模型来描述不同斑块布局下蓝绿基础设施所发挥生态效益的差异，将 7 种不同的斑块布局对蓝绿基础设施的影响进行定量化，实现多种影响因素的效果叠加，甄别不同空间组合的优势生态系统服务，为城市有限的空间规划提供最优化策略，对城市蓝绿基础设施的真实效果评价和应用规划具有重要意义。

2）数据的快速调用与多元异质数据下的城市小区蓝绿基础设施综合比选

通过搭建数据仓库，实现数据的实时调配和自定义设定，做到数据的智慧调取及结果的快速核算。同时，基于传感器获取环境数据、手机终端的居民意见收集和淘宝网工程成本的实时爬取，完成了生态、经济、社会三类数据的实时收集与快速调用，实现了生态、经济、社会的三维综合评价，使得城市规划决策中考量方位更广，更具现实意义。

3）3D 可视化集成与智慧化小区设计

本研究以实际小区为基础框架，基于城市蓝绿基础设施能值核算数据库，搭建小区 3D 模型，实现小区蓝绿基础设施布设的直观化体验与可视化应用；内嵌环境、经济和社会的实时数据，通过大数据调用和快速计算程序，实现小区生态效益评估与多目标优化，直观反映城市小区蓝绿基础设施的三维互动表现，同时保证直观性、可行性和科学性，搭建智慧化小区设计的模拟平台，为健康、生态的小区设计提供模型基础和数据参考。

蓝绿基础设施是城市的重要组件，本章重点围绕蓝绿基础设施展开研究，关键探究其发挥的生态效益，对城市规划、改造、提升等方面具有重要作用，应用前景如下。

1）城市蓝绿基础设施生态效益的核算与评估

基于能值的蓝绿基础设施生态系统服务价值核算方法学可以应用于城市基础设施的生态效益核算与评估，对城市的生态资本进行考量，可以作为城市生态文明建设和基础设施建设的主要衡量指标，从而为形成健康、韧性的安全城市的目标考核和激励机制提供有效的评价手段。

2）蓝绿基础设施应用的可视化模拟

对于城市规划和城市改造更新，本研究可以提供蓝绿基础设施应用的可视化模拟，达到预知未来蓝绿基础设施生态效益和预判蓝绿基础设施的综合效果，为城市规划设计提供依据，减少不必要的经济投入，规避城市规划中的错误。

3）城市蓝绿基础设施的最优化选择

本研究可以为特定目标下的城市或小区规划提供不同组合搭配的蓝绿基础设施布设情景，并进行智慧比选与可视化呈现，用户可以依据自身需求选择最为适合的情景组合，达到最优化布设。同时用户可以根据自身实际情况，进行蓝绿基础设施的基础参数设置，以实现蓝绿基础设施进行本土化与因地制宜化，实现特定目标下的最优化方案的呈现。

第 10 章

海洋生态系统服务核算方法

10.1 引言

海洋生态系统面积巨大，结构复杂，不仅能调节地球生态环境，也组成了人类生命支持系统（沈满洪和毛狄，2019），贡献了超过 60% 的全球生态系统能提供的总经济价值（Liquete et al.，2013）。中国是一个陆海兼备的海洋大国，拥有 1.8 万 km 大陆海岸线、1.4 万 km 岛屿海岸线以及 300 万 km^2 的主张管辖海域。海洋中已知的海洋生物物种超过 2 万种，占世界总数的 10%。中国每年的海洋水产品产量约占全国总水产品产量的 20%，产值约 2000 亿元（河北省自然资源厅，2022）。此外，海洋还提供了大量难以计量的调节服务、文化服务等。海洋中丰富的天然资源和巨大的生态系统服务是保障中国社会经济可持续发展的重要基础，其重要性受到国家和社会的高度重视。2018 年 6 月 12 日，习近平总书记在对青岛海洋科学与技术试点国家实验室考察时指出，"建设海洋强国，我一直有这样一个信念。"党的十九大明确提出"坚持陆海统筹，加强建设海洋强国"。中共中央政治局第八次集体学习时习近平总书记强调要保护海洋生态环境，着力推动海洋开发方式向循环利用型转变。中国人民解放军海军成立 70 周年多国海军活动上习近平主席表示，中国高度重视海洋生态文明建设，持续加强海洋污染防治，保护海洋生物多样性，实现海洋资源有序开发利用，为子孙后代留下一片碧海蓝天。此外，国家以及地方出台了一系列海洋生态资本（价值）评价标准，例如 2012 年制定的《海洋生态资本评估技术导则》用于为国家开展海洋生态资源的资本化管理提供依据，以及 2020 年广东省出台的《海岸线价值评估技术规范》用于评估广东省海岸线生态系统服务价值和潜在开发利用价值，推动岸线指标交易等。因此，建设海洋强国，就要深刻认识到海洋在国家经济发展中的重要地位，要处理好海洋保护与开发之间的关系。海洋生态系统服务价值核算可以对海洋的资源管理、海上工程建设以及海洋环境损害赔偿等方面提供科学的参考依据（沈满洪和毛狄，2019），从而为政府海洋资源的规划管理提供决策支持，对促进中国海洋强国建设以及推动海洋经济的可持续发展具有重要意义。

海洋生态系统能够提供多种服务，如提供动植物栖息地、减轻洪水与风暴、保持底泥、控制侵蚀以及碳储存等（Brown et al.，2006；Barbier et al.，2011）。与此同时，海洋生态系统也对居住在沿海地区和小岛屿的人群产生了有益的影响，这些地区的人口占全球人口的 1/3（Barbier et al.，2008）。然而随着社会的发展，人类活动范围以及方式不断变化，对海洋区域的滥用以及不加节制地排污等行为都对海洋生态系统造成严重的破坏，如造成环境污染、气候变化、栖息地破坏以及生物多样性损失等。此外，城市化进程的加快以及经济的快速发展同样影响着海洋生态系统的可持续发展（Dobson et al.，2006；Halpern et al.，2008）。然而，尽管公众对海洋生态系统的保护意识不断提升，但是依然缺乏海洋保护的计划与行动，与陆地生态系统相比，对海洋生态系统服务价值评估的数据与方法也很欠缺（Barbier，2012），因此在决策制定时，海洋的保护、开发与修复价值经常被低估（Camacho-Valdez et al.，2014；Vassallo et al.，2018）。

到目前为止，海洋生态系统服务概念框架、指标和度量标准缺失或存在争议，因而针对海洋生态系统服务价值评估的研究依然相对匮乏（Liquete et al.，2013），仅有的一些研究集中在小范围海域开展，仅对单独某一年以及某几项生态系统服务价值进行核算，难以反映海洋生态系统的整体服务价值（王一尧，2019）。另外，海洋生态系统服务过度强调海洋牧场的作用和产出，而无论是海洋捕捞还是海洋养殖，其产出都蕴含了大量的人工投入，需仔细厘清自然投入和人工投入的比例，将其混为一谈，单单将海洋渔业产品作为海洋生态系统服务大小的比较标准，终究会造成过分追求海洋渔业产品而产生海洋污染或过度捕捞的后果。现在已有的海洋生态系统服务评估方法可以大致分为三类，即经济学方法、InVEST 模型以及能值分析方法（Yang et al.，2019a，2019b；Yang S et al.，2019）。经济学方法是使用经济价值来对生态系统服务进行度量，通过该方法计算得到的生态系统服务价值易被人们接受，更适合于核算以人类偏好或感知为基础的价值。但是生态系统能够提供一些目前尚未被人类感知的、模糊的或者在未来才能够表现出来的服务，并且经济学价值存在其自身的局限性（刘耕源和杨青，2018）。Costanza 等（2017）也承认了使用经济价值来对生态系统服务价值进行评估存在一定的局限性，计算得出的经济价值不等于市场价值，也不等于交易价值。利用 InVEST 模型可以对海洋生态系统服务、空间格局和动态进行评估（Tallis and Polasky，2009；Yang W et al.，2018），但是该模型缺乏对动态生态过程的统一度量和模拟（Bhagabati et al.，2014；Langan et al.，2018），有一定的局限性。能值分析方法从生态系统贡献者的视角出发，考虑到太阳辐射能、潮汐能和地热能 3 种可更新能源是维持地球生物圈物质循环、能量流动以及可持续发展的因素，将太阳能焦耳作为度量单位来核算生态系统服务价值（刘耕源和杨青，2018）。太阳能值是产生一种服务或制造一种商品直接或间接需要的太阳能量（单位：太阳能焦耳，sej），它能将不同等级、不同类别的物质或能量通过统一尺度进行衡量，从而解决当前不同生态系统服务价值难以比较的难题（Odum，1996）。在热力学定律的基础上，能值分析方法能够详细地描述每个系统中的资源流动（包括物质流动和能量流动），从贡献者视角而非人类偏好来评估任何生产的环境成本，从而量化生产和最终运营任何服务或产品的累积可用能源支出（Odum，1996）。这一方法现在已被应用于森林（Campbell and Brown，2012；Yang Q et al.，2018）、湿地（Yang et al.，2019a）、草地（Yang et al.，2020）、大坝（刘畅等，2019）等生态系统服务价值核算。

对海洋生态系统服务价值评估的研究依然存在以下几方面不足。

（1）对海洋生态系统服务的概念内涵、生态过程等认识尚不清晰：海洋生态系统结构的复杂性使其能够提供的服务种类繁多，这其中可能依然存在一些服务尚未被识别；而针对已识别的服务，其所包含的生态过程、运行机制以及动态演变规律依然不清晰，因此需要对其进行深入研究。

（2）海洋生态系统服务的分类体系较为随意：联合国千年生态系统评估组（MEA，

2005)、Beaumont 等（2007）、生态系统与生物多样性研究组（TEEB，2010）以及生态系统服务国际通用分类（Haines-Young and Potschin-Young，2018）等都对海洋生态系统服务进行了分类，但是这些分类在实际研究中依然存在一些问题，如部分服务价值的重复计算，以及由于服务产生的机理不清而未合理、全面度量各类服务价值等。此外，不同类型的海洋生态系统具体提供哪些服务等问题，尚无统一定论，这也给海洋生态系统服务价值核算的研究带来了困难。

（3）基于生态热力学驱动的海洋生态系统服务价值核算的理论框架与具体核算方法尚未完全建立：传统的经济学方法（即货币量生态系统服务价值核算方法）在海洋生态系统服务价值评估中的应用依然较为广泛，该方法多采用替代价值，而不少服务（尤其是非海洋渔业产品的服务）难以找到替代途径，应用陆地系统的替代价值方法偏差较大，需要开发新的核算方法。

10.2 国内外研究现状

10.2.1 海洋生态系统服务分类现状

为了深入研究海洋生态系统服务的内涵，需要对现有的生态系统服务分类体系有一个清晰的了解。目前世界上生态系统服务分类体系种类繁多。Daily（1997）的研究中分出了 13 类生态系统服务。Costanza 等（1997）的研究中则划分了 17 类生态系统服务，其中将海洋生态系统分解出气体调节、食物供给、生境提供等 12 类生态系统服务。联合国千年生态系统评估组将生态系统服务分为供给服务、调节服务、文化服务以及支持服务四大类，并在此基础上对生态系统的具体服务进行详细分类。Beaumont 等（2007）在联合国千年生态系统评估组分类的基础上针对海洋生态系统，将其服务分为食物供给、气体及气候调节等 12 类。Pert 等（2012）同样在联合国千年生态系统评估组分类的基础上对沿海湿地生态系统服务进行了分类，与联合国千年生态系统评估组不同的地方主要在于某些服务的定义以及分类。Atkins 等（2011）基于 Fisher 等（2009）以及联合国千年生态系统评估组的研究，将 17 种不同类型的海洋生态系统服务纳入供给、调节、文化、总体支持服务和选择适用价值五大类中。此外，他们考虑了非生物环境，将其提供的栖息地纳入总体支持服务，将运输和用于住宅、工业的供水纳入供给服务。Piwowarczyk 等（2013）在联合国千年生态系统评估组分类的基础上补充了与海洋有关的风险和非生物利益，确定了城市环境中海洋产生的生态系统服务，并深入研究了如何将海洋生态系统服务用于海洋管理。生态系统与生物多样性研究组（TEEB，2010）在联合国千年生态系统评估组的四大类服务中增加了生态系统服务在经济方面的价值。Böhnke-Henrichs 等（2013）在生态系统与生物多样性经济学的基础上构建了用于生态系统管理和海洋空间规划的海洋生态系统服务类型框架。Hattam 等（2015）基于生态系统与生物多样性经济学和 Böhnke-Henrichs 等（2013）的研究，并结合研究区域数据的可获得性，划分了六类生态系统服务指标（即生态系统服务供应），这些指标被认为与生态系统效益指标（即人为创造和获得的生态系统服务产出）不同。生态系统服务国际通用分类（Haines-Young and Potschin-Young，2018）提供了用于自然资本核算的层次一致的科学分类方法。Liquete 等（2013）为海岸带和海洋的研究建立了一个综合、实用的生态系统服务分类，试图解决不同分类下评估结果比较较为困难（Fletcher et al., 2011），以及单一的分类方案不能适用于所有生境或评估等问题（Costanza, 2007; Fisher et al., 2009）。国内专家学者对于海洋生态系统服务的分类主要沿用 Costanza 等（1997）、联合国千年生态系统评估组（MEA, 2005）等常用的分类体系，并在其基础上进行适当修改。陈尚等（2006）基于联合国千年生态系统评估组的分类方式构建了我国海洋生态系统服务分类体系，包括四大类服务和 14 小类具体服务，与联合国千年生态系统评估组不同的一点是他们将氧气生产纳入供给服务（表 10-1）。吴欣欣（2014）同样采用联合国千年生态系统评估组的分类方式，四大类服务包含 15 小类子服务，并在陈尚等（2006）研究的基础上将空间资源和水供给纳入供给服务。沈满洪和毛锹（2019）认为可以延续供给、调节、文化、支持服务的四大类分类设置，但是需要对每一大类包含的具体的海洋生态系统服务进行归纳整理。总而言之，海洋生态系统服务的分类方法依然处于不断发展的过程中。

表 10-1　常见海洋生态系统服务分类对比

服务	Costanza 等（1997）	MEA（2005）	Beaumont 等（2007）	TEEB（2010）	Haines-Young 和 Potschin-Young（2018）	陈尚等（2006）
供给服务	食物	食物	食物供给	食物	生物量-营养	养殖、捕捞生产
	原料	—	—	原料	生物量-原料、能源等	氧气生产
	—	观赏资源	生物质	观赏资源		
	基因资源	基因资源		基因资源		
		生物化学药剂		药物资源		
调节服务	大气调节	空气质量调节	气体调节	空气净化	气体调节	
	气候调节	气候调节	气候调节	气候调节	大气组成和气候调节	气候调节
	废弃物处理	净化水资源和废弃物处理	废弃物生物处理	废弃物处理	废弃物调节	废弃物处理
	侵蚀控制	侵蚀调节	干扰控制	侵蚀预防	质量流量调节	
	生物控制	人类疾病管理	—	生物控制	疾病控制	
支持服务	营养元素循环	营养元素循环	营养物质循环	—		
	避难所（繁殖地、栖息地等）	生物多样性	栖息地	生命周期维持、基因库保护	生命周期维持、栖息地和基因库保护	物种和生态系统多样性维持
文化服务	娱乐（生态旅游、户外活动等）	娱乐和生态旅游	休闲娱乐	娱乐和生态旅游	身体的相互作用	休闲娱乐
	文化（审美、艺术、教育、科研等）	审美价值	审美	文化、艺术和设计灵感	—	—
		文化多样性	文化			
		精神和宗教价值		精神体验	精神的相互作用	
		知识体系和教育价值	认知影响	认知发展的信息	智力的相互作用	科研服务

注："—"表示该分类体系中此项为空。

10.2.2 现有的海洋生态系统服务价值评估方法

1）经济学方法

根据价值评估技术的不同，经济学方法可以分为直接市场法、替代市场法以及假想市场法。直接市场法通过市场价格对具有市场价值的生态系统服务进行评估（李秀山等，2012）。替代市场法通过考察替代品的市场价格或人们的市场真实行为，间接推断人对环境的偏好，从而推算生态系统服务价值（刘尧等，2017）。假想市场法人为建立起模拟市场，主要用于评估不具备真实交易市场的生态系统服务价值（李秀山等，2012）。当前大部分生态系统服务价值不能用单一的价值评估方法进行核算，所以在实际研究过程中通常采用多种方法联用的方式评估同一海洋生态系统的不同服务价值。Wang 等（2010）估算了厦门同安湾拟建填海工程造成的生态系统服务损失，基于联合国千年生态系统评估组的分类方法构建了评估框架，并运用多种经济学方法核算各项海岸带生态系统服务价值，如针对食物供给服务采用直接市场法、针对空间资源服务采用恢复费用法、针对气体调节和废物处理服务采用影子工程法等。核算结果显示，研究区域生态系统服务价值损失成本远高于工程建设成本，并且只有在拟建填海工程的预期效益至少与总成本相当的情况下，才具有经济上的合理性。Gee 和 Burkhard（2010）采用了模拟市场法对德国南部海洋生态系统文化服务价值进行评估，并指出风电场的建设对当地的生态系统文化服务价值产生了不利的影响。吴珊珊等（2008）以渤海为研究区域估算了海洋生态系统的资源价值，针对水产、港址、海盐资源价值采用了收益还原法，针对石油资源采用市场价值法、针对滨海景观资源和滩涂资源价值采用收益还原法和成果参照法，最终估算出渤海海洋生态系统资源价值约 8028 亿元。张华等（2010）在联合国千年生态系统评估组分类的基础上构建了辽宁近海海洋生态系统服务分类，综合使用了市场价格法、污染防治成本法、碳税法等，并参照了 Costanza 等（1997）的经济参数，估算出 2007 年辽宁近海海洋生态系统服务总价值为 710.35 亿元，约占辽宁生产总值的 6.44%。Sangha 等（2019）采用直接与间接市场法评估了澳大利亚北部地区的滨海和海洋生态系统服务价值，研究发现滨海和海洋生态服务价值为 14 亿澳元/a，占该地区生产总值的 5%～6%，研究结果为决策者了解当地海洋资源的重要性以及制定海洋保护政策提供了可靠的数据支持。Canu 等（2015）构建了海洋生态系统固碳服务价值的评估方法，并以地中海地区为研究对象进行了评估，研究发现地中海盆地的固碳服务价值为 3.373 亿欧元/a，其中 2.814 亿欧元/a 的固碳服务归因于生物泵；该地区单位面积的固碳服务价值为 133.5 欧元/km^2。Lange 和 Jiddawi（2009）评估了坦桑尼亚海岸桑给巴尔岛的海洋生态系统服务价值，研究表明该地区海洋生态系统服务价值约占该地区生产总值的 30%，但由于人为因素和自然因素，生态系统退化严重，服务价值下降。研究结果为当地经济发展与海洋保护之间平衡关系的构建提供了参考意见。

2）InVEST 模型

利用 InVEST 模型可以评估海岸地区渔业、旅游和休闲娱乐以及海岸防风暴潮等人们很少研究的生态系统服务价值，一定程度上降低了海洋生态系统服务价值评估的困难性，是目前应用最为广泛的生态系统服务价值评估模型。Goldstein 等（2012）基于 InVEST 模型碳储模块，评估了夏威夷瓦胡岛在 7 种规划方案下的生态系统服务价值，以帮助夏威夷的土地开发者找到一种能最大限度降低环境影响，提高经济效益的开发计划。Yang Q 等（2018）利用 InVEST 模型评估了黄河三角洲滨海湿地生态系统服务空间格局与动态演化之间的权衡关系，研究发现权衡关系存在于物质生产与生境质量服务之间，并且其强度在不断上升。周方文等（2015）利用 InVEST 模型评估了在围填海活动的影响下，黄河三角洲滨海湿地生态系统服务价值的变化。研究发现 2000~2012 年湿地的碳储量下降，湿地中两种重点保护生物——丹顶鹤、黑嘴鸥的生境退化，这反映了人类对黄河三角洲滨海湿地的大规模开发利用造成了较大的环境影响。陈美田（2019）利用 InVEST 模型等分析了上海海洋生态系统固碳服务的变化趋势，研究结果发现当地呈现出总碳储量上升而固碳量下降的趋势。张云倩等（2016）基于 InVEST 模型估算了江苏海岸带的碳储量，结果发现虽然当地的总碳储量上升，但是单位面积储碳量下降。目前 InVEST 模型在海洋、海岸带和湿地生态系统的研究中的应用还比较少，研究集中于森林、城市和流域地区。

3）能值分析方法

能值分析方法从生态系统贡献者视角出发，利用太阳能值核算生态系统服务价值。王一尧（2019）以中国 11 个沿海省市为研究对象，对其 2005~2014 年的海洋生态系统服务价值进行了评估。研究基于联合国千年生态系统评估组的分类方式构建了海洋生态系统服务分类体系，并构建了生态系统服务价值的核算方法。该研究中供给服务（食物、原材料供给等）采用供给量乘能值转换率获得，调节服务（如气体调节、废弃物处理等）采用调节的气体或处理的废物量乘能值转换率获得，文化服务（如休闲娱乐服务等）采用休闲娱乐收入乘能值货币比获得。研究结果显示，中国海洋生态系统服务主要是供给服务，调节服务和文化服务次之，但是近年来文化服务对中国海洋生态系统服务总价值的贡献日益增加。中国海洋生态系统服务价值随时间变化整体呈现上升趋势，这也意味着 11 个沿海省市海洋生态系统服务价值不断上升，但各省价值的上升幅度不尽相同。Yang 等（2019b）利用能值分析方法对珠江三角洲海岸带和海洋生态系统服务价值进行了评估，研究结果显示 2000~2009 年，珠江三角洲海岸带生态系统服务价值总量呈下降趋势，其中以水体净化服务为主，其次为土壤增加、气候调节和局地小气候调节服务；无论是微观还是宏观尺度，海岸带生态系统调节气候的潜力最大；海洋生态系统服务价值呈下降趋势，比例为 42.37%，而增加生物量和固碳释氧服务价值的下降是海洋生态系统服务总价值下降的主要原因；潮间带沼泽单位面积生态系统服务价值最大，其次是红树林、珊瑚礁和多岩石海岸，海洋生态系统单位面积生态系统服务价值最小。总之，目前能值分析方法在海洋生态系统服务价值核算方面应用还比较少，研究集中于湿地、森林等生态系统服务价值的核算。Buonocore 等（2019）采用能值分析方法评估了意大利南部两个地中海海洋保护区的自然资本价值。研究结果显示，在两个自然保护区中珊瑚礁生态系统均具有最高的能值密度，证实了珊瑚礁生态系统在滨海和海洋生态系统中的重要性。Fuente 等（2019）基于能值理论核算了地中海沿岸某大型藻类的自然资本价值，结果显示其单位面积能值为 1.23×10^{12} sej/m^2，通过能值货币比换算为 1.28 欧元/m^2。研究结果有助于提高公众对该藻类生态系统的认识，从而为其保护政策的制定和实施提供支持。Franzese 等（2017）对意大利中部文托泰内（Ventotene）和圣斯特凡诺岛海洋保护区的自然资本价值进行了评估，研究结果显示该地区海草床的单位面积能值为 4.26×10^{11} sej/m^2，而珊瑚礁的单位面积能值为 2.76×10^{12} sej/m^2，证实了珊瑚礁生态系统的重要性。通过能值货币比换算可知该地区海洋保护区的生态资本价值为 826 万欧元。Picone 等（2017）核算了地中海埃加迪群岛海洋保护区的自然资本价值，研究结果显示该保护区的自然资本价值为 1.12×10^{21} sej，约合 11.7 亿欧元。这项研究表明了将环境核算与保护规划相结合，从而支持有效的环境保护策略的重要性。Hu 等（2019）评估了中国 2006~2015 年海洋生态系统的可持续性，研究结果显示中国海洋生态系统的能值密度较低，能值产出率稳定上升。中国海洋生态系统环境负荷率很低，能值可持续性指数较高，可持续性良好，为了确保海洋生态系统的长期可持续发展，中国政府应当采取一系列措施。

10.2.3 海洋生态系统服务价值研究区域现状

1）滨海湿地生态系统服务价值

关于滨海湿地生态系统服务价值的研究集中于红树林、盐沼、河口等生态系统。Zhang F 等（2015）评估了澳大利亚黄金海岸海滩的休闲娱乐服务价值，发现在不考虑非使用价值（如存在价值）的情况下研究区域的休闲娱乐服务价值超过 5 亿美元/a，而海滩保护工程的每年花费小于 5 亿美元，证明了保护工程项目的经济可行性。Petrolia 等（2014）评估了居民对路易斯安那州滨海湿地三种生态系统服务（野生动物栖息地提供、风暴潮保护和渔业生产）价值增加方面的支付意愿，进而分析了湿地恢复项目的可行性。结果表明，家庭平均支付意愿约为 909 美元，平均总支付意愿约为 1050 亿美元，高于 500 亿美元的恢复项目总成本。Beaumont 等（2014）评估了 2000~2060 年英国海岸带生态系统固碳服务价值在两种情况下的变化，一种是海岸带生态系统维持现状，另一种是海岸带生态系统持续丧失。如果海岸带生态系统保持目前的规模，在 2000~2060 年其固碳服务价值估计在 10 亿英镑。然而，如果目前海岸带生态系统丧失的趋势继续下去，其固碳能力将显著下降，固碳服务价值将减少约 2.5 亿英镑。如果海平面上升或填海造陆造成的损失趋势持续恶化，这种价值损失将会更大。Badola 和 Hussain（2005）评估了印度 Bhitarkanika 红树林生态系统服务价值，并对红树林保护区中的部分居民进行了态度调查，以评估当地人对红树林风暴防护功能的看法以及他们对红树林的总体态度。研究发现，红树林生态系统可以发挥消浪护岸的作用，降低由极端气候造成的户均损失，而当地居民也能够意识到红树林生态系统的服务价值，并愿意与政府部门合作开展红树林的修复工作。张和钰等（2013）评估了福建漳江口红树林国家级自然保护区的生态系统服务价值，研究结果显示该地区 2011 年生态系统服务价值总量为 1.42 亿元，约占当地财政收入的 27.23%，说明了保护区红树林生态系统对当地经济发展的贡献较大。黄博强等（2015）评估了福建漳州龙海 1986~2010 年的海岸带生态系统服务价值，研究结果显示当地海岸带生态系统服务价值整体呈下降趋势，研究区域内 7 个分区生态系统服务价值呈现明显的空间差异性，且生态系统主导服务也各不相同。研究结果为当地海岸带的开发与管理提供了参考依据。Owuor 等（2019）对肯尼亚 Mida Creek 地区的红树林生态系统服务进行了评估，评估的服务包括"海岸线侵蚀保护""生物多样性维持""为鱼类的养育和繁殖提供栖息地""教育和科研服务"。研究将用于红树林保护的无偿劳动时间作为支付机制，以估计人们的支付意愿。结果表明，受访者愿意每月贡献 5.82 h，用于保护红树林苗圃和繁殖场功能；每月贡献 21.16 h，以维持生物多样性；每月贡献 10.81 h，以减少海岸线侵蚀；每月贡献 0.14 h，以使每月获得 100 名学生/研究者访问。研究结果为当地红树林的保护提供了宝贵的见解。Tanner 等（2019）评估了加拉帕戈斯群岛红树林的生态系统服务价值，研究集中在碳储存、小规模渔业支持以及红树林休闲旅游三种服务方面。结果显示，当地红树林碳储存的服务价值为 22 838 美元/hm^2，渔业支持服务为 245 美元/hm^2，休闲娱乐服务为 16 958 美元/hm^2。研究结果为当地红树林生态系统服务价值支付制度化提供了参考依据。Calder 等（2019）对比了美国加利福尼亚州马林县滨海盐沼湿地的恢复支出与生态系统服务收益，发现在任何假设的情况下恢复收益都超过了成本，从而为当地的生态系统恢复投资提供了数据支持。

2）近海生态系统服务价值

温水珊瑚礁生态系统是近海生态系统服务价值研究的主要对象。Chen 等（2013）对台湾澎湖区域人造珊瑚礁的生态系统服务价值进行了评估，采用旅行费用法和条件价值法，对其供给服务（渔业生产等）、文化服务（休闲娱乐等）以及支持服务（生物多样性和栖息地保护等）的价值进行研究。研究发现，珊瑚礁生态系统可以通过增加渔业产量和提供休闲娱乐服务带来很高的经济价值。Baptiste 等（2015）采用支付意愿法在新喀里多尼亚的两个沿海地区进行了一项关于珊瑚礁生态系统保护的选择实验，发现人们对珊瑚礁生态系统非使用价值的支付意愿占总支付意愿的 25%～40%。Pascal 等（2016）对珊瑚礁生态系统消浪护岸服务价值进行了评估，评估结果显示珊瑚礁生态系统保护海岸、防止岸线侵蚀，为珊瑚礁生态系统的保护提供了理论依据。Elliff 和 Kikuchi（2017）对巴西巴伊亚州的蒂尼亚雷（Tinharé）群岛和博伊佩巴（Boipeba）群岛的珊瑚礁生态系统服务进行了评估，结果表明珊瑚礁为当地 50.5% 的岛屿提供了海岸线保护服务；而在珊瑚礁消失的情况下，46.8% 的海岸线将呈现中度至高度脆弱性。研究建议当地实施新的管理策略，从而避免人类活动造成的珊瑚礁生态系统不断退化的后果。Marre 等（2015）采用支付意愿法评估了新喀里多尼亚两个沿海地区珊瑚礁生态系统的非使用价值，结果发现珊瑚礁生态系统非使用价值的支付意愿占生态系统保护总支付意愿的 25%～40%，说明在珊瑚礁生态系统管理决策中，若忽略这些非使用价值，则会造成总服务价值的低估。

3）远洋生态系统服务价值

目前对远洋生态系统服务价值的研究较少，仅有的研究主要评估了冷水珊瑚礁的生态系统服务价值以及远洋渔业资源价值。Aanesen 等（2015）调查了人们对冷水珊瑚礁保护项目的支付意愿，评估发现人们尽管对冷水珊瑚礁生态系统的保护会严重影响海洋工业的发展，如油气开采与渔业捕捞，但是对保护项目的支付意愿并没有降低。Galparsoro 等（2014）的评估发现远洋生态系统能够提供多样化的生态系统服务，包括食物供应和更广泛的生物多样性维持服务，在更有限的地区提供其他调节服务和文化服务。另外，远洋生态系统服务价值与其离岸距离和深度显著相关。Ojea 和 Loureiro（2010）评估了远洋渔业资源价值，并调查了人们对渔业资源保护的支付意愿，研究发现从短期来看，限制渔业生产规模会降低社会经济效益，但是从长期来看，渔业捕捞量的减少使得鱼类的种类和数量增加，从而使得社会经济效益上升。Armstrong 等（2014）采用支付意愿法对挪威和爱尔兰民众进行了抽样调查，评估了受访者对冷水珊瑚礁保护的意愿。研究结果显示，人们愿意为保护区范围的小幅度和大幅度增加分别支付 341 挪威克朗和 424 挪威克朗，如果该区域是鱼类重要的栖息地，则人们愿意为其保护支付 880 挪威克朗。挪威受访者比爱尔兰受访者更重视冷水珊瑚礁的保护，愿意牺牲部分海洋经济活动（如渔业和石油开采）以保护冷水珊瑚礁。Foley 等（2010）评估了冷水珊瑚礁的生态系统服务价值，结果表明珊瑚礁生态系统具有多项服务，如维持生物多样性、为鱼类繁殖提供栖息地、作为新型药物的物质来源以及二氧化碳封存等，其中为鱼类繁殖提供栖息地，从而为渔业发展提供支持是冷水珊瑚礁生态系统最重要的服务。

10.3 海洋生态系统服务价值评估框架构建

10.3.1 海洋生态系统类型的划分

根据不同类型海洋的自然环境属性、功能以及人为影响大小，将海洋生态系统划分为滨海湿地生态系统、近海生态系统和远洋生态系统三大类。

滨海湿地生态系统是河口海湾开放水域与陆地之间过渡性的生态系统，兼有水域和陆地生态系统的特点，具有生物多样性和高生产力等独特的结构和功能特征，在改善气候、控制污染、稳定环境和维护区域生态平衡等方面具有其他生态系统不能替代的作用和功能。牟晓杰等（2015）将滨海湿地依据自然属性的不同分为自然滨海湿地和人工滨海湿地两大类，其中自然滨海湿地又分为海岸性淡水湖、海岸性淡水沼泽、岩石性海岸、砂质海滩、泥质海滩、盐水沼泽、盐化草甸、河口三角洲和沙洲沙岛、红树林沼泽、海岸性咸水湖、河口水域、浅海水域、海草床、温水珊瑚礁；人工滨海湿地则可以分为盐田、稻田、养殖池塘、库塘、沟渠、污水处理六类（图 10-1）。

图 10-1 各类型海洋生态系统

依据不同类型滨海湿地生态系统的相似性以及数据的可获得性，本研究对以上分类体系进行简化，形成 6 类自然滨海湿地（表 10-2），人工滨海湿地暂不考虑在内。

近海生态系统是介于滨海湿地外边界与 200 m 等深线大陆架边缘之间的区域环境。由于受大陆和各种环流交互影响程度不同，近海不同区域环流的水文、物理、化学、生物因素的分布变化也显示出明显的区域差别。在靠近大陆沿岸的近海区域，由于受大陆影响相对较大，其水文、化学、物理要素变化复杂，温度变化比河口海湾小但比外远洋大，盐度一般都较低，但亦不同程度受河流径流和降水量的影响而呈季节性变化。在水深大于 150 m 的近海区域，由于远离大陆沿岸，受污染影响小，主要受各种环流的影响，显示具有大洋水的特性，透明度大，海水成分比较稳定，温度、盐度高，生物种类贫乏，种群密度比较低。

表 10-2 滨海湿地生态系统类型及特征

生态系统类型	特征
红树林生态系统	主要植被类型为红树林的潮间沼泽湿地
盐沼生态系统	常年积水或过湿的盐化沼泽湿地，植被覆盖度≥30%
海草床生态系统	海草是生长在海洋和完全盐生环境中沉水性开花植物的统称，大片海草相连形成海草床，植被覆盖度≥30%
温水珊瑚礁生态系统	由石珊瑚遗骸和石灰质藻类堆积形成的礁石以及生活在其中的底栖生物、藻类等形成的聚合体，主要存在于热带、亚热带海洋
河口生态系统	河流入海口处形成的生态系统，因受到潮汐和河流的双重影响，各种环境因子（如盐度、温度、营养物质含量等）常处于波动状态
滩涂生态系统	包括岩石性海岸、砂石海滩、泥质海滩，植被覆盖度<30%

远洋生态系统是指水深超过 200 m 的海洋区域，涵盖了大陆架之外的整个水体和海底，包括大陆坡、洋脊、洋盆、海沟和冷水珊瑚礁等区域。各远洋生态系统往往具有相似的环境特征，相对于近海区而言，远洋区的环境相对稳定。由于当前针对远洋区域的认识和研究依旧不够充分，因此本研究暂不考虑远洋生态系统。

10.3.2 海洋生态系统服务分类体系的构建

本研究基于非货币量的生态系统服务价值评估框架将生态系统服务分为直接服务、间接服务和存在服务三大类。直接服务是基于研究区域生态系统流量和存量的变化而提供的服务，包括增加生物量、固碳释氧、增加土壤/底泥有机质、补给地下水四项服务；间接服务是由生态系统流量和存量变化而带来的附加影响，包括净化大气、净化水质、侵蚀控制、自然发电潜力以及调节局地小气候；存在服务是考虑到全球性、大尺度服务在局地分摊的份额以及以人类偏好为导向的服务等（刘耕源和杨青，2018），包括调节气候、维持生物多样性、文化教育三项服务。

各类型海洋生态系统所具有的服务如表 10-3 所示。

表 10-3 不同类型海洋生态系统所含服务类别（不含远洋）

生态系统服务		红树林	盐沼	滩涂	海草床	温水珊瑚礁	河口	近海
直接服务	增加生物量	√	√	√	√	√	√	√
	固碳释氧	√	√	√	√	√	√	√
	增加土壤/底泥有机质				√			
	补给地下水	√	√	√				

续表

	生态系统服务	红树林	盐沼	滩涂	海草床	温水珊瑚礁	河口	近海
间接服务	净化大气	√	√				√	√
	净化水质	√	√		√		√	√
	侵蚀控制	√	√					
	自然发电潜力							√
	调节局地小气候	√	√	√	√	√	√	√
存在服务	调节气候	√	√	√	√	√	√	√
	维持生物多样性	√	√	√	√	√	√	√
	文化教育	√	√	√	√	√	√	√

10.3.3 海洋生态系统能流图的绘制

本研究利用系统生态学家 H.T. Odum 及其追随者开发并使用的能值符号语言绘制了滨海湿地和近海生态系统的能流图。滨海湿地生态系统的能流图如图 10-2～图 10-7 所示。

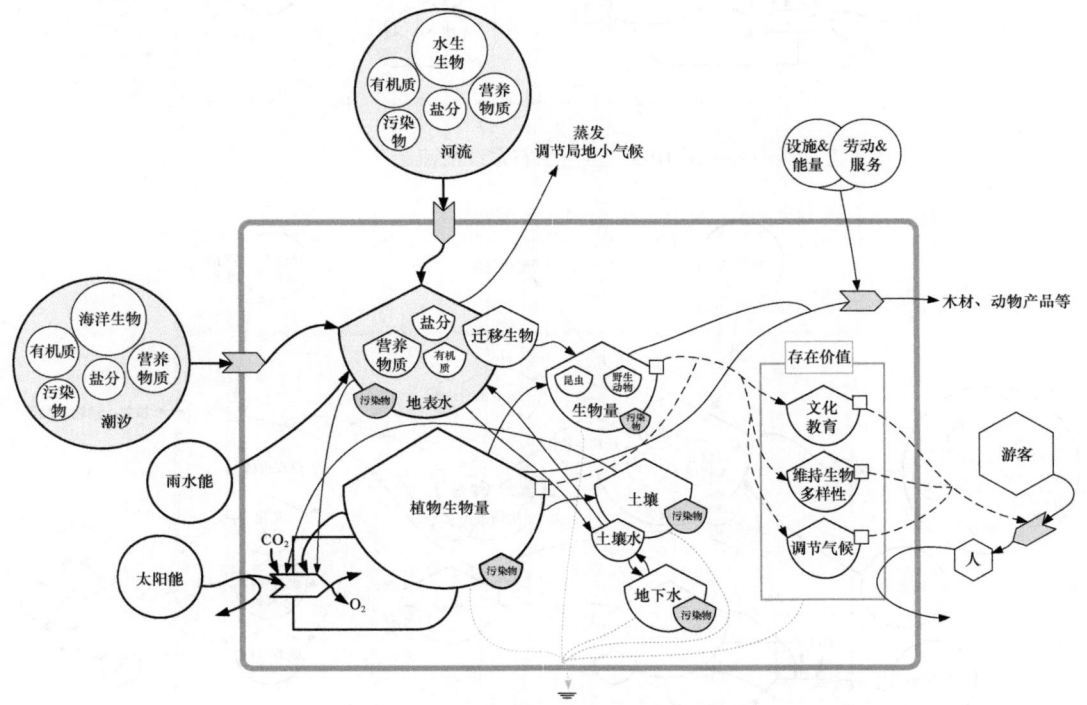

图 10-2 红树林生态系统能流图

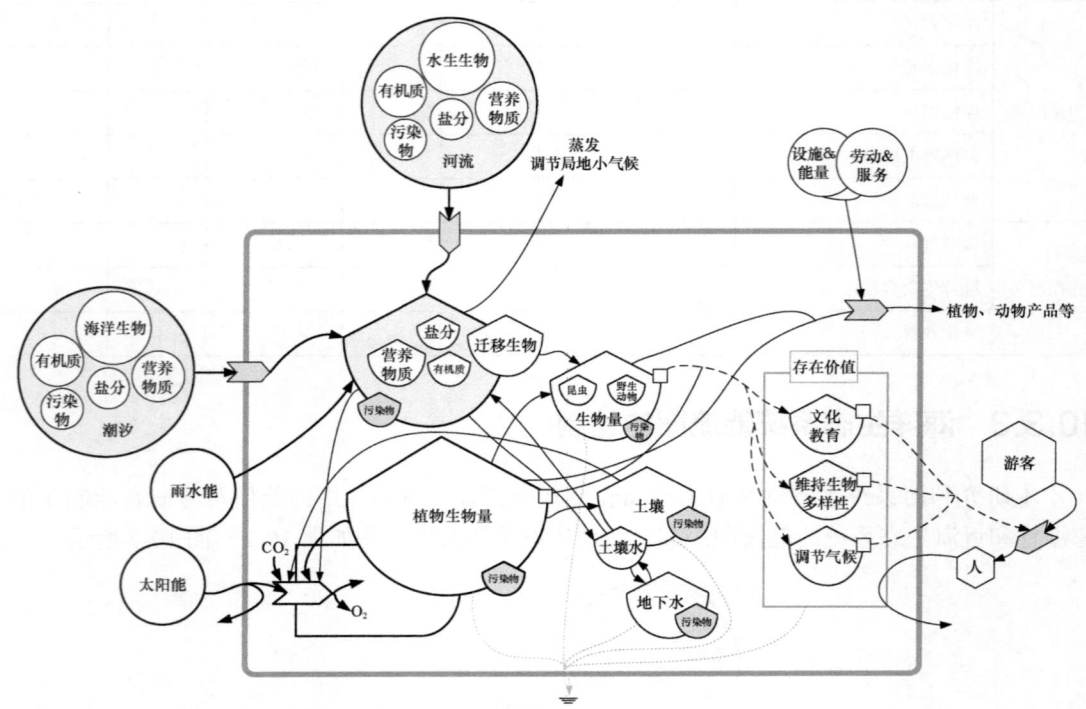

图 10-3　盐沼生态系统能流图

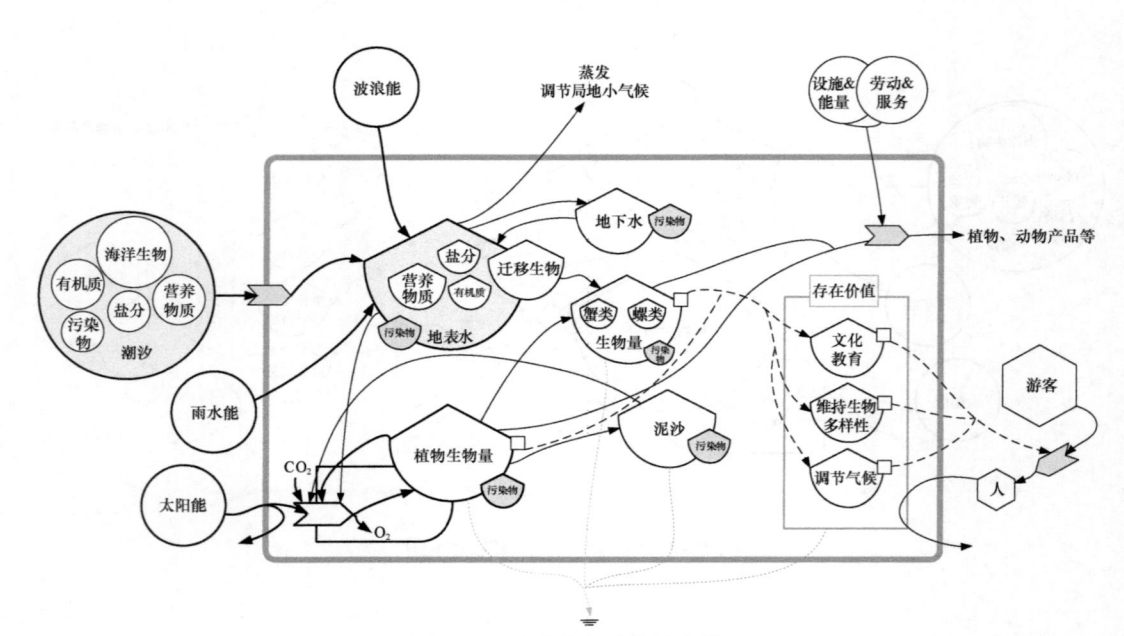

图 10-4　滩涂生态系统能流图

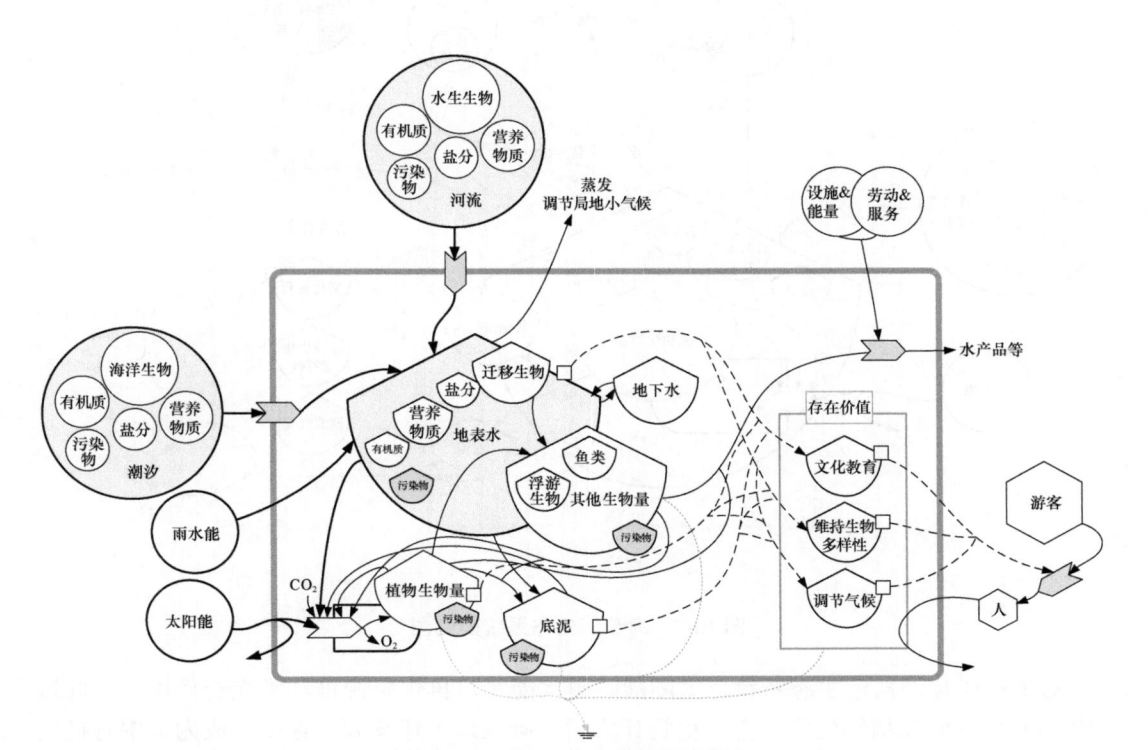

图 10-5　河口生态系统能流图

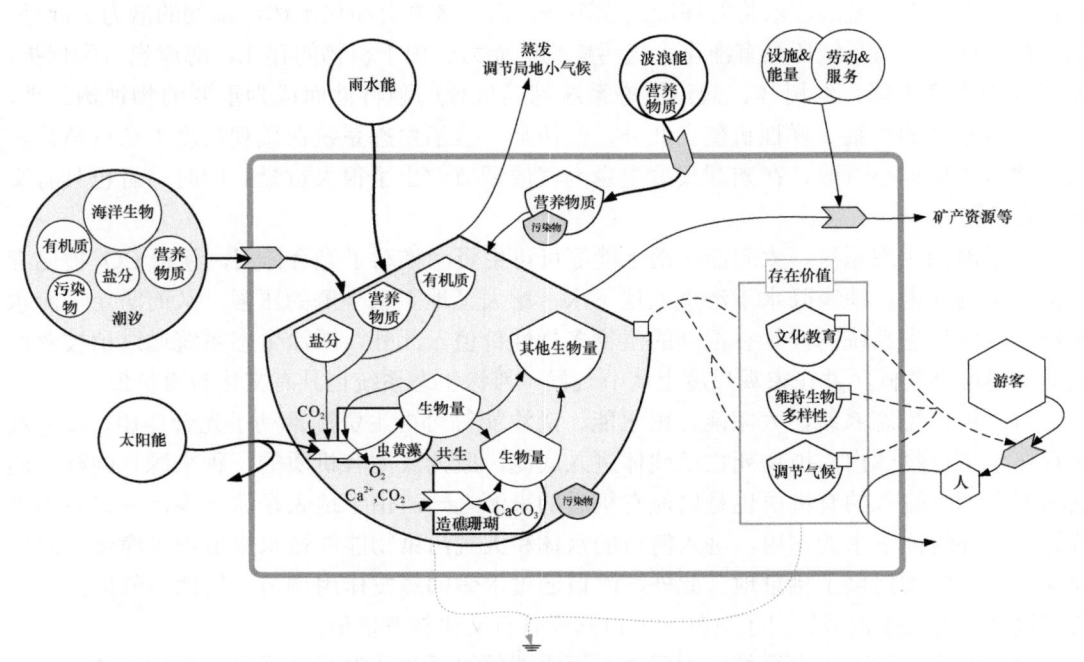

图 10-6　温水珊瑚礁生态系统能流图

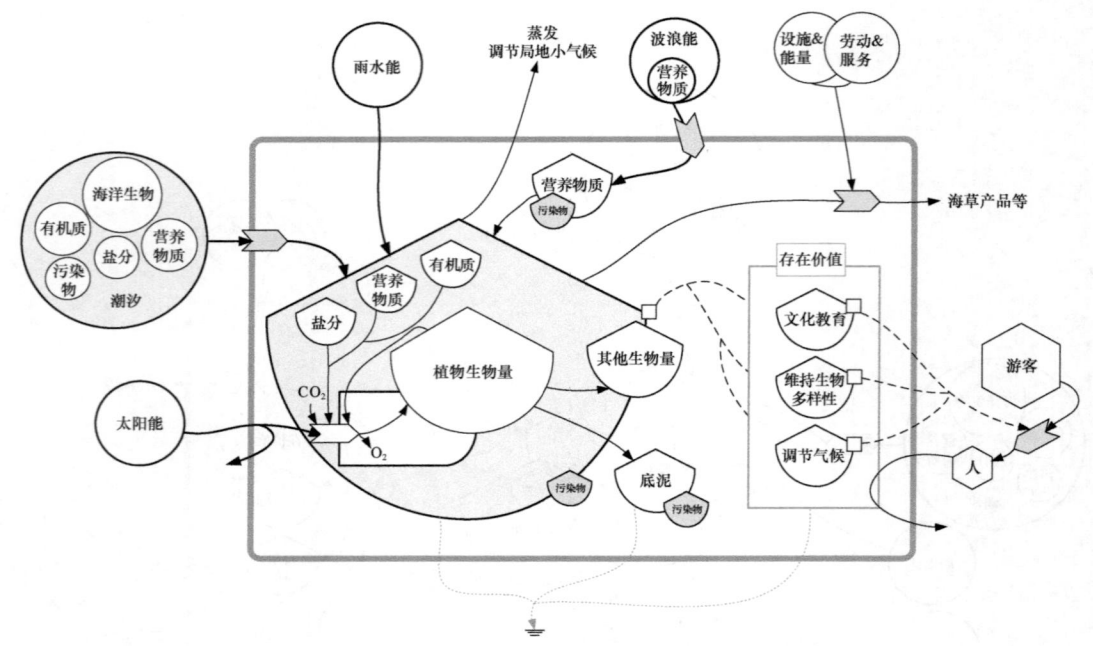

图 10-7　海草床生态系统能流图

对于红树林、盐沼生态系统，太阳能、雨水能等可再生资源推动了光合作用，在此过程中 CO_2 被存储在植物生物体中。植物死亡后，碳从地上迁移到土壤中，成为土壤有机质的一种来源。另外，降水通过地表入渗发挥了补给地下水、防止海水入侵的功能。排入红树林、盐沼生态系统的废水将对环境造成污染，而二者具有净化水体污染物的潜力。此外，红树林、盐沼生态系统还具有净化大气污染物的能力。由于植物的存在，海岸也得到保护，使其侵蚀程度下降。红树林、盐沼生态系统因其位置的独特性而成为重要的物种栖息地，从而具有很高的生物多样性价值。此外，红树林、盐沼生态系统在微观尺度上通过植被蒸散发调节了局地小气候，在宏观尺度上也为气候调节做出了很大贡献。同时二者也具有文化教育价值。

对于滩涂生态系统，太阳能、雨水能等可再生资源推动了光合作用，使得 CO_2 被储存在植物生物体内。地表降水下渗进入地下水，增大了地下水一侧的压强，从而防止了海水入侵。滩涂生态系统同样具有很高的生物多样性价值。此外，滩涂生态系统通过植被蒸散发调节局地小气候，并在宏观尺度上调节气候。滩涂生态系统也具有文化教育价值。

对于河口生态系统，太阳能、雨水能、潮汐能等可再生资源推动了光合作用，CO_2 被储存在水生植物体内。植物死亡后残体进入底泥，成为底泥有机质的一种来源。同样，通过河流和潮汐输入的有机质也是底泥有机质的来源之一。由于地表径流下渗，河口生态系统起到了补给地下水的作用。进入河口的水体和大气污染物能够被水生植物等净化。河口同样为众多生物提供了栖息地。此外，河口通过水体的蒸发作用调节了局地小气候，并在宏观尺度上为气候调节做出了贡献。河口同样具有文化教育价值。

对于温水珊瑚礁生态系统，太阳能、雨水能等可再生资源推动了光合作用，使得 CO_2 被储存在虫黄藻体内。与虫黄藻共生的造礁珊瑚利用 Ca^{2+}、CO_2 合成 $CaCO_3$，成为温水珊瑚礁的主要成分。温水珊瑚礁生态系统中生物丰富，维持了生物多样性。此外，温水珊瑚礁生态系统通过水体的蒸发作用调节了局地小气候，并因其极高的固碳能力调节了全球气候。珊瑚礁生态系统也具有较高的文化教育价值。

对于海草床生态系统，太阳能、雨水能等推动了光合作用，使得 CO_2 被储存在海草体内。海草死亡后部分植物残体被埋藏在底泥中，成为底泥有机质的一种来源。此外，海草床生态系统能够发挥净化水体污染物的作用，并维持生物多样性。水体的蒸发作用使得海草床生态系统发挥了调节局地小气候服务，并在全球尺度上发挥了调节气候服务。另外，海草床生态系统也具有文化教育价值。

图 10-8 展示了近海生态系统的能流过程。太阳能驱动了光合作用，在此过程中，海洋浮游植物、藻类等海洋生物通过光合作用使得无机碳转化成有机碳并储存在生物体内，从而增加了海洋生物量，这一过程又称为生物泵。有机碳从海洋表层向深海逐渐沉积，便起到埋藏的作用。此外，在微型生物的作用下，容易被降解的活性有机碳转化为难以降解的惰性有机碳，使得碳在海洋中被长期储藏，使海洋发挥碳汇的作用，这一过程称为微型生物碳泵（焦念志，2012）。另外，海洋因其强大的自净能力，能够对进入其中的污染物起到净化作用。同时，在风能和潮汐能的驱动下，近海生态系统也具有自然发电潜力。此外，由于巨大的海水量与海洋表面积，近海生态系统同样发挥着局地和全球性地调节局地气候的作用。与滨海湿地类似，近海生态系统为众多生物提供了栖息环境，维持了生物多样性，同时近海生态系统也具有文化教育价值。

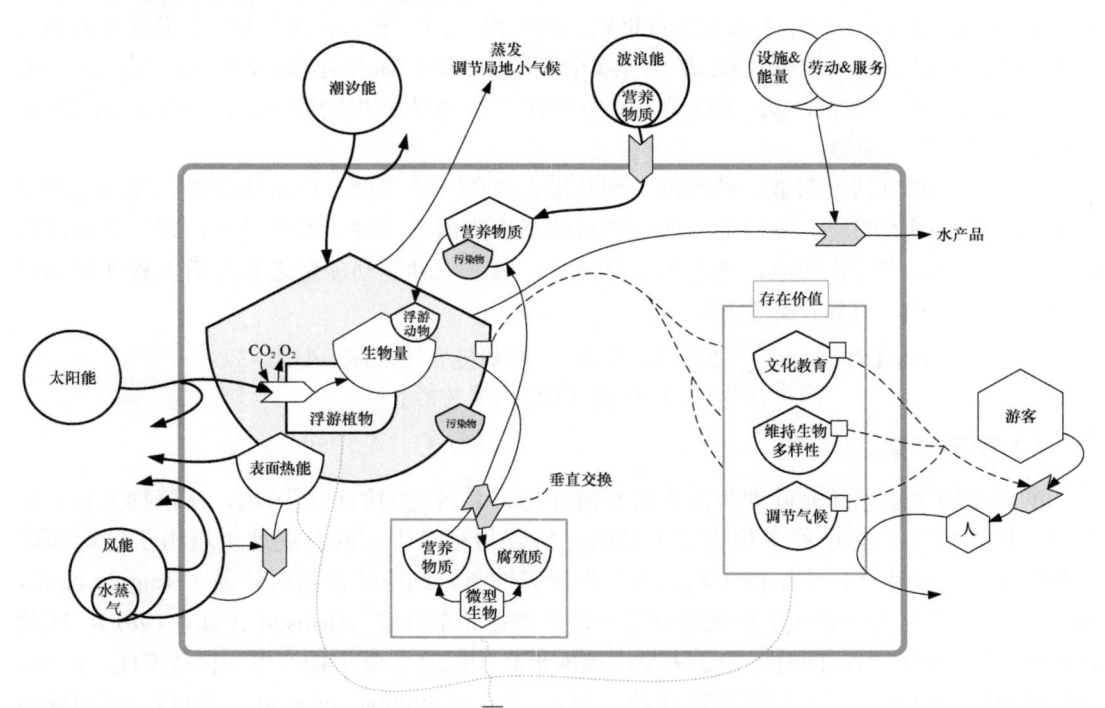

图 10-8　近海生态系统能流图

10.3.4 海洋生态系统服务价值核算方法构建

10.3.4.1 直接价值

1）增加生物量

生物量是指在某一时刻单位面积内实际存在的活体有机物质（干重）总量。海洋生态系统除了获取本地可更新资源用于自身生物量的增加，还能依靠外源（包括陆源和海源等）输入获取资源使得生物量增加，因此在计算时，这部分非本地资源也须考虑在内。基于数据的可获得性，增加生物量的具体计算公式如下：

$$Em_{Bio} = \max(R_i) + [(m_{ii} - m_{oi}) \times S_i \times 1.724 \times r_{1i} \times r_2 \times UEV_{omi}] \quad (10-1)$$

$$m_{ii} = m_{si} \times p_i \quad (10-2)$$

$$m_{si} = H_i \times r_{oci} \times BD_i \times (1 \times 10^4) \quad (10-3)$$

式中，Em_{Bio} 为增加生物量所需能值，sej/a；$\max(R_i)$ 为第 i 个海洋生态系统的当地可更新资源，sej/a；m_{ii} 为第 i 个海洋生态系统有机碳外源输入量，g C/(m²·a)；m_{oi} 为第 i 个海洋生态系统有机碳输出通量，g C/(m²·a)；S_i 为第 i 个海洋生态系统面积，m²；1.724 为有机碳和有机质之间的转化系数，g OM/g OC；r_{1i} 为第 i 个海洋生态系统中 g 转化为 kcal 的系数，kcal/g；r_2 为 kcal 转化为 J 的系数，取值为 4186；UEV_{omi} 为第 i 个海洋生态系统有机质的能值转换率，sej/J；m_{si} 为第 i 个海洋生态系统有机碳沉积通量，g C/(m²·a)；p_i 为第 i 个海洋生态系统沉积物外源有机碳所占比例，%；H_i 为第 i 个海洋生态系统沉积速率，cm/a；r_{oci} 为第 i 个海洋生态系统有机碳含量，g/g；BD_i 为第 i 个海洋生态系统沉积物容重，g/cm³；1×10^4 为 m² 和 cm² 之间的转化系数。

可更新资源包括太阳能、潮汐能、地热能、风能、波浪能、雨水化学能、径流势能和径流化学能。因太阳能、潮汐能、地热能是地球生物圈的三种原始驱动力，即后五种能量由前三种能量形式转化而成。为避免重复计算，取前三种驱动能量之和与后五种能量的最大值作为 $\max(R)$，具体计算公式如下：

$$\max(R) = \max[\sum(\text{太阳能}, \text{潮汐能}, \text{地热能}), \text{波浪能}, \text{风能}, \text{雨水化学能}, \text{径流化学能}, \text{径流势能}]$$

2）固碳释氧

滨海湿地生态系统是陆地生态系统和海洋生态系统之间的过渡区域，在植物生长、淤积和土地形成等生态过程中积累了大量的无机碳与有机碳。滨海湿地土壤由于过饱和而具有特定的厌氧特征，土壤微生物大部分为厌氧细菌，细菌活性相对较弱（Holguin et al., 2001）。滨海湿地生态系统中积累的碳并非每年都被完全分解（Brinson et al., 1981），因此具有更高的固碳能力。同时，由于大量的硫酸根离子限制了微生物产生和排放 CH_4，因此，在滨海湿地中以 CH_4 形式出现的碳排放量通常较低（Poffenbarger et al., 2011）。高的碳固存率和低的甲烷排放量使滨海湿地生态系统成为大气温室效应的抑制剂。滨海湿地生态系统对减少 CH_4 排放（即 CH_4 封存）的服务价值具体计算公式如下：

$$Em_{cs1} = \sum \left[C_{1i} \times S_i \times UEV_{CH_4} \right] \quad (10-4)$$

式中，Em_{cs1} 为滨海湿地生态系统 CH_4 封存需要的能值，sej/a；C_{1i} 为第 i 个滨海湿地生态系统减少排放的甲烷量，$g/(m^2 \cdot a)$；S_i 为第 i 个滨海湿地生态系统面积，m^2；UEV_{CH_4} 为 CH_4 的能值转换率，sej/g。

海洋生态系统具有在光合作用中固碳释氧的潜力。固碳与释氧是同一过程的两部分，因此使用生态系统单位面积的固碳量来评估此项服务。具体计算过程如下：

$$Em_{cs2} = \sum [C_{2i} \times S_i \times UEV_{csi}] \tag{10-5}$$

$$UEV_{csi} = \frac{(Em_i)/S_i}{NPP_i} \tag{10-6}$$

式中，Em_{cs2} 为海洋生态系统光合作用固碳需要的能值，sej/a；C_{2i} 为第 i 个海洋生态系统固碳量，$g\ C/(m^2 \cdot a)$；S_i 为第 i 个海洋生态系统面积，m^2；UEV_{csi} 为第 i 个海洋生态系统中固碳的能值转换率，sej/g；Em_i 为驱动第 i 个海洋生态系统 NPP 增加的能值，sej/a，由式（10-1）计算得到；NPP_i 为第 i 个海洋生态系统 NPP，$g\ C/(m^2 \cdot a)$。

固碳释氧的服务价值为 Em_{cs1} 和 Em_{cs2} 之和：

$$Em_{CS} = Em_{cs1} + Em_{cs2} \tag{10-7}$$

3）增加土壤/底泥有机质

对于红树林、盐沼、海草床生态系统，考虑到植被凋落物、地下死亡根系和根状茎在土壤/底泥中缓慢分解，从而使得土壤（红树林、盐沼）或底泥（海草床）有机质增加，因此具有该项服务，具体核算方法如下：

$$Em_{SB} = \sum (Em_{rei} \times k_{1i} \times k_2 + Em_{rei} \times k_{3i} \times k_4) \tag{10-8}$$

式中，Em_{SB} 为增加土壤/底泥有机质所需能值，sej/a；Em_{rei} 为第 i 个滨海湿地生态系统的可更新能值，sej/a，即式（10-1）中的 Em_{Bio}；k_{1i} 为第 i 个滨海湿地生态系统植被凋落物占生物量的比例，g/g，%；k_2 为植被凋落物中碳含量，g/g，%；k_{3i} 为第 i 个滨海湿地生态系统地下死亡根系和根状茎占生物量的比例，g/g，%；k_4 为地下死亡根系和根状茎中碳含量，g/g，%。

此外，对于河口生态系统，考虑到河流入海时将使得大量泥沙淤积在河口区域，从而使得河口底泥有机质增加，具体核算方法如下：

$$Em_{SB} = m_{si} \times k_{5i} \times r_1 \times r_2 \times UEV_{omi} \tag{10-9}$$

式中，Em_{SB} 为增加底泥有机质所需能值，sej/a；m_{si} 为淤积在第 i 个河口生态系统的泥沙量，g/a；k_{5i} 为第 i 个河口生态系统泥沙的有机质含量，g/g，%；r_1 为 g 转化为 kcal 的系数，kcal/g；r_2 为 kcal 转化为 J 的系数，取值为 4186；UEV_{omi} 为第 i 个河口生态系统有机质的能值转换率，sej/J。

4）补给地下水

考虑到由于滨海湿地生态系统的覆盖而补给地下水，增加地下水与海水相接界面地下水一侧的压力，从而防止海水入侵（张绪良等，2008）。从阻止的海水入侵量角度考虑该项服务，由地下水与海水之间的压强关系经推导可知，补给的地下水量等于阻止的海水入侵量。滨海湿地生态系统中红树林、盐沼、滩涂、河口生态系统具有该项服务，具体计算公式如下：

$$\mathrm{Em_{GR}} = \sum (R_i \times \rho \times \mathrm{Area}_i \times k_i \times G \times \mathrm{UEV_{sw}}) \quad (10\text{-}10)$$

式中，$\mathrm{Em_{GR}}$ 为滨海湿地生态系统补给地下水所需能值，sej/a；R_i 为第 i 个滨海湿地生态系统降水量，m/a；ρ 为水的密度，g/m³；Area_i 为第 i 个滨海湿地生态系统面积，m²；k_i 为第 i 个滨海湿地生态系统地表水的入渗系数；G 为水的吉布斯自由能，取值为 4.94 J/g（Brown and Bardi，2001）；$\mathrm{UEV_{sw}}$ 为海水的能值转换率，sej/J。

10.3.4.2 间接价值

1）净化水质

滨海湿地生态系统中红树林、盐沼、海草床、河口生态系统可以通过植物等吸收污染物起到净化水质的作用，这一服务价值可以从生态系统对污染物的净化使得人体健康损失和生态系统质量损失减少来考虑，主要考虑生态系统对重金属污染物的净化，具体计算公式如下。

人体健康损失减少量：

$$\mathrm{Em_{HH1}} = \sum M_{ij} \times \mathrm{DALY}_i \times S_j \times \tau_\mathrm{H} \quad (10\text{-}11)$$

式中，$\mathrm{Em_{HH1}}$ 为减少人体伤害所需的能值，sej/a；M_{ij} 为第 j 个滨海湿地生态系统净化第 i 类水体污染物的能力，kg/(m²·a)；DALY_i 为第 i 类水体污染物引起的失能生命调整年，(人·a)/kg；S_j 为第 j 个滨海湿地生态系统面积，m²；τ_H 为人均能值，sej。

生态系统质量损失减少量：

$$\mathrm{Em_{EQ1}} = \sum M_{ij} \times \mathrm{PDF}_i \times \mathrm{Em}_{spj} \quad (10\text{-}12)$$

式中，$\mathrm{Em_{EQ1}}$ 为减少生态系统损失的能值，sej/a；M_{ij} 为第 j 个滨海湿地生态系统净化第 i 类水体污染物的能力，kg/(m²·a)；PDF_i 为第 i 类水体污染物引起的潜在物种灭绝比例，(PDF·m²·a)/kg；Em_{spj} 为第 j 个滨海湿地生态系统物种所需能值，等于当地的可更新资源对应的能值，即由式（10-1）计算得到。

生态系统净化水质的价值等于 $\mathrm{Em_{HH1}}$ 和 $\mathrm{Em_{EQ1}}$ 之和：

$$\mathrm{Em_{WP}} = \mathrm{Em_{HH1}} + \mathrm{Em_{EQ1}} \quad (10\text{-}13)$$

此外，近海生态系统同样具有净化水质的服务，但是由于海洋拥有较大的环境容量，相比于红树林、盐沼等滨海湿地生态系统几乎相当于无限净化水体污染物，以及目前对海洋环境容量评估的研究依然不充分（陈尚等，2013），因此，本研究不将近海生态系统净化水质服务计算在内。

2）净化大气

考虑到红树林、盐沼、河口生态系统能够通过植物吸收 SO_2、氟化物、NO_x、CO、O_3 等大气污染物以及叶片拦截 PM_{10} 和 $PM_{2.5}$ 等颗粒污染物发挥净化大气的作用，服务价值计算方法与净化水质类似，具体计算公式如下。

人体健康损失减少量

$$\mathrm{Em_{HH2}} = \sum W_{ij} \times \mathrm{DALY}_i \times S_j \times \tau_\mathrm{H} \quad (10\text{-}14)$$

式中，$\mathrm{Em_{HH2}}$ 为减少人体伤害所需的能值，sej/a；W_{ij} 为第 j 个滨海湿地生态系统净化第 i 类大气污染物的能力，kg/(m²·a)；DALY_i 为第 i 类大气污染物引起的失能生命调整年，

(人·a)/kg；S_j 为第 j 个滨海湿地生态系统面积，m^2；τ_H 为人均能值，sej。

生态系统质量损失减少量：

$$\text{Em}_{EQ2} = \sum W_{ij} \times \text{PDF}_i \times \text{Em}_{spj} \tag{10-15}$$

式中，Em_{EQ2} 为减少生态系统损失的能值，sej/a；W_{ij} 为第 j 个滨海湿地生态系统净化第 i 类大气污染物的能力，$kg/(m^2 \cdot a)$；PDF_i 为第 i 类大气污染物引起的潜在物种灭绝比例，$(\text{PDF} \cdot m^2 \cdot a)/kg$；$\text{Em}_{spj}$ 为第 j 个滨海湿地生态系统物种所需能值，等于当地的可更新资源对应的能值，即由式（10-1）计算得到。

生态系统净化大气的价值等于 Em_{HH2} 和 Em_{EQ2} 之和：

$$\text{Em}_{AP} = \text{Em}_{HH2} + \text{Em}_{EQ2} \tag{10-16}$$

3）调节局地小气候

滨海湿地和近海生态系统可以通过植物与水体的蒸散发作用降温增湿，调节局地小气候。由于蒸散发过程中吸收的能量等于降温增湿过程中的能量输入（Yang et al., 2018b），因此本研究中采用蒸散发量评估调节局地小气候服务价值。同样，由于植被和水体的蒸散发特征不同，因此它们的调节局地小气候服务也要分别考虑。

A. 植被调节局地小气候

盐沼、红树林、滩涂生态系统调节局地小气候服务计算公式如下：

$$\text{Em}_{vmr} = \sum [E_{ei} \times S_i \times \rho_w \times 1000 \times (1-\alpha_i) \times G_w \times \text{UEV}_{we}] \tag{10-17}$$

式中，Em_{vmr} 为调节局地小气候所需能值，sej/a；E_{ei} 为第 i 个滨海湿地生态系统的蒸散发量，m/a；S_i 为第 i 个滨海湿地生态系统的面积，m^2；ρ_w 为水密度，kg/m^3；1000 为 kg 转化为 g 的系数；α_i 为蒸散发过程中光合作用用水量比例，%；G_w 为水的吉布斯自由能，J/g；UEV_{we} 为蒸发的水的能值转换率，sej/J。这里的蒸散发包括红树林、盐沼或滩涂土壤蒸发，红树林树冠截留和红树林、盐沼或滩涂植物蒸腾。

B. 水体调节局地小气候

海草床、珊瑚礁、河口、近海生态系统调节局地小气候服务计算公式如下：

$$\text{Em}_{wmr} = \sum (E_{ai} \times S_i \times \rho_w \times 1000 \times G_w \times \text{UEV}_{we}) \tag{10-18}$$

式中，Em_{wmr} 为调节局地小气候所需能值，sej/a；E_{ai} 为第 i 个滨海湿地/近海生态系统蒸发量，m/a；S_i 为第 i 个滨海湿地/近海生态系统面积，m^2；ρ_w 为水的密度，kg/m^3；1000 为 kg 转化为 g 的系数；G_w 为水的吉布斯自由能，取值为 4.94 J/g；UEV_{we} 为水蒸发的能值转换率，sej/J。

海洋生态系统调节局地小气候服务价值等于 Em_{vmr} 和 Em_{wmr} 之和：

$$\text{Em}_{MR} = \text{Em}_{vmr} + \text{Em}_{wmr} \tag{10-19}$$

4）自然发电潜力

近海生态系统具有发电服务，包括风能发电和潮汐能发电。由于二者分别由风能和潮汐能驱动，因此它们的计算公式与增加生物量中的风能和潮汐能计算相似。然而，为了实现风能和潮汐能的有效利用，陆地和海洋的风速应达到风力涡轮机的启动风速，并且平均潮汐范围应高于潮汐能电站的启动范围。具体计算公式如下。

对于风能发电：

$$\text{Em}_{\text{WEG}} = 0.5 \times S_i \times \rho_a \times k_1 \times (V_i \times k_{2i})^3 \times k_3 \times \text{UEV}_w \quad (10\text{-}20)$$

式中，Em_{WEG} 为风能发电对应的能值，sej/a；S_i 为第 i 个近海生态系统面积，m^2；ρ_a 为空气的密度，kg/m^3；k_1 为海洋风应力拖拽系数，取值为 1.26×10^{-3}（Garratt，1992）；V_i 为第 i 个近海生态系统发电对应的年均风速，m/s；k_{2i} 为第 i 个近海生态系统风能吸收系数，取值为 1.58；k_3 为年（a）转化为秒（s）的系数，取值为 3.154×10^7；UEV_w 为风能的能值转换率，sej/J。

对于潮汐能发电：

$$\text{Em}_{\text{TEG}} = S_i \times r_1 \times r_{2i} \times r_{3i} \times \rho_s \times 9.8 \times \text{UEV}_t \quad (10\text{-}21)$$

式中，Em_{TEG} 为潮汐能发电对应的能值，sej/a；S_i 为第 i 个近海生态系统面积，m^2；r_1 为潮汐能吸收率，取值 50%；r_{2i} 为第 i 个近海生态系统年潮汐次数，次；r_{3i} 为第 i 个近海生态系统发电对应的平均潮汐范围，m；ρ_s 为海水的密度，kg/m^3；9.8 为重力加速度，m/s^2；UEV_t 为潮汐能的能值转换率，sej/J。

自然发电潜力为风能发电与潮汐能发电之和：

$$\text{Em}_{\text{EG}} = \text{Em}_{\text{WEG}} + \text{Em}_{\text{TEG}} \quad (10\text{-}22)$$

5）侵蚀控制

考虑到由于红树林、盐沼生态系统的覆盖使得土壤侵蚀量减少，侵蚀控制服务价值的具体计算公式如下：

$$\text{Em}_{\text{EC}} = \sum (m_i \times S_i \times r_{oci} \times 1.724 \times r_{1i} \times r_2 \times \text{UEV}_{cp}) \quad (10\text{-}23)$$

式中，Em_{EC} 为第 i 个滨海湿地生态系统消浪护岸对应能值，sej/a；m_i 为第 i 个滨海湿地生态系统土壤保持量，$g/(m^2 \cdot a)$；S_i 为第 i 个滨海湿地生态系统面积，m^2；r_{oci} 为第 i 个滨海湿地生态系统土壤有机碳含量，%；1.724 为有机碳和有机质之间的转化系数，g OM/g OC；r_{1i} 为第 i 个滨海湿地生态系统中 g 转化为 kcal 的系数，kcal/g；r_2 为 kcal 转化为 J 的系数，取值为 4186；UEV_{cp} 为土壤有机质的能值转换率，sej/J。

10.3.4.3 存在价值

1）调节气候

当前全球性的气候变化是人类面临的最紧迫的环境问题之一，依据 Goedkoop 和 Spriensma（2001）以及 IPCC（2013）的研究结果，全球海洋生态系统作为碳汇在减轻气候变化的影响方面发挥着重要的作用。该项服务价值的具体计算公式如下：

$$\text{Em}_{\text{cr1}} = \sum C_{ij} \times \text{DALY}_i \times S_j \times \tau_H \quad (10\text{-}24)$$

$$\text{Em}_{\text{cr2}} = \sum C_{ij} \times \text{PDF}_i \times \text{Em}_{spj} \quad (10\text{-}25)$$

式中，Em_{cr1} 为海洋生态系统因调节气候而减少人体健康伤害所需能值，sej/a；Em_{cr2} 为海洋生态系统因调节气候而减少生态系统损失所需能值，sej/a；C_{ij} 为第 j 个海洋生态系统对第 i 类温室气体的固定量，$kg/(m^2 \cdot a)$；DALY_i 为第 i 类温室气体造成的势能生命调整年，$(人 \cdot a)/kg$；τ_H 为人均能值，sej；S_j 为第 j 类海洋生态系统面积，m^2；PDF_i 为第 i 类温室气体造成的潜在物种灭绝比例，$(PDF \cdot m^2 \cdot a)/kg$；$Em_{spj}$ 为第 j 类海洋生态系统物种所需能值，即当地的可更新资源能值，由式（10-1）计算得到。

调节气候服务为 Em_{cr1} 与 Em_{cr2} 之和：

$$Em_{CR} = Em_{cr1} + Em_{cr2} \tag{10-26}$$

2）维持生物多样性

海洋生态系统具有维持生物多样性的价值，依据 Yang W 等（2018b）的研究结果，该项服务价值的具体计算公式如下：

$$Em_{BC} = \sum \left[N_i \times S_i \times \frac{GEB \times T}{N_0} \right] \tag{10-27}$$

式中，Em_{BC} 为海洋生态系统维持生物多样性所需能值，sej/a；N_i 为第 i 个海洋生态系统的物种密度，个/hm²；S_i 为第 i 个海洋生态系统面积，hm²；GEB 为全球能值基准率，sej/a；T 为物种的周转时间，年；N_0 为全球物种数，个。

3）文化教育

海洋生态系统的文化教育价值包括美学和艺术价值，以及通过科学研究等发明新知识的潜力。但是到目前为止该项服务价值仍然缺乏系统的定义、定量方法和统一的计算方法，因此该项服务价值未纳入计算。

10.3.4.4 加和原则

海洋生态系统服务总价值 TESV 为直接服务价值 Em_{DS}、间接服务价值 Em_{IS}、存在服务价值 Em_{ES} 三者之和，具体计算公式如下：

$$TESV = Em_{DS} + Em_{IS} + Em_{ES} \tag{10-28}$$

$$Em_{DS} = MAX(Em_{Bio}, Em_{CS}) + Em_{SB} + Em_{GR} \tag{10-29}$$

$$Em_{IS} = Em_{WP} + Em_{AP} + Em_{MR} + Em_{EG} + Em_{EC} \tag{10-30}$$

$$Em_{ES} = Em_{CR} + Em_{BC} \tag{10-31}$$

式中，Em_{Bio} 为增加生物量所需能值，sej/a；Em_{CS} 为固碳释氧所需能值，sej/a；Em_{SB} 为增加土壤/底泥有机质所需能值，sej/a；Em_{GR} 为补给地下水所需能值，sej/a；Em_{WP} 为净化水质所需能值，sej/a；Em_{AP} 为净化大气所需能值，sej/a；Em_{MR} 为调节局地小气候所需能值，sej/a；Em_{EG} 为自然发电潜力所需能值，sej/a；Em_{EC} 为侵蚀控制所需能值，sej/a；Em_{CR} 为调节气候所需能值，sej/a；Em_{BC} 为维持生物多样性所需能值，sej/a。

10.4 中国海洋生态系统服务价值评估

10.4.1 研究区概况

中国海域辽阔，大陆岸线长度约 18 000 km，岸线总长度（包括大陆岸线和岛屿岸线）

约 32 000 km，主张管辖海域约 300 万 km²。中国海域地跨热带、亚热带、温带 3 个气候带，南北跨越 38 个纬度带，海洋资源十分丰富。中国海洋生物种类繁多，目前物种数量超过 2 万种。我国拥有约 81.8 万（n mile）² 的海洋渔场，具有较高渔业捕捞价值的鱼类超过 150 种，是世界渔业大国（楼东等，2005）。此外，中国海洋矿产资源也十分丰富，并且拥有巨大的油气资源储量，据估计海洋提供的石油和天然气资源分别约占全国总资源的 23% 和 29%。此外，辽阔的海岸线使中国滨海旅游资源也十分丰富，滨海旅游景点超过 1500 处，旅游收入在中国海洋产业产值中占据较大比例，2018 年海洋第三产业（交通、旅游）约占海洋生产总值的 58.6%。丰富的海洋渔业、矿产、油气和交通旅游等资源使得中国海洋经济不断发展，根据《2018 年中国海洋经济统计公报》，2018 年全国海洋生产总值约 83 415 亿元，占 GDP 的 9.3%，充分发挥了海洋经济的"引擎作用"。中国沿海地区中，辽宁、天津、河北、山东、江苏、上海、浙江、福建、广东、广西、海南海洋经济也快速发展，各地区海洋生产总值与其占地区生产总值的比例如表 10-4 所示。

表 10-4 2012 年中国沿海部分地区海洋生产总值概况

地区	海洋生产总值/亿元	海洋生产总值占地区生产总值的比例/%
天津	3 939.2	30.6
河北	1 622.0	6.1
辽宁	3 391.7	13.7
上海	5 946.3	29.5
江苏	4 722.9	8.7
浙江	4 947.5	14.3
福建	4 482.8	22.8
山东	8 972.1	17.9
广东	10 506.6	18.4
广西	761.0	5.8
海南	752.9	26.4
总计	50 045.0	15.7

资料来源：《2013 中国海洋统计年鉴》。

10.4.2 数据来源与预处理

本研究使用的基础数据主要包括以下几类。

（1）地理空间数据：红树林、盐沼、滩涂、海草床、温水珊瑚礁、河口生态系统面积数据均来自联合国环境规划署世界自然保护监测中心（UNEP-WCMC）网站，网站提供了各类型生态系统的全球分布矢量、栅格数据，利用 ArcGIS 提取出中国各类型生态系统数据，并分配在沿海各省（自治区、直辖市），所有数据统一以 WGS_1984_UTM_Zone_48N 为空间参考坐标系计算面积（表 10-5）。12 n mile 近海水域面积数据则通过各地区海岸线矢量数据在 ArcGIS 中进行缓冲区分析而得到。

第 10 章 海洋生态系统服务核算方法

表 10-5 本研究地理空间数据来源清单

类型	数据来源	数据格式	时间尺度	分辨率/比例尺
红树林	Global Mangrove Watch（GMW）	矢量	2010 年	—
盐沼	UNEP-WCMC	矢量	1973~2015 年	1:1 万
滩涂	UNEP-WCMC	栅格	2014~2016 年	30 m
河口	Sea Around Us	矢量	2003 年	—
温水珊瑚礁	UNEP-WCMC	矢量	1954~2018 年	—
海草床	UNEP-WCMC	矢量	1934~2015 年	1:100 万
12 n mile 近海水域	ArcGIS 自提	矢量	2012 年	—

红树林数据由全球红树林观察站（GMW）发布，GMW 旨在向政府和非政府组织提供有关红树林范围及变化的地理空间信息。本研究选取 2010 年红树林分布数据为研究对象。

盐沼数据来自 UNEP-WCMC 在国际保护组织和自然保护协会的支持下整理并整合的来自全球 50 个数据提供者的盐沼分布数据集，数据的时间跨度为 1973~2015 年，UNEP-WCMC 据以上数据整理发布了多年平均盐沼分布数据，本研究即选取这一综合数据进行分析。

滩涂数据来自 UNEP-WCMC 提供的通过 707 528 张 Landsat 图像生成的滩涂生态系统全球地图，该地图参照全球分布的一组训练数据，将每个像素分为潮滩、永久水域或其他。本研究选取 2014~2016 年滩涂多年平均分布数据进行分析。

海草床数据来源于 UNEP-WCMC 与众多国际组织与组织合作整理的海草床全球分布数据集，数据的时间跨度是 1934~2015 年，UNEP-WCMC 据以上数据整理发布了多年平均海草床分布数据，本研究即选取这一综合数据进行分析。

温水珊瑚礁数据库提供了热带和亚热带地区珊瑚礁的全球分布，该数据集由 UNEP-WCMC、世界鱼类中心，以及世界资源研究所（WRI）等合作汇编而成。数据来源包括千年珊瑚礁测绘项目和世界珊瑚礁地图集。数据的时间跨度为 1954~2018 年，研究人员整理并发布了多年平均分布数据，本研究利用的也是这一综合数据。

河口数据由 Sea Around Us 组织提供，该数据为 2003 年全球河口数据，显示了 1300 多个河口的全球分布，包括一些潟湖系统和峡湾。

（2）研究区边界：本研究以沿海各地区（包含 12 个沿海地区，含台湾）大陆海岸线向外延伸 12 n mile 区域包含的海洋生态系统为研究对象，这里将 2012 年成立的三沙从海南单独分出来进行计算比较，所以下面所提到的海南为海南（不含三沙）。三沙以九段线（南海部分国界线）范围内包含的海洋生态系统为研究对象。因此本研究的研究区边界即为 12 n mile 边界以及南海九段线边界。各地区海岸线长度见表 10-6。

（3）实物量数据：太阳辐射、降水、风速等数据主要来源于各省统计年鉴，蒸发量来源于国际农业研究磋商组织（CGIAR）提供的全球土壤水分平衡数据集，该数据提供 1950~2000 年的年均蒸发数据，选取这一多年平均数据进行计算；其他各类系数来源于相关文献。

（4）能值转换率：能值转换率主要来自 Brown 和 Ulgiati、Odum 等的研究结果（表 10-7）。

表 10-6 各地区海岸线长度数据

地区	海岸线长度/km	数据来源
海南（不含三沙）	1636.52	刘百桥等，2015
广西	1455.64	
广东	3358.29	
福建	2901.81	
浙江	2065.35	
上海	196.56	
江苏	924.11	
山东	2738.48	
河北	634.45	
天津	285.95	
辽宁	2395.81	
台湾	1569.08	胡亚斌，2016
三沙	—	

表 10-7 本研究实物量和能值转换率数据来源清单

数据类型	数据来源
太阳辐射、降水、风速等	各省（自治区、直辖市）2013 年统计年鉴
固碳量	周晨昊等，2016；Crossland et al.，1991
植被凋落物占生物量的比例	朱耀军等，2012；张佳蕊，2015；邱广龙等，2014
土壤保持量	肖寒等，2000
沉积物外源有机碳所占比例	聂家琴，2018
净化水质能力	邓雪，2016；葛坤，2017；李俊，2008；陶梅平，2008
净化大气能力	中国生物多样性国情研究报告编写组，1998
入渗系数	刘晓霞，2007
失能生命调整年和潜在物种灭绝比例	Goedkoop and Spriensma，2001
能值转换率	Brown and Ulgiati，2016；Ulgiati and Brown，2014；Odum，1996

10.5 结果分析

10.5.1 中国海洋生态系统服务总价值核算结果与分析

基于以上数据和计算方法，本研究核算了 2012 年中国沿海各地区海洋生态系统服务总价值，具体计算结果见表 10-8。

表 10-8　2012 年中国沿海部分地区不同类型海洋生态系统服务价值（单位：sej/a）

地区	红树林	盐沼	滩涂	海草床	温水珊瑚礁	河口	12 n mile 近海水域
海南	3.39×10^{19}	7.89×10^{19}	5.42×10^{19}	5.03×10^{20}	3.59×10^{19}	0.00×10^{0}	2.05×10^{21}
广西	5.12×10^{19}	4.69×10^{19}	2.13×10^{20}	0.00×10^{0}	0.00×10^{0}	1.66×10^{20}	5.06×10^{20}
广东	4.37×10^{19}	3.57×10^{20}	2.91×10^{20}	7.25×10^{20}	2.37×10^{18}	9.00×10^{20}	2.66×10^{21}
福建	1.33×10^{19}	2.54×10^{20}	6.65×10^{20}	0.00×10^{0}	1.74×10^{19}	6.53×10^{19}	1.84×10^{21}
浙江	1.93×10^{17}	3.39×10^{20}	2.92×10^{20}	0.00×10^{0}	1.74×10^{19}	5.98×10^{19}	1.27×10^{21}
上海	0.00×10^{0}	3.59×10^{19}	9.71×10^{19}	0.00×10^{0}	0.00×10^{0}	6.27×10^{20}	2.30×10^{20}
江苏	0.00×10^{0}	1.22×10^{20}	3.15×10^{20}	0.00×10^{0}	0.00×10^{0}	6.10×10^{20}	8.89×10^{20}
山东	0.00×10^{0}	6.20×10^{19}	3.05×10^{20}	0.00×10^{0}	0.00×10^{0}	1.65×10^{21}	1.71×10^{21}
河北	0.00×10^{0}	8.93×10^{18}	1.48×10^{20}	0.00×10^{0}	0.00×10^{0}	3.01×10^{19}	4.45×10^{20}
天津	0.00×10^{0}	9.95×10^{18}	6.63×10^{19}	0.00×10^{0}	0.00×10^{0}	0.00×10^{0}	1.24×10^{20}
辽宁	0.00×10^{0}	1.65×10^{20}	4.07×10^{20}	0.00×10^{0}	0.00×10^{0}	1.04×10^{20}	1.71×10^{21}
台湾	1.50×10^{18}	1.82×10^{19}	1.44×10^{20}	3.31×10^{20}	3.63×10^{19}	3.77×10^{19}	3.09×10^{21}
三沙	0.00×10^{0}	0.00×10^{0}	0.00×10^{0}	6.38×10^{19}	6.48×10^{19}	0.00×10^{0}	0.00×10^{0}

注：调节局地小气候、维持生物多样性服务价值因数据原因未计算在生态系统服务总价值内。
　　三沙由于数据缺失仅考虑海草床和温水珊瑚礁生态系统。

从图 10-9 可以看出，2012 年广东海洋生态系统服务价值最大，其次分别是山东、台湾、福建、海南、辽宁、浙江、江苏、上海、广西、河北，天津和三沙（由于仅考虑了温水珊瑚礁和海草床）的海洋生态系统服务价值较小。

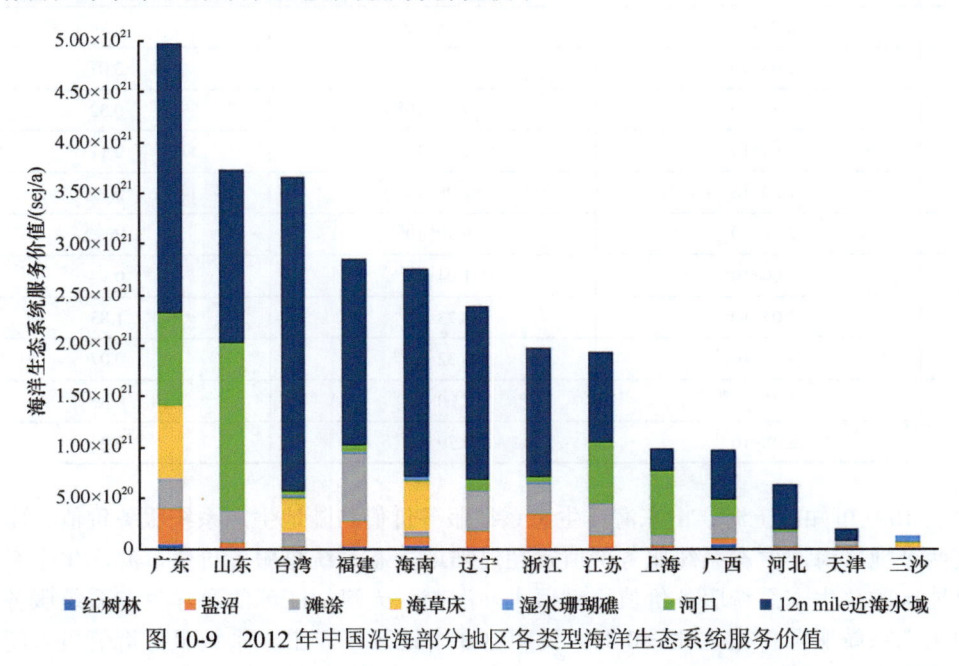

图 10-9　2012 年中国沿海部分地区各类型海洋生态系统服务价值

对于除上海、三沙外的其余 11 个地区，均为 12 n mile 近海水域生态系统服务价值最大，其中台湾、海南、河北、辽宁的 12 n mile 近海水域生态系统服务价值均占海洋生态系统服务总价值的 70% 以上，福建、浙江、天津的 12 n mile 近海水域生态系统服务价值均占海洋生态系统服务总价值的 60% 以上，广西、广东、江苏、山东的 12 n mile 近海水域生态系统服务价值均占海洋生态系统服务总价值的 45% 以上。对于上海则为河口生态系统服务价值最大，占上海海洋生态系统服务总价值的 63.4%。对于山东、江苏、广东，河口生态系统服务价值同样在海洋生态系统服务总价值中占据了较高的比例，服务价值大小仅次于 12 n mile 近海水域生态系统服务价值。而对于广西、福建、辽宁、河北，则为滩涂生态系统服务价值仅次于 12 n mile 近海水域生态系统服务价值而占据第二的位置。对于浙江、海南则分别为盐沼、海草床生态系统服务价值在各省（自治区、直辖市）海洋生态系统服务总价值中排名第二。对于三沙，海草床、温水珊瑚礁生态系统服务价值基本相同，分别占总服务价值的一半左右。

将本研究计算得到的各地区海洋生态系统服务价值与杨青等（2018，2020）计算的除台湾、三沙外沿海各地区陆地生态系统（包括有林地、灌木林、高覆盖度草地、中覆盖度草地、低覆盖度草地、湖泊、沼泽地、水库坑塘、河流）总服务价值进行对比。由于陆地生态系统 2012 年服务价值未计算，仅有 2010 年与 2015 年数据，因此采用 2010 年与 2015 年数据线性推导得到 2012 年陆地生态系统服务价值数据。由于杨青和刘耕源（2018）及杨青（2020）研究的区域与本研究存在部分重叠，因此去除重复部分得到修正后的陆地生态系统服务价值数据，然后与本研究数据进行对比分析，具体结果如表 10-9 所示。

表 10-9　2012 年各地区陆地与海洋生态系统服务价值对比

地区	2012 陆地生态系统服务价值/（sej/a）	2012 年海洋生态系统服务价值/（sej/a）	海洋生态系统服务价值/陆地生态系统服务价值
海南	2.92×10^{21}	2.75×10^{21}	0.94
广西	7.66×10^{22}	9.82×10^{20}	0.01
广东	1.57×10^{22}	4.98×10^{21}	0.32
福建	2.66×10^{22}	2.86×10^{21}	0.11
浙江	1.20×10^{22}	1.98×10^{21}	0.17
上海	2.11×10^{19}	9.90×10^{20}	46.92
江苏	2.00×10^{21}	1.94×10^{21}	0.97
山东	2.04×10^{21}	3.73×10^{21}	1.83
河北	8.65×10^{21}	6.32×10^{20}	0.07
天津	2.25×10^{20}	2.00×10^{20}	0.89
辽宁	8.28×10^{21}	2.39×10^{21}	0.29

由表 10-9 可知，上海、山东海洋生态系统服务价值与陆地生态系统服务价值之比＞1，说明这两个地区海洋生态系统服务价值远超过陆地生态系统总服务价值，海洋生态系统对这两个地区的总生态系统服务价值贡献巨大。海南、天津、江苏的海洋生态系统服务价值与陆地生态系统服务价值之比≥0.89，说明这 3 个地区海洋生态系统服务价值虽未超过陆地生态系统服务价值，但是也对该地区的总生态系统服务价值贡献较大。对于广东、福建、浙江、辽宁，海洋生态系统服务价值与陆地生态系统服务价值之比在 0.11～0.32，说明海

洋生态系统对这些地区的总生态系统服务价值贡献中等。对于广西、河北，海洋生态系统服务价值与陆地生态系统服务价值之比≤0.07，说明海洋生态系统对这两个地区总生态系统服务价值的贡献较小。

表 10-10 罗列了各地区不同类型海洋生态系统的面积，通过总服务价值数据和面积数据计算得到各类型海洋生态系统单位面积服务价值，如图 10-10 所示。结果显示红树林、盐沼生态系统单位面积服务价值较大，滩涂、河口次之，海草床、温水珊瑚礁较小，12 n mile 近海水域单位面积服务价值最小。这说明保护红树林生态系统，增加其面积，对于提高海洋生态系统服务价值的作用最显著。

表 10-10　中国各类型海洋生态系统面积　　　　　　　　　　（单位：km²）

地区	红树林	盐沼	滩涂	海草床	温水珊瑚礁	河口	12 n mile 近海水域	总计
海南	38.18	122.89	191.64	2 622.84	235.95		16 826.42	20 037.92
广西	58.84	63.94	539.85			411.34	5 303.34	6 377.31
广东	53.93	628.23	1 389.98	5 074.60	22.13	3 685.89	27 667.65	38 522.41
福建	13.38	312.24	1 433.26		49.09	131.34	19 820.88	21 760.19
浙江	0.28	632.15	1 451.40		79.99	244.9	17 676.58	20 085.30
上海		51.41	310.03			1 483.16	2 609.94	4 454.54
江苏		219.31	1 472.38			2 124.57	12 419.5	16 235.76
山东		117.18	1 576.24			6 060	24 246.56	31 999.98
河北		14.95	576.15			87.62	6 500.94	7 179.66
天津		10.33	114.31				1 586.80	1 711.44
辽宁		184.57	756.61			181.41	23 023.39	24 145.98
台湾	1.81	25.64	380.88	1 322.80	201.28	104.69	22 657.50	24 694.60
三沙				496.74	692.92			

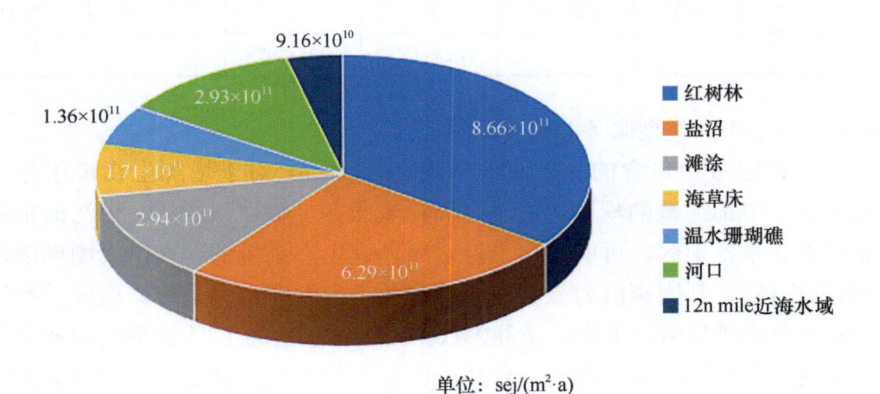

图 10-10　中国各类型海洋生态系统单位面积服务价值
单位：sej/(m²·a)

红树林 8.66×10¹¹
盐沼 6.29×10¹¹
滩涂 2.94×10¹¹
海草床 1.71×10¹¹
温水珊瑚礁 1.36×10¹¹
河口 2.93×10¹¹
12n mile 近海水域 9.16×10¹⁰

10.5.2　中国单位面积海洋生态系统服务价值核算结果与分析

表 10-11 显示了 2012 年中国沿海地区不同类型海洋生态系统的分布状况以及单位面

积服务价值。对于海南，各类型海洋生态系统单位面积服务价值的大小顺序为红树林＞盐沼＞滩涂＞海草床＞温水珊瑚礁＞12 n mile 近海水域。对于广西，同样是红树林单位面积服务价值最大，其次分别为盐沼、河口、滩涂生态系统，12 n mile 近海水域单位面积服务价值最小。广东各类型海洋生态系统单位面积服务价值的大小顺序为红树林＞盐沼＞河口＞滩涂＞海草床＞温水珊瑚礁＞12 n mile 近海水域。福建除了不含海草床生态系统，其余各类型海洋生态系统单位面积服务价值的大小顺序与广东相同。浙江则为红树林、盐沼、河口生态系统单位面积服务价值较大，温水珊瑚礁、滩涂次之，12 n mile 近海水域最小。上海、江苏、山东、河北、辽宁均为盐沼生态系统单位面积服务价值最大，河口、滩涂次之，12 n mile 近海水域最小。天津各类型海洋生态系统单位面积服务价值的大小顺序为盐沼＞滩涂＞12 n mile 近海水域。三沙的生态系统单位面积服务价值为海草床＞温水珊瑚礁。

表 10-11　同类型海洋生态系统单位面积服务价值　　　　　　[单位：sej/(m²·a)]

地区	红树林	盐沼	滩涂	海草床	温水珊瑚礁	河口	12 n mile 近海水域
海南	8.88×10^{11}	6.42×10^{11}	2.83×10^{11}	1.92×10^{11}	1.52×10^{11}	0	1.22×10^{11}
广西	8.70×10^{11}	7.34×10^{11}	3.94×10^{11}	0	0	4.04×10^{11}	9.53×10^{10}
广东	8.11×10^{11}	5.68×10^{11}	2.10×10^{11}	1.43×10^{11}	1.07×10^{11}	2.44×10^{11}	9.60×10^{10}
福建	9.93×10^{11}	8.13×10^{11}	4.64×10^{11}	0	3.54×10^{11}	4.97×10^{11}	9.30×10^{10}
浙江	6.91×10^{11}	5.37×10^{11}	2.02×10^{11}	0	2.18×10^{11}	2.44×10^{11}	7.18×10^{10}
上海	0	6.99×10^{11}	3.13×10^{11}	0	0	4.23×10^{11}	8.80×10^{10}
江苏	0	5.58×10^{11}	2.14×10^{11}	0	0	2.87×10^{11}	7.15×10^{10}
山东	0	5.29×10^{11}	1.93×10^{11}	0	0	2.73×10^{11}	7.05×10^{10}
河北	0	5.97×10^{11}	2.57×10^{11}	0	0	3.44×10^{11}	6.85×10^{10}
天津	0	9.63×10^{11}	5.80×10^{11}	0	0	0	7.82×10^{10}
辽宁	0	8.92×10^{11}	5.38×10^{11}	0	0	5.74×10^{11}	7.44×10^{10}
三沙	0	0	0	1.28×10^{11}	9.35×10^{10}	0	0

图 10-11 显示了不同类型服务的单位面积能值。

首先，对直接服务中包含的各项服务价值进行分析。对于增加生物量服务，总体上大致呈现由南北向中部递减的规律。对于固碳释氧服务，福建、浙江、台湾的单位面积服务价值明显高于其余各地区，可能是由于温水珊瑚礁生态系统的存在，而珊瑚礁常被称为"海洋中的热带雨林"，其固碳能力显著高于其余各类型海洋生态系统。而固碳释氧服务价值的整体空间分布趋势与增加生物量服务大致相同。对于增加土壤/底泥有机质服务，红树林对浙江、福建、广东、广西、海南、台湾的该服务价值的贡献较大，主要的原因可能是红树林的植被凋落物量较大，凋落物进入土壤并逐渐腐败分解，产生的有机质便积累在土壤中。对于河北、山东、江苏、上海，不存在红树林的分布，因此河口对增加土壤/底泥有机质服务的贡献较大，这是由于河流入海时挟带的大量泥沙淤积在河口区域，使得河口生态系统底泥有机质大量增加。对于补给地下水服务，南方地区的服务价值普遍大于北方，一方面是由于降水量大致呈现由南向北递减的趋势，另一方面是南方地区具有补给地下水

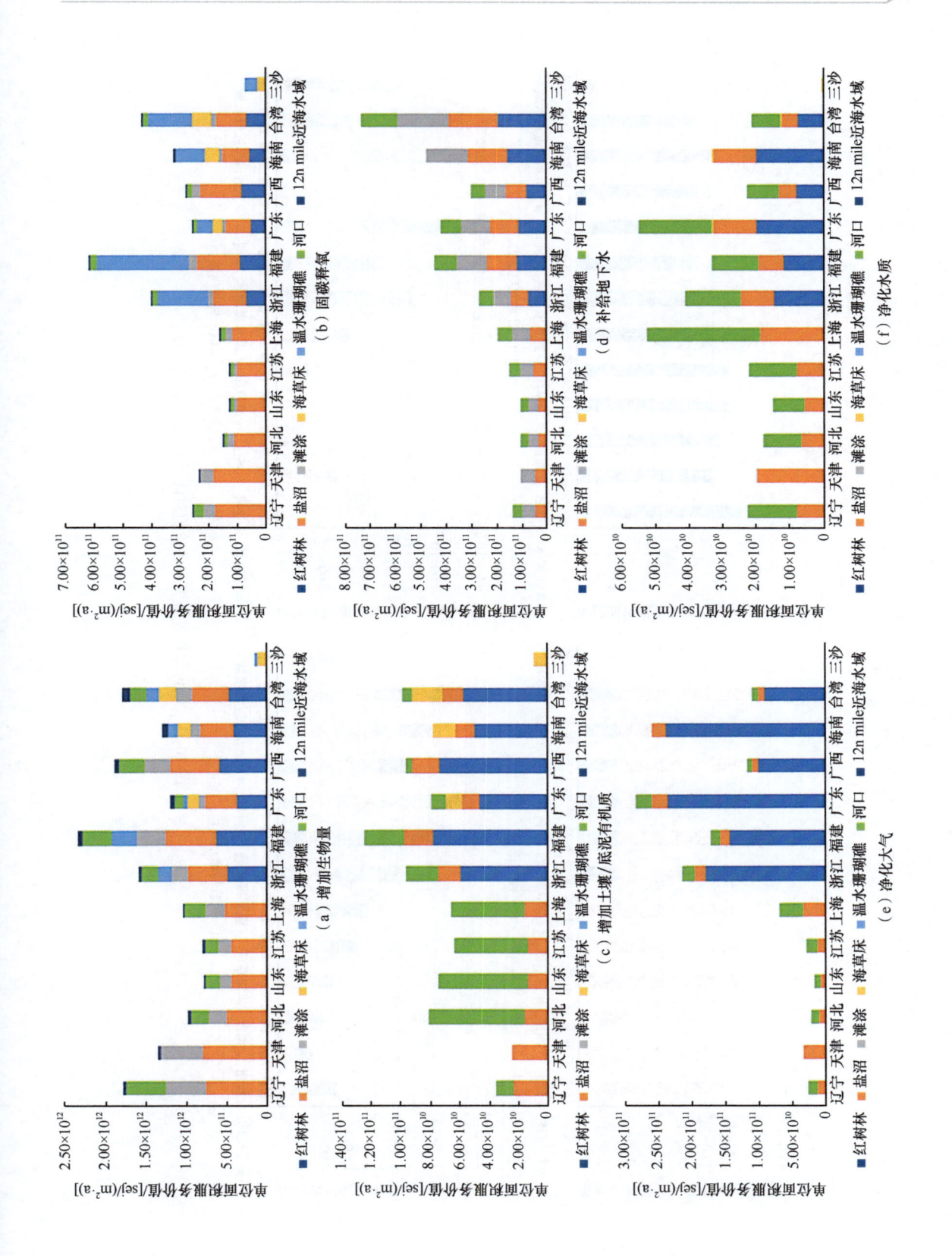

第10章 海洋生态系统服务核算方法

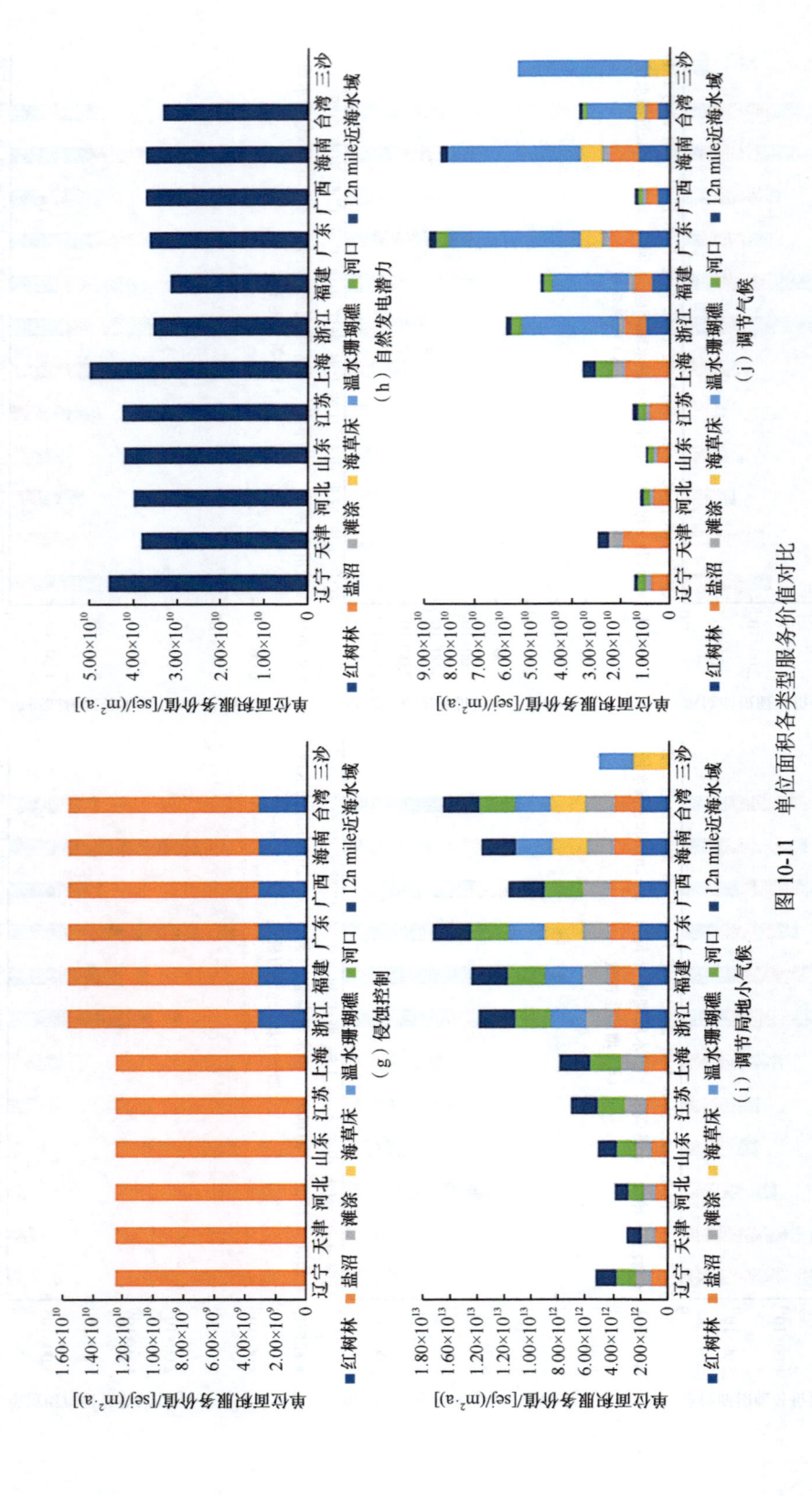

图 10-11 单位面积各类型服务价值对比

服务的生态系统类型更丰富，除了南北方共同拥有的盐沼、滩涂、河口生态系统外，主要分布在南方的红树林生态系统也对补给地下水服务贡献较大。

其次，对间接服务进行分析。对于净化大气服务，拥有红树林的南方地区单位面积服务价值显著高于北方地区，这是由于红树林对大气污染物的净化能力较强，因此贡献了大部分的净化大气服务价值。净化水质服务主要与两个因素有关：一是具有水体污染物净化功能的生态系统类型的数量，二是各地区的人均能值。由于本研究主要考虑红树林、盐沼、河口、海草床生态系统对水体污染物的净化作用，因此同时具有这 4 种类型生态系统的地区（如广东），净化水质服务价值一般大于只具有其中几类生态系统的地区。但是上海只拥有盐沼、河口两类生态系统，净化水质的服务价值也比较高，这是因为上海的人均能值较大（Lin L Z et al., 2018）。对于侵蚀控制服务，由于主要考虑了盐沼和红树林防止海岸线侵蚀的能力，因此同时拥有红树林和盐沼的地区侵蚀控制服务价值高于只拥有盐沼的地区。对于自然发电潜力，因为主要考虑风能和潮汐能对发电的贡献，而二者又分别与风速以及潮汐范围有关，所以自然发电潜力服务价值的大小取决于风速和潮汐范围这两个参数。调节局地小气候服务主要与蒸散发量以及具有该项服务的生态系统类型的数量有关，蒸散发量越大，生态系统类型越丰富，则该项服务价值越大。

最后，对存在价值进行分析。对于调节气候服务，主要考虑了对温室气体（CO_2 为主）的控制。拥有温水珊瑚礁生态系统的地区调节气候服务显著大于其余地区，如前文所述，是由于温水珊瑚礁具有较高的固碳能力。

表 10-12 显示了 2012 年各类型服务价值占总价值的比例。从表 10-12 可以看出，除三沙外的 12 个地区各类型服务价值占总价值的比例均为：增加生物量和固碳释氧最大，自然发电潜力其次，侵蚀控制最小。除以上三类服务外，剩余五类服务价值占总价值比例的大小顺序，不同地区各有差异。对于三沙，则为增加生物量和固碳释氧最大，调节气候第二大，增加土壤/底泥有机质和净化水质较小。

表 10-12　各类型服务价值占总价值的比例　　　　　　　　　　（单位：%）

生态系统服务		辽宁	天津	河北	山东	江苏	上海	浙江	福建	广东	广西	海南	台湾	三沙
直接服务	增加生物量和固碳释氧	50.76	61.76	51.50	51.47	52.46	55.83	54.75	67.84	59.35	68.42	69.82	74.80	66.89
	增加土壤/底泥有机质	0.27	0.13	0.94	10.04	5.60	7.51	0.75	0.38	2.02	0.72	1.52	0.75	3.71
	补给地下水	2.23	3.29	3.98	6.44	9.11	10.40	8.27	7.76	10.98	7.99	2.04	2.61	0
间接服务	净化大气	0.22	0.19	0.19	1.65	1.79	5.42	0.77	0.28	2.26	1.05	0.43	0.04	0
	净化水质	0.17	0.10	0.18	1.59	1.66	5.08	0.51	0.15	1.83	0.48	0.11	0.03	0.11
	侵蚀控制	0.10	0.06	0.03	0.04	0.14	0.06	0.40	0.14	0.16	0.06	0.01	0	
	自然发电潜力	44.33	30.40	41.44	27.58	27.50	13.35	31.95	22.01	20.38	20.40	22.95	20.84	0
存在服务	调节气候	1.92	4.07	1.74	1.19	1.74	2.35	2.60	1.44	3.02	0.84	3.07	0.92	29.29

对于辽宁、天津、河北、浙江、福建、广西、海南、台湾，增加生物量和固碳释氧与自然发电潜力服务价值之和占总价值的90%左右，其余服务价值仅占总价值的10%左右。对于山东、江苏、广东，增加生物量和固碳释氧与自然发电潜力服务价值之和占总价值的80%左右，其余服务价值仅占总价值的20%左右。对于上海，增加生物量和固碳释氧与自然发电潜力服务价值之和占总价值的70%左右，补给地下水占总价值的10%左右，净化大气和净化水质服务之和占总价值的10%左右，剩余服务之和占总价值的10%左右。

10.6 本章小结

为了评估中国海洋生态系统服务价值，本研究基于非货币量的生态系统服务价值评估框架，构建海洋生态系统服务分类体系以及服务价值核算方法，对中国2012年海洋生态系统服务价值进行计算，并对结果进行分析，得到的主要结论如下。

（1）海洋生态系统服务价值可以分为直接服务、间接服务、存在服务三大类，其中直接服务包括增加生物量、固碳释氧、增加土壤/底泥有机质、补给地下水；间接服务包括净化大气、净化水质、侵蚀控制、自然发电潜力以及调节局地小气候；存在服务包括调节气候和维持生物多样性。

（2）2012年我国13个沿海地区海洋生态系统服务价值的大小顺序为广东＞山东＞台湾＞福建＞海南＞辽宁＞浙江＞江苏＞上海＞广西＞河北＞天津＞三沙。河口生态系统服务价值在上海海洋生态系统服务总价值中占比（63.4%）最大。12 n mile近海水域在除上海、三沙外的其余11个地区中为服务价值最大的生态系统，各地区12 n mile近海水域服务价值均超过海洋生态系统服务总价值的45%。

（3）通过对比海洋生态系统服务价值与陆地生态系统服务价值可知，对于大部分沿海地区，海洋生态系统对其生态系统服务总价值贡献较大，这也意味着通过一系列手段保护海洋环境，努力提升海洋生态系统服务价值，将会使得沿海地区生态系统服务总价值得到明显提升。

（4）对于本研究中包含的7类海洋生态系统，其单位面积服务价值的大小顺序为红树林＞盐沼＞滩涂＞河口＞海草床＞温水珊瑚礁＞12 n mile近海水域。这说明与近海水域相比，滨海湿地生态系统单位面积服务价值更大，通过保护现有的滨海湿地生态系统，或努力扩大滨海湿地的面积，将有利于提高海洋生态系统服务价值，当然对于近海水域的保护同样不可忽视。

（5）通过比较2012年海洋各类型服务价值占总价值的比例可知，增加生物量和固碳释氧及自然发电潜力服务均为除三沙外中国沿海各地区的主要生态系统服务类型，二者服务价值之和均超过生态系统服务总价值的70%。除三沙外，各地区海洋生态系统均为侵蚀控制服务价值占总价值的比例最小。除了这三类服务，剩余五类服务价值占总价值比例的大小顺序因地区不同而存在差异。对于三沙，增加生物量和固碳释氧以及调节气候为主要生态系统服务类型，增加土壤/底泥有机质和净化水质服务价值占总价值的比例较小。

本章虽然对中国海洋生态系统服务价值进行初步评估，但是依然存在以下几方面问题。首先，本研究仅计算2012年中国海洋生态系统服务价值，缺乏其在时间尺度的动态变化。

其次，本研究构建的海洋生态系统服务分类体系中虽包括调节局地小气候和维持生物多样性服务，但是这两类服务价值因数据方面的原因并未被纳入服务总价值中，这可能导致海洋生态系统服务总价值偏低。另外，近海生态系统同样具有净化水质服务，但是与滨海湿地生态系统相比，近海生态系统的净化水质作用较大，以及目前对于近海生态系统的环境容量等方面的研究依然不充分，因此近海生态系统净化水质服务价值未被纳入总服务价值，也将会使得评估结果偏低。

基于上述几方面不足，未来本研究应当在以下两方面做出改善：一方面，核算多个年份的海洋生态系统服务价值，从而分析其在时间尺度上的动态变化，并对变化的驱动因素进行分析。另一方面，继续寻找合适的数据，或不断改进生态系统服务价值核算方法，使得调节局地小气候、维持生物多样性服务以及海洋的净化水质服务能够纳入服务总价值中，使得评估结果更加科学准确，从而为中国海洋资源的开发利用以及海洋环境的保护提供数据支持，促进中国海洋经济的可持续发展。

三、实践与政策篇

實用知識叢書 二三

第 11 章

中国生态系统服务数据库开发及时空变化分析

11.1 数据库开发

基于核算结果,本研究通过系统技术开发生态系统服务数据库以实现生态系统服务在线可视化,服务于生态系统保护与管理。下面对数据库技术需求、技术选型、技术构架、数据构架进行说明。

11.1.1 数据库技术需求

从用户层面来说,用户希望能快速展示相关的数据与地图。在选定相关的筛选条件后得到数据、地图反馈的时间以秒计算。用户希望软件使用简单方便,不需要安装额外的数据包,仅仅借助主流浏览器就可运行。

从系统本身来说,该系统需要有一定的扩展性。因此,技术上需要选择可以分布式部署,各部分组件能按需扩展的技术方案。扩展性还要求采用标准的技术协议,以便能与其他系统交互。

从成本来说,由于该系统是一个不断演进迭代的系统,为了控制成本,本研究采用开源的技术方案。

11.1.2 数据库技术选型

该系统建设过程中主要用到基于地图的数据计算、数据的持续爬取、地图的实时展示。基于以上几点综合考虑,本研究选取的技术工具如下。

(1) 所有与地理信息计算与展示相关的技术工具都必须遵从开放的地理数据互操作规范(OpenGIS)。

(2) 地理信息的计算用 GDAL、OGR、GEO、PROJ.4 库。这些库是地理空间分析开源软件的核心,具有完成各种不同类型地图数据读取、坐标系转换、几何运算等功能。

(3) 后台主要的数据抓取及计算用 Python。Python 有相关库可以直接调用 GDAL、OGR、GEO、PROJ.4 库,有完备的数据包可做网络数据抓取。它的 numpy 包和 pandas 包天生是面向向量及矩阵计算的。

(4) 地图服务器采用 GeoServer 服务器。该服务器的优势在于:①方便地图数据发布,允许用户对特征数据进行更新、删除等操作;②易实现用户间地理信息共享,可将地图发布为标准的 WMS、WFS 服务；③该服务器是 OpenGIS Web 服务器规范的 J2EE 实现，便于后续扩展。

（5）前端展示方面用 OpenLayer 组件。OpenLayer 支持各种地图来源及 WMS、WFS 服务，可在浏览器端与 GeoServer、Arcgis 等主流服务器无缝连接，以访问标准格式发布的地图数据。

（6）数据存储采用了 MongoDB，由于用户线上操作以读为主，且数据量较大。MongoDB 在海量数据的存储及检索上有较大的优势。另外，MongoDB 支持地理信息的存储、检索、索引，可作为地图数据库的扩充，且目前数据项并没有定型，MongoDB 天生支持数据扩展。

11.1.3 数据库技术架构

生态系统服务数据库技术架构图如图 11-1 所示。

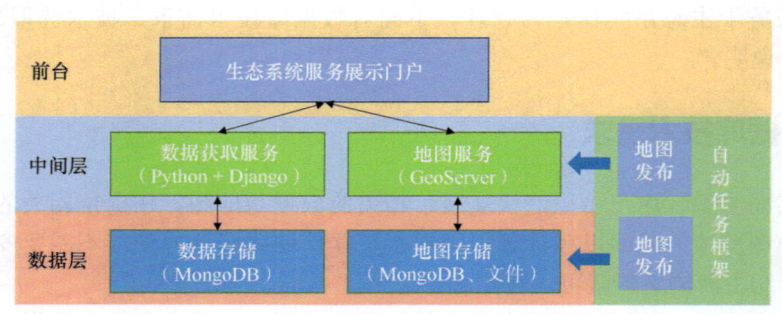

图 11-1 生态系统服务数据库技术架构图

各层的解释如下：

（1）前台是 Web 层，用户通过浏览器访问系统。

（2）中间层分为数据获取服务和地图服务两部分。数据获取服务的作用是获取生态系统服务数据，地图服务的作用是发布瓦片地图服务。

（3）数据层分为数据存储和地图存储两部分。数据存储包括存储参数数据、生态系统服务核算结果数据等，地图存储即存储各种地图。

（4）自动任务框架层分为地图发布和数据发布两部分。地图发布主要是发布各种地图数据到地图服务器，数据发布的作用是按照要求计算数据并发布到数据存储中去。该层是自动的，若达到条件，如新的监测数据到来等，就会自动计算。

该数据库技术构架具有以下优点：

（1）各层都是松耦合的，相互之间的交互通过业界标准的交互接口和协议交互：前台与中间层通过超文本传送协议（HTTP）及定义在 HTTP 上的 WMS、WFS 协议交互；中间层与数据层通过标准的驱动交互；自动任务框架层与中间层和数据层通过 HTTP 或标准的驱动交互。这种设计保证了各层可彼此独立发展而不相互影响。

（2）中间层、数据层及自动任务框架层采用的是业界成熟的组件（Django、GeoServer、Python、MongoDB），在负载过重时都可各自独立地扩展以满足对资源的需求。

（3）整个架构的选型采用了成熟的技术和标准的服务，使得后续开发和维护的工作量与需求是一个线性的关系，开发数量的多少与后台服务器的多少是一个线性关系，保证了系统的可扩展性。

以地图服务为例，由于地图服务的负载是较大的，需要在后台计算并缓存在不同缩放比例下的瓦片图。在研究范围扩展到全国后，一台地图服务器可能难以在用户可忍受的几秒内返回数据，因为地图服务器对外提供标准的 WMS、WFS 服务都是基于 HTTP 的，该数据库就可把全国行政区划和土地利用类型地图分到不同地图服务器上以提高访问速度，扩展示意图如图 11-2 所示。

图 11-2　生态系统服务数据库扩展示意图

在图 11-2 的架构中，Nginx 反向代理将根据用户请求区域的一个矩形范围描述来确定具体请求哪台服务器。如果矩形范围描述在东部、中部、西部、东北部的某个区域的范围内，那么就可精确地向相应的地图服务器请求数据；如果不是，则在全国 1 和全国 2 服务器上随机请求。这样可有效分散负载以高效响应用户需求。

11.1.4　数据架构

生态系统服务数据库的数据架构图如图 11-3 所示。该系统围绕数据和地图展开，从图 11-3 可以看出有两个以执行频率为划分的数据流：一个是每个区域每年执行一次的生态系统服务相关的计算；另一个是全区域每小时执行一次的污染物减值计算。在该数据库中，两个流程称为慢变量数据流与快变量数据流。慢变量数据流的计算过程一般为：①读取 .shp 文件，获得行政区划信息；②读取 .tiff 文件，获取计算分区和土地利用类型信息；③基于 GeoPandas 统一坐标系统；④根据服务类型引入算法参数；⑤根据字典数据判断土地利用类型；⑥基于算法参数、字典信息、地理信息计算生态系统服务；⑦按需查询统计生态系统服务。快变量数据流是下一步研究考虑的污染物动态变化引起的生态系统服务减值作用。快变量数据流中，综合了行政区划信息和卫星遥感土地利用类型信息，结合能值转换率数据库里的能值转换因子（emergy conversion factor，EmCF），计算出每个区不同土地利用类型的生态系统服务类型。一般实施步骤为：①爬取污染物实时监测数据；②采用克里金空间插值以获取污染物面数据；③对比污染物监测数据与环境质量标准，判断是否需要减值；④对需要减值的地区，核算污染物减值量。这里需要注意的是，计算过程中需要把地图坐标系统一，否则无法计算（其中行政区划图的坐标系为地理坐标系 EPSG:4326），土地利用类型遥感图为一种自定义的投影坐标系（+proj=aea+lon_0=105+lat_1=25+lat_2=47+x_0=4000000+datum=WGS84+ellps=WGS84）。

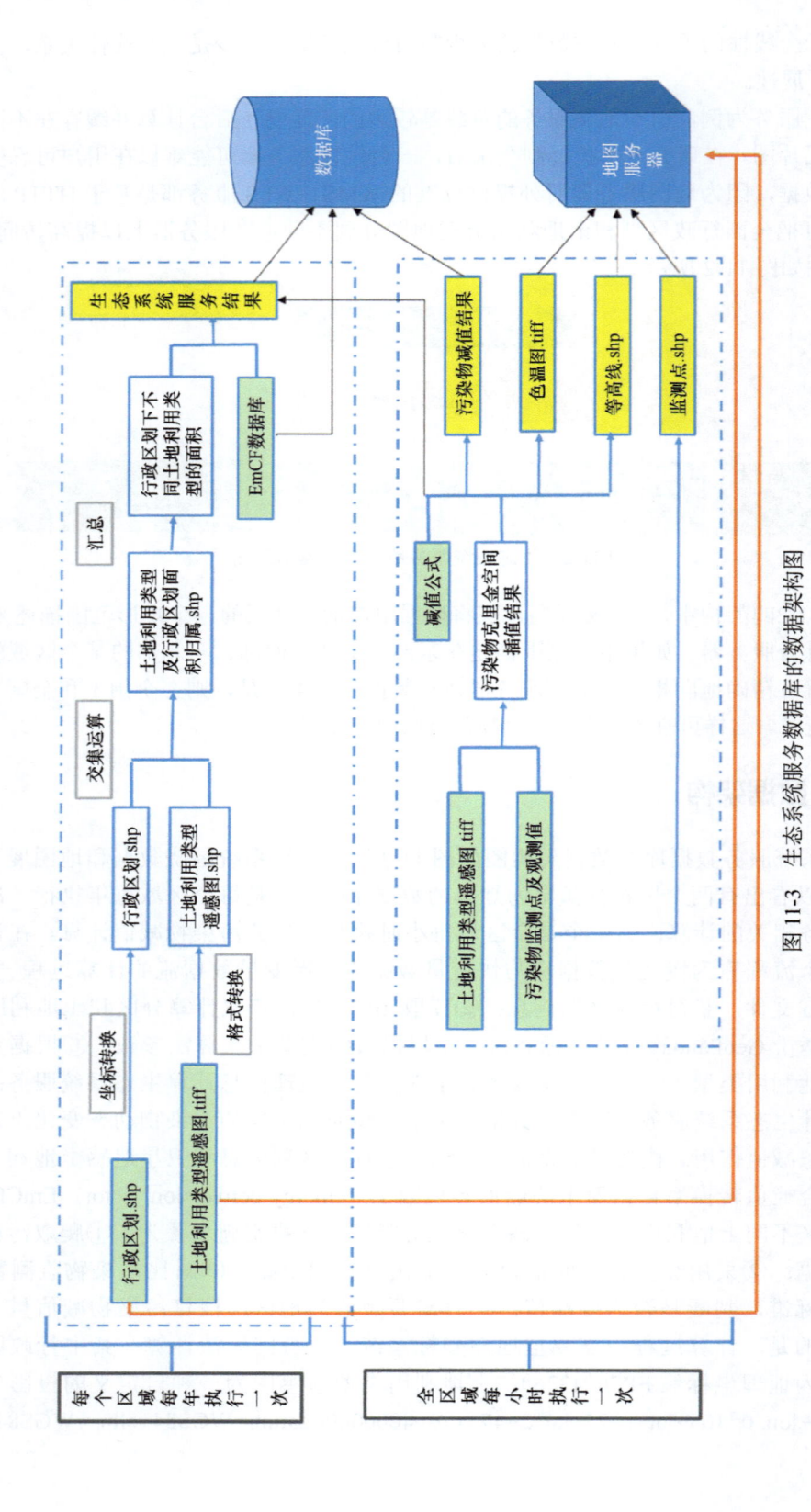

图 11-3 生态系统服务数据库的数据架构图

11.2 中国省级生态系统服务及其时空变化分析

本研究中，一个地区生态系统服务总值等于该地区所有林地（包括有林地、灌木林）、草地（高、中、低覆盖度草地）和湿地（沼泽地、湖泊、水库坑塘、河流）生态系统服务之和。

11.2.1 中国省级生态系统服务

图 11-4 反映了中国省级生态系统服务价值空间分布。由图 11-4 可知，2000 年和 2015 年，中国省级生态系统服务整体上都呈现出西南部＞北方＞中部＞东部省（自治区、直辖市）的特征。具体地，2000 年和 2015 年，西南部地区的四川和云南分别稳居第一、第二，其生态系统服务价值分别为 1.82×10^{23} sej/a（2000 年）、2.02×10^{23} sej/a（2015 年）和 1.21×10^{23} sej/a（2000 年）、1.31×10^{23} sej/a（2015 年）。但排名第二的云南和第一的四川生态系统服务价值相差较大，前者在 2000 年和 2015 年分别为后者的 66% 和 65%。另外，稳居前 10 的 8 个省份集中在西南部、西北部、北部及中部部分省地区，按照其 2015 年生态系统服务价值的大小依次为广西（1.08×10^{23} sej/a）、湖北（8.16×10^{22} sej/a）、西藏（7.51×10^{22} sej/a）、贵州（5.26×10^{22} sej/a）、青海（4.84×10^{22} sej/a）、内蒙古（4.56×10^{22} sej/a）、湖南（4.47×10^{22} sej/a）、甘肃（4.44×10^{22} sej/a）。而生态系统服务价值最小的 12 个省份除宁夏外其余 11 个都位于东部地区，按照其 2015 年生态系统服务价值从小到大依次为：上海（5.47×10^{19} sej/a）、天津（2.43×10^{20} sej/a）、山东（1.99×10^{21} sej/a）、北京（2.04×10^{21} sej/a）、江苏（2.14×10^{21} sej/a）、海南（3.14×10^{21} sej/a）、宁夏（4.78×10^{21} sej/a）、安徽（6.94×10^{21} sej/a）、河

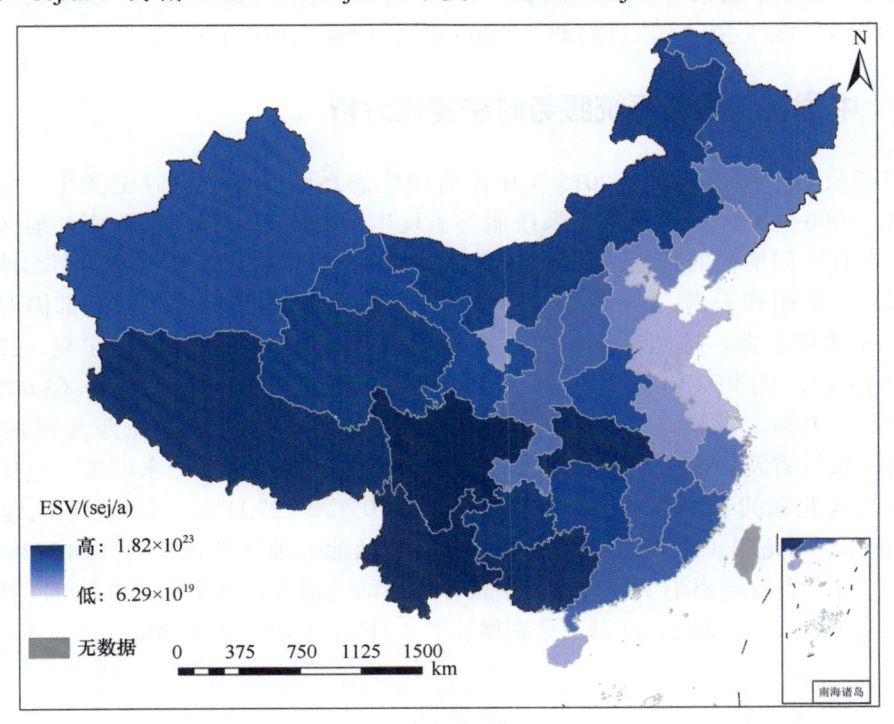

（a）2000 年

(b) 2015 年

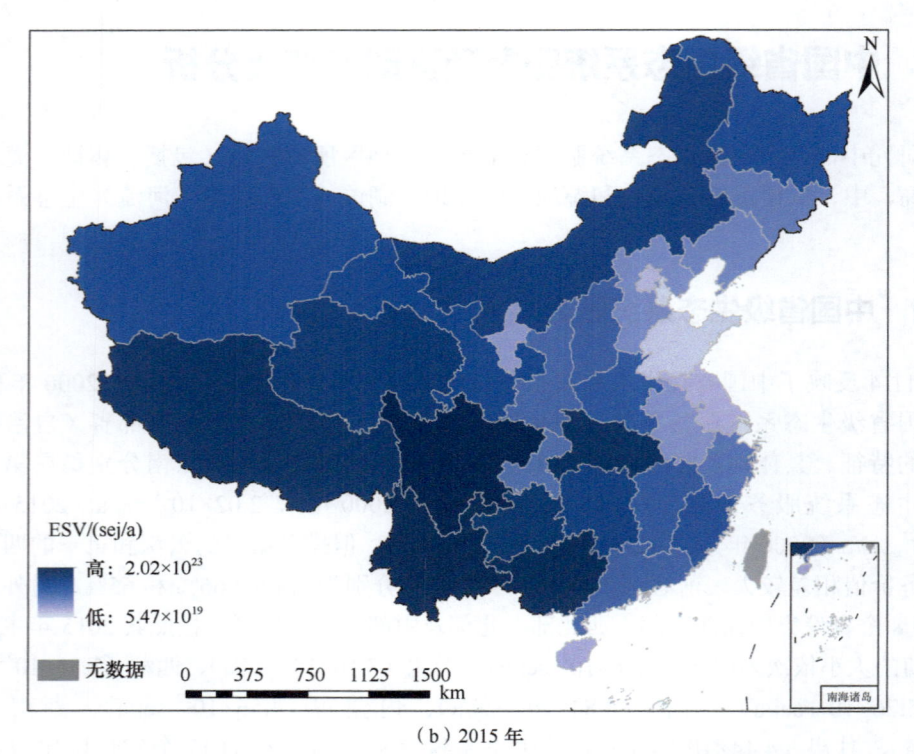

图 11-4　中国 2000 年（a）和 2015 年（b）生态系统服务价值

北（$8.82×10^{21}$ sej/a）、辽宁（$9.23×10^{21}$ sej/a）、吉林（$1.24×10^{22}$ sej/a）、浙江（$1.28×10^{22}$ sej/a）。上海和天津明显小于其余省份，如上海、天津分别占生态系统服务排名倒数第三的山东的 4%（2000 年）、3%（2015 年）和 14%（2000 年）、12%（2015 年）。

11.2.2　中国省级生态系统服务时空变化分析

图 11-5 反映了中国 2000~2015 年中国省级生态系统服务价值时空变化。由图 11-5（a）可知，2000~2005 年中国生态系统服务呈现出下降的省份集中在西南部地区，其余省份整体上有不同增幅的特征。具体地，下降的 10 个省份中有 4 个位于西南部地区，即广西、四川、贵州和云南；2 个位于华中地区，即湖北和湖南；3 个位于东部沿海，分别为海南、福建和上海。按照其降幅大小排序依次为：广西（32.45%）、宁夏（22.23%）、海南（21.13%）、四川（10.19%）、贵州（6.83%）、湖北（6.62%）、湖南（3.67%）、福建（3.08%）、上海（1.48%）和云南（0.004%）。而增幅高值区集中在西北部地区的青海和甘肃、东三省及内蒙古，增幅低值区则集中在中东部，尤其是东南部。具体地，增幅较大的为西北部的青海和甘肃，分别增长了 33.05% 和 27.11%；其次为东北地区的辽宁（20.41%）、黑龙江（18.48%）、吉林（17.22%）及北方地区的内蒙古（18.29%）、河北（18.11%）。其余省份增幅小于 15%，其中增幅最小的为河南，仅增加了 0.67%；其次为集中在东南沿海的广东、浙江、江苏，分别增长了 1.21%、1.70% 和 2.78%。

第 11 章 中国生态系统服务数据库开发及时空变化分析

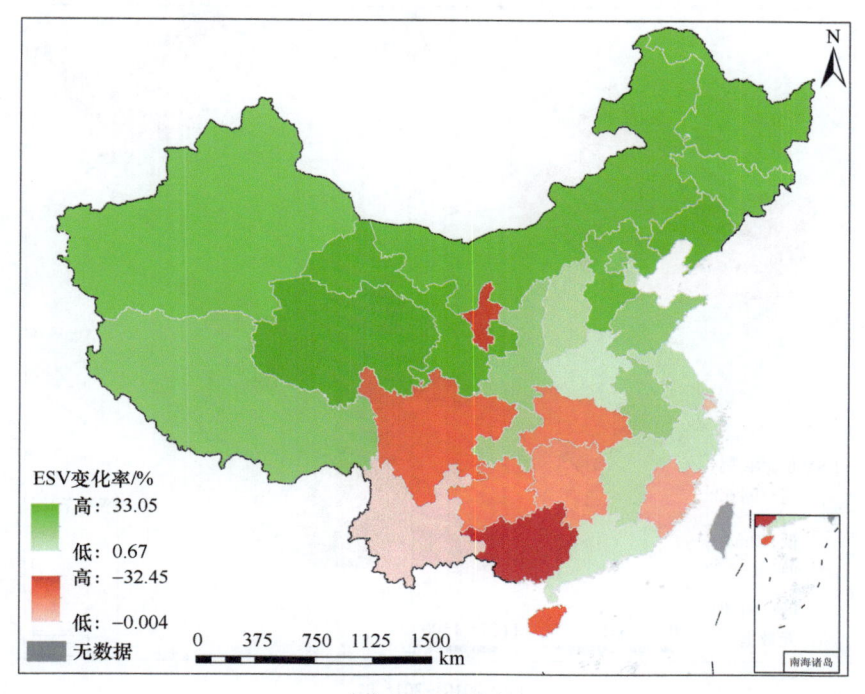

（a）2000~2005 年

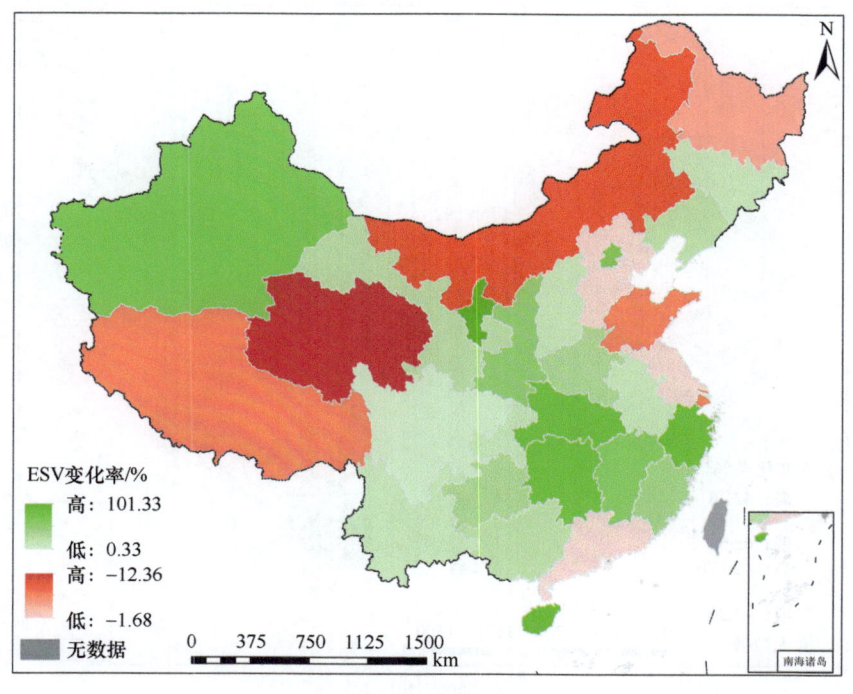

（b）2005~2010 年

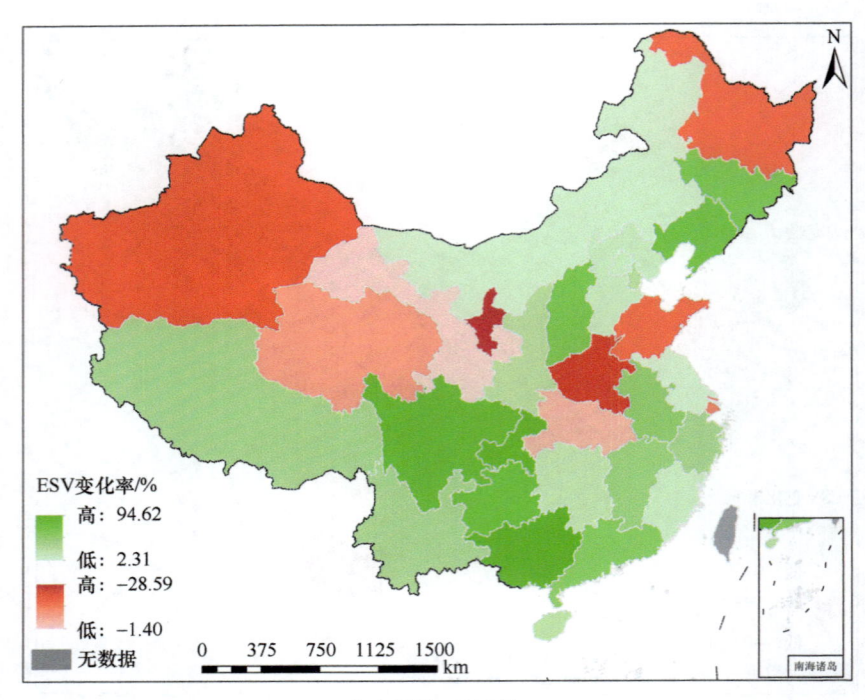

(c) 2010~2015 年

(d) 2000~2015 年

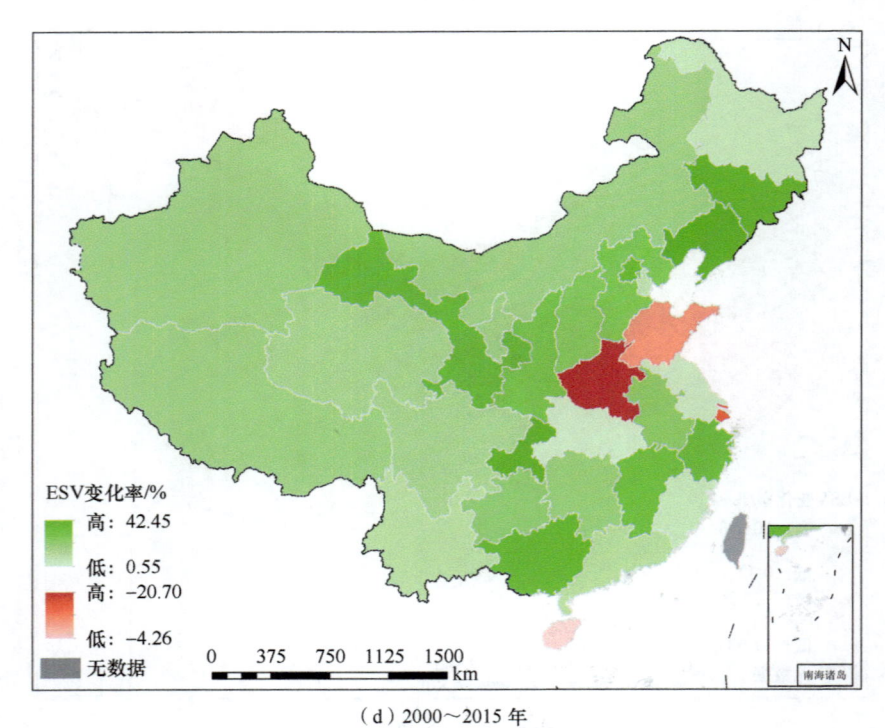

图 11-5　2000~2015 年中国省级生态系统服务价值变化

2005～2010年，中国省级生态系统服务变化空间分布较2000～2005年不同［图11-5（b）］，主要表现在2000～2005年下降的10个省份中除上海延续了前5年的下降趋势外，其余9个都转变为生态系统服务上升的省份；而2005～2010年下降的10个省份中除上海外其余9个在2000～2005年都为生态系统服务上升。另外，生态系统服务上升的省份则集中在西北部、中部及除青藏高原外的西南部地区，下降的集中在青藏高原、内蒙古、华北平原。具体地，增幅最大的为宁夏，增长了101.33%，其余省份增幅范围为0.33%（四川）～14.28%（海南），与增幅最大的宁夏相差甚远。其中，增幅较大的省份集中在南方地区，如海南（14.28%）、浙江（12.68%）、湖南（12.46%）和湖北（12.11%）等；增幅较小的省份并未呈现出明显的空间聚集，分散于西南部地区的四川（0.33%）、云南（0.88%）、重庆（1.01%）和广西（1.93%），以及安徽（0.76%）、山西（0.82%）、甘肃（1.67%），东北部地区的吉林（1.32%）和辽宁（1.61%）等。对于生态系统服务下降的省份，空间聚集特征明显，但降幅都相对较小，集中在青藏高原的青海（12.36%）和西藏（4.87%），内蒙古（7.53%）及黑龙江（4.17%），华北平原的山东（4.65%）、天津（2.27%）和河北（1.84%），东南沿海的上海（5.41%）、江苏（1.68%）及广东（2.05%）。

由图11-5（c）可知，2010～2015年中国生态系统服务整体上呈现出下降的省份集中在西北部、华北平原的东部和南部、东北的黑龙江、长江流域的湖北和上海，其余省份都有不同幅度增长。增幅高值区集中在西南部、东北部等地区。具体地，增幅最大为广西，增长了94.62%。其次，为同样位于西南部地区的重庆、四川和贵州，分别增长了32.03%、23.02%和18.69%。可见，排名第一的广西增幅远大于其余省份。再次，为东北部地区的辽宁（16.51%）、吉林（13.68%），中部地区的山西（13.74%）和广东（10.21%）。其余省份增幅小于10%，其中增幅最小的为江苏（2.31%），其次为内蒙古（2.47%）、福建（3.10%）、河北（3.21%）、北京（3.37%）等。生态系统服务下降的省份按照其降幅从大到小依次为：宁夏（28.59%）、河南（24.36%）、新疆（11.58%）、山东（8.41%）、黑龙江（8.40%）、上海（6.76%）、青海（4.96%）、湖北（3.95%）、甘肃（1.40%）。

就2000～2015年整体而言，除河南、上海、山东和海南的生态系统服务有所下降外，其余省份都呈现出增长趋势［图11-5（d）］。结合表11-1可知，89%的生态系统服务呈增加趋势，仅11%的生态系统服务呈下降态势。2000～2015年，中国生态系统服务净增长了$1.23×10^{23}$ sej，增长率为13%。由图11-5（d）可知，增幅高值区集中在东北、华北及部分南方省份，增幅低值区则分散于华中、东南沿海及东北的部分省份。具体地，按照增幅大小，第一个增幅高值区为东北的辽宁和吉林，分别增长了42.54%和35.01%；第二个增幅高值区集中在南方地区的重庆（40.23%）、广西（34.01%）、浙江（22.75%）、江西（22.06%）、安徽（17.24%）等；第三个则为集中于北方地区的甘肃（27.42%）、北京（26.79%）、陕西（20.89%）、河北（19.67%）和山西（19.35%）等省份。其余省份增幅小于15%。其中，增幅最小的为湖北，仅增长了0.55%；其次为江苏（3.38%）、黑龙江（4.00%）和福建（4.44%）等省份。生态系统服务下降的4个省份按照其降幅大小依次为河南、上海、山东和海南，分别下降了20.70%、13.10%、4.82%和4.26%。

表 11-1 中国 2000～2015 年生态系统服务及其变化量、变化率和 2000 年生态系统面积

省份	生态系统类型	ESV/(sej/a) 2000 年	ESV/(sej/a) 2015 年	2000～2015 年 ESV 变化量/(sej/a)	2000～2015 年 ESV 变化率/%	2000 年生态系统面积/hm²
北京	F	4.09×10^{20}	6.52×10^{20}	2.43×10^{20}	59	3.84×10^{5}
	Sh	3.37×10^{20}	3.94×10^{20}	5.70×10^{19}	17	1.76×10^{5}
	HCG	7.48×10^{19}	7.96×10^{19}	4.80×10^{18}	6	9.96×10^{4}
	MCG	1.23×10^{19}	1.52×10^{19}	2.90×10^{18}	24	1.51×10^{4}
	LCG	4.65×10^{18}	6.14×10^{18}	1.49×10^{18}	32	7.07×10^{3}
	W	0	0	0	0	0
	L	0	0	0	0	0
	R/P	2.33×10^{19}	1.71×10^{19}	-6.20×10^{18}	-27	2.87×10^{4}
	Ri	7.51×10^{20}	8.79×10^{20}	1.28×10^{20}	17	6.81×10^{3}
	小计	1.61×10^{21}	2.04×10^{21}	4.30×10^{20}	27	7.17×10^{5}
天津	F	1.72×10^{19}	2.37×10^{19}	6.50×10^{18}	38	2.05×10^{4}
	Sh	5.54×10^{18}	5.65×10^{18}	1.10×10^{17}	2	3.17×10^{3}
	HCG	1.14×10^{19}	1.14×10^{19}	0.00	0	1.07×10^{4}
	MCG	1.38×10^{19}	1.15×10^{19}	-2.30×10^{18}	-17	1.03×10^{4}
	LCG	3.53×10^{17}	3.64×10^{17}	1.10×10^{16}	3	3.06×10^{2}
	W	1.77×10^{18}	1.76×10^{18}	-1.00×10^{16}	-1	2.81×10^{3}
	L	0	0	0	0	0
	R/P	1.53×10^{20}	1.68×10^{20}	1.50×10^{19}	10	1.20×10^{5}
	Ri	2.37×10^{19}	2.08×10^{19}	-2.90×10^{18}	-12	3.05×10^{4}
	小计	2.27×10^{20}	2.43×10^{20}	1.60×10^{19}	7	1.98×10^{5}
河北	F	1.54×10^{21}	2.15×10^{21}	6.10×10^{20}	40	1.66×10^{6}
	Sh	2.69×10^{21}	3.04×10^{21}	3.50×10^{20}	13	1.48×10^{6}
	HCG	1.45×10^{21}	1.85×10^{21}	4.00×10^{20}	28	2.01×10^{6}
	MCG	7.34×10^{20}	7.65×10^{20}	3.10×10^{19}	4	9.64×10^{5}
	LCG	1.31×10^{20}	1.25×10^{20}	-6.00×10^{18}	-5	1.84×10^{5}
	W	2.06×10^{19}	1.64×10^{19}	-4.20×10^{18}	-20	1.05×10^{5}
	L	1.34×10^{19}	1.22×10^{19}	-1.20×10^{18}	-9	1.98×10^{4}
	R/P	5.64×10^{19}	1.05×10^{20}	4.86×10^{19}	86	7.22×10^{4}
	Ri	7.42×10^{20}	7.53×10^{20}	1.10×10^{19}	1	9.15×10^{4}
	小计	7.38×10^{21}	8.82×10^{21}	1.44×10^{21}	20	6.59×10^{6}
山西	F	1.60×10^{21}	2.64×10^{21}	1.04×10^{21}	65	1.77×10^{6}
	Sh	2.93×10^{21}	3.93×10^{21}	1.00×10^{21}	34	1.58×10^{6}
	HCG	8.01×10^{20}	1.01×10^{21}	2.09×10^{20}	26	1.10×10^{6}
	MCG	7.16×10^{20}	8.93×10^{20}	1.77×10^{20}	25	1.12×10^{6}
	LCG	1.19×10^{21}	1.61×10^{21}	4.20×10^{20}	35	2.10×10^{6}

续表

省份	生态系统类型	ESV/(sej/a) 2000年	ESV/(sej/a) 2015年	2000~2015年 ESV变化量/(sej/a)	2000~2015年 ESV变化率/%	2000年生态系统面积/hm²
山西	W	$2.17×10^{18}$	$1.26×10^{18}$	$-9.10×10^{17}$	-42	$3.24×10^{3}$
	L	$3.15×10^{18}$	$2.11×10^{18}$	$-1.04×10^{18}$	-33	$3.32×10^{3}$
	R/P	$1.73×10^{19}$	$2.61×10^{19}$	$8.80×10^{18}$	51	$1.98×10^{4}$
	Ri	$8.17×10^{21}$	$8.32×10^{21}$	$1.50×10^{20}$	2	$3.66×10^{4}$
	小计	$1.54×10^{22}$	$1.84×10^{22}$	$3.00×10^{21}$	19	$7.73×10^{6}$
内蒙古	F	$1.17×10^{22}$	$1.67×10^{22}$	$5.00×10^{21}$	43	$1.12×10^{7}$
	Sh	$3.01×10^{21}$	$3.44×10^{21}$	$4.30×10^{20}$	14	$1.93×10^{6}$
	HCG	$1.26×10^{22}$	$1.04×10^{22}$	$-2.20×10^{21}$	-17	$2.19×10^{7}$
	MCG	$7.47×10^{21}$	$9.13×10^{21}$	$1.66×10^{21}$	22	$1.72×10^{7}$
	LCG	$4.62×10^{21}$	$4.16×10^{21}$	$-4.60×10^{20}$	-10	$9.91×10^{6}$
	W	$4.17×10^{20}$	$9.55×10^{20}$	$5.38×10^{20}$	129	$1.93×10^{6}$
	L	$8.03×10^{20}$	$6.50×10^{20}$	$-1.53×10^{20}$	-19	$6.20×10^{5}$
	R/P	$2.67×10^{19}$	$5.28×10^{19}$	$2.61×10^{19}$	98	$5.83×10^{4}$
	Ri	$5.33×10^{19}$	$9.76×10^{19}$	$4.43×10^{19}$	83	$1.84×10^{5}$
	小计	$4.07×10^{22}$	$4.56×10^{22}$	$4.90×10^{21}$	12	$6.49×10^{7}$
辽宁	F	$4.22×10^{21}$	$6.51×10^{21}$	$2.29×10^{21}$	54	$3.85×10^{6}$
	Sh	$9.02×10^{20}$	$1.16×10^{21}$	$2.58×10^{20}$	29	$3.63×10^{5}$
	HCG	$3.04×10^{19}$	$1.09×10^{20}$	$7.86×10^{19}$	259	$4.05×10^{4}$
	MCG	$6.04×10^{20}$	$3.27×10^{20}$	$-2.77×10^{20}$	-46	$7.26×10^{5}$
	LCG	$5.74×10^{19}$	$2.61×10^{19}$	$-3.13×10^{19}$	-55	$9.97×10^{4}$
	W	$3.93×10^{19}$	$5.11×10^{19}$	$1.18×10^{19}$	30	$1.24×10^{5}$
	L	$7.89×10^{18}$	$5.11×10^{18}$	$-2.78×10^{18}$	-35	$2.48×10^{4}$
	R/P	$6.61×10^{19}$	$1.20×10^{20}$	$5.39×10^{19}$	82	$9.96×10^{4}$
	Ri	$5.51×10^{20}$	$9.26×10^{20}$	$3.75×10^{20}$	68	$9.06×10^{4}$
	小计	$6.48×10^{21}$	$9.23×10^{21}$	$2.75×10^{21}$	42	$5.42×10^{6}$
吉林	F	$7.29×10^{21}$	$1.05×10^{22}$	$3.21×10^{21}$	44	$6.89×10^{6}$
	Sh	$5.78×10^{20}$	$4.77×10^{20}$	$-1.01×10^{20}$	-17	$2.92×10^{5}$
	HCG	$1.99×10^{20}$	$3.56×10^{20}$	$1.57×10^{20}$	79	$2.77×10^{5}$
	MCG	$3.71×10^{20}$	$2.71×10^{20}$	$-1.00×10^{20}$	-27	$4.27×10^{5}$
	LCG	$1.49×10^{19}$	$3.41×10^{19}$	$1.92×10^{19}$	129	$2.53×10^{4}$
	W	$1.53×10^{20}$	$1.44×10^{20}$	$-9.00×10^{18}$	-6	$2.80×10^{5}$
	L	$1.23×10^{20}$	$1.24×10^{20}$	$1.00×10^{18}$	1	$1.60×10^{5}$
	R/P	$3.54×10^{19}$	$3.03×10^{19}$	$-5.10×10^{18}$	-14	$9.06×10^{4}$
	Ri	$4.65×10^{20}$	$5.02×10^{20}$	$3.70×10^{19}$	8	$6.07×10^{4}$
	小计	$9.23×10^{21}$	$1.24×10^{22}$	$3.27×10^{21}$	35	$8.50×10^{6}$

续表

省份	生态系统类型	ESV/(sej/a) 2000年	ESV/(sej/a) 2015年	2000~2015年 ESV变化量/(sej/a)	2000~2015年 ESV变化率/%	2000年生态系统面积/hm²
黑龙江	F	$1.74×10^{22}$	$2.17×10^{22}$	$4.30×10^{21}$	25	$1.64×10^{7}$
	Sh	$4.64×10^{21}$	$1.50×10^{21}$	$-3.14×10^{21}$	-68	$2.30×10^{6}$
	HCG	$2.00×10^{21}$	$1.62×10^{21}$	$-3.80×10^{20}$	-19	$2.16×10^{6}$
	MCG	$6.45×10^{20}$	$5.43×10^{20}$	$-1.02×10^{20}$	-16	$7.73×10^{5}$
	LCG	$2.78×10^{19}$	$3.08×10^{19}$	$3.00×10^{18}$	11	$2.67×10^{4}$
	W	$4.19×10^{20}$	$6.91×10^{20}$	$2.72×10^{20}$	65	$2.33×10^{6}$
	L	$3.64×10^{20}$	$3.98×10^{20}$	$3.40×10^{19}$	9	$3.37×10^{5}$
	R/P	$4.10×10^{19}$	$6.57×10^{19}$	$2.47×10^{19}$	60	$1.08×10^{5}$
	Ri	$9.31×10^{20}$	$1.03×10^{21}$	$9.90×10^{19}$	11	$2.05×10^{5}$
	小计	$2.65×10^{22}$	$2.76×10^{22}$	$1.10×10^{21}$	4	$2.46×10^{7}$
上海	F	$1.52×10^{18}$	$1.59×10^{18}$	$7.00×10^{16}$	5	$1.50×10^{3}$
	Sh	$1.05×10^{18}$	$7.58×10^{17}$	$-2.92×10^{17}$	-28	$5.61×10^{2}$
	HCG	$2.97×10^{18}$	$5.69×10^{18}$	$2.72×10^{18}$	92	$1.92×10^{3}$
	MCG	0	0	0	0	0
	LCG	0	0	0	0	0
	W	0	$1.46×10^{19}$	$1.46×10^{19}$	0	0
	L	$1.58×10^{17}$	$1.86×10^{17}$	$2.80×10^{16}$	18	$2.04×10^{2}$
	R/P	$3.38×10^{19}$	$2.48×10^{19}$	$-9.00×10^{18}$	-27	$3.04×10^{4}$
	Ri	$2.34×10^{19}$	$2.17×10^{19}$	$-1.70×10^{18}$	-7	$1.07×10^{4}$
	小计	$6.29×10^{19}$	$5.47×10^{19}$	$-8.20×10^{18}$	-13	$4.52×10^{4}$
江苏	F	$2.53×10^{20}$	$2.61×10^{20}$	$8.00×10^{18}$	3	$2.12×10^{5}$
	Sh	$5.69×10^{19}$	$4.62×10^{19}$	$-1.07×10^{19}$	-19	$2.85×10^{4}$
	HCG	$1.38×10^{20}$	$9.70×10^{19}$	$-4.10×10^{19}$	-30	$1.19×10^{5}$
	MCG	$1.45×10^{18}$	$1.06×10^{18}$	$-3.90×10^{17}$	-27	$1.37×10^{3}$
	LCG	$6.99×10^{17}$	$5.87×10^{17}$	$-1.12×10^{17}$	-16	$9.65×10^{2}$
	W	$1.26×10^{15}$	$1.28×10^{15}$	$2.00×10^{13}$	2	$2.00×10^{0}$
	L	$1.12×10^{21}$	$1.17×10^{21}$	$5.00×10^{19}$	4	$5.65×10^{5}$
	R/P	$1.86×10^{20}$	$2.64×10^{20}$	$7.80×10^{19}$	42	$2.88×10^{5}$
	Ri	$3.19×10^{20}$	$3.05×10^{20}$	$-1.40×10^{19}$	-4	$2.08×10^{5}$
	小计	$2.08×10^{21}$	$2.14×10^{21}$	$6.00×10^{19}$	3	$1.42×10^{6}$
浙江	F	$6.85×10^{21}$	$8.28×10^{21}$	$1.43×10^{21}$	21	$5.86×10^{6}$
	Sh	$3.18×10^{20}$	$3.76×10^{20}$	$5.80×10^{19}$	18	$1.44×10^{5}$
	HCG	$1.96×10^{20}$	$2.43×10^{20}$	$4.70×10^{19}$	24	$1.68×10^{5}$
	MCG	$1.91×10^{20}$	$4.43×10^{19}$	$-1.47×10^{20}$	-77	$3.49×10^{4}$
	LCG	$1.91×10^{20}$	$2.42×10^{19}$	$-1.67×10^{20}$	-87	$2.18×10^{4}$

续表

省份	生态系统类型	ESV/(sej/a) 2000年	ESV/(sej/a) 2015年	2000~2015年 ESV变化量/(sej/a)	2000~2015年 ESV变化率/%	2000年生态系统面积/hm²
浙江	W	0	$5.78×10^{16}$	$5.78×10^{16}$	0	0
	Lh	$9.97×10^{18}$	$1.25×10^{19}$	$2.53×10^{18}$	25	$1.74×10^{4}$
	R/P	$1.01×10^{20}$	$1.09×10^{20}$	$8.00×10^{18}$	8	$1.21×10^{5}$
	Ri	$2.89×10^{21}$	$3.72×10^{21}$	$8.30×10^{20}$	29	$7.63×10^{4}$
	小计	$1.07×10^{22}$	$1.28×10^{22}$	$2.10×10^{21}$	20	$6.44×10^{6}$
安徽	F	$2.51×10^{21}$	$3.01×10^{21}$	$5.00×10^{20}$	20	$2.31×10^{6}$
	Sh	$1.64×10^{21}$	$1.96×10^{21}$	$3.20×10^{20}$	20	$8.42×10^{5}$
	HCG	$8.79×10^{20}$	$1.01×10^{21}$	$1.31×10^{20}$	15	$8.26×10^{5}$
	MCG	$4.29×10^{17}$	$9.32×10^{17}$	$5.03×10^{17}$	117	$5.83×10^{2}$
	LCG	$5.61×10^{17}$	$1.20×10^{18}$	$6.39×10^{17}$	114	$8.19×10^{2}$
	W	$9.19×10^{15}$	$4.04×10^{14}$	$-8.79×10^{15}$	-96	$2.10×10^{1}$
	L	$5.02×10^{20}$	$5.17×10^{20}$	$1.50×10^{19}$	3	$3.03×10^{5}$
	R/P	$8.12×10^{19}$	$8.64×10^{19}$	$5.20×10^{18}$	6	$1.64×10^{5}$
	Ri	$3.08×10^{20}$	$3.56×10^{20}$	$4.80×10^{19}$	16	$1.33×10^{5}$
	小计	$5.92×10^{21}$	$6.94×10^{21}$	$1.02×10^{21}$	17	$4.58×10^{6}$
福建	F	$7.11×10^{21}$	$7.45×10^{21}$	$3.40×10^{20}$	5	$5.65×10^{6}$
	Sh	$1.50×10^{21}$	$1.73×10^{21}$	$2.30×10^{20}$	15	$6.88×10^{5}$
	HCG	$1.35×10^{21}$	$1.51×10^{21}$	$1.60×10^{20}$	12	$1.13×10^{6}$
	MCG	$7.22×10^{20}$	$7.85×10^{20}$	$6.30×10^{19}$	9	$6.12×10^{5}$
	LCG	$2.69×10^{20}$	$2.47×10^{20}$	$-2.20×10^{19}$	-8	$2.33×10^{5}$
	W	0	$3.31×10^{17}$	$3.31×10^{17}$	0	0
	L	$1.39×10^{18}$	$2.05×10^{18}$	$6.60×10^{17}$	47	$2.93×10^{3}$
	R/P	$3.89×10^{19}$	$4.87×10^{19}$	$9.80×10^{18}$	25	$4.57×10^{4}$
	Ri	$1.53×10^{22}$	$1.56×10^{22}$	$3.00×10^{20}$	2	$6.02×10^{4}$
	小计	$2.63×10^{22}$	$2.74×10^{22}$	$1.11×10^{21}$	4	$8.43×10^{6}$
江西	F	$8.61×10^{21}$	$1.08×10^{22}$	$2.19×10^{21}$	25	$7.38×10^{6}$
	Sh	$2.08×10^{21}$	$2.33×10^{21}$	$2.50×10^{20}$	12	$1.02×10^{6}$
	HCG	$5.77×10^{20}$	$6.73×10^{20}$	$9.60×10^{19}$	17	$5.04×10^{5}$
	MCG	$2.57×10^{20}$	$2.78×10^{20}$	$2.10×10^{19}$	8	$2.35×10^{5}$
	LCG	$1.03×10^{19}$	$1.36×10^{19}$	$3.30×10^{18}$	32	$1.08×10^{4}$
	W	$1.03×10^{20}$	$5.98×10^{19}$	$-4.32×10^{19}$	-42	$9.18×10^{4}$
	L	$3.25×10^{20}$	$3.04×10^{20}$	$-2.10×10^{19}$	-6	$1.97×10^{5}$
	R/P	$8.78×10^{19}$	$9.34×10^{19}$	$5.60×10^{18}$	6	$1.74×10^{5}$
	Ri	$3.93×10^{21}$	$4.97×10^{21}$	$1.04×10^{21}$	26	$1.47×10^{5}$
	小计	$1.60×10^{22}$	$1.95×10^{22}$	$3.50×10^{21}$	22	$9.75×10^{6}$

续表

省份	生态系统类型	ESV/（sej/a） 2000年	ESV/（sej/a） 2015年	2000～2015年 ESV变化量/（sej/a）	2000～2015年 ESV变化率/%	2000年生态系统面积/hm²
山东	F	5.22×10^{20}	5.73×10^{20}	5.10×10^{19}	10	5.39×10^5
	Sh	3.16×10^{20}	3.21×10^{20}	5.00×10^{18}	2	1.74×10^5
	HCG	3.08×10^{20}	2.05×10^{20}	-1.03×10^{20}	-33	3.88×10^5
	MCG	4.94×10^{20}	3.23×10^{20}	-1.71×10^{20}	-35	6.74×10^5
	LCG	1.95×10^{20}	1.20×10^{20}	-7.50×10^{19}	-38	2.59×10^5
	W	7.62×10^{18}	1.61×10^{19}	8.48×10^{18}	111	1.26×10^4
	L	8.02×10^{19}	7.75×10^{19}	-2.70×10^{18}	-3	8.34×10^4
	R/P	1.35×10^{20}	3.09×10^{20}	1.74×10^{20}	129	1.93×10^5
	Ri	3.33×10^{19}	4.43×10^{19}	1.10×10^{19}	33	1.05×10^5
	小计	2.09×10^{21}	1.99×10^{21}	-1.00×10^{20}	-5	2.43×10^6
河南	F	1.78×10^{21}	2.53×10^{21}	7.50×10^{20}	42	2.04×10^6
	Sh	5.91×10^{20}	6.34×10^{20}	4.30×10^{19}	7	3.25×10^5
	HCG	4.49×10^{20}	4.89×10^{20}	4.00×10^{19}	9	6.13×10^5
	MCG	2.10×10^{20}	1.88×10^{20}	-2.20×10^{19}	-10	2.64×10^5
	LCG	2.92×10^{19}	2.52×10^{19}	-4.00×10^{18}	-14	3.76×10^4
	W	7.49×10^{17}	2.41×10^{16}	-7.25×10^{17}	-97	2.00×10^3
	L	8.85×10^{16}	4.27×10^{16}	-4.58×10^{16}	-52	3.53×10^2
	R/P	9.72×10^{19}	1.21×10^{20}	2.38×10^{19}	24	1.06×10^5
	Ri	2.60×10^{22}	1.91×10^{22}	-6.90×10^{21}	-27	1.09×10^5
	小计	2.92×10^{22}	2.31×10^{22}	-6.10×10^{21}	-21	3.50×10^6
湖北	F	4.41×10^{21}	5.12×10^{21}	7.10×10^{20}	16	4.09×10^6
	Sh	4.25×10^{21}	4.99×10^{21}	7.40×10^{20}	17	2.12×10^6
	HCG	4.55×10^{20}	5.18×10^{20}	6.30×10^{19}	14	4.11×10^5
	MCG	2.66×10^{20}	3.39×10^{20}	7.30×10^{19}	27	2.81×10^5
	LCG	1.63×10^{19}	1.89×10^{19}	2.60×10^{18}	16	1.50×10^4
	W	1.53×10^{19}	1.32×10^{19}	-2.10×10^{18}	-14	3.84×10^4
	L	3.16×10^{20}	3.15×10^{20}	-1.00×10^{18}	0	3.13×10^5
	R/P	1.60×10^{20}	1.59×10^{20}	-1.00×10^{18}	-1	3.82×10^5
	Ri	7.12×10^{22}	7.01×10^{22}	-1.10×10^{21}	-2	2.54×10^5
	小计	8.11×10^{22}	8.16×10^{22}	5.00×10^{20}	1	7.91×10^6
湖南	F	9.72×10^{21}	1.11×10^{22}	1.38×10^{21}	14	9.15×10^6
	Sh	1.75×10^{21}	2.10×10^{21}	3.50×10^{20}	20	9.19×10^5
	HCG	6.95×10^{20}	6.98×10^{20}	3.00×10^{18}	0	6.42×10^5
	MCG	1.29×10^{20}	1.56×10^{20}	2.70×10^{19}	21	1.32×10^5
	LCG	6.31×10^{18}	8.13×10^{18}	1.80×10^{18}	29	7.10×10^3

续表

省份	生态系统类型	ESV/（sej/a） 2000年	ESV/（sej/a） 2015年	2000~2015年 ESV变化量/（sej/a）	2000~2015年 ESV变化率/%	2000年生态系统面积/hm²
湖南	W	3.62×10¹⁹	5.39×10¹⁹	1.77×10¹⁹	49	7.29×10⁴
	L	2.80×10²⁰	2.22×10²⁰	−5.80×10¹⁹	−21	2.14×10⁵
	R/P	7.71×10¹⁹	7.75×10¹⁹	4.00×10¹⁷	1	1.96×10⁵
	Ri	2.66×10²²	3.03×10²²	3.70×10²¹	14	2.04×10⁵
	小计	3.93×10²²	4.47×10²²	5.40×10²¹	14	1.15×10⁷
广东	F	1.02×10²²	1.14×10²²	1.20×10²¹	12	9.04×10⁶
	Sh	1.29×10²¹	1.29×10²¹	0	0	6.30×10⁵
	HCG	7.41×10²⁰	8.32×10²⁰	9.10×10¹⁹	12	7.22×10⁵
	MCG	1.16×10²⁰	1.16×10²⁰	0	0	1.09×10⁵
	LCG	2.02×10¹⁸	2.21×10¹⁸	1.90×10¹⁷	9	1.93×10³
	W	9.28×10¹⁷	4.19×10¹⁷	−5.09×10¹⁷	−55	9.03×10²
	L	4.33×10¹⁷	4.10×10¹⁷	−2.30×10¹⁶	−5	7.69×10²
	R/P	5.07×10²⁰	3.63×10²⁰	−1.44×10²⁰	−28	5.17×10⁵
	Ri	2.82×10²¹	3.10×10²¹	2.80×10²⁰	10	2.40×10⁵
	小计	1.57×10²²	1.71×10²²	1.40×10²¹	9	1.13×10⁷
广西	F	9.94×10²¹	1.21×10²²	2.16×10²¹	22	9.24×10⁶
	Sh	7.76×10²¹	8.94×10²¹	1.18×10²¹	15	3.92×10⁶
	HCG	1.92×10²¹	2.42×10²¹	5.00×10²⁰	26	1.91×10⁶
	MCG	2.71×10²⁰	3.53×10²⁰	8.20×10¹⁹	30	3.03×10⁵
	LCG	9.89×10¹⁸	1.29×10¹⁹	3.01×10¹⁸	30	1.25×10⁴
	W	1.05×10¹⁷	1.60×10¹⁷	5.50×10¹⁶	52	2.84×10²
	L	1.09×10¹⁷	1.49×10¹⁷	4.00×10¹⁶	37	3.19×10²
	R/P	7.64×10¹⁹	8.85×10¹⁹	1.21×10¹⁹	16	1.71×10⁵
	Ri	6.08×10²²	8.44×10²²	2.36×10²²	39	1.65×10⁵
	小计	8.08×10²²	1.08×10²³	2.72×10²²	34	1.57×10⁷
海南	F	2.04×10²¹	2.07×10²¹	3.00×10¹⁹	1	1.52×10⁶
	Sh	6.57×10²⁰	6.08×10²⁰	−4.90×10¹⁹	−7	2.86×10⁵
	HCG	1.41×10²⁰	1.23×10²⁰	−1.80×10¹⁹	−13	1.15×10⁵
	MCG	2.04×10¹⁹	1.83×10¹⁹	−2.10×10¹⁸	−10	2.21×10⁴
	LCG	1.81×10¹⁸	1.43×10¹⁸	−3.80×10¹⁷	−21	2.07×10³
	W	8.29×10¹⁷	2.70×10¹⁷	−5.59×10¹⁷	−67	1.52×10³
	L	9.45×10¹⁶	3.95×10¹⁶	−5.50×10¹⁶	−58	1.73×10²
	R/P	4.53×10¹⁹	6.53×10¹⁹	2.00×10¹⁹	44	7.89×10⁴
	Ri	3.72×10²⁰	2.53×10²⁰	−1.19×10²⁰	−32	1.62×10⁴
	小计	3.28×10²¹	3.14×10²¹	−1.40×10²⁰	−4	2.04×10⁶

续表

省份	生态系统类型	ESV/(sej/a) 2000年	ESV/(sej/a) 2015年	2000~2015年 ESV变化量/(sej/a)	2000~2015年 ESV变化率/%	2000年生态系统面积/hm²
重庆	F	$8.39×10^{20}$	$1.41×10^{21}$	$5.71×10^{20}$	68	$9.59×10^{5}$
	Sh	$1.95×10^{21}$	$3.07×10^{21}$	$1.12×10^{21}$	57	$1.08×10^{6}$
	HCG	$1.41×10^{20}$	$2.06×10^{20}$	$6.50×10^{19}$	46	$1.46×10^{5}$
	MCG	$9.08×10^{20}$	$8.83×10^{20}$	$-2.50×10^{19}$	−3	$9.73×10^{5}$
	LCG	$5.81×10^{19}$	$5.34×10^{19}$	$-4.70×10^{18}$	−8	$5.36×10^{4}$
	W	0	0	0	0	0
	L	$2.58×10^{17}$	$3.84×10^{17}$	$1.26×10^{17}$	49	$1.01×10^{3}$
	R/P	$4.82×10^{18}$	$9.77×10^{18}$	$4.95×10^{18}$	103	$1.77×10^{4}$
	Ri	$7.26×10^{21}$	$1.00×10^{22}$	$2.74×10^{21}$	38	$6.42×10^{4}$
	小计	$1.12×10^{22}$	$1.56×10^{22}$	$4.40×10^{21}$	39	$3.29×10^{6}$
四川	F	$1.02×10^{22}$	$1.33×10^{22}$	$3.10×10^{21}$	30	$7.17×10^{6}$
	Sh	$1.43×10^{22}$	$1.73×10^{22}$	$3.00×10^{21}$	21	$6.27×10^{6}$
	HCG	$5.80×10^{21}$	$6.66×10^{21}$	$8.60×10^{20}$	15	$4.91×10^{6}$
	MCG	$1.24×10^{22}$	$1.48×10^{22}$	$2.40×10^{21}$	19	$1.04×10^{7}$
	LCG	$2.10×10^{21}$	$2.52×10^{21}$	$4.20×10^{20}$	20	$1.86×10^{6}$
	W	$4.13×10^{20}$	$4.98×10^{20}$	$8.50×10^{19}$	21	$3.31×10^{5}$
	L	$2.83×10^{19}$	$3.34×10^{19}$	$5.10×10^{18}$	18	$3.40×10^{4}$
	R/P	$1.66×10^{19}$	$2.97×10^{19}$	$1.31×10^{19}$	79	$7.02×10^{4}$
	Ri	$1.37×10^{23}$	$1.47×10^{23}$	$1.00×10^{22}$	7	$1.48×10^{5}$
	小计	$1.82×10^{23}$	$2.02×10^{23}$	$2.00×10^{22}$	11	$3.12×10^{7}$
贵州	F	$5.91×10^{21}$	$6.79×10^{21}$	$8.80×10^{20}$	15	$2.44×10^{6}$
	Sh	$1.28×10^{22}$	$1.63×10^{22}$	$3.50×10^{21}$	27	$4.45×10^{6}$
	HCG	$3.45×10^{20}$	$6.50×10^{20}$	$3.05×10^{20}$	88	$1.74×10^{5}$
	MCG	$5.06×10^{21}$	$6.14×10^{21}$	$1.08×10^{21}$	21	$2.77×10^{6}$
	LCG	$7.59×10^{20}$	$7.53×10^{20}$	$-6.00×10^{18}$	−1	$3.60×10^{5}$
	W	0	0	0	0	0
	L	$1.79×10^{19}$	$1.87×10^{19}$	$8.00×10^{17}$	4	$9.19×10^{3}$
	R/P	$3.61×10^{19}$	$8.80×10^{19}$	$5.19×10^{19}$	144	$1.87×10^{4}$
	Ri	$2.10×10^{22}$	$2.19×10^{22}$	$9.00×10^{20}$	4	$1.22×10^{4}$
	小计	$4.59×10^{22}$	$5.26×10^{22}$	$6.70×10^{21}$	15	$1.02×10^{7}$
云南	F	$2.83×10^{22}$	$3.25×10^{22}$	$4.20×10^{21}$	15	$8.83×10^{6}$
	Sh	$3.65×10^{22}$	$4.06×10^{22}$	$4.10×10^{21}$	11	$9.29×10^{6}$
	HCG	$1.76×10^{22}$	$1.91×10^{22}$	$1.50×10^{21}$	9	$5.96×10^{6}$
	MCG	$8.62×10^{21}$	$9.98×10^{21}$	$1.36×10^{21}$	16	$3.07×10^{6}$
	LCG	$7.30×10^{20}$	$9.42×10^{20}$	$2.12×10^{20}$	29	$2.77×10^{5}$

续表

省份	生态系统类型	ESV/(sej/a) 2000年	ESV/(sej/a) 2015年	2000~2015年 ESV变化量/(sej/a)	2000~2015年 ESV变化率/%	2000年生态系统面积/hm²
云南	W	$3.29×10^{19}$	$4.09×10^{19}$	$8.00×10^{18}$	24	$1.08×10^4$
	L	$4.04×10^{20}$	$3.79×10^{20}$	$-2.50×10^{19}$	-6	$1.30×10^5$
	R/P	$1.80×10^{20}$	$3.50×10^{20}$	$1.70×10^{20}$	94	$5.89×10^4$
	Ri	$2.87×10^{22}$	$2.73×10^{22}$	$-1.40×10^{21}$	-5	$7.57×10^4$
	小计	$1.21×10^{23}$	$1.31×10^{23}$	$1.00×10^{22}$	8	$2.77×10^7$
陕西	F	$2.09×10^{21}$	$2.49×10^{21}$	$4.00×10^{20}$	19	$1.80×10^6$
	Sh	$2.50×10^{21}$	$3.23×10^{21}$	$7.30×10^{20}$	29	$1.41×10^6$
	HCG	$1.57×10^{21}$	$2.08×10^{21}$	$5.10×10^{20}$	32	$1.66×10^6$
	MCG	$3.01×10^{21}$	$3.73×10^{21}$	$7.20×10^{20}$	24	$4.45×10^6$
	LCG	$5.30×10^{20}$	$8.58×10^{20}$	$3.28×10^{20}$	62	$1.37×10^6$
	W	$5.60×10^{17}$	$7.07×10^{17}$	$1.47×10^{17}$	26	$2.43×10^3$
	L	$3.00×10^{18}$	$1.22×10^{18}$	$-1.78×10^{18}$	-59	$4.73×10^3$
	R/P	$1.50×10^{19}$	$1.98×10^{19}$	$4.80×10^{18}$	32	$2.59×10^4$
	Ri	$3.31×10^{21}$	$3.34×10^{21}$	$3.00×10^{19}$	1	$7.04×10^4$
	小计	$1.30×10^{22}$	$1.57×10^{22}$	$2.70×10^{21}$	21	$1.08×10^7$
甘肃	F	$1.50×10^{21}$	$1.86×10^{21}$	$3.60×10^{20}$	24	$1.36×10^6$
	Sh	$2.96×10^{21}$	$3.55×10^{21}$	$5.90×10^{20}$	20	$1.55×10^6$
	HCG	$1.20×10^{21}$	$1.71×10^{21}$	$5.10×10^{20}$	43	$2.51×10^6$
	MCG	$1.99×10^{21}$	$2.81×10^{21}$	$8.20×10^{20}$	41	$5.72×10^6$
	LCG	$1.85×10^{21}$	$2.49×10^{21}$	$6.40×10^{20}$	35	$5.08×10^6$
	W	$2.03×10^{20}$	$2.08×10^{20}$	$5.00×10^{18}$	2	$2.38×10^5$
	L	$3.74×10^{18}$	$7.25×10^{18}$	$3.51×10^{18}$	94	$3.97×10^3$
	R/P	$3.70×10^{19}$	$5.03×10^{19}$	$1.33×10^{19}$	36	$2.65×10^4$
	Ri	$2.51×10^{22}$	$3.17×10^{22}$	$6.60×10^{21}$	26	$5.66×10^4$
	小计	$3.48×10^{22}$	$4.44×10^{22}$	$9.60×10^{21}$	28	$1.65×10^7$
青海	F	$3.75×10^{20}$	$4.48×10^{20}$	$7.30×10^{19}$	19	$2.85×10^5$
	Sh	$4.32×10^{21}$	$4.78×10^{21}$	$4.60×10^{20}$	11	$1.97×10^6$
	HCG	$1.79×10^{21}$	$2.04×10^{21}$	$2.50×10^{20}$	14	$2.99×10^6$
	MCG	$5.90×10^{21}$	$6.91×10^{21}$	$1.01×10^{21}$	17	$1.30×10^7$
	LCG	$8.66×10^{21}$	$9.81×10^{21}$	$1.15×10^{21}$	13	$2.02×10^7$
	W	$1.64×10^{21}$	$1.59×10^{21}$	$-5.00×10^{19}$	-3	$1.60×10^6$
	L	$2.70×10^{21}$	$3.28×10^{21}$	$5.80×10^{20}$	21	$1.19×10^6$
	R/P	$8.52×10^{19}$	$2.55×10^{20}$	$1.70×10^{20}$	199	$3.85×10^4$
	Ri	$1.82×10^{22}$	$1.93×10^{22}$	$1.10×10^{21}$	6	$9.14×10^4$
	小计	$4.37×10^{22}$	$4.84×10^{22}$	$4.70×10^{21}$	11	$4.14×10^7$

续表

省份	生态系统类型	ESV/(sej/a) 2000年	ESV/(sej/a) 2015年	2000~2015年 ESV变化量/(sej/a)	2000~2015年 ESV变化率/%	2000年生态系统面积/hm²
宁夏	F	2.39×10^{19}	3.69×10^{19}	1.30×10^{19}	54	2.96×10^4
	Sh	1.06×10^{20}	1.67×10^{20}	6.10×10^{19}	58	1.13×10^5
	HCG	6.35×10^{19}	9.28×10^{19}	2.93×10^{19}	46	9.57×10^4
	MCG	3.46×10^{20}	5.16×10^{20}	1.70×10^{20}	49	1.01×10^6
	LCG	4.62×10^{20}	6.50×10^{20}	1.88×10^{20}	41	1.16×10^6
	W	2.02×10^{18}	4.19×10^{18}	2.17×10^{18}	107	2.62×10^3
	L	4.26×10^{18}	5.56×10^{18}	1.30×10^{18}	31	5.48×10^3
	R/P	1.34×10^{19}	2.63×10^{19}	1.29×10^{19}	96	1.74×10^4
	Ri	3.25×10^{21}	3.28×10^{21}	3.00×10^{19}	1	2.07×10^4
	小计	4.27×10^{21}	4.78×10^{21}	5.10×10^{20}	12	2.45×10^6
新疆	F	1.91×10^{21}	1.63×10^{21}	-2.80×10^{20}	-15	1.92×10^6
	Sh	9.36×10^{20}	5.63×10^{20}	-3.73×10^{20}	-40	8.85×10^5
	HCG	6.70×10^{21}	9.26×10^{21}	2.56×10^{21}	38	1.06×10^7
	MCG	5.63×10^{21}	5.81×10^{21}	1.80×10^{20}	3	1.08×10^7
	LCG	8.72×10^{21}	9.33×10^{21}	6.10×10^{20}	7	2.30×10^7
	W	3.31×10^{20}	3.13×10^{20}	-1.80×10^{19}	-5	4.20×10^5
	L	1.17×10^{21}	1.57×10^{21}	4.00×10^{20}	34	5.52×10^5
	R/P	1.67×10^{20}	1.73×10^{20}	6.00×10^{18}	4	1.33×10^5
	Ri	1.21×10^{21}	1.42×10^{21}	2.10×10^{20}	17	1.83×10^5
	小计	2.68×10^{22}	3.01×10^{22}	3.30×10^{21}	12	4.85×10^7
西藏	F	1.06×10^{22}	1.12×10^{22}	6.00×10^{20}	6	4.71×10^6
	Sh	5.16×10^{21}	9.12×10^{21}	3.96×10^{21}	77	2.02×10^6
	HCG	2.23×10^{22}	2.37×10^{22}	1.40×10^{21}	6	3.14×10^7
	MCG	1.32×10^{22}	1.37×10^{22}	5.00×10^{20}	4	2.89×10^7
	LCG	8.20×10^{21}	8.73×10^{21}	5.30×10^{20}	6	2.16×10^7
	W	1.22×10^{20}	1.25×10^{20}	3.00×10^{18}	2	6.67×10^4
	L	5.29×10^{21}	6.84×10^{21}	1.55×10^{21}	29	2.53×10^6
	R/P	5.78×10^{18}	5.62×10^{18}	-1.60×10^{17}	-3	2.99×10^3
	Ri	1.98×10^{21}	1.63×10^{21}	-3.50×10^{20}	-18	1.11×10^5
	小计	6.69×10^{22}	7.51×10^{22}	8.20×10^{21}	12	9.13×10^7
合计		9.70×10^{23}	1.09×10^{24}	1.20×10^{23}	12	4.87×10^8

注：F：有林地；Sh：灌木林；HCG：高覆盖度草地；MCG：中覆盖度草地；LCG：低覆盖度草地；W：沼泽地；L：湖泊；R/P：水库坑塘；Ri：河流。

11.3 中国地级市生态系统服务及其时空变化分析

11.3.1 中国地级市生态系统服务

进一步探索中国地级市生态系统服务时空分布特征，详见图 11-6。由图 11-6 可知，中国地级市生态系统服务整体上呈现出以下特征：①从空间分布看，地级市生态系统服务高值区集中在地级市面积较大的西部、西南部和内蒙古地区；②华北平原及长江中下游平原东北部的地级市普遍为生态系统服务的低值区；③即使在生态系统服务高值区的省份也存在生态系统服务较少的地级市。各地级市 2000~2015 年生态系统服务价值详见附录 1 表 A3。

由于地级市数量较多，选取了 2000 年和 2015 年生态系统服务价值排名前二十的地级市进行分析，详见图 11-7。由图 11-7（a）可知，2000 年，排名前二十的地级市除湖北的荆州市（$1.75×10^{22}$ sej/a）和宜昌市（$1.05×10^{22}$ sej/a）、西北地区青海的玉树藏族自治州（$1.61×10^{22}$ sej/a）、内蒙古的呼伦贝尔市（$1.52×10^{22}$ sej/a）外，其余地级市都集中于西南地区，包括四川的 8 个，即甘孜藏族自治州（$2.44×10^{22}$ sej/a）、阿坝藏族羌族自治州（$1.53×10^{22}$ sej/a）、泸州市（$1.26×10^{22}$ sej/a）、凉山彝族自治州（$1.17×10^{22}$ sej/a）、南充市（$1.17×10^{22}$ sej/a）、宜宾市（$1.05×10^{22}$ sej/a）、成都市（$1.04×10^{22}$ sej/a）和广元市（$9.66×10^{21}$ sej/a）；西藏的 4 个，即那曲市（$2.12×10^{22}$ sej/a）、阿里地区（$1.22×10^{22}$ sej/a）、昌都市（$1.02×10^{22}$ sej/a）、日喀则市（$9.94×10^{21}$ sej/a）；云南的普洱市（$1.20×10^{22}$ sej/a）和红河哈尼族彝族自治州（$1.19×10^{22}$ sej/a）；重庆市（$1.12×10^{22}$ sej/a），以及广西的南宁市（$1.01×10^{22}$ sej/a）。

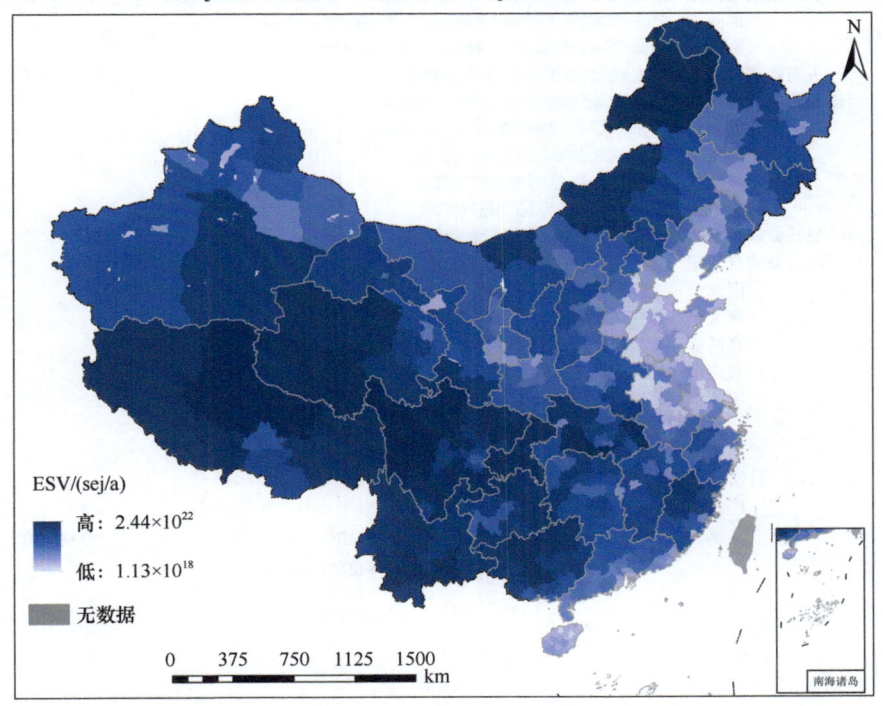

（a）2000 年

（b）2015 年

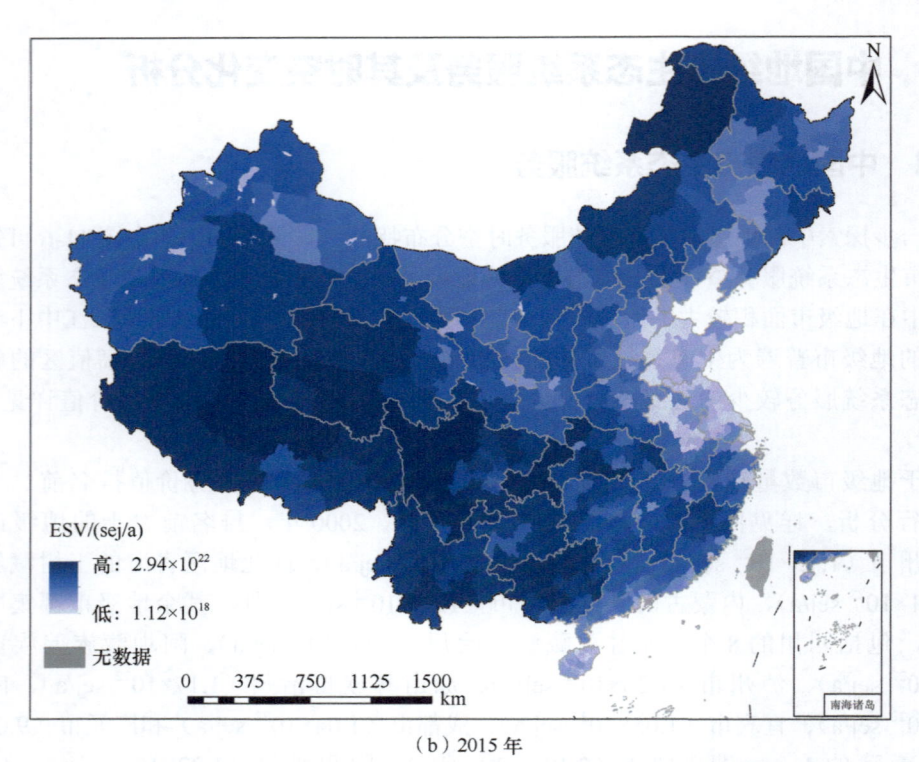

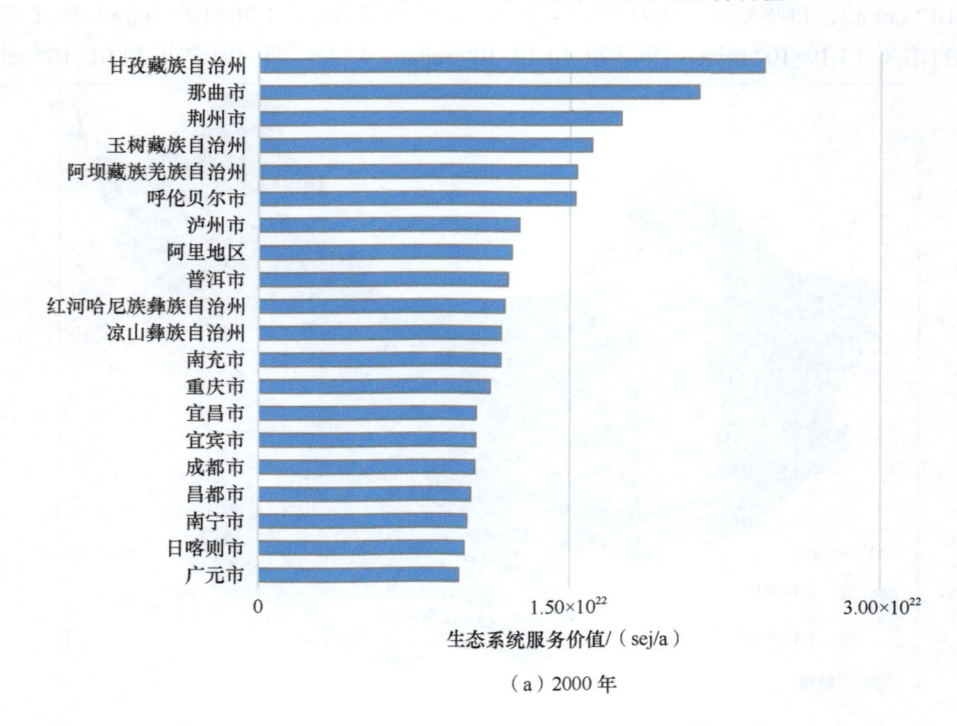

图 11-6　中国 2000 年和 2015 年地级市生态系统服务价值

（a）2000 年

（b）2015 年

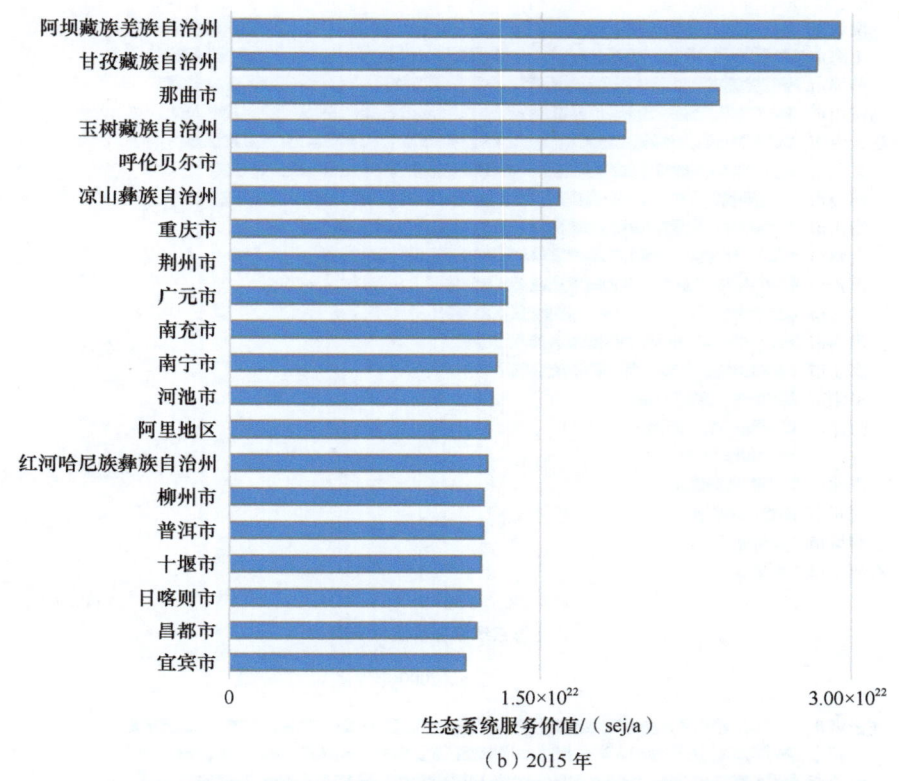

图 11-7　中国 2000 年和 2015 年生态系统服务价值排名前二十的地级市

2015 年生态系统服务价值排名前二十的地级市也集中于西南部地区 [图 11-7（b）]，2000 年前二十的地级市除四川的泸州市和成都市、湖北的宜昌市外，其余地级市在 2015 年依旧稳居前二十。2015 年新进前二十的 3 个地级市有 2 个来自广西，即河池市和柳州市，还有一个来自湖北的十堰市。2000 年排名第一的四川的甘孜藏族自治州在 2015 年下降为第二，但其生态系统服务价值由 2000 年的 2.44×10^{22} sej/a 增长至 2015 年的 2.83×10^{22} sej/a，增长了 16%。而 2000 年排名第五的四川的阿坝藏族羌族自治州在 2015 年位居第一，生态系统服务价值 2015 年前后分别为 1.53×10^{22} sej/a 和 2.94×10^{22} sej/a，增长了 92%。

生态系统服务价值最小的 20 个地级市主要位于东部沿海的安徽、山东、江苏（图 11-8）。2000 年，除内蒙古的乌海市和新疆的石河子市外，生态系统服务价值排名最后的 20 个地级市都位于东部沿海省份 [图 11-8（a）]。其中，安徽 8 个地级市，即蚌埠市（6.17×10^{19} sej/a）、马鞍山市（6.05×10^{19} sej/a）、铜陵市（5.69×10^{19} sej/a）、宿州市（4.86×10^{19} sej/a）、淮南市（3.26×10^{19} sej/a）、阜阳市（1.63×10^{19} sej/a）、亳州市（1.26×10^{19} sej/a）、淮北市（1.17×10^{19} sej/a）；山东 5 个地级市，包括莱芜市（5.72×10^{19} sej/a）、滨州市（3.59×10^{19} sej/a）、菏泽市（1.57×10^{19} sej/a）、德州市（9.93×10^{18} sej/a）、聊城市（7.51×10^{18} sej/a）；江苏 3 个地级市，包括南通市（6.43×10^{19} sej/a）、连云港市（5.96×10^{19} sej/a）、泰州市（4.64×10^{19} sej/a）；上海市（6.29×10^{19} sej/a），以及河北的廊坊市（2.87×10^{19} sej/a）。

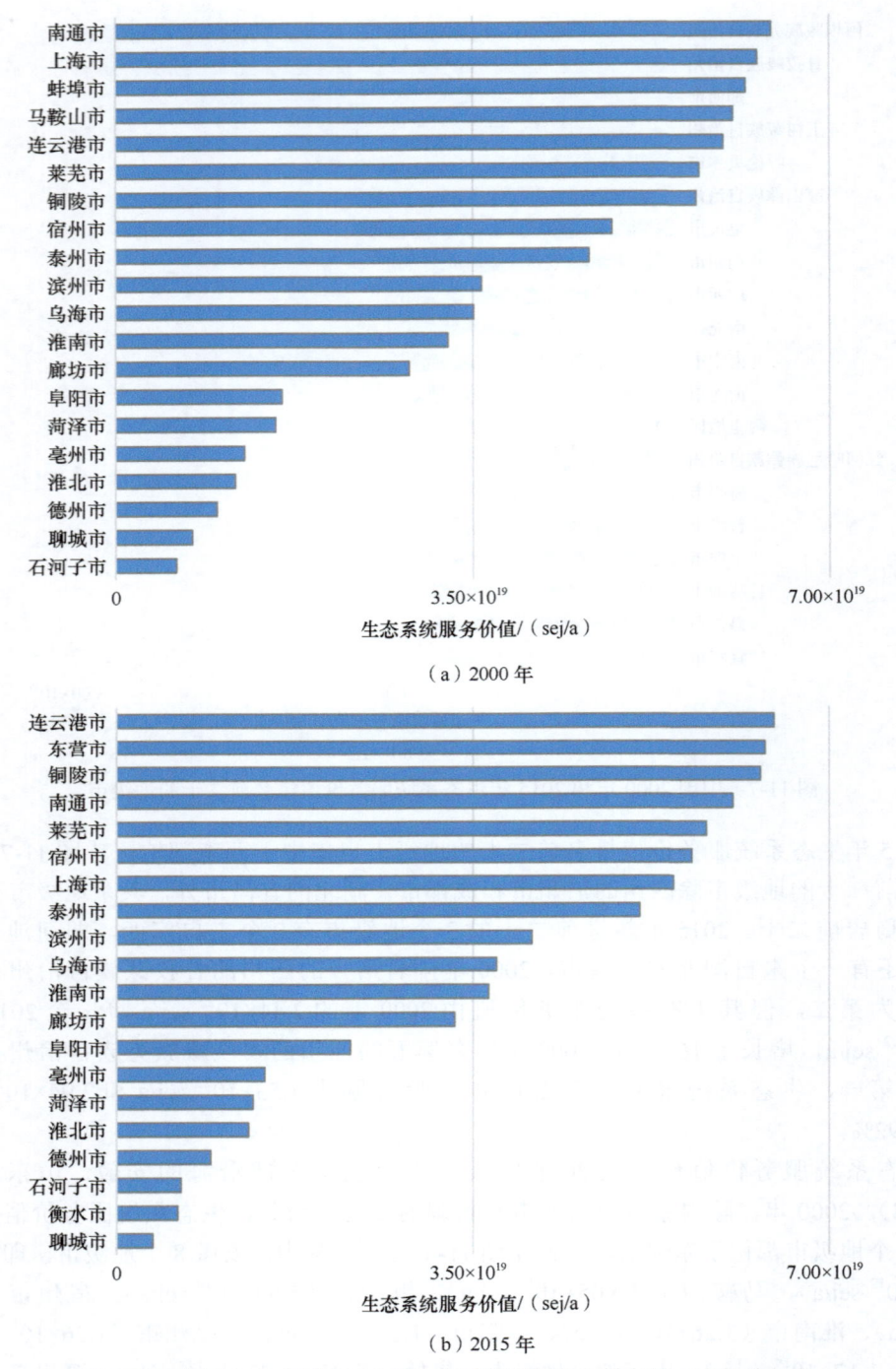

生态产品价值实现的理论基础与实践路径

图 11-8 中国 2000 年和 2015 年生态系统服务价值排名后二十的地级市

2015 年生态系统服务价值排名后二十的地级市在 2000 年的基础上除去了安徽的蚌埠市和马鞍山市，新增了山东的东营市和河北的衡水市，其余地级市与 2000 年一致 [图 11-8 (b)]。其中 2000 年生态系统服务价值最小的为新疆的石河子市，其在 2015 年排名倒数第三，价值由 5.95×10^{18} sej/a 上升至 6.34×10^{18} sej/a，上升了 7%。而 2015 年生态系统服务价值最小的地级市为山东聊城市，其在 2000 年排名倒数第二，生态系统服务价值由 2000 年的 $7.51×10^{18}$ sej/a 下降至 $3.58×10^{18}$ sej/a，下降了 52%。

11.3.2　中国地级市生态系统服务时空变化分析

本研究进一步探索了 2000~2015 年中国地级市生态系统服务价值的时空变化特征，详见图 11-9。由图 11-9 可知，中国地级市生态系统服务价值变化整体上呈现出以下特点：地级市生态系统服务价值变化特征与其所在省份变化基本一致，同时存在着少数地级市生态系统服务价值变化与其所在省份相反的情况。具体地，2000~2005 年，生态系统服务价值全国 67%（232/344）的地级市有所增长，详见图 11-9（a）。增幅较大的地级市集中在青海、甘肃，内蒙古和东北三省。其中增幅较大的前 10 个地级市分别有 8 个和 2 个位于青海和甘肃，按照其增幅大小依次为：海东市（43.71%）＞黄南藏族自治州（36.41%）＞嘉峪关市（33.79%，甘肃省）＞海北藏族自治州（33.35%）＞西宁市（33.34%）＞海西蒙古族藏族自治州（33.27%）＞果洛藏族自治州（33.06%）＞海南藏族自治州（32.56%）＞玉树藏族自治州（31.38%）＞兰州市（30.16%，甘肃省）。其余地市级增幅小于 30%。而增幅较小的 10 个地级市集中于南方省份，包括广东的 4 个，即云浮市（0.12%）、江门市（0.18%）、湛江市（0.55%）、梅州市（0.82%）；云南的 3 个，即丽江市（0.40%）、大理白族自治州（0.61%）和迪庆藏族自治州（0.88%）；江西的赣州市（0.25%）、山西的运城市（0.79%）和浙江的衢州市（0.84%）。而下降幅度最大的集中在广西和海南，其中降幅较小的 10 个地级市全部位于广西，按照其降幅大小依次为：北海市（40.96%）＞贵港市（38.21%）＞南宁市（36.94%）＞梧州市（35.56%）＞钦州市（35.18%）＞来宾市（34.95%）＞柳州市（33.37%）＞防城港市（31.81%）＞崇左市（31.44%）＞贺州市（31.12%）。另外，生态系统服务下降的省份中也存在着生态系统服务价值上升的地级市，如贵州西部的贵阳市（11.16%）、毕节市（3.54%）和六盘水市（3.19%），四川西部的阿坝藏族羌族自治州（6.16%）和甘孜藏族自治州（5.80%），湖南中部的娄底市（8.55%）、湖北西南部的恩施土家族苗族自治州（11.48%）、宜昌市（3.77%）、神农架林区（3.74%）及东部的孝感市（2.78%）等。同样地，在生态系统服务增加的省份也存在着生态系统服务下降的地级市，尤其突出表现在河南，其 17 个地级市和 1 个省直管市共 18 个市中有 12 个呈现出生态系统服务下降的趋势，主要为集中在河南南部的济源市（27.99%）、三门峡市（9.56%）、郑州市（8.33%）、漯河市（4.72%）、周口市（4.24%）、驻马店市（4.12%）、许昌市（3.34%）、鹤壁市（3.03%）、濮阳市（1.57%）、洛阳市（1.34%）、安阳市（1.15%）、南阳市（0.12%）（括号内为降幅）。

2005~2010 年，中国地级市生态系统服务价值变化趋势整体上和所在省份一致，详见图 11-9（b）。增幅高值区集中在宁夏及南方省份的地级市，降幅高值区则集中在青海和内蒙古。具体地，增幅较大的前 10 个地级市有 5 个位于宁夏，即吴忠市（113.94%）、中卫市（113.66%）、银川市（104.84%）、石嘴山市（95.72%）、固原市（32.84%）；3 个来自南方省份，即浙江的嘉兴市（21.58%）、湖南的常德市（16.06%）和海南的三亚市（15.31%），以及河南的郑州市（25.16%）和新疆的和田地区（16.95%）。其余地级市增幅小于 15%。而增幅低值区同省级变化特征一致，集中在四川。其中增幅较小的 10 个地级市有 5 个在四

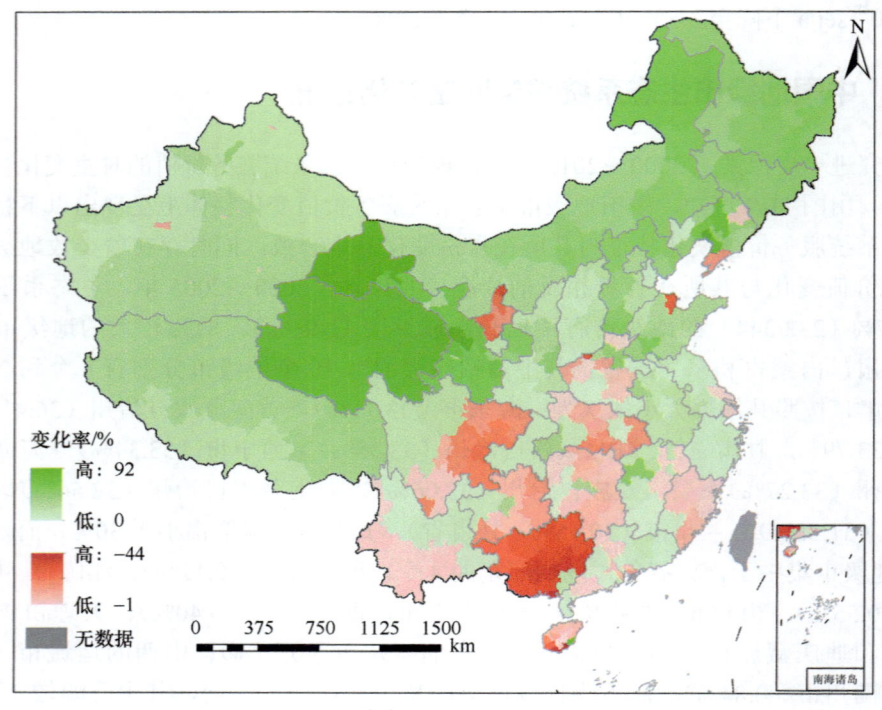

(a) 2000~2005 年

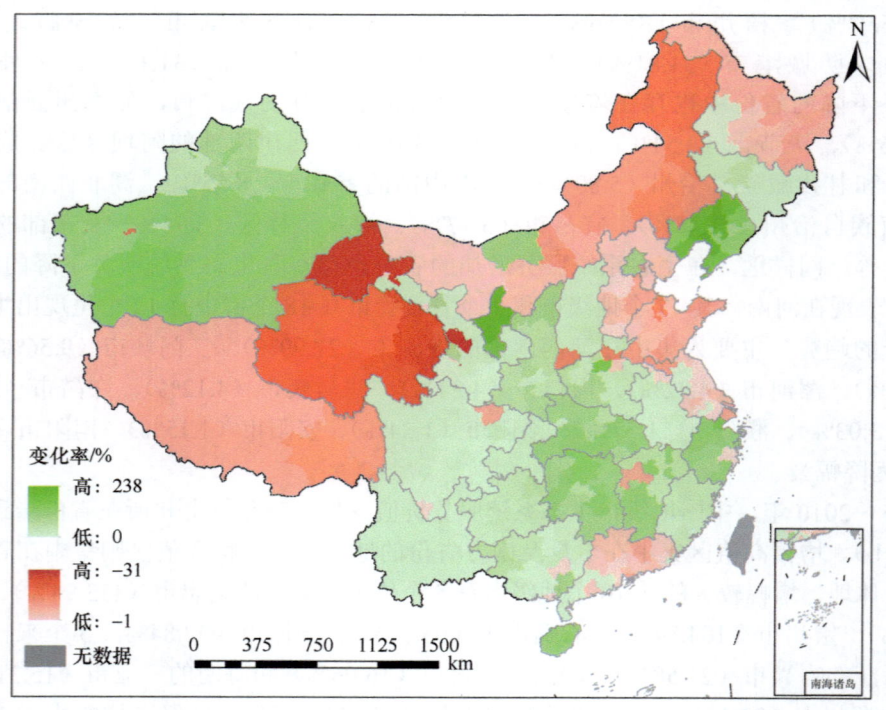

(b) 2005~2010 年

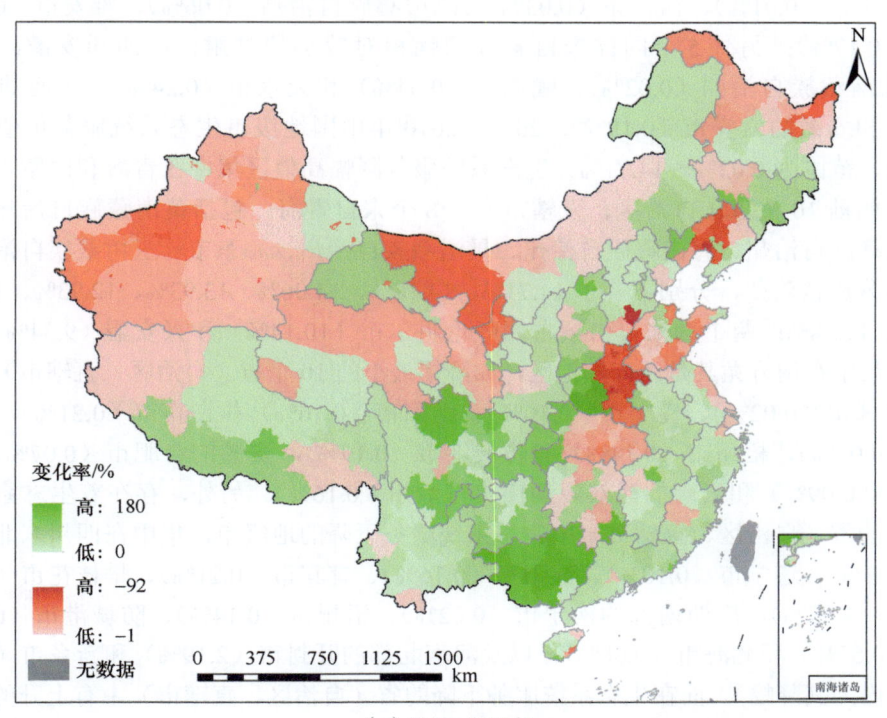

第 11 章　中国生态系统服务数据库开发及时空变化分析

（c）2010~2015 年

（d）2000~2015 年

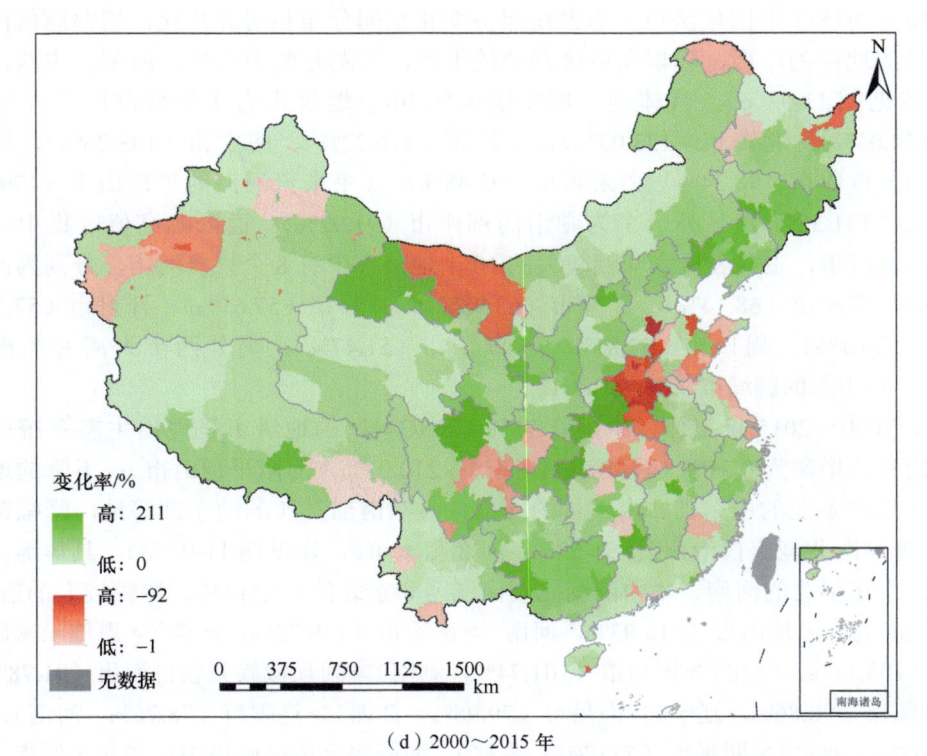

图 11-9　中国 2000~2015 年地级市生态系统服务价值变化

川，即泸州市（0.01%）、内江市（0.03%）、凉山彝族自治州（0.06%）、雅安市（0.09%）、德阳市（0.17%）；另外5个同样来自省际增幅相对较小的甘肃、广西和安徽，分别为甘肃的甘南藏族自治州（0.02%）、陇南市（0.04%）和天水市（0.24%），广西的钦州市（0.16%）和安徽的六安市（0.19%）。2005～2010年中国地级市生态系统服务价值降幅都相对较低，范围为0.02%～14.71%。生态系统服务降幅高值区集中在青海和内蒙古，其中降幅较大的前10个省（自治区、直辖市）有8个来自青海，包括黄南藏族自治州、西宁市、海北藏族自治州、海南藏族自治州、果洛藏族自治州、海东市、玉树藏族自治州和海西蒙古族藏族自治州，分别下降了14.71%、14.10%、14.06%、13.93%、12.93%、12.91%、11.62%和11.28%；两个为来自内蒙古的呼伦贝尔市（10.14%）和兴安盟（9.34%）。降幅低值区则集中在南方尤其是西南部地区，如降幅最小的10个省（自治区、直辖市）为来自四川的成都市（0.02%）、遂宁市（0.10%）、绵阳市（0.16%）和宜宾市（0.21%），广西的南宁市（0.02%）、梧州市（0.14%）和防城港市（0.19%），安徽的合肥市（0.07%），福建的厦门市（0.09%）和云南的西双版纳傣族自治州（0.16%）。另外，存在着生态系统服务价值上升的省（自治区、直辖市）中生态系统服务下降的地级市，集中在四川东北部的成都市（0.02%）、遂宁市（0.10%）、绵阳市（0.16%）、宜宾市（0.21%）、攀枝花市（0.68%）和广元市（4.97%），广西南部的南宁市（0.02%）、梧州市（0.14%）、防城港市（0.19%）、贵港市（0.55%）和北海市（0.68%），以及河南北部的开封市（2.19%）和新乡市（8.48%）等（括号内为其降幅）。而在生态系统服务下降的省（自治区、直辖市）中有上升的地级市集中在广东的湛江市和汕头市，分别增长了0.58%和0.41%。

  2010～2015年中国地级市生态系统服务变化空间分布相对碎片化，增幅高值区聚集相对明显的地区为广西，降幅高值区则分散于河南和湖北的中东部、内蒙古中西部、新疆等，详见图11-9（c）。具体地，增幅较大的10个地级市有7个来自广西，包括梧州市（124.03%）、北海市（123.03%）、贵港市（116.22%）、南宁市（103.26%）、柳州市（99.07%）、百色市（98.34%）和来宾市（95.48%），2个来自河南的平顶山市（179.73%）和南阳市（131.38%），另外一个为湖南的郴州市（91.92%）。而降幅高值区集中在河南的中东部地级市，主要表现为降幅较大的10个地级市中有8个来自河南，分别为商丘市（73.32%）、漯河市（68.14%）、鹤壁市（63.98%）、郑州市（57.61%）、开封市（57.39%）、焦作市（57.01%）、周口市（54.81%）和濮阳市（51.47%），另外两个为河北的衡水市（91.77%）和山东的聊城市（54.76%）。

  对于2000～2015年整体，中国有78%（268/344）的地级市呈现出生态系统服务价值增长趋势，增幅为0.31%（黑龙江黑河市）～210.93%（河南平顶山市）；下降的地级市集中在河南和湖北的中东部、内蒙古的西部、山东南部及江苏的东部等地，降幅范围为0.06%（青海海北藏族自治州）～91.52%（河北衡水市），详见图11-9（d）。具体地，增幅高值区集中在华北的河南、华中的湖北湖南江西和东北的辽宁吉林，增幅较大的前10个地级市依次为：平顶山市（210.93%，河南）＞南阳市（149.25%，河南）＞恩施土家族苗族自治州（105.11%，湖北）＞郴州市（101.74%，湖南）＞阿坝藏族羌族自治州（91.78%，四川）＞朝阳市（90.86%，辽宁）＞南昌市（79.98%，江西）＞洛阳市（78.76%，河南）＞十堰市（73.07%，湖北）＞四平市（73.07%，吉林）。而降幅高值区则集中在华北平原南部的河南和山东，其中降幅较小的10个地级市有8个来自河南，包括商丘市（71.75%）、漯河市

（68.58%）、鹤壁市（64.82%）、周口市（55.19%）、郑州市（51.36%）、开封市（50.69%）、濮阳市（50.02%）、焦作市（49.98%），另外 2 个分别为河北的衡水市（91.52%）和山东的聊城市（52.32%）。

11.4 本章小结

本章基于构建的生态系统服务价值核算方法体系，核算中国 2000～2015 年省级和地级市生态系统服务价值，并分析其时空变化特征。研究结果对中国省级和地级市行政单位有效识别其生态系统服务变化动态特征、预测其未来生态系统服务变化趋势、合理规划其生态系统保护及管理措施有重要数据支撑作用。本章的主要结论如下。

（1）省级尺度上，2000 年和 2015 年，中国省级生态系统服务价值都整体上呈现出西南＞北方＞中部＞东部低的特征。2000 年和 2015 年，西南部地区的四川和云南分别稳居第一、第二，其生态系统服务价值分别为 $1.82×10^{23}$ sej/a（2000 年）、$2.02×10^{23}$ sej/a（2015 年）和 $1.21×10^{23}$ sej/a（2000 年）、$1.31×10^{23}$ sej/a（2015 年）。直辖市上海和天津为生态系统服务价值较小的两个，其 2015 年生态系统服务价值分别为 $5.47×10^{19}$ sej/a 和 $2.43×10^{20}$ sej/a，且二者明显小于其余省份。

（2）就省际生态系统服务价值变化而言，2000～2015 年，除河南、上海、山东和海南的生态系统服务价值有所下降外，其余省份都呈现出增长趋势。增幅高值区集中在东北、华北及部分南方，增幅低值区则分散于华中、东南沿海及东北的部分省份，增幅范围为 0.55%（湖北）～42.54%（辽宁）。而生态系统服务价值下降的 4 个省份按照其降幅大小依次为河南、上海、山东和海南，分别下降了 20.70%、13.10%、4.82% 和 4.26%。

（3）地级市尺度上，中国地级市生态系统服务价值整体上呈现出以下特征：从空间分布看，地级市生态系统服务价值高值区集中在地级市面积较大的西部、西南部和内蒙古地区；华北平原及长江中下游平原东北部的地级市普遍为生态系统服务价值的低值区；即使在生态系统服务价值高值区的省份也存在生态系统服务价值较小的地级市。2000 年和 2015 年，生态系统服务价值排名前 20 的地级市有 17 个位于西南部地区，两年分别排名第一的为四川的甘孜藏族自治州（$2.44×10^{22}$ sej/a）和四川的阿坝藏族羌族自治州（$2.94×10^{22}$ sej/a）。而生态系统服务价值最小的 20 个地级市主要位于东部沿海的安徽、山东、江苏。其中，2000 年和 2015 年生态系统服务价值最小的地级市分别为新疆的石河子市和山东的聊城市，分别为 $5.95×10^{18}$ sej/a 和 $3.58×10^{18}$ sej/a。

（4）就地市级生态系统服务变化价值而言，2000～2015 年整体上呈现出地级市生态系统服务价值变化特征与其所在省份变化基本一致的特点。中国有 78%（268/344）的地级市呈现出生态系统服务价值增长趋势，增幅为 0.31%（黑龙江黑河市）～210.93%（河南平顶山市）；下降的地级市集中在河南和湖北的中东部、内蒙古的西部、山东南部及江苏的东部等地区，降幅范围为 0.06%（青海海北藏族自治州）～91.52%（河北衡水市）。

第 12 章

中国生态系统服务变化归因分析与管理启示

现有研究中缺乏生态系统服务变化驱动力及归因分析研究，生态系统的复杂性也使得生态系统服务驱动力和归因分析存在诸多难题。但同时识别和量化影响生态系统服务变化的因素及其贡献率对生态系统精细化管理至关重要。因此本研究尝试构建识别生态系统服务变化驱动力并量化其贡献率。

12.1 归因分析方法

12.1.1 基于偏微分方程的一般性归因分析方法

以下是使用偏微分方程进行归因分析的一般步骤。假设 Y 是因变量；A、B 和 C 是自变量，它们具有以下关系：

$$Y = A + B + C \tag{12-1}$$

则在某一时间内 Y 的变化，即 ΔY，可看作 A、B、C 3 个变量贡献之和，全微分形式表达为

$$\Delta Y = \frac{\partial Y}{\partial A} \partial A + \frac{\partial Y}{\partial B} \partial B + \frac{\partial Y}{\partial C} \partial C \tag{12-2}$$

$$\Delta Y = \left(\frac{\partial Y}{\partial A} \cdot \frac{A}{Y} \right) \cdot \frac{\Delta A}{A} \cdot Y + \left(\frac{\partial Y}{\partial B} \cdot \frac{B}{Y} \right) \cdot \frac{\Delta B}{B} \cdot Y + \left(\frac{\partial Y}{\partial C} \cdot \frac{C}{Y} \right) \cdot \frac{\Delta C}{C} \cdot Y + \delta \tag{12-3}$$

$$\Delta Y = \varepsilon_A \cdot \frac{\Delta A}{A} \cdot Y + \varepsilon_B \cdot \frac{\Delta B}{B} \cdot Y + \varepsilon_C \cdot \frac{\Delta C}{C} \cdot Y + \delta \tag{12-4}$$

$$\Delta Y = C_{r\_}A + C_{r\_}B + C_{r\_}C + \delta \tag{12-5}$$

式中，δ 为误差，$C_{r\_}A$、$C_{r\_}B$ 和 $C_{r\_}C$ 分别为 A、B 和 C 变化对 ΔY 的贡献量；ε_A、ε_B 和 ε_C 分别为 Y 对 A、B 和 C 的弹性系数，可由 3 个变量的偏微分表达，即 $\frac{\partial Y}{\partial A}$、$\frac{\partial Y}{\partial B}$ 和 $\frac{\partial Y}{\partial C}$。

则 A、B、C 和 δ 对 ΔY 的贡献率可由式（12-6）计算：

$$R_A = \frac{C_{r\_}A}{\Delta Y} \tag{12-6}$$

$$R_B = \frac{C_{r\_}B}{\Delta Y} \tag{12-7}$$

$$R_C = \frac{C_{r\_}C}{\Delta Y} \tag{12-8}$$

$$R_\delta = \frac{\delta}{\Delta Y} \tag{12-9}$$

12.1.2 基于偏微分方程的生态系统服务变化归因分析方法

以有林地生态系统为例，有林地总的生态系统服务（T_F）可用以下公式表达：

$$T_F = \max(\text{Em}_{\text{NPP}}, \text{Em}_{\text{CS}}, \text{Em}_{\text{SB}}, \text{Em}_{\text{GR}}, \text{Em}_{\text{MR}}) + \text{Em}_{\text{AP}} + \text{Em}_{\text{SR}} + \text{Em}_{\text{CR}} \tag{12-10}$$

$$T_F = \text{MaxR} + \text{Em}_{\text{AP}} + \text{Em}_{\text{SR}} + \text{Em}_{\text{CR}} \tag{12-11}$$

$$T_F = \text{MaxR} + \text{AC} \cdot S \cdot \text{DALY} \cdot \tau + \text{AC} \cdot \text{PDF} \cdot R + \text{RM} \cdot S + \text{CSM} \cdot S \cdot \text{DALY} \cdot \tau \tag{12-12}$$

式中，Em_{NPP}、Em_{CS}、Em_{SB}、Em_{GR}、Em_{MR}、Em_{AP}、Em_{SR}、Em_{CR} 分别为生态系统 NPP、固碳释氧、构建土壤、补给地下水、调节局地温湿度、净化空气、固持土壤和调节气候服务，sej/a；MaxR 为当地的可更新资源对应的能值，sej/a；AC 为生态系统净化大气污染物的能力，kg/(hm²·a)；S 为生态系统的面积，m²；τ 为区域人均卫生总费用对应的能值，sej，以此表示人类对生态系统服务改善的重视程度；RM 为生态系统的土壤保持量，t/(km²·a)；CSM 为生态系统的温室气体固定量，kg/(m²·a)。

因为在式（12-12）中，AC、DALY、PDF、RM 和 CSM 为常数，因此式（12-12）可被改写为

$$T_F = R + \alpha_1 \cdot S \cdot \tau + \alpha_2 \cdot R + \alpha_3 \cdot S + \alpha_4 \cdot S \cdot \tau \tag{12-13}$$

$$T_F = (1 + \alpha_2) \cdot R + (\alpha_1 + \alpha_4) \cdot S \cdot \tau + \alpha_3 \cdot S \tag{12-14}$$

式中，R 等于式（12-10）中前五项生态系统服务的最大值；$\alpha_1 = \text{AC} \cdot \text{DALY}$；$\alpha_2 = \text{AC} \cdot \text{PDF}$；$\alpha_3 = \text{RM}$；$\alpha_4 = \text{CSM} \cdot \text{DALY}$。

因此，有 5 种情景可获得 T_F：① $R = \text{Em}_{\text{NPP}}$；② $R = \text{Em}_{\text{CS}}$；③ $R = \text{Em}_{\text{SB}}$；④ $R = \text{Em}_{\text{GR}}$；⑤ $R = \text{Em}_{\text{MR}}$。

以情景 5 为例，

$$T_F = (1 + \alpha_2) \cdot E \cdot S + (\alpha_1 + \alpha_4) \cdot S \cdot \tau + \alpha_3 \cdot S \tag{12-15}$$

式中，E 为研究区该生态系统的蒸散发量，sej/(m²·a)，以剥离面积因素对其的影响。

因此，T_F 是独立变量 E、τ 和 S 的函数。有林地总生态系统服务的变化量即 ΔT_F 可看作这 3 个变量变化的贡献之和，可用全微分方程表示：

$$\Delta T_F = \frac{\partial T_F}{\partial E} \partial E + \frac{\partial T_F}{\partial \tau} \partial \tau + \frac{\partial T_F}{\partial S} \partial S \tag{12-16}$$

$$\Delta T_F = \left(\frac{\partial T_F}{\partial E} \cdot \frac{E}{T_F}\right) \cdot \frac{\Delta E}{E} \cdot T_F + \left(\frac{\partial T_F}{\partial \tau} \cdot \frac{\tau}{T_F}\right) \cdot \frac{\Delta \tau}{\tau} \cdot T_F + \left(\frac{\partial T_F}{\partial S} \cdot \frac{S}{T_F}\right) \cdot \frac{\Delta S}{S} \cdot T_F + \delta \tag{12-17}$$

$$\Delta T_F = \varepsilon_E \cdot \frac{\Delta E}{E} \cdot T_F + \varepsilon_\tau \cdot \frac{\Delta \tau}{\tau} \cdot T_F + \varepsilon_S \cdot \frac{\Delta S}{S} \cdot T_F + \delta \tag{12-18}$$

$$\Delta T_{\mathrm{F}} = C_{r\_}E + C_{r\_}\tau + C_{r\_}S + \delta \tag{12-19}$$

式中，δ 为误差项；$C_r E$、$C_r \tau$ 和 $C_r S$ 分别为 E、τ 和 S 对 ΔT_{F} 的贡献量；ε_E、ε_τ 和 ε_S 分别为 ΔT_{F} 对 E、τ 和 S 的弹性系数，可由3个变量的偏微分方程计算：

$$\frac{\partial T_{\mathrm{F}}}{\partial E} = (1+\alpha_2) \cdot S \tag{12-20}$$

$$\frac{\partial T_{\mathrm{F}}}{\partial \tau} = (\alpha_1 + \alpha_4) \cdot S \tag{12-21}$$

$$\frac{\partial T_{\mathrm{F}}}{\partial S} = (1+\alpha_2) \cdot E + (\alpha_1 + \alpha_4) \cdot \tau + \alpha_3 \tag{12-22}$$

则 E、τ、S 和 δ 对 ΔT_{F} 的贡献率即 R_E、R_τ、R_S 和 R_δ 可分别用式（12-23）～式（12-26）计算：

$$R_E = \frac{C_{r\_}E}{\Delta T_{\mathrm{F}}} \tag{12-23}$$

$$R_\tau = \frac{C_{r\_}\tau}{\Delta T_{\mathrm{F}}} \tag{12-24}$$

$$R_S = \frac{C_{r\_}S}{\Delta T_{\mathrm{F}}} \tag{12-25}$$

$$R_\delta = \frac{\delta}{\Delta T_{\mathrm{F}}} \tag{12-26}$$

对于5种情景，R 对 ΔT_{F} 的贡献率可用式（12-27）表示：

$$R_{fr} = \frac{C_{r\_}R}{\Delta T_{\mathrm{F}}} \tag{12-27}$$

式中，C_{r_R} 中 R 的单位为 $\mathrm{sej}/(\mathrm{m}^2 \cdot \mathrm{a})$，以剥离面积对可更新资源这一自然因素的影响。

当用以上方法核算出所有生态系统服务变化量的贡献率时，一个地区总的生态系统服务及独立变量 R、τ 和 S 的变化量可表示为

$$\Delta T = \Delta T_{\mathrm{F}} + \Delta T_{\mathrm{S}} + \Delta T_{\mathrm{G1}} + \Delta T_{\mathrm{G2}} + \Delta T_{\mathrm{G3}} + \Delta T_{\mathrm{W}} + \Delta T_{\mathrm{L}} + \Delta T_{\mathrm{R/P}} + \Delta T_{\mathrm{R}} \tag{12-28}$$

$$\begin{aligned}\Delta R =\ & \Delta T_{\mathrm{F}} \cdot R_{fr} + \Delta T_{\mathrm{S}} \cdot R_{sr} + \Delta T_{\mathrm{G1}} \cdot R_{g1r} + \Delta T_{\mathrm{G2}} \cdot R_{g2r} + \Delta T_{\mathrm{G3}} \cdot R_{g3r} \\ & + \Delta T_{\mathrm{W}} \cdot R_{wr} + \Delta T_{\mathrm{L}} \cdot R_{lr} + \Delta T_{\mathrm{R/P}} \cdot R_{\mathrm{r/p}r} + \Delta T_{\mathrm{R}} \cdot R_{rr}\end{aligned} \tag{12-29}$$

$$\begin{aligned}\Delta \tau =\ & \Delta T_{\mathrm{F}} \cdot R_{f\tau} + \Delta T_{\mathrm{S}} \cdot R_{s\tau} + \Delta T_{\mathrm{G1}} \cdot R_{g1\tau} + \Delta T_{\mathrm{G2}} \cdot R_{g2\tau} + \Delta T_{\mathrm{G3}} \cdot R_{g3\tau} \\ & + \Delta T_{\mathrm{W}} \cdot R_{w\tau} + \Delta T_{\mathrm{L}} \cdot R_{l\tau} + \Delta T_{\mathrm{R/P}} \cdot R_{\mathrm{r/p}\tau} + \Delta T_{\mathrm{R}} \cdot R_{r\tau}\end{aligned} \tag{12-30}$$

$$\begin{aligned}\Delta S =\ & \Delta T_{\mathrm{F}} \cdot R_{fs} + \Delta T_{\mathrm{S}} \cdot R_{ss} + \Delta T_{\mathrm{G1}} \cdot R_{g1s} + \Delta T_{\mathrm{G2}} \cdot R_{g2s} + \Delta T_{\mathrm{G3}} \cdot R_{g3s} \\ & + \Delta T_{\mathrm{W}} \cdot R_{ws} + \Delta T_{\mathrm{L}} \cdot R_{ls} + \Delta T_{\mathrm{R/P}} \cdot R_{\mathrm{r/p}s} + \Delta T_{\mathrm{R}} \cdot R_{rs}\end{aligned} \tag{12-31}$$

式中，ΔT、ΔT_{F}、ΔT_{S}、ΔT_{G1}、ΔT_{G2}、ΔT_{G3}、ΔT_{W}、ΔT_{L}、$\Delta T_{\mathrm{R/P}}$、ΔT_{R} 分别为一定时间内总的、有林地、灌木林、高覆盖度草地、中覆盖度草地、低覆盖度草地、沼泽、湖泊、水库坑塘、河流生态系统服务变化量，$\mathrm{sej/a}$；R_{fr}、R_{sr}、R_{g1r}、R_{g2r}、R_{g3r}、R_{wr}、R_{lr}、$R_{\mathrm{r/p}r}$ 和 R_{tr} 分别为自然

因素 R 对有林地、灌木林、高覆盖度草地、中覆盖度草地、低覆盖度草地、沼泽、湖泊、水库坑塘、河流生态系统服务变化量的贡献率，%；$R_{f\tau}$、$R_{s\tau}$、$R_{g1\tau}$、$R_{g2\tau}$、$R_{g3\tau}$、$R_{w\tau}$、$R_{l\tau}$、$R_{r/p\tau}$ 和 $R_{r\tau}$ 分别为人类对生态系统服务改善的重视程度 τ 对有林地、灌木林、高覆盖度草地、中覆盖度草地、低覆盖度草地、沼泽、湖泊、水库坑塘、河流生态系统服务变化量的贡献率，%；R_{fs}、R_{ss}、R_{g1s}、R_{g2s}、R_{g3s}、R_{ws}、R_{ls}、$R_{r/ps}$ 和 R_{rs} 分别为生态系统面积 S 对有林地、灌木林、高覆盖度草地、中覆盖度草地、低覆盖度草地、沼泽、湖泊、水库坑塘、河流生态系统服务变化量的贡献率，%。短期生态系统面积的增长，这里设定为人为因素的影响。因此生态系统服务的变化受到自然因素 R、人为因素 S 和重视因素 τ 这 3 个因素的影响。而误差项 δ 可能有两个来源：一是当地独特的因素可能会对生态系统服务产生影响，二是可能数据本身存在一定的误差。

3 个独立变量 R、τ、S 及误差项 δ 的变化对 ΔT 的贡献率分别为

$$R_R = \frac{\Delta R}{\Delta T} \tag{12-32}$$

$$R_\tau = \frac{\Delta \tau}{\Delta T} \tag{12-33}$$

$$R_S = \frac{\Delta S}{\Delta T} \tag{12-34}$$

$$R_\delta = 1 - \sum(R_R, R_\tau, R_S) \tag{12-35}$$

12.2 中国生态系统服务变化归因分析

12.2.1 中国不同生态系统类型的生态系统服务变化归因分析

12.2.1.1 林地生态系统服务变化归因分析

1）有林地生态系统

图 12-1（a）反映了 2000~2015 年中国有林地生态系统服务变化的归因分析。由图 12-1（a）可知研究范围内的 31 个省份中有 23 个（占 74%）有林地生态系统服务增加主要是由其面积增加引起的，贡献率范围为 46%（安徽）~103%（河南）。说明 2000~2015 年中国有林地生态系统服务增加主要是由人为因素即造林活动引起的。5 个省份主要是由人类对生态系统服务改善重视程度的增加引起有林地生态系统服务增加的，集中在经济发达的东部沿海地区，如上海、江苏、福建和海南，贡献率分别为 237%、131%、86% 和 802%；另外一个省份为西藏，贡献率为 128%。两个省份，即浙江和广西主要由自然条件的改善即降水量的增加引起其有林地生态系统服务的增加，2000~2015 年降水量分别增加了 32.23% 和 42.70%，为其服务增加分别贡献了 42% 和 50%。新疆作为唯一一个有林地生态系统服务下降的省份，主要是由其有林地面积下降引起的，贡献了 -177%。说明新疆应注重有林地生态系统的恢复和保护工作。具体每个省份 4 个因素的贡献率详见附录 1 表 A4。

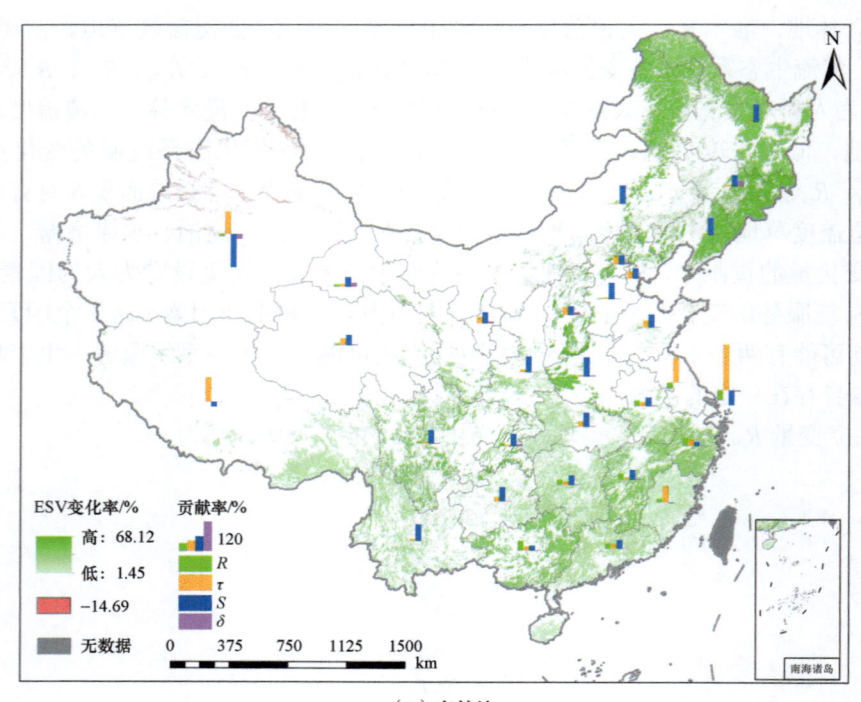

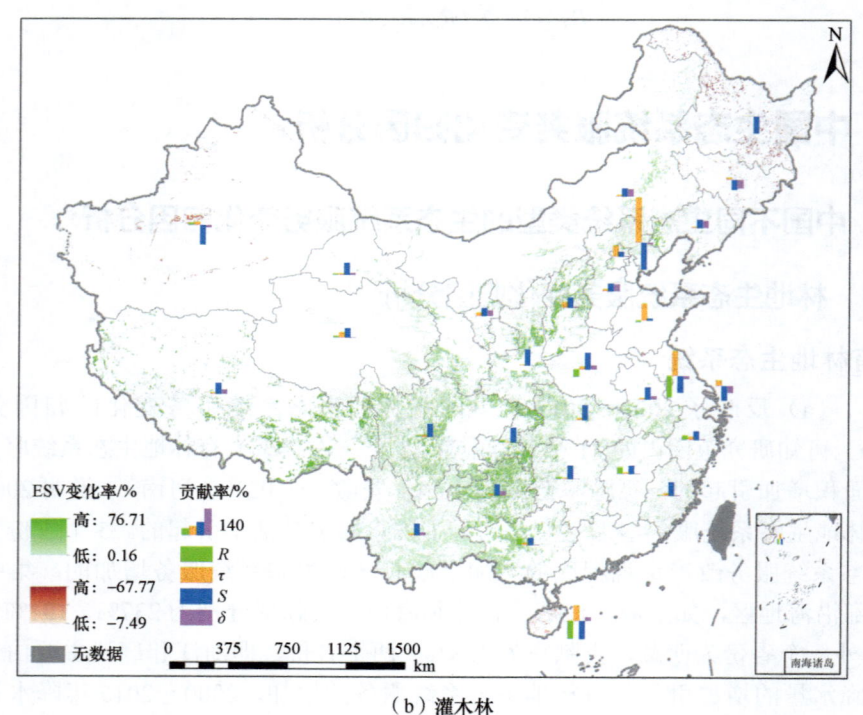

图 12-1　2000～2015 年中国林地生态系统服务变化归因分析

R、τ、S 和 δ 分别表示自然因素（降水量、蒸散发量等）、重视因素（人类对生态系统服务改善的重视程度）、人为因素（生态系统面积）和误差项；需要说明的是，有林地中海南四者的贡献率分别-865%、802%、-191% 和 354%，灌木林中广东四者的贡献率分别 1173%、804%、-1819% 和-57%，与其他省（自治区、直辖市）相差较大，因此单独列出

2）灌木林地生态系统

图 12-1（b）反映了 2000~2015 年中国灌木林生态系统服务变化的归因分析。由图 12-1（b）可知，25 个灌木林生态系统服务上升的省份中有 21 个是由灌木林生态系统面积增加引起的，也即由人为因素引起的，贡献率为 44%（广西）~102%（河南），说明人类可以通过对土地的管理实现生态系统的改善。主要由人类对生态系统服务改善重视程度的增加引起生态系统服务上升的 3 个省份集中在经济发达的东部即北京、天津和山东，贡献率分别为 66%、277% 和 97%。仅广东是主要由其自然条件的改善即降水量的增加引起灌木林生态系统服务增加的。而下降的 6 个省份中有 5 个即吉林、黑龙江、上海、海南和新疆是由其灌木林面积下降引起的，分别贡献了-58%、-101%、-85%、-100% 和-116%；江苏则主要由其自然条件的退化即蒸散量的减少引起其生态系统服务的下降，贡献率为-124%。各省份灌木林生态系统服务变化的 4 个因素贡献率详见附录 1 表 A5。

12.2.1.2 草地生态系统服务变化归因分析

1）高覆盖度草地生态系统

图 12-2（a）反映了 2000~2015 年中国高覆盖度草地生态系统服务变化的归因分析。由图 12-2（a）可知，在增加的 25 个省份中，除江西和湖南主要由自然因素引起其高覆盖度草地生态系统服务增加外，其余都为高覆盖度草地面积增加贡献了其生态系统服务的增长，贡献率为 43%（广西）~241%（青海）。下降的 6 个省份中有 4 个即内蒙古、江苏、黑龙江和山东主要是由其生态系统面积下降引起其服务下降的，分别贡献了-100%、-96%、-88% 和-81%，说明人类对土地的利用可以在很大程度上影响生态系统的改善或恶化，人类可以通过合理或优化的土地利用管理来实现生态系统服务的改善。高覆盖度草地生态系统服务上升的另外两个省份即江西和湖南主要是由其自然因素的改善主导其生态系统服务的增加，分别贡献了 51% 和 732%。两个省份的自然因素均为降水量，2000~2015 年，江西和湖南降水量分别增加了 29% 和 15%。下降的另外两个省份即天津和海南则主要是由其自然条件的退化引起其生态系统服务的下降，二者的自然因素分别为蒸散发量和降水量，2000~2015 年天津的蒸散发量和海南的降水量分别下降了 6% 和 35%。各省份高覆盖度草地生态系统服务变化的 4 个因素贡献率详见附录 1 表 A6。

2）中覆盖度草地生态系统

图 12-2（b）反映了 2000~2015 年中覆盖度草地生态系统服务变化的归因分析。由图 12-2（b）可知，上升的 21 个省份中有 17 个由其中覆盖度草地生态系统面积增加贡献了其生态系统服务的增加，贡献率为 48%（广西）~132%（青海）。另外 3 个省份即江西、广东和新疆主要由其自然条件的改善引起其生态系统服务的增加，贡献率分别为 104%、971% 和 125%。前两者及新疆对应的自然因素分别为降水量和蒸散发量，2000~2015 年三者对应降水量或蒸散发量的增幅分别为 29%、12% 和 7%。下降的 9 个省份中有 7 个主要是由其草地面积减少导致其草地生态系统服务下降的，即重庆、辽宁、吉林、江苏、黑龙江、山东、天津，面积下降分别贡献了-427%、-110%、-109%、-95%、-95%、-85% 和-85%。有两个省份主要由其自然条件的恶化引起其草地生态系统服务的下降，即海

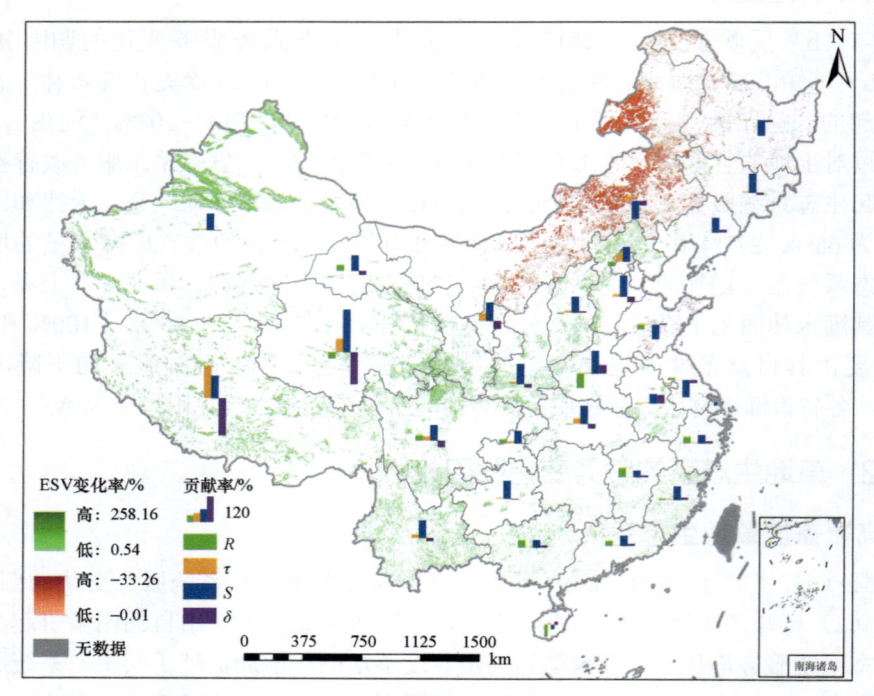

（a）高覆盖度草地

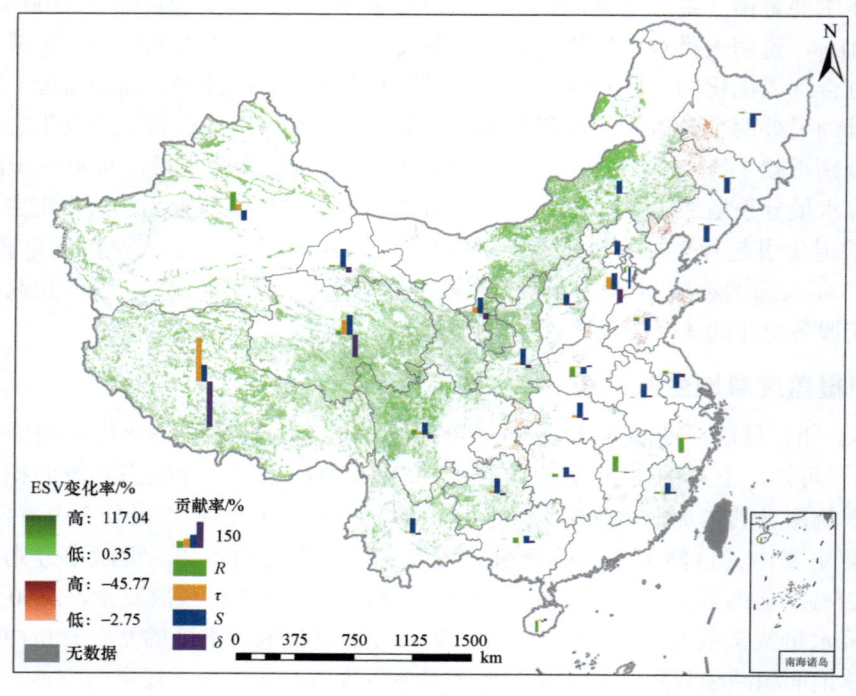

（b）中覆盖度草地

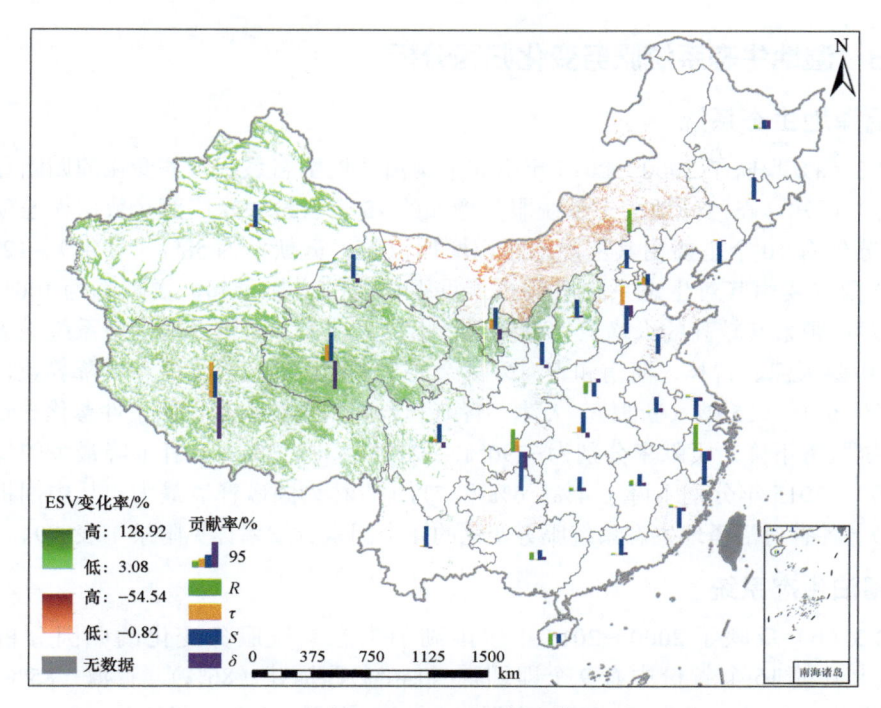

(c) 2010~2015 年低覆盖度草地

图 12-2　2000~2015 年中国草地生态系统服务变化的归因分析

R、τ、S 和 δ 分别表示自然因素（降水量、蒸散发量等）、重视因素（人类对生态系统服务改善的重视程度）、人为因素（生态系统面积）和误差项；需要说明的是，对于高覆盖度草地，天津和湖南四者的贡献率分别-42 397%、16 847%、26 435%、-985% 和 732%、40%、-548%、-123%；对于中覆盖度草地，广东和重庆四者的贡献率分别 971%、66%、-775%、-162% 和 357%、167%、-427%、-196%；对于低覆盖度草地，贵州四者的贡献率分别 0%、385%、-133% 和 -352%，这些省（自治区、直辖市）和其他省（自治区、直辖市）相差较大，因此单独列出

南和河南，贡献率依次为-124% 和-67%，这两个省份对应的自然因素都为降水量，在 2000~2015 年分别下降了 35% 和 30%。由此可知，中覆盖度草地同有林地、灌木林和高覆盖度草地类似，人类对其面积的保护与恢复能够有效地改善其生态系统服务。各省份高覆盖度草地生态系统服务变化 4 个因素的贡献率详见附录 1 表 A7。

3）低覆盖度草地生态系统

图 12-2（c）反映了 2000~2015 年中国低覆盖度草地生态系统服务变化的归因分析。结果显示 2000~2015 年生态系统服务上升的 19 个省份全部主要是由于其生态系统面积增加引起的，贡献率为 42%（黑龙江）~138%（青海）。下降的 11 个省份除内蒙古和海南外主要由其草地生态系统面积下降引起，贡献率为-67%（河南）~-236%（浙江）。内蒙古和海南则主要由于其自然条件退化引起，贡献率分别为-113% 和-59%。两者自然因素分别为蒸散发量和降水量，在 2000~2015 年分别下降了 23% 和 35%。此结果同样表明人类可以通过合理的土地利用管理达到改善生态系统服务的效果。各省份高覆盖度草地生态系统服务变化的 4 个因素贡献率详见附录 1 表 A8。

12.2.1.3 湿地生态系统服务变化归因分析

1）沼泽地生态系统

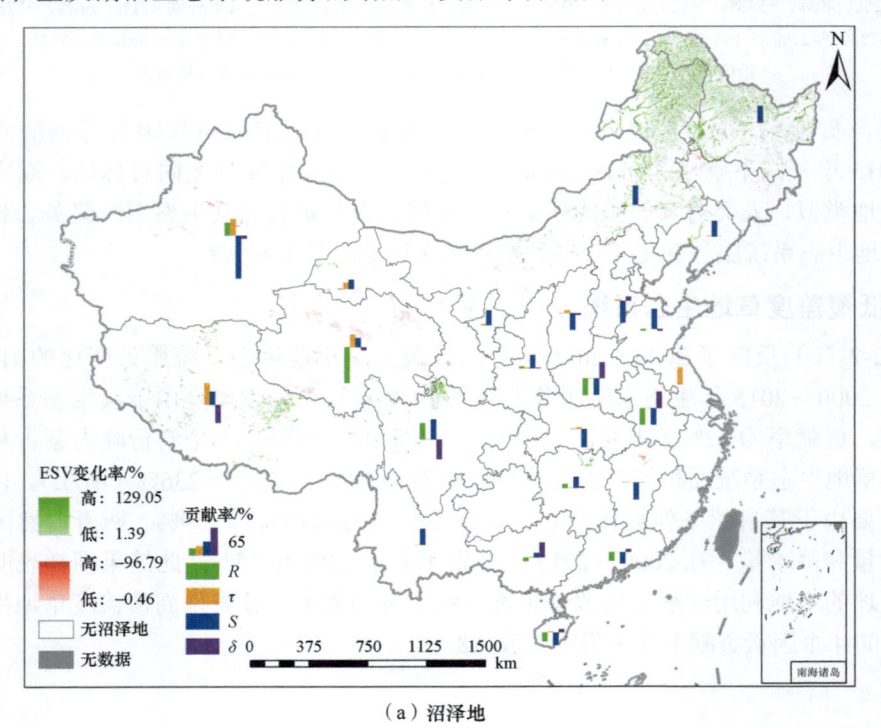

图 12-3（a）反映了 2000~2015 年引起中国沼泽地生态系统服务变化的归因分析。由图 12-3（a）可知，在沼泽地生态系统服务增加的 13 个省份中除广西（数据误差项较大）、西藏和江苏外有 10 个主要由其沼泽地面积增加引起，贡献率为 58%（甘肃）~122%（山东）。江苏则主要由其对生态系统服务改善重视程度的增加引起，贡献率为 100%，这与江苏经济发达带来其较高的人均卫生总费用增幅较大有关。而沼泽地生态系统服务下降的 12 个省份中除天津、吉林、河南和青海外其余 8 个主要由其沼泽地面积下降导致，贡献率为 -68%（广东）~ -259%（新疆）。天津、青海和吉林则主要由其自然条件恶化导致其沼泽地生态系统服务下降，贡献率分别为 -790%、-212% 和 -112%。三者下降最大的均为蒸散发量，2000~2015 年分别下降了 4%、6% 和 7%（吉林为固碳释氧最大，从中剖析出蒸散发量下降）。各省份沼泽地生态系统服务变化的 4 个因素贡献率详见附录 1 表 A9。

2）湖泊生态系统

图 12-3（b）反映了 2000~2015 年中国湖泊生态系统服务变化的归因分析。研究结果显示上升的 16 个省份中有 9 个即四川（140%）、福建（86%）、青海（85%）、甘肃（74%）、贵州（70%）、西藏（66%）、宁夏（64%）、新疆（61%）和江苏（52%）（括号内为生态系统面积贡献对服务增加的贡献率），主要是由其湖泊生态系统面积增加引起的，贡献率为 52%（江苏）~140%（四川）。而自然条件的改善主导了 2000~2015 年吉林、黑龙江、广西和重庆湖泊生态系统服务的增加，贡献率分别为 1239%、120%、116% 和 88%。

（a）沼泽地

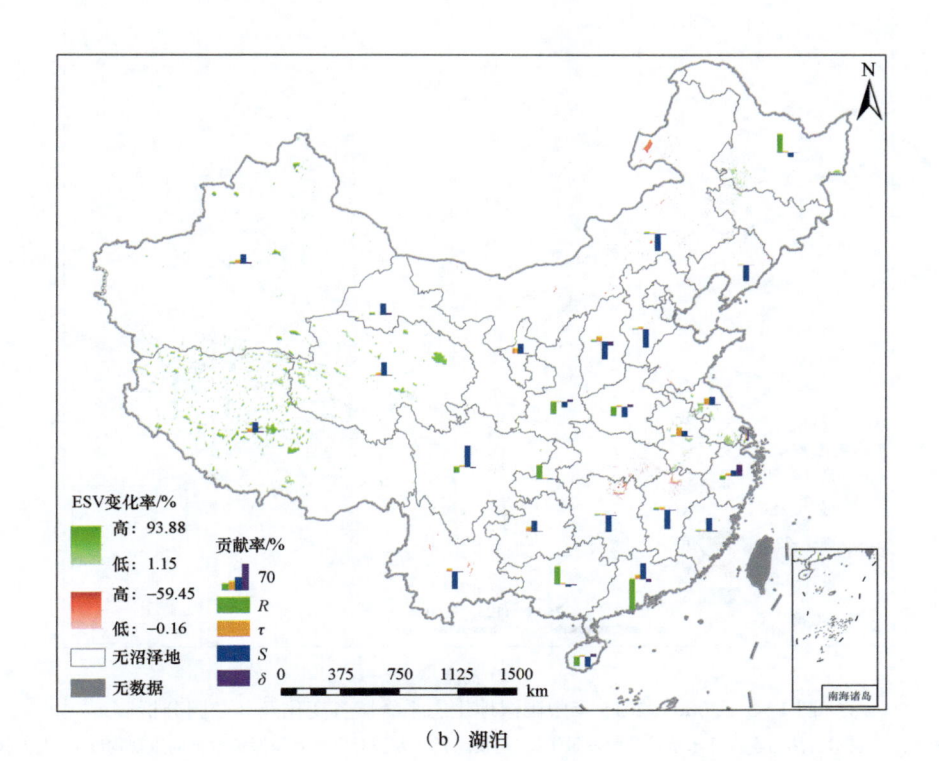

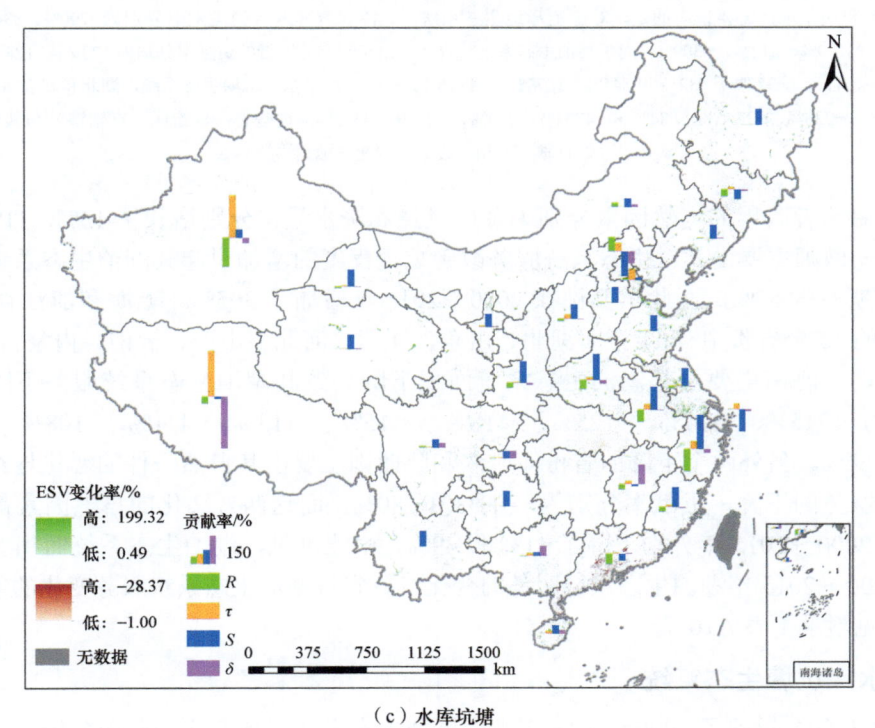

第 12 章 中国生态系统服务变化归因分析与管理启示

（b）湖泊

（c）水库坑塘

(d) 河流

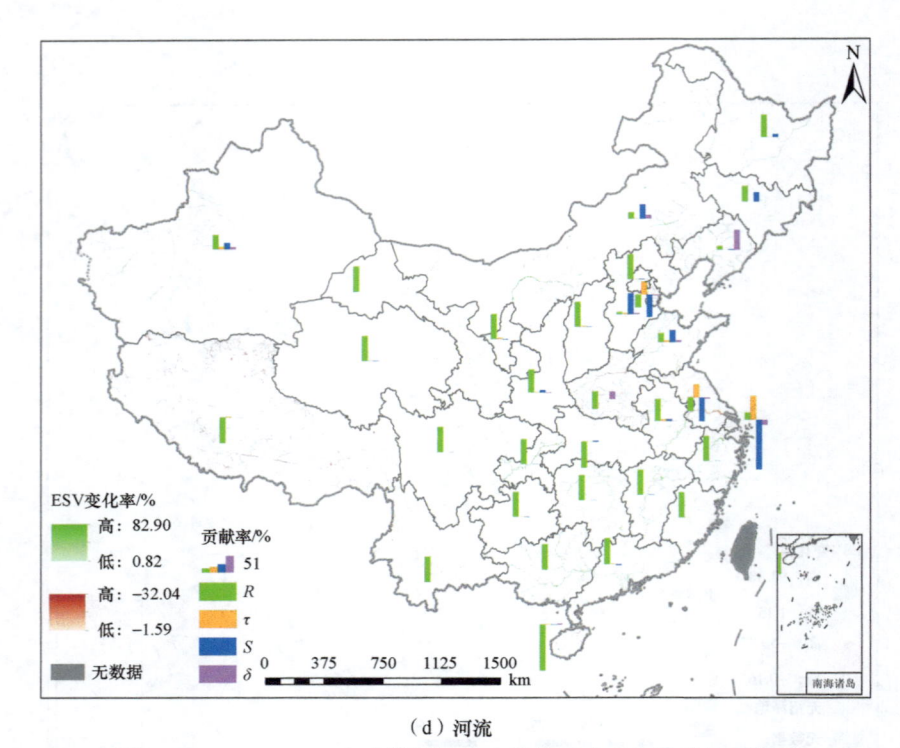

图 12-3　2000～2015 年中国湿地生态系统服务变化及其归因分析

R、τ、S 和 δ 分别表示自然因素（降水量、蒸散发量等）、重视因素（人类对生态系统服务改善的重视程度）、人为因素（生态系统面积）和误差项；需要说明的是，对于沼泽地生态系统，天津和吉林四者的贡献率分别为 -790%、834%、824%、-968% 和 -112%，9%、312%、-309%；对于湖泊生态系统，吉林、山东和湖北四者的贡献率分别为 1239%、128%、-914%、-352%、268%、41%、-377%、-32% 和 545%、1079%、-1715%、-9%；对于水库坑塘生态系统，湖北和湖南四者的贡献率分别为 2724%、-238%、-3270%、884% 和 -4334%、300%、-378%、4512%；这些省（自治区、直辖市）与其他省（自治区、直辖市）相差较大，因此单独列出

前两者和后两者改善的自然因素分别为蒸散发量和降水量，分别增长了 15%、11%、43% 和 43%。安徽则主要由其对生态系统服务改善重视程度的增加引起其湖泊生态系统服务的增加，贡献率为 55%，而此重要性在 2000～2015 年增加了 305%。上海和浙江误差项最大。下降的 13 个省份中有 11 个即湖北、山东、江西、河北、山西、云南、内蒙古、湖南、辽宁、河南、海南主要由其湖泊生态系统面积下降导致其湖泊生态系统服务下降，贡献率分别为 -1715%、-377%、-125%、-118%、-115%、-113%、-111%、-108%、-102%、-66% 和 -66%。另外两个下降的省份即广东和陕西则主要由其自然条件的恶化导致其湖泊生态系统服务的下降，贡献率分别为 -209% 和 -80%。而这两者恶化的自然因素都为蒸散发量，在 2000～2015 年分别下降了 11% 和 49%。由此可见，湖泊生态系统面积变化主导着中国 2000～2015 年湖泊生态系统服务的变化。各省份湖泊生态系统服务变化的 4 个因素贡献率详见附录 1 表 A10。

3）水库坑塘生态系统

图 12-3（c）反映了 2000～2015 年水库坑塘生态系统服务变化的归因分析。研究结果表明，水库坑塘生态系统服务上升的 25 个省份中有 19 个主要由其水库坑塘生态系统面积

增加引起，贡献率为 55%（四川）~221%（浙江）。有 3 个省份主要由其人类对生态系统服务改善重视程度的增加引起其服务的增加，即湖南、新疆和广西，贡献率分别为 300%、271% 和 70%。另外 3 个省份即江西、广西和重庆误差项较大。水库坑塘生态系统服务下降的 6 个省份中有 3 个即北京、上海和吉林主要由其生态系统面积下降引起，贡献率分别为 -162%、-122% 和 -60%。另外 3 个省份即湖北、广东和西藏（主要由误差项导致）主要由其自然条件恶化引起，贡献率分别为 -2724%、-68% 和 -45%。三者恶化的自然因素都为蒸散发量，分别下降了 27%、20% 和 1%。由此可见，2000~2015 年中国水库坑塘生态系统服务改善主要是由于其生态系统面积增加贡献的，也即人类合理的土地利用类型管理可有效实现生态系统的改善。各省份水库坑塘生态系统服务变化的 4 个因素贡献率详见附录 1 表 A11。

4）河流生态系统

图 12-3（d）反映了 2000~2015 年中国河流生态系统服务变化的归因分析。由图 12-3（d）可知，河流生态系统服务上升的 23 个省份中有 19 个主要由其自然条件改善引起其服务上升，贡献率为 57%（新疆）~102%（广东）。这 19 个省份中，除贵州、宁夏和吉林改善的自然因素分别为降水量（前两省）、降水量和 NPP（吉林）外，其余 16 个都为蒸散发量。增长的另外 3 个即河北、内蒙古和山东则主要是其河流生态系统面积增加贡献其生态系统服务增加，贡献率分别为 83%、58% 和 49%。辽宁的误差项较大。河流生态系统服务下降的 8 个省份中有 5 个即湖北、海南、河南、西藏和云南主要由其自然条件恶化导致其服务下降，贡献率依次为 -104%、-104%、-70%、-103% 和 -100%，这 5 个省份前三者和后两者恶化的自然因素分别为蒸散发量和降水量，2000~2015 年分别下降了 5%、34%、23%、26% 和 6%。另外下降的 3 个省份即上海、天津和江苏则主要由其河流生态系统面积下降引起，贡献率依次为 -206%、-97% 和 -94%。3 个省河流生态系统面积分别下降了 16%、12% 和 4%。由此可见，与其他生态系统主要由面积变化引起生态系统服务变化不同的是，河流生态系统主要由当地自然条件的变化引起其生态系统服务的变化，这与河流生态系统面积相对稳定有关。各省份河流生态系统服务变化的 4 个因素贡献率详见附录 1 表 A12。

12.2.2 中国不同省、自治区、直辖市生态系统服务变化归因分析

由图 12-4 可知，生态系统面积增加是中国生态系统服务价值增长的最大推动力。

首先，2000~2015 年，中国 31 个省份中有 15 个是由其生态系统面积增加引起了其生态系统服务价值增加的，即图 12-4 中其蓝色柱子最高，范围为 54%（安徽）~314%（湖北），各省份 R、τ、S 和 δ 具体贡献率详见附录 1 表 A13。这意味着中国 74% 面积的生态系统服务价值增加是由于生态系统面积增加引起的（附录 1 表 A13）。这 15 个省份中有 11 个位于 800 mm 等降水线以西以北的地区（图 12-4）。这表明在自然条件较差的地区，人类的努力，即本研究中生态系统面积的增加，是中国生态系统服务改善的有效途径。这 15 个省份中，湖北、安徽、云南和贵州的雨热组合较其他省份好，但在这 4 个省份中，生态系统面积增加仍是促进其生态系统服务改善的主要贡献因素。这表明人类的行动在改善自然条件较好地区的生态系统服务方面也起着重要作用。

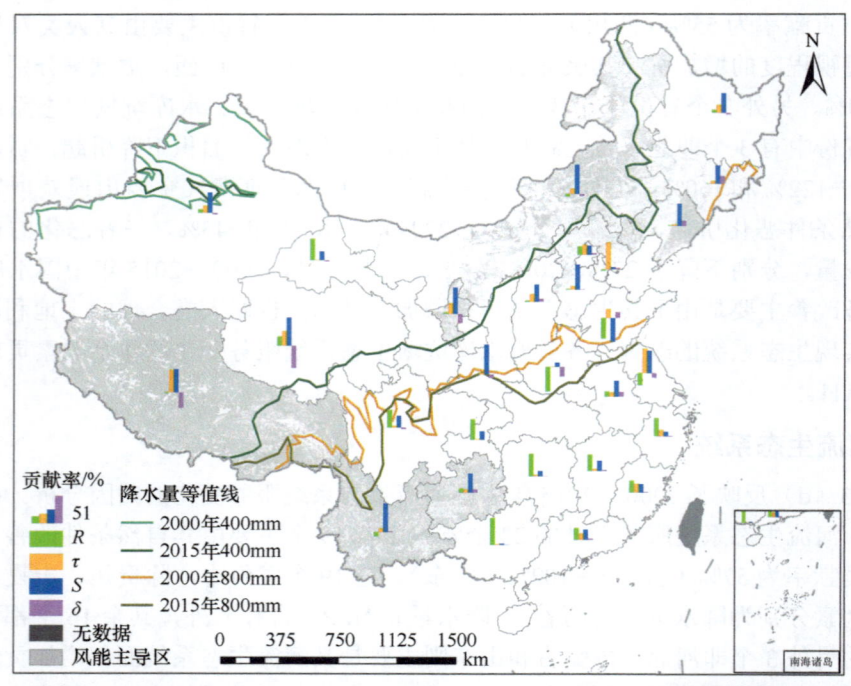

图 12-4 2000～2015 年 R、τ、S 和 δ 对中国生态系统服务价值变化的贡献率

R、τ、S 和 δ 分别表示自然因素（降水量、蒸散发量等）、重视因素（人类对生态系统服务改善的重视程度）、人为因素（生态系统面积）和误差项；需要说明的是，湖北和海南四者的贡献率分别为-280%、69%、314%、-3%和-319%、200%、-72%、91%，与其他省（自治区、直辖市）相差较大，因此单独列出

其次，9 个省份生态系统服务的改善主要归因于自然条件的改善（图 12-4 和附录 1 表 A13）。这意味着尽管有 21% 的地区主要通过自然条件的改善来实现其生态系统服务的改善（附录 1 表 A13），但生态工程仍覆盖了中国大陆的每个省份（图 12-5）。这些自然因素包括：蒸散发量、降水量、海拔、NPP 和生态系统的生物量碳密度，详见表 12-1。由表 12-1 可知，自然条件改善的 9 个省份中有 8 个归因于蒸散发量的增加，贡献率为 53.47%～97.01%。降水量的增加是改善广东生态系统的主要原因，贡献率为 68.23%。大量基于遥感技术的蒸散发量估算也表明在过去 40 年中全球陆地的蒸散发量显著增加，因此加速了陆地生态系统和大气之间的水分交换（Zeng et al.，2018）。

再次，人类对生态系统服务改善重视程度的增加主要贡献了北京、天津和江苏生态系统服务价值的增加，贡献率分别为 34%、92% 和 82%（图 12-4 和附录 1 表 A13），这与这些地区经济相对发达，人均医疗总费用较高有关（详见附录 1 表 A2）。

对 4 个生态系统服务下降的省份而言，生态系统面积下降是上海生态系统服务减少的主要驱动因素，贡献率为-147%（图 12-4 和附录 1 表 A13）。生态系统面积减少也主要导致了山东生态系统服务下降，其贡献率为-81%，其次为自然条件恶化，贡献率为-70%（附录 1 表 A13）。自然条件恶化是河南和海南生态系统服务下降的主要原因，贡献率分别为-83% 和-319%（图 12-4 和附录 1 表 A13）。由表 12-1 可知，蒸散发量和降水量分别对河南和海南自然条件的恶化贡献了 96.42% 和 3.59%、27.57% 和 72.43%，这与 2000～2015 年 800 mm 等降水量线南移出河南（图 12-4）及 2015 年为海南枯水年一致（河南及海南近年年均降水量详见附录 1 表 A14）。

第 12 章 中国生态系统服务变化归因分析与管理启示

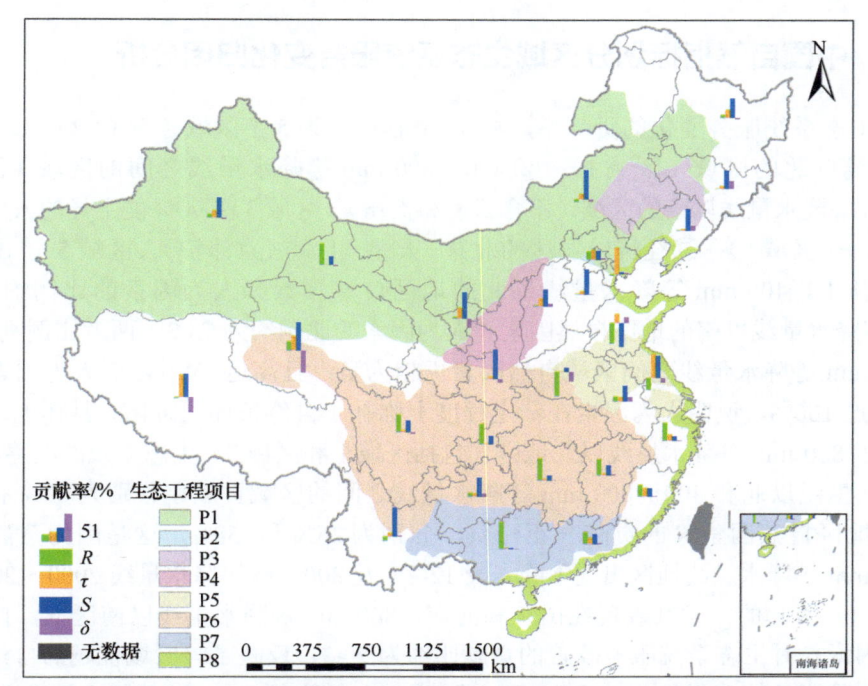

图 12-5 2000～2015 年 R、τ、S 和 δ 对中国生态系统服务价值变化的贡献率及中国八大林业工程分布图

R、τ、S 和 δ 分别表示自然因素（降水量、蒸散发量等）、重视因素（人类对生态系统服务改善的重视程度）、人为因素（生态系统面积）和误差项；需要说明的是，湖北和海南四者的贡献率分别为-280%、69%、314%、-3%和-319%、200%、-72%、91%，与其他省份相差较大，因此单独列出；P1、P2、P3、P4、P5、P6、P7 和 P8 依次指三北防护林体系建设工程、太行山绿化工程、辽河流域防护林体系建设工程、黄河中游防护林体系建设工程、淮河太湖流域防护林体系建设工程、长江中上游防护林体系建设工程、珠江流域防护林体系建设工程和沿海防护林体系建设工程

表 12-1 自然因素主导省份中具体自然因素的改善或恶化比例　　　　（单位：%）

自然因素状态	省份	自然因素				
		ET	P	El	NPP	BCD
改善/变好	甘肃	97.01	3.23	−0.04		−0.20
	广西	92.91	7.09			
	重庆	89.03	10.70	0.26		
	湖南	88.96	11.04			
	四川	83.59	15.88	0.36	0.19	
	福建	80.82	19.18			
	浙江	56.14	43.86			
	江西	53.47	46.53			
	广东	31.77	68.23			
恶化/变坏	河南	96.42	3.59		−0.01	
	海南	27.57	72.43			

注：ET：蒸散发量；P：降水量；El：高程；NPP：净初级生产力；BCD：生物量碳密度。

12.2.3 中国自然指标划分区域生态系统服务变化归因分析

根据生态系统服务变化的贡献率，将 31 个省份分为 5 个区域（表 12-2）：① 400 mm 等降水量线以北的区域（区域 1）；② 400~800 mm 等降水量线之间的区域（区域 2）；③ 800 mm 等降水量线以南的区域（不含云南和贵州）（区域 3）；④风能主导的云南和贵州（云贵地区）（区域 4）；⑤经济较发达的北京-天津-上海（京津沪）（区域 5）。由表 12-2 可知，整体上，400 mm 等降水量线以北的地区自然因素和人为因素的比例约为 3：7；800 mm 等降水量线以南的地区自然因素和人为因素的比例约为 7：3，两者比例刚好相反；400~800 mm 等降水量线之间区域自然因素贡献为负，且高达-58%，而人为因素贡献为 142%，超过 100%，说明人为因素在一定程度上弥补了自然条件的恶化。具体地，人为因素 S 主导了 800 mm 等降水量线以北地区（包括区域 1 和区域 2）生态系统的改善，在 400 mm 等降水量线以北和 400~800 mm 等降水量线之间的区域贡献率分别为 69% 和 142%，而这两个地区自然因素 R 的贡献一正一负，分别为 26% 和-58%，这是因为蒸散发量在 400~800 mm 等降水量线地区出现下降（表 12-2）及 800 mm 等降水量线 2000~2015 年南移（图 12-4）引起的，尤其表现在山东和河南。800 mm 等降水量线以南区域，自然因素 R 和人为因素 S 对生态系统服务改善的贡献比约为 7：3，反映了该区域优越的自然条件对改善生态系统服务的重要意义。云贵地区（区域 4），虽然在 800 mm 等降水量线以南地区，但其为风能主导而非降水量主导，因此本研究将其单独划为一个区域。该地区自然因素在恶化，为-3%，而人为因素的贡献率却高达 86%。需要说明的是，在全国范围内，风能资源丰富的地区集中在东南沿海及附近岛屿、内蒙古和甘肃走廊等地，云贵地区风能并不突出。但本研究的风能主导的云贵地区，是指在云贵地区内，其几种可更新资源（如太阳能、降水量、风能等）相比，风能相对其他可更新资源丰富。与先前研究中云贵地区风能资源在全国尺度上较不丰富的结论并不矛盾。与省际生态系统服务归因分析特征一致，重视因素 τ 对改善生态系统服务的主导贡献作用集中在发达地区即北京、天津和上海（区域 5），τ 贡献率为 38%，而自然因素 R 和生态系统面积 S 分别贡献了 28% 和 29%。这说明经济发达地区对生态系统服务改善的重视程度更大。

表 12-2　中国区域生态系统服务变化的因素及生态系统类型贡献率

项目	因素	400 mm 等降水量线以北	400~800 mm 等降水量线	800 mm 等降水量线以南（不含云贵）	云贵地区	京津沪
贡献量/（sej/a）	R	$8.13×10^{21}$	$-4.67×10^{21}$	$4.70×10^{22}$	$-5.74×10^{20}$	$1.25×10^{20}$
	τ	$1.05×10^{22}$	$1.99×10^{21}$	$4.37×10^{21}$	$1.87×10^{21}$	$1.65×10^{20}$
	S	$2.14×10^{22}$	$1.14×10^{22}$	$1.60×10^{22}$	$1.44×10^{22}$	$1.25×10^{20}$
	δ	$-8.86×10^{21}$	$-6.89×10^{20}$	$-2.23×10^{20}$	$1.14×10^{21}$	$2.41×10^{19}$
	合计	$3.12×10^{22}$	$8.03×10^{21}$	$6.71×10^{22}$	$1.68×10^{22}$	$4.39×10^{20}$
	单位面积	$2.43×10^{10}$	$1.21×10^{10}$	$6.74×10^{10}$	$5.27×10^{10}$	$4.92×10^{10}$

续表

项目	因素	区域				
		400 mm 等降水量线以北	400~800 mm 等降水量线	800 mm 等降水量线以南（不含云贵）	云贵地区	京津沪
贡献率/%	R	26	−58	70	−3	28
	τ	34	25	6	11	38
	S	69	142	24	85	29
	δ	−29	−9	0	7	5
贡献率/%	F	19	156	21	31	57
	Sh	16	−11	11	46	13
	HCG	8	11	3	10	2
	MCG	14	3	4	14	0
	LCG	9	8	1	1	0
	W	2	3	0	0	0
	L	8	0	0	0	0
	R/P	1	4	0	1	0
	Ri	25	−76	61	−3	28

注：R、τ、S 和 δ 分别表示自然因素、重视因素（人类对生态系统服务改善的重视程度）、人为因素（生态系统面积）和误差项；F：有林地；Sh：灌木林；HCG：高覆盖度草地；MCG：中覆盖度草地；LCG：低覆盖度草地；W：沼泽地；L：湖泊；R/P：水库坑塘；Ri：河流。

对于区域1和区域2，即 800 mm 等降水量线以北的地区，主要是生态系统面积增加引起其生态系统服务改善。生态系统面积增加在改善生态系统服务的同时，有越来越多的研究表明在干旱或者季节性干旱地区实行植被修复工程一旦到了某个临界点（tipping point），就可能会产生负面作用。正如一些科学家所担心的，种树会加剧水资源短缺，因为许多树木不是种植地的原生植被，它们消耗大量水资源，且被种植在由于全球气候变暖而降水量减少的地区。在水资源有限的区域内扩展植被会在生态系统和人类之间产生水资源潜在需求冲突（Zastrow，2019）。Feng 等（2016）通过从降水量中减去人类需水量来定义区域植被承载力的阈值，作为自然和人工耦合的生态系统所允许的 NPP（可将其理解为当地生态环境承载力范围内且不影响人类需水量的植被修复量）。当区域植被修复量超过阈值时，更多的植被种植将导致人类活动供水短缺，这是不可持续的。而进一步的植被修复将不可避免地将可供人类使用的水资源减少至所需量以下。因此，为了使植被修复在长时间尺度成功，需要确定人为生态系统即植被修复工程对生态和社会经济资源的需求，以最大程度实现生态和社会可持续的双重目标。有研究也提出通过更多依赖自然恢复的造林方式，即在半干旱、干旱和超干旱地区建设植被覆盖度低的防护植被带（如灌木、草本或其他需水量较少的本地植被），这些方法有望成为成功改善该类地区的生态修复替代方法（Wang et al.，2019；Yang et al.，2016）。

此外，很少有研究关注改善 400～800 mm 等降水量线之间过渡区域的生态保护实践，而本研究发现该区域是 2000～2015 年中国生态系统服务下降的核心区域。从各省（自治区、直辖市）的归因分析结果发现，河南 2000～2015 年蒸散发量及降水量大量减少（表 12-1 和附录 1 表 A14），山东蒸散发量及其草地、湖泊面积剧烈下降（附录 1 表 A15），吉林、黑龙江的灌木林生态系统面积的下降显著（附录 1 附表 A16）。这些区域 2000～2015 年生态系统服务的变化的原因可以总结为：①气候变化导致等降水量线南移，使得位于原等降水量线区域的省市变得更为敏感；②降水量和政策因素，使得该区域的土地利用模式（农业用地、灌木林等）变化也较大；③该区域主要包含黄河等流域，下游生态系统服务的下降也可能与上中游的开发等因素相关。具体原因如下。

（1）降水量的减少是由气候变化引起的，已有大量研究表明气候变化导致中国北方降水量减少（Cao，2008；Li et al.，2018；Piao et al.，2010）。如果仅仅考虑降水量这一自然因素，且假设等降水量线继续南移，以 400 mm 等降水量线为例，其沿线所在省份从北到南主要为内蒙古、河北、山西、陕西、宁夏、甘肃、青海和西藏，按照目前归因分析 4 个因素对其生态系统服务变化的贡献率，这 8 个省份中仅甘肃是自然因素主导的省份，但其自然因素是蒸散发量而非降水量。又如，800 mm 等降水量线南移，其沿线主要经过山东、河南、陕西、四川、云南等，这 5 个省份中河南和四川为自然因素主导的省份，且二者自然因素都为蒸散发量也不为降水量。这就意味着当主导的自然因素为蒸散发量时，400 mm 和 800 mm 等降水量线小幅南移对其沿线省份影响相对较小；而当主导自然因素由蒸散发量变为降水量时，等降水量线的南移会在一定程度上引起沿线省份生态系统服务的下降。但在 400 mm 等降水量线以北以西和 400～800 mm 等降水量线之间这两个主要由生态系统面积增加改善其生态系统服务的区域，在降水量减少或至少不变的情况下，修复植被需水量会较其他非生态系统面积主导地区需水量更大，植被会造成径流减少，进而出现由于植被减少径流而减少了人类活动可利用的水量，并可能产生不利的社会经济后果，且这种压力在 400～800 mm 等降水量线之间的区域要大于 400 mm 等降水量线以北的区域，因为前者自然因素贡献为负。这表明需要环境承载力与造林项目范围和类型之间的权衡（Chen et al.，2015；Feng et al.，2016）以缓解水资源短缺压力，例如建设树木、灌木林或草地组合的防护带并结合当地实际情况选择适合的植被类型比例、适度控制植被修复面积等（Wang et al.，2019）。

（2）本研究进一步发现山东草原和湖泊生态系统面积的减少主要是由于这两类土地利用类型分别被转化为农业用地和水库坑塘用地，详见表 12-3 和表 12-4。由表 12-3 和表 12-4 可知，转化为农业用地的面积占草地生态系统面积净损失量的 72%，转化为水库坑塘的面积占湖泊生态系统面积净损失量的 83%。山东位于华北平原，是人口大省、粮食大省，地形平坦、灌溉条件便利且适合农耕，山东地区 2000～2015 年形成了沼泽、湖泊、草地与农田的置换，将生态系统服务转为更多的农产品的提供，而农田生态系统由于其存在生态系统服务和负服务抵消的问题，并未被纳入生态系统服务的计算。湿地的减少也与 2000～2015 年大力围填海等活动有关。在当前的情况下，需要当地政府对土地利用做好中长期规划，以应对未来等降水量线进一步变化导致的干旱和人类活动大力开发引起的干扰。如果已转化成的农田需要维持现有规模，需要对水资源利用进行季节性统筹调控。山东的干旱对雨养作物有害，但对灌溉农业有利（Wang et al.，2009）。在农作物生长季节出现降水量减少时危害尤为严重,这意味着对这些地区水资源的季节性调控极为重要(Piao et al., 2010)。应该大力发展现代生态节水农业,优化农用地规模和布局。如果需要实行退田还林还草或修复湿地等工程,需要合理规划。尽管从湖泊到水库坑塘土地利用类型的转换是生态系统范围内的转化,但这实际上是从天然水体到人工水体的转换。这可能给政策制定者恢复天然水域带来巨大挑战,因为这意味着巨大的社会经济价值的损失(Ma et al., 2019; Vaissière et al., 2017)。吉林、黑龙江灌木林生态系统服务的下降是由灌木林生态系统面积减少导致的(人为因素 S),分别减少了19%和68%(附录1表A16)。吉林和黑龙江灌木林生态系统向有林地生态系统的转化主要导致了二者灌木林生态系统面积的减少,贡献率分别为101%和49%,详见表12-5和表12-6。这与由于气候变化中国东北地区森林生态系统结构和组成将发生巨大变化的研究结论一致(Li et al., 2018)。吉林和黑龙江灌木林生态系统面积下降虽然导致其灌木林生态系统服务的下降,但其灌木林转化为林地,带来两省林地生态系统服务的增加,且最终两省总的生态系统服务在2000~2015年呈现增加趋势。因此,吉林和黑龙江灌木林生态系统面积的下降并未引起两省生态系统服务总和的下降。

表 12-3　2000~2015 年山东草地生态系统面积转化矩阵

土地利用类		HCG 转为其他/m²	MCG 转为其他/m²	LCG 转为其他/m²	其他转为HCG/m²	其他转为MCG/m²	其他转为LCG/m²	草地净损失面积/m²	比例/%
农业用地		小计						3.73×10⁹	72
	11	9.78×10⁶	6.48×10⁶	2.11×10⁶	2.77×10⁶	7.10×10⁵	5.00×10⁴	1.48×10⁷	
	12	9.27×10⁸	2.40×10⁹	9.86×10⁸	1.63×10⁸	3.13×10⁸	1.17×10⁸	3.72×10⁹	
生态系统用地		小计						4.06×10⁸	8
	21	1.08×10⁸	1.25×10⁸	2.32×10⁷	8.83×10⁷	1.04×10⁸	3.25×10⁷	3.14×10⁷	
	22	5.36×10⁷	9.22×10⁷	1.74×10⁷	3.29×10⁷	5.97×10⁷	2.28×10⁷	4.78×10⁷	
	23	3.17×10⁷	4.10×10⁷	1.15×10⁷	3.33×10⁷	4.67×10⁷	1.62×10⁷	−1.21×10⁷	
	24	3.11×10⁶	5.21×10⁶	1.07×10⁶	2.12×10⁶	3.90×10⁶	3.85×10⁶	−4.80×10⁵	
	31	2.21×10⁹	4.21×10⁷	1.41×10⁹	2.21×10⁹	4.39×10⁷	2.01×10⁷	−7.79×10⁶	
	32	4.39×10⁷	3.48×10⁹	3.34×10⁷	4.21×10⁸	3.48×10⁹	3.42×10⁷	1.00×10⁶	
	33	2.01×10⁷	3.42×10⁷	1.37×10⁹	1.41×10⁷	3.34×10⁷	1.37×10⁷	6.79×10⁶	
	41	5.87×10⁶	9.43×10⁶	3.37×10⁶	1.24×10⁶	1.72×10⁶	7.60×10⁵	1.50×10⁷	
	42	2.40×10⁶	5.40×10⁶	1.20×10⁶	1.00×10⁶	1.60×10⁶	1.10×10⁶	2.69×10⁶	
	43	9.77×10⁷	1.84×10⁸	4.45×10⁷	8.32×10⁶	8.80×10⁶	4.50×10⁶	3.05×10⁸	
	64	5.59×10⁶	8.32×10⁶	2.73×10⁶	0	0	0	1.66×10⁷	
居住或建筑用地		小计						8.55×10⁸	16
	51	5.69×10⁷	9.47×10⁷	3.52×10⁷	9.90×10⁵	2.39×10⁶	4.60×10⁵	1.83×10⁸	
	52	8.29×10⁷	2.22×10⁸	8.85×10⁷	1.99×10⁷	4.01×10⁶	1.58×10⁶	3.18×10⁸	
	53	1.43×10⁸	1.53×10⁸	6.15×10⁷	1.94×10⁶	1.70×10⁶	2.70×10⁵	3.54×10⁸	

续表

土地利用类		HCG转为其他/m²	MCG转为其他/m²	LCG转为其他/m²	其他转为HCG/m²	其他转为MCG/m²	其他转为LCG/m²	草地净损失面积/m²	比例/%
未利用土地	小计							2.00×10⁸	4
	44	1.60×10⁷	5.42×10⁷	3.58×10⁶	4.60×10⁵	2.90×10⁵	7.00×10⁴	7.30×10⁷	
	46	2.45×10⁶	5.98×10⁶	3.23×10⁶	3.99×10⁶	8.63×10⁶	2.08×10⁶	−3.04×10⁶	
	61	3.00×10⁴	3.00×10⁴	1.00×10⁴	1.10×10⁵	3.73×10⁶	8.00×10⁴	−3.85×10⁶	
	63	2.67×10⁶	1.13×10⁷	2.59×10⁶	6.14×10⁶	1.78×10⁷	7.20×10⁵	−8.10×10⁶	
	64	1.07×10⁸	3.69×10⁷	2.27×10⁶	0	1.49×10⁷	3.70×10⁵	1.31×10⁸	
	66	5.21×10⁶	2.01×10⁷	2.03×10⁶	3.41×10⁶	1.02×10⁷	1.54×10⁶	1.21×10⁷	
	67	0	0	0	8.60×10⁵	5.00×10⁴	0.00×10⁰	−9.10×10⁵	
	99	0	0	0	6.00×10⁴	2.00×10⁴	1.20×10⁵	−2.00×10⁵	
合计								5.20×10⁹	

注：11：水田；12：旱地；21：有林地；22：灌木林；23：疏林地；24：其他林地；31：高覆盖度草地（HCG）；32：中覆盖度草地（MCG）；33：低覆盖度草地（LCG）；41：河流；42：湖泊；43：水库坑塘；64：沼泽地；51：城镇用地；52：农村居民点；53：其他建设用地；44：永久性冰川雪地；46：滩地；61：沙地；63：盐碱地；66：裸岩石质地；67：其他未利用土地，包括高寒荒漠、苔原等；99：海洋。负数表示增加了草原、湖泊或灌木林生态系统面积，但丧失了其他生态系统面积；正数表示草地、湖泊或灌木林生态系统面积的损失，其他生态系统面积的增加。比例：因草地、湖泊或灌木林面积减少带来其他生态系统面积增长占草地、湖泊或灌木林生态系统面积总净损失量的比例。下同。

表 12-4 2000～2015 年山东湖泊生态系统面积转化矩阵

土地利用类型		湖泊转为其他/m²	其他转为湖泊/m²	湖泊净损失面积/m²	比例/%
农业用地	小计			1.81×10⁷	12
	11	1.37×10⁷	5.00×10⁵	1.32×10⁷	
	12	8.10×10⁶	3.25×10⁶	4.85×10⁶	
生态系统用地	小计			1.24×10⁸	85
	21	4.29×10⁶	5.00×10⁴	4.24×10⁶	
	22	6.00×10⁴	4.10×10⁵	−3.50×10⁵	
	23	4.00×10⁴	2.00×10⁴	2.00×10⁴	
	24	7.00×10⁴	1.00×10⁴	6.00×10⁴	
	31	1.00×10⁵	2.40×10⁶	−2.30×10⁶	
	32	1.60×10⁵	5.40×10⁶	−3.80×10⁵	
	33	1.10×10⁵	1.20×10⁵	−1.00×10⁴	
	41	5.60×10⁵	1.80×10⁵	3.80×10⁵	
	42	7.16×10⁸	7.16×10⁸	0	
	43	1.25×10⁸	3.64×10⁶	1.22×10⁸	
	64	5.60×10⁵	2.00×10⁴	5.40×10⁵	

续表

土地利用类型		湖泊转为其他/m²	其他转为湖泊/m²	湖泊净损失面积/m²	比例/%
	小计			5.90×10^6	4
居住或建筑用地	51	3.36×10^6	1.40×10^5	3.22×10^6	
	52	9.70×10^5	3.30×10^5	6.40×10^5	
	53	2.40×10^6	3.60×10^5	2.04×10^6	
	小计			-1.76×10^6	-1
	44	0	1.00×10^4	-1.00×10^4	
	46	6.00×10^4	7.00×10^4	-1.00×10^4	
未利用土地	61	4.04×10^6	3.60×10^5	3.68×10^6	
	63	3.60×10^6	9.03×10^6	-5.43×10^6	
	64	0	0	0	
	66	6.00×10^4	3.00×10^4	3.00×10^4	
	67	0	2.00×10^4	-2.00×10^4	
合计				1.46×10^8	

表 12-5　2000~2015 年吉林灌木林生态系统面积转化矩阵

土地利用类型		灌木林转化为其他/m²	其他转为灌木林/m²	灌木林净损失面积/m²	比例/%
	小计			2.54×10^8	24
农业农地	11	5.81×10^7	4.65×10^7	1.16×10^7	
	12	7.28×10^8	4.85×10^8	2.42×10^8	
	小计			7.89×10^8	77
	21	1.51×10^9	4.71×10^8	1.04×10^9	
	22	4.19×10^8	4.19×10^8	0	
	23	1.16×10^8	2.28×10^8	-1.12×10^8	
	24	1.12×10^7	7.03×10^6	4.18×10^6	
生态系统用地	31	8.91×10^7	6.11×10^7	2.80×10^7	
	32	4.26×10^7	2.05×10^8	-1.63×10^8	
	33	2.54×10^6	1.50×10^6	1.04×10^6	
	41	3.11×10^7	3.40×10^7	-2.89×10^6	
	42	2.92×10^6	6.68×10^6	-3.76×10^6	
	43	7.06×10^6	7.72×10^6	-6.60×10^5	
	64	3.06×10^7	3.23×10^7	-1.73×10^6	
	小计			8.63×10^6	1
居住或建筑用地	51	7.76×10^6	1.82×10^6	5.94×10^6	
	52	1.94×10^7	1.95×10^7	-6.00×10^4	
	53	3.03×10^6	2.80×10^5	2.75×10^6	

续表

土地利用类型		灌木林转化为其他/m²	其他转化为灌木林/m²	灌木林净损失面积/m²	比例/%
未利用土地	小计			-2.24×10^7	-2
	61	6.96×10^6	2.05×10^6	4.91×10^6	
	63	1.01×10^7	9.30×10^6	8.30×10^5	
	46	4.47×10^7	7.21×10^7	-2.74×10^7	
	65	4.00×10^4	0	4.00×10^4	
	66	6.30×10^5	1.36×10^6	-7.30×10^5	
合计				1.03×10^9	

表 12-6 2000～2015 年黑龙江灌木林生态系统面积转化矩阵

土地利用类型		灌木林转化为其他/m²	其他转化为灌木林/m²	灌木林净损失面积/m²	比例/%
农业用地	小计			1.67×10^9	9
	11	1.46×10^9	7.93×10^7	1.38×10^9	
	12	1.68×10^9	1.39×10^9	2.89×10^8	
生态系统用地	小计			1.62×10^{10}	88
	21	1.10×10^{10}	2.03×10^9	8.92×10^9	
	22	1.36×10^9	1.36×10^9	0	
	23	4.78×10^8	4.70×10^8	8.24×10^6	
	24	7.32×10^7	3.81×10^7	3.52×10^7	
	31	2.74×10^9	6.16×10^8	2.12×10^9	
	32	1.50×10^8	8.56×10^7	6.42×10^7	
	33	3.47×10^6	1.20×10^5	3.35×10^6	
	41	1.65×10^8	4.23×10^7	1.23×10^8	
	42	1.23×10^7	4.07×10^6	8.22×10^6	
	43	1.88×10^7	4.98×10^6	1.38×10^7	
	64	5.20×10^9	3.07×10^8	4.89×10^9	
居住或建筑用地	小计			6.29×10^7	1
	51	2.15×10^7	2.31×10^6	1.92×10^7	
	52	4.42×10^7	3.19×10^7	1.23×10^7	
	53	3.25×10^7	1.08×10^6	3.14×10^7	
未利用土地	小计			4.04×10^8	2
	61	0	4.00×10^4	-4.00×10^4	
	63	2.10×10^5	9.90×10^5	-7.80×10^5	
	46	4.59×10^8	5.92×10^7	4.00×10^8	
	65	8.70×10^5	6.60×10^5	2.10×10^5	
	66	6.00×10^6	9.60×10^5	5.04×10^6	
合计				1.83×10^{10}	

（3）不能忽视流域上下游之间的影响。从黄河流域可以看出，生态系统服务价值下降集中在中下游省份，也即黄河中下游生态系统保护压力相对大于上游省份，这也与上下游生态系统之间的相互影响息息相关。具体而言，山西生态系统服务价值下降集中在水生生态系统的沼泽和湖泊。河南也需将沼泽和湖泊生态系统作为重点保护对象，因为二者在2000~2015年分别下降了97%和52%；上游四川、甘肃、青海、宁夏湖泊（或水库坑塘）面积都有所增加，下游的陕西、山西、河南、内蒙古却相反，可能是上游省份大量密集修筑水库形成大规模拦蓄水导致下游河湖湿地生态系统萎缩所致。此外，山东还需关注中、低覆盖度草地生态系统的保护与修复，其草地生态系统服务价值下降比例明显大于湖泊生态系统。内蒙古高、低覆盖度草地和湖泊生态系统服务价值下降比例相近。中游的陕西湖泊生态系统服务价值下降了59%。上游省份除青海在沼泽地生态系统服务价值略有下降（-3%）外，其余省份的生态系统服务价值在2000~2015年都有不同幅度的增加。整体而言，黄河流域省市生态系统服务价值下降集中在草地和水生生态系统，应作为重点保护与修复的对象。而有林地和灌木林生态系统服务价值则呈现不同增幅，反映了实行退耕还林、天然林保护计划、三北防护林计划等生态修复政策的效果。

因此，区别于以往研究更关注400 mm等降水量线以北区域，本研究发现，400~800 mm等降水量线之间区域更加脆弱，更需要政策支持。

12.2.4　中国生态系统服务变化的生态系统类型归因分析

本研究进一步识别了哪类生态系统导致了中国生态系统服务大规模的增长。由图12-6、图12-7和附录1表A17可知，31个省份中有16个主要是林地主导型，在其所在省份为生态系统服务增加贡献了27%（陕西）~381%（黑龙江）。河流主导驱动了7个省份的生态系统服务的增加，贡献率为22%（青海）~85%（广西）。其中，有林地和河流、灌木林和草地、草地和河流作为双驱动，分别引起了福建、陕西和青海生态系统服务的增加。新疆和宁夏、天津和江苏生态系统服务的提升分别归因于其草地、水库坑塘生态系统服务的增加。对于生态系统服务在2000~2015年下降的省份，河南和海南生态系统服务下降分别主要来源于河流生态系统，上海和山东生态系统服务的下降则分别归因于其水库坑塘和草地生态系统。这些研究结果表明，中国生态系统服务的增加分别有53%和25%源于林地和草地生态系统服务的增加。

16个林地主导的生态系统服务增加的省份中有14个主要源于林地生态系统面积的增加，详见表12-7。因此，本研究进一步识别了引起林地面积变化的自变量（表12-8）与各项生态系统服务的相关系数和回归关系。由表12-8可知，总体上，中国重点林业工程的林业投资和完成的造林面积及林业有害生物发生防治在统计学上显著改善了林地生态系统，而森林火灾在统计上显著地减少了林地生态系统服务。同时也可以看出，并不是所有统计指标都与林地生态系统分项服务显著相关，仅固持土壤和调节局地温湿度服务与所有自变量显著相关，且拟合度高，说明这两个分项服务较为敏感，可作为预测指标。具体地，中国重点林业工程的林业投资和完成的造林面积在统计学上显著促进了构建土壤、固持土壤及调节局地温湿度服务的改善。固持土壤和调节局地温湿度服务与2000年林业有害生物防治面积的相关系数为正，而与2000年林业有害生物发生面积呈负相关。除构建土壤外，

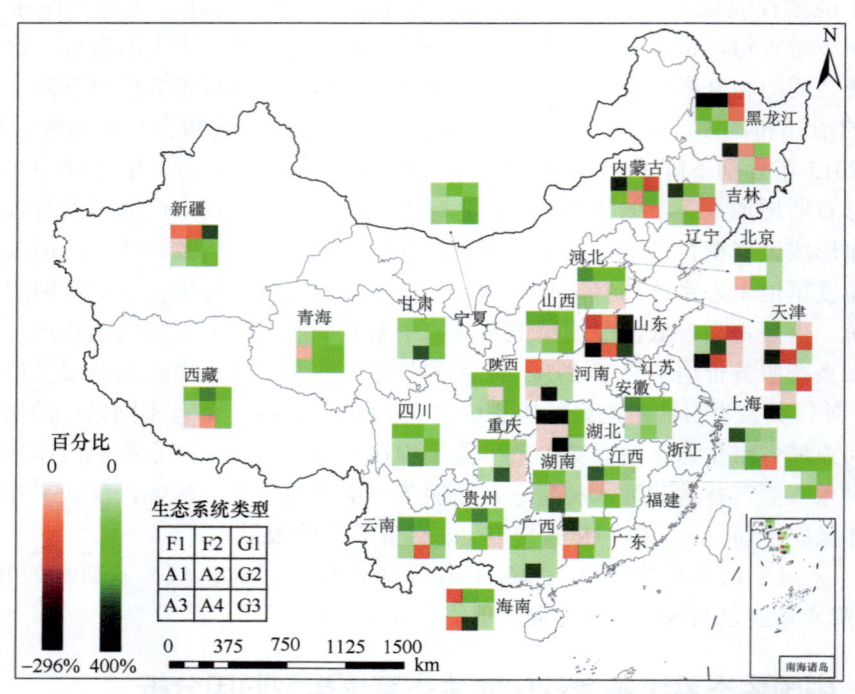

图 12-6　九类生态系统对中国 2000~2015 年生态系统服务变化的贡献率

F1：有林地；F2：灌木林；G1：高覆盖度草地；G2：中覆盖度草地；G3：低覆盖度草地；
A1：沼泽地；A2：湖泊；A3：水库坑塘；A4：河流

图 12-7　不同生态系统主导贡献当地生态系统服务变化的示意图

2000年森林火灾受灾面积与各项服务均为负相关,且具有统计学意义（$P<0.01$）。这些研究结果凸显了人类采取增加中国森林生态系统数量和改善其质量的行动对改善其生态系统服务至关重要。

表 12-7　林地主导省（自治区、直辖市）R、τ、S 和 δ 对其林地生态系统服务变化的贡献率

（单位: %）

省份	R	τ	S	δ
内蒙古	-1	5	97	-1
黑龙江	-1	6	94	1
云南	0	9	89	1
河北	4	7	87	2
辽宁	2	5	75	18
湖北	-3	26	74	3
吉林	0	8	61	31
江西	34	9	52	6
北京	-2	42	49	12
山西	-1	39	47	15
安徽	29	20	46	4
广东	28	22	46	3
浙江	61	21	16	2
贵州（Sh）	0	21	77	2
西藏（Sh）	0	128	-26	-2
陕西（Sh&G）	1	13	84	2

注：R、τ、S 和 δ 分别表示自然因素（降水量、蒸散发量等）、重视因素（人类对生态系统服务改善的重视程度）、人为因素（生态系统面积）和误差项；省份后面的 Sh 和 Sh&G 分别表示灌木林、灌木林和草地生态系统主导了其生态系统服务的变化。

表 12-8　林业工程与各项生态系统服务的相关系数和回归关系

自变量	NPP	CS	SB	GR	AP	SR	MR	CR
2000 年林业投资（万元）	0.542**	0.502**	0.472**	0.441*	0.392*	0.598**	0.575**	0.383*
2001~2015 年林业累计投资（万元）	—	—	0.367*	—	—	0.490**	0.471**	—
2000 年林业重点工程完成造林面积（hm²）			0.434*			0.548**	0.435*	
2001~2015 年林业重点工程累计完成造林面积（hm²）	—	—	0.374*	—	—	0.554**	0.448*	—
2000 年森林火灾受灾面积（hm²）	-0.628**	-0.551**	—	-0.687**	-0.675**	-0.591**	-0.698**	-0.667**
2000~2015 年森林火灾受灾面积差值（hm²）	0.567**	0.502**	—	0.619**	0.616**	0.492**	0.594**	0.605**

续表

自变量	NPP	CS	SB	GR	AP	SR	MR	CR
2001~2015年森林火灾受灾累计面积（hm²）	−0.637**	−0.560**	—	−0.709**	−0.659**	−0.595**	−0.702**	−0.650**
2000年林业有害生物发生面积（hm²）	—	—	—	−0.363*	—	−0.600**	−0.527**	—
2001~2015年林业累计有害生物发生面积（hm²）	—	—	−0.398*	—	—	−0.570**	−0.504**	—
2000年林业有害生物防治面积（hm²）	—	—	—	—	—	0.546**	0.451*	—
2001~2015年累计林业有害生物防治面积（hm²）	—	—	—	—	—	0.533**	0.427*	—
R^2	0.512	0.533	0.539	0.354	0.408	0.869	0.793	0.296
SN/个	31	31	31	31	31	31	31	31

注：CS：固碳释氧；SB：构建土壤；GR：补给地下水；AP：净化空气；SR：固持土壤；MR：调节局地温湿度；CR：调节气候；SN：样本量。

*$P<0.05$。

**$P<0.01$。

12.3 基于归因分析的中国生态系统管理启示

由表12-2可知，就中国区域生态系统服务改善的贡献因素而言，400 mm等降水量线以北区域的自然因素和人为因素比例约为3:7；而800 mm等降水量线以南区域的自然因素和人为因素比例约为7:3；400~800 mm等降水量线之间区域自然因素贡献为负，且高达−58%，而人为因素贡献超过100%，为142%，说明人为因素在很大程度上弥补了自然条件的恶化。

由此可知，对于400 mm等降水量线以北区域主要靠人为因素（生态系统面积增加）来改善其生态系统服务。由图12-6可知，该地区主要灌木、草地生态系统面积增加，为其生态系统面积的增加做出贡献。人类已经在该区实施生态工程项目上花费了很多时间，未来还将进一步实施。例如，在"如何谋划好甘肃'十四五'时期的发展主线"中明确指出实施好新一轮退耕还林还草、天然林保护二期、三北防护林五期、退牧还草等国家重点生态工程项目。内蒙古自治区林业和草原局2020年工作计划明确指出公益造林完成30万亩以上。但该地区干旱少雨，这意味着过度扩大生态系统面积可能会导致当地水资源无法支撑进一步的植被修复。因此该地区需要采用降水量减去人类需水量，以获得当地水资源可承载的植被修复阈值，当植被修复超过当地水资源阈值时，进一步植被修复是不可持续的，不能继续强调植树造林绿化，应该考虑优化植被修复类型，如采用用水量较少的当地植被，或者将植被修复面积控制在当地水资源量承载力范围内，不再进一步恢复植被（Feng et al.，2016）。若当地植被修复力度小于阈值，则表明还有进一步绿化的空间。

对于400~800 mm等降水量线之间区域，也主要由人为因素改善其生态系统服务，但其自然因素贡献率为负值，意味着该地区自然条件恶化比400 mm等降水量线以北区域更加严重。由表 12-2 可知，其自然条件的恶化主要表现为蒸散发量的下降，意味着植被覆盖度的增加。由图 12-6 可知，该地区生态系统面积增加集中在林地面积增加；同时伴随着等降水量线的南移，这就意味着地表水和地下水的减少，则可供生态系统和人类使用的水资源量大大减少，尤其是等降水量线南移的河南和山东南部，这就意味着该地区造林或植被修复工程逼近当地水资源极限的风险会较 400 mm 等降水量线以北区域更大。因此，400~800 mm 等降水量线之间区域应该受到更多的关注，而确定其水资源所能允许的最大植被修复阈值更加紧迫。若当地植被修复力度超过这一阈值，则不能继续通过植树造林绿化或需要调整绿化方式；若当地植被修复力度小于水资源可允许的阈值，则表明还有进一步绿化的空间。因此，从 2000~2015 年的全国生态系统服务变化可以看出，400~800 mm 等降水量线之间区域是一个敏感并动态变化的区域，需要实施动态生态修复策略并考虑流域上下游的相互效应。

因此，在 800 mm 等降水量线以北区域，在采用提高生态系统面积或者是植被面积改善其生态系统服务时，需要确定当地生态环境和人类需水量允许的植被修复量，若建议修复植被的最大适宜量已经达到，不可再进一步通过植树造林绿化或需要调整绿化方式。同时需要优先对植被恢复方式进行当地化改良，以适应该地区恶劣的环境并获得最佳回报、避免过度投资（Bond，2016；Chen et al.，2015；Liu et al.，2013；Wang et al.，2019）。

对于 800 mm 等降水量线以南区域，其优越的自然条件在其生态系统服务改善中占了约 7 成的贡献，即自然因素起主导作用，因此该区域应主要依靠自然的力量修复生态，人类只需予以辅助手段，即"基于自然的解决方案"（nature-based solution, NbS）。"基于自然的解决方案"最早出现于 2008 年世界银行发布的报告——《生物多样性、气候变化和适应：世界银行投资中基于自然的解决方案》中，涵盖了一系列基于生态系统的解决方法和措施，以应对气候变化、粮食安全和灾害风险等社会挑战（Griscom et al.，2017）。对于 800 mm 等降水量线以南自然因素主导的区域，该方案可能是改善生态系统服务的有效途径。

云贵地区最大的可更新资源为风能，这与其特殊的地理位置相关。其气候比较湿润，河谷深切，密度大，植被覆盖度低，特别是在石灰岩地形上，水土流失严重。由于特有的地形和气候，大气污染物不易扩散，再加上大量高硫煤的使用，云贵成为我国最早发现大面积酸雨的地区（欧阳志云等，2000）。因此风能主导可起到稀释大气污染物的作用，而植被修复在一定程度上也可以起到改善当地水土流失、净化空气等作用。当地生态系统面积增加对其生态系统服务改善的贡献率高达 86%，自然贡献为负（−3%），且云贵地区生态系统服务增加，说明人为因素的改善压倒了自然因素的恶化，其生态系统服务得到改善。由于云贵地区为风能主导区，需要注意风能主导区的植被修复方式与降水量主导区的差异性，尤其关注廊道的连通性。另外，云贵地区为山地地形，地貌复杂，地表植被多样化，因此在进行植被修复时需要结合当地具体实际情况，选择适合当地的植被修复方式，现场考察尤为重要。

由以上分析可以看出，中国的植被恢复工程在改善中国生态系统服务中起着重要作用，但部分地区由于当地水资源等因素限制，单纯地依靠增加生态系统面积来改善生态系统服务可能并不是可持续的。各地政策制定者需要在实施生态系统管理措施之前，摸清当地生态环境所能承受的最大植被修复阈值，在此范围内可持续地实施生态系统保护与管理。

12.4 本章小结

本章基于偏微分方程构建生态系统服务价值变化归因分析方法学，识别引起生态系统服务变化的 4 个因素，即自然因素 R、重视因素 τ、人为因素 S 和误差项 δ，量化 2000～2015 年 4 个因素对中国不同生态系统类型、省级及区域生态系统服务变化的贡献率，研究结果对识别生态系统服务变化主导因素、指导生态系统修复与保护措施有重要意义。本章的主要结论如下。

（1）对于不同生态系统，除河流生态系统主要由自然因素即蒸散发量引起其生态系统服务变化外，其余生态系统主要由其生态系统面积变化引起其生态系统服务变化，说明人类可以通过合理的土地利用管理来实现生态系统的改善。

（2）在省级尺度上，生态系统面积增加是中国生态系统服务价值增加的主导因素。2000～2015 年，中国 31 个省份中有 15 个是由其生态系统面积增加引起了其生态系统服务价值增加的，意味着中国 74% 面积的生态系统服务价值增加是由生态系统面积增加引起的，贡献率为 54.10%（安徽）～314.25%（湖北）。9 个省份生态系统的改善主要归因于自然条件的改善。这 9 个省中有 8 个归因于蒸散发量的增加，贡献率为 53.47%（江西）～97.01%（甘肃）。另外 1 个省份即广东，主要是由于降水量的增加改善其生态系统服务的贡献率为 68.23%。人类对生态系统服务改善重视程度的增加主要贡献了经济较发达的北京、天津和江苏生态系统服务价值的增加，贡献率分别为 33%、92% 和 82%。

（3）对于生态系统服务下降的 4 个省份，生态系统面积下降主导了上海和山东生态系统服务价值的下降，贡献率分别为 -147% 和 -81%。自然因素恶化是导致河南和海南生态系统服务价值下降的主导因素，二者的自然因素分别为蒸散发量和降水量，贡献率分别为 96.42% 和 72.43%。

（4）在区域尺度上，400 mm 等降水量线以北区域的自然因素和人为因素的比例约为 3∶7；而 800 mm 等降水量线以南区域的自然因素和人为因素的比例约为 7∶3，两者比例刚好相反；400～800 mm 等降水量线之间区域自然因素贡献为负，且高达 -58%，而人为因素贡献为 142%，超过 100%，说明人为因素在一定程度上弥补了自然条件的恶化。风能主导的云贵地区，自然因素在恶化，贡献率为 -3%，而人为因素的贡献率却高达 86%。重视因素 τ 对改善生态系统服务的主导贡献作用集中在发达地区，即北京、天津和上海。本研究还表明 400～800 mm 等降水量线之间区域是改善生态系统服务、开展生态保护实践的重点区域。

（5）31 个省份中有 16 个主要是林地生态系统的驱动了生态系统服务的变化，在其所在省（自治区、直辖市）为生态系统服务增加贡献了 27%（陕西）～381%（黑龙江）。河流生态系统主导了 7 个省份的生态系统服务的增加，贡献率为 22%（青海）～85%（广西）。中国生态系统服务的增加分别有 53% 和 25% 源于林地和草地生态系统服务的增加。

（6）16 个林地主导的生态系统服务增加的省份中有 14 个主要源于林地生态系统面积的增加。中国重点林业工程的林业投资和完成的造林面积及林业有害生物防治面积在统计学上显著改善了林地生态系统服务，而 2000 年森林火灾受灾面积在统计上显著地减少了林地生态系统服务，这表明人类增加中国森林生态系统数量和改善其质量的实践显著促进了中国生态系统服务提升。

（7）400 mm 等降水量线以北区域、400~800 mm 等降水量线之间区域主要靠人为因素驱动其生态系统服务提升，但由于当地降水量相对较少，因此需要核算当地降水量扣除当地人类需水量得到可供生态系统使用的水资源量及其对应的植被修复阈值，当植被修复力度超过当地水资源限制时，继续植被修复是不可持续的。这一点对于 400~800 mm 等降水量线之间区域尤为重要。

第 13 章

水坝建设对河流生态系统服务价值的影响

13.1 引言

　　水电作为一种相对清洁且可再生资源，2017 年全球水电总产量为 4185 TW·h，约占世界电能总产量的 16.4%（International Hydropower Association，2018）。早期 Nilsson 等研究者提出，水坝通过对水沙过程的调节，能够发挥灌溉、供水、发电、防洪、航运与娱乐等多种作用与功能（Nilsson et al.，2005；肖建红等，2005；汪秀丽和董耀华，2006；龙岳林等，2007），然而随着人们对水坝建设认识的深入，水坝建设后的负面效应逐渐被提出（马小凡等，2005；彭辉等，2009；韩丽红等，2014）。一方面，大型水坝工程往往会改变河流的自然形态，水坝的阻塞作用导致泥沙、营养物质等淤积在上游水库，造成清水下泄，下游河流泥沙含量显著降低，河岸冲刷加剧，水土流失严重（刁承泰等，2004；张远等，2005；杨云平等，2017；郭文献等，2018）；另一方面，水坝建设阻断了洄游鱼类的洄游通道，改变和破坏了生物赖以生存的自然环境，影响生物的多样性（黄亮，2006；薛联芳等，2007；孙荣等，2011；王艳芳，2016）。由此可见，水坝建设对河流生态系统乃至人类社会的影响具有双重性。目前，许多发达国家水坝的负面效益已超过其正面效益，因而反对建坝的呼声越来越多，美国（Foley et al.，2017）、加拿大（C. R. 唐纳利和黎刚，2006）、日本（高玉琴，2018）等国家甚至开始了拆坝行动。然而，全面拆除大型水坝可能对水坝所在区域生态环境产生潜在影响。例如，改变河流水文条件，影响泥沙运输，导致泥沙沉积物中污染物重新释放而造成下游河流水质恶化等（向衍，2008），并且目前对拆坝带来的影响方面的研究还不充分（向衍，2008；林育青等，2017；高玉琴，2018）。因此，如何量化水坝建设后河流生态系统服务功能价值的变化，进而评估水坝的效益，成为当前研究的热点。

　　目前，评价水坝建设后对河流生态系统服务功能影响的研究存在两方面的难题：一是水坝建设前后的系统边界尚无统一的界定方法。当前研究多为固定边界法（曾容等，2010；Fang et al.，2015），然而不少研究并没有明确指出其所选定的系统边界，并且建坝前后是否使用统一的边界进行比较也不明确，这是当前研究建坝对生态环境的影响最主要的困境。建坝前后实际的生态系统形态是完全不同的，如果按照建坝后的形态确定的边界，会人为地缩小建坝前自然河流实际的范围。二是水坝建设后河流生态系统提供的生态系统服务应当包含的类别当前尚无定论。当前研究中建坝前后生态系统服务的选择因数据收集困难而比较随意。这种随意性可能会导致不同区域的研究结果不具可比性。因此，亟须从方法和框架上进行突破，科学合理量化、比较水坝建设后对河流生态系统服务的影响。

13.2 研究方法

13.2.1 系统边界的确定

本研究通过水量来确定建坝前后用于比较的生态系统服务功能的系统边界。建坝前，研究系统是一条自然河流；建坝后，在坝上区域汇集来水，水流速度减小，形成水库型生态系统，坝下河水流速增大，形成坝下河道。因此，建坝后研究区域应包括坝上水库和坝下河流两部分，坝上部分以水库正常蓄水时淹没区边界为系统边界，坝下部分以天然河道范围为边界。目前已知的是建坝后的情况，需要通过建坝后的形态推算建坝前的自然河流边界。湿地系统（包括河流、湖泊、水库等）的生物量是与水量有直接相关关系的，建坝后固定土地边界会人为缩小建坝前自然河流的实际范围，这样的比较是不匹配的。本研究通过水量重新估算建坝前河流生态系统的边界范围，具体计算公式如式（13-1）～式（13-3）所示：

$$V_1 = V_2 = V_r + V_b \tag{13-1}$$

$$V_b = S_b H_b = L_b B_b H_b \tag{13-2}$$

$$V_1 = S_1 H_1 = L_1 B_1 H_1 \tag{13-3}$$

式中，V_1、V_2 分别为建坝前后研究区河段的河流水量，m^3；V_r 为水库总库容，m^3；V_b 为坝下河段水量，m^3；S_b 为坝下河段面积，m^2；L_b、B_b、H_b 分别为坝下河段平均河长、平均河宽、平均水深，m；S_1 为建坝前河段面积，m^2；L_1、B_1、H_1 分别为建坝前河段平均河长、平均河宽、平均水深，m。

本研究选取坝区水库正常蓄水时淹没区面积与坝下河流约 1 km 范围内的面积来推算建坝前河流面积，建坝前、建坝后淹没区面积示意图见图 13-1、图 13-2。

图 13-1　建坝前淹没区面积示意图

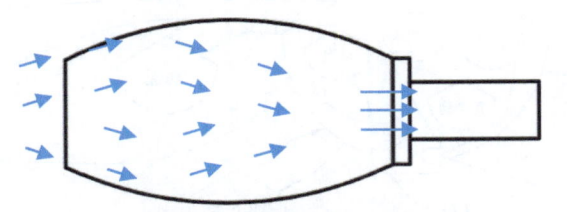

图 13-2　建坝后淹没区面积示意图

13.2.2 基于能值分析构建大坝建设前后的生态系统模型

大坝是人类为满足自身需要而使自然生态系统能量流动、转化方式和方向出现暂时或持久性改变的建筑，涉及能流、物流、人口流、货币流代谢，效应表现方式各异（曾容等，

2010)。能值分析方法从地球生物圈能量运动的角度出发，用能值来表达某种资源或产品在形成或生产过程中所消耗的所有能量记忆，被不少研究者尝试用来评估大坝建设的生态环境影响。最早将能值分析方法引入大坝建设评估的是 Brown 和 McClanahan（1996），其对湄公河上游两座拟建水坝进行了分析，结果表明拟建水坝对环境造成了较大负荷；Kang 和 Park（2002）对韩国一拟建水坝进行能值分析发现，拟建水坝的环境压力远低于韩国经济发展带来的环境压力，对韩国经济发展贡献较大；曾容等（2010）对尼尔基大坝进行了生态效应评价，结果表明建坝后库区生态系统在运行效率和功能维持等方面优势显著，但是组织结构出现不平衡，环境负荷较高，可持续发展能力受损；Fang 等（2015）对漫湾水电站河流生态系统健康进行了评价，结果显示大坝建设提高了上游生态系统的活力，提升了上下游生态系统的组织能力和环境容量，但对整个生态系统的恢复能力产生了负面影响。能值分析方法为大坝建设对河流生态系统服务的影响评价提供了一种很好的分析手段，一方面该方法通过能值转换率将不同等级、不同类别的物质或能量转化为统一的衡量尺度，从而解决当前生态系统服务价值核算中缺乏相同度量单位的问题；另一方面它从禀赋价值视角出发，细致剖析物质流动和能量传递，允许量化每个流量或存量的环境工作量/投入量（刘耕源，2018），以能量的集聚、结构与效率等特征指标衡量系统的改变，可以客观、真实地评估水坝建设的生态影响（Brown and McClanahan，1996）。

建坝前河流生态系统输入主要来源于自然界，包括太阳能、雨水及上游入流带来的营养物质、有机质和污染物等；产出主要有提供水源、渔业生产、地表水蒸发带来的调节局地小气候服务、水生生态系统吸收温室气体而达到调节气候服务，以及河流向下游运移物质等服务输出。建坝后河流生态系统输入除了来源于自然界外，还来源于水坝建设的人工投入，包括建筑材料、人力劳动、运营维护投入等；产出新增提供水电等。建坝前后河流生态系统能值分别见图 13-3、图 13-4。

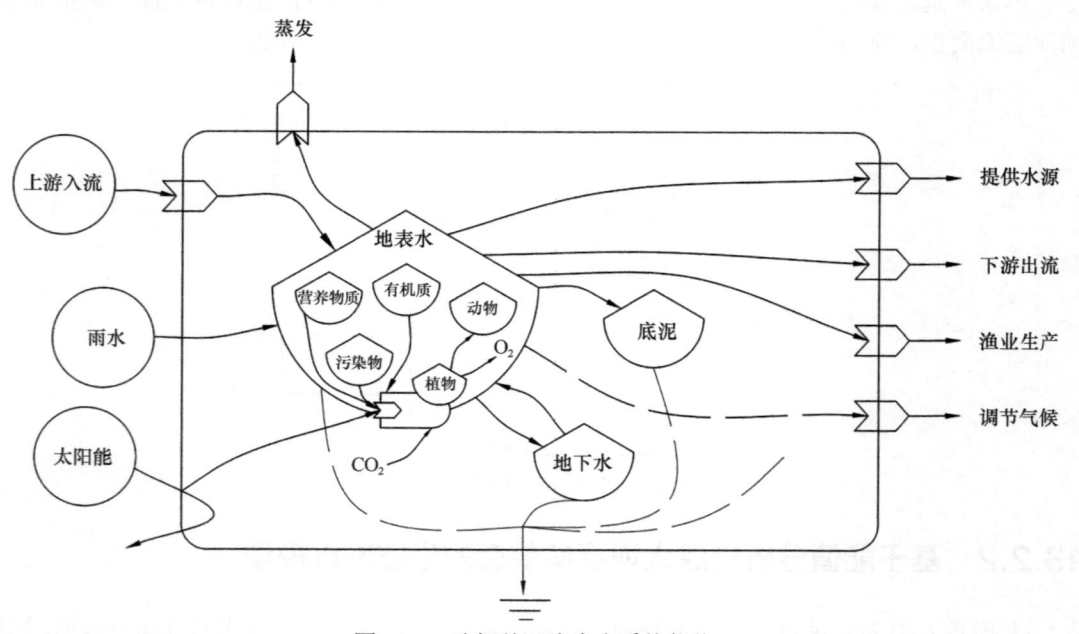

图 13-3　建坝前河流生态系统能值

第 13 章 水坝建设对河流生态系统服务价值的影响

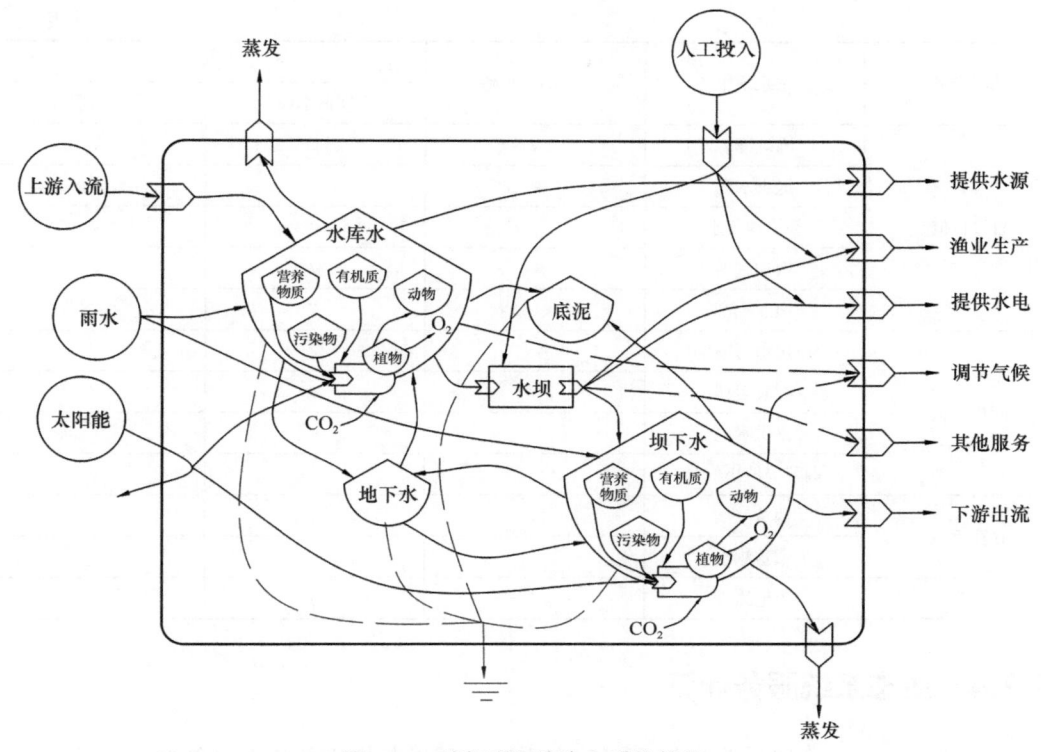

图 13-4 建坝后河流生态系统能值

13.2.3 大坝建设前后生态系统服务分类

生态系统服务是直接或间接贡献人类福利的生态特征、功能或过程,即人类从运作的生态系统中获得的好处(刘耕源和杨青,2018)。本研究将采用更易量化、难以用货币定价的自然投入能值分析方法核算生态系统服务。基于此,在非货币量的生态系统服务价值评估框架下将大坝生态系统服务分为 4 种类型:一是与存量、流量相关的直接价值,包括增加 NPP、固碳释氧、提供水源、补给地下水、增加底泥、渔业生产等,并且由于直接价值存在重复计算不能直接加和,因此确定了加和原则;二是存量、流量变化带来的影响,称为间接价值,包括净化水污染物、物质运移、提供水电、调节局地小气候等;三是生态系统的存在造成的间接服务,间接服务是由当地生态系统的存在对跨尺度的生态环境造成的影响或者人类的文化、科研、休闲需求产生的价值,即存在价值,本研究因数据原因仅考虑调节气候等;四是水坝建设产生的其他服务,包括正服务与负服务两大类,正服务为因修建水坝而产生调蓄洪水等正效应,负服务为修建水坝对当地生态环境造成的负效应,包括土地淹没等。建坝前后河流生态系统提供的各类生态系统服务分类见表 13-1。

表 13-1 建坝前后河流生态系统服务功能分类

功能类型	生态系统服务	建坝前河流	建坝后	
			坝前水库	坝下河流
直接价值	增加 NPP	√	√	√

续表

功能类型	生态系统服务	建坝前河流	建坝后 坝前水库	建坝后 坝下河流
直接价值	固碳释氧	√	√	√
	提供水源	√	√	√
	补给地下水	√	√	√
	增加底泥	√	√	√
	渔业生产	√	√	√
间接价值	净化水污染物	√	√	√
	物质运移	√		√
	提供水电		√	
	调节局地小气候	√	√	√
存在价值	调节气候	√	√	√
	调蓄洪水		√	
其他服务	土地淹没		√	

13.2.4 生态系统服务计算

大坝建设前，研究区域为自然河流生态系统，所以其提供的生态系统服务计算可直接使用湿地生态系统服务核算方法。本研究仅说明建坝后与湿地系统有区别的情况。

（1）提供水电（自然贡献部分）。从自然角度考虑，可以认为水电来源于两方面的贡献：一是河流生态系统所在区域降水量的贡献，二是造山运动的贡献。该项服务仅针对建坝后水库，具体计算公式：

$$Em_h = Em_r + Em_{mb} \tag{13-4}$$

$$Em_r = S_{dc}R_d\rho UEV_r \tag{13-5}$$

$$Em_{mb} = 10^6 S_{dc}r_d\rho_{soil}UEV_m \tag{13-6}$$

式中，Em_h 为大坝产生水电对应能值，sej/a；Em_r 为降水量对水电的贡献，sej/a；Em_{mb} 为造山运动对水电的贡献，sej/a；S_{dc} 为水坝的集水面积，m²；R_d 为水坝所在区域的降水量，m/a；ρ 为水的密度，kg/m；UEV_r 为雨水的能值转换率，sej/g；r_d 为水坝所在区域的侵蚀率，m/a；ρ_{soil} 为山体的密度，g/cm；UEV_m 为山的能值转换率，sej/g。

（2）调蓄洪水。水坝修建极大地降低了下游地区遭受洪水淹没的威胁，因此从水坝发挥调蓄洪水、减少下游地区生物量损失的角度来考虑该项服务价值。生物量是指地球表面绿色植物在单位时间、单位面积上所累积的有机物数量，计算公式：

$$Em_{NPP} = \max(R_i) \tag{13-7}$$

式中，R_i 包括水生生态系统所在区域所有可更新能值投入量（不考虑人工投入），包括太阳能、潮汐能、地热能、风能、雨水化学能、径流势能、径流化学能等，为避免重复计算，$\max(R_i)$=max[Sum(太阳能, 潮汐能, 地热能), 风能, 雨水化学能, 径流势能, 径流化学能]，sej/a。

（3）土地淹没损失。水库蓄水淹没了大片土地，从因淹没土地而减少的生物量角度考虑这一部分损失，计算公式同式（13-7）。

（4）水坝建设年人工投入。水坝的建设运行需要投入大量的人力、物力资源，因此在评价建坝河流的生态系统服务时不应将产生的电能均考虑为自然服务，需要剥离人工投入。人工投入主要分为三部分：第一是购入资源投入，包括建设水泥、建设钢材、建设木材、炸药、发电设备等；第二是劳动力投入；第三是运行维护费用投入等（庞明月等，2015）。购入资源投入：

$$Em_p = \sum_{i=1}^{n}(M_i \times UEV_i)/T_d \tag{13-8}$$

式中，Em_p 为购入资源投入对应能值，sej/a；M_i 为第 i 种资源的投入量，g；UEV_i 为第 i 种资源对应的能值转换率，sej；T_d 为水坝的设计运行周期，年。

劳动力投入：劳动力投入主要分为建设和运行两个阶段，计算公式：

$$Em_l = \left(\frac{L_1}{T_d} + L_2\right) \times k \times UEV_l \tag{13-9}$$

式中，Em_l 为劳动力投入对应能值，sej/a；L_1 为建设总工期，d；T_d 为水坝的设计运行周期，a；L_2 为运行期平均工期，d/a；k 为转换系数，$k=12\,588$ J/d（庞明月等，2015）；UEV_l 为劳动力投入对应的能值转换率，sej/g。

运行维护费用投入：水坝开始运行后，需要对其正常运转进行维护，计算公式：

$$Em_r = I \times EMR \tag{13-10}$$

式中，Em_r 为运行维护投入对应能值，sej/a；I 为运行维护费用投入，元/a；EMR 为当地的能值货币比，sej/元。

总人工投入为购入资源投入能值 Em_p、劳动力投入能值 Em_l、运行维护费用投入能值 Em_r 之和。

（5）建坝前后各服务变化。为了衡量建坝前后河流生态系统各项服务的变化，用建坝后与建坝前的差值衡量变化量，具体计算公式：

$$\Delta Em = (Em_2 + Em_3) - Em_1 - Em_4 \tag{13-11}$$

$$Em_x = \max(EmA_{ix}) + \sum_{j=1}^{4}EmB_{jx} + EmC_x + \sum_{k=1}^{3}EmD_{kx} \quad (x=1,2,3) \tag{13-12}$$

式中，ΔEm 为建坝前后河流生态系统服务功能变化量，sej/a；Em_1、Em_2、Em_3 分别为建坝前河流、建坝后水库、坝下河流服务总价值，sej/a；Em_4 为人工投入对应能值，sej/a；EmA_{ix}、EmB_{jx}、EmC_x、EmD_{kx} 分别为直接价值、间接价值、存在价值、其他服务价值中各项服务对应能值，sej/a；j 为 4 种间接价值；k 为 3 种其他服务；x 为不同湿地类型，如河流、湖泊、河口等。

13.2.5 研究区概况

三峡水利枢纽工程位于湖北宜昌境内，是中国目前规模最大，承担任务最繁重的水利工程，控制流域面积 100 万 km²。三峡水库西起重庆江津，东至湖北宜昌，全长约 660 km，水面面积达 1084 km², 为典型的河道型水库, 正常蓄水位为 175 m, 正常蓄水总库容为 393 亿 m³, 防洪库容 221.5 亿 m³（王瑞芳, 2014）。三峡库区属于亚热带季风气候区, 降水量丰富, 多年平均降水量为 1122.5 mm。三峡水库投入使用后, 库区由于水坝拦截, 水位升高, 流速减小, 河流水文要素发生了巨大改变, 因此出现了泥沙淤积、营养物质运移受阻、下游河床冲刷加剧等问题, 但同时 2018 年三峡电站年发电首次突破 1000 亿 kW·h, 调蓄洪水确保了长江中游 1500 万人民生命财产与 153 万 hm² 耕地安全。因此本研究以三峡水坝为例进行研究, 通过分析建坝后河流生态系统服务的变化, 判断三峡工程对河流生态系统的影响。

13.3 结果分析

13.3.1 建坝前河流面积预估

根据建坝前后水量一定的原则, 选择三斗坪—乐天溪的宽谷河段距离大坝 9600 m 为坝下河流长度, 为计算方便, 根据河段距离平均值假设建坝前平均河宽为 2000 m, 平均水深为 100 m, 依据前面所述系统边界确定方法, 预估建坝前河流面积, 计算结果见表 13-2。

表 13-2　建坝前后河流面积变化情况

项目	平均河宽/m	平均水位/m	平均河长/m	容量/m³	水面积/m²
水库				3.93×10^{10}	1.08×10^{9}
坝下河流	1 000	66.08	9 600	6.34×10^{8}	9.60×10^{6}
建坝前河流	2 000	100.00	200 000	3.99×10^{10}	3.99×10^{8}

13.3.2 建坝前后河流生态系统服务价值核算

本研究所采用数据主要来源于各类三峡建设资料、2000~2015 年长江三峡工程生态与环境监测公报及相关文献（郑月蓉和李勇, 2010; 何恩佩, 2017）等, 能值转换率主要来自相关文献（Odum, 1996; Brown and Bardi, 2001; Brown and Ulgiati, 2016）。最终计算得到的能值分析结果见表 13-3。

表 13-3　水坝建设前后河流生态系统服务价值

项目	建坝前河流/(sej/a)	各服务价值占总服务价值的比例/%	建坝后 水库/(sej/a)	建坝后 坝下河流/(sej/a)	各服务价值占总服务价值的比例（水库+河流）/%	建坝前后各服务变化量/(sej/a)
增加 NPP	1.76×10^{21}	—	3.32×10^{21}	2.94×10^{19}		1.59×10^{21}
固碳释氧	3.83×10^{19}	—	3.20×10^{20}	6.40×10^{17}		2.82×10^{20}
补给地下水	1.86×10^{18}	—	8.55×10^{18}	4.48×10^{16}		6.73×10^{18}
增加底泥	1.81×10^{19}	—	4.91×10^{19}	4.35×10^{17}		3.14×10^{19}
渔业生产（自然投入部分）	2.03×10^{19}		1.42×10^{20}	4.39×10^{19}		1.66×10^{20}

续表

项目	建坝前河流/(sej/a)	各服务价值占总服务价值的比例/%	建坝后 水库/(sej/a)	建坝后 坝下河流/(sej/a)	各服务价值占总服务价值的比例（水库+河流）/%	建坝前后各服务变化量/(sej/a)
直接价值	$1.76×10^{21}$	36.47	$3.32×10^{21}$	$4.39×10^{19}$	43.77	$1.61×10^{21}$
净化水污染物	$6.84×10^{18}$	0.14	$1.15×10^{19}$	$1.35×10^{17}$	0.15	$4.80×10^{18}$
运移物质	$1.76×10^{21}$	36.47	0	$2.94×10^{19}$	0.38	$-1.73×10^{21}$
调节局地小气候	$1.30×10^{21}$	26.88	$3.27×10^{21}$	$2.94×10^{19}$	43.09	$2.00×10^{21}$
提供水电（自然投入部分）	—	—	$1.19×10^{21}$		15.61	$1.19×10^{21}$
间接价值	$3.07×10^{21}$	63.49	$4.47×10^{21}$	$5.89×10^{19}$	59.23	$1.46×10^{21}$
调节气候	$2.15×10^{18}$	0.04	$5.85×10^{18}$	$5.18×10^{16}$	0.08	$3.75×10^{18}$
存在价值	$2.15×10^{18}$	0.04	$5.85×10^{18}$	$5.18×10^{16}$	0.08	$3.75×10^{18}$
土地淹没	—	—	$-1.25×10^{21}$		-16.30	$-1.25×10^{21}$
调蓄洪水			$1.01×10^{21}$		13.23	$1.01×10^{21}$
其他服务			$-2.35×10^{20}$		-3.08	$-2.35×10^{20}$
总价值	$4.82×10^{21}$	100	$7.56×10^{21}$	$1.03×10^{20}$		$2.83×10^{21}$

注：直接价值 $EmA_z=\max(EmA_{iz})$，对于建坝前河流，直接价值 $EmA_1=\max$（增加生物量、固碳释氧、补给地下水、增加底泥、渔业生产）$=\max(1.76×10^{21}、3.83×10^{19}、1.86×10^{18}、1.81×10^{19}、2.03×10^{19})=1.76×10^{21}$ sej/a。建坝后水库直接价值 EmA_2 与坝下河流直接价值 EmA_3 计算方法同理。

13.3.3 核算分析

通过对比可以发现，建坝前后河流生态系统服务价值均为间接价值＞直接价值＞存在价值。在直接价值中，增加 NPP 为主要生态系统服务，其次是固碳释氧与渔业生产。在间接价值中，建坝前运移物质与调节局地小气候为河流生态系统主要生态系统服务，而建坝后变为调节局地小气候与提供水电为主要生态系统服务。在存在价值中，建坝后相较于建坝前河流生态系统调节气候服务价值有所增加。

继续分析可以发现，建坝后直接价值中各项服务价值相较于建坝前均有所增加，且建坝后直接价值约为建坝前的 1.9 倍。原因是水坝修建后，水面面积增加，研究区从水流湍急的河流变成流速相对缓慢的水库，水流运载的底泥、营养物质等因流速减小以及水坝的拦截作用而在水库中沉积，从而为水库中水生植物、藻类等生长提供了良好的生存条件，因此建坝后河流生态系统生物量增加、固碳释氧能力等增强。然而，通过对比建坝前后间接价值可以发现，建坝后相较于建坝前有所增加，后者约为前者的 1.5 倍。其中，净化水污染物与调节局地小气候这两项服务价值增加较明显，分别为建坝前的 1.7 倍和 2.5 倍，原因是水库为藻类以及水生植物等提供了更适于生存的环境，而河流净化水体污染物主要是通过藻类和水生植物等的吸收过程实现的。另外，水坝修建后水面面积增大导致水体蒸发量增加，降温增湿作用增强，进而促进了局地小气候的调节。然而对于运移物质服务，因水坝阻隔，流速减小，运移物质能力明显下降，建坝后河流生态系统运移物质服务主要由坝下河流提供，建坝后相较于建坝前显著降低，后者仅为前者的 2%。对于存在价值，建坝后河流调节气候服务价值约为建坝前的2.7倍。本研究调节气候服务是从生态系统减少温室气体排放，进而减少生态系统质量损失与人体健康损害的角度考虑的，水坝建设导致河流生态系统固碳释氧能力增强，相应减少了温室气体排放量，因此建坝后河流调节气候服务价值增加。

间接价值中，建坝后河流生态系统相较于建坝前新增"提供水电"这一服务。经计算，所发水电中自然的贡献（降水量+造山运动）能值量为 $1.19×10^{21}$ sej/a，但人工投入是真正驱动这种生态系统服务的主要因素。由于基础数据缺失，因此通过水电每发 1 kW·h 电总的平均投入量（水电的能值转换率 $2.26×10^{12}$ sej/(kW·h)）（Zhang et al., 2014）计算得出三峡总发电量 $8.47×10^{10}$ (kW·h)/a 需要投入的人工+自然的总的能值为 $1.91×10^{22}$ sej/a，所以水电中的人工投入约为自然投入的 15 倍。水电的产生包括人工投入与自然投入两部分，其中人工投入占提供水电服务价值的比例极高（张爱民，2018），因此在计算提供水电这一服务时，是否剥离人工投入将对该项服务价值产生巨大影响。单纯从发电量角度出发而未剥离人工投入，可能导致过高地估计水坝发电的服务功能。

总体来看，建坝后河流生态系统直接价值、间接价值、存在价值相较于建坝前分别增长 91%、48%、172%。相较之前的自然河流生态系统，修建水坝后所产生生态系统服务的总价值更高（总价值相较于建坝前增长了 59%），这归功于拦蓄形成的水库所产生的生物量与调节局地小气候的生态系统服务价值都大于建坝前自然河流。但是仍需指出，水坝建设实际是极大损失了河流最重要的生态系统服务（向下游运输营养物质）而用局地的生态系统服务的提升来置换的。如果进一步延伸坝后河流的研究边界（如不少研究将水坝建设的影响范围扩展到末端河口区域），那么这部分损失会进一步增大。局地的生态系统服务的加大是否能替代更大区域/全球的生态系统服务的衰减，这是接下来需要进一步研究的内容。由于数据和方法学的缺失，因此并未考虑所有的正负效应（包括清淤和调水调沙的影响、对河流形态的影响、对水质的影响、河道滩地面积的变化等）。

13.4 本章小结

本章基于能值分析构建大坝生态系统模型与生态系统服务价值计算方法，并以三峡水利枢纽工程为例核算建坝前后河流生态系统服务价值及其变化情况。研究结果表明，建坝前后河流生态系统服务价值均为间接价值＞直接价值＞存在价值。在直接价值中，增加生物量均为建坝前后河流的主要服务；在间接价值中，建坝后河流运移物质能力削弱，而净化水污染物与调节局地小气候能力增强，同时新增提供水电服务，并成为主要间接价值之一；在存在价值中，河流生态系统调节气候能力增强。然而水坝建设除了新增调蓄洪水等服务而增加正效应外，也带来诸如土地淹没损失等负效应。建坝后河流生态系统直接价值、间接价值、存在价值相较于建坝前分别增长 91%、48%、174%，总价值相较于建坝前增长了 59%。

从上述计算可以得到如下结论：虽然大坝建设后所产生生态系统服务的总价值相较建坝前增长，但是实际是通过损失了河流最重要的生态系统服务（向下游运输营养物质）而用局地的生态系统服务的提升来置换的。大坝给人类提供的主要生态系统服务（发电的自然投入）仅占总的生态系统服务的15.61%，这是建设大坝新利用（原来自然河流人类不能利用）的生态系统服务，但是考虑人工建设大坝的投入，年均投入量是自然投入的15倍。这说明，水电并不是一个传统认为的可再生能源，也有相关研究得出类似的结论（Zhang et al.，2014）；在发电量不下降的情况下，至少需要51.38年才能回本（大坝人工投入/发电量）。

相较于河流单水电开发，长江流域的梯级开发现象更为显著（张爱民，2018），而梯级开发将导致水坝间形成复杂的相互关系，并对河流生态环境造成时间、空间上的累积效应，最终影响其生态系统服务的提供（谢高地和曹淑艳，2011）。针对单水电开发造成影响的研究无法全面反映水坝建设对河流生态系统的整体影响（杨宏，2007）。传统固定边界方法很难确定是否是梯级水电，边界多为人为指定。如果根据水量来推算建坝前河流长度，可以认为如果下游大坝计算出的建坝前河流长度超过现有两个大坝之间的距离，那么说明上面大坝会对下游大坝产生影响，可视为梯级水电开发；如果其小于两个大坝之间的距离，则可认为是独立的两个大坝。当然，现在对于建坝前河流长度的计算还比较简化，后续可以进一步研究。

本研究为评估水坝建设的影响提供了区别传统货币量分析的新方法。本研究也存在一定局限性。由于基础数据缺失，因此未核算生态系统部分服务价值，如提供水源、旅游休闲、文化教育等服务价值，这可能使核算结果偏离河流生态系统的真实服务价值；由于缺乏详尽的统计监测数据，仅核算了三峡地区多年平均河流生态系统服务价值及其变化，因此评估结果缺乏动态变化。在未来研究中，应考虑多方面内容，时间上应考虑水坝从开始建设到达到使用年限，空间上应包括坝上、坝下乃至流域总体区域，研究对象上应包括单一水电与梯级水电，从而在长时间、大范围、多对象条件下开展水坝生态影响的评估，为水坝的建设管理与河流生态系统的保护提供参考依据。

第 14 章

对存在价值中生物多样性计算方法学的讨论

14.1 引言

生物多样性[①]（biodiversity）也称为生命多样性（the variety of life），包括基因、物种和功能形状的多样性。它通常由以下 3 个指标计算：丰度，即独特生命形式数量的计算；均匀度，即衡量生命形式之间均匀度的一种计算；异质性，即生命形式之间的差异（Cardinale et al., 2012）。现有研究中评估生物多样性的方法主要包括 3 种，即计算物种数量、香农多样性指数［Shannon's diversity index，也叫香农-维纳（Shannon-Wiener）多样性指数］和能值分析方法等。

对于第一种计算物种数量（丰度）的方法是基于生态系统规模的考虑，其对生物多样性的评估通常取决于不同类别物种的数量。但对于生物多样性的保护，仅依据数量上的描述和比较存在着方法上的局限（Brown et al., 2006）：首先，当以不同的采样强度对不同区域进行采样时，由多种数据源编制而成的生物多样性数据库可能会导致关注重点不同而引起采样偏差或产生基于不同数据可信度的观测结果（Peet, 1974; Fagan and Kareiva, 1997）。其次，仅依靠计算物种数量（丰度）确定的生物多样性对其热点区域的选择也存在严重偏差。例如，虽然发现植物物种丰度与动物物种丰度之间存在一定的相关性，但植物物种（单一营养级）丰度高的地区并不总是与其他营养级（如动物、微生物等）的丰度高的地区相吻合（Mares, 1992）。因此，仅根据一种营养级的丰度确定的生物多样性热点区域可能会遗漏其他具有重要保护意义的地区（Mares, 1992; Kareiva and Marvier, 2003）。再次，当设计以生物多样性为生态系统服务指标的保护策略时，生物多样性的多种定义

[①] 生物多样性和生态系统服务的关系在学术上还是有争论的，直至今日也尚未有国际统一的意见。在不少文献和报告中，是将生物多样性与生态系统服务两个词并列使用的，也就是说"生物多样性"是一种结果，是状态变量；"生态系统服务"是流量，是动态变化的值。有关保护全球生物多样性的 100 个重要问题中，把生态系统服务议题列在其中（Sutherland et al., 2006），可见"生物多样性"本身并不属于"生态系统服务"。《千年生态系统评估报告》在全球会议上提出的生态系统服务这一概念，将"维持生物多样性"作为"生态系统服务"的一种，而后又补充为"产生和维持生物多样性"，这说明能纳入生态系统服务中的应该是动态的"生产和维持"过程。不仅如此，生态系统服务被普遍认为是"人类"从生态系统获得的所有惠益，而"产生和维持生物多样性"并不完全惠及"人类"，所以也有的研究尝试从生物多样性对人类的贡献视角进行分析。因此，本章并没有过度拘泥于文献中用词的严格对应，而是尝试从三种视角（即本地对生物多样性的维持、生物多样性对本地经济的贡献以及稀有物种对全球生物多样性维持的局地重要性分摊）来核算"生物多样性"，但是这些计算出的"生物多样性"相关数值是否属于"生态系统服务"，以及是否可以与前面章节中的生态系统服务进行加和仍有待进一步讨论。本章单独一个章节，对存在价值中生物多样性维持服务的方法学讨论，其结果并没有同之前的服务进行加和或是比较分析。

（如根据分类学、物种、遗传学的不同定义）使该指标本身指代的对象存在歧义或异议，这可能会导致保护重点的混淆（Angermeier and Karr，1994）。最后，将生态系统中物种的数量与该生态系统的服务价值相提并论是非常危险的，因为实证研究中很少有证据证明这一假设［尽管 Tilman 和 Downing（1994）曾发现其研究的草地生态系统每损失一个物种，草地生态系统的耐旱性就会受到极大影响，但是仍然缺少进一步的证据］。有研究表明，生态系统过程主要由组成生物的功能特征而不是其数量决定（Lepš et al.，1982），例如英格兰北部 5 个相邻草地生态系统对霜冻、干旱和火灾的反应差异可以从优势植被的功能特征中预测出来，但与植被的生物多样性无关（Grime，1997；MacGillivray and Grime，1995；Schwartz et al.，2000）。Smith 等（1993）的研究表明，仅仅根据物种丰度而未综合考虑物种完整进化过程的保护设计方案将无法识别物种遗传信息保护中最关键的栖息地。此外，还有学者认为，一个区域中简单的物种数量计算是无法了解产生生态系统特性（如生产力、稳定性等）的生态相互作用关系和反馈网络结构的（Ulanowicz，2001；Worm and Duffy，2003）。

为了解决计算物种丰度作为生物多样性指标的局限性，后续的生态学家借用源自信息理论的多样性指数来重新表征生物多样性（Brown et al.，2006）。例如，有研究者采用香农多样性指数研究生物多样性，该指标同时考虑了物种丰度以及均匀度（Shannon，1948）。它由信息理论（information theory）延伸而来，能够预测在群落中随机选择的个体属于哪些物种的不确定性。如果群落仅由单一物种组成（种群），那么确信随机选择的个体必定为那个唯一物种，此时不确定性就为零；否则，将无法得知随机被选择的个体究竟属于什么物种，并且不确定性也会随着群落物种数的增多而增加。但是，如果群落中存在一种或少数几种物种占据优势地位（例如，与其他物种相比，它们在丰度上具有明显的优势），那么不确定性就不会那么高，因为随机选择的个体很有可能就是这些优势物种。Margalef（1961）开始使用生态系统中物种的实物存量（如生物量、丰度、覆盖率等）计算香农多样性指数并作为生物多样性的计算标准，该方法已成为生态学理论和实践的标准方法（Peet，1974；Krebs，2000）。香农多样性指数的一般计算公式为

$$H = -\sum_{i=1}^{j} P_{ij} \lg[P_{ij}] \tag{14-1}$$

式中，H 为香农多样性指数；P_{ij} 为样本中属于第 j 种的个体 i 的概率，通常由个体 i 的相对物理量（如第 i 种物种个体数与样本总个体数的比值）计算。

但香农多样性指数的常规应用存在两个局限性，导致其无法有效地预测生态系统特征（如稳定性、适应性、生产力等）。第一个局限性是香农多样性指数的最初概念是针对系统内部流量确定的（MacArthur，1955），其理论是利用生态系统各物种（营养级）之间的能量和物质流反映各物种之间的信息传递。然而，香农多样性指数的应用由于生态系统流量数据的可得性等问题多用存量（如易获得的生物量）代替流量（较难获得的 NPP 等流量），但基于存量计算出来的香农多样性指数与信息理论中的一些基本逻辑是不符的（Ulanowicz，2001）。第二个局限性是香农多样性指数忽略了生态系统食物网的等级结构，认为所有节点的权重是一致的。因此，给定固定数量的生态系统组成节点，当每个节点的概率相等时，香农多样性指数最大。也就是说，物种存量的均匀分布会增加生物多样性。

但基于典型的营养传递效率（即林德曼效率，Lindeman's efficiency）理论，食物网络各物种之间（即使在相同营养级内物种之间）能量传递效率都存在差异，所以生态系统种群会通过最大均匀度来获得该生态系统的最大生物多样性的结论是错误的。因此，使用物种实物量的香农多样性指数仅在单个营养级别才适用，不能在生态系统有多个营养级的情况下使用（Brown et al.，2006）。甚至即使按照 Macarthur（1955）的早期定义使用流量代替存量，也会得出相似结论，即使用实物量流量（如能量、碳）来计算香农多样性指数，实物量流量的均匀性也不是整个食物网的预期条件，因为实物量的通量会随着营养级的增加而呈现出几何递减（Brown et al.，2006）。

为解决这两个局限性，Heymans 等（2002）和 Ulanowicz 等（2000）参考了 Odum 的能值分析方法（Collins and Odum，2000），使用特征向量法计算生态系统生物网络中物种的能值转换率，并提出了新的计算多样性指数的系统方法。该方法的改进在于：一是能够解释不同营养级内种群实物数量的预期等级分布；二是能解释生态系统食物网络中观测到的流量等级分布。该方法可称为基于能值的生物多样性维持的动态计算方法。

Odum（1996）尝试使用不同的思路进行生物多样性研究，他基于能值分析方法进行生物多样性维持的静态计算，认为生物多样性和能值（即某生态系统中用于产生某物种的可用能的总和）是相互关联的，生物多样性会随着生态系统获得的可更新能值的增加而成比例增加。当前研究中尚未证实生态系统存储的能值和生物多样性之间的强相关性，但物种遗传信息的建立是一个螺旋式前进的过程，当前的信息取决于前几代人的努力（Campbell and Brown，2012；Odum，1996）。可更新能值是对可用于支持物种的资源基础的一种计算，且更多的能值流将支持生态系统中存在更多物种，进而提升生态系统的复杂性。物种的遗传信息传递所需的能值通常很高，因为遗传信息会随着时间的增加而进化，且有些需要人工投入的贡献（如驯化等）（Lee et al.，2013；Givnish et al.，2014；Lanfear et al.，2014）。遗传信息的循环是整个生物进化过程的本质（Campbell and Tilley，2016）。整个循环中都需要基于太阳能等基本的驱动能量。当该生态系统中包括更多的物种时（即遗传信息在循环周期内使物种丰度更高），则需要更多的太阳能等来驱动，这是因为每个循环过程都包括物种间更多的相互作用（Campbell and Tilley，2016）。

造成生物多样性减少的最简单方式就是单个物种的丧失。Odum（1996）早期将地球上维持已经存在的物种的平均能值作为该物种在其生命周期内所消耗的能值，再除以该时段内物种总数。具体计算方法如下：

$$Em_{sp} = (T_e \times GEB) / N \tag{14-2}$$

式中，Em_{sp} 为维持一个物种全球需投入的能值总量的平均值，sej；T_e 为全球物种进化时间，年，取值为 20 亿年（Odum，1996）；GEB 为全球能值基准线，取值为 1.20×10^{25} sej/a（Brown and Ulgiati，2016）；N 为全球物种数，取值为 15 亿种（Odum，1996）。因此，维持一个物种全球需投入的平均能值为 1.60×10^{25} sej/物种。

后续研究基于全球物种数据库的更新重新计算了该数值，具体如下：

$$Em_{sp1} = (T_{e1} \times GEB) / N_1 \tag{14-3}$$

式中，Em_{sp1} 为重新计算的维持一个物种全球需投入的能值总量的平均值，sej；T_{e1} 为更新的全球物种的循环周期，年，取值为 300 万年（Weir and Schluter，2007）；GEB 的含义和取值同式（14-2）；N_1 为更新的全球物种数，取值为 870 万种（Mora et al., 2011）；因此，维持一个物种全球需投入的平均能值为 $4.14×10^{24}$ sej/物种。

通过计算某特定物种的特定周转时间和支撑物种区域的能值投入，可以具体计算维持该物种的能值投入。但这种计算方法也存在一些局限性。首先，仍缺失全球各物种精确的数据；其次，循环周期数据和到底有多大的区域支持这些物种生存的数据在不同文献中有巨大差异，因此不同物种的维持能值可能会在已知物种范围内呈现出数量级上的差异。数据可得性是进行此类计算的关键掣肘。

但该方法提供了一种思路，由于当地可更新资源和生物多样性的关联关系，并且维持整个生态系统中物种遗传物质循环都需要太阳能等，也可使用当地可更新资源对应的能值计算生态系统对生物多样性维持的潜力。相对于基于能值的生物多样性维持动态计算方法而言，该方法可被称为基于能值的生物多样性维持的静态计算方法。静态和动态两种方法都属于生态系统对生物多样性维持潜力的计算。

14.2　生物多样性维持的三种视角与计算方法

计算生物多样性维持的第一种思路是将生物多样性维持的本地生态系统的能量成本看作当地生物多样性的潜力，本地生态系统中可更新资源越多意味着可以维持更多的生物多样性，即生物多样性潜力越大。计算本地生态系统的能量成本也有两种思路：一种是考虑一个时间截面的区域总可更新资源投入，这是一种静态计算方法；另一种侧重于计算该区域已形成的生态系统食物网络各个营养级上物种所需的能量流总和，并将其看作维持当地生态系统生物多样性的潜力，这是一种动态计算方法。

第二种思路是考虑对人类有贡献的生物多样性，可以用人工投入的利用生物多样性的能量成本来计算。例如，人类在历史长河中将自然界中的动植物物种驯化或改良为农牧产品就是一种对生物多样性的利用。可以用人工投入的不可更新资源驯化或改良动植物成为农牧产品所需的能值来计算生物多样性对本地经济的贡献。

第三种思路是考虑稀有物种的非均匀分布，例如有些区域生物物种总量较少（可能区域面积较小），但有可能当地存在大量的稀有物种，对全球生物多样性的维持至关重要，这实际是当地稀有物种在维持全球生物多样性上重要性的体现。因此，可用单位面积维持稀有物种所需的能值计算当地稀有物种在维持全球生物多样性上的重要性。

本章从以上三种视角开发生物多样性维持服务的方法学，包括本地生物多样性的维持（自然投入）、生物多样性对本地经济的贡献（人工投入）及当地稀有物种在维持全球生物多样性方面的重要性。

14.2.1　基于能值的本地生物多样性维持计算方法

14.2.1.1　基于能值的本地生物多样性维持静态计算方法

基于能值的本地生物多样性维持静态计算方法（简称方法 a1）是将当地的可更新资源的能值作为本地生态系统所能维持的生物多样性潜力的计算，主要考虑当地可更新资源对生物多样性的支持作用。当地可更新资源对应的能值 max R 计算方法详见式（5-1）~式（5-10），在此不加以赘述。

14.2.1.2 基于能值的本地生物多样性维持动态计算方法

基于能值的本地生物多样性维持动态计算方法（简称方法a2）采用 Heymans 等（2002）和 Ulanowicz 等（2000）提出的计算香农多样性指数的网络核算方法（Brown et al., 2006; Campbell and Tilley, 2016）。该方法已被用于计算美国佛罗里达大沼泽地（Brown et al., 2006）、美国新罕布什尔州哈伯德布鲁克森林生态系统（Campbell and Tilley, 2016）等的生物多样性，具体计算方法如下：

$$\text{EIV} = (\text{NP}_i \times \text{Tr}_i) / \sum (\text{NP}_i \times \text{Tr}_i) \tag{14-4}$$

$$\text{EB} = -\sum (\text{EIV}_i \times \log_2 \text{EIV}_i) \tag{14-5}$$

$$\text{TET} = \sum (\text{NP}_i \times \text{Tr}_i) \tag{14-6}$$

式中，NP_i 为食物网络中物种 i 的 NPP，J/a；Tr_i 为物种 i 的能值转换率，sej/J；EB 为生态系统生物多样性指数；EIV_i 为食物网络中物种 i 的能值占生态系统中总能值的比例；TET 为生态系统中总的能值通量，sej/(m²·a)，用于计算维持给定区域中生物多样性所需的能值；式（14-4）中的能值转换率通常需要基于生态系统食物网络物种能量流矩阵数据并通过线性优化技术来计算（Bardi et al., 2005）。

生态系统食物网中物种间能量流矩阵详见表 14-1（Brown et al., 2006）。需要说明的是：①能量流的初始单位为 g C/(m²·a)，在该矩阵中假设 g 和 J 的转化系数为 18.8 J/g C（有机碳），因此矩阵中的单位被转化为 J/(m²·a)；②能值按每行中物种的 NPP 进行分配，或在每列的各个物种间进行转移；③物种的 NPP 作为负数被分配在矩阵的主对角线上（即矩阵中的 P_i），这就排除了任何物种中的任何个体从其相同物种中的个体获取食物。

表 14-1　生态系统食物网输入/输出能量流矩阵

能值转换率			Tr_1	Tr_2	……	Tr_n	
输出⇩	输入⇨	太阳能值	Comp. 1	Comp. 2	……	Comp. n	约束条件
Comp. 1			$-P_1$				$\sum_{\text{Comp.1}} (\text{Flows}_i \times \text{Tr}_i) = 0$
Comp. 2			$C_1\text{-to-}C_2$	$-P_2$		$C_n\text{-to-}C_2$	$\sum_{\text{Comp.2}} (\text{Flows}_i \times \text{Tr}_i) = 0$
……					……		……
Comp. n			$C_1\text{-to-}C_n$	$C_2\text{-to-}C_n$		$-P_n$	$\sum_{\text{Comp.}n} (\text{Flows}_i \times \text{Tr}_i) = 0$

注：P_i 表示物种 i 的 NPP [J/(m²·a)]；$C_i\text{-to-}C_j$ 表示从物种 i 到物种 j 的能量转移；每个物种的约束条件为能量输入与输出之和等于 0。

为从该能量流矩阵中求解出能值转换率，可以使用线性优化方法（Bardi et al., 2005），通过设立约束条件（能量输入 = 能量输出，即矩阵的最后一列），继而求得符合约束条件的能值转换率。具体案例的能量流矩阵及生态系统食物网中物种能值转换率的计算过程详见附录 2。

该方法的优势在于能细致描述食物网中流量和存量的层级分布。但使用该方法计算生物多样性维持需要大量的基础数据，尤其是食物网中各物种间的能量流数据，需要大量的监测与实地调研，而且此类数据的获得较为困难。目前仅有少量研究采用了该方法，包括美国哈伯德布鲁克森林生态系统（新罕布什尔州）（Gosz et al.，1978；Campbell and Tilley，2016）、美国佛罗里达大沼泽地湿地（佛罗里达州）（Brown et al.，2006）等。为了简化处理，本研究采用文献中森林和湿地生态系统食物网络中维持生物多样性所需的单位面积能值与各自生态系统的 NPP 比值，乘以本研究中各生态系统的 NPP，得到维持本研究中生态系统生物多样性所需的单位面积能值，再乘以各生态系统的面积得到维持该生态系统生物多样性的总能值。另外，在生态系统食物网物种能量流数据具备的情况下，也可以参考本研究详述的方法核算维持生态系统生物多样性所需的总能值。

14.2.2　基于能值的生物多样性对本地经济贡献的计算方法

上一部分详述了基于能值的可更新资源对生物多样性的静态和动态维持的核算方法，这里算出的是当地生物多样性维持的最大潜力（自然投入的能量成本）；还有一种视角是通过计算人类可利用的生物多样性即生物多样性对本地经济的贡献，这里用人类对本地生物多样性利用的投入来计量（人工投入的能量成本）。本研究中人类对当地生物多样性利用的投入通过对物种的"驯化"投入来计算。就植物驯化而言，驯化是选择和种植那些具有大比例可食用部分、易收获、自我防御能力下降的物种，这些易驯化的物种可以实现大量（过剩）生产和专业分工（Stetter et al.，2017）。驯化有多种定义，本研究参考 Stetter 等（2017）将驯化定义为通过人为选择适应农牧渔业生产和人类偏好的过程。目前已被成功驯化的农作物仅占总植物物种的很小一部分，在全球 25 万多种被子植物中，仅约 2500 种（~1%）作物被部分或全部驯化（Stetter et al.，2017）。这些被驯化的农作物是生物多样性对本地经济的贡献。基于可获得的数据，本研究使用驯化农作物所需的能值投入计算生物多样性对本地经济的贡献（简称方法 b），具体计算公式如下：

$$P_{ds} = DS / TS \tag{14-7}$$

$$Em_{ag} = Em_{he} \times P_{ag} \tag{14-8}$$

$$Em_{ds} = Em_{ag} / DS \tag{14-9}$$

$$PDS = RS \times P_{ds} \tag{14-10}$$

$$PCB = Em_{ds} \times PDS \tag{14-11}$$

式中，P_{ds} 为被驯化的农作物物种数占植物物种总数的比例，%；DS 为被驯化的农作物物种数，取值为 2500 种（Meyer et al.，2012；Stetter et al.，2017）；TS 为全球植物物种总数，为 391 000 种（Antonelli et al.，2019）；Em_{ag} 为全球农业生产所需能值，sej/a；Em_{he} 为全球人类经济所使用的不可更新资源对应的能值，sej/a，仅包括不可更新资源部分，数据来源www.emergy-nead.com/country/data；P_{ag} 为全球农业增加值占全球 GDP 的比例，%，数据来源于联合国粮食及农业组织官网；Em_{ds} 为每年每驯化一个物种所需的能值，sej；PDS 为潜

· 321 ·

在被驯化的物种数量；RS 为物种的丰度，用 NPP 数值的两倍计算（Gillman et al.，2015）[①]；PCB 为生物多样性对本地经济的贡献潜力，sej/a。

14.2.3　基于能值的稀有物种对全球生物多样性维持重要性分摊计算方法

地球上约有 391 000 种植物物种（Antonelli et al.，2019），约有 36.5% 为稀有物种（Enquist et al.，2019）。由于稀有物种最有可能从生态系统中消失，从而造成生物多样性的降低，因此维持物种中的稀有物种是生物多样性维持这种生态系统服务的最重要的表征（Dee et al.，2019），这样考虑生物多样性维持就不会仅考虑物种多少，而是也需要考虑其中稀有物种的比例及其在全球分布中的重要性。虽然早期的观点认为稀有物种通常对生态系统服务的贡献甚少。但越来越多的证据表明，稀有物种可以通过多种方式为某些生态系统服务做出实质性贡献，如产生促进性的种间关系或具有独特的生态功能，稀有物种虽然丰度低但能够产生大于预期的贡献（Dee et al.，2019）。理解物种稀有性和维护稀有物种对于保护生物多样性至关重要。而单位面积稀有物种对全球生物多样性的维持可以采用单位面积稀有物种数占总物种数的比值即稀有物种指数（Enquist et al.，2019）乘以全球可更新资源对应的能值在单位面积上的分摊。参考 Enquist 等（2019）核算的全球单位面积稀有物种指数及 Lee 和 Brown（2019）核算的全球单位面积可更新资源都采用 1°×1° 分辨率，考虑数据可得性，本研究采用 1°×1° 网格的稀有物种指数乘以该网格的可更新资源以获得该网格稀有物种对全球生物多样性的贡献（简称方法 c）。具体计算方法如下：

$$\mathrm{RI} = (S_r - 1)/\ln N_c \quad (14\text{-}12)$$

$$\mathrm{Em}_{rc} = \mathrm{RI} \times \mathrm{Em}_R \quad (14\text{-}13)$$

式中，对于每个 1°×1° 网格，N_c 为物种观测值或样本总数；S_r 为观测到的稀有物种总数；RI 为该网格中稀有物种的稀有指数，该计算方法参考 Enquist 等（2019），且采用了该文献的稀有物种指数计算结果，基于数据可得性，该稀有物种指数仅考虑植物；Em_R 为全球每个 1°×1° 网格的可更新资源对应的能值，sej/a，数据来源于 Lee 和 Brown（2019）；Em_{rc} 为维持每个 1°×1° 网格中稀有物种所需的能值，sej/a，即反映局地稀有物种对全球生物多样性的贡献。需要说明的是，本研究单位面积的稀有物种指数和可更新资源中的单位面积为 1°×1° 的网格，这主要是考虑到数据的可得性，研究者也可以根据数据的可得性选择其他分辨率的数据。

14.3　案例区概况及数据来源

14.3.1　案例区概况

在全球公认的 12 个"高度生物多样性"国家中，中国排名第八，拥有超过 30 000 种高等植物物种（其中 50% 是中国特有物种）和 6347 种脊椎动物，其分别占全球已记录物种种数的 10% 和 14%（Xie et al.，2015）。上个冰河时期，中国的一部分地区受影响较小，

[①] 根据 Gillman 等（2015），NPP 的单位为 g C/(m²·a)，物种的丰度单位为种。

因此拥有丰富的遗迹和特有物种，并且是东南亚最独特的动物区系（Xie et al.，2015）。中国西南部地区的横断山区是全球 25 个生物多样性热点地区之一。但中国也是生物多样性遭受损失最大的国家之一（Xie et al.，2015）。例如，自 1970 年来中国的陆生脊椎动物数量下降了一半（Xie et al.，2015）。人类活动和经济快速发展造成生境丧失和自然退化，这是对中国生物多样性最大的威胁。中国已经认识到生物多样性丧失的严重性，并为扭转这一趋势做出了重大努力，但从生物物理的角度来看，仍缺乏对中国生物多样性的定量计算。

14.3.2 数据来源

本研究中计算生物多样性使用的基础数据主要包括：①土地利用与土地覆盖变化分辨率为 100 m×100 m 的遥感数据，数据来源于徐新良等（2018）；②方法 a1 中，计算当地可更新资源所需的生态参数；③方法 a2 中，计算的维持不同生态系统生物多样性所需的单位面积能值参考 Brown 等（2006）、Campbell 和 Tilley（2016）及 Gosz 等（1978）；④方法 b 中，驯化物种数及植物物种总数分别来源于 Meyer 等（2012）、Stetter 等（2017）和 Antonelli 等（2019），而各地区经济所需不可更新资源对应的能值和全球农业增加值占全球 GDP 的比例分别来源于 www.emergy-nead.com/country/data 和联合国粮食及农业组织官网；⑤方法 c 中，全球每个 1°×1° 网格的稀有物种指数及该网格的可更新资源对应的能值分别来源于 Enquist 等（2019）及 Lee 和 Brown（2019）。

14.4 中国生物多样性维持服务潜力评估：基于方法 a1 和方法 a2

14.4.1 中国省级生物多样性维持服务潜力评估

省级尺度上，图 14-1 为基于方法 a1 和方法 a2 得出的 2015 年中国省级生物多样性空间分布及大小排序。结果发现，基于方法 a1 的生物多样性维持服务的潜力整体上呈现出西南部省份大于其余省份的特征。具体地，就生态系统所能维持的生物多样性潜力而言（基于方法 a1）（图 14-1），呈现出西南＞西北＞北部＞南方＞东北＞华北地区的特点。其中，最大的为西南地区的云南（$7.07×10^{22}$ sej/a）；其次为西南地区的西藏（$5.81×10^{22}$ sej/a）、四川（$2.75×10^{22}$ sej/a）和贵州（$1.69×10^{22}$ sej/a）；再次为西北的新疆（$1.51×10^{22}$ sej/a）、青海（$1.46×10^{22}$ sej/a）及北方的内蒙古（$9.71×10^{21}$ sej/a）。低值区则集中在几个直辖市及宁夏和山东。其中，最小的为上海（$5.98×10^{19}$ sej/a），其次为北京（$1.71×10^{20}$ sej/a）、天津（$1.91×10^{20}$ sej/a）、宁夏（$6.69×10^{20}$ sej/a）和山东（$6.87×10^{20}$ sej/a），分别排名倒数第二、第三、第四、第五；上海与北京相差较远，排名最后的上海仅占北京的 35%。

同为生态系统所能维持的生物多样性潜力，方法 a2 和方法 a1 核算的结果有所不同[图 14-1（b）（d）]，主要表现在东北的黑龙江和北部的内蒙古生物多样性潜力分别排名第一与第二，分别为 $4.03×10^{22}$ sej/a 和 $3.28×10^{22}$ sej/a；其次才为西南地区的云南（$2.11×10^{22}$ sej/a）、西藏（$2.03×10^{22}$ sej/a）、广西（$1.88×10^{22}$ sej/a）和四川（$1.83×10^{22}$ sej/a），且东北的黑龙江

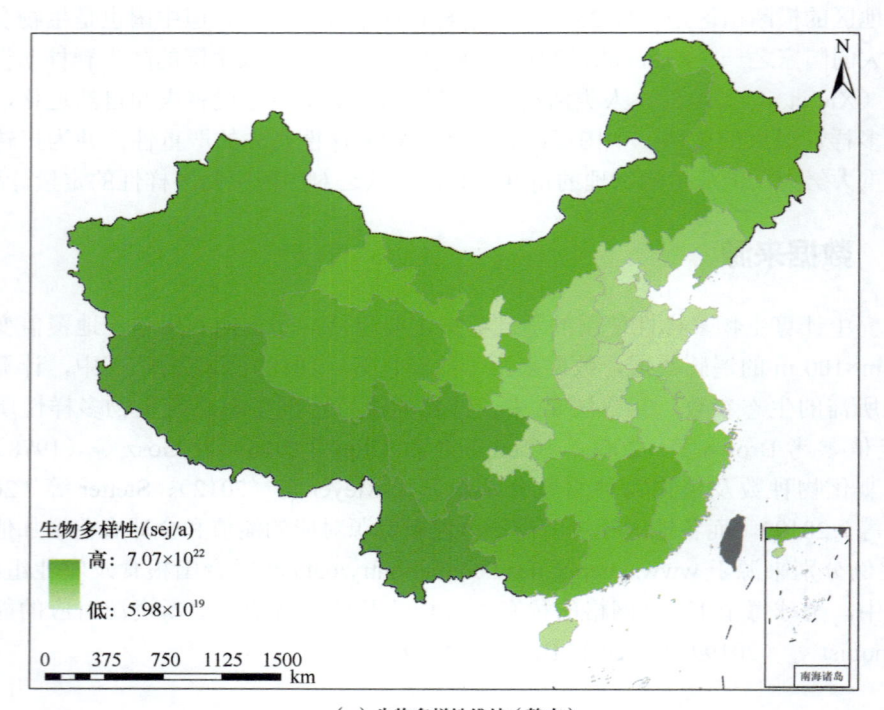

(a)生物多样性维持（静态）

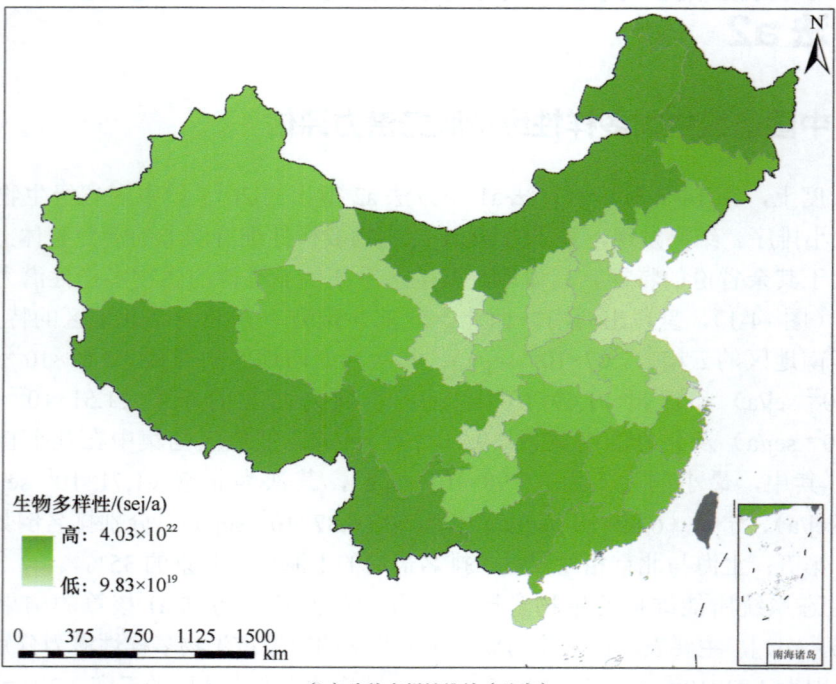

(b)生物多样性维持（动态）

(c) 生物多样性维持服务排序（静态）

(d) 生物多样性维持服务排序（动态）

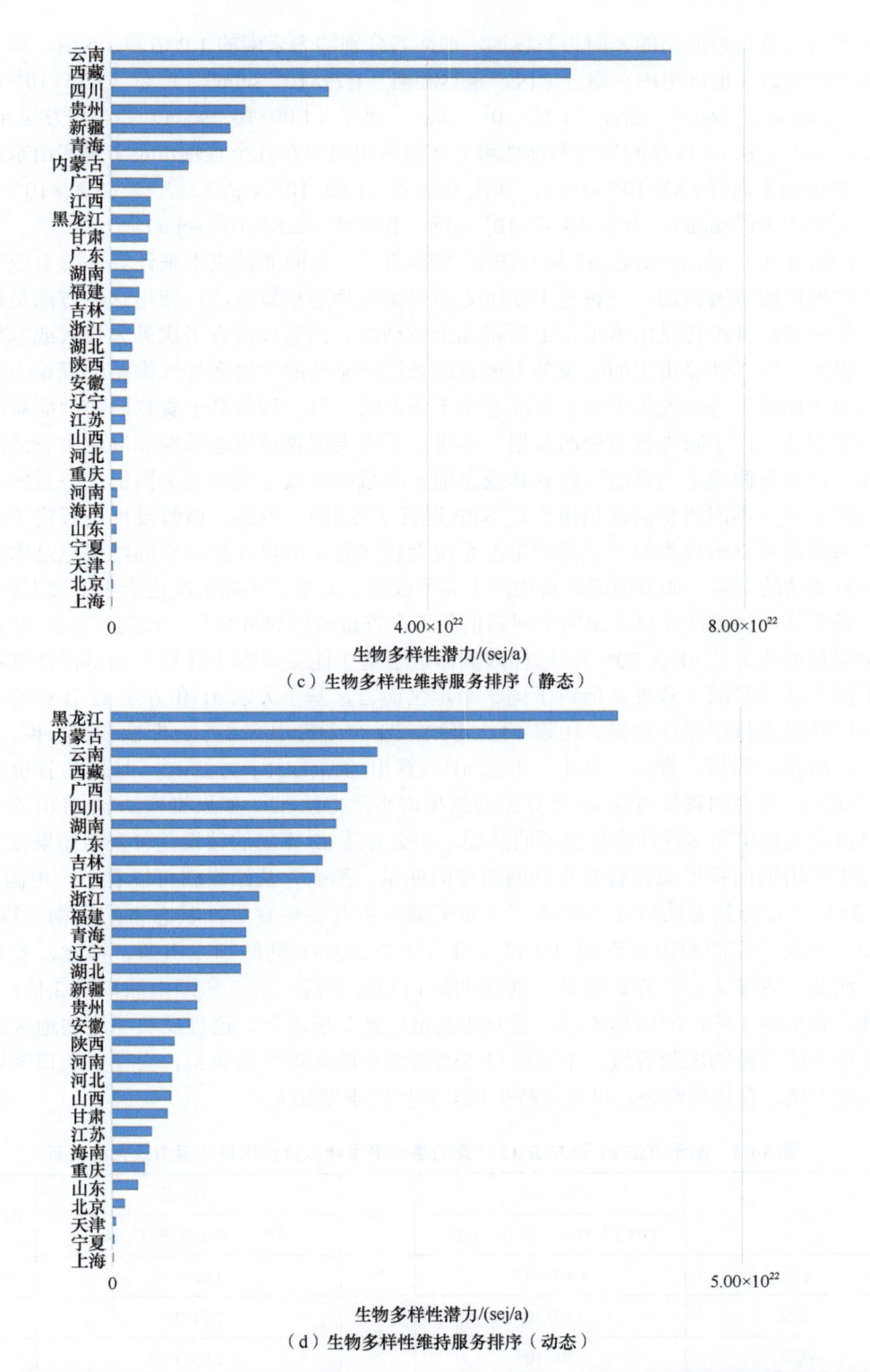

图 14-1　基于方法 a1 [(a)、(c)] 和方法 a2 [(b)、(d)] 计算的 2015 年中国省级生物多样性维持服务的潜力空间分布及大小排序

和北部的内蒙古与西南的云南相差较远，前两者分别约为云南的 1.9 倍和 1.6 倍。第 3 个生物多样性潜力高值区集中在南方地区，包括湖南（1.79×10^{22} sej/a）、广东（1.75×10^{22} sej/a）、江西（1.61×10^{22} sej/a）、浙江（1.17×10^{22} sej/a）、福建（1.09×10^{22} sej/a）等。与方法 a1 相同的是，基于方法 a2 核算的生物多样性潜力低值区也集中在几个直辖市及宁夏和山东，其中最小的也为上海（9.83×10^{19} sej/a），其次为宁夏（1.82×10^{20} sej/a）、天津（3.37×10^{20} sej/a）、北京（3.37×10^{20} sej/a）、山东（3.37×10^{20} sej/a）和重庆（2.64×10^{21} sej/a）。

同时还可以看出，方法 a1 和方法 a2 都是通过本地的能量成本来计算生态系统生物多样性的维持服务潜力的，一种是本地可更新资源的静态核算方法，使用这种方法是假设本地的生物多样性维持是由本地可更新资源来驱动的。该假设没有考虑外来投入或本地不可更新投入，所以计算出来的结果是本地自然系统能驱动的生物多样性维持的理论上限，实际情况（如果不考虑人类贡献）可能会小于该上限。另一种是基于食物网物种能量流的动态核算方法，由于缺失各省份的数据，本研究采用美国森林生态系统和湿地生态系统进行折算，也就是假设了当该地区的森林或湿地生态系统形成了类似于美国的生态系统食物网后的能值量（不同省份的能值量通过 NPP 进行了校准）。当然，该假设也是假定了本地的生态系统是可以形成类似于美国的生态系统食物网的，所以计算出来的结果也是本地食物网能量驱动的上限，如果形成的食物网不完整或过于简单，实际情况也会小于该上限。

基于这两种方法计算出来的全国总值和各个省份的值数量级是一致的（方法 a2 计算出的全国总值比方法 a1 大 20%），这样双向印证了基于能量成本来计算生物多样性维持服务的不同方法的量级一致性。但对于同一个地区而言，基于方法 a1 和方法 a2 计算的本地生物多样性潜力排序存在差异。由表 14-2 可知，31 个省份中有 8 个，即宁夏、云南、西藏、贵州、新疆、四川、青海、甘肃，方法 a1 核算出的结果大于方法 a2，且这些省份全部是西部地区；剩余的省份方法 a1 核算出的结果均小于方法 a2。如果将方法 a1 算出的结果作为自然能支持生物多样性维持服务的基线，那么方法 a2 算出的结果就可表明如果按照当地现有生态用地面积形成完整的食物网需要的能量。那么，从结果就可以看出，中国 74.2%（23/31）的省份是无法依靠本地的可更新资源维持其完整食物网状态下的生物多样性的。例如，陕西、广西和山东有超过 1 倍（潜力比>200%）的缺口；山西、福建、安徽、江西、河北、内蒙古、广东、湖北、海南的缺口超过 2 倍；浙江和湖南缺口达 3 倍；辽宁、吉林、北京达 4 倍；河南达 5 倍；黑龙江甚至达到 7 倍以上。这也反映了这些地区的生物多样性不能维持的风险等级。本地的可更新资源不能实现平衡供给，会使得缺口区域的生态系统退化、食物网断裂，以及维持生物多样性的难度加大。

表 14-2　基于方法 a1 和方法 a2 计算的各省份生物多样性维持的潜力及大小关系

省份	方法 a1 生物多样性维持潜力/(sej/a)	关系	方法 a2 生物多样性维持潜力/(sej/a)	潜力比/%
宁夏	6.69×10^{20}	>	1.82×10^{20}	27
云南	7.07×10^{22}	>	2.11×10^{22}	30
西藏	5.81×10^{22}	>	2.03×10^{22}	35
贵州	1.69×10^{22}	>	6.77×10^{21}	40

续表

省份	方法 a1 生物多样性维持潜力/（sej/a）	关系	方法 a2 生物多样性维持潜力/（sej/a）	潜力比/%
新疆	1.51×10^{22}	>	6.78×10^{21}	45
四川	2.75×10^{22}	>	1.83×10^{22}	67
青海	1.46×10^{22}	>	1.07×10^{22}	73
甘肃	4.64×10^{21}	>	4.46×10^{21}	96
上海	5.98×10^{19}	<	9.83×10^{19}	164
天津	1.91×10^{20}	<	3.37×10^{20}	176
江苏	1.78×10^{21}	<	3.20×10^{21}	180
重庆	1.35×10^{21}	<	2.64×10^{21}	196
陕西	2.20×10^{21}	<	4.97×10^{21}	226
广西	6.51×10^{21}	<	1.88×10^{22}	289
山东	6.87×10^{20}	<	2.03×10^{21}	295
山西	1.56×10^{21}	<	4.73×10^{21}	303
福建	3.55×10^{21}	<	1.09×10^{22}	307
安徽	1.97×10^{21}	<	6.22×10^{21}	316
江西	4.98×10^{21}	<	1.61×10^{22}	323
河北	1.41×10^{21}	<	4.74×10^{21}	336
内蒙古	9.71×10^{21}	<	3.28×10^{22}	338
广东	4.54×10^{21}	<	1.75×10^{22}	385
湖北	2.65×10^{21}	<	1.03×10^{22}	389
海南	7.48×10^{20}	<	2.96×10^{21}	396
浙江	2.86×10^{21}	<	1.17×10^{22}	409
湖南	4.10×10^{21}	<	1.79×10^{22}	437
辽宁	1.94×10^{21}	<	1.07×10^{22}	552
吉林	2.95×10^{21}	<	1.68×10^{22}	569
北京	1.71×10^{20}	<	9.92×10^{20}	580
河南	7.96×10^{20}	<	4.83×10^{21}	607
黑龙江	4.90×10^{21}	<	4.03×10^{22}	822

另外，从维持生物多样性服务潜力与区域生态用地面积的关系可以看出，方法 a1 算出的结果与该区域的生态用地面积相关性差，而方法 a2 算出的结果与该区域的生态用地面积相关性较强（图 14-2）。大致可以得出，在自然禀赋相似的情况下，增加生态用地面积的很大作用在于更好地保护和维持生态系统中的食物网，从而进一步维持生物多样性。

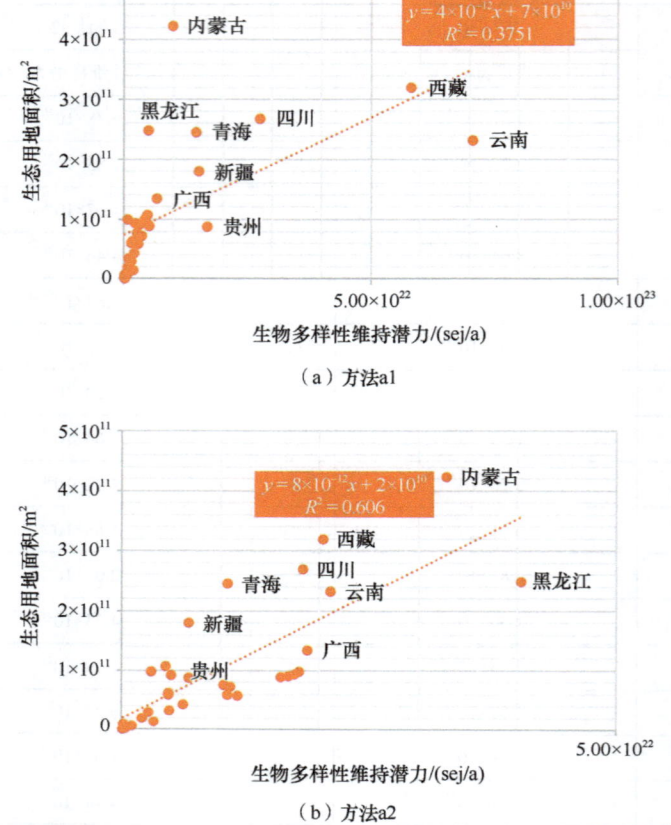

图 14-2　基于方法 a1 和方法 a2 计算的生物多样性维持潜力与生态用地面积的相关性

生物多样性维持潜力为 2015 年计算结果

14.4.2　中国不同生态系统类型生物多样性维持服务潜力评估

14.4.2.1　不同生态系统类型生物多样性潜力：基于本地最大可更新投入（方法 a1）

由图 14-3 和图 14-4 可知，中国 31 个省份中有 19 个林地（18 个省份的有林地和 1 个省份的灌木林）生态系统所能维持的生物多样性潜力（基于方法 a1）大于当地其他生态系统类型，本研究将其称为林地生态系统主导其生物多样性潜力。而这 19 个省份集中分布在南方、东三省、内蒙古、山西和河南等地。31 个省份中有 8 个草地生态系统所能维持的生物多样性潜力大于当地其他生态系统类型，即草地生态系统主导其生物多样性潜力。这 8 个省份集中分布在中国西部及华北地区的河北。有 4 个省份的湿地生态系统所能维持的生物多样性潜力大于当地其他生态系统类型，即湿地生态系统主导其生物多样性潜力。这 4 个省份主要分布在东部沿海，其中上海、天津和山东水库坑塘所能维持的生物多样性潜力大于当地其他生态系统类型，而江苏的湖泊生态系统所能维持的生物多样性潜力大于当地其他生态系统类型。

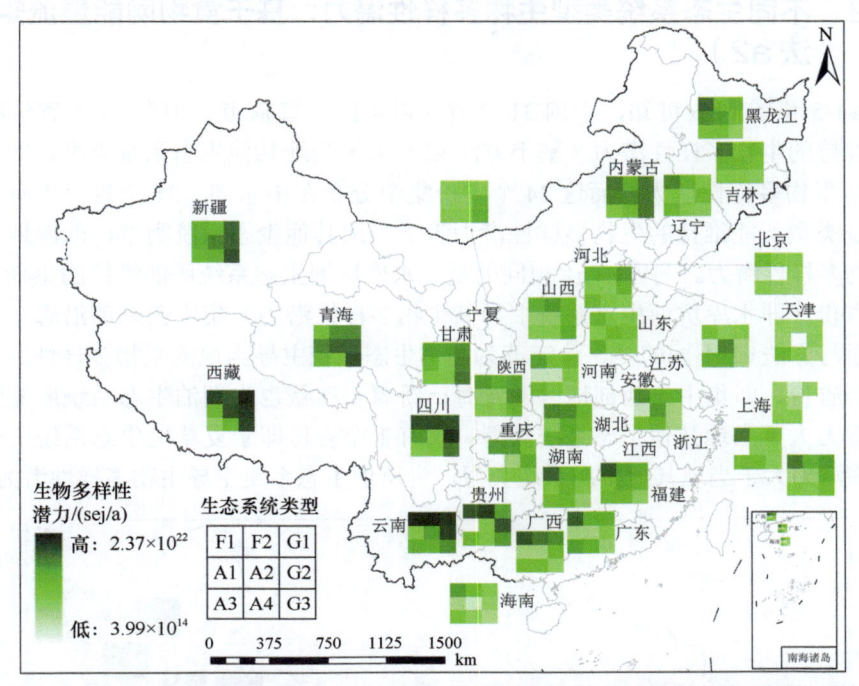

图 14-3　基于方法 a1 计算的 2015 年中国不同生态系统类型维持的生物多样性潜力

F1：有林地；F2：灌木林；G1：高覆盖度草地；G2：中覆盖度草地；G3：低覆盖度草地；A1：沼泽地；A2：湖泊；A3：水库坑塘；A4：河流

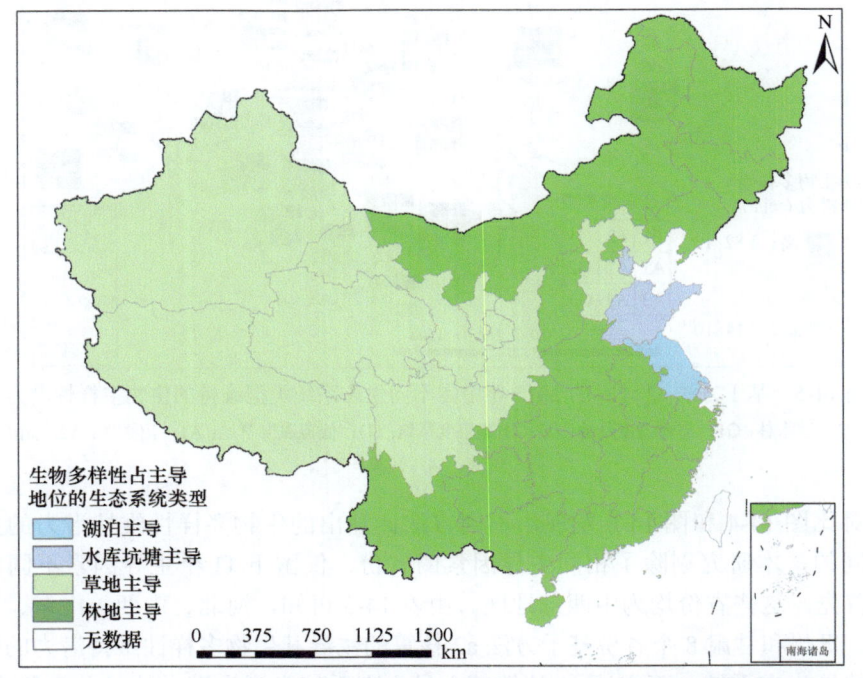

图 14-4　基于方法 a1 计算的 2015 年生物多样性潜力占主导地位的生态系统空间分布图

14.4.2.2 不同生态系统类型生物多样性潜力：基于食物网能量流矩阵（方法 a2）

由图 14-5 和图 14-6 可知，中国 31 个省（自治区、直辖市）中有 24 个省份林地生态系统所能维持的生物多样性潜力（基于方法 a2）大于当地其他生态系统类型，即林地生态系统主导其生物多样性潜力。而这 24 个省份集中分布在中东部。31 个省份中有 6 个的湿地生态系统类型所能维持的生物多样性潜力大于当地其他生态系统类型，即湿地生态系统主导其生物多样性潜力。与方法 a1 相同的是，水库坑塘生态系统所能维持的生物多样性潜力较大的省份（即水库坑塘生态系统主导其生物多样性潜力）集中在东部沿海，包括天津和上海；而与方法 a2 不同的是，除江苏为湖泊生态系统主导当地的生物多样性潜力外，其余还有 3 个省份，即集中于西部地区的青海、新疆和西藏也为湖泊生态系统所能维持的生物多样性潜力大于当地其他生态系统类型。仅有 1 个省份即宁夏草地生态系统所能维持的生物多样性潜力大于当地其他生态系统类型，为草地生态系统主导生物多样性潜力。

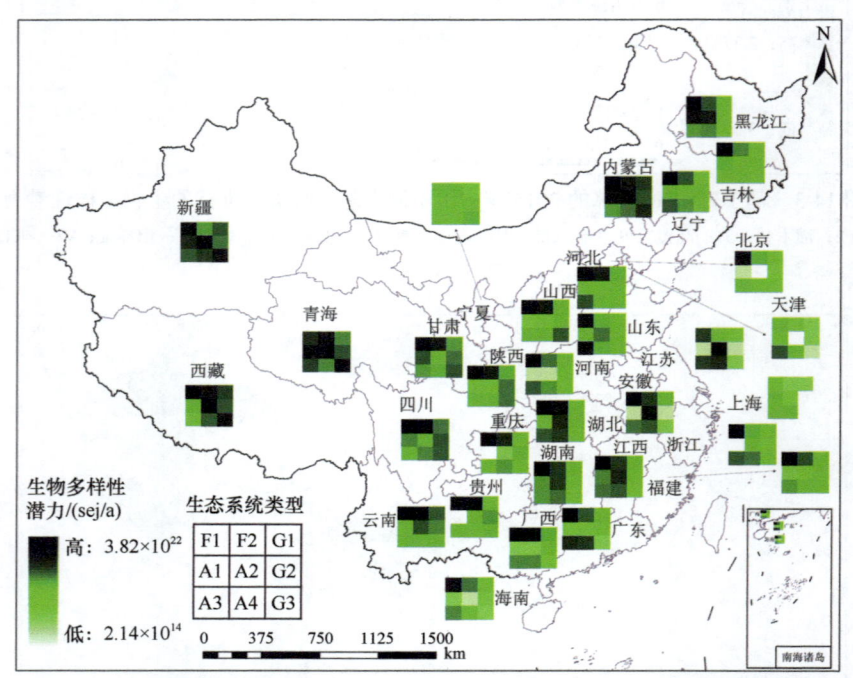

图 14-5 基于方法 a2 计算的 2015 年中国不同生态系统类型维持的生物多样性潜力
F1：有林地；F2：灌木林；G1：高覆盖度草地；G2：中覆盖度草地；G3：低覆盖度草地；A1：沼泽地；A2：湖泊；A3：水库坑塘；A4：河流

通过对比图 14-4 和图 14-6 发现，不同方法计算出的生物多样性维持潜力的主要贡献因素是不同的，本研究剔除了相同主导因素的省份，仅留下 11 个主导因素不同的省份进行分析。首先，这些省份均为中西部地区。由表 14-3 可知，河北、山西、山东、重庆、四川、陕西、贵州和甘肃 8 个省份基于方法 a2 核算的主导其生物多样性维持潜力的生态系统类型为有林地生态系统，而方法 a1 计算的主导生态系统类型为灌木林（山西和重庆）、高

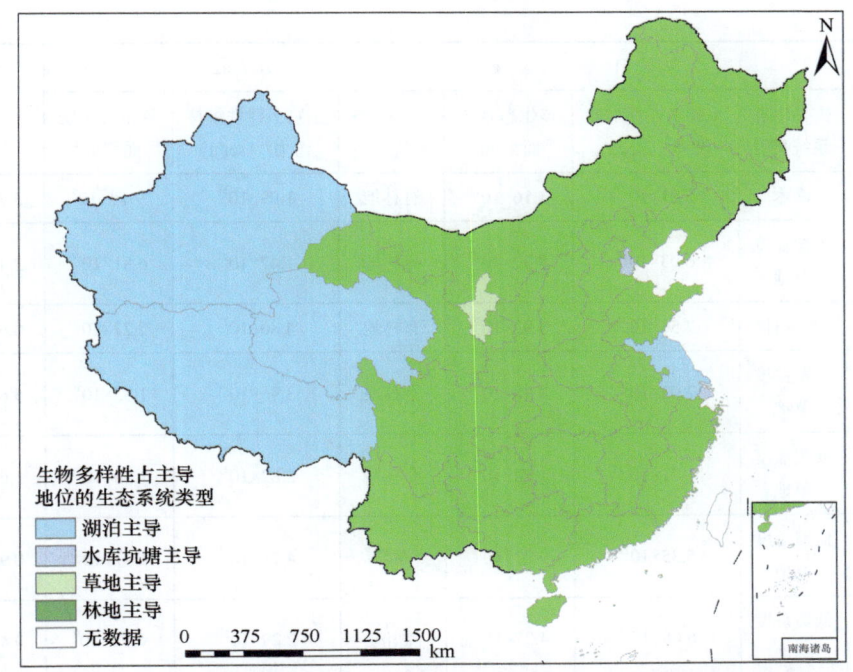

图 14-6 基于方法 a2 计算的 2015 年生物多样性维持潜力占主导地位的生态系统空间分布图

覆盖度草地（河北）、中覆盖度草地（四川和陕西）、低覆盖度草地（甘肃）和水库坑塘（山东）生态系统。这说明这些省份在现状上，生物多样性的维持由不同的生态系统所主导贡献，但在潜力方面，这些省份的有林地生态系统仍具有潜力，当充分保育林地的食物网、提升林地的品质时，有林地生态系统就会成为对当地生物多样性维持服务的主要贡献者（当然，如果本地可更新资源无法支持，就需要额外的人工投入）。另外，对于青海、新疆、甘肃，当前的生物多样性维持的主要贡献者为低覆盖度草地（方法 a1 计算结果），贵州的为灌木林（方法 a1 计算结果）；而基于方法 a2 计算的青海、新疆和西藏生物多样性维持的主要贡献者为湖泊生态系统，贵州为有林地生态系统。当充分保育青海、新疆和西藏的湖泊型湿地生态系统食物网、贵州的有林地生态系统食物网，提升其品质，湖泊和有林地将分别成为当地生物多样性维持服务的主要贡献者。

表 14-3 基于方法 a1 和方法 a2 计算的主导生物多样性维持潜力的生态系统类型

省份	方法 a1 主导生态系统类型	生物多样性维持潜力/(sej/a)	该生态系统面积/m²	方法 a2 主导生态系统类型	生物多样性维持潜力/(sej/a)	该生态系统面积/m²	潜力比	面积比
河北	高覆盖度草地	4.82×10^{20}	1.71×10^{10}	有林地	3.69×10^{21}	1.71×10^{10}	7.7	1.0
山西	灌木林	4.76×10^{20}	1.42×10^{10}	有林地	3.71×10^{21}	1.71×10^{10}	7.8	1.2
山东	水库坑塘	2.97×10^{20}	4.47×10^{9}	有林地	9.63×10^{20}	4.45×10^{9}	3.2	1.0

续表

省份	方法 a1 主导生态系统类型	方法 a1 生物多样性维持潜力/(sej/a)	方法 a1 该生态系统面积/m²	方法 a2 主导生态系统类型	方法 a2 生物多样性维持潜力/(sej/a)	方法 a2 该生态系统面积/m²	潜力比	面积比
重庆	灌木	5.31×10^{20}	1.16×10^{10}	有林地	1.99×10^{21}	9.18×10^{9}	3.7	0.8
四川	中覆盖度草地	6.03×10^{21}	8.30×10^{10}	有林地	1.47×10^{22}	6.81×10^{10}	2.4	0.8
贵州	灌木林	7.56×10^{21}	3.92×10^{10}	有林地	4.80×10^{21}	2.22×10^{10}	0.6	0.6
陕西	中覆盖度草地	7.02×10^{20}	3.38×10^{10}	有林地	3.96×10^{21}	1.83×10^{10}	5.6	0.5
甘肃	低覆盖度草地	1.71×10^{21}	1.72×10^{10}	有林地	2.82×10^{21}	1.30×10^{10}	1.6	0.8
青海	低覆盖度草地	5.35×10^{21}	9.23×10^{10}	湖泊	4.71×10^{21}	1.41×10^{10}	0.9	0.2
新疆	低覆盖度草地	6.08×10^{21}	4.27×10^{10}	湖泊	2.29×10^{21}	6.71×10^{9}	0.4	0.2
西藏	高覆盖度草地	2.14×10^{22}	1.19×10^{11}	湖泊	1.01×10^{22}	3.04×10^{10}	0.5	0.3

注：生态系统面积为基于植被覆盖度修正后的面积；潜力比、面积比分别为方法 a2 中计算的生物多样性潜力和生态系统面积数据与方法 a1 的比值；数据为 2015 年数据。

14.5 中国生物多样性对本地经济贡献评估：基于方法 b

14.5.1 中国省级生物多样性对本地经济贡献评估

在省级尺度上，基于方法 b 核算的生物多样性对本地经济贡献的空间分布特征（图 14-7）与基于方法 a1 和方法 a2 核算的生态系统所能维持的生物多样性空间分布特征差异较大。主要表现在生物多样性对本地经济贡献大的地区分别集中在东部和西北，东部省份包括上海（4.54×10^{23} sej/a）、江苏（3.25×10^{23} sej/a）和天津（3.21×10^{23} sej/a）等，西北省份包括新疆（4.25×10^{23} sej/a）、青海（3.01×10^{23} sej/a）、甘肃（2.63×10^{23} sej/a）和西藏（2.57×10^{23} sej/a）等，且排名第一的上海和排名第二的新疆相差甚小，后者约为前者的 94%。第二个生物多样性对本地经济贡献大的地区集中在长江下游及东部沿海，如江西（2.32×10^{23} sej/a）、安徽（2.12×10^{23} sej/a）、福建（2.02×10^{23} sej/a）、广东（1.96×10^{23} sej/a）、山东（1.86×10^{23} sej/a）等。而生物多样性对本地经济贡献较小的地区集中在中国中部及东三省，如最小的为吉林（4.52×10^{22} sej/a），其次为陕西（9.18×10^{22} sej/a）、重庆（9.38×10^{22} sej/a）、辽宁（9.55×10^{22} sej/a）、四川（9.67×10^{22} sej/a）、河南（9.78×10^{22} sej/a）等。最小的吉林和倒数第二的陕西相差较大，后者约为前者的两倍。

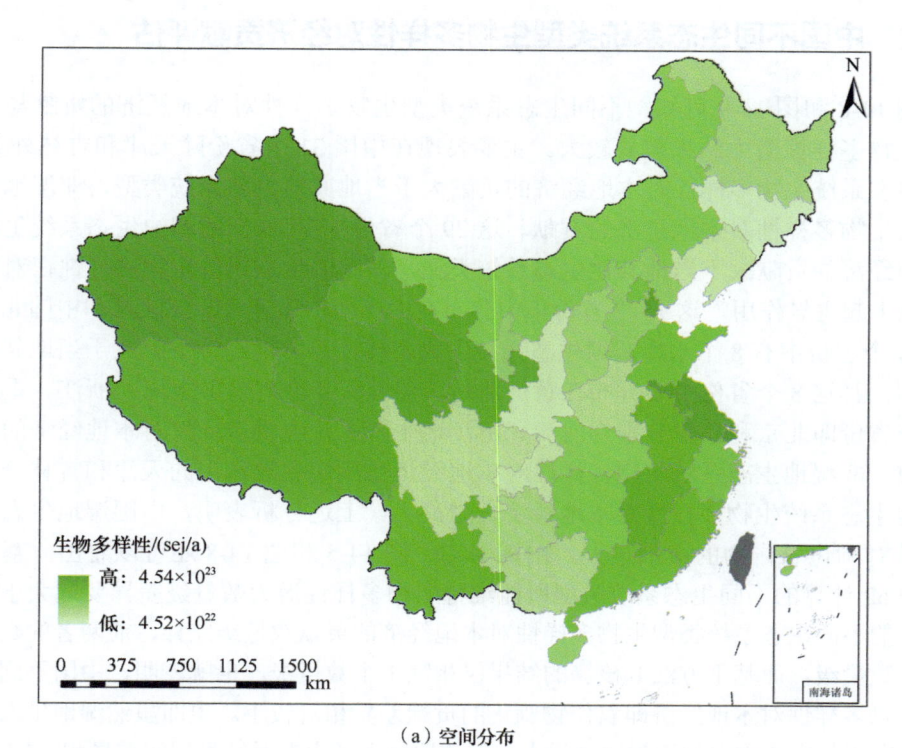

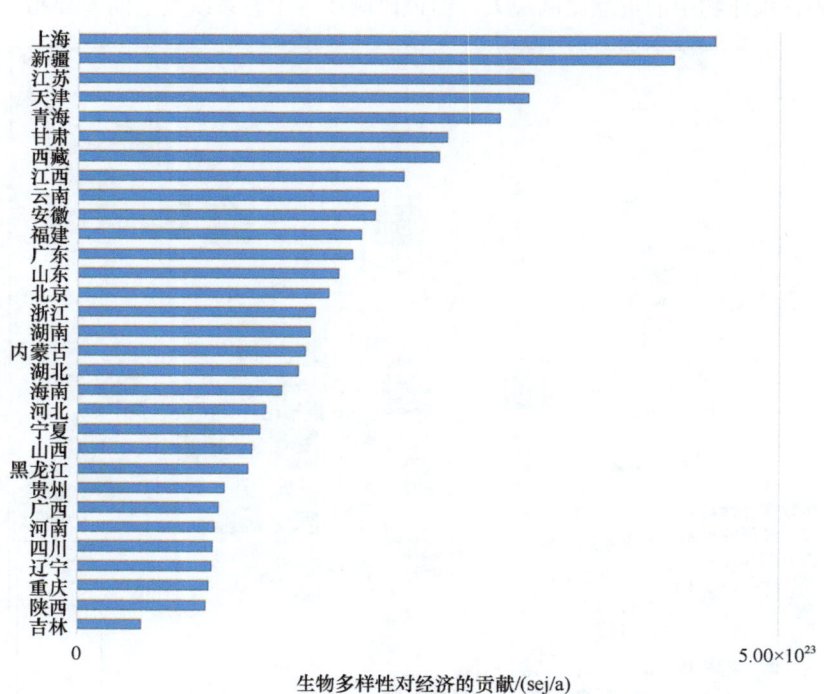

第 14 章 对存在价值中生物多样性计算方法学的讨论

(a) 空间分布

(b) 大小排序

图 14-7 基于方法 b 计算的 2015 年生物多样性对中国各省份经济贡献空间分布与大小排序

14.5.2 中国不同生态系统类型生物多样性对经济贡献评估

由图 14-8 和图 14-9 可知，不同生态系统类型生物多样性对本地经济的贡献与其所能维持的生物多样性潜力结果差异较大。主要表现在中国 31 个省份除天津和吉林外其余 29 个湿地生态系统生物多样性对本地经济的贡献大于当地其他生态系统类型，即湿地生态系统主导其生物多样性对本地经济的贡献。这 29 个省份中有 15 个的湖泊生态系统生物多样性对本地经济的贡献大于当地其他生态系统类型，即湖泊生态系统生物多样性在对本地经济的贡献中起主导作用。这 15 个省份集中分布在中国西部地区、长江流域和中国北部的内蒙古。29 个省份中有 8 个水库坑塘生态系统生物多样性对本地经济贡献大于当地其他生态系统类型，且这 8 个省份主要分布在黄河流域。另外有 4 个省份即上海、浙江、重庆和广东及 2 个省份即北京和福建分别为河流和沼泽地生态系统生物多样性对本地经济的贡献占主导地位。非湿地生态系统生物多样性对本地经济贡献起主导作用的天津和吉林分别以草地和林地生态系统生物多样性对本地经济贡献最大。上述分析表明，中国湿地生态系统生物多样性对驯化农作物的贡献最大。由图 14-3、图 14-5 和图 14-8 还可以看出，基于方法 a1、方法 a2 计算的不同生态系统类型所能维持生物多样性潜力数量级差异要远大于基于方法 b 计算的不同生态系统类型生物多样性对本地经济的贡献数量级差异，前两者的数量级差别为 8 个数量级，而基于方法 b 核算的结果仅相隔 1 个数量级。也就表明，中国不同生态系统类型生物多样性对本地经济即农作物驯化的贡献差异相对较小。也即虽然湿地生态系统生物多样性在驯化农作物中的贡献比例最大，但该比例在各生态系统类型间差异相对较小。

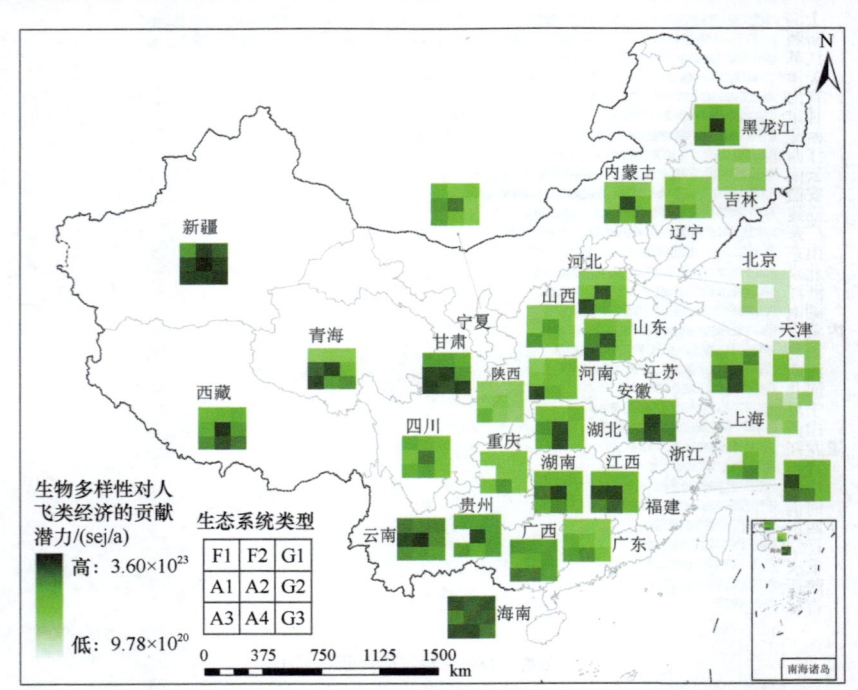

图 14-8 基于方法 b 计算的 2015 年中国不同生态系统类型生物多样性对本地经济的贡献

F1：有林地；F2：灌木林；G1：高覆盖度草地；G2：中覆盖度草地；G3：低覆盖度草地；A1：沼泽地；A2：湖泊；A3：水库坑塘；A4：河流

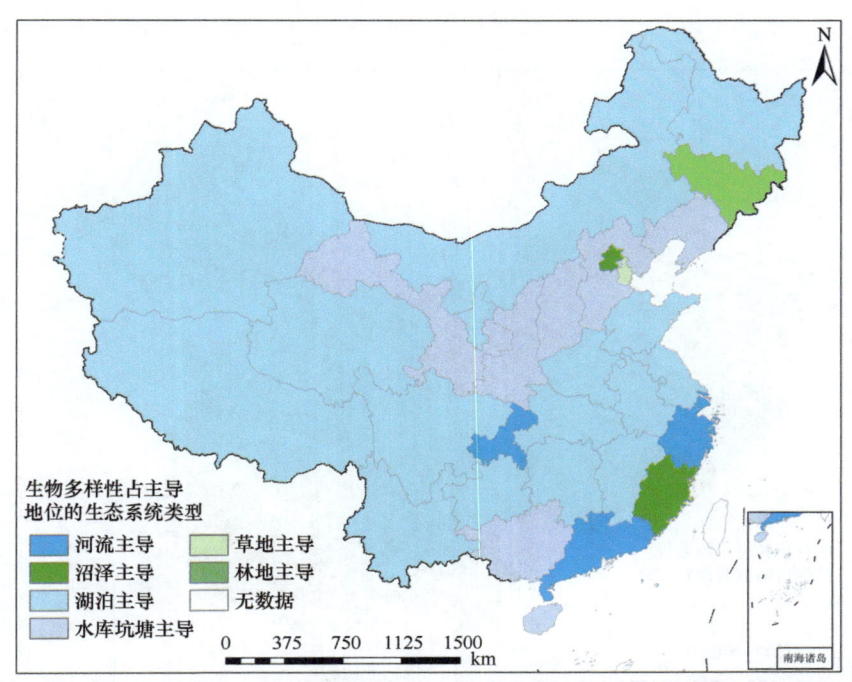

图 14-9　基于方法 b 计算的 2015 年生物多样性对经济贡献占主导地位的生态系统空间分布图

农作物按其特点和用途可分为粮食作物、经济作物、蔬菜作物、果树作物、饲料和绿肥作物、花卉作物、药用作物和林木作物（董玉琛和刘旭，2008）。中国驯化和栽培了大量的农作物[①]。据统计，中国栽培的作物有 661 种（林木作物未计算在内），各子类作物种数大小依次为：蔬菜作物（163 种）、药用作物（133 种）、花卉作物（114 种）、饲料和绿肥作物（78 种）、经济作物（74 种）、果树作物（64 种）和粮食作物（35 种）。而大部分经济作物由常绿落叶阔叶林的小乔木、灌木或林下草本植物驯化而来，蔬菜作物大部分由水生植物驯化而成（赵耀和陈家宽，2018）。这就表明，本研究基于生物多样性对本地经济贡献计算的湿地生态系统为中国驯化农作物贡献最大的研究结果与现有研究中中国蔬菜作物占驯化作物比例最大的结果一致。而本研究中虽然湿地生态系统生物多样性在驯化农作物中贡献比例最大，但与其他生态系统贡献比例差异较小的研究结果也与目前研究中中国驯化作物中各子类作物种数差异较小的结论一致。

14.6　稀有物种全球占比下的中国生物多样性评估：基于方法 c

基于方法 c 核算的稀有物种对全球生物多样性维持的重要性或贡献（图 14-10）整体上呈现出西南地区要大于其余省份的特征。具体地，第一个稀有物种对全球生物多样性维持贡献大的区域集中在西南部。其中，最大的省份为云南（1.78×10^{22} sej/a），其次为广西

[①] 中华人民共和国农业部. 2008. 中国粮食和农业植物遗传资源状况报告 (1996-2007).

(a)空间分布

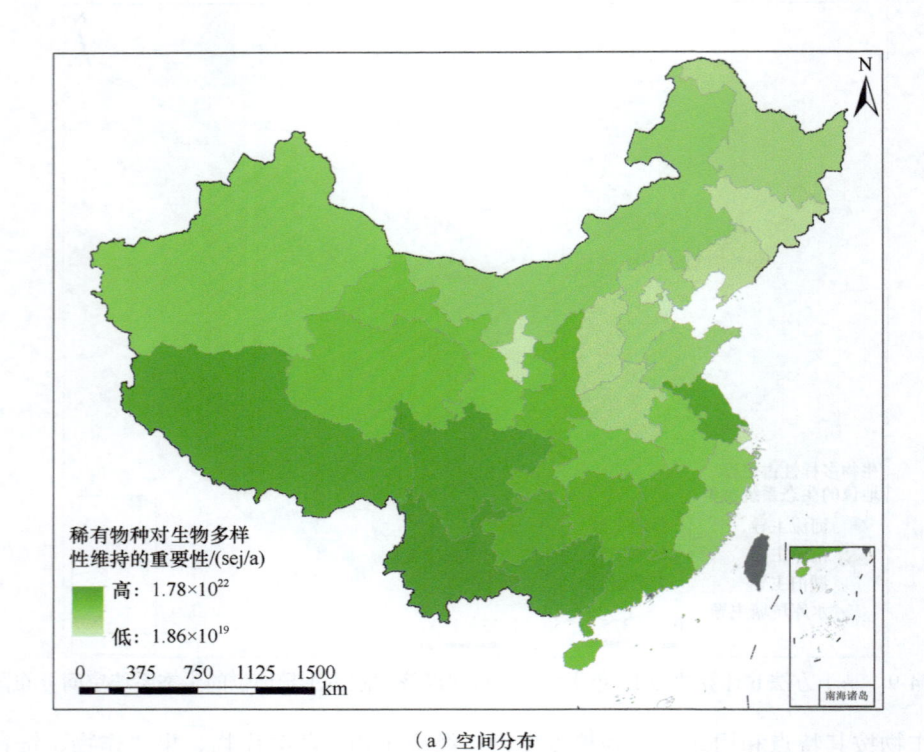

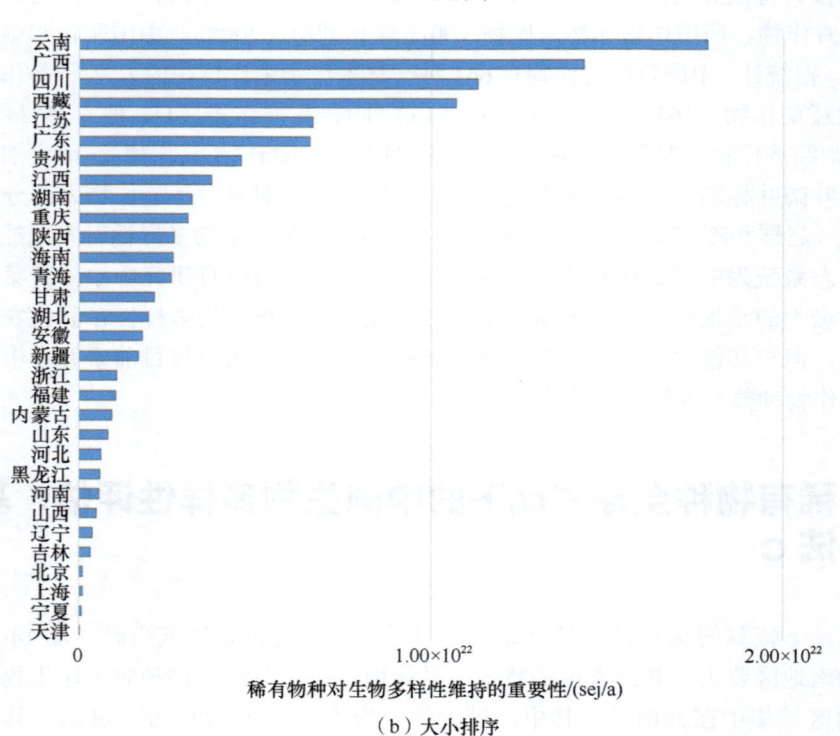

(b)大小排序

图 14-10　基于方法 c 计算的稀有物种全球占比下的 2015 年中国生物多样性空间分布及大小排序

（1.43×10^{22} sej/a）、四川（1.13×10^{22} sej/a）、西藏（1.07×10^{22} sej/a）和贵州（4.60×10^{21} sej/a）。第二个稀有物种对全球生物多样性维持重要性大的地区集中在南方，包括江苏（6.62×10^{21} sej/a）、广东（6.56×10^{21} sej/a）、江西（3.76×10^{21} sej/a）、湖南（3.20×10^{21} sej/a）、重庆（3.09×10^{21} sej/a）等。但西南地区稀有物种对全球生物多样性维持的重要性要远大于南方，例如南方地区中最大的省份江苏仅为西藏的62%。稀有物种对全球生物多样性维持贡献较小的地区同生态系统所能维持的生物多样性潜力较小的地区（基于方法a1、方法a2）相似，集中在除重庆外的直辖市，其中最小的为天津（1.86×10^{19} sej/a），其次为宁夏（8.17×10^{19} sej/a）、上海（8.82×10^{19} sej/a）、北京（1.09×10^{20} sej/a）。

需要说明的是，由于基于方法c核算的中国稀有物种对全球生物多样性维持的重要性使用的数据分辨率为1°×1°，而本研究中不同生态系统面积数据的分辨率为100 m×100 m，若基于方法c核算不同生态系统类型的生物多样性会存在较大误差，因此，本研究未基于方法c来计算中国不同生态系统类型的生物多样性。

14.7 讨论：生物多样性计算方法学及其适用范围

本章从3个视角出发构建了生物多样性维持服务计算的3种方法，3种方法各有其侧重点。方法a1和方法a2计算的是生态系统所能维持的生物多样性潜力，即本地最大能够支持多少生物多样性。方法b计算的是生物多样性对本地经济的贡献，在本研究中为长期人工投入驯化的能量成本。方法c反映了局地稀有物种对全球生物多样性的维持，实际是局地在维持全球生物多样性重要性的体现。

14.7.1 国家尺度和省级尺度生物多样性计算结果对比

在全国尺度上，基于14.2节三大类方法核算的中国2015年生物多样性按照其大小顺序依次为：5.80×10^{24} sej/a（方法b）＞3.30×10^{23} sej/a（方法a2）＞2.70×10^{23} sej/a（方法a1）＞1.05×10^{23} sej/a（方法c），详见图14-11。由此可见，在中国，生物多样性对本地经济的贡献＞生态系统对生物多样性的动态维持潜力＞生态系统对生物多样性的静态维持潜力＞稀有物种对全球生物多样性的贡献。具体地，生物多样性对本地经济的贡献是生态系统对生物多样性动态维持的贡献的18倍左右；而生态系统对生物多样性的动态维持和静态维持较为接近，前者为后者的1.2倍；稀有物种对全球生物多样性的贡献最小，仅占生态系统对生物多样性静态维持的39%。也即，中国生物多样性对本地经济的贡献大于生态系统本身所能维持的生物多样性潜力，大于稀有物种对全球生物多样性维持的重要性。

省级尺度同国家尺度类似，也整体上呈现出生物多样性对本地经济的贡献远大于生态系统所能维持的生物多样性潜力，大于稀有物种对生物多样性维持的重要性的特征（图14-1、图14-7、图14-10和图14-11）。具体地，省级尺度生物多样性对本地经济的贡献分别约为生态系统所能维持的生物多样性潜力（静态、动态）和稀有物种对全球生物多样性维持的重要性的3（云南）～7591（上海）倍、3（黑龙江）～4616（上海）倍和7（广西）～17 238（天津）倍。

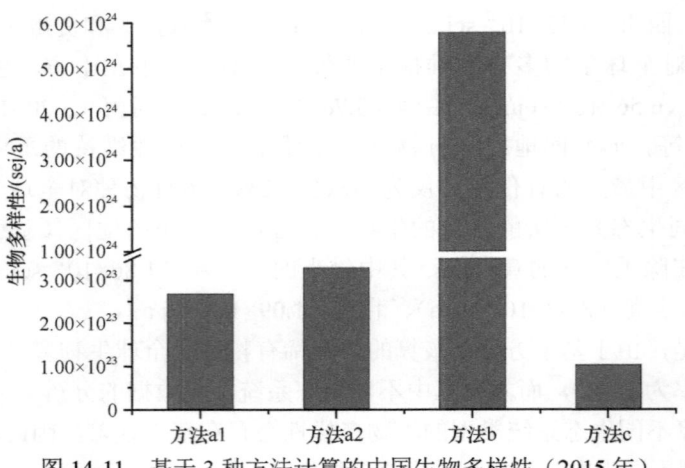

图 14-11　基于 3 种方法计算的中国生物多样性（2015 年）

14.7.2　不同计算方法的生物多样性结果对比

对于不同计算方法而言，同一地区计算的生物多样性结果的相对水平不一致。表 14-4 反映了基于计算方法 a1、方法 a2、方法 b 和方法 c 各个省（自治区、直辖市）生物多样性排序及同一省（自治区、直辖市）基于不同计算方法排序的差异。其中，方法 a1 和方法 a2、方法 b、方法 c 分别反映生物多样性潜力排序、生物多样性对本地经济的贡献排序、稀有物种对全球生物多样性维持的重要性排序。由于方法 a1 主要反映当地的最大不更新资源，因此本研究使用方法 a1 与方法 b 和方法 c 进行结果排序上的比较。

表 14-4　基于方法 a1、方法 a2、方法 b 和方法 c 计算的生物多样性省级排序及其差异

省份	基于不同方法的排序				不同方法的排序差		
	方法 a1	方法 a2	方法 b	方法 c	b 与 a1	c 与 a1	c 与 b
云南	1	3	9	1	8	0	−8
西藏	2	4	7	4	5	2	−3
四川	3	6	27	3	24	0	−24
贵州	4	17	24	7	20	3	−17
新疆	5	16	2	17	−3	12	15
青海	6	13	5	13	−1	7	8
内蒙古	7	2	17	20	10	13	3
广西	8	5	25	2	17	−6	−23
江西	9	10	8	8	−1	−1	0
黑龙江	10	1	23	23	13	13	0
甘肃	11	23	6	14	−5	3	8
广东	12	8	12	6	0	−6	−6

续表

省份	基于不同方法的排序				不同方法的排序差		
	方法 a1	方法 a2	方法 b	方法 c	b 与 a1	c 与 a1	c 与 b
湖南	13	7	16	9	3	−4	−7
福建	14	12	11	19	−3	5	8
吉林	15	9	31	27	16	12	−4
浙江	16	11	15	18	−1	2	3
湖北	17	15	18	15	1	−2	−3
陕西	18	19	30	11	12	−7	−19
安徽	19	18	10	16	−9	−3	6
辽宁	20	14	28	26	8	6	−2
江苏	21	24	3	5	−18	−16	2
山西	22	22	22	25	0	3	3
河北	23	21	20	22	−3	−1	2
重庆	24	26	29	10	5	−14	−19
河南	25	20	26	24	1	−1	−2
海南	26	25	19	12	−7	−14	−7
山东	27	27	13	21	−14	−6	8
宁夏	28	30	21	30	−7	2	9
天津	29	29	4	31	−25	2	27
北京	30	28	14	28	−16	−2	14
上海	31	31	1	29	−30	−2	28

注：该排序为 2015 年生物多样性计算结果排序。

由表 14-4 方法 b 与方法 a1 的排序差可知，31 个省份中有 14 个，即四川、贵州、广西、吉林、黑龙江、陕西、内蒙古、云南、辽宁、西藏、重庆、湖南、湖北、河南，其基于方法 b 的排序要较基于方法 a1 的排序靠后，说明这些省份生物多样性潜力虽大，但生物多样性对当地经济的贡献相对较小。以上省份顺序也为按照其生物多样性潜力与其对本地经济贡献的差距由大到小的顺序。31 个省份中有 15 个，即上海、天津、江苏、北京、山东、安徽、海南、宁夏、甘肃、新疆、福建、河北、青海、江西和浙江，其基于方法 b 的排序较基于方法 a1 的排序靠前，说明这些省份虽然生物多样性潜力较小，但其生物多样性对本地经济的贡献较大。以上省份顺序也为按照其生物多样性对本地经济贡献与其生物多样性潜力的差距由大到小的顺序。另外两个省份，即广东和山西，其生物多样性潜力与其生物多样性对本地经济贡献大小在全国范围内水平相当。

由表 14-4 方法 c 与方法 a1 的排序差可知，31 个省份有 14 个，即内蒙古、黑龙江、新疆、吉林、青海、辽宁、福建、甘肃、山西、贵州、天津、宁夏、浙江和西藏，其基于方法 c 的排序较基于方法 a1 的排序靠后，说明这些省份虽然生物多样性潜力大，但其稀有物种对全球生物多样性维持的重要性相对较小。上述省份顺序也为其生物多样性潜力与稀有物种对全球生物多样性维持的重要性的差距由大到小的顺序。同样也有 15 个省份，即江苏、重庆、海南、陕西、广西、广东、山东、湖南、安徽、湖北、北京、上海、河南、江西和河北，其基于方法 c 的排序较基于方法 a1 的排序靠前，说明这些省份虽然生物多样性潜力较小，但由于当地稀有物种的存在，其对全球生物多样性维持的重要性较为突出。上述省份顺序也为其稀有物种对全球生物多样性维持的重要性与生物多样性潜力的差距由大到小的顺序。而另外两个省份，即四川和云南，其生物多样性潜力与其稀有物种对全球生物多样性维持的重要性在全国范围内水平相当。

由表 14-4 方法 c 与方法 b 的排序差可知，31 个省份中有 15 个，即上海、天津、新疆、北京、宁夏、青海、福建、甘肃、山东、安徽、内蒙古、山西、浙江、河北和江苏，其基于方法 c 的排序较基于方法 b 的排序靠后，说明这些省份生物多样性对本地经济贡献较大，但其稀有物种对全球生物多样性维持的重要性较小。上述省份顺序也为其生物多样性对本地经济贡献与其稀有物种对全球生物多样性维持的重要性的差距由大到小的顺序。31 个省份中有 14 个，即四川、广西、重庆、陕西、贵州、云南、海南、湖南、广东、吉林、湖北、西藏、河南和辽宁，其基于方法 c 的排序较基于方法 b 的排序靠前，说明这些省份虽然生物多样性对本地经济贡献较小，但其稀有物种对全球生物多样性维持的重要性较大。上述省份顺序也为其稀有物种对全球生物多样性维持的重要性与其生物多样性对本地经济贡献的差距由大到小的顺序。另外两个省份即黑龙江和江西，其生物多样性对本地经济的贡献与其稀有物种对全球生物多样性维持的重要性在全国范围内水平相当。

也可进一步看出，上海、北京、山东、安徽、河北、江苏、江西和海南 8 个省份，虽然本地生物多样性潜力较小，但其生物多样性对本地经济的贡献和当地稀有物种对全球生物多样性维持的重要性都较大。而黑龙江、吉林、辽宁、内蒙古和西藏，虽然本地生物多样性潜力较大，但生物多样性对经济的贡献和当地稀有物种对全球生物多样性维持的重要性却较小。

利用不同方法的计算结果，通过同时考虑生物多样性维持潜力（图 14-12 中的潜力，仅考虑方法 a1）、生物多样性对本地经济的贡献（图 14-12 中的贡献）以及本地稀有物种对全球生物多样性维持的重要性（图 14-12 中的重要性），可以形成对不同地区生物多样性保护的针对性策略。也就是说，不同地区面向生物多样性保护，需同时从自然禀赋、人类努力以及对全球的重要性等多角度进行。例如，图 14-12 中绿色的省份（内蒙古、黑龙江、吉林、辽宁）显示出高潜力、低开发、低重要性的特点，可制定加大生物多样性开发的政策；黄色省份（四川、广西、陕西、重庆、贵州、海南）显示出对全球生物多样性高重要性的特点，因此，在这些省份的开发需谨慎，以不影响生物多样性的丧失为基本准则；蓝色区域（山东、宁夏、天津、北京、上海）已呈现远大于自然上限的过度开发现状，而这种开发又是基于大量人工投入的，这些地方应该限制开发；其余红色省份的生物多样性开发利用也需要注重潜力、贡献与重要性的平衡。

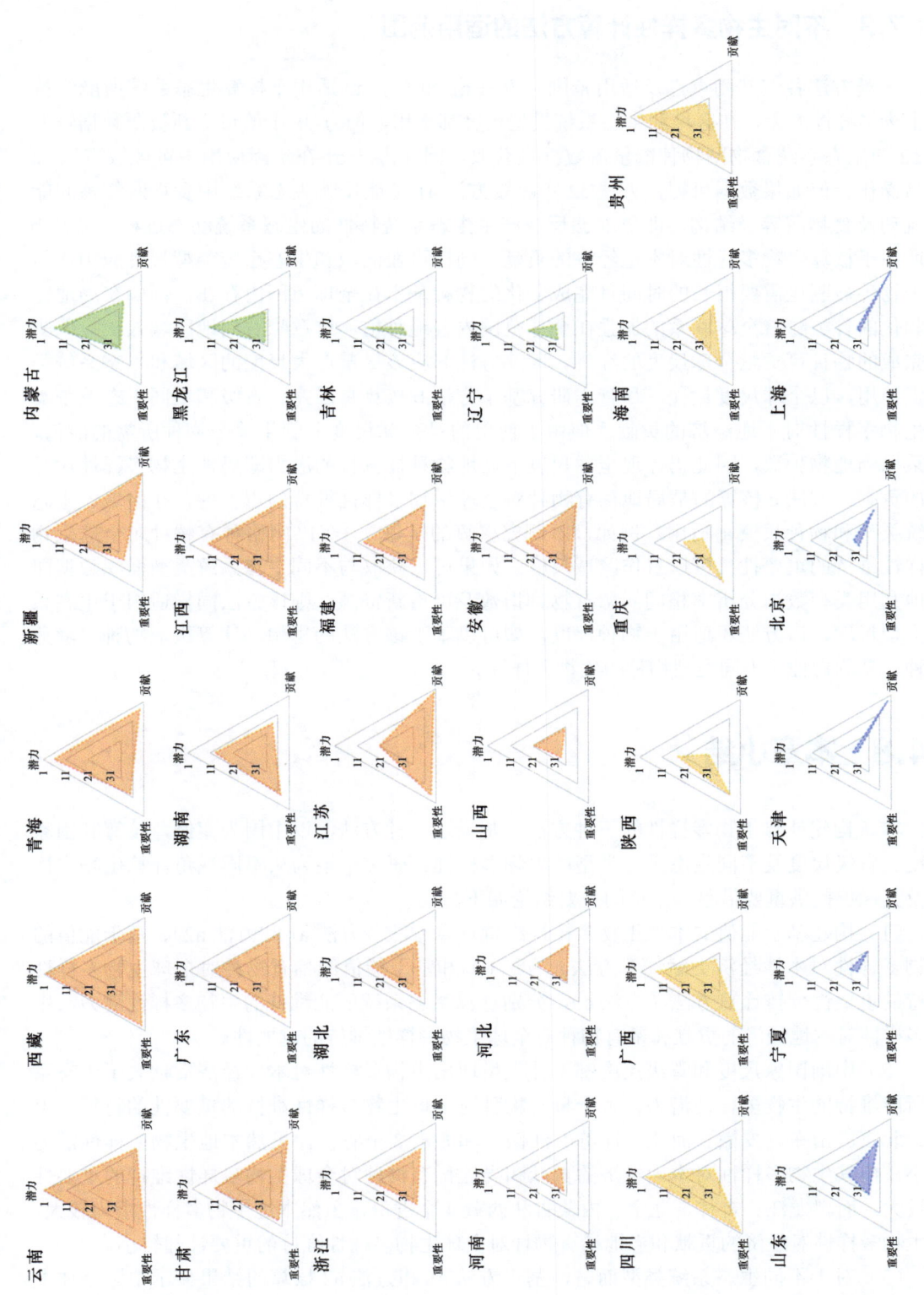

第 14 章 对存在价值中生物多样性计算方法学的讨论

图 14-12 同时考虑不同方法计算下的潜力、贡献与重要性的各省份雷达图

14.7.3 不同生物多样性计算方法的适用范围

三类方法各有其侧重点及适用范围。方法 a1 和方法 a2 适用于核算生态系统所能维持的生物多样性潜力，在区域和生态系统类型尺度都适用，但方法 a1 的可更新资源数据较方法 a2 的生态系统食物网物种能量流数据易获取，因此方法 a1 在实际应用中可能较方法 a2 更易操作。但如果数据可得，方法 a2 实际较方法 a1 更能反映生态系统中食物网物种间能量流动及食物网等级结构，即更能够反映产生生态系统特性的生态系统动态过程。方法 b 则适用于核算生物多样性对本地经济的贡献，同样可在区域和生态系统类型尺度应用。但由于物种被驯化需要很长的时间且完成驯化的物种基本在全球范围内存在，例如在局地完成驯化的谷类随着全球联系的加强在全球范围内普遍种植，这意味着局地区域人工投入驯化完成的物种可贡献全球尺度的经济。因此方法 b 应该尽量在大尺度的区域和生态系统类型上使用，以全球尺度最佳。尽管本研究基于方法 b 核算是国家、省级和不同生态系统类型生物多样性对本地经济的贡献，但由于使用的是全球尺度上驯化单个物种所需的能值，再乘以当地物种数，因此仍体现全球尺度下局地物种被驯化的潜力即局地生物多样性对经济的贡献。方法 c 核算的是局地稀有物种对全球生物多样性维持的重要性，在区域、生态系统类型和物种尺度都适用。例如，本研究核算的是每个 1°×1° 网格稀有物种对全球生物多样性维持的重要性，可以看作区域尺度。如果可以获取与不同生态系统类型面积数据即土地利用类型数据分辨率相同的稀有物种指数及可更新资源，则该方法同样适用于生态系统类型尺度。该方法还适用于物种尺度，如可以基于该方法的思想，计算极危物种、濒危物种、易危物种等不同类型物种的生物多样性。

14.8 本章小结

本章构建计算生物多样性的三种方法，基于这三种方法，以中国为案例，核算其国家尺度、省级尺度及不同生态系统类型的生物多样性。研究结果为从不同视角计算生物多样性及其保护提供重要借鉴。本章的主要结论如下。

（1）构建基于能值的本地生物多样性维持计算方法（方法 a1 和方法 a2）、基于能值的生物多样性对本地经济贡献计算方法（方法 b）和基于能值的稀有物种对全球生物多样性维持的重要性分摊计算方法（方法 c），分别计算生态系统所能维持的生物多样性潜力、生物多样性对本地经济的贡献和稀有物种对全球生物多样性维持的重要性。

（2）中国国家尺度和省级尺度都整体上呈现出生物多样性对本地经济贡献大于生态系统所能维持的生物多样性潜力，大于稀有物种对全球生物多样性维持的重要性的特征。上海、北京、山东、安徽、河北、江苏、江西、和海南 8 个省份，虽然本地生物多样性潜力较小，但其生物多样性对本地经济的贡献和当地稀有物种对全球生物多样性维持的重要性都较大。而黑龙江、吉林、辽宁、内蒙古和西藏 4 个省份，虽然本地生物多样性潜力较大，但生物多样性对经济的贡献和当地稀有物种对全球生物多样性维持的重要性却较小。

（3）对于不同生态系统类型而言，基于方法 a1 和方法 a2 核算的结果显示中国整体上呈现出林地生态系统所能维持的生物多样性潜力大于当地其他生态系统类型的特点；基于方法 b 核算的结果显示中国湿地生态系统生物多样性对本地经济贡献最大，但与其他生态系统类型的贡献差距相对较小。

（4）三种生物多样性计算方法都适用于区域和不同生态系统类型。不同之处在于，因为使用方法 a1 所需数据较方法 a2 所需数据更易获取，所以方法 a1 在实际应用中可能较方法 a2 更易操作。但如果数据可得，方法 a2 实际较方法 a1 更能反映生态系统中食物网物种间能量流动及食物网等级结构，即更能够反映产生生态系统特性的生态系统动态过程。而方法 b 应该尽量在大尺度的区域和生态系统类型上使用，以全球尺度最佳。方法 c 则不仅适用于区域和生态系统类型尺度，还适用于不同物种对生物多样性维持的重要性评估，甚至还推广为极危物种、濒危物种等对生物多样性维持的重要性评估。

（5）利用不同方法的计算结果，可以形成对不同地区生物多样性保护的针对性策略。其中，内蒙古、黑龙江、吉林和辽宁显示出高潜力、低开发、低重要性的特点，可制定加大生物多样性开发的政策；四川、广西、陕西、重庆、贵州和海南显示出对全球生物多样性高重要性的特点，因此，在这些省份的开发需谨慎，以不影响生物多样性的丧失为基本准则；山东、宁夏、天津、北京和上海已呈现远大于自然上限的过度开发现状，而这种开发又是基于大量人工投入的；其余省份的生物多样性开发利用也需要注重潜力、贡献与重要性的平衡。

第 15 章

基于机器学习的生态系统服务多尺度快速核算系统开发与变化预测

15.1 引言

机器学习（machine learning，ML）是指计算机通过学习数据内在的规律信息，获得新的知识和经验，从而使计算机的智能程度得到提高，让计算机能够像人类一样思考（张润和王永滨，2016）。机器学习经过自 1956 年至今的发展，已被应用于各个领域的研究，包括股票市场预测、数据挖掘、生产制造、生态系统服务等。随着大数据时代的到来，科学研究和社会生活各个领域的数据以前所未有的速度积累，人工智能将成为各行业的基础建设，机器学习作为实现人工智能的一个基本途径，能够实现数据的智能化处理而充分利用大数据背后隐含的知识和价值（何晓飞等，2015）。

机器学习方法主要分为两种，一种是监督学习方法，即有结果度量的监督学习过程，其学习结果表征为定量或定性，主要有决策树、人工神经网络（ANN）和随机森林（random forest）等；另一种是无监督学习，即没有结果度量，只能观察特征的方法，主要有自组织特征映射神经网络、k 均值聚类等（陈凯和朱钰，2007）。

机器学习的发展经历了由浅至深三个阶段：第一个阶段为 1980 年以前，有关机器学习的概念和方法逐渐出现，但比较零碎，尚不具备影响力；第二个阶段为 1980～2012 年，机器学习开始作为一门独立的学科，进入蓬勃发展阶段，此阶段诞生了诸多理论和方法，且实用性大大提高；2012 年后深度学习技术诞生并迅速发展，攻克了人工智能领域曾经棘手的难题，目前深度学习在日常生活中已经无所不在。

机器学习的起源可以追溯到 20 世纪 50 年代甚至更早，1952 年，Arthur Samuel 在 IBM 公司研制了一个西洋棋跳棋程序，代表着机器学习领域最早的研究。1957 年，Frank Rosenblatt 提出了感知机（perceptron）——一种最简便的前馈型神经网络，可以视为人工神经网络的先驱，由于其本身过于单一，仅适用于线性分类，但对后续的机器学习算法的研究有很大的启发意义（焦李成，2023）。1958 年，Cox（1958）提出逻辑斯蒂（logistic）回归算法，这是一种线性的二分类算法，在某些大规模分类问题如广告点击率预估、疾病诊断等问题上得到了成功应用。进入 20 世纪六七十年代，基于逻辑表示的"符号主义"学习技术蓬勃发展，如 Patrick Winston 的"结构学习系统"、Ryszard S. Michalski 等的"基于逻辑的归纳学习系统"等，且以决策理论为基础的学习技术及强化学习技术等也得到发展，如 Nils John Nilsson 的"学习机器"等。在此期间，隐马尔可夫模型（hidden

Markov model，HMM）和 k-边邻（k-Nearest Neighbor，kNN）算法被提出，kNN 算法的原理是：如果一个样本在特征空间中的 k 个最相似（即特征空间中最邻近）的样本的大多数属于某一个类别，则该样本也属于这个类别（康安，2020）。其思路由于简单直观，既能用于回归，又能用于分类，因此至今仍然被广泛使用。1970 年，Seppo Linnainmaa 在他的硕士论文里首次描述了在任意、离散的稀疏连接情况下的类神经网络的高效误差反向传播方式，他把这种方式称为反向模式自动微积分算法，这是如今著名的反向传播算法（back-propagation algorithm，BP）的雏形，直到现在所有用于神经网络的现代软件包都是基于这种方式实现的。此后，多名神经网络学者相继提出将反向传播算法应用于神经网络以训练多层感知器[1]，神经网络研究快速发展。进入 20 世纪 80 年代，机器学习作为一个独立的研究方向，各类机器学习算法迅速涌现并快速发展，分类和回归树（classification and regression tree，CART）、反向传播算法和卷积神经网络被相继提出。1990~2012 年，诸多机器学习算法得到发展和完善，重要成果有支持向量机（support vector machine，SVM）、AdaBoost 算法、流形学习和随机森林算法等。这些算法多属浅层机器学习模型，特点是理论相较简单，训练模式易掌握，这导致浅层算法在样本数量和运算单位的基础上，对数据之间的复杂性表达有一定的局限性，以及学习性能差，只能提取初级特征（张润和王永滨，2016），对于更为复杂的如图像、语音识别等问题难以解决，存在严重的过拟合问题。2006 年，Geoffrey Hinton 等正式提出了深度学习这一概念，并提出了深层网络训练中梯度消失问题的解决方案：通过无监督的学习方法逐层训练算法，再使用有监督的反向传播算法进行调优（周子贤，2018；封学勇，2020）。Hinton 的论文对学术界产生了巨大的影响，诸多科研工作者对此展开了研究。2012 年，Geoffrey Hinton 课题组在著名的 ImageNet 图像识别大赛中采用深度学习模型 AlexNet 夺得了冠军，且分类性能表现远超第二名（支持向量机方法）。深度学习因其计算能力强，面对海量数据有着独有的优势，虽然目前深度学习依然处于一个发展中的阶段，在理论与实践方面仍存在问题，但可以预见的是，人工智能时代的到来会给人类社会带来深刻改变。

机器学习系列方法近些年在生态系统服务领域研究应用较广，常见的方法有人工神经网络、决策树、随机森林模型、支持向量机等，生态系统服务数据在实际中具有复杂性的特点，在绝大多数情况下是高度非线性的，并且数据量的增长速度超出了用传统方法理解它的能力（Reichstein et al.，2019），随着机器学习研究的不断深入，机器学习方法由于可以处理多种高维数据、能够从数据中识别趋势和模式等优点越来越受到重视，与传统方法相比，机器学习方法具有更强的适用性。

目前已有较多研究在生态系统服务领域尝试结合机器学习的方法，且取得了较好的效果。Scowen 等（2021）对同行评审的出版物统计分析显示，2008 年 1 月 1 日~2021 年 7 月 7 日，在 1012 种出版物中有 308 篇将机器学习方法应用于生态系统服务的相关研究。根据机器学习执行的任务不同进行分类，可以把机器学习方法分为描述型机器学习方法和预测型机器学习方法，前者可以在之前少有研究的特定领域假设的情况下对数据进行分组，

---

[1] Hecht-Nielsen R. 1989. Theory of the backpropagation neural network. IEEE, International Joint Conference on Neural Networks.

Rumelhart D E, Hinton G E, Williams R J. 1985. Learning internal representations by error propagation. Technical Report ICS-8506, California University, San Diego, USA.

后者使用模型完成分类和回归任务以对系统进行预测，包括对因果机制知之甚少的高度非线性系统。64%的研究中应用了描述型机器学习方法，44%的研究使用预测型机器学习方法。描述型机器学习又可以分为使用遥感数据或图像识别研究以及组织研究，识别研究主要应用聚类或排序算法，用于识别数据中的分组、分裂或其他结构，如景德基等（2022）采用特征选择和变量聚类的机器学习方法识别出某典型化学合成制药企业的 VOCs 排放特征因子。组织研究使用聚类算法来识别生态系统服务束等，例如 Schirpke（2019）等应用相关性分析和 k 均值聚类分析来分析 8 个生态系统之间的相互作用，并用随机森林解释生态系统服务束（可简单地解释为景观上的空间集群，可映射生态系统服务之间的关系）的分布，进一步整合了生态系统的供给、流量和需求之间的关系。在使用了预测型机器学习方法的研究中，最为广泛使用的是分类和回归树方法，其中随机森林是分类和回归树方法中出现频率最高的方法，如 Adhikari 等（2019）基于通过遥感数据提取的土壤碳储量数据，利用 Cubist 回归树算法建立土壤碳储量观测值与其余 17 环境变量之间的空间关系，通过比较时空替代模型和未来土壤碳储量图来预测未来土地利用和气候变化下的土壤碳储量，Cubist 回归树算法也是一种决策树模型，Cubist 把分类和回归树模型树上的叶子结点（仅为一个单一具体值）改进为一个线性回归模型，因此 Cubist 的精度更高，也更灵活；高若楠等（2019）以海拔、土层厚度等 6 个立地因子以及年平均气温、月平均气温差等 19 个气候因子为输入变量，以树种年平均蓄积生长量为输出变量，应用随机森林回归模型分别建立各树种的质量评价模型，预测不同条件下的造林地的生产潜力；徐艳平和陈义安（2021）利用随机森林回归模型构建城市空气质量预测模型，综合考量污染物浓度、气象参数和时间参数等多方面数据对重庆市的空气质量进行预测分析。

除此之外，其他一些预测性机器学习方法在生态系统服务相关研究中也得到了运用，有 26%的研究使用人工神经网络方法，如吴清佳等（2005）基于大量卫星数据、地面雷达站数据和高空气球采集的数据提出了一种将神经网络与遗传算法结合起来，首先利用遗传算法确定最优区域，并将其作为神经网络的初值，然后利用反向传播算法进行训练的方法，结论表明算法的预测数据与实际测量数据差距较小，模型性能优；Dang 等（2019）结合了混合神经模糊推理系统（HyFIS）与基于 GIS 的方法，生成了用于在区域范围内绘制水稻适宜种植区域图的两个模型，该模型还能在地块范围内预测实际水稻产量。24%的研究使用支持向量机方法（Scowen et al.，2021），例如 Das 等（2021）等使用支持向量机和多元回归分析（multivariate regression analysis）基于卫星数据、谷歌地球图像、已发布的政府工作报告和实地调查数据集对全球湿地生态系统服务价值进行评估，并在后续的研究中结合数学模型对印度东部加尔各答城市群评估了城市生态系统服务价值的时空分布，对未来 30 年的城市生态系统服务价值进行模拟预测，为提高城市环境质量提供了管理决策的基础数据；王芳等（2022）选取 1998～2017 年中国省域数据和基于任务相关性的机器学习方法对各省（自治区、直辖市）废水排放量趋势进行预测，实验主要采用了线性回归、回归树、支持向量回归（SVR）等学习算法，结果表明基于任务相关性的机器学习方法生成的 ELLA、ELLA-info、ELLA-diversity、PLad-similarity 和 Plad-difference 等模型具有较高的精度。

15.2 基于空间网格数据的增强表单型的生态系统服务快速计算系统的模块化设计

15.2.1 基于空间网格数据的增强表单型生态系统服务快速计算框架设计

为统一核算生态系统服务价值，科学认识生态系统服务机制，量化自然生态价值，研究自然因素和人为因素对生态系统服务的影响，各研究团队在核算方法上不断创新、发展。现有比较成熟的生态系统服务价值核算方法主要有三大类：功能价格法、当量因子法和能值分析方法。能值分析方法由于能值与空间数据的紧密关联、使用能量学单位的统一量化、具有通约性、加和性和可调整性的特点，易进行模块化设计，并利用高性能计算机实现快速计算。本章旨在构建一套基于网格数据的能够快速计算各级行政区域生态系统服务价值的模型，能值分析方法能将生态和经济系统统一起来，将生态系统内不同种类、无法比较的各类能量统一转换成能值进行分析，最后再与货币相链接，该方法计算出的能量学价值能作为稳定的标的物，不受人类偏好和市场偶然性的影响，适用于各空间尺度和时间尺度的核算。为提高结果的精细度，将遥感网格数据应用于生态系统服务价值核算中，而网格数据有数据量较大的特点，把网格数据快速提取后进行模块化计算，将能大幅提升计算生态系统服务价值的速度，在各项数据快速且大量更新的背景之下能值分析方法更具优势。基于此，本章拟将能值作为统一量化单位，核算中国 2000～2020 年多种生态系统的调节服务类产品变化情况，并结合 MySQL 和 Python 构建快速计算生态系统服务模型，最后结合机器学习方法预测未来生态系统服务，旨在为生态系统服务价值核算尝试新途径，为促进生态文明建设，将"绿水青山"转化成"金山银山"提供技术支持。

本章根据采集到的 2000～2020 年 Landsat 系列遥感数据，结合生态热力学的方法构建基于表单型生态系统服务快速计算框架。图 15-1 为该快速计算模型的各项功能介绍。

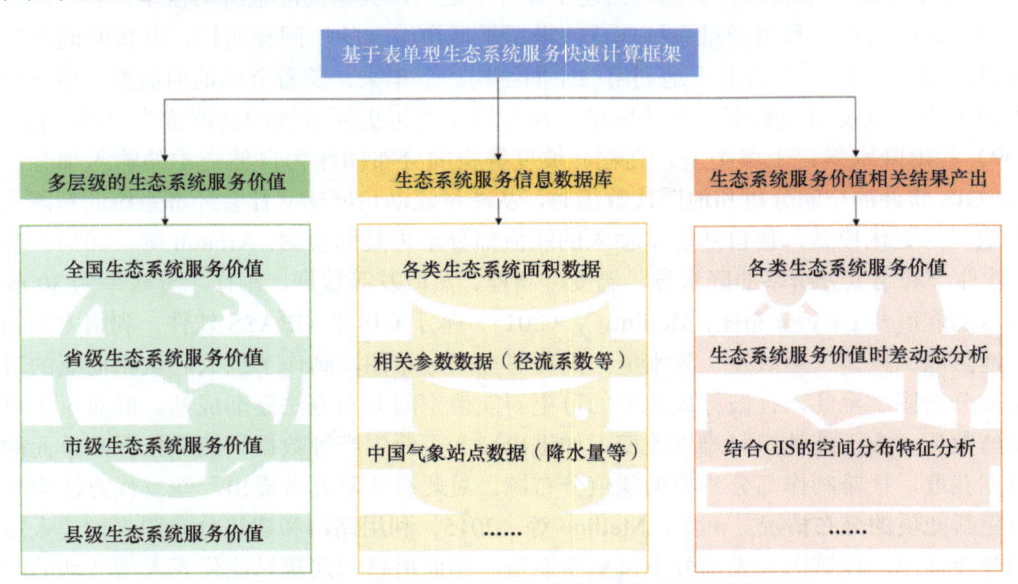

图 15-1 基于表单型生态系统服务快速计算框架功能结构

（1）快速计算多层级的生态系统服务价值：在此前基于表单型计算生态系统服务价值研究的基础上，将复杂的公式合入快速计算模型中，输入基于 GIS 得到的土地利用类型面积数据后即可快速计算出省、市、县等多层级的生态系统服务价值，并且可在一定程度上减少人工计算带来的错误。

（2）生态系统服务信息数据库：包含通过遥感方式采集到的分行政区域的各个土地利用类型面积数据、基于生态热力学方法核算生态系统服务价值所用到的各类参数（如能值转换率、风应力拖拽系数等）、通过中国气象站点获取的降水量、风速等数据。

（3）生态系统服务价值相关结果产出：①更为精细化地计算分行政区分生态系统的各类生态系统服务的价值，包括土壤增加有机质、调节温湿度等十余项各生态系统服务价值；②可将基于模型得出的数据链接 GIS，绘制中国生态系统服务价值概况图，全面具体地展现中国的生态环境总体状况，能够为城市生态价值评价、生态空间规划布局及城市规划建设、管理政策制定等提供支撑；③输入不同年份的土地利用类型面积数据，即可进行生态系统服务价值的时空动态分析，探究其时空变动特征和规律。

15.2.2 基于能值的生态系统服务模块设计逻辑

15.2.2.1 多元异质数据的网格化处理及基于能值的计算逻辑

国内外的能值研究者不断发现制作更精细的能值分布图的重要性，并做出诸多尝试。Pulselli（2010）指出，大部分将能值分析和地理信息系统结合的研究都是基于各个行政区边界的，从数据收集到制图表达都很难打破行政区划的限制，导致在同一行政区域内，其能值密度数值是均一的，区域内部真实的能值分布被隐藏。他依据各市的人口、面积或各制造部门的雇员数量等因素，将意大利阿布鲁佐地区的 4 个省的能值统计数值分配到 315 个市，然后利用 GIS 的插值算法，生成了不以行政边界划分的能值分布图。Huang 等（2007）基于土地利用类型分类图，构建了每种土地利用类型的能量流动模型，将台北打成 1 km×1 km 的网格，利用能量系统理论，揭示了城市能量的空间异质性，并按时间尺度进行模拟，预测了 2010 年台北土地利用的空间结构。近年来，随着全球地面监测、遥感监测技术的进步，以及相关数据平台的发展，高分辨率的可更新数据的获取成为可能。Lee 等（2009）利用降水量、土壤类型、高程、坡度等空间分布图作为自然资本的输入部分，基于 ArcGIS 软件的空间分析和地图代数工具，从能量流动角度建立社会经济系统的新陈代谢和土地利用变化模型，使自然资本输入的能值部分不再是同质的；Arbault 等（2014）基于 GIS 软件，利用高分辨率的降水量、温度、高程、蒸散发等数据，制作了分辨率为 30 m 的全球水的能值及 UEV 分布图；Mellino 等（2015）基于 GIS 和 GRASS 软件，利用太阳辐射能、地热能、风速、蒸散发、降水量、高程等空间分布图，制作了意大利坎帕尼亚的可更新能值分布图。至此，打破行政边界的可更新能值空间分布方法逐渐成熟。但对于不可更新能值数据，由于统计口径难以改变，如进出口、工业生产等数据只能从按行政单元的统计数据获取，很难制作高分辨率的能值分布图。对此有些研究者提出一些替代方法来呈现不可更新能值的分布情况。例如，Mellino 等（2015）利用路网和建筑分布图来构建人造资本的分布情况，以试图代表部分不可更新能值，然而道路和建筑只能代表人类活动的一小部分，而且某一时期的路网和建筑分布只能表示资本的存量，不能很好地体现流量的分布。

第 15 章　基于机器学习的生态系统服务多尺度快速核算系统开发与变化预测

基于此，本研究进行了能值快速计算系统的模块化设计（图 15-2）。第一部分为基于多源异质数据计算可更新能值，构建生态系统服务的完整背景库，首先根据遥感观测所得的太阳能、数字高程数据、土地利用栅格数据等在 ArcGIS 中使用重采样工具处理得到与土地利用栅格数据相同的分辨率，再根据行政边界进行切割即可得到该行政区内的栅格数据，对于缺少栅格数据的参数，如降水量、风速等假定一个省（自治区、直辖市）中所有生态系统数据相同，将数据预处理完成后，根据能值转换率表即可计算可更新能值。第二部分同第一部分，对于获取的多源异质数据进行预处理和根据行政边界切割，再结合各类生态参数核算各生态系统服务，如固碳释氧服务、构建土壤服务等的能值。第三部分需要对计算所得的可更新能值和各类生态系统服务能值进行加和，得到该行政区的生态系统服务的能值，但由于不可更新能值是由可更新能值转换而来的，因此需要确定合适的加和原则，以避免重复计算。

1. 基于多源异质数据计算可更新能值，**构建生态系统服务的完整背景库**

多源异质数据采集与预处理

- 太阳能
- 数字高程数据（DEM）
- 归一化植被指数（NDVI）
- 气象站点数据
- 土地利用（LUCC）

可更新资源的能值转换率

能量类型	能值转换率/(sej/J)
太阳能	1
地热能	4,900
潮汐能	30,900
风能	790
波浪能	4,130
雨水化学能	7,010
径流地理势能	12,800
洋流能	76,200

计算可更新能值

- 太阳能值
- 地热能值
- 风势能值

2. 切割土地利用和地理系数，**为快速计算提供多尺度的生态参数库**

土地利用遥感监测数据

- 中国省际土地利用数据
- 中国地级市土地利用数据
- 中国县级土地利用数据

按行政区域多尺度切割

生态参数
- 风应力拖拽系数
- 森林凋落物量
- 单位面积固碳量
- 土壤容重
- 降水入渗补给系数
- 年固持土壤总量
- 投入医疗卫生费用
- ……

结合各类生态参数

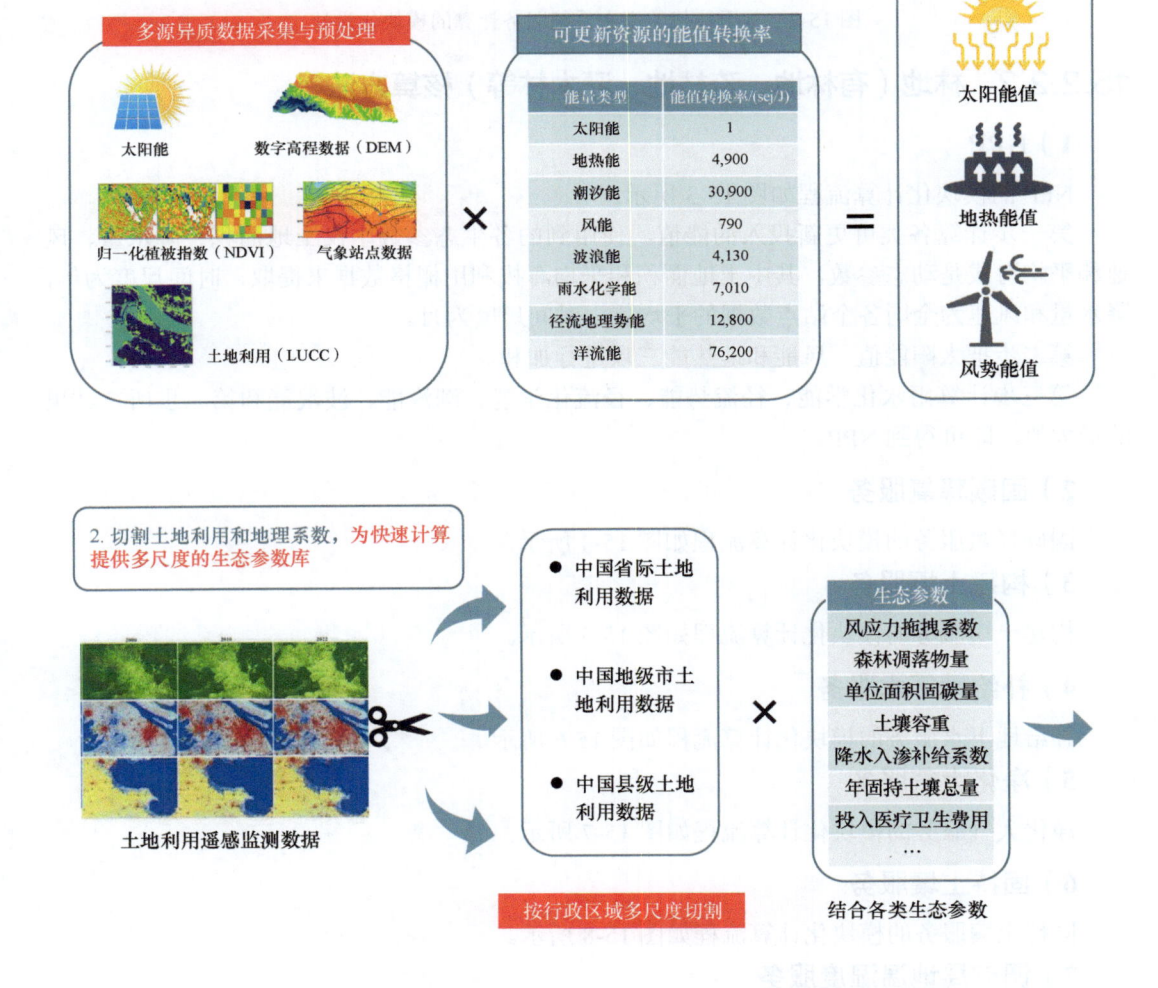

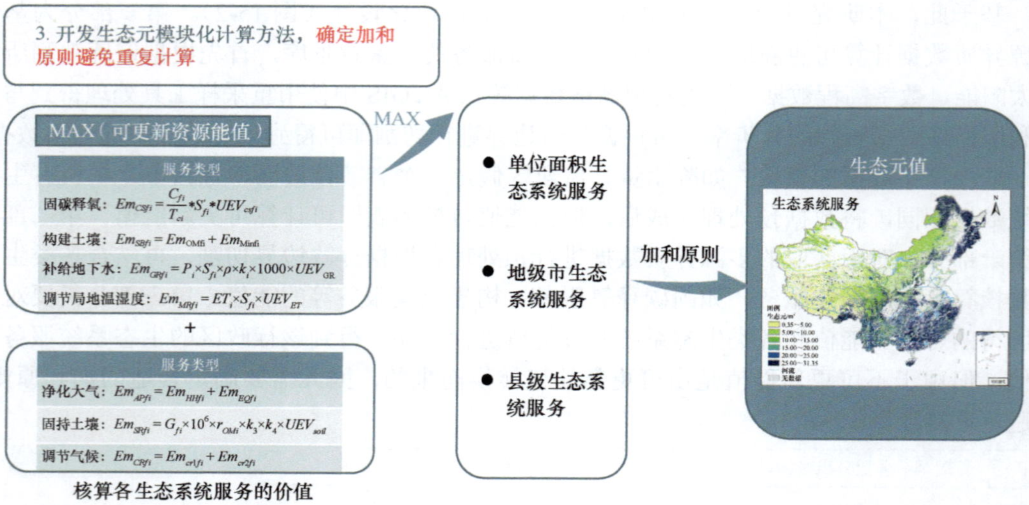

3. 开发生态元模块化计算方法，**确定加和原则避免重复计算**

核算各生态系统服务的价值

图 15-2　基于能值的生态系统服务计算的模块化设计

15.2.2.2　林地（有林地、疏林地、灌木林等）核算方法

1）NPP

NPP 的模块化计算流程如图 15-3 所示。

第一步计算各类可更新投入的能值，使用到的各生态参数中仅土地面积、降水量、风速和平均海拔是动态参数，其中土地面积和平均海拔利用栅格数据来提取，时间尺度为年，降水量和风速为全国各个站点数据的平均值，时间尺度为月。

第二步把太阳能值、风能和地热能三项进行加和。

第三步计算雨水化学能、径流势能、径流化学能、潮汐能、波浪能和第二步所得结果的最大值，即可得到 NPP。

2）固碳释氧服务

固碳释氧服务的模块化计算流程如图 15-4 所示。

3）构建土壤服务

构建土壤服务的模块化计算流程如图 15-5 所示。

4）补给地下水服务

补给地下水服务的模块化计算流程如图 15-6 所示。

5）净化大气服务

净化大气服务的模块化计算流程如图 15-7 所示。

6）固持土壤服务

固持土壤服务的模块化计算流程如图 15-8 所示。

7）调节局地温湿度服务

调节局地温湿度服务的模块化计算流程如图 15-9 所示。

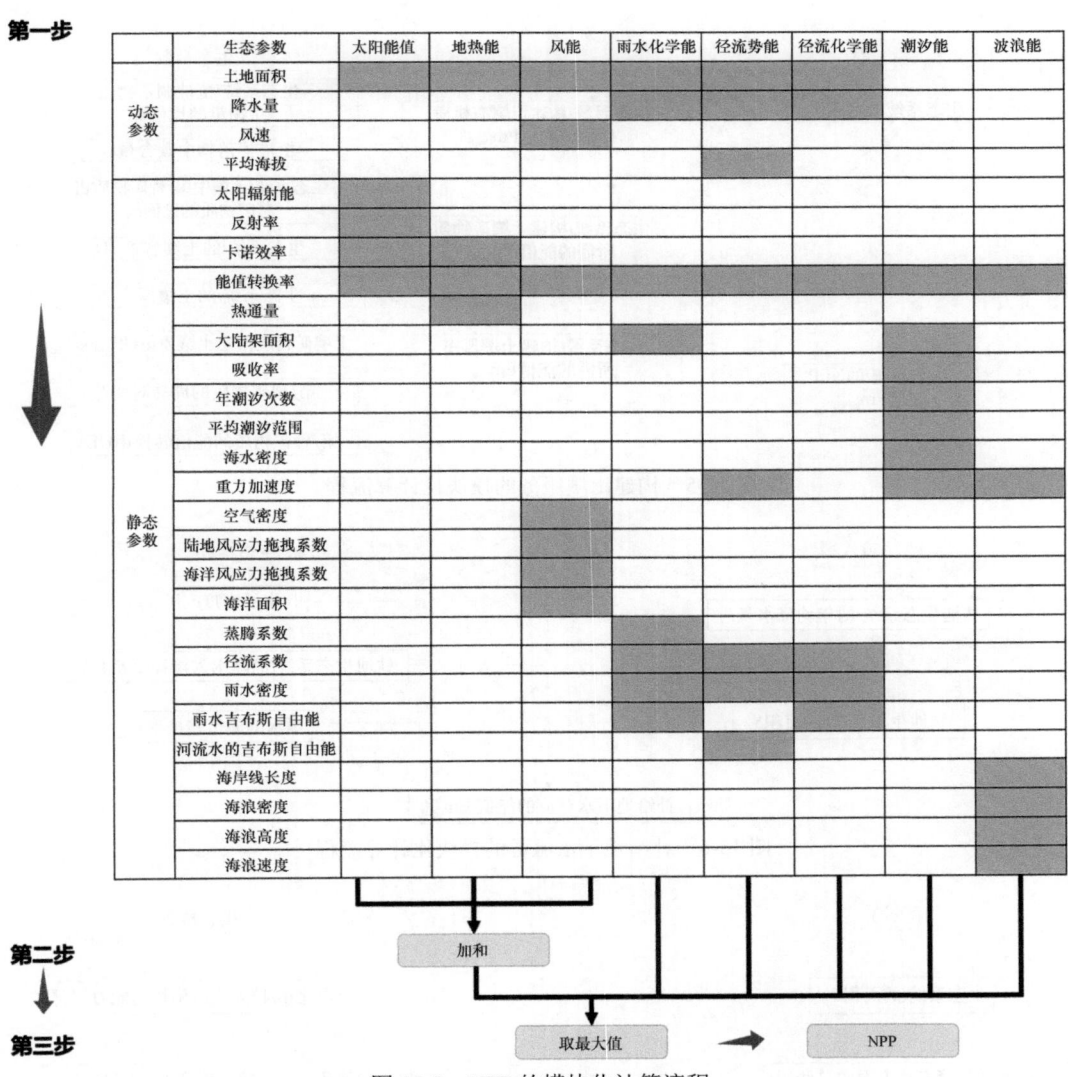

第 15 章 基于机器学习的生态系统服务多尺度快速核算系统开发与变化预测

第一步

	生态参数	太阳能值	地热能	风能	雨水化学能	径流势能	径流化学能	潮汐能	波浪能
动态参数	土地面积	■	■		■	■	■		
	降水量				■	■	■		
	风速			■					
	平均海拔					■			
静态参数	太阳辐射能	■							
	反射率	■							
	卡诺效率		■						
	能值转换率	■	■	■	■	■	■	■	■
	热通量		■						
	大陆架面积							■	
	吸收率							■	
	年潮汐次数							■	
	平均潮汐范围							■	
	海水密度							■	
	重力加速度					■		■	
	空气密度			■					
	陆地风应力拖拽系数			■					
	海洋风应力拖拽系数			■					
	海洋面积			■					
	蒸腾系数				■				
	径流系数					■	■		
	雨水密度				■				
	雨水吉布斯自由能				■				
	河流水的吉布斯自由能						■		
	海岸线长度								■
	海浪密度								■
	海浪高度								■
	海浪速度								■

第二步 → 加和

第三步 → 取最大值 → NPP

图 15-3 NPP 的模块化计算流程

输入端
- 生态系统 i 的面积 S_{fi}
- 生态系统 i 的 NPP 能值 Em_{NPPfi}

生态参数
- 生态系统 i 的初级净生产力 NPP_{fi}
- 生态系统 i 单位面积固碳量 C_{fi}
- 生态系统 i 碳库的平均周转时间 T_{cf}

生态系统 i 固碳的能值转换率 UEV_{csfi}

生态系统 i 固碳服务所需的能值 Em_{CSfi}

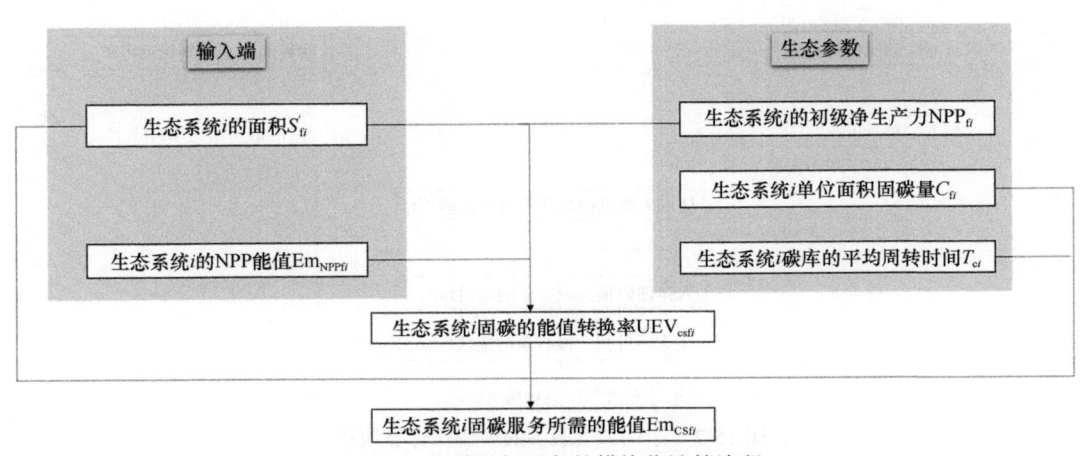

图 15-4 固碳释氧服务的模块化计算流程

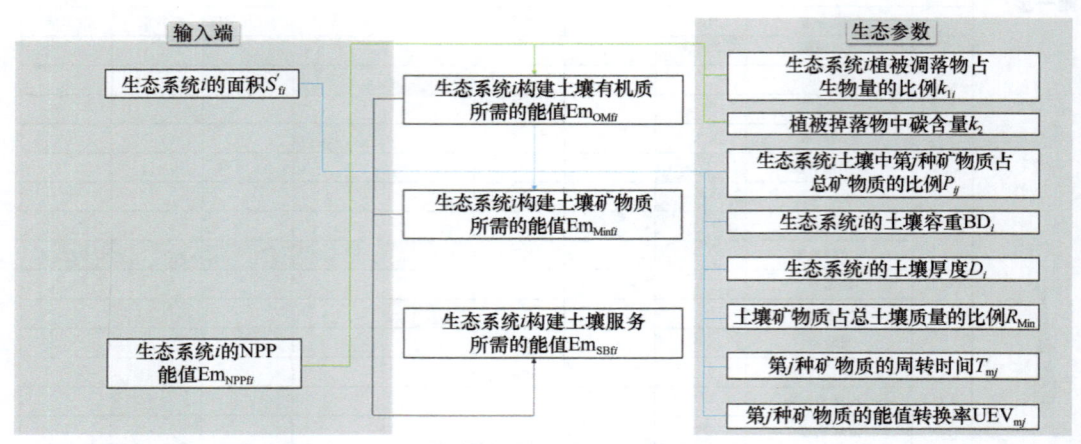

图 15-5　构建土壤服务的模块化计算流程

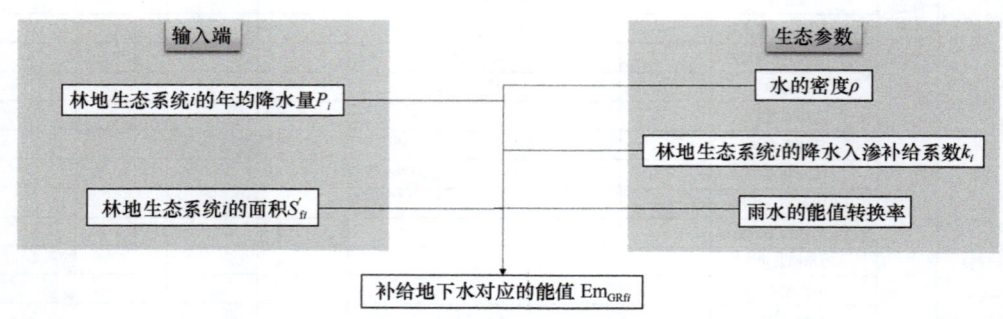

图 15-6　补给地下水服务的模块化计算流程

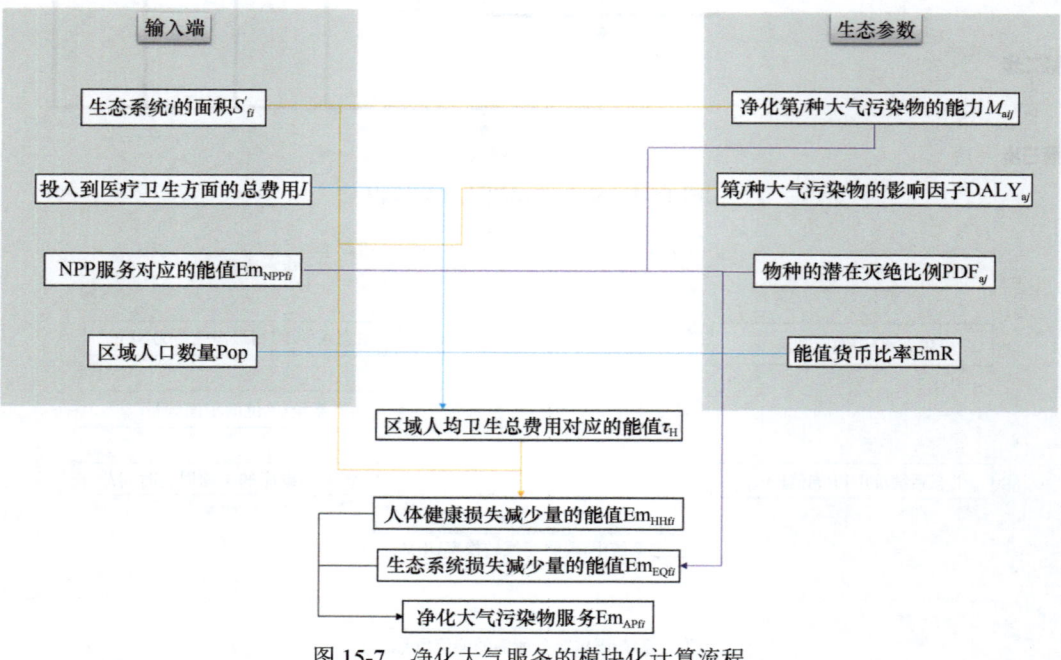

图 15-7　净化大气服务的模块化计算流程

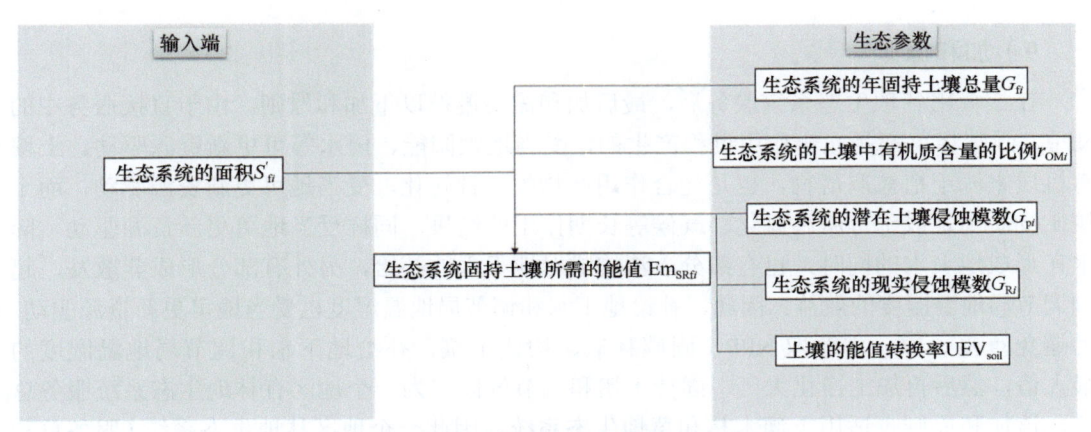

图 15-8 固持土壤服务的模块化计算流程

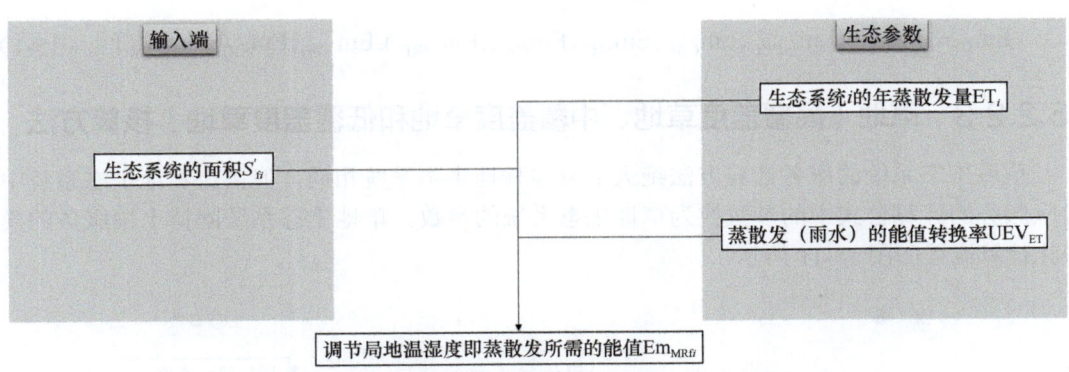

图 15-9 调节局地温湿度服务的模块化计算流程

8）调节气候服务

调节气候服务的模块化计算流程如图 15-10 所示。

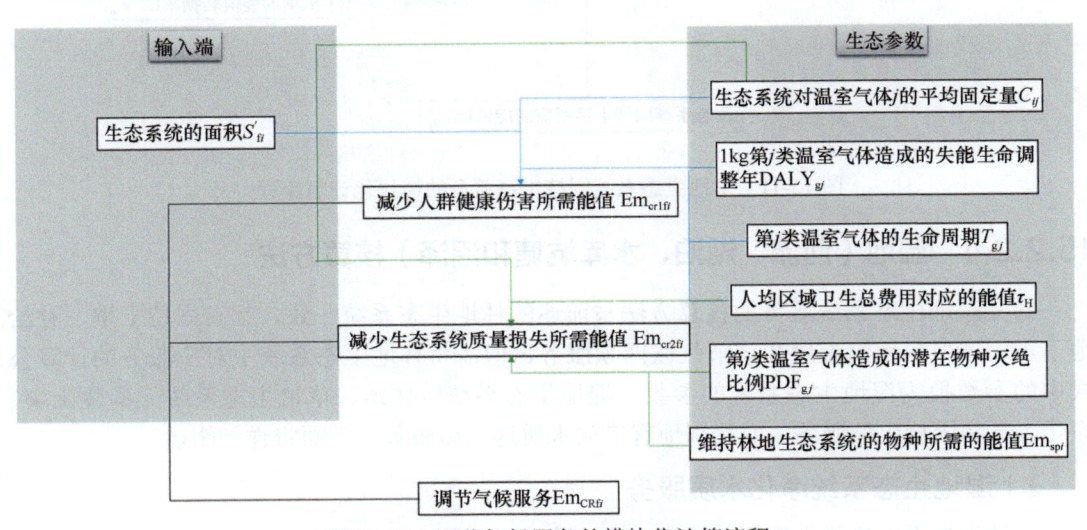

图 15-10 调节气候服务的模块化计算流程

9）加和原则

在核算出各项生态系统服务后，最后加和需要遵循以下加和原则。由于直接服务中的 NPP、固碳释氧都是光合作用过程产生的，受当地太阳能、雨水等可更新资源驱动。土壤有机质来源于植被凋落物，也是光合作用产物的一种转化，受当地可更新资源驱动，而土壤矿物质则是成土母质和风化、气候等长期作用的结果，同样受当地可更新资源驱动。降水在形成地表水的同时，也有部分入渗构成对地下水的补给，另外有部分形成蒸散发，起到调节局地温湿度的效益。因此，补给地下水和调节局地温湿度也受当地可更新资源驱动。为避免重复计算，本章取 NPP、固碳释氧、构建土壤、补给地下水和调节局地温湿度的最大值，然后再加上净化大气、固持土壤和调节气候作为一个地区有林地生态系统服务总和，该加和原则也适用于灌木林和草地生态系统。因此一个地区林地生态系统 i 服务总和（Em_{fi}）具体计算公式如下：

$$Em_{fi} = \sum [\max(Em_{NPPfi}, Em_{CSfi}, Em_{SBfi}, Em_{GRfi}, Em_{MRfi}), Em_{APfi}, Em_{SRfi}, Em_{CRfi}] \quad (15\text{-}1)$$

15.2.2.3 草地（高覆盖度草地、中覆盖度草地和低覆盖度草地）核算方法

草地生态系统的服务计算方法绝大部分与林地生态系统相同，但需将林地生态系统中对应服务的计算公式中的参数换为草地生态系统的参数。草地生态系统固持土壤服务的模块化计算流程如图 15-11 所示。

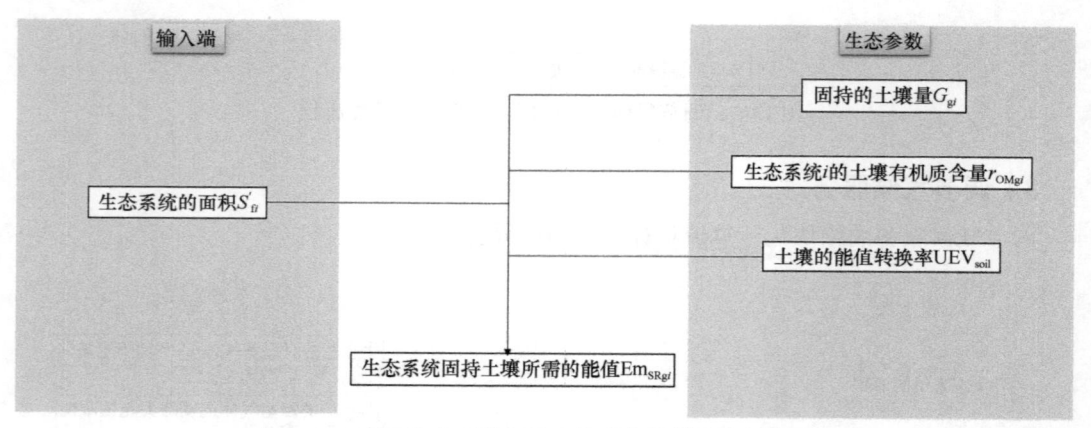

图 15-11 草地生态系统固持土壤服务的模块化计算流程

15.2.2.4 湿地（河流、湖泊、水库坑塘和沼泽）核算方法

部分湿地生态系统服务的核算方法与前述的林地生态系统一致，都有固持土壤、补给地下水、调节局地温湿度和调节气候四项服务，但需将林地生态系统中对应服务的计算公式中的参数换为湿地生态系统的参数。湿地生态系统较林地、草地生态系统无构建土壤、净化大气和固持土壤服务，而特别地有净化水质这一项服务。下面将详细阐述。

1）湿地生态系统净化水质服务

湿地生态系统净化水质服务的模块化计算流程如图 15-12 所示。

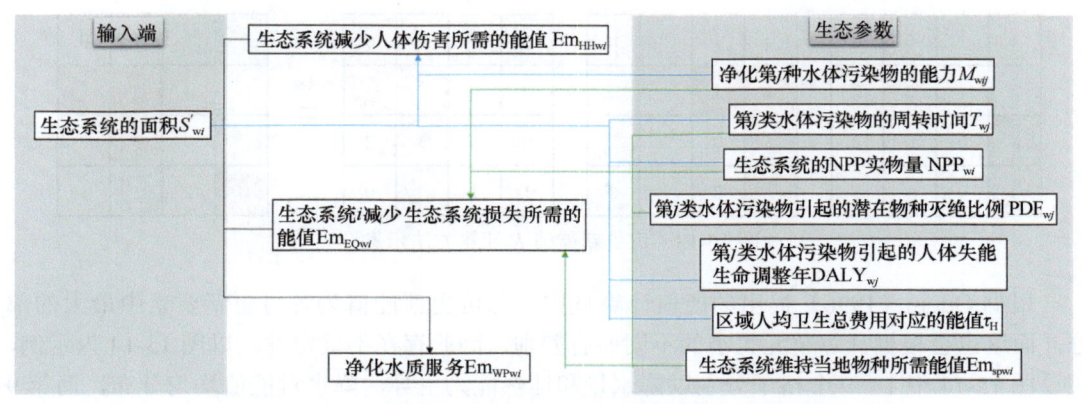

图 15-12 湿地生态系统净化水质服务的模块化计算流程

2）湿地生态系统的加和原则

对于河流生态系统而言，径流势能是 NPP 服务的投入之一，也驱动营养物质运移，所以本研究中一个地区总的湿地生态系统服务不将营养物质运移计算在内。具体算法请参看 7.4.4 节。

15.2.2.5 总的加和原则及升降尺度的切割与合并方法

在获取多源异质数据后，主要的计算过程为：对栅格数据首先进行重采样，将分辨率统一为同年份的土地利用栅格数据的分辨率，其次依据所要核算的行政边界对栅格数据进行省级、市级或县级的切割。对于缺少网格数据的计算参数，则假定一个省（自治区、直辖市）中所有生态系统的太阳辐射能和降水量相同，进行小尺度核算则采用单位面积平均的方法。最后再根据所得的该行政区内的数据核算以行政区划分割的生态系统服务。

在核算完省级、市级或县级的生态系统服务后，若需要得到更高一级行政区的生态系统服务，如根据省级得到全国、根据县级得到省级等，则采用表单型的方式对小尺度的生态系统服务进行加和得到大尺度的生态系统服务。但该方法可能存在的弊端为 ArcGIS 中部分区域的小尺度和大尺度的边界不匹配，或特殊行政区划如县级市等因素干扰表单型加和结果。

根据 Odum（1996）提出的能值计算规则，由于太阳能、地热能、风能、降水量等自然环境要素之间存在相互联系、相互转化，在对区域系统提供能量支持时是相互耦合的，为了避免重复计算，区域的总可更新能值 R 取其中最大的部分。在计算区域降水量的能值时，由于降水的化学势能（蒸散发）和重力势能（径流）分别计算，因此将二者加和作为降水提供的能值。在 ArcGIS 中，利用 ArcToolbox-Spatial Analyst 工具-局部分析-像元统计数据工具，计算每个网格最大的可更新能值流（图 15-13），生成最终的研究区域的可更新能值 R 的空间分布数据。

由于利用 GIS 算得的降水能值转换率会根据计算单元大小的不同而有差别（Lee et al.，2018），本研究采用目前已研究出的各分辨率下的能值转换率平均值，因此相对于本研究的数据分辨率下的真实能值转换率存在不确定性。

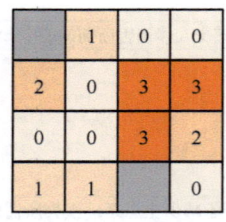

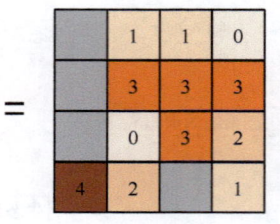

图 15-13 可更新能值 R 计算方法示意图

根据 Odum（1996）提出的能值计算规则，总可更新能值为各可更新要素中最大的部分，而这也会根据计算单元大小的不同而有差别，因此存在不确定性。以图 15-14 为示例，假设图 15-14 中 1~9 个格子分别以降水量和地热能为主导，降水量能值均匀分布，而第 9 个格子的位置存在一个火山，所以此地地热能比较丰富，若整体计算降水量能值为 45 sej/a，地热能值为 25 sej/a，此区域的总可更新能值即为 45 sej/a，若每个格子分别计算，第 1~第 8 个格子的可更新能值均为 5 sej/a、第 9 个格子为 10 sej/a，此区域的总可更新能值即为 50 sej/a。因此在计算区域可更新能值时，采用不同大小的计算单元得出的结果会有差异，从理论上讲，计算单元划分得越精细，最后得出的数值越大，依据研究尺度选择合适的计算单元大小，有助于提高计算的精确度。

图 15-14 用不同大小的计算单元计算可更新能值的示意图

15.2.3 生态元快速计算软件设计

在数据大量且快速更新的背景下，本研究基于对快速核算生态系统服务价值的需求设计了一个生态系统服务快速计算软件，软件系统主要包括多源异质数据的地图预处理模块、生态系统服务计算参数库模块、生态系统服务快速计算模块、基于网格的加和与切割模块、结果展示模块。软件工作的具体流程如下（图 15-15）。

（1）多源异质数据的管理与预处理：获取到的多源异质数据通常存在分辨率不一的情况，首先需要在 ArcGIS 中通过重采样工具将多源异质数据都处理成与土地利用栅格数据相

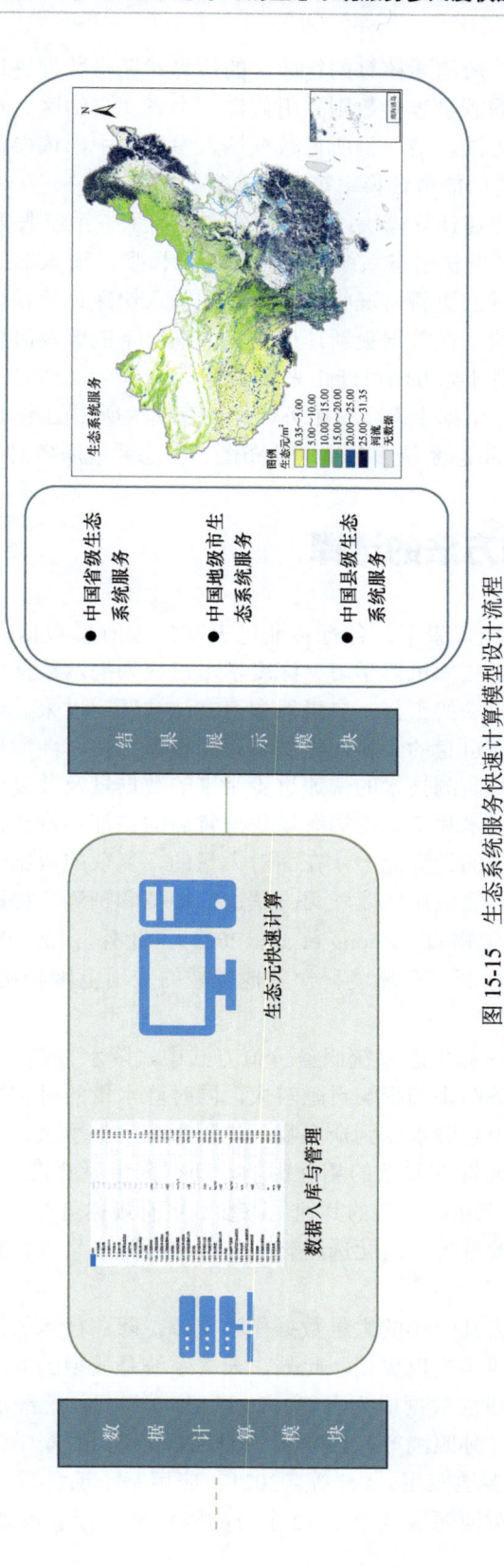

图 15-15　生态系统服务快速计算模型设计流程

同大小的分辨率，再根据所需要核算的行政区的边界对栅格数据进行切割。对于缺少栅格数据的参数如降水量、固碳量等参数则采用假定一个省（自治区、直辖市）中所有生态系统的参数都相同的处理方法。最后将所得数据纳入参数库中，该参数库包含各类生态参数及核算生态系统服务所需的能值转换率等相关参数。

（2）生态系统服务快速计算模块：基于构建完成的生态系统服务计算方法在 Python 软件并结合 MySQL 数据库搭建生态系统服务快速计算模型，输入端的主要输入为土地利用面积数据，也可根据数据的更新情况将新数据一同输入快速计算模型中。该模型的主要优势为计算机计算速度较快，在数据更新速度飞快的情况下能够及时更新生态系统服务，且能够避免人工使用表单型计算方法可能带来的误差。

（3）结果展示模块：根据生态系统服务快速计算模块所得的多尺度生态系统服务数值，结合 ArcGIS 软件可绘制生态系统服务空间分布图、生态系统服务时空变动特征图等。

15.3 机器学习方法的选择

在当前大数据的环境背景下，各行各业每天都生成海量数据，数据的复杂性也显著增加，先进的数据分析方法如机器学习、深度学习已成为揭示数据背后的规律或突破传统分析方法的局限性不可或缺的工具。自机器学习方法被发明以来，至今已有诸多研究领域使用机器学习方法来发展自身的学科，提供新思想和新工具。环境科学与工程这一学科也面临着由环境分析工具和监测技术的快速进步带来的数据量及其复杂程度的爆炸式增长的现状，亟须更为先进的技术和工具挖掘海量数据背后的特征和规律，机器学习方法相比于传统的方法具有更高性能的计算能力，在面对大量的、复杂的数据时更具优势。当前对环境科学领域的各类研究主要应用机器学习方法进行模拟和预测、提取特征重要性、异常检测和探索新的材料或化学物质（Zhong et al.，2021）。此外，40% 以上的研究都将机器学习方法应用于空气污染方面，在环境科学其他领域的应用范围和接受度还有待扩大（Liu et al.，2022）。

在基于生态热力学核算生态系统服务价值方法中，降水量是一个尤为重要的输入量，其具体值对生态系统服务结果的影响贡献较大，同时降水量的时空分布与变化将直接影响水资源的合理开发和利用。降水受到众多物理过程影响，如季风、海洋热力状况、大气模态等，并且各个因子之间存在复杂的相互影响，使得降水量存在一定的随机性（蒋薇等，2021）。相比之下核算生态系统服务的其他生态参数更有规律可循，如土壤矿物质的理化特征、生态系统的年蒸散发量等。因此选用合适的方法对降水量进行预测，对预测未来的生态系统服务意义重大。

预测降水量需要过去几十年的大量数据作为支撑，随着技术的发展，气象数据的覆盖范围变得更为广阔，时间频次也更高。此外，天气系统是典型的非线性复杂系统，机器学习方法的出现使预测非线性数据成为可能。20 世纪 90 年代，已经出现将机器学习方法应用于降水量预报的研究（孙照渤等，1998）。进入 21 世纪，机器学习方法在气象预报领域得到了重视并被越来越多地应用。Lei 等（2021）应用基于遗传算法优化的最小二乘支持向量机预测模型对中国黄河源区气象站 12 个月的降水量进行了预测；Zhang 等（2020）为提高雷达定量降水量估算的精度，结合平稳小波变换（stationary wavelet transform，SWT）和支持向量机的方法在降低雷达定量降水量估算复杂度的同时，得到了降水量的预测值；Lin 等（2022）结合信号滤波块（signal filter，SF）和卷积神经网络（convolutional neural network，CNN）估计了降水量的强度信号；为了解决降水量的时空变异性和所涉及的物理过程的复杂性所导致降水量数据缺失这一问题，Djerbouai（2022）利用长短期记忆（LSTM）深度神经网络模型来估计缺失的月降水量数据；陈慧和齐振方（2021）建立了以长短期记忆为基础的逐月降水量预报模式，对 2006~2019 年降水量特点进行了预报，并对长短期记忆和随机森林模型在多个协变量下的降水量预报准确性进行了对比分析。综上，较常应用于降水量预测的机器学习方法为支持向量机、卷积神经网络和长短期时间记忆，另外的递归随机森林算法（覃卫坚等，2022）、多元逻辑斯蒂回归方法（Gao et al.，2019）也被用于构建降水量预测模型。其中长短期记忆模型由循环神经网络（RNN）算法改进而来，能够在输入序列前进方向不断进行递归（徐楠楠，2021），适合于处理和预测时间序列中间隔和延迟相对较长的事件，如预测点击率、股票等，与传统的线性算法相比，预测性能更强，控制精度更高。基于此，本章采用机器学习方法中的长短期记忆模型来进行降水量数据预测研究。

土地是人类从事社会经济生活的基础，土地利用与土地覆盖变化能够很好地反映自然因素和人为因素对生态系统产生的影响作用，是各国学者重点关注与研究的课题，近些年来，土地利用领域各方面的研究在 3S 技术和计算机技术快速发展的背景下得到了发展，如土地使用与空间的变动，以及土地利用与空间的演变趋势，可以为土地资源的合理配置和发展提供理论基础（彭嘉晖，2021），对土地利用变化与预测进行研究，更是能够帮助人们了解其成因和机制。在核算生态系统服务价值时，土地利用与土地覆盖数据是一个最为重要的输入量，对生态系统服务的影响最大，进行对土地利用和降水量的预测，将预测值作为输入量，将能得到误差值较低的未来生态系统服务数值。

当前对土地利用变化的模拟研究主要分为对土地利用数量的预测模型、土地利用的空间模拟和耦合模型（彭嘉晖，2021）：①预测土地利用数量的预测模型主要对土地利用变化的数量和速度进行模拟，包括马尔可夫（Markov）模型、灰色预测模型（gary forecast model）和逻辑斯蒂回归分析模型，其中 Markov 模型利用计算得出的转移矩阵概率模拟土地利用变化发展趋势，只与当前的土地利用状况有关，不受过去和未来状态的影响，适用于稳定变化的长期预测。不少学者用 Markov 模型进行土地利用数量的预测，如陈青等（2014）、袁先强和卫亚星（2017）用 Markov 模型确定研究区土地利用与土地覆盖类型的初始状态矩阵及初始概率转移矩阵，模拟未来土地利用与土地覆盖类型的动态演化趋势。但该类方法在实际模拟土地利用与土地覆盖类型的演化研究中仍存在局限性，其模拟结果只是数量上的变化，在空间尺度未得到体现。②用于土地利用的空间模拟的模型主要有元胞自动机（cellular automata，CA）模型、土地利用的转换及其影响（the conversion of land use and its effects，CLUE）模型及其改进版本小尺度土地利用的转换及其影响（the conversion of land use and its effects at small regional extent，CLUE-S）模型和基于个体模型（agent-based model，ABM），其中 CA 模型能对系统的动态过程进行模拟，在时间上可以迭代多次循环计算，且其元胞空间与栅格数据结构相似，可以有效地模拟土地利用与土地覆盖类型的演变过程，如刘毅等（2013）综合运用 CA、多维驱动力分析和情景分析方法，构建了城市土地利用变化模拟系统，并通过识别驱动力变化与城市空间发展特征的关联性，解决了 CA 模型参数的时间效应问题；黎华等（2018）利用粗集理论来确定 CA 不确定性转换规则的方法，对城市土地利用类型的演化进行模拟预测。③耦合模型即综合考虑土地利用数量预测模型和空间模拟模型，由于耦合模型弥补了单个模型的局限性，兼顾数量和空间分布演化模拟，在与 3S 技术结合的情况下具有更高的精度，面对复杂的变化系统时更具优势，是当前对土地利用与土地覆盖变化研究所采用的主流方法。常用的耦合模型有 CA-Markov 模型、logistic-CA-Markov 模型和 CA-ANN 模型等，其中 CA-Markov 模型有效地结合了 CA 模型和 Markov 模型的优点，该模型和 CA 模型一样能够对复杂土地利用与土地覆盖变化系统进行构建和模拟，同时也具备 Markov 模型的长期预测能力，近年来众多学者将其运用于模拟各种土地利用与土地覆盖类型间相互转化的趋势。Karimi 等（2018）针对伊朗拉万萨尔的土地利用与土地覆盖类型发生的显著变化使用空间分析方法研究了 1995~2015 年拉万萨尔的土地利用与土地覆盖变化，随后用 CA-Markov 模型模拟该地区至 2030 年的土地利用与土地覆盖空间变化格局，为制定合理政策提供了有效科学依据；Zhang 等（2021）首先用 SVM 的机器学习方法模拟土地覆盖度精度，其次利用 GIS 技术对广西近 30 个湿地的演变过程和破坏程度进行分析，最后利用 CA-Markov 模型和多情景模拟对 2018~2035 年湿地演变进行预测；Aburas 等（2021）用 CA-Markov 模型对 1984~2010 马来西亚塞伦班城市土地增长及其空间趋势进行模拟并预测未来增长，采用 kappa 系数对该模型进行验证，总体精度为 83%，表明该模型具有良好的性能；谭德明等（2022）使用 CA-Markov 模型对 2025 年深圳市的各类生态系统变化进行预测，并在此基础上核算不同条件下的关键生态系统服务价值。

综上，本章拟用机器学习方法预测年度土地利用与土地覆盖数据和月度降水量数据，根据预测所得结果基于生态系统服务快速计算模型计算未来生态系统服务，为预测生态系统服务价值的研究提供思路和方法。

15.3.1 长短期记忆

LSTM 是对 RNN 算法的改进，是一种时间递归神经网络，适合于处理和预测时间序列中间隔和延迟相对较长的重要事件（陈铭，2020）。在了解 LSTM 前，首先要对循环神经网络有一定的了解，RNN 是一类以序列数据为输入，在时间变化方向上进行回归或分类任务的神经网络（孔维纹，2021）。对循环神经网络的研究始于 20 世纪 80 年代，美国加利福尼亚州理工大学的物理学家约翰·约瑟夫霍普菲尔德在 1982 年发明了一种称为 Hopfield 的单层反馈神经网络，它是 RNN 的一个雏形。美国认知学家杰弗里·埃尔曼在 1990 年发明了 Elman 神经网络，它是目前最简单的 RNN 模型，它包括一个单独的连接节点。但由于当时的 RNN 存在梯度消失（gradient vanishing）和梯度爆炸（gradient explosion）的现象，无法掌握长时间跨度的非线性关系，因此并没有得到广泛的应用。直到 1997 年，瑞士人工智能实验室科学事务主管 Jürgen Schmidhuber 提出了 LSTM，LSTM 解决了前述的 RNN 存在的问题，并在后续被许多人改进和推广，LSTM 逐渐发展成为一个成熟的算法，在各个领域的研究中表现非常出色，包括语音识别、情感分析和文本预测等。

只要有足够的训练数据，神经网络就可以将其视为一个黑箱，可以将其与任何函数进行拟合，从而达到自己想要的效果，基础神经网络模型包括输入层、隐藏层和输出层，结构见图 15-16。

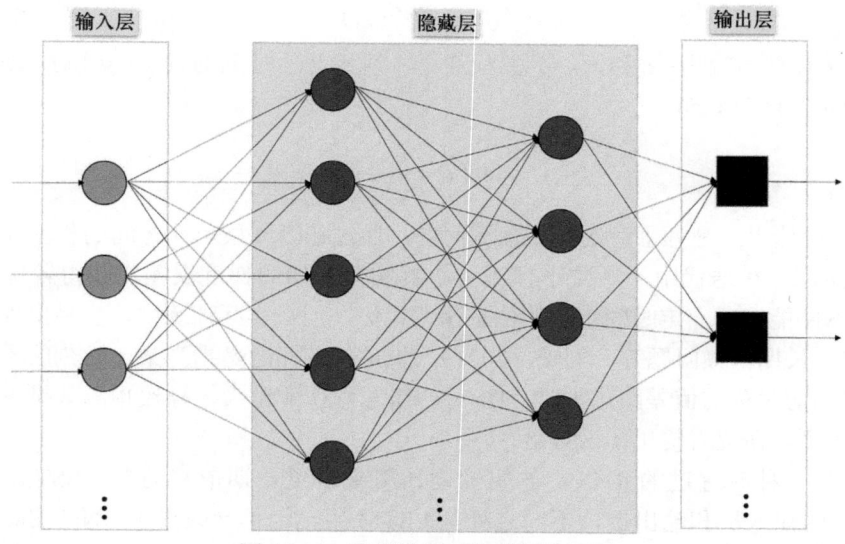

图 15-16 基础神经网络模型结构图

但传统神经网络模型无法传递记忆信息（刘婉，2021），RNN 与传统神经网络模型结构相似，同样包括输入层、输出层和隐藏层，不同的是 RNN 有特殊的内部信息传递机制，不仅在输入层与隐藏层之间建立全连接，并且隐藏层内部各节点也相互连接，即每个隐藏层节点的输入一部分来自当前时刻的输入，还有一部分来自上一时刻的隐藏层的输入，在一层层的循环中更新数据，使得 RNN 实现记忆功能，因此 RNN 适用于解决数据中带有时序性的问题，其展开结构如图 15-17 所示。

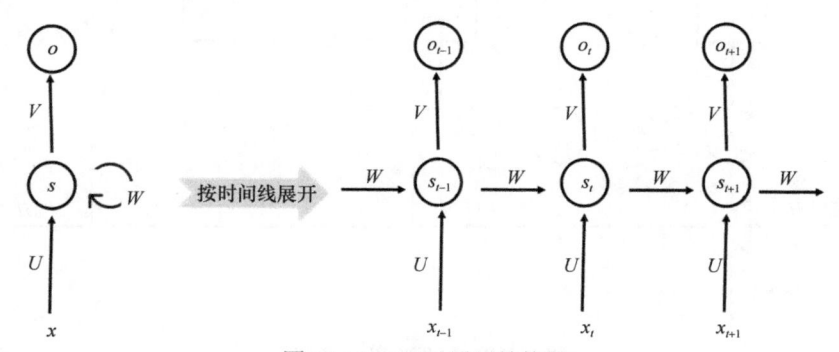

图 15-17 RNN 展开结构图

由图 15-17 可知，RNN 的结构是一个重复的过程，x 表示输入层，o 表示输出层，U 是输入层到隐藏层的权重矩阵，V 是隐藏层到输出层的权重矩阵，s 表示隐藏层，隐藏层 s 的值取决于当前时刻的输入层 x 和上一时刻的隐藏层 s，因此 W 表示的是隐藏层上一次的值作为这一次的输入。为减少计算的复杂度，U、V、W 是共享的，可以降低参数量。由此可见 RNN 第 t 时刻的隐藏层需要 $t-1$ 时刻隐藏层的输出，同时会对自身进行反馈，从而实现信息的传递。这种反馈被称为"记忆"或"状态"，是 RNN 的核心思想，核心计算公式如下：

$$o_t = g(V \cdot s_t) \qquad (15\text{-}2)$$

$$s_t = f(U \cdot x_t + W \cdot s_{t-1}) \qquad (15\text{-}3)$$

式中，o_t 为 t 时刻的输出；s_t 和 s_{t-1} 分别为当前时刻和上一时刻的状态；g 和 f 为激活函数，一般为双曲正弦函数 tanh：

$$f(x) = \tanh(x) = \frac{e^x - e^{-x}}{e^x + e^{-x}} \qquad (15\text{-}4)$$

RNN 的设计思路是为了解决时序预测问题，通过在隐藏层单元之间的相互连接实现了"记忆"功能，并在迭代中不断减小预测值与真实值之间的梯度误差，获得较优的预测模型。尽管 RNN 能够对一定时间步长的信息保留记忆，但在实际训练中，容易出现梯度消失和梯度爆炸、长期依赖问题等（刘婉，2021），长期依赖问题是指当某一时刻的预测值所依赖的信息离当前时刻的值差距过大时，RNN 的遗忘程度非常大，导致预测效果下降，为了优化 RNN 模型，研究者提出了 LSTM。

LSTM 是一种改进过的 RNN，被明确设计用来避免长期依赖问题。LSTM 的结构与 RNN 有类似的输入层和输出层，不同之处是 LSTM 用记忆单元改进了 RNN 的隐藏层，增加单元状态 C_t 作为 LSTM 单元的核心部分，以用来存储网络的长期状态，并加入了门 (gate) 机制来控制参数的流通和损失，包括遗忘门、输入门和输出门，3 种门构成独特的"遗忘"过程来调节信息流，其单元结构如图 15-18 所示。

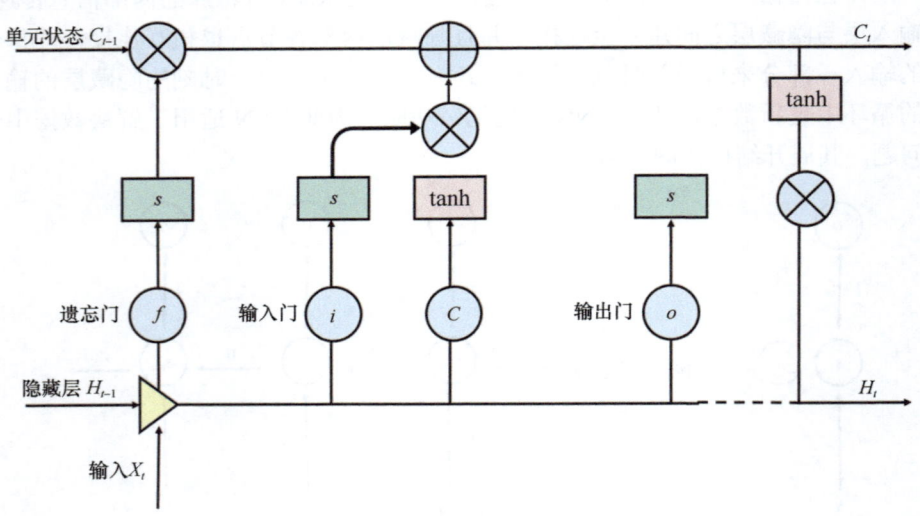

图 15-18　LSTM 单元结构

图 15-18 中 H 是隐藏状态，表示短期记忆；C 是单元状态，由 C_t 和输入门、遗忘门及输出门共同决定，表示长期记忆，可以保存数据中的关键信息并沿时间序列向前传递；X 表示时序输入；S 表示 Sigmiod 函数，具体运算过程如下。

（1）遗忘门接收上一层的输出信息 H_{t-1} 和这一层的输入信息 X_t，进行权重计算后传递给 Sigmoid 激活函数 $\sigma(x)$，输出值在 [0, 1]，其中 0 表示完全遗忘，1 表示完全保留，从而决定将上一时刻的单元状态与当前时刻联系起来。具体公式为

$$f_t = \sigma(W_f \cdot [H_{t-1}, X_t] + b_f) \tag{15-5}$$

$$C_{f_t} = f_t \cdot C_{t-1} \tag{15-6}$$

$$\sigma(x) = \frac{1}{1+e^{-x}} \tag{15-7}$$

Sigmoid 函数的导数形式为

$$\sigma'(x) = \sigma(x)[1-\sigma(x)] \tag{15-8}$$

（2）输入门主要用于更新单元状态，首先通过 Sigmoid 函数选择当前时刻可以被保存到状态单元中的信息，输出值在 [0, 1]，随后传入 tanh 函数转换至 [-1, 1]，其中 $\hat{C}_t$ 表示单元状态的候选值，最后通过式（15-11）更新单元状态，具体计算公式为

$$i_t = \sigma(W_i \cdot [H_{t-1}, X_t] + b_i) \tag{15-9}$$

$$\hat{C}_t = \tanh(W_C \cdot [H_{t-1}, X_t] + b_C) \tag{15-10}$$

$$C_t = C_{f_t} + C_{i_t} = f_t \cdot C_{t-1} + i_t \cdot \hat{C}_t \tag{15-11}$$

（3）输出门用于计算当前时刻的输出，确定下一个隐藏层的值，具体流程为 Sigmoid 函数先选择输出哪些单元信息，其次用 tanh 函数处理单元状态，最后输出，具体计算公式为

$$o_t = \sigma(W_o \cdot [H_{t-1}, X_t] + b_o) \tag{15-12}$$

$$C_{ot} = \tanh(C_t) \tag{15-13}$$

$$H_t = o_t \cdot C_{ot} \tag{15-14}$$

以上式中的 W_f、b_f、W_i、W_o 和 b_o 均为各门对应的权重，是可更新的参数。

LSTM 的逆向传递和 RNN 思想相同，均采用了逐步降低的方法对全部的参量进行迭代，其重点是根据损耗函数求取全部的参量，损失函数的公式为

$$C = \frac{1}{2}(a-y)^2 \tag{15-15}$$

因此，基于 LSTM 的循环神经网络的训练方法如下：

（1）向输入层中输入时间 t 的数据，并利用激发函数将其输出。

（2）在 LSTM 的单元中，结合在 t 时刻输出层的输出结果、在 $t-1$ 时刻隐藏层输出结果以及 $t-1$ 时刻存储的单位状况的信息，由输入门、遗忘门、输出门和单元一起进行操作，输出结果输出至下一层的隐藏层或输出层。

（3）向输出层输出最终的结果。

（4）反向传播并对相应的权重进行修正。

由以上理论可知，LSTM 相比于 RNN 引入了记忆单元机制，利用 Sigmoid 损失函数来解决梯度爆炸，目前 LSTM 在不断地应用和研究中得到改善发展，分类精度得到提高，对噪声神经有较强的鲁棒性且容错能力高，在处理复杂的线性关系时表现优异，在时序数据预测研究中得到了很好的应用。

15.3.2　土地利用预测模型

CA-Markov 模型是 CA 模型与 Markov 模型的组合模型，该模型可以定量地模拟土地利用与土地覆盖在时间上的时空动态变化。

15.3.2.1　CA 模型

CA 模型是一种基于不连续的时空动力学模型，其特点是时间、空间和状态都是离散的（褚琳等，2018），是研究时空演化的一种科学方法，由元胞、元胞空间、元胞领域和转换规则四部分组成，其结构组成如图 15-19 所示。

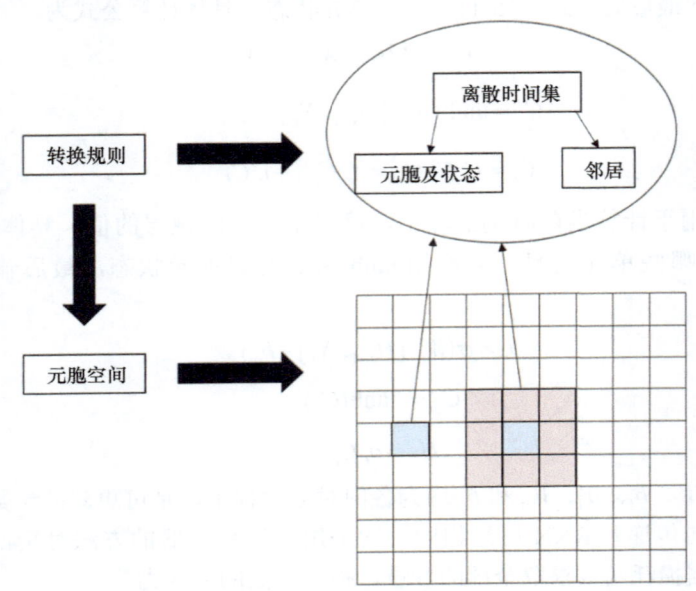

图 15-19　CA 模型结构组成

（1）元胞（cell）：组成 CA 模型最基本的单元，每个元胞在每个固定时刻处于有限状态中的一种，一般以网格的形式分布在欧几里得空间。在不同的研究中，元胞所代表的事物不同，如在模拟土地利用空间格局时一个栅格为一个元胞，即元胞状态为某种土地利用与土地覆盖类型。元胞大小将会影响模型的运行速度和精度，元胞越小，模型的精度就更高，而运行速度也就相对较慢。

（2）元胞空间（cell lattices）：元胞在空间分布上的集合，一般在二维的 CA 模型中元胞空间的排列结构为三角形、四边形或六边形，其中四边形的元胞空间具有编码简单、适合计算机的处理方式的优点。在元胞空间中，每个元胞都按照所定义的局部规则同步更新，由此形成一个动态演化系统。

（3）元胞邻域（neighborhoods）：围绕着一个中心元胞的周围所有邻居元胞组成的集合，邻居元胞影响着中心元胞下一个时刻的状态。常见的二维元胞邻域结构有 3 种：Von Neumann 型（四邻域）、Moore 型（八邻域）和扩展 Moore 型（二十四邻域），CA 模型常见元胞邻域如图 15-20 所示。

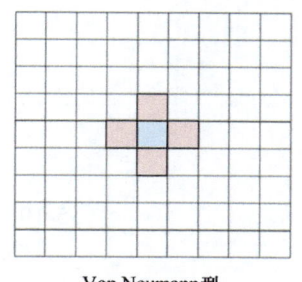

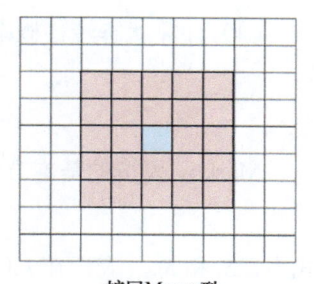

Von Neumann型　　　　　Moore型　　　　　扩展Moore型

图 15-20　CA 模型常见元胞邻域

（4）转换规则（transition rules）：CA 模型的核心，可以根据不同的研究目的确定不同的转换规则，表示模拟过程中的逻辑关系，决定空间变化的结果。在 CA-Markov 模型中，全局元胞状态的转换规则主要依靠以土地转移矩阵为主的局部空间元胞状态转换规则和以土地利用适宜性图像为主的转换规则，转换规则的函数表达如下：

$$S_i^{t+1} = f(S_i^t, S_N^t) \tag{15-16}$$

式中，S 为元胞空间；t 为时刻；N 为每个元胞的邻域；S_i^{t+1} 与 S_i^t 分别为元胞 i 在 t 与 $t+1$ 时刻的状态；S_N^t 为 t 时刻的元胞邻域状态所产生的组合。

15.3.2.2　Markov 模型

Markov 模型是基于马尔可夫过程理论而形成的预测事件发生概率的模型，通过对不同状态的转置概率进行系统计算，具有无后效性的特点，即在整个事件发展的过程中，每一次转移状态均只与前一个时刻有关，不受未来状态的影响，在长时间序列下趋于平稳，与土地利用动态演化过程的特性较符合，因此被广泛地应用于土地利用动态模拟研究中，但由于 Markov 模型缺乏空间分布模拟能力，往往需要结合具有空间模拟功能的模型进行研究。Markov 模型由马尔可夫过程、状态转移概率、状态转移概率矩阵和计算状态转移概率矩阵组成。

（1）马尔可夫过程：无后效性的随机过程，当前时刻的状态只与前一个时刻的状态有关，与未来状态无关。

（2）状态转移概率：随着事件的发展，从某一状态 i 转移到下一不同状态 j 的概率，记为 P_{ij}。

（3）状态转移概率矩阵：在整个事件的发展过程中，所有状态转移概率所组成的矩阵表达式如下：

$$P_{ij} = \begin{bmatrix} P_{11} & P_{12} & \cdots & P_{1n} \\ P_{21} & P_{22} & \cdots & P_{2n} \\ \vdots & \vdots & & \vdots \\ P_{n1} & P_{n2} & \cdots & P_{nn} \end{bmatrix} \tag{15-17}$$

式中，$0 \leqslant P_{ij} < 1$ 且 $\sum_{j=1}^{n} P_{ij} = 1$，$i,j=1,2,\cdots,n$。

（4）计算状态转移概率矩阵：计算状态转移概率，公式为

$$P_{ij}^{(n)} = \sum_{k=1}^{n} P_{ik} P_{kj}^{(n-1)} = \sum_{k=1}^{n} P_{ik}^{(n-1)} P_{kj} \tag{15-18}$$

Markov 模型的基本方程为

$$S_{(t+1)} = S_t \cdot P_{ij} \tag{15-19}$$

式中，S_t 和 $S_{(t+1)}$ 表示在 t 时刻和 $t+1$ 时刻的状态。

15.3.2.3 CA-Markov 模型

CA 模型具有强大的空间计算能力，可以有效地模拟空间分布情况，但 CA 模型侧重于元胞的局部相互作用，应用于土地覆盖模拟时难以确定合适的元胞空间大小和转换规则，因此仍存在一定局限性；Markov 模型主要用来预测随机事件在时间上的发展过程，缺少空间模拟能力，在将 Markov 模型应用于土地覆盖类型的数量预测时，是以整数年为步长的可列离散随机状态，其无后效性的特点符合土地利用类型的演变过程。CA 模型与 Markov 模型都是时间状态下的离散模型，二者具有一定的相似性，将 CA 模型与 Markov 模型相结合构建的耦合模型可以定量并有效地模拟土地利用和土地覆盖的时空动态变化，分别将起始年份和末期年份的土地利用数据作为初始状态和终止状态，利用 IDRSI 软件提供的 Markov 模块计算土地利用类型面积转移矩阵和转移概率矩阵，最后再以末期年份作为起始年份，结合生成的面积转移矩阵和转移概率矩阵，即可向前预测。

15.4 数据使用及分析方法

15.4.1 基于 MATLAB 的 LSTM 模型

本章中所涉及的代码都是基于 MATLAB_R2021b 版本，采用站点降水量数据集，时间间隔为 1 个月，用于实验的数据集时间范围为 1960 年 1 月～2019 年 12 月，一共 720 个数据。

为统一数据的量纲，模型的训练效率更高，优化神经网络模型的拟合，需要对数据进行归一化处理。数据归一化是将数据按一定的比例调整至更小的特定范围内，并将所有数据统一转化为无量纲的纯数值，便于各种单位或量级的指标之间能够进行比较和加权。利用归一化后的数据集训练完 LSTM 模型并输出时，为了数据的可视化，还需要对结果进行反归一化，将归一化后的数据再映射回原范围内的数据。

由于均方根误差（RMSE）能较好地反映模型的性能，因此选择 RMSE 作为模型的评价标准，计算公式如下：

$$\text{RMSE}_{(y', y)} = \sqrt{\frac{1}{n} \sum_{i=1}^{n} (y_i' - y_i)^2} \tag{15-20}$$

利用 LSTM 模型结构对降水量数据进行训练和预测的具体过程如下。

（1）数据标准化：在 MATLAB 中使用归一化函数（mapminmax），该函数逐行地对数据进行归一化处理，使每一行数据都落入指定区间 $[y_{\min}, y_{\max}]$。该归一化函数的具体公式为

第 15 章 基于机器学习的生态系统服务多尺度快速核算系统开发与变化预测

$$y = \frac{(y_{\max} - y_{\min}) \cdot (x - x_{\min})}{x_{\max} - x_{\min}} + y_{\min} \tag{15-21}$$

（2）数据集划分：将数据集 X 划分为训练集 $x_{tr}=\{x_1, x_2, \cdots, x_d\}$ 和测试集 $x_{te}=\{x_{d+1}, x_{d+2}, \cdots, x_n\}$。本章选取数据集的前 80% 为训练集，即用 576 个数据训练 LSTM 神经网络模型，剩余数据将用于测试模型的性能和精度。

（3）建立并训练 LSTM 模型。确定 LSTM 模型的各项参数，实验发现输入层神经元（即时间序列长度）确定为 40；输出维度为 1；隐藏层的节点数设置为 40；神经网络模型选用自适应矩估计算法（adaptive moment estimation，Adam）作为优化方法，Adam 结合了自适应梯度算法和动量梯度下降算法的优点，在解决梯度振荡问题方面有着较好的表现，并且收敛速度快，调参容易；最大迭代次数（MaxEpochs）为 300；为防止梯度爆炸，将梯度阈值（GradientThreshold）设置为 1；指定初始学习率（InitialLearnRate）为 0.01，学习率策略（LearnRateSchedule）指定为 piecewise，用于在训练期间降低整体学习率，学习率下降周期（LearnRateDropPeriod）指定为 125，即在 125 轮训练过后学习率下降因子将应用于全局学习率，而学习下降因子（LearnRateDropFactor）指定为 0.2。这是一个乘数因子，经过一定次数的训练后就会通过该乘数因子降低学习率。学习率是深度学习中十分重要的超参数，控制着模型的学习进度，决定深度学习网络能否成功以及花多长的时间找到最优解。学习率过高会导致网络不能收敛，即学习速度过快，忽略最优解的位置，只能在最优解附近徘徊，所以需要降低学习率。而学习率过低将导致网络收敛速度变慢，要花费大量时间才能找到最优解，甚至可能在最优解附近就收敛，找不到真正的最优解。因此，以上参数的设置是为了使模型以 0.01 的初始学习率开始训练，完成第 125 次迭代后应用乘数因子降低学习率（图 15-21 和图 15-22）。

```
shuru_num = size(input_train,1); % 输入维度
shuchu_num = 1;  % 输出维度
zhongjian1_num = round(shuru_num); % LSTM模型中间层节点数

layers = [ ...
    sequenceInputLayer(shuru_num)
    lstmLayer(zhongjian1_num)
    reluLayer()
    fullyConnectedLayer(shuchu_num)
    regressionLayer];%用于说明回归问题
```

图 15-21 MATLAB 中 LSTM 模型脚本

```
options = trainingOptions('adam', ...     % 梯度下降
    'MaxEpochs',250, ...                  % 最大迭代次数
    'GradientThreshold',1, ...            %要防止梯度爆炸，将梯度阈值设置为 1
    'InitialLearnRate',0.01, ...          % 初始学习率
    'LearnRateSchedule','piecewise',...%在训练期间内降低学习率
    'LearnRateDropPeriod',125, ...%在 125 轮训练后降低学习率
    'LearnRateDropFactor',0.2, ...%乘数因子，每次经过一定数量训练时就会应用于学习率
    'Verbose',0, ...
    'Plots','training-progress');
```

图 15-22 LSTM 模型的参数设定

（4）用模型进行迭代预测。使用 MATLAB 中的 predictAndUpdateState 函数进行序列预测并迭代更新网络状态，最后将预测结果反归一化得到最终预测结果。

15.4.2 基于 IDRISI 的 CA-Markov 模型

由美国克拉克大学实验室研发的 IDRISI 软件是一款结合地理信息系统和图像处理功能的软件，提供的 CA-Markov 模型集中了 CA 模型的空间计算能力和 Markov 模型的预测方法，可用多评价标准和多目标决策支持系统确定土地利用类型间的转移规则，不仅能对土地利用类型的数量进行预测，还能够直观地展现其空间布局。

本节选取 2000 年和 2015 年中国的北京、上海、武汉、重庆及广州 5 个城市进行土地利用类型的预测，所使用的栅格数据来源于中国科学院地理科学与资源研究所/地理国情监测云平台提供的二级分类 100 m 土地利用数据，分类体系如表 15-1 所示。

表 15-1　土地利用分类标准

一级分类		二级分类	
编号	名称	编号	名称
1	耕地	11	水田
		12	旱地
2	林地	21	有林地
		22	灌木林
		23	疏林地
		24	其他林地
3	草地	31	高覆盖度草地
		32	中覆盖度草地
		33	低覆盖度草地
4	水域	41	河流
		42	湖泊
		43	水库坑塘
		44	冰川常年积雪
		45	海涂
		46	滩地
5	城乡、工矿居民用地	51	城镇
		52	农村居民点
		53	公交建设用地
6	未利用土地	61	沙地
		62	戈壁
		63	盐碱地
		64	沼泽地
		65	裸土地
		66	裸岩石砾地

在使用 IDRISI 软件前，需要对该数据进行预处理。该栅格数据格式为 TIFF 格式，首先利用 ArcGIS 软件将数据格式转换为 ASCⅡ 格式，而后导入 IDRISI 中转为 RST 格式。本研究计算的生态系统服务仅需要 9 种土地利用类型（有林地、灌木林、高覆盖度草地、中覆盖度草地、低覆盖度草地、河流、湖泊、水库坑塘和沼泽），由于 IDRISI 规定马尔可夫过程只能对两个年份间相同的土地利用类型生成转移矩阵，且转换得到的栅格具有属性值的是 ID 编码，不具有属性值的是默认值-9999，为避免在后续的模型运行中出现错误，使用重分类工具对栅格数据进行分类，将不需要用到的所有土地利用类型的编号都归为 0，并调整使研究区前后两年所拥有的土地利用类型的数量一致，至此即可开始使用 CA-Markov 模型对研究区的土地利用类型进行模拟预测，具体步骤如下。

（1）数据加载：将在数据预处理中得到的重分类后的 RST 文件加载入 IDRISI 软件，综合考虑原始数据精度和模型运行速度，将栅格单元确定为 1 km×1 km，每个栅格即一个元胞，状态为某种土地利用类型。

（2）运行 Markov 模块：使用 IDRISI 软件中的 Markov 模块，输入研究区初始年份（2000 年）和末期年份（2015 年）的图像，确定初始年份和末期年份的时间间隔为 15 年，向前预测的时间间隔也为 15 年，即该模型从研究区末期年份的图像开始进行循环运行的周期数也为 15 年，允许误差一般为 0.15。输入数据和确定各项参数后即可开始运行模型，生成土地利用面积转移矩阵，即两个年份之间各个土地利用类型相互转换的栅格数量，同时生成转移概率矩阵，即某一土地利用类型向其他土地利用类型转移的概率，生成的北京土地利用面积转移矩阵和转移概率矩阵分别见表 15-2 和表 15-3。在 Markov 模块运行结束后还会生成土地转变适宜性图集（图 15-23），该图集为相互独立的土地利用类型适宜性图像组成的集合，表示一个元胞对某类土地利用类型的适宜程度。在 IDRISI 软件中创建适宜性图集的方法有多种，包括多准则评价（multi-criteria evaluation，MCE）、布尔方法、顺序加权平均法（OWA）等，本研究中直接使用 Markov 模块生成的适宜性图集作为下一步 CA-Markov 模型运行的基础数据。

表 15-2　北京 2000~2015 年土地利用面积转移矩阵　　（单位：km^2）

土地分类	Class1	Class2	Class3	Class4	Class5	Class6	Class7	Class8	Class9
Class1	337 956	83 371	10 240	836	263	1 527	0	912	0
Class2	62 481	88 119	2 324	258	207	1 314	0	418	0
Class3	17 543	6 158	55 289	1 029	784	392	0	160	0
Class4	1 254	540	802	9 421	653	126	0	28	0
Class5	264	522	470	137	5 033	33	0	82	0
Class6	727	369	451	31	20	4 752	0	24	0
Class7	0	0	0	0	0	0	0	0	0
Class8	1 655	64	266	19	143	1 529	0	9 628	22
Class9	0	4	2	0	6	0	0	1	0

注：Class1~Class9 分别表示有林地、灌木林、高覆盖度草地、中覆盖度草地、低覆盖度草地、河流、湖泊、水库坑塘和沼泽。后同。

表 15-3　北京 2000～2015 年土地利用转移概率矩阵　　　　　　（单位：%）

土地分类	Class1	Class2	Class3	Class4	Class5	Class6	Class7	Class8	Class9
Class1	77.67	19.16	2.35	0.19	0.06	0.35	0	0.22	0
Class2	40.28	56.81	1.50	0.17	0.13	0.85	0	0.26	0
Class3	21.56	7.57	67.96	1.26	0.96	0.48	0	0.21	0
Class4	9.78	4.21	6.25	73.46	5.09	0.99	0	0.22	0
Class5	4.03	7.98	7.18	2.10	76.95	0.50	0	1.26	0
Class6	11.41	5.79	7.07	0.48	0.32	74.55	0	0.38	0
Class7	12.50	12.50	12.50	12.50	12.50	12.50	0	12.50	12.50
Class8	12.42	0.48	1.99	0.14	1.07	11.47	0	72.27	0.16
Class9	0	28.00	16.00	0	48.00	0	0	8.00	0

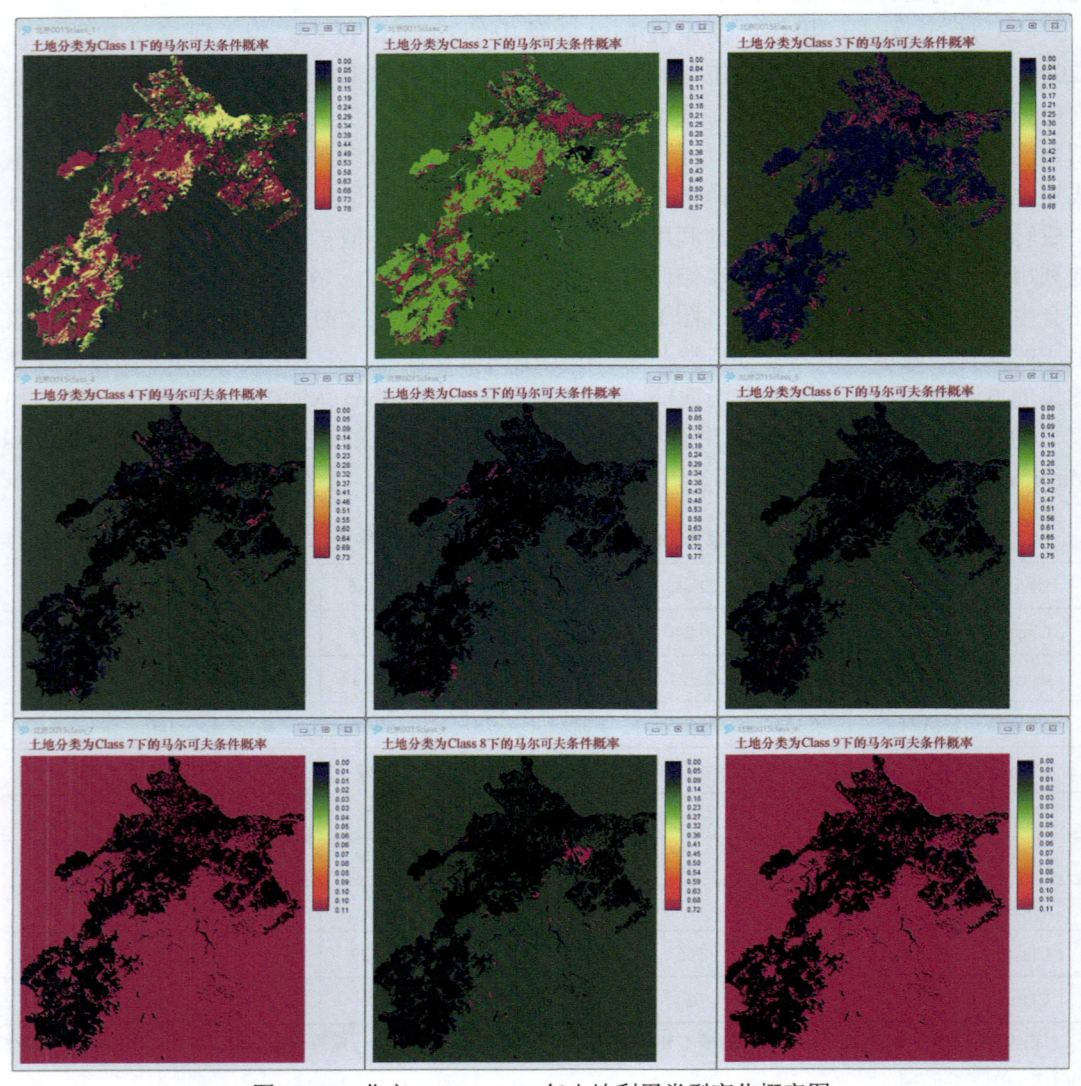

图 15-23　北京 2000～2015 年土地利用类型变化概率图

（3）运行 CA-Markov 模型：以末期年份（2015 年）为起始年份，土地利用面积转移矩阵和适宜性图集都由 Markov 模型生成，模型的循环计算次数选择 15 年，通常情况下模型的循环次数与基础数据的年份间隔一致或为整数倍，元胞自动机的滤波器样式默认选择 5×5 的计算模板，运行模型即可输出研究区 2030 年的土地利用预测图。

15.5 研究结果

15.5.1 LSTM 模型预测降水量结果

LSTM 模型的训练数据集是 1960～1998 年的月均降水量数据，测试集是 1999～2019 年的月均降水量数据，对数据进行预处理后，根据最大值和最小值进行归一化，输入变量为降水量的实测值，输出变量为降水量的预测值，使用 RMSE 验证模型的精度。算法模型的训练和预测结果如图 15-24～图 15-28 所示。

由图 15-24～图 15-25 可知，训练数据与预测数据的走势基本一致，以 12 个月为周期的变化与实际相符。但对波峰的预测存在较大差异，模型在训练中得到的预测值的波峰与真实值相比更低，对于某些年份的高降水量学习效果不佳，整体上波谷处的预测值与真实值误差不大，部分年份的波谷预测值低于真实值较多，甚至出现负数。因此测试集中也

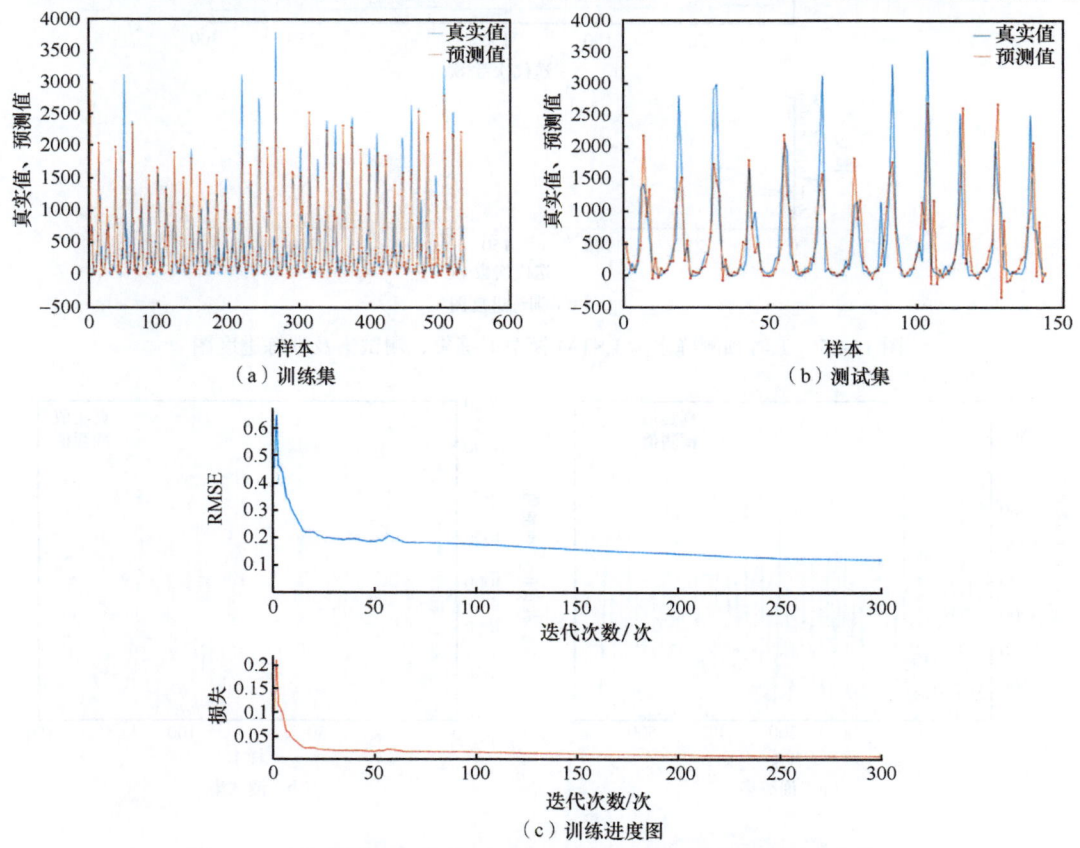

图 15-24　北京预测降水量 LSTM 模型训练集、测试集及训练进度图

（a）训练集　　　　　　　　　　　（b）测试集

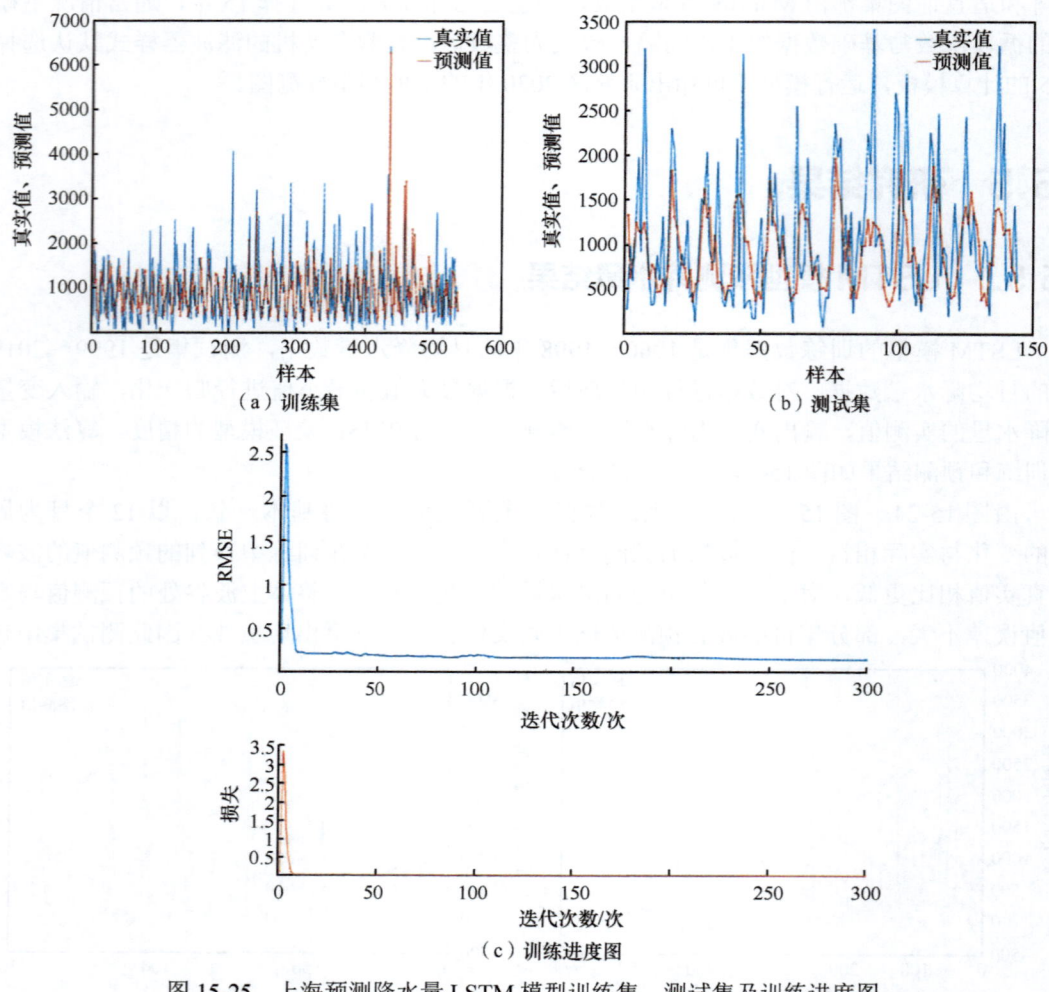

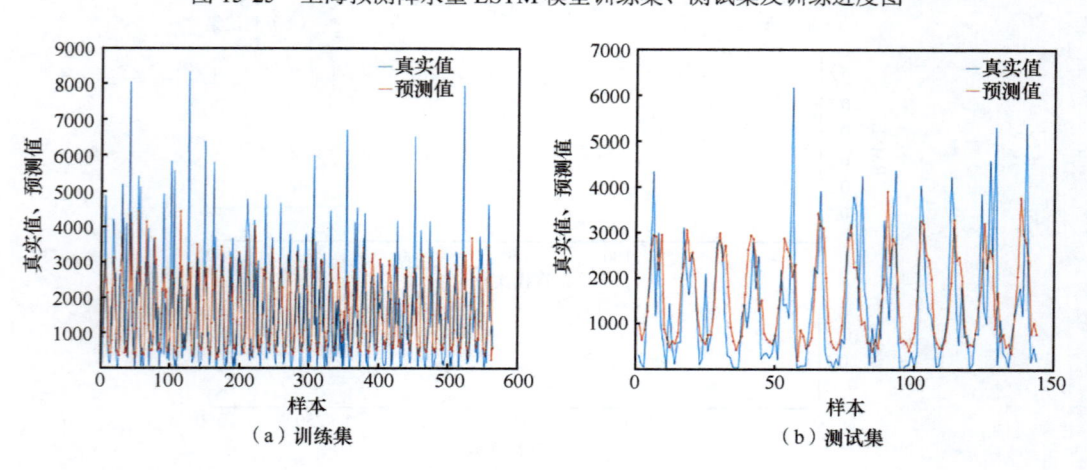

（c）训练进度图

图 15-25　上海预测降水量 LSTM 模型训练集、测试集及训练进度图

（a）训练集　　　　　　　　　　　（b）测试集

（c）训练进度图

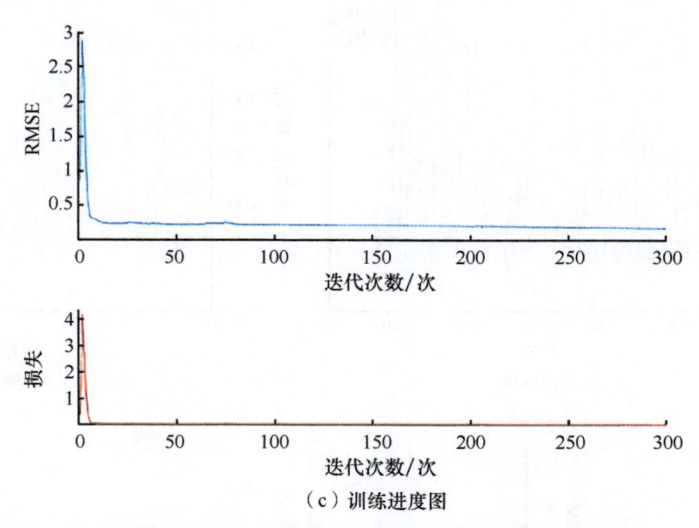

图 15-26　广州预测降水量 LSTM 模型训练集、测试集及训练进度图

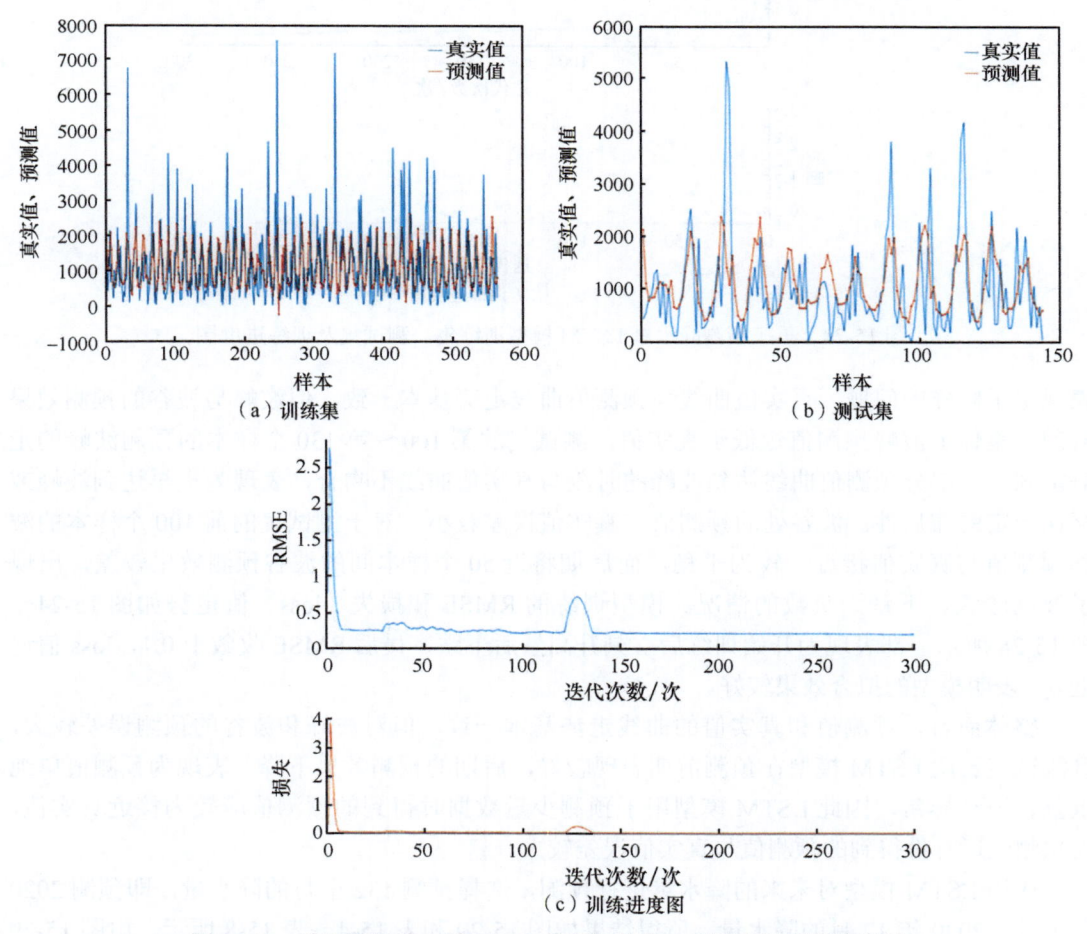

（a）训练集　　（b）测试集

（c）训练进度图

图 15-27　武汉预测降水量 LSTM 模型训练集、测试集及训练进度图

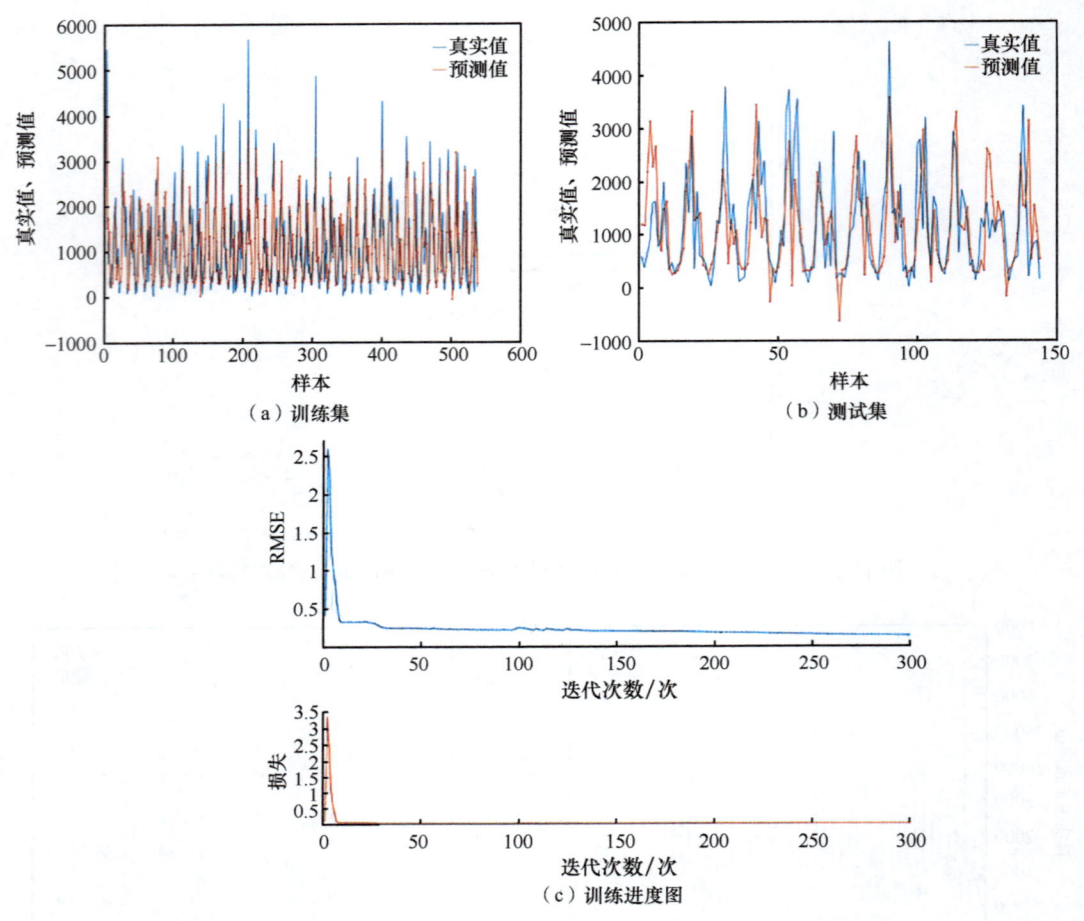

图 15-28 重庆预测降水量 LSTM 模型训练集、测试集及训练进度图

表现出了同样的问题，真实值曲线与预测值曲线走势基本一致，但波峰与波谷的预测效果较差，整体上波峰预测值远低于真实值，测试集的第 100～第 130 个样本的预测波峰的走势雷同，一部分预测值曲线达到波峰的时刻与真实值曲线不吻合，表现为提早达到波峰或存在一定的滞后性。波谷处的预测值与真实值误差较小，对于测试集的前 100 个样本的波谷预测值与真实值接近，较为平稳，而后期将近 50 个样本间的波谷预测效果较差，出现了波动较大、下跌为负数的情况。模型训练的 RMSE 和损失（loss）值走势如图 15-24～图 15-28 所示，都表现为开始训练后立刻升高然后下跌，最后 RMSE 收敛于 0.1，loss 值逼近 0，表明模型的拟合效果较好。

整体而言，预测值和真实值的曲线走势基本一致，但对波峰和波谷的预测误差较大，且测试集表明 LSTM 模型在预测前期表现较好，后期的预测效果下降，表现为预测值单纯重复、波动异常，因此 LSTM 模型用于预测少量数据时得到的预测值应较为接近真实值，而预测较远月份得到的预测值与真实值误差较大。

应用 LSTM 模型对未来的降水量进行预测，选择预测 132 个月的降水量，即预测 2020 年 1 月～2030 年 12 月的降水量，所得结果如图 15-29 和表 15-4～表 15-8 所示。由图 15-29 可知，不同的降水量输入数据得到的输出预测结果存在较大差异，北京、上海和重庆的降水量预测值曲线走势和真实值曲线走势基本一致,表明该模型对降水量曲线变动特征的学习效果较好,波峰预测值与真实值仍存在较大差距。而广州和武汉的降水量预测值曲线与真实值曲线不匹配,可能的原因是广州和武汉的历史降水量随机性明显,基于现有的数据集模型无法达到较好的学习效果,导致预测得到的降水量出现错误,后续还需要进一步调

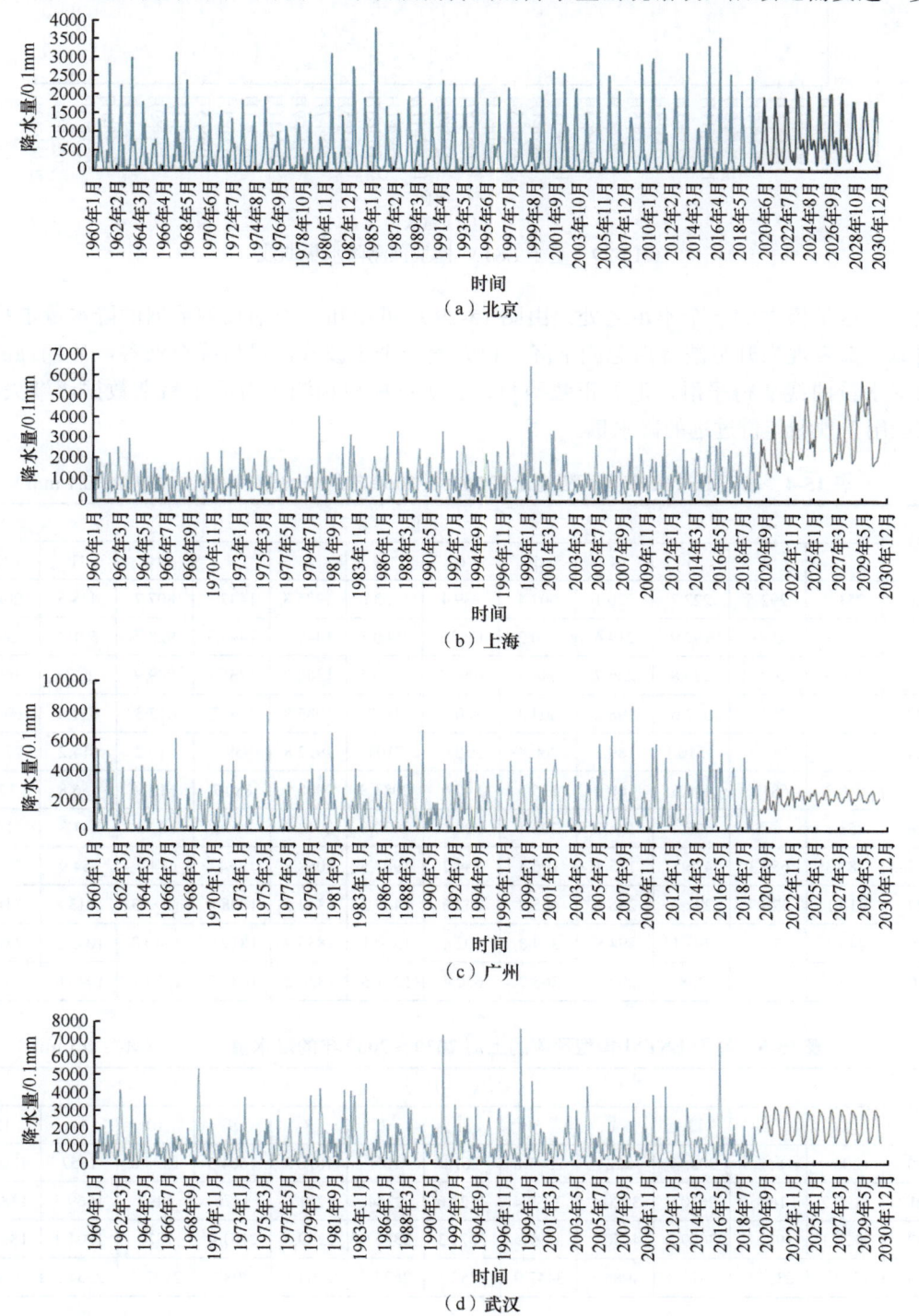

(a)北京

(b)上海

(c)广州

(d)武汉

(e) 重庆

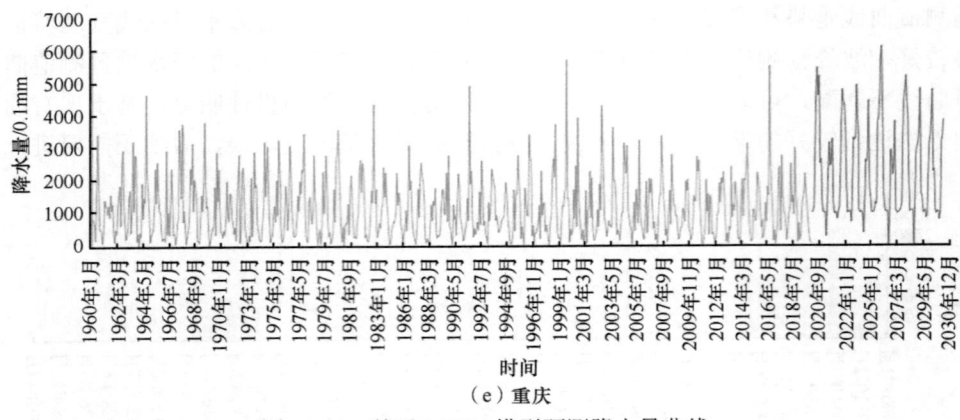

图 15-29　基于 LSTM 模型预测降水量曲线

整验证，这是模型的一个不足之处。由图 15-29 还可得知，中期预测数据的降水量走势十分相似，都表现为升至波峰后急剧下降，再升起一个小波峰，最后降至波谷，后期预测数据的降水量曲线变得平滑，形如正弦函数，表明该模型预测所得的中后期数据逐渐失真，不宜应用于预测年份过远的降水量。

表 15-4　基于 LSTM 模型预测的北京 2020～2030 年的降水量　　（单位：0.1 mm）

年份	月份											
	1	2	3	4	5	6	7	8	9	10	11	12
2020	251.9	292.5	222.7	220.1	607.4	989.4	1953.6	1285.3	1447.3	807.7	448.5	204.4
2021	258.1	260	197.9	214.6	470.2	1165.8	1980.1	1449.6	1445.3	928.7	591.3	309
2022	300.8	269.1	225.8	236.7	544.8	1091.1	1926.5	1488.2	1735.1	989.9	633	369.7
2023	305	267.7	502.6	198.2	304.3	960.8	2172	1985.8	886.7	617.3	637.8	692.1
2024	832	617.1	510	189.3	260.4	950.9	2104	1972.8	939.4	616.2	614.2	777.3
2025	810.3	681.1	490.5	169.9	235.5	890.6	2083.8	2008.9	880.7	610.9	656.8	772
2026	853.8	685	478.4	184.7	208.4	829.1	2030.8	2042.9	856.5	620.3	647.3	818.6
2027	883.3	688.3	476.5	175.4	196.4	784.2	1977.5	2058.2	864	614.7	654.9	835.7
2028	418.1	320.7	291.3	296.2	405.2	752.6	1445.5	1842.6	1808.8	1297.3	1013.8	741.3
2029	443.3	329	293.1	294.2	379.8	702.4	1350.1	1835.9	1819.8	1340.2	1042.5	776.4
2030	469.8	337.9	298	292.7	365.2	650.4	1251.6	1820.2	1832.7	1377.7	1076.8	805.7

表 15-5　基于 LSTM 模型预测的上海 2020～2030 年的降水量　　（单位：0.1 mm）

年份	月份											
	1	2	3	4	5	6	7	8	9	10	11	12
2020	1206.9	1852.5	3035.7	2221	2561.8	2678	2107	1878.3	1664.5	1898.8	1357	1206.9
2021	1197.2	1606	2610.9	3520.1	3058.4	4123.6	2384	1781.6	1576	1498	1669.5	1383.5
2022	2124.1	1924.7	3659.2	4150.1	3197.5	2872.3	2385.9	2229.6	2171.4	1820	1904.4	1891.7
2023	1585.1	2323.8	2871.3	4086.3	3442.9	3782.3	2627.8	2264.5	2082	2177.3	2354.5	2056.3

续表

年份	\multicolumn{12}{c}{月份}
	1	2	3	4	5	6	7	8	9	10	11	12
2024	2396.7	2845.7	4303.5	4955.2	4981.8	4234	3781	2607.5	2772.6	2949.6	2697.6	3033.6
2025	2217.4	3639.4	4173.7	4731.5	5088.9	4934.7	4388.7	4015.1	4233.1	4576	5329.3	5645.8
2026	5124	4159.1	4976.2	4606.4	4238.7	2940	1765.7	1767.3	1912	2066.5	2245.4	2347.4
2027	2095.4	2467.6	3158.8	3866.1	3265.8	2497.5	2075.6	2300.5	2661.6	3289.7	4157.7	5245.2
2028	4895.4	4340.1	4223.3	3793.5	3163.8	1861.9	1946.6	2005.7	2189.3	3060.5	3982.8	4836.3
2029	3928	4490.6	4529	4612.9	5748.5	5499.5	4547.4	4152.4	4123.6	4777.8	4634.9	5501.7
2030	4549.2	3745.2	3129.2	1759.4	1731.4	1870.4	1902.5	1964.6	1999.1	2299.4	2587.2	3064.8

表 15-6　基于 LSTM 模型预测的广州 2020～2030 年的降水量　　　（单位：0.1 mm）

年份	\multicolumn{12}{c}{月份}
	1	2	3	4	5	6	7	8	9	10	11	12
2020	1455.8	1266.5	1374.7	1424.5	1739.8	1239.6	1821.1	2517.6	3358.5	2662.8	1667	1476.5
2021	1478.1	2014.6	1987.1	1448	1084.9	1882.1	2453.9	2675.2	2298.7	2834.8	1869.4	1841.4
2022	1763.1	1678.4	1842.7	2003.4	2237.4	2345.9	1826.9	2020.8	2745.1	2993.7	2920	2159.1
2023	1633.8	1777.3	2239	2215.8	2217.9	2139	2086.9	2493.6	2745.5	2703.8	2706.7	2170.9
2024	1841.7	2027.2	2336.1	2116.5	2071.6	2038.2	2310.9	2525	2400.3	2387.5	2762.5	2781.3
2025	2363.4	1813.6	1756.2	2089.2	2190.1	2271.3	2275.7	2167.4	2280.8	2703	2798.9	2702.3
2026	2413.7	1899	1822.5	2183.8	2182.6	2079.5	2020.6	2152.9	2497.5	2712.5	2610.9	2580.1
2027	2538.8	2251.4	2020.2	1976	1911	2010.6	2165.7	2315	2338.3	2310.1	2535.6	2766.5
2028	2776.8	2529.5	2021.9	1790.8	1992.2	2140.9	2079.2	2104.7	2172.9	2337.4	2672	2775.4
2029	2682.9	2518.7	2203.4	1985.9	2024.4	2028.1	1933.5	1981.2	2207.6	2409.7	2500.9	2529.2
2030	2733.7	2558.4	2165.2	1880.5	1869	1985.6	2053	2151.7	2209.6	2286.1	2542.6	2733.7

表 15-7　基于 LSTM 模型预测的武汉 2020～2030 年的降水量　　　（单位：0.1 mm）

年份	\multicolumn{12}{c}{月份}
	1	2	3	4	5	6	7	8	9	10	11	12
2020	1805.5	2135.9	2029.7	2329.3	2993.9	3226.8	3242.4	2959.1	2776.9	2250.3	2037.6	1625.1
2021	1606.3	1727.2	2163.5	2361.5	3082.1	3256.2	3149.9	3088.7	2830.2	2244	1509.9	1472.4
2022	1390.9	1394.2	1729.7	2565.1	3179.2	3221.6	3231.5	2995.6	2688.4	1715.7	1391.3	1334.4
2023	1470.4	1581.2	1644.1	2576	2964.3	2995.1	2869	2795.4	2654.7	1887.1	1188	1181.7
2024	1320.6	1437.6	1623.5	2420.6	2995.4	3004.4	2890.7	2796.5	2701.8	2015.6	1184.9	1179.3
2025	1314.7	1501.4	1591.4	2471	3053.2	3051.2	2922.6	2762.1	2696.1	1945.1	1224.6	1226
2026	1367.4	1543.4	1614	2458.1	3025.2	3060.5	2946.8	2802.3	2698.8	1999.8	1228.6	1227.9
2027	1378.6	1544.2	1635	2413.5	3030.4	3054.4	2958.9	2803	2701.3	2006.3	1224.8	1215.5
2028	1353.2	1547.4	1629.6	2424.3	3031.2	3049.4	2949.4	2786.7	2699.7	1998	1232.4	1220.4
2029	1354.7	1536.7	1627.7	2415.3	3028.7	3051.1	2949.7	2791.7	2693	2012.2	1231.3	1219.7
2030	1353.5	1533	1626.8	2408.8	3029.1	3050.8	2955.6	2794.2	2695.8	2015.5	1230	1219.4

表 15-8 基于 LSTM 模型预测的重庆 2020～2030 年的降水量　　　（单位：0.1 mm）

年份	月份											
	1	2	3	4	5	6	7	8	9	10	11	12
2020	1010.6	1043.5	1161.7	3060.6	4855.3	5400.7	4580.1	5172.5	2511.4	2611.4	1258.6	1027.6
2021	993.2	1001.9	267.8	1196.3	2438.5	3127.9	2435.5	2545.5	3227.5	1276.1	1010.2	988.3
2022	991.4	799.4	1044.4	1145.6	2200.1	3891.9	4744.2	4385.9	4254.1	3551.8	1840.1	1002.1
2023	1000.7	1025.2	1023.9	729.8	2087.4	3272	3217.7	3304.9	4887.1	3842.7	3271.4	1127.3
2024	1019	1008.6	1028	942.5	388.3	1411.7	2585.3	2525.5	2861.9	4417.2	1728.8	1469.6
2025	1039.3	993.1	1014.7	1122.3	1300.8	1253.2	3750.7	3913.9	4483.8	5708.2	6055.7	4005.7
2026	1546.7	1150.6	1035.2	1037.6	1029	0	1071.6	2891.4	2687.1	2154.2	2469.2	3759.9
2027	1051.3	1017.1	988.7	1007.6	1027.2	1107	1244.1	3412.9	4491.4	4713.3	5159.4	4366.2
2028	3937.6	1921.6	1026	1049.3	1065.8	1072.5	0	1446.8	2852.2	2984.8	3130	3527.8
2029	4765.5	1562.3	1468.5	1009.9	1010	1048	836.4	869.9	2124.3	3101.5	3284.1	3819.7
2030	4753.6	2263.6	2313.9	1027.6	969.6	1026.9	1043	780	1005.3	3161.2	3286.4	3812.2

15.5.2　CA-Markov 模型预测土地利用类型结果

使用 IDRISI 软件的 CA-Markov 模型，将 2015 年作为起始年份输入研究区基础数据，适宜性图集和面积转移矩阵选择 Markov 模块的运行成果，预测研究区 2030 年的土地利用与土地覆盖。预测结果如图 15-30 所示。

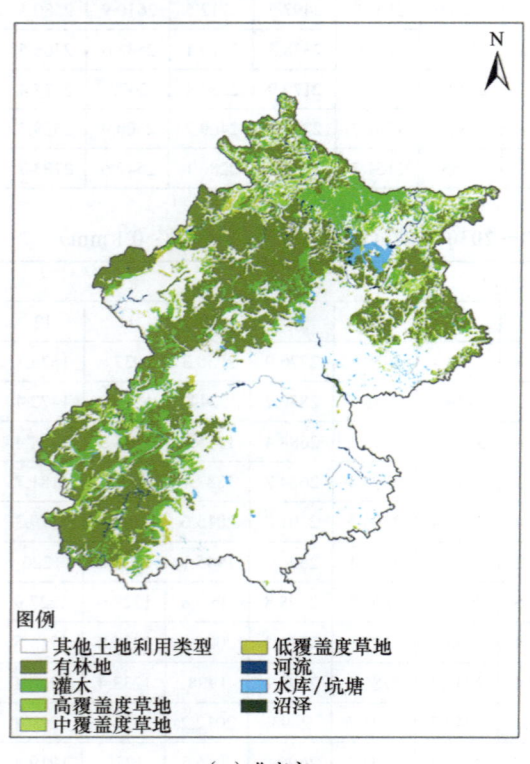

（a）北京市　　　　　　　　　　（b）上海市

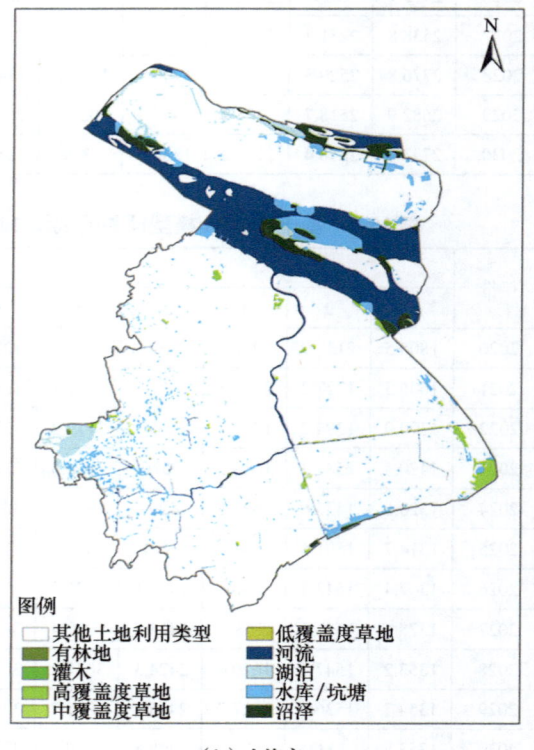

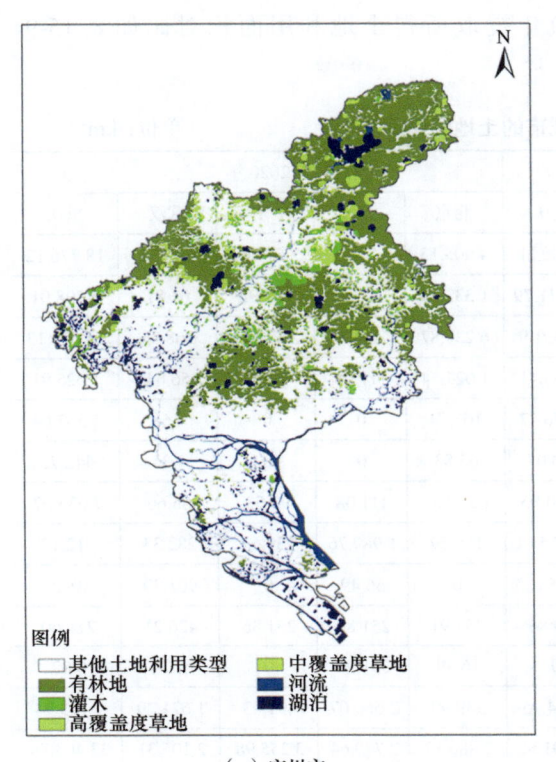

第 15 章 基于机器学习的生态系统服务多尺度快速核算系统开发与变化预测

(c) 广州市

(d) 武汉市

(e) 重庆市

图 15-30 5 个城市 2030 年土地利用与土地覆盖预测图

预测得到的具体土地利用面积与2020年提取所得土地利用面积对比如表15-9、表15-10所示。

表15-9 2030年与2020年5个城市的土地利用面积　　　　（单位：km²）

土地利用类型	2030年 北京	2030年 上海	2030年 广州	2030年 武汉	2030年 重庆	2020年 北京	2020年 上海	2020年 广州	2020年 武汉	2020年 重庆
有林地	4 753.43	11.18	2 219.29	274.79	9 880.11	4 905.13	8.49	2 519.44	306.55	18 776.12
灌木林	1 477.13	1.05	176.87	60.88	13 511.79	1 333.74	0	151.98	61.81	5 798.01
林地合计	6 230.56	12.23	2 396.16	335.67	23 391.9	6 238.87	8.49	2 671.42	368.36	24 574.13
高覆盖度草地	788.75	73.03	218.61	93.35	1 738.41	1 027.74	111.08	93.53	56.64	1 625.91
中覆盖度草地	157.46	1.05	7.79	8.02	5 596.47	163.74	0	0	7.68	5 567.04
低覆盖度草地	93.78	1.05	0	0.85	410.07	65.83	0	0	1.34	442.72
草地合计	1 039.99	75.13	226.4	102.22	7 744.95	1 257.31	111.08	93.53	65.66	7 635.67
河流	126.28	825.03	237.95	275.83	985.51	115.59	1 989.76	239.67	282.33	912.12
湖泊	0	125.72	0	744.27	9.58	0	56.49	0	901.39	10.20
水库坑塘	151.7	312.03	413.86	612.07	359.86	257.91	251.86	251.36	426.21	271.60
沼泽	0.13	173.41	0	47.59	0	16.49	361.96	0	61.36	0.02
水域合计	278.11	1 436.19	651.81	1 679.76	1 354.95	389.99	2 660.07	491.03	1 671.29	1 193.94
合计	7 548.66	1 523.55	3 274.37	2 117.65	32 491.80	7 886.17	2 779.64	3 255.98	2 105.31	33 403.74

表15-10 土地利用面积变动值　　　　（单位：km²）

土地利用类型	北京	上海	广州	武汉	重庆
有林地	−151.70	+2.69	−300.15	−31.76	−8896.01
灌木林	+143.39	+1.05	+24.89	−0.93	+7713.78
林地合计	−8.31	+3.74	−275.26	−32.69	−1182.23
高覆盖度草地	−238.99	−38.05	+125.08	+36.71	+112.50
中覆盖度草地	−6.28	+1.05	+7.79	+0.34	+29.43
低覆盖度草地	+27.95	+1.05	0	−0.49	−32.65
草地合计	−217.32	−35.95	+132.87	+36.56	+109.28
河流	+10.69	−1164.73	−1.72	−6.50	+73.39
湖泊	0	+69.23	0	−157.12	−0.62
水库坑塘	−106.21	+60.17	+162.50	+185.86	+88.26
沼泽	−16.36	−188.55	0	−13.77	−0.02
水域合计	−111.88	−1223.88	+160.78	+8.47	+161.01
合计	−337.51	−1256.09	+18.39	+12.34	−911.94

根据模拟得到的2030年5个城市的预测土地利用面积，得知在不添加任何限制条件，按照2000～2015年的趋势发展的城市生态系统面积会出现下降，其中上海9个土地利用类型面积下降幅度最大，减少了−1256.09 km²；广州和武汉的自然土地利用面积上升，但增

幅较小，涨幅不超过 20 km²。广州的有林地面积在未来十年主要表现为下降，灌木林面积上升。变动幅度最大的为重庆的有林地和灌木林面积，较 2020 年分别下降了 8896.01 km² 和上升了 7713.78 km²，重庆的林地面积总和表现为下降，但仅下降 1182.23 km²，表明林地面积下降的主要原因是有林地转移至灌木林。5 个城市的草地面积和水域面积有上升也有下降，广州的草地面积涨幅最大，为 132.87 km²，主要的增长来源是高覆盖度草地。北京的草地面积下降幅度较大，下降了 217.32 km²，主要的下降来源仍为高覆盖度草地。结合北京 2000~2015 年的土地利用面积转移概率矩阵得知，北京的高覆盖度草地保持初始状态的概率仅为 67.96%，而有 21.56% 和 7.57% 的可能性转移为有林地或灌木林。上海的水域面积降幅最大，为 1223.88 km²，主要的下降来源为河流这一土地利用类型。上海的 9 类自然土地利用面积的降幅为 1256.09 km²，其下降的主要原因是上海的河流转移为其他生态系统类型。

15.5.3　2030 年生态系统服务预测结果

基于以上对降水量和 LUCC 的预测结果，在 2020 年核算城市生态系统服务的基础上，可核算 2030 年城市的生态系统服务（表 15-11～表 15-15）。

表 15-11　北京 2030 年生态系统服务预测结果

生态系统类型	生态系统服务/10¹⁸ sej		增长率/%
	2030 年	2020 年	
有林地	1398.89	1443.16	−3.07
灌木林	362.36	327.18	+10.75
高覆盖度草地	67.08	87.40	−23.25
中覆盖度草地	16.91	16.13	+4.84
低覆盖度草地	7.64	4.89	+56.24
河流	5.41	4.96	+9.07
湖泊	0	0	0
水库坑塘	16.08	27.11	−40.69
沼泽	0.01	1.19	−99.16
总生态元	1874.38	1912.01	−1.97

表 15-12　上海 2030 年生态系统服务预测结果

生态系统类型	生态系统服务/10¹⁸ sej		增长率/%
	2030 年	2020 年	
有林地	0.95	0.72	+31.94
灌木林	0.22	0	—
高覆盖度草地	10.25	15.59	−34.25
中覆盖度草地	0.12	0	—

续表

生态系统类型	生态系统服务/10^{18} sej 2030年	生态系统服务/10^{18} sej 2020年	增长率/%
低覆盖度草地	0.12	0	—
河流	22.37	22.37	0
湖泊	0.26	0.20	+30.00
水库坑塘	25.68	25.68	0
沼泽	34.34	71.68	−52.09
总生态元	94.31	136.24	−30.78

表 15-13　广州 2030 年生态系统服务预测结果

生态系统类型	生态系统服务/10^{18} sej 2030年	生态系统服务/10^{18} sej 2020年	增长率/%
有林地	306.80	347.41	−11.69
灌木林	40.28	34.60	+16.42
高覆盖度草地	25.60	10.95	+133.79
中覆盖度草地	0.89	0	—
低覆盖度草地	0	0	0
河流	24.90	25.08	−0.72
湖泊	0	0	0
水库坑塘	33.39	20.28	+64.64
沼泽	0	0	0
总生态元	431.85	438.31	−1.47

表 15-14　武汉 2030 年生态系统服务预测结果

生态系统类型	生态系统服务/10^{18} sej 2030年	生态系统服务/10^{18} sej 2020年	增长率/%
有林地	35.32	38.56	−8.40
灌木林	14.08	14.29	−1.47
高覆盖度草地	11.09	6.58	+68.54
中覆盖度草地	0.93	0.89	+4.49
低覆盖度草地	0.10	0.15	−33.33
河流	23.44	23.99	−2.29
湖泊	77.80	94.22	−17.43
水库坑塘	19.36	13.48	+43.62
沼泽	1.95	2.51	−22.31
总生态元	184.06	194.67	−5.45

表 15-15　重庆 2030 年生态系统服务预测结果

生态系统类型	生态系统服务/10^{18} sej 2030 年	2020 年	增长率/%
有林地	1354.40	2353.76	−42.46
灌木林	362.36	1317.86	−72.50
高覆盖度草地	206.43	186.40	+10.75
中覆盖度草地	635.89	630.71	+0.82
低覆盖度草地	42.51	45.42	−6.41
河流	56.21	57.22	−1.77
湖泊	0.23	0.24	−4.17
水库坑塘	10.42	8.72	+19.50
沼泽	0	0.07	−100.00
总生态元	2668.44	4600.39	−42.00

由表 15-11～表 15-15 可知，在保持原有政策制度和经济发展状况下，5 个城市中北京生态系统服务下降 1.97%，广州下降 1.47%，武汉下降 5.45%，上海下降 30.78%，重庆下降幅度最大，下降 42.00%，表明在这 4 个城市 2020～2030 年的生态文明状况没有得到改善，甚至有所退步。其中变动幅度最大的重庆的生态系统服务下降的主要原因是有林地面积下降，重庆的有林地生态系统服务的下降率同样为 42% 左右。北京所有生态系统湿地类别中变动幅度最大的为沼泽和水库坑塘，分别下降了 99.16% 和 40.69%，而低覆盖度草地的生态系统服务增长率最高，为 56.24%，主要原因是 2030 年北京沼泽和水库坑塘预测面积下降幅度较大，低覆盖度草地的预测面积上升，进而导致对应的生态系统的"生态元"值发生变动。上海在 2000～2020 年的遥感数据中都未观测到灌木林、中覆盖度草地和低覆盖度草地，但在 2030 年的预测结果中这 3 种土地利用面积由零值转变为有具体数值，这是由于 Markov 模型计算得出的面积转移概率矩阵为其赋予了其他土地利用类型可能转变为这 3 种土地利用类型的概率，该结果与 2000～2020 年的观测结果不匹配，这也是 Markov 模型的一个不足之处。该生态系统服务预测结果表明，土地利用面积的变动对生态系统服务的影响较大，土地利用面积的下降导致城市的生态环境状况恶化，这与我国当前大力推进生态文明建设，改善城市生态环境的期望不符，启示着我们应保护当前自然生态系统，避免其面积缩减，并通过合理的政策措施扩增此类生态系统的覆盖度，从而推动生态环境持续向好。

15.6　本章小结

"绿水青山就是金山银山"是我国的一项基本国策，将"绿水青山"量化成"金山银山"是国内外近年来的研究热点，其核心在于如何进行科学合理的核算。基于此，本章完成的主要工作如下。

（1）构建基于空间网格数据利用增强型表单计算方法。该方法以太阳能值为统一量纲，打通了原本不可比较、加总的各项生态系统调节服务之间的障碍，基于多尺度的遥感数据和生态参数库，识别所需要核算的 9 个生态系统类型及对应的生态系统服务类型，并确定加和原则避免重复计算生态系统服务的能值。同时为提高对确定空间范围生态系统服务的速度，基于空间网格数据的增强型表单进行模块化设计，开发了生态系统服务快速计算系统，该系统包含地图预处理模块、生态系统服务计算参数库模块、生态系统服务快速计算模块、基于网格的加和与切割模块、结果展示模块。

（2）机器学习系列方法近些年在生态系统服务领域研究应用较广泛，但面对复杂的生态系统数据，开发满足当前研究需求的时空动态模型，仍有较广阔的空间。为积极面对未来全球生态环境变化，结合机器学习能够处理复杂、非线性大数据的特点可以在已有的研究基础上向前预测，从而为制定合理的政策措施提供一定的科学依据。本研究选取我国北京、上海、广州、武汉和重庆为研究区域，使用 LSTM 模型和 CA-Markov 模型分别预测这 5 个城市的 2030 年的月度降水量和土地利用类型，并以预测数据作为输入端，预测这 5 个城市 2030 年的生态系统服务。其中，LSTM 模型的训练过程的 RMSE 都低于 0.2，loss 值收敛于 0，说明模型对历史降水量数据的学习效果较好，但向前预测城市未来降水量时仍存在波峰、波谷值异常及预测数据与实际历史数据无法匹配等现象，表明该模型还需要进一步调整验证。基于这两项预测数据核算得到的 2030 年城市生态系统服务主要表现出下降的趋势，表明在保持原有政策措施和发展速度的情况下，这 5 个城市未来的生态环境可能出现恶化。

第 16 章

农业生态产品及其价值实现路径

16.1 如何提升已经通过市场化价值实现的农业生态产品的溢价增值

农产品一直使用市场估值方法来衡量其使用价值（Mendelsohn and Olmstead, 2009），所以从平均的概念上已经完成了价值实现，但具体到不同地区和不同产品，仍有一些差异性，而这些差异性也通过博弈机制实现了其价格的提升（郭文娟，2012；王建华，2018）。经文献梳理可以看出，对已经通过市场化价值实现的农业生态产品的进一步保值增值可以通过增加绿色度、提升特殊度，以及形成农业产业链，系统降低负服务等方式来进行。

16.1.1 绿色度的提升实际是不可更新资源使用比例的降低

绿色度提升的农业生态产品包括绿色农产品和有机农产品等，一般来说被认为比普通同类农产品拥有更高的绿色度，其绿色度可以用可更新投入占总投入的比例（R）来计量，而其生态品质与价格也要比普通农产品更高，可以给从事绿色农业和有机农业的生产者与经营者创造更多的经济收益。当然，这种定价的前提是人们的消费行为和饮食观念倾向于绿色消费，人们的消费心理和消费行为由对温饱的需求转变为对营养健康的需求。绿色农产品以其健康、无污染、有营养等特点吸引了一大批消费者，而绿色消费需求将会带来相当可观的经济效益。南京农业大学的抽样调查（许劲，2016）显示，消费者最关注的是食品安全问题，在食品安全性评价中"农药、兽药、激素等化学残留"和"色素、防腐剂等添加剂的使用"排在前两位，86%的消费者愿意购买价格相对较高的绿色食品、有机食品和无公害食品。随着居民收入的不断增长，恩格尔系数将会越来越低。在这种情况下，人们更愿意为健康支付更多的金钱，对绿色农产品、有机农产品的需求将会越来越大。可以看到当前消费者更倾向绿色消费，这可以为国民经济带来相当可观的经济利益。相关资料显示，目前农民生产一般的农产品并不能使其收入保持增长，农民增加收入遇到瓶颈，而有机农业和绿色农业的发展有助于农民收入的提高。据统计，江苏绿色食品总量每增长10%，农民人均收入就可增长1%。

表 16-1 计算了 2015 年不同省份典型农产品绿色度与农产品年均价格，通过将各省份农产品绿色度和农产品年均价格进行相关性分析［图 16-1（a）］可以看出，在全国农产品的市场均衡下，典型农产品平均价格比较稳定，当然，各省份的农产品绿色度也比较平均，

总体差别并不大。如果加入绿色农产品[图16-1（b）]，农产品绿色度与农产品年均价格呈现线性增加，且不同农产品的斜率不同。因此，增加农产品绿色度是提升农产品年均价格的重要原因之一，也是农产品可以进一步进行价值实现的方向之一。

表16-1 不同省份典型农产品绿色度（R）与农产品年均价格

省份	稻谷 R/%	年均价格/（元/kg）	小麦 R/%	年均价格/（元/kg）	玉米 R/%	年均价格/（元/kg）	油料 R/%	年均价格/（元/kg）	豆类 R/%	年均价格/（元/kg）	薯类 R/%	年均价格/（元/kg）
北京	1.91	4.89	1.30	3.28	2.75	2.79	6.19	6.25	2.53	5.08	2.64	3.80
天津	3.86	5.35	1.49	3.73	1.92	2.68	4.41	7.28	1.47	5.00	1.51	3.20
河北	1.19	4.73	0.60	3.23	0.65	2.28	0.57	6.94	0.37	5.28	0.26	3.30
山西	0.48	5.47	0.59	3.44	1.11	2.10	2.23	7.11	0.66	4.90	0.74	3.00
内蒙古	6.25	5.47	1.20	3.80	1.49	2.13	3.39	6.21	1.50	5.60	1.57	3.00
辽宁	1.26	5.00	1.33	3.50	2.53	2.29	4.11	6.22	1.61	4.90	1.67	2.90
吉林	1.09	3.94	1.05	3.50	2.66	2.26	3.14	5.91	1.38	3.80	1.45	3.00
黑龙江	1.18	4.00	0.88	3.60	1.87	2.15	2.52	6.06	1.44	3.73	1.22	3.20
上海	2.39	4.26	1.87	3.10	1.34	2.40	2.46	7.21	1.58	4.70	1.65	3.60
江苏	2.68	5.85	2.81	3.08	1.60	2.27	4.29	6.20	1.89	5.40	1.94	3.00
浙江	1.90	4.34	1.01	3.40	1.00	2.26	6.01	6.25	1.15	4.08	1.12	3.50
安徽	2.59	4.94	3.36	3.60	1.95	2.30	4.24	6.58	2.55	4.88	1.22	3.00
福建	1.46	5.14	1.19	3.50	1.19	2.52	2.01	6.29	1.40	4.80	1.46	3.60
江西	6.01	3.70	1.67	4.84	1.67	2.64	7.32	6.02	2.00	3.90	2.05	3.50
山东	0.89	5.40	1.56	3.43	1.42	2.36	2.86	6.29	1.18	5.20	1.25	4.00
河南	2.25	4.43	5.87	3.56	4.45	2.38	11.54	6.06	2.33	3.90	2.27	3.20
湖北	2.03	4.89	1.43	4.64	1.14	2.48	4.53	6.97	1.19	5.80	1.26	2.90
湖南	4.75	3.90	1.76	3.70	1.75	2.25	6.70	6.08	2.17	4.65	2.26	4.00
广东	3.73	4.10	1.27	3.20	1.27	2.50	4.69	7.24	1.48	4.00	1.87	3.20
广西	3.45	4.10	1.27	3.98	1.83	2.53	3.59	6.16	1.51	4.80	1.64	3.81
海南	4.83	3.50	0	3.38	—	2.63	4.53	7.30	2.73	4.50	3.13	3.60
重庆	1.37	4.20	0.85	3.70	1.19	2.56	2.45	7.50	1.07	4.00	2.03	3.75
四川	1.65	4.35	1.49	4.27	1.60	2.54	3.86	6.95	1.75	3.80	1.99	3.80
贵州	1.65	4.32	1.41	3.60	1.96	2.43	4.11	6.35	1.84	4.00	2.86	3.75
云南	1.37	4.00	0.94	3.50	1.82	2.39	2.56	6.41	1.25	4.60	1.38	3.10
西藏	5.66	—	6.07	3.38	6.06	2.00	16.21	6.19	7.09	4.40	7.07	2.80
陕西	0.80	4.00	1.18	4.00	1.22	2.15	2.46	6.79	0.95	3.80	1.02	3.80
甘肃	2.45	6.50	1.52	2.96	1.55	2.20	4.13	6.65	1.85	3.50	1.92	2.90
青海	0	4.65	1.21	3.94	1.21	2.00	0	6.80	0	3.80	0	3.40
宁夏	2.58	5.33	2.76	4.30	2.80	2.24	4.69	6.29	3.29	3.80	3.39	3.20
新疆	4.58	5.22	4.92	3.80	4.90	2.30	13.12	6.80	5.93	3.75	5.98	3.80

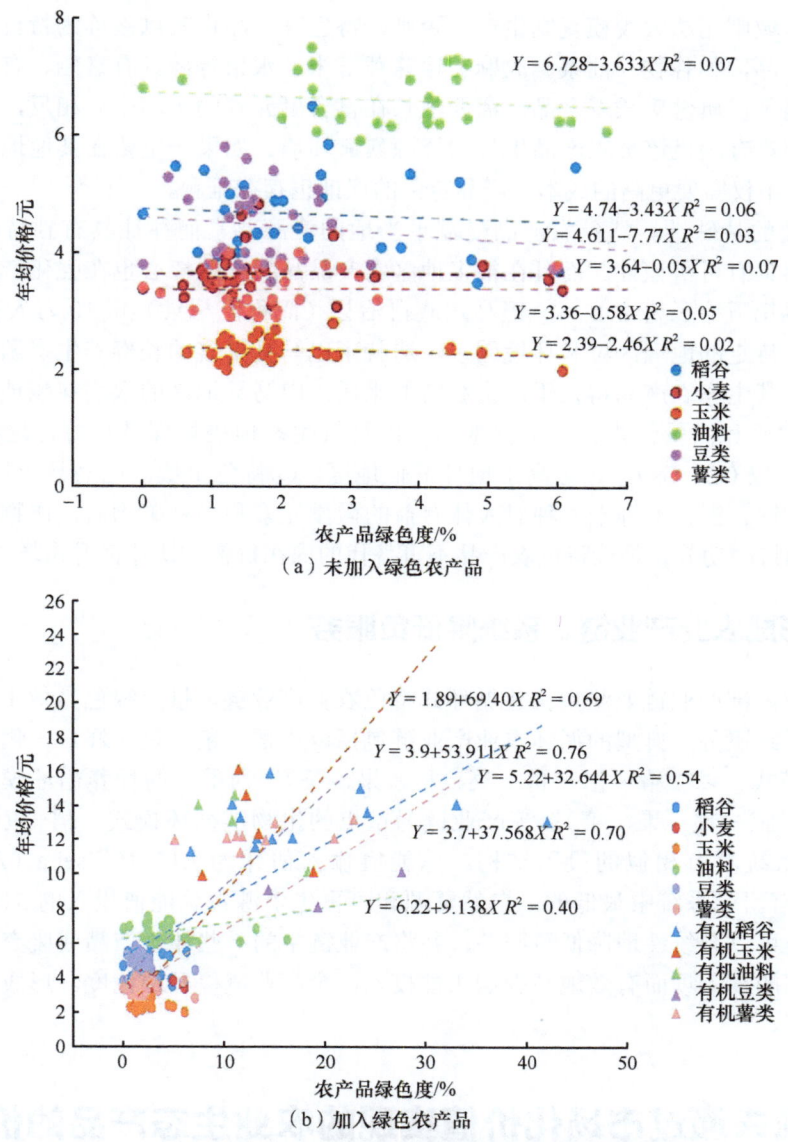

图 16-1 典型农产品绿色度和产品平均价格关系

16.1.2 特殊度的提升实际是利用自然贡献提升特色农产品的自然投入

特色农产品是指在特定生产区域种植的、具有高产品品质和特殊功效的优势农产品。不仅具有较强的市场竞争力,而且能够有效增加农民收入、促进区域经济发展(马小雅和黄武,2017)。特色农产品的优势重在特色,特色的认定在于该产品的禀赋特征。而且相比于大众农产品,特色农产品更突出生产主体的分散性(马卫和黄蕾,2008),以及生产地域的独特性和产品功效的特殊性。该类产品具有如下特点。

生产地域的独特性。相对于工业产品,农产品生产需要一定的资源禀赋条件。进一步地,特色农产品对原始地理地貌、土壤、水资源和人文环境等独特的资源禀赋则有更高的要求，其他区域则无法大规模复制生产。否则，特色农产品也难以被称为特色。例如，广西巴马农牧产品，如谷物、油茶、火麻、珍珠黄玉米、水果等，具有富硒、有机、绿色的突出特色，属于优质健康长寿食品，需要生长在富含硒元素的土壤中。相反，在全国其他多数地区，则难有满足该类农产品生长的资源禀赋环境。如果一定要在其他地区种植这类特色农产品，不仅需要更高的成本，产品特色的保证也存在难题。

产品功效的特殊性。特色农产品受益于当地的资源要素而往往具有独特的功效，使其与同类产品具有可辨识性。而且在很多地区农产品品牌化的核心也在强化产品功效的特殊性，如世界第五个长寿之乡——巴马瑶族自治县（简称巴马县）每10万人有30.8个百岁以上老人。特定的地理区位和环境因子，造就了巴马县丰富的长寿养生资源，具有稀缺性和唯一性。其生态农产品得益于：①独特的水质。巴马县地区的水均穿越地下暗河，含有丰富的矿物质和微量元素。②极强地磁。巴马县生态地磁场保持良好，地磁强度高达0.5 Gs[①]（北京仅0.28 Gs），远远高于地球其他地区。③特色土壤。巴马县土壤中富含锰、镁、溴、碘、锌、锂、硒等十多种对人体有益的微量元素和多种矿物质，作物蔬菜中元素含量丰富，独特的功效正是该特色农产品不可替代的内在价值和快速提升市场价格的保障。

16.1.3　形成农业产业链，系统降低负服务

特色农业内部产业链要注重构建循环式特色农业产业链，推广绿色高效生产方式，充分发挥生态系统服务。典型的循环农业产业链包括以"稻—菜—鱼（虾）—鸭"为重点的农田内循环模式、以"猪—沼—鱼（菜、稻、果、茶）"为重点的种养循环模式、以"秸秆—粪—菌—肥—粮（果、菜）"等产业链为重点的生物链循环模式。稻-鱼一体化系统与水稻单作系统具有相似的投入结构。总能值输入估计为 $7.15×10^{15}$ sej/a（Zhang et al., 2016），是所有研究系统中最低的，自然资源和可再生资源占总能值投入的54%以上。这种农业产业链可以系统性地降低负服务，并将产业链中的一些伴生产品或废弃物转化为另一个生产过程的投入项而有效地减少购买性投入，全产业链提升绿色度，形成生态产品的溢价和增值。

16.2　尚未通过市场化价值实现的农业生态产品的价值补偿和价值奖励机制

16.2.1　价值补偿途径

在所有的生态系统服务中，固碳释氧、涵养水源、调节局地温湿度等类型的农业生态产品是无二级市场价值的。虽然"货币化"失灵，但这种服务的产生必须遵守热力学第一定律。也就是说，进入所有经济和生态过程的能量输入必须等于这些过程的能量输出（刘耕源等，2020）。生态产品的价值通过热力学计算出的不同单位的值最终是通过转化为货币量来进行价值实现的，但不同生态产品的货币化方式不同，需要通过市场经济中的价格机

[①] 1 Gs=10^{-4} T。

制、供求机制和竞争机制去发现。例如，基于能值分析方法可以使以热力学为基础的生态产品形成稳定评估的统一标的物，即形成代币，为后续进一步通过市场途径货币化和实现交易创造条件，以近期形成的生态元（刘世锦和刘耕源，2019）为例，通过基于能值的生态元方法计算出不同区域未通过市场化价值实现的农业生态产品的生态元。生态元下降至下限以下时可以通过购买生态元来弥补其缺口；当生态元高于下限时，可以参与生态元的出售，这就形成了生态元流转。生态元缓解银行是一种基于污染者付费原则的准市场化生态补偿制度，它为生态资源的供给方和需求方提供跨区域流动和补偿服务平台，在确保生态水平不下降的前提下令土地开发者支付尽可能少的生态补偿成本。从服务的范围来划分，生态元缓解银行包括为整个大流域服务的流域生态元缓解银行以及为流域内小范围区域服务的地区性生态元缓解银行。有了生态元缓解银行，生态元的需求者可以选择是在破坏生态资源之前或者之后进行生态补偿，即生态元的事前补偿和事后补偿。事前补偿要求生态元需求方在从事土地开发活动之前先请第三方评估机构对拟破坏的生态资源进行生态元评估，并到生态元缓解银行购买相应的生态信用（含加成比例），然后才可以进行开发活动。事后补偿方式下，生态元需求方可以先从事土地开发，之后请第三方评估机构对开发过程中破坏的生态资源进行生态元核算，并从生态元缓解银行购买生态信用。

16.2.2 农业生态系统提供的特殊服务类产品的价值奖励

多年来，一直使用非市场估值方法来衡量各种生态产品的使用价值和非使用价值（Mendelsohn and Olmstead，2009）。非市场估值可以基于显示的偏好（通过消费者选择表达的行为）或明确的偏好（如通过调查表达的态度）。例如，在或有估值调查中，询问消费者他们愿意为生态系统服务支付多少费用。另一种方法是询问生产者（通常是农民）愿意接受什么来提供生态系统服务（Swinton，2008）。尚未通过市场化价值实现的农业生态产品生产提供了必不可少的投入，其价值可以通过估算服务被取消或降级时农业生产的数量或质量的变化来衡量。该方法已被用来估计授粉服务和控制病虫害服务的价值（Losey and Vaughan，2006；Gallai et al.，2009）。这些服务的价值还可以通过衡量重置成本来估算，例如用农药替代自然虫害控制和人工授粉或用蜂箱出租替代授粉。

16.2.3 农业生态系统存在价值类生态产品的价值变现

农业生态旅游是在结合现代农业资源开发的基础上，充分利用乡村景观和空间资源来打造高质量、富有乡村特色的生态旅游模式，是一种新型的、体验式的农业经营形式。而该模式的本质是让游客来到农业生态系统边界之内体验调节服务、文化服务等。这种生态产品需通过挖掘其多重元素、促进农文旅深度融合后完成价值实现。我国幅员辽阔、特色农产品种类繁多，不同区域、不同产业的文化特质存在差异性。要尊重乡土风情、民族特色，充分挖掘特色农业多重文化元素，对特色农业生产生活、民风民俗等优秀传统文化进行调查搜集，对与农事、农耕有关的各类礼仪、民俗风情、传统习惯进行溯源和整理。在此基础上结合时代要求，可以促进农文旅深度融合，建立集农产品生产、加工、休闲观光、特色产品销售于一体的产业集群，让心底藏有乡愁、渴望亲近泥土的城市人群体验田园生活、参与农事活动、品尝劳动滋味、了解风俗习惯、享受文化对精神的熏陶；可以建设博物馆、展览馆、展览室等文化展示场所，开展文化宣传教育活动，提升特色农业的社会价值；可以将刺绣、剪纸、竹编等文化衍生手工艺，融入"一县一品""一村一品"发展中，展示和传承文化的活态精神内核。此外，农业文化遗产是特色农业文化价值功能发挥的典型，特色农业地区可以通过努力申请农业文化遗产，促进特色农业多重价值增值。

16.3 通过减少负服务实现农业生态产品的价值保值与价值变现

16.3.1 多途径减少温室气体排放造成的固碳释氧服务的折减

农业最佳管理实践可以通过多种方式有效减少或抵消农业温室气体的排放（Drinkwater and Snapp 2007；Lal，2008b；Smith et al.，2008）。有效的粪便管理可以大大减少动物粪便的碳排放。用豆类生物固氮代替合成氮肥可以将农业生产中的二氧化碳排放量减少一半（Drinkwater and Snapp，2007）。农业生态系统中的多年生植物和豆科植物集约化过程通过上述再耦合机制改变了内部循环过程，并提高了农业生态系统中氮的利用效率。在这些情况下，可以减少目前很常见的无机氮的长期过量添加，从而减少 NO_x 和 N_2O 的排放。

另外，土壤碳固存通过保护土壤结构和肥力，提高土壤质量，提高农业绿色度及减少负服务（Lal，2008b；Smith et al.，2008）。从拉丁美洲和撒哈拉以南非洲的小农农业系统到巴西和加拿大的大规模商业生产系统，改善农业土壤碳库的经济效益已在世界各地的不同农业系统中进行了估算（Govaerts et al.，2009）。许多农民已经采用了保留土壤碳的方法，以实现更高的生产率和更低的成本。但是，即使采用土壤保护和恢复措施，也不能完全恢复因转为农业而损失的土壤碳。据估计，通过最佳管理实践可获得的土壤碳库通常是转化前原始土壤碳库的 60%~70%（Lal，2008a）。

利用农业废弃物生产生物质能源是减少负服务的重要方式。生物能源，特别是纤维素生物燃料，具有替代部分化石燃料并降低温室气体排放的潜力（Smith et al.，2008）。国外对农作物生物质的利用主要是通过制成饲料、用作能源、制成肥料和生活基础材料等方式。农作物秸秆已经成为仅次于煤炭、石油和天然气的第四大能源，例如丹麦已建有 100 余座秸秆发电站，有 24% 的能源来源于秸秆发电等可再生能源；美国有 300 多座生物质发电站，2010 年总装机容量就达到 13 000 MW。加拿大等很多地区在收割玉米等粮食作物时会把秸秆切碎，用作田间肥料。中国早在 2007 年发布了《农业生物质能产业发展规划（2007—2015 年）》，农业生物质的利用也在逐渐发展之中。

16.3.2 通过土地养分管理策略对氮磷、农药、杀虫剂损害的减少

养分管理策略可支持农业生态系统内的生态系统服务，该策略可重新耦合农业生态系统内的氮、磷和碳循环。在发达国家的常规做法下，由于长期过量添加氮和磷，农业生态系统通常保持在营养饱和状态，并产生地表径流与养分渗漏（Galloway et al.，2004；

Drinkwater and Snapp, 2007; Vitousek et al., 2009）。在发展中国家，虽然某些农田也会存在养分过剩的情况，但大部分地区土壤中的肥力会快速流失，养分对生产的限制更大（Vitousek et al., 2009）。

为了维持生态系统服务，可以有意地管理土壤养分池，同时通过减少可溶性无机氮和无机磷来最大限度地减少养分流失（Drinkwater and Snapp, 2007）。覆盖作物或间作作物等做法可增强植物和微生物对氮的吸收，并减少硝酸盐的累积量，而硝酸盐是最容易流失的氮素形式。其他土地管理方法包括多样化的养分来源（如用于生物固氮和磷添加的豆类强化肥）和多样化的轮作。通过生物地球化学过程的综合管理来调节养分和碳的循环，可以减少农业中对多余养分的需求（Drinkwater and Snapp, 2007）。

16.3.3 合理的景观结构可减少农业生态系统负服务的产生

向农业提供生态系统服务在很大程度上取决于农业生态系统所嵌入的景观结构。农业土地利用可被视为荒野和城市生态系统之间的中间阶段（Swinton, 2008）。农业景观涵盖了从一个或两个种植系统主导的结构简单的景观到嵌入自然栖息地矩阵中的各种种植系统的复杂镶嵌图的连续性。农业生态系统中的水输送取决于整个景观区的水流模式，并可能受到多种生物物理因素的影响。溪流受灌溉取水量和景观简化的影响。调水还受到转移到景观或流域其他用途（如家庭、工业或能源消耗）的影响。自然生物控制服务和授粉服务都主要取决于生物在农业景观中的移动，因此景观的空间结构强烈影响了这些生物对农业生态系统服务的贡献程度（Tscharntke et al., 2005; Kremen et al., 2007）。在复杂的景观中，天敌和授粉媒介均在自然和半自然栖息地之间移动，这为它们提供了避难所和资源，而这些景观在耕地中是稀缺的（Coll, 2009）。因此，那些具有远距离授粉能力的授粉生物或具有较广捕食范围的天敌更容易在受干扰的农业景观中生存（Tscharntke et al., 2005）。

此外，农业集约化可能危害景观提供的许多生态系统服务（Matson et al., 1997）。在北美和西欧的大片地区，农业集约化通过扩大耕地面积、增加田地面积、减少田间边缘植被和消除自然栖息地简化了景观结构（Robinson and Sutherland, 2002）。这种简化趋向于导致更高水平的虫害破坏和更低的天敌种群数量（O'Rourke, 2010）。

16.4 可行的金融方案与思考

16.4.1 不应对已经付费或价值实现的产品长期进行二次农业补贴

农业补贴是一种以政府出资为主的直接性补贴，补偿方式多为现金与价格补贴，对农产品提供的价格补贴、出口补贴或其他形式的补贴，包括对种子、肥料等农业投入品的补贴以及退耕还林还草过程中农户承担的休耕补贴等。实际不应长期对这些已经市场定价并在农业生产和收获过程中已经付费的投入进行二次农业补贴，这种补贴的效果可能会扰乱市场价格，并且让农民受益于长期维持现有的种植模式。也不应因发展绿色农产品，而长期对绿色农产品进行补贴，否则难以形成合理的市场价格，或越补贴越开发，农业不必要地占据已有的自然生态系统，或为了提高产量而造成自然生态系统的损害。

16.4.2 最佳提升非市场化农业生态产品的途径是建立生态交易平台

从当前国内外的实践可以看出，中国已采取了多种手段来降低盲目的农产品的产出，并努力提升非市场型农业生态产品的价值。休耕补贴是农业补贴中最为典型的一种，耕地轮作休耕政策在发达国家被广泛实施，主要是为了使过度开垦的土地休养生息，提高其生态价值。美国的耕地保护储备计划由农民自愿选择是否休耕，政府与自愿参与休耕计划的农民签订10~15年的土地合同，并每年对农户进行休耕补贴，补贴标准基本是依据土地租金（2017年为历年来单位面积补贴最高，全美平均补贴76.73美元/acre[①]），休耕后的土地多数用来种草，少数用于造林和湿地恢复。德国和日本都采取了强制与非强制相结合的休耕模式，并分别对永久性休耕地和阶段性轮作休耕有不同的补偿标准。德国每公顷补偿标准为200~450欧元，与美国不同，该标准不是依据土地租金，而是以当年农作物的市场价格为依据，休耕补贴对象主要是农民，对产量控制基础上的农业生产还会进行高额补贴。日本的休耕补贴更倾向于给予农业公司，因为农业公司在日本的休耕轮作实施过程中是政府政策执行与农户意愿上传下达的渠道。

可以看出，该项补贴的额度差异较大，而且本质是逆农民意愿的行为，如果可以形成生态交易平台，建立供给方和需求方，形成交易逻辑，使得农民愿意通过休耕或者保护提升非市场型农业生态产品价值，而这些产品的增值又可在生态交易平台中交易，使其转化为现金。以基于能值核算的生态元（刘世锦和刘耕源，2019）为例，生态元的供给方通过创建、修复、增强或维持方式得到的生态元增量，需求方可以从该银行购买或者借贷所需数量的生态元，并向生态交易平台支付一定的利息。这样，国家对各个地区的补偿资金就可以不用通过精准扶贫的途径到个人，而是进入生态交易平台调节各区域的生态元交易价值。这种方案也可以激发农民的生态保护热情，而不是以逸待劳。

16.4.3 通过生态产品认证，建立绿色消费市场

生态产品认证体系是生态农业的重要基础，是政府引导与市场行为相结合的一种农业生态产品价值实现路径，该路径的核心思路是建立价格与绿色度/特殊度等的关系，提供第三方绿色度测算，并在互联网等销售平台公布产品的绿色度水平或认证，通过一系列措施来促进通过认证的生态农产品的销售。增加绿色度的农业生产过程，会减少当前农业生产主要依赖化肥、农药等，以及产出的蔬菜等产品中残留着大量的农药，而要向农民介绍绿色农业生产方式的经济价值和环境效益，使其转变观念，减少农业生产过程中化肥、农药的使用，从而提高农产品的质量。增加绿色度的农业消费过程，强化人们在日常生活消费时，选择生产过程无污染或者污染小、消费对环境污染小的产品，它是一种对环境友好的环境观念。要加强日常生活中对消费者绿色消费观念、绿色食品安全观念的宣传，引起消费者对绿色食品的关注。只有在生产端和消费端都形成关心环境的氛围，才会推动农业的可持续发展和绿色发展。

[①] 1 acre=0.404 856 hm^2。

16.4.4 利用生态补贴或形成生态保护基金，减少负服务

加拿大的草地永久性覆盖项目主要在安大略省和新不伦瑞克省实施。在安大略省，在种植作物时，对于作物残留覆盖率在 30% 以上的耕地，农户每年可获得 30 美元/acre 的补贴；对于覆盖率在 20%~30% 的耕地，农户每年可获得 20 美元/acre 的补贴，但补贴面积最多不超过 100 acre，基本为农户上年耕种面积的 30%。新不伦瑞克省对使用绿色肥料的作物耕地有 50 美元/acre 的补贴，冬季的标准为 15 美元/acre。德国生态补贴的核定标准则是按照其制定的氮管理计划，若土地在收获后土壤含氮量低于目标限值即 170 kg/hm^2，农户可得到 500 欧元/hm^2 的基础性补贴，还可依据其他生态项目获得额外补贴。

16.5 本章小结

本章基于三元价值理论提出农业生态产品哪些价值已经实现，哪些价值实现得不够，哪些价值是真正应进一步挖掘和保值增值的部分。进一步提出了已经通过市场化价值实现的农业生态产品需要通过绿色度、特殊度、农业产业链等实现溢价增值，尚未通过市场化价值实现的农业生态产品需进行价值补偿和价值奖励，并且要通过减少负服务实现农业生态产品的价值保值与价值变现。不同的农业生态产品的特点不同，价值化的成熟度也不同。虽然还有很多细节问题需要深入研究，但相信本研究有助于重新梳理现有农业生态产品价值实现的思路，以提出更好的金融方案与实施路径。

第 17 章

海洋生态产品及其价值实现路径

2021年4月，中共中央办公厅、国务院办公厅印发了《关于建立健全生态产品价值实现机制的意见》，强调建立健全生态产品价值实现机制，是践行绿水青山就是金山银山理念的关键路径，是从源头上推动生态环境领域国家治理体系和治理能力现代化的必然要求，对推动经济社会发展全面绿色转型具有重要意义。近年来，随着海洋经济的快速发展，其对我国国民经济增长的贡献率不断提升，因而海洋生态产品价值实现是践行"绿水青山就是金山银山"理念的重要环节之一，对于促进海洋生态文明建设，将海洋生态优势转化为经济优势，以及满足人民日益增长的对优质海洋生态产品的需要至关重要。然而，目前国内对海洋生态产品价值实现的研究还处于初期阶段，相关研究尚少，不同类型的海洋生态产品价值实现路径也存在差异，这些研究的困难与不足都制约着我国海洋经济的发展与海洋环境的保护。因此，本研究探索性地给出海洋生态产品价值实现路径，从而为提供更多优质海洋产品，促进海洋的可持续发展提供参考依据。

17.1 海洋生态产品的类型与特点

17.1.1 海洋生态产品形成机制

生态产品的概念为中国特有，在国外与其较为类似且研究相对丰富的是生态系统服务（高晓龙等，2020）。Daily等（1997）认为生态系统服务是由生态系统与生态过程所形成的维持人类生存的自然环境条件及其效用；Costanza等（1997）认为生态系统服务就是生态系统为人类提供的物品和服务的统称。本研究关注的海洋生态系统服务也应是指对人类福利有直接或间接贡献的海洋生态特征、功能或过程，即人类从海洋生态系统中获得的好处。海洋生态产品是生态产品在海洋领域的具体解释，类比于《全国主体功能区划》中对生态产品的定义，狭义的海洋生态产品即为由海洋生态系统所提供的维生态安全、保障生态调节功能、提供良好人居环境的自然要素；类比张林波等（2019）给出的生态产品的定义，广义的海洋生态产品是指海洋生态系统通过生物生产和与人类生产共同作用为人类福祉提供的最终产品（包括海洋生态设计产品、海洋生态标签产品等）或服务（包括海洋供给、调节、文化、支持服务）。

依据自然地理条件的空间差异性，海洋可以横向划分为滨海、近海、远洋三大区域（付元宾等，2013），因而海洋生态产品按照其产生的地理空间位置不同，同样可以划分为滨海、近海、远洋生态产品三大类。滨海生态产品产生于河口海湾开放水域与陆地之间过渡性的滨海地区，由于这一地区受到海陆相互作用，兼有水域和陆地生态系统的特点，因而具有高生物多样性和高生产力等独特的结构和功能特征，在改善气候、控制污染、稳定环境和维护区域生态平衡等方面具有其他生态系统不能替代的作用和功能。依据不同类型滨海湿地的特征，可以划分出红树林、盐沼、滩涂、海草床、珊瑚礁、河口六类滨海生态系统。对于红树林、盐沼，二者的生态产品形成机制较为类似：首先，阳光、雨水、潮汐等可再生资源推动了光合作用，在此过程中 CO_2 被存储在植物生物体中，在使得生物量增加的同时发挥了固碳释氧的作用。植物死亡后，地上凋落物、地下死亡根系和根状茎等被埋藏，成为土壤/沉积物有机质的来源之一。其次，红树林、盐沼所处的滨海地区降水量丰富，雨水通过地表入渗进入地下，增加了地下水与海水相接界面地下水一侧的压力，从而发挥了补给地下水，防止海水入侵的功能。排入红树林、盐沼生态系统的水污染物能够通过植被和底质的吸收、固定、吸附等过程去除，因而起到净化水质的作用；一些大气污染物同样能够被植被吸收或通过叶片拦截，进而发挥净化空气的作用。红树林、盐沼植被可以利用它们茂密的根茎系统消解掉风暴潮的能量，进而起到防风消浪，缓解海岸带侵蚀的作用。另外，红树林、盐沼生态系统也是很多物种的栖息地，从而具有很高的生物多样性价值。在局地尺度上，红树林、盐沼生态系统通过植被蒸散发调节了局地小气候；在全球尺度上，二者通过温室气体的固定发挥了调节气候的作用。此外，红树林、盐沼生态系统所在地区优美的自然景色、丰富的生物多样性、深厚的文化底蕴等同样使其具有很高的休闲旅游、文化教育及科研等价值。滩涂的生态产品形成机制大致如下：栖息在滩涂沉积物表面的底栖大型和微型藻类通过光合作用增加了生物量，并起到固碳释氧的作用。虽然其 NPP 较低，但是滩涂地区一方面可以从流域和邻近的植被地区获得大量有机碳并将其迅速埋藏，另一方面可以依靠底栖微藻分泌胞外聚合物形成生物膜保护沉积物免受侵蚀（Lin et al.，2020），二者的共同作用使得滩涂也具有碳汇功能。与红树林、盐沼类似，滩涂同样具有净化水质功能。此外，滩涂的蒸散发作用调节了局地小气候，而其碳汇功能则发挥了全球气候调节的作用。滩涂为许多底栖生物提供了生存环境，因而维持了生物多样性，并且滩涂地区同样也具有很高的休闲娱乐以及文化教育价值。对于海草床，首先海草植物及其附生藻类依靠光合作用固定了海水中的 CO_2，并使其生物量增加。其次输入到海草床生态系统中的有机悬浮颗粒物等会被海草草冠截获并埋存于沉积物中，死亡的海草植物残体等同样会有一部分进入沉积物中，而海草床沉积物中的厌氧、低温环境使得埋藏于其中的海草碎屑物和悬浮物中的有机碳仅有小部分被分解，其他绝大部分都被长期埋藏在海底，进而增加了沉积物中的有机质含量，并发挥了碳汇功能（Duarte et al.，2013）。此外，海草床也可以通过植物吸收、叶片拦截、底质吸附等作用发挥净化水质的功能。海草植物具有发达的根系，不仅对海底底质具有很好的固定作用，而且能减缓波浪和潮流，从而保护海岸免受侵蚀。与此同时，海草床还向众多海洋生物提供了栖息地和育幼场，发挥了维持生物多样性的作用。海草床所在区域的水体蒸发作用调节了局地小气候，而其很高的固碳功能则发挥了全球气候调节作用。另外，海草床生态系统同样也具有很高的教育、科研等价值。珊瑚礁的生态产品形成机制大致如下：珊瑚礁生态系统依靠与珊瑚共生的虫黄藻进行光合作用固定 CO_2，产生的光合作用产物（如糖类、氨基酸、氧气等）提供给珊瑚宿主以满足其生长和钙化所需，珊瑚则将其呼吸产生的 CO_2 以及氮、磷等代谢废物提供给虫黄藻作为养分。由于珊瑚礁生态系统的有机碳代谢效率极高，其 NPP 几乎为 0（±0.7）g C/$(m^2 \cdot d)$（Crossland et al.，1991），因此其固碳主要依靠造礁珊瑚的钙化作用。此外，珊瑚礁可以依靠其崎岖不平的表面消解波浪的能量，形成天然屏障，进而保护附近海岸线免受海洋侵蚀。珊瑚礁生态系统还是许多海洋生物的栖息场所，具有很高的生物多样性；其所在区域依靠水体的蒸发作用调节了局地小气候，依靠固碳作用调节了全球气候。另外，珊瑚礁生态系统的休闲娱乐、文化科研等价值同样不可忽略。对于河口，可再生资源推动了光合作用，使得 CO_2 被储存在浮游及水生植物体内，增加了其生物量。植物死亡后残体进入底泥沉积物，成为沉积物有机质的一种来源；通过径流和潮汐输入的有机质也能够在河口区域埋藏，成为沉积物有机质的另一种来源。此外，由于地表径流的下渗，河口同样发挥了补给地下水的作用，而进入河口的水体和大气污染物同样能够被浮游及水生植物等净化。与此同时，河口也为众多生物供了栖息地，维持了生物多样性。另外，河口主要通过水体的蒸发作用调节局地小气候，并依靠其碳汇功能在宏观尺度上为全球气候调节做出贡献。最后，河口同样具有休闲娱乐、教育和文化等价值。

近海生态产品产生于滨海湿地外边界与 200 m 等深线大陆架边缘之间的区域，由于受大陆和各种环流的交互影响，其水文、化学、物理要素变化较为复杂。远洋生态产品产生于水深超过 200 m 的海洋区域，包括大陆坡、洋脊、洋盆、海沟和冷水珊瑚礁等区域。各远洋生态系统往往具有相似的环境特征，相对于近海区而言，远洋区的环境相对稳定。近海和远洋生态产品产生机制较为类似：首先，阳光驱动了光合作用，在此过程中，海洋浮游植物、藻类等海洋生物通过光合作用使得无机碳转化成有机碳并储存在生物体内，从而增加了海洋生物量，这一过程又称为生物泵。有机碳从海洋表层向深海逐渐沉积，便起到埋藏的作用。此外，在微型生物的作用下，容易降解的活性有机碳转化为难以降解的惰性有机碳（RDOC），使得碳在海洋中被长期储藏，使海洋发挥碳汇的作用，这一过程称为微型生物碳泵（焦念志，2012）。另外，海洋因其强大的自净能力，不仅能够对进入其中的水污染物起到净化作用，还能对与海洋表面相接触的大气污染物进行净化。同时，海洋生态系统也具有自然发电的潜力（潮汐能和波浪能发电等[①]）。此外，由于巨大的海水量与海洋表面积，海洋同样发挥着局地小气候调节和全球性气候调节的作用。与滨海湿地类似，海洋也为众多生物供了栖息环境，维持了生物多样性，同时也具有休闲娱乐和文化、教育、科研价值。然而，近海与远洋生态产品产生机制的差异集中在其碳汇功能方面。海洋碳汇按来源可以分为陆源和海源两种类别。海源碳是指依靠生物泵以及微型生物碳泵作用形成的有机碳埋藏；陆源碳是指产生并存在于陆地植物、土壤、古老化石中，依靠径流、潮汐或人类活动等作用输入并埋藏在海底的有机碳（张瑶等，2017）。对于近海生态系统，由于受到陆地和海洋的双重作用，其碳汇功能由陆源和海源碳共同贡献；而对于远洋生态系统，由于受陆地影响较小，其碳汇功能主要依靠海源碳产生。

上面简要概述了海洋产品的形成机制，由于海洋生态系统结构和功能较为复杂，因此现阶段对海洋生态产品以及价值的认知依然不充分。一方面，海洋生态产品的产生与作用边界难以确定：海洋不再是二维平面结构，而是三维立体结构，不同类型的海洋生态系统

[①] 值得注意的是，有些研究认为海上风电不属于海洋生态产品，因为其不属于海洋特有的依附于海水的潮汐能、潮流能、波浪能、温差能和盐差能而生成的可再生能源（刘伟民等，2018），所以本书不将海上风电看作海洋生态产品。

依靠海水水体连为一体，它们之间没有明显的物理隔离，因而可能在空间位置上存在重叠（例如对于珊瑚礁区，其上层为海水水体，下层为珊瑚礁生态系统）。此外，由于海水具有流动性，因而一种海洋生态产品在产生后的作用范围可能不仅局限于特定的区域。因此，确定海洋生态产品的产生与作用边界，进而全面、科学核算其价值依然较为困难。另一方面，现阶段对海洋生态产品形成过程、机理、影响因素等基础性研究依然不足；海洋生态产品具有复杂性、多样性、关联性等特点，而当前对其认知依然存在较大的局限性，因此在价值核算过程中可能会出现遗漏或重复核算等问题。

17.1.2 陆地、海洋同类型生态产品的差异性比较

尽管海洋生态系统能够提供与陆地生态系统相同类型的生态产品，但是部分生态产品的产生过程和作用机理却不尽相同。以食物供给服务（增加生物量）为例，海洋生态系统提供的主要是海洋鱼类、甲壳类动物、软体动物、藻类等海产品，然而陆地生态系统提供的主要是木材、粮食、畜牧产品、陆生渔业产品等。

海洋和陆地生态系统都能够起到碳汇作用，进而发挥全球气候调节功能，然而二者的作用机理却十分不同。海洋生态系统吸收以 CO_2 为主的温室气体主要依靠"海洋碳泵"作用，包括溶解度泵、碳酸盐泵、生物泵和微型生物碳泵四种类型。溶解度泵主要基于 CO_2 在海水中化学平衡以及物理输运，通过海气交换所吸收的 CO_2 在高密度海水（主要由低温和高盐环境造成）的重力作用下输入深海，进入千年尺度的碳循环。碳酸盐泵主要基于海水 CO_2 体系平衡和碳酸盐析出及沉降。生物泵产生于浮游植物光合作用固碳，这一过程产生的有机碳（OC）在沿着食物链从初级生产者向高营养级传递的过程中从表层沉降到深海，进入海底沉积物中并被永久埋藏。微型生物碳泵依靠微型生物的作用将溶解有机碳（DOC）转化为惰性溶解有机碳，而产生的惰性溶解有机碳可在海水中储存数千年（Jiao et al., 2010）。与海洋相比，陆地和滨海生态系统的碳汇作用主要依靠其植物固碳与土壤固碳两部分。在植物固碳方面，二者较为类似，均为依靠植物光合作用固定 CO_2，进而增加植被碳库，但是在土壤固碳方面却存在差异。与陆地相比，滨海地区土壤或沉积物受到水分饱和、通气性差、地温低且变幅小等各种环境因素的限制，使得大部分植物残体以有机碳的形式积累，进而形成惰性碳被长期封存，发挥储碳作用。此外，与陆地湿地相比，海水中大量硫酸根离子的存在能够有效抑制滨海湿地中甲烷的排放，进而减缓温室效应。由于潮汐作用，滨海湿地也会与海水中的无机碳、溶解有机碳和颗粒有机碳进行交换（Duarte et al., 2005），因此相较于陆地生态系统，滨海生态系统的固碳过程和机理更为复杂，但是其固碳能力却更高（Mcleod et al., 2011）。

对于增加土壤/底泥有机质服务，如前面所述，海洋生态系统有机质来源包括陆源和海源，而滨海生态系统有机质来源则包括内源和外源：内源指本地植被的地上凋落物和地下根残体、浮游植物、底栖生物的初级生产和次级生产输入的有机质；外源指通过地表径流、地下水和潮汐等过程输入的外界有机质（章海波等，2015）。对于陆地生态系统，有机质来源主要是地上植物凋落物和地下死亡根系等。对于自然发电潜力服务，陆地生态系统主要依靠径流势能和风能发电，而海洋生态系统除了海风发电外，主要依靠潮汐能和波浪能发电。

由于滨海生态系统处于陆地与海洋的交界之处，因此在分别进行陆地和海洋生态产品价值核算的过程中可能会出现重复计算等问题。滨海湿地中的红树林、盐沼、河口等生态系统提供的生态产品价值可能在陆地中的森林、湿地等生态系统中完成生态产品价值核算，所以在核算前应当详细区分陆地、海洋土地利用类型，针对不同类型的陆海生态系统选用合适的监测与核算方法，避免出现重复计算或漏算等问题。

17.1.3 海洋生态产品分类

由于大部分海洋生态产品产生于生态系统服务，因此要了解海洋生态产品类别，首先要对海洋生态系统服务分类体系有一个较为清晰的认识。联合国千年生态系统评估分类体系和生态系统与生物多样性经济学分类体系是现今绝大部分海洋生态系统服务分类体系的基础，只是不同体系对相关服务的定义和具体分类有不同的调整。联合国千年生态系统评估将生态系统服务划分为供给、调节、支持、文化服务四大类，每一大类服务又包含不同小类的服务。如表 17-1 所示，Beaumont 等（2007）在联合国千年生态系统评估研究的基础上将海洋生态系统服务分为食物供给、气体及气候调节、废弃物生物处理、干扰控制、休闲娱乐等 12 类。Atkins 等（2011）同样在联合国千年生态系统评估研究的基础上划分了 15 类海洋生态系统服务，此外，还将非生物环境提供的栖息地纳入支持服务，将运输和导航、住宅和工业用水纳入供给服务。生态系统与生物多样性经济学在联合国千年生态系统评估的四大类服务中增加了生态系统服务在经济方面的价值，同时认为支持服务应属于一种生态过程，其作用结果已经体现在其余三大类服务中。Böhnke-Henrichs 等（2013）在生态系统与生物多样性经济学的基础上构建了用于生态系统管理和海洋空间规划的海洋生态系统服务类型框架，划分出了 18 种具体服务类型。Liquete 等（2013）通过总结联合国千年生态系统评估、生态系统与生物多样性经济学、Beaumont 等（2007）的分类体系，构建了一个更为综合、实用的海洋生态系统服务分类体系。国内学者如陈尚等（2006）同样基于联合国千年生态系统评估构建了我国海洋生态系统服务分类体系，包括四大类服务和 14 小类服务，与联合国千年生态系统评估不同的是其将氧气生产纳入供给服务。

表 17-1　海洋生态系统服务分类对比

服务	Beaumont 等（2007）	Atkins 等（2011）	Böhnke-Henrichs 等（2013）	Liquete 等（2013）	陈尚等（2006）
供给服务	食物供给	食物供给	海鲜	食物供给	养殖、捕捞生产
	生物质	原材料	原料	生物资源和生物燃料	原料生产
		住宅和工业用水	海水	供水	—
	—	能源	遗传资源	—	基因资源提供
			药材资源	—	—
	—	—	观赏资源	—	—
	—	—	—	—	氧气生产
	—	运输和导航	—	—	—

续表

服务	Beaumont 等（2007）	Atkins 等（2011）	Böhnke-Henrichs 等（2013）	Liquete 等（2013）	陈尚等（2006）
调节服务	气体调节	气体和气候调节	空气净化	空气质量调节	—
	气候调节		气候调节	气候调节	气候调节
	废弃物生物处理	废弃物生物处理	废弃物处理	净化水质	废弃物处理
	干扰控制	干扰控制	干扰/侵蚀预防	沿海保护	干扰调节
	—	—	生物控制	生物调节	生物控制
			水流调节		
支持服务	营养物质循环	养分循环	—	养分循环	营养物质循环
	栖息地	栖息地	生命周期维持、基因库保护	生命周期维持、栖息地和基因库保护	生态系统多样性维持
	—	恢复力和抵抗力	—		
					初级生产
文化服务	休闲娱乐	休闲娱乐	休闲娱乐	休闲娱乐	休闲娱乐
	审美		文化、艺术和设计灵感	符号和美学价值	
	文化	文化	文化遗产和身份认知	—	文化用途
	认知影响	—	精神体验		
		认知价值	认知发展的信息	认知影响	科研服务
	—	身体的感觉	—		

目前对海洋生态产品分类的研究依然缺乏，只有少数学者基于海洋生态系统服务的理论划分了一些类别的海洋生态产品。肖建红等（2016）认为海洋生态产品是依托于海洋生态系统服务的产品，主要包括两大类：第一类是依靠海洋生态系统的供给服务和文化服务为人类提供的各种直接产品，第二类是指海洋生态系统通过其调节服务为人类提供的能恢复或维持空气、水源、土壤等关键环境要素质量的间接产品。随后，邱慧青和肖建红（2017）在此基础上将直接产品细分为环境友好型海产品、可持续海洋原材料与基因资源、海洋生态旅游、海景观房地产等；间接产品细分为减缓温室效应产品、净化环境要素产品、灾害控制产品等。贺义雄和叶芳（2021）按照海洋生态产品的存在形态将其分为有形产品与无形产品两大类，其中有形产品包括各类海产品、海洋药物与保健产品等；无形产品包括气候调节、废弃物净化、侵蚀控制、碳储存、生物多样性维持、灾害控制等海洋生态系统服务；贺义雄（2021）在此基础上将海洋生态产品分为海洋农产品、工业产品等以及海洋生态系统服务。本研究在总结前人研究的基础上，尝试性地给出了一个新的海洋生态产品分类体系，具体内容如表 17-2 所示。

虽然海洋生态产品类型众多，价值构成多样，但是并非所有生态产品价值都已经实现。若将海洋生态产品价值划分为使用价值和非使用价值两部分，则使用价值往往较容易实现，而非使用价值则由于与人类福祉的直接联系相对不明显而实现较为困难。海洋生态产品的使用价值主要包括依靠供给服务产生的海产品、原材料、基因和药材资源等的直接价值，依靠其调节服务产生的气候调节、侵蚀控制等间接价值，以及体现人类对未来可以使用的某项海洋生态系统服务的即期支付意愿的选择价值（贺义雄，2021）。海洋生态产品的直接

表 17-2 不同类型海洋生态系统提供的生态产品类别

		滨海						近海	远洋
		红树林	盐沼	滩涂	海草床	珊瑚礁	河口		
直接服务类生态产品	增加生物量	√	√	√	√	√	√	√	√
	固碳释氧	√	√	√	√	√	√	√	√
	增加沉积物有机质	√	√	√		√	√	√	√
	补给地下水	√	√	√			√		
间接服务类生态产品	净化空气	√	√				√	√	√
	净化水质	√	√	√	√		√	√	
	侵蚀控制	√	√	√	√	√			
	自然发电潜力							√	√
	调节局地小气候	√	√	√	√	√	√		
存在服务类生态产品	全球气候调节	√	√	√	√	√	√	√	√
	生物多样性维持	√	√	√	√	√	√	√	√
	休闲娱乐价值	√	√	√	√	√	√	√	√
	文化教育科研价值	√	√	√	√	√	√	√	√
负服务	水质恶化	√	√	√	√	√	√	√	√
	生物多样性减少	√	√	√	√	√	√	√	√
	海水入侵							√	
	岸线侵蚀							√	

注：红色方框代表尚未完成价值实现；橙色方框代表正在探索性地进行价值实现；绿色方框代表已经完成价值实现。
"√"代表存在此类海洋生态产品。

价值往往能够通过直接市场交易的形式实现，间接价值和选择价值可以依靠生态保护补偿、生态权属交易、绿色金融等方式实现，如蓝碳交易、海岸线使用权交易、海水权交易、海洋排污权交易、绿色债券、绿色保险等。海洋生态产品的非使用价值主要为依靠支持服务产生的存在价值，即人们为了确保海洋的存在所愿意支付的费用，其中也包括了维持生物多样性、养分循环、基因库保护等海洋生态产品的价值。由于存在价值是海洋生态系统本身具有的价值，与人类利用无关，价值受益者具有广泛性和不确定性，并且受益方式具有非直接性和非物质性，因而这一类海洋生态产品的价值目前较难实现，挑战性巨大。

依据价值受益主体的不同，海洋生态产品可以划分为两大类：第一类是全球尺度的海洋生态产品，主要包括全球气候调节、生物多样性维持等服务，其价值受益主体主要指国家；第二类是区域尺度的海洋生态产品，主要包括海产品供给、污染物净化、休闲娱乐、调节局地小气候、侵蚀控制等服务，其价值受益主体主要指各级政府、企业以及公众等。对于各类型海洋生态产品，虽然增加生物量服务（即海产品、原材料、基因等资源的供给）、休闲娱乐、文化教育科研等服务已基本通过市场化途径实现了其价值，但是其价值依然存在很大的提升空间。另外，还有许多海洋生态产品尚未完成价值实现（如全球气候调节、生物多样性维持等服务）或正在探索性地完成价值实现（如净化空气、净化水质、侵蚀控制、调节局地小气候等），并且某些生态产品的过度开发利用（如过度养殖等）也造成了负服务的产生（如水质恶化、生物多样性减少等），进而使得海洋生态产品价值贬值。因此，明确海洋生态产品类别及其价值实现现状，对进一步探索并构建其价值实现路径来说至关重要。

17.2 已通过市场化价值实现的海洋生态产品的溢价增值路径

17.2.1 促进渔业蓝色增长，推动海水养殖循环经济发展

对于渔业来说，已通过市场化价值实现的海洋直接服务类生态产品主要为海产品等，因此其进一步保值增值可以通过促进渔业的蓝色增长（blue growth），提供环境友好型海产品等方式实现。蓝色增长理念源自 2012 年里约二十国集团 G20 会议，强调对海洋的保护和可持续管理（易炜和陈新军，2020）。随后联合国粮食及农业组织正式给出了蓝色增长的定义：一种基于经济、社会、环境负责任框架，综合考虑生态系统功能、社会-经济敏感性以及水生生物资源可持续利用的管理模式（章守宇等，2019）。推动渔业资源蓝色增长的最终目的，就是在利用近海渔业资源促进经济和社会效益可持续增长的同时，尽量避免出现环境退化、生物多样性丧失和渔业资源不可持续利用等后果（易炜和陈新军，2020）。Hilborn（2017）评估了实施替代性渔业管理措施后，世界不同地区和不同类型鱼类的蓝色增长潜力，结果表明实行渔业改革管理后，鱼类总捕捞量增加 13%，生物量增加 36%，利润增加 81%，其中大部分潜在的利润增长来自缺乏有效管理的渔业。

环境友好型海产品是指通过合理的捕捞方式和生态养殖模式获得的各类海产品，它是渔业蓝色增长的最终结果之一（邱慧青和肖建红，2017）。运用海洋渔业生态标签制度（marine fisheries' eco-labeling schemes，MFELS）可能为从事可持续性渔业养殖、捕捞、环境友好型海产品的生产者和经营者创造更多的经济效益。海产品被授予生态标签必须得到海洋管理委员会（Marine Stewardship Council，MSC）认证，获得其认证需要满足以下要求：可以持续性地获取渔业资源、能够维护渔业赖以生存的海洋生态系统、具有负责有效的渔业管理体系，以及具有能够有效防止非法捕捞行为的程序监管链等。MSC 认证旨在通过改变消费者行为，使其产生购买生态标签海产品的意愿，创造市场并激励可持续性捕捞。目前已有研究表明 MSC 认证能加快渔业的可持续发展，产生价格溢价。Asche 和 Bronnmann（2017）对德国市场生态标签海产品价格溢价的研究表明，德国的 MSC 认证海产品溢价规模因物种而异，高端物种鳕鱼的溢价高达 30.6%，阿拉斯加鳕鱼的溢价仅为 4%，而绿鳕鱼则不产生溢价；Roheim 等（2011）对伦敦大都市地区的研究结果显示，MSC 认证的阿拉斯加鳕鱼的溢价为 14.2%；Sogn-Grundvåg 等（2013）对从英国 7 个超级市场获得的观察数据进行分析，结果显示 MSC 生态标签为黑线鳕产品提供约 10% 的价格溢价；Vitale 等（2020）对意大利部分城镇进行的调查结果显示，海洋生态标签可能会提高消费者购买海产品的意愿，溢价幅度在 16%~24%。虽然中国海产品的 MSC 认证依然处于起步阶段，国内有三项渔业获得了 MSC 认证，通过 MSC 认证的企业大多从事转口贸易（王萌和慕永通，2011），市场上印有 MSC 生态标签的海产品数量相对较少，但是其依然具有较大的发展潜力。近年来，随着中国经济的高速发展以及人民生活水平的不断提高，人们对蛋

白质来源的要求将会更高,这将导致对高端海产品的需求迅速增加,因此海洋渔业生态标签制度有助于提升海产品在国内市场的经济效益。此外,中国在渔业贸易中存在顺差,海产品主要出口到美国、日本和欧盟等国家,出口物种主要包括虾、龙虾和金枪鱼等高价值品种,而 MSC 认证是欧美国家和地区等主要海鲜消费市场的普遍要求。因此海洋渔业生态标签制度也可为中国海产品提供进入国际市场的机会,并使海产品在国际市场上获取更多收益(谢梦婷和朱玉贵,2019)。

此外,推动海水养殖循环经济的发展,是降低海产品成本,提高海产品经济效益的重要途径。海洋牧场、生态混养、海产品废弃物综合利用等是海水养殖循环经济发展的主要方式。海洋牧场的核心理念是在特定海域,通过人工鱼礁、增殖放流等措施,构建或修复海洋生物生长、繁殖、索饵或避敌所需的场所,增殖养护渔业资源,改善海域生态环境,实现渔业资源的可持续利用(章守宇等,2019)。生态混养基于生态系统平衡、物种共生、食物链等原理,利用不同生物的特征构建能量多级利用体系,减少因养殖导致的营养物质和废弃物残留,降低海水污染,提高空间和资源的利用率。典型的生态混养模式有鱼虾混养、贝藻混养、虾参混养、虾蟹混养、鱼贝混养等。海产品废弃物综合利用是指对于在海产品生产加工环节产生的废弃物(如鱼下脚料、残虾头),通过工业加工、提取等手段进行资源化处理,充分利用废弃物中含有的多种营养成分和活性物质(如蛋白质、高度不饱和脂肪酸、有机钙、甲壳素等),用作海水养殖业上游的生产资料或者作其他用途(如鱼下脚料用于制作鱼粉,废弃扇贝壳用于牡蛎养殖的附着基,虾壳、蟹壳用于制造脱甲醛涂料等)(王金环,2016)。总而言之,海水养殖循环经济的发展不仅可以减少海产品生产过程中所使用的原料和能源,还可以系统性降低负服务,并将渔业产业链中的一些伴生产品或废弃物转化为另一个生产过程的投入项,从而形成海洋生态产品的溢价和增值。

17.2.2 加快海洋生态旅游业发展,创新海洋生态旅游产品类型

存在价值类海洋生态产品中的旅游业是海洋产业发展的重要环节之一,海洋经济的增长离不开海洋旅游业的发展。经济合作与发展组织(Organisation for Economic Cooperation and Development,OECD)海洋经济数据库的测算结果显示,到 2030 年全球海洋经济产出将超过 3 万亿美元(按 2010 年美元不变价格计算),而包括邮轮业在内的海洋旅游业对海洋经济的贡献预计将占据最大的份额(26%)(OECD,2016)。海洋生态旅游是以海洋生态资源为基础,以环境保护和文化延续为前提,强调生态、社会、经济效益协调发展的新型旅游形式(李继东,2015)。该形式的本质是让游客来到海洋生态系统边界之内体验其调节服务、文化服务等,通过挖掘多重元素,促进渔业、文化、旅游深度融合下的价值变现。许多国家已经建立了成熟的海洋生态旅游产业体系,并使其成为国民经济的重要或支柱产业(蔡礼彬和王晨琳,2018)。中国海域辽阔,主张管辖海域约 300 万 km^2,岸线总长度(包括大陆岸线和岛屿岸线)约 32 000 km,地跨热带、亚热带、温带 3 个气候带,海洋资源十分丰富。此外,辽阔的海岸线使中国滨海旅游资源也十分丰富,滨海旅游景点超过 1500 处,滨海旅游收入在中国海洋产业产值中占据较大比例。然而中国滨海生态旅游产品的开发尚处于初级阶段,存在着产品种类单一、高端产品供应不足等问题(李瑞和黄慧玲,2011),因而相较于马尔代夫、巴厘岛、夏威夷等国际知名滨海旅游度假区,国内滨海生态

旅游还有很大的发展空间。要想促进中国海洋生态旅游的发展，首先应强化海洋生态系统的整治修复和生态营造工作，加快建立以国家级海洋公园为主体的自然保护地体系。其次应整合区域内海洋生态旅游资源，加快海洋旅游生态产品的开发设计，包括：①充分挖掘海洋自然特色，开发高档次、高品位的海洋旅游度假产品，形成满足不同层次游客需求、具有核心竞争力和旅游吸引力的产品体系，如构建海洋旅游生态度假区、滨海休闲运动基地（如海钓运动、沙滩休闲体育、帆船游艇运动、滨海高尔夫、海岛户外运动训练营等）、滨海漫游产品（如滨海休闲廊道）、体验式旅游产品（如滨海自驾车基地、旅游露营地）、滨海养生度假公寓等。②开发海洋文化主题生态旅游产品，例如学习墨西哥将哥伦比亚文明遗址（即特奥蒂瓦坎遗址——太阳神庙，公元前300年~公元600年）与坎昆和科祖梅尔的玛雅海滨度假胜地相联系（Evans，2004），借鉴国际海洋旅游目的地品牌的成功经验，打造与中国世界文化遗产相联系的海洋文化博览园、海洋宗教旅游产品、海洋文化节庆等。再次应通过国土空间规划体系和制度设计，引导沿海城市开展海岸线和海上城市轮廓线生态景观打造。最后应完善滨海旅游基础设施建设，增强旅游公共服务能力，强化海洋生态环保意识，提升海洋生态旅游环境承载力。

17.3 尚未或正在探索性地进行价值实现的海洋生态产品的价值补偿和价值变现路径

17.3.1 全球尺度海洋生态产品的价值实现路径

全球尺度的海洋生态产品主要为存在服务类生态产品中的全球气候调节、生物多样性维持等服务，但是由于这些服务缺乏二级市场价值，因此目前尚未完成价值实现。生态系统服务付费（payments for ecosystem services，PES）理论（国内有时视为"生态补偿"）为这些尚不具有市场化价值的海洋生态产品价值实现提供了可靠方案（赵雪雁等，2009）。生态系统服务付费与一般的环境经济政策（如环境税等）不同，它注重环境正外部性内化，让环境保护者受益，这种正面激励措施更能得到民众的支持和配合，进而民众参与到环保行动中来（赵雪雁和徐中民，2009）。中国陆地资源生态系统服务付费已经广泛开展，而与海洋相关的典型生态系统服务付费尚未开始进行。因此，构建海洋生态系统服务付费框架体系，对于促进海洋保护与资源开发，实现海洋的可持续发展至关重要。

蓝碳交易是基于生态系统服务付费理论，实现海洋碳汇功能和全球气候调节价值的重要途径。海洋是地球上最大的活跃碳库，储存了地球上93%的CO_2，是陆地碳库的20倍、大气碳库的50倍（Friedlingstein et al.，2020），每年能够吸收约1/3的人类活动CO_2排放（IPCC，2019）。已有研究显示，红树林、盐沼、海草床三大蓝碳生态系统碳汇作用极高，虽然其面积仅为海洋面积的0.5%，但是却贡献了超过50%的海洋碳储量（Nellemann et al.，2009），与陆地生态系统相比，其碳埋藏速率是陆地森林的3~4.8倍（Mcleod et al.，2011）。因此，海洋碳汇功能所带来的全球气候调节服务价值可以通过蓝碳项目的开发与市场交易转化为经济价值，同时实现经济效益与环境效益的最大化（潘晓滨，2018）。

然而，当前蓝碳交易的对象仅为IPCC所承认的红树林、海草床、盐沼3种蓝碳生态系统。渔业碳汇、海洋微型生物碳泵产生的碳汇等虽然潜力巨大，但是目前依然处于争议和讨论阶段。渔业碳汇主要包括藻类和贝类养殖两部分，而目前联合国尚未将其列入碳汇清单中，主要原因是传统意义上的渔业碳汇集中在大型海藻和贝类养殖收获的生物量碳汇方面，但是这部分"可移出碳"通常以食用为目的，因此养殖过程中所固定的碳会很快重新转化为 CO_2 释放到大气中，无法构成长时间尺度上的碳汇。然而，大型藻类在生长过程中会产生大量有机碳，其中一部分溶解有机碳会在微型生物碳泵的作用下形成惰性溶解有机碳，而另一部分颗粒有机碳则可以沉降并埋藏在沉积物中，并且惰性溶解有机碳和颗粒有机碳也都可以向深海输送并埋藏（张永雨等，2017）；贝类生活过程中形成的粪便和未利用的颗粒有机碎屑等生物沉积物，可以沉降并埋藏在海底，因此藻类和贝类养殖过程中可以构成对全球气候变化起作用的长时间尺度的碳汇，而这部分碳汇也应当纳入蓝碳交易的范畴。

虽然目前世界范围内蓝碳市场的建设实践均处于起步阶段，全球启动的强制性碳排放交易市场尚未将蓝碳纳入交易范畴，但一些国家和地区提出的蓝碳交易市场建设方案（如美国佐治亚州在 2015 年提出的用于保育沿海红树林的"蓝碳市场交易计划"）为我国开展中央和地方层面的蓝碳交易提供了有益借鉴。我国深圳市生态环境局大鹏管理局率先开展海洋碳汇核算指南编制研究，并发布全国首个海洋碳汇核算指南。由于目前全国正处于探索开展海洋碳汇的交易阶段，因而借鉴国外蓝碳市场建设经验及国内林碳市场建设的成功做法，我国蓝碳交易实施机制的建设思路如下：①界定蓝碳交易的产权主体。明确交易主客体、交易方式、议价规则等基本要素。②完善蓝碳交易法律制度。白洋和胡锋（2021）提出可以采取"统一法-专门法-地方法"的协同立法模式：在国家层面上，要出台相关法律法规保护蓝碳生态系统，并设置全国统一的蓝碳市场交易规范。此外，针对不同的蓝碳项目（如红树林、盐沼、海草床碳汇和渔业碳汇项目等）要制定相应的管理条例或实施规则。在地方层面上，要依据各地区实际情况补充细化相关法律法规。③国内外机制结合，形成蓝碳交易的国内国际机制。在国内，应构建公平透明的市场监管体系和信息披露规则；在国际上，应建立蓝碳相关合作研究机制和核算平台，探索蓝碳交易国际机制。④完善蓝碳交易价格机制、市场机制、补偿机制等。可以设立蓝碳交易专项基金（林婧，2019）、蓝碳保险（李媛媛，2015）等为蓝碳项目的开发建设与风险规避提供保障。此外，应建立蓝碳生态补偿机制，对因海洋资源开发利用过程所造成的蓝碳损失进行修复（范振林，2021）。

生物多样性银行，亦称生物多样性补偿（biodiversity offsets），是基于生态系统服务付费理论，实现海洋生物多样性维持服务价值的重要手段。生物多样性银行的目标是通过构建生物多样性核算框架与方法，允许土地开发商购买"生物多样性信用"，采用基于市场的解决方案来抵消由开发造成的生物多样性损失，进而使生物多样性得以改善。目前，生物多样性银行被视为各国政府履行千年发展目标和生物多样性公约承诺的一种方法，并已被纳入许多国家的法律框架（ten Kate et al.，2004）。目前，生物多样性补偿示范项目在全球范围内广泛实施。以澳大利亚新南威尔士州（NSW）生物多样性补偿为例，该地最新颁布的《生物多样性保护法 2016》建立了完善的"生物多样性补偿制度"，延续了《濒危物种保护法 1995》建立的自愿性质的"生物银行制度"。法案规定，若土地所有者可以保护和提高其土地上的生物多样性价值，就可以产生"生物多样性信用"，这部分信用额度可以被出售给土地开发商等，从而抵消他们在另一地点开展的土地利用活动造成的生物多样性损失。只有抵消全部的负面影响，该土地开发活动才可以继续进行（Burgin，2008）。该法案既以环境可持续的方式促进了发展，又激励了土地所有者的保护行为，使其在生物多样性保护的过程中受益。近年来，依靠与《生物多样性保护法2016》配套建立的"生物多样性保护信托"（Biodiversity Conservation Trust，BCT），NSW已构建了超过12.9万 hm² 的保护区，保护了当地148个受威胁物种和28个受威胁生态群落。

美国在20世纪70年代建立的湿地缓解银行制度被视为生物多样性补偿概念的正式化（Burgin，2008）。20世纪70年代之前，美国联邦政府一直鼓励将湿地转化为房地产开发、农业生产或石油、天然气开采等用途以推动经济的发展，忽视了湿地维持生物多样性、涵养水源、调节气候等方面的作用，而湿地提供的生态系统服务价值往往高于转化为其他类型用地的价值，因此造成了当地湿地的大范围破坏，以及生态功能受损（Brown and Lant，1999）。为了解决这一问题，美国联邦政府在1972年通过了《清洁水法》，其中第404条规定：湿地开发者需提供等价的替代湿地来补偿受损湿地，从而实现全国湿地功能和总量的平衡，这被称为补偿性缓解。1988年，布什政府提出了湿地"零净损失"管理目标与政策，大力推动了基于市场的湿地保护激励措施。在此背景下，1991年在美国伊利诺伊州、佛罗里达州和佐治亚州等地陆续出现了商业性的湿地银行，允许土地开发者从银行购买湿地信用而无须自己建造湿地。由于被修复的湿地可以产生湿地信用并在湿地缓解银行中出售而获益，因此这一政策激励了大量的私人投资实施湿地修复，使得美国连续多年达到了湿地"零净损失"的目标（Robertson，2004）。目前，美国已有约3000个湿地缓解银行，在湿地保护中发挥了重要作用（李京梅和王腾林，2017）。

生物多样性银行和湿地缓解银行政策都给我国滨海湿地的生态补偿带来很大的启发。二者成功的经验集中在以下两点：一是具有法律保障。澳大利亚新南威尔士州和美国都以法律的形式规定开发利用土地必须要补偿其对土地造成的影响，只有负面影响能够被完全抵消，开发活动才能继续进行。二是强制以土地的形式进行补偿。开发商占用土地造成的影响必须在另一个区域进行补偿，从而保证生物多样性或湿地总量得以维持甚至是增加，最终实现"零净损失"（颜宁聿等，2020；刘耕源等，2021）。因此，我国可以参考其成功经验，构建符合我国国情的滨海湿地银行制度。一方面，构建并逐步完善滨海湿地占用补偿相关法律法规，以法律的形式保障滨海湿地占补平衡。另一方面，建立更加清晰的滨海湿地产权体系，明确湿地所有权和使用权主体，并对与湿地相关的各项权利进行统一登记，从而为湿地交易的顺利进行奠定良好的基础。此外，创建高效且可靠的滨海湿地补偿市场机制，充分发挥政府在市场机制中的主导作用，并允许企业和个人参与到滨海湿地保护活动中，增加市场活力；积极引入第三方机构保证交易的客观性与科学性，进而促进市场的正常运转。最后，制定并完善滨海湿地银行建设技术准则与规范，使得湿地的设计、实施以及后期维护有据可依；构建全国性的滨海湿地信息共享与管理跟踪系统，提升滨海湿地资源的动态追踪能力，进而提高监管能力，降低投资与开发风险（张健等，2021；李京梅和王腾林，2017）。

17.3.2 区域尺度海洋生态产品的价值实现路径

区域性海洋生态产品中的污染物净化服务可以通过征收环境税的方式完成价值实现。

环境税是向排污单位征收的由于产生环境污染型产品和直接导致环境损害行为的一种税（黄玉林等，2018）。环境税产生于 20 世纪 60 年代末，当时许多发达国家饱受经济发展带来的环境污染问题困扰，开始采取"谁污染，谁付费"的原则征收大气、水体、固体废物等污染物的排污税（Bovenberg and Goulder，1996）。我国的环境税源于 1979 年《中华人民共和国环境保护法（试行）》中规定的排污收费制度，目的是通过收费促使企业加强环境治理、减少污染物排放。随后，党的十八届三中、四中全会明确提出"推动环境保护费改税""用严格的法律制度保护生态环境"。2018 年环境保护费改税后，排污单位不再缴纳排污费，改为缴纳环境保护税。同年，国家税务总局、国家海洋局制定的《海洋工程环境保护税申报征收办法》发布并实施，对向海洋环境中排放的大气、水体污染物以及固体废物的企业事业单位和其他生产经营者征收环境税。该环境保护税的提出，正是考虑到海洋生态系统具有净化污染物的服务，因而将生态系统服务价值转化为货币价值的有效形式（Xiong and Li，2019）。然而，由于当前常用的基于货币化海洋生态系统服务价值核算的环境税政策仅考虑污染物排放对人群健康的损害，忽视了其对整体生态环境的影响，因此，可以基于能值指标（后进一步提出"生态元"）建立面向环境整体性的环境税收政策（Bimonte and Ulgiati，2002；刘世锦和刘耕源，2019；刘耕源等，2020）。这种税收政策通过围绕能值环境可持续性指数（environmental sustainable index，ESI）确定环境税，将维持经济活动的海洋生态环境作为一种"基金"，依靠税收的方式恢复其维持经济系统发展的能力，从而保持这种"基金"不变。采用这种税收政策不仅能约束污染物排放量，还能提升海洋生态系统服务，实现海洋生态产品价值，并且这种向海洋生态环境"基金"投资的税收模式能够在很大程度上使其折旧率减缓（Yang W et al.，2018）。

17.4 通过减少负服务实现海洋生态产品的价值保值

17.4.1 多途径减少海洋过度养殖捕捞造成的水质恶化、生物多样性减少等负服务的产生

我国是世界海水养殖大国，联合国粮食及农业组织公布的数据显示，2018 年我国海水养殖总产值居于世界首位。近年来，随着海洋经济的快速发展，海水养殖日益成为海洋污染的重要来源。部分近海养殖水域污染严重，不仅威胁到近海生态系统的稳定性，而且影响到近海养殖环境和养殖产品的安全。海水养殖对海洋生态环境的影响主要表现在以下四方面：第一，水产养殖外排水所含的氮、磷等营养物质造成水体富营养化，引发赤潮，造成水体缺氧并堵塞海洋生物呼吸器官，致使养殖鱼虾病大幅度增加（Kemp et al.，2009）。第二，高密度、大量投饵式的养殖方式导致大量养殖污染物（如残饵）在养殖水域中增加，同样导致水体富营养化（Primavera，2006）。第三，海水养殖过程中所投放的化学试剂如消毒剂、杀虫剂、抗生素等生物活性物质通过直接入海或饲料溶失和排粪等间接方式进入海洋，进而导致海洋环境的恶化（Carballeira et al.，2018）。第四，养殖区过量有机质消耗水中溶解氧，在微生物作用下还原海水硫酸根离子，从而产生硫化物，进而影响养殖生物的生存（Vaquer-Sunyer and Duarte，2010）。因此，加强我国近海养殖水环境污染防控，对

于减少海洋负服务至关重要。首先，可以利用多种手段提高养殖区水环境质量，如增加换水次数、使用增氧机等方式防止水体缺氧，以及采用生物混养等方式减少污染物的产生（Troell et al.，2009）。其次，要合理确定养殖容量，将养殖密度控制在水体承载能力范围内（Weitzman and Filgueira，2020），充分利用水体自净能力实现污染物净化。此外，应改进投饵方式、提高饵料质量，推动海水养殖业的健康发展。最后，应严格控制化学试剂的滥用，避免其污染海洋环境。

我国同样是海洋捕捞大国，2018 年海洋捕捞总量居于世界第一，约占世界海洋捕捞总量的 15%。然而，过度捕捞活动是造成海洋生物多样性下降的重要原因：高强度、有针对性的海洋捕捞活动会使得海洋中目标种群的生物量迅速下降甚至濒临灭绝（彭欣等，2012）；不当的捕捞方式（如底层拖网、毒鱼或炸鱼）会对许多珍稀海洋生物造成巨大破坏，严重影响了海洋生态环境的稳定（Thrush and Dayton，2002）；捕捞使得个体大、经济价值高的目标种群生物量降低或者物种消失，由此破坏海洋生态系统食物链、食物网关系，从而改变整个海洋生态系统的结构、功能和生产力等（Frank et al.，2005）。因而，重视海洋生物多样性的保护，推动海洋捕捞业可持续发展对减少海洋负服务的作用不容忽视。加强海洋保护区建设，通过捕捞限额管理、选择性捕捞管理、禁渔期和禁渔区管理等措施控制捕捞强度，加大海洋生物增殖放流力度，加强人工鱼礁和海洋牧场建设等手段都有助于降低海洋捕捞对生物多样性的影响。

17.4.2　多途径减少滨海和海洋矿产资源开发造成的水质恶化、岸线侵蚀等负服务的产生

海洋矿产资源主要包括海底石油天然气、海底煤矿、海底多金属结核、海底热液矿床以及滨海砂矿等（Miller et al.，2018）。由于海底矿产资源种类丰富以及相关开采技术的不断发展，人们对深海矿藏的兴趣越来越大，然而其开发过程中所带来的环境问题却不容忽视。一方面，深海采矿过程中会释放出大量泥浆和溶解的化学物质，形成沉积物羽流，其中可能含有大量有毒物质（Boschen et al.，2013）；另一方面，在对深海矿场进行采集、运输的过程中，可能会发生泄漏事故，进而对海洋环境造成严重影响（Hauton et al.，2017）。因此，为了避免深海采矿造成的海洋负服务，首先应在开矿前谨慎行事，在更全面地评估相关风险后再采取行动；其次应构建专门化应急防范体系，从而提高海洋突发事件（如海洋漏油等）应急反应的等级和速度；再次应对海洋相关法律法规进行完善与创新，从而为矿产资源的开发与管理提供法律基础；最后应不断完善海洋矿产资源开发的环境监管机制，降低资源开发过程中可能出现的各种风险（Jaeckel et al.，2017）。

此外，我国滨海砂矿储量丰富，种类繁多，然而其开采过程同样会对海洋环境造成较大影响。海岸侵蚀等负服务是近海生态系统产生的，但在滨海生态系统中，砂矿开采可能使得近岸海域流场和波浪场发生变化，破坏能够对海浪起到阻挡作用的红树林、盐沼、海草床等典型滨海生态系统，从而使得海浪直冲海岸，侵蚀加剧（Gavriletea，2017）。此外，滨海砂矿开采也可能破坏滨海景观，使得滨海休闲娱乐服务受损（王萱等，2006）。因此，合理开发滨海砂矿资源，提升开采技术与效率，有助于避免海洋负服务的产生。

17.4.3 多途径减少滨海生态系统破坏和地下水超采造成的海水入侵等负服务的产生

滨海生态系统（如红树林、盐沼等）能够通过植物截流、土壤下渗等方式补给地下水，增加地下水与海水相接界面地下水一侧的压力，从而防止海水入侵（张绪良等，2008）。然而近年来，人类对滨海地区的无序开发导致了红树林、盐沼等滨海生态系统严重退化。已有研究显示，我国红树林退化面积超过40%，盐沼退化面积超过50%（李捷等，2019），而生态系统面积的减小导致其补给地下水服务受损。此外，由于我国东部海岸带人口的高度密集以及经济的快速发展，工业、农业、生活用水量明显增大，因此部分地区不断加大地下水开采力度，使得地下水位大幅度下降，破坏了咸、淡水间的平衡状态，从而导致海水入侵（Jia et al., 2019），所以保护和恢复滨海生态系统，合理开采地下水，有利于减少海水入侵负服务的产生。通过建立自然保护区、退塘还林还草以及开展生态工程（如"南红北柳"生态工程）等手段，有助于保护和恢复滨海湿地生态系统，提升其补给地下水服务（White and Kaplan, 2017）；通过推广节水灌溉新技术、建造地下水库、跨流域调水以及人工回灌地下水等手段，有助于防止海水入侵，实现地下水资源的可持续利用（高茂生和骆永明，2016）。

17.5 推动海洋战略性新兴产业发展，挖掘新兴海洋生态产品

海洋战略性新兴产业是以海洋高新技术为支撑，以海洋高科技成果产业化为核心，具有高技术引领性和创新驱动性的新兴产业群体，包括海洋生物医药产业、海洋可再生能源产业、海水综合利用业、海洋高端装备制造业、海洋现代服务业以及深海矿业六大产业（刘堃和韩立民，2012）。近年来，在一系列重大海洋科技协同攻关和社会发展需求的带动下，我国海洋战略性新兴产业迅速崛起，成为拓展蓝色经济空间、推动海洋经济转型发展的重要着力点（韩增林等，2014）。伴随着海洋战略性新兴产业发展，一系列新兴海洋生态产品也应运而生。

首先以海洋生物医药产业为例说明其对海洋生态产品价值实现的贡献。海洋生物医药产业是指以海洋生物为原料或提取有效成分，进行海洋药品与海洋保健品的生产加工及制造活动（李晓等，2020）。近年来，海洋生物医药产业逐渐展示出其竞争优势，成为引领海洋战略性新兴产业发展的亮点。目前，我国海洋生物医药研发已取得丰硕的成果，一系列自主研发的海洋药物相继上市或进入临床阶段，海洋保健食品种类也不断丰富（Leary et al., 2009）。此外，一大批海洋生物医药产业示范基地相继建立，推进了海洋科技成果转化与产业化，形成了海洋生物产业集聚发展的新态势，而其产生的一大批以海洋药品与保健品为主的海洋生态产品对丰富生态产品种类至关重要（孙元芹等，2021）。

海洋可再生能源产业同样是丰富海洋生态产品种类，推动海洋战略性新兴产业发展的重要组成部分。海洋可再生能源产业通过利用海洋本身蕴藏的能量（包括潮汐能、波浪能、温差能、盐差能等）以及海洋风能进行电力生产活动（Borthwick, 2016），具有绿色清洁以及可持续利用等优点，对于缓解当前能源供需矛盾，减轻气候变化和环境污染压力具有

较大贡献（Soukissian et al.，2017）。我国沿岸和海岛附近蕴藏着较为丰富的海洋可再生能源，但目前得到开发利用的比例较小，随着国家对海洋可再生能源产业这一战略性新兴产业的重视，其市场前景十分广阔，产生的潮汐能电力等都可以作为海洋生态产品，进而实现其经济价值（王项南等，2019）。

海水综合利用业的发展也是发掘新兴海洋生态产品的重要途径。海水综合利用主要包括海水淡化和海水的直接利用（即以海水为原水，直接代替淡水作为工业冷却用水、生活用水以及农业用水等）。其中，淡化海水可以作为商品水纳入水权交易环节。由于我国可交易的水权仅限于节约的水资源，市场上流通的水权数量有限，因此淡化海水的纳入有利于扩大可交易水权的种类和范围。企业对其所生产的淡化海水具有所有权和使用权，因此可以参与到水权交易中，不仅获得了经济效益，而且缓解了我国水资源短缺的问题（路文海等，2019）。

海洋现代服务业、深海矿业等海洋战略性新兴产业的发展同样会丰富海洋生态产品的类型，在此不作赘述。海洋战略性新兴产业发展前景十分广阔，但是由于其正处于发展的初期阶段，因此加强新兴海洋生态产品市场建设对于实现其价值十分重要。在市场建设过程中应注意：第一，企业是市场的创新主体，是海洋战略性新兴产业发展的主力军之一，因而应鼓励涉海企业采取"产学研"联合或企业技术联盟等手段大力开展海洋生态产品种类创新和生产技术创新，进而提升产品供给质量和效率（张静和姜秉国，2015）。第二，基于政府层面加大对海洋战略性新兴产业的政策扶持与财政支持力度，对于保障市场的良性运行至关重要。一方面，政府可以通过设立海洋战略性新兴产业专项基金、发展投融资机制等方式加大海洋生态产品研发生产的资金投入（丁娟和葛雪倩，2013）；另一方面，政府也可以通过统一采购、财政补贴以及税收优惠等手段拓展新兴海洋生态产品的国内市场，从而降低企业生产成本，增强产品市场竞争力，进而完善新兴海洋生态产品市场建设，发挥政府对市场的引导与扶持作用（李志伟，2020）。

17.6 本章小结

本章通过详细梳理海洋生态产品的形成机制与现有类别，并对陆海同类型生态产品的产生与作用机制进行了对比，尝试性地给出了一个新的海洋生态产品分类体系。然后，本研究对当今海洋生态产品价值实现的现状进行了初步分析，并进一步给出了其价值实现路径：①针对已通过市场化价值实现的由海洋供给服务产生的海产品等可以通过促进渔业蓝色增长，推动海水养殖循环经济发展等方式实现海产品的溢价增值；对于由海洋文化服务产生的休闲娱乐产品等，可以通过加快海洋生态旅游业发展，创新海洋生态旅游产品类型等方式实现旅游产品的溢价增值。②尚未或正在探索性地进行价值实现的全球尺度海洋生态产品可以基于生态系统服务付费理论，依靠蓝碳交易、生物多样性银行、湿地缓解银行等手段实现其全球气候调节和生物多样性维持服务等价值；区域尺度的海洋污染物净化服务可以通过环境税等方式实现其价值。此外，通过减少负服务能够帮助实现海洋生态产品的价值保值，推动海洋战略性新兴产业发展则能够发掘更多类型的海洋生态产品。本研究弥补了现有海洋生态产品相关研究领域的空白，为海洋生态产品的价值实现路径提供了参考依据，在推动海洋资源管理能力现代化的同时可促进海洋的可持续发展。

第18章

生态产品价值实现的市场化途径一：生态银行运行机制

18.1 引言

生态系统服务在人类社会的可持续发展中发挥着重要作用（Daily et al., 2000; Costanza et al., 2017）。自20世纪80年代以来，人类对生态系统服务的需求已经超出了地球生态系统的承载能力（Wackernagel et al., 2002）。在过去半个世纪中，人类活动和自然灾害对生态系统造成了极大的破坏和退化（Ahmadi and Moradkhani, 2019; Yu et al., 2017），导致生态系统供应减少（Cardinale et al., 2012）。然而，随着人类活动强度的增强，人类对生态系统服务的需求也不断增加。人类活动所造成的生态系统服务损失占每年GDP的7%~20%（Liu and Diamond, 2005）。有研究表明，运用市场手段和经济学评估工具，推进生态系统服务市场化有助于解决环境问题，为自然资源保护提供激励，促进生态环境保护（Palmer and Filoso, 2009）。但是，目前大多数生态系统服务并未完全反映在市场价格中（Tinch et al., 2019）。不少经济学家和生态学家指出，将生态系统服务定义为市场上的产品将促进生态系统保护（Balmford et al., 2002; Fox and Nino-Murcia, 2005; Poudel et al., 2019）。当前，基于市场化机制的生态环境问题解决方案已成为发达国家生态环境决策的前沿主题（Robertson and Hayden, 2008）。

为了解决生态系统服务损失和减少的问题，诸多国家已经采取了各种措施来保护生态系统服务的供应，其中生态系统付费服务（PES，也是一种生态补偿方式）被认为是最具成本效益的工具（Daily and Matson, 2008; Kinzig et al., 2011; Wunder and Wertz-Kanounnikoff, 2009）。生态补偿作为将生态环境外部性进行内部化的重要途径得到了广泛关注。在全球范围内，生态补偿越来越成为一种流行的政策工具（Kinzig et al., 2011; Wunder et al., 2018）。基于市场化的生态补偿的生态环境问题解决方案已成为发达国家生态环境决策的前沿主题。目前，国际上已开展了诸多关于基于市场化的生态补偿研究，例如生态银行、缓解银行和物种保护银行等。这些银行的目标是确保人类生存所必需的生态系统服务，通过解决生态系统保护与经济发展之间的冲突，以便更有效地保护日益减少的自然资源（Fox and Nino-Murcia, 2005）。虽然，生态银行最初仅属于传统银行业务范畴，只提供绿色、清洁、环保和生态等领域的信贷业务（李军洋和郝吉明, 2019）。但是，随着基于市场的环境法规越来越普遍（Fox and Nino-Murcia, 2005; Balmford et al., 2002），生态银行已经不只是传统意义上的银行，而是一种生态补偿市场化的机制。

为了解决生态系统服务损失和减少的问题，许多国家在法律上要求开发商必须严格遵循生态补偿制度,其中包括避免、最小化或抵消可能对生态系统产生的任何影响(Levrel et al., 2017)。美国、加拿大等国家实施了湿地生态补偿制度。湿地缓解银行是美国最大的生态系统服务市场(Bendor and Riggsbee, 2011),它是一种政府和市场相结合的、充分利用社会资源的湿地生态补偿和生态修复的机制(柳荻等, 2018)。美国湿地缓解银行所进行的信用交易只是进行生态补偿的一种手段,其真正的目的是实现湿地的"零净损失"和总体增长(朱力和牛红卫, 2019)。这种利用市场的生态补偿机制在多个国家得到了应用,也成功推动了这些国家对包括生物多样性维持等相关生态系统服务交易市场的探索,如衍生出的森林银行(碳汇交易)、土壤银行(土地保护性储备计划)、水银行(水权交易)等生态银行,这些生态银行在保护生态、协调自然资源开发与保护关系方面发挥着重要作用(赵晓宇和李超, 2020a, 2020b),旨在提前供应某些环境、生境、栖息地或物种创造有效或潜在的补偿,以满足未来项目的建设需求。例如,生态银行可以通过产生以生物多样性为单位的信贷来提前补偿,形成抵消方案,这样通常可以减少环境破坏和补偿措施实施之间的延迟,从而达到"零净损失"的要求。实际上,"零净损失"原则对于生态银行所涉及的不同领域及其不同的利益相关者,其抵消方案的目标、方法和交付方式在不同的案例中存在较大差异(Froger et al., 2015)。

我国不仅在顶层设计推进了生态补偿的发展,还在理论研究和实践层面纷纷对生态补偿进行了探索。随着生态补偿制度被写入环境保护法律及国家重大顶层设计文件,生态补偿从理论研究层面走向实践的步伐逐渐加快。近两年,《建立市场化、多元化生态保护补偿机制行动计划》《生态综合补偿试点方案》《支持引导黄河全流域建立横向生态补偿机制试点实施方案》等计划和方案的制定,清晰地表明了我国生态补偿及其市场化机制建设的重要性和急迫性。在地方,长江经济带覆盖的 11 个省(自治区、直辖市)均已出台了流域生态补偿政策,江苏、浙江等实现了行政区内全域流域生态补偿,在流域生态补偿范围、标准等方面开展了不同模式的探索,流域生态补偿已成为流域同保共治的重要手段(夏溶矫等, 2020)。为持续推进"绿水青山"转化为"金山银山"的具体实践,我国多地开展了试点示范区建设,探索具有良好经验、可复制、可推广的模式。从新安江跨省水资源生态补偿、东阳-义乌水资源使用权转让、徐州贾汪采煤塌陷地生态再造、重庆"森立面积指标"购买、漳州"生态+"土地溢价、南平"武夷山水"公共品牌创建、金磐异地协同开发等一系列具体实践案例中,我国的生态补偿的市场化机制进一步发展。我国在生态保护补偿、生态权益交易、资源产权流转、资源配额交易、生态载体溢价、生态产业开发、区域协同发展及生态资本收益等不同方式的模式路径积累了经验。然而,当前我国开展生态补偿市场化机制的建设面临着诸多挑战,包括如何充分利用市场力量,拓宽社会资本的进入渠道,提高企业和社会公众参与度的问题。亟须建立政府主导、企业和社会参与、市场化运作、可持续的生态保护补偿机制,激发全社会参与生态保护的积极性。建立市场化、多元化生态补偿机制是我国未来生态环境保护研究的重要发展方向。

本章通过综述国内外生态银行的运行机制与经验,尤其是详细分析美国湿地缓解银行的信用确定与核算方法(包括借贷法和统一核算法)、运行机制、存在的风险与挑战,并与当前国内的生态银行等探索进行比较,进而探讨国外的经验在中国的应用前景,未来中国在进一步开展生态补偿市场化过程中如何规避风险。

18.2 湿地缓解银行的信用计算、运行机制

"缓解"（mitigation）是指通过补偿损失的方式降低某些物体或事件对自然环境造成的损害的严重程度[①]。缓解银行是监管机构开发的一种贷方和借方系统，旨在确保通过保护和恢复湿地、自然栖息地和其他地区的溪流等来补偿生态损失，尤其是各种开发项目导致的损失。湿地缓解银行是在政府湿地"零净损失"政策的指引下，按照相关法律法规要求，由政府批准成立并受其监督和管理，具有清晰的产权界定的第三方的补偿机制。它不是真正意义上的金融银行，而是通过对生态系统服务的储备并借助市场进行生态系统服务交易。湿地缓解银行通过市场机制交易的标的物是"湿地信用"，其实质交易的是湿地生态系统的生态服务（郑启伟，2020）。湿地缓解银行创建是为多个即将开展的湿地开发项目提供补偿性缓解，它采取湿地保育（preservation）、强化（enhancement）、恢复（restoration）和新建（creation）这四种措施（简称 PERC）产生或增加"湿地信用"，并实现"湿地信用"的存储，借助市场交易实现湿地资源保护和资产收益。具体来说，湿地信用是对补偿湿地新建、恢复、保育或者强化时所引起的其面积的增加和价值增值的量化标准（Robertson and Hayden，2008）。这是由于湿地所处的地理位置、具备的生态功能和经济价值各方面都不完全相同，因此需要设立统一的计量单位，方便湿地的价值衡量和交换。据统计，在四种补偿性缓解措施中，恢复是最常用的方法，35% 的项目均采用了湿地恢复的措施，其次是强化（30%）、新建（20%），最后是保育（15%）（Wilkinson and Thompson，2006）。

湿地缓解银行是在湿地生态保护政策中孕育而生的，如图 18-1 所示。20 世纪 70 年代之前，大量的湿地围垦导致了美国湿地生态系统服务的严重损失。1972 年，美国为保护湿地、溪流和其他水域，颁布了《清洁水法》，其第 404 条要求，对湿地、溪流和其他水体进行疏浚物质的排放或填埋活动之前需要获得许可证。开发活动的许可证由美国陆军工程兵团（USACE）或州政府根据《清洁水法》第 404 条的授权签发。美国环境保护署于 1980 年根据《清洁水法》第 404 条将其作为一项国家政策，要求会对湿地产生不利影响的项目必须进行补偿性缓解措施（US EPA，2008）。此后，湿地"零净损失"目标、"政府湿地计划"、占补平衡、"总体增长"目标、保护地役权等相继出现在政府决策中，推进了湿地缓

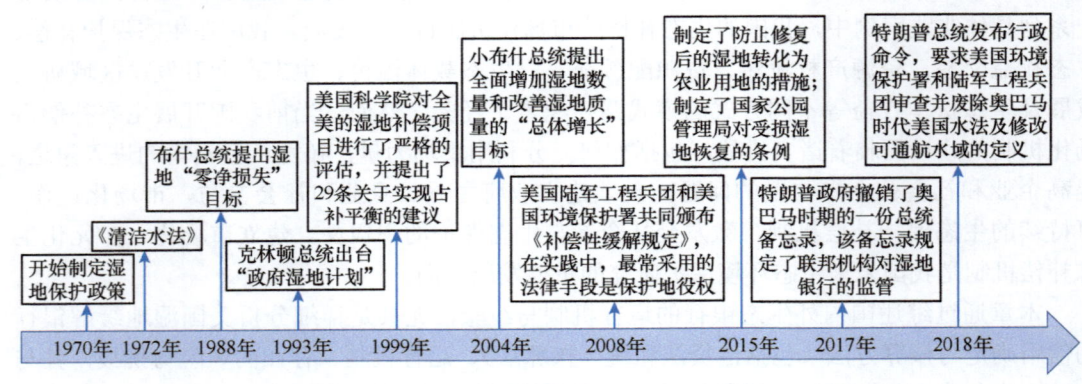

图 18-1 美国湿地缓解银行的发展的政策背景

[①] EASI. The Basics of Mitigation Banking.

解机制的发展。根据湿地保护/恢复时间、发起人、责任的不同，湿地缓解主要有三种机制：湿地缓解银行、湿地占用替代费补偿、被许可人自行补偿（沈洪涛等，2008）。目前，湿地缓解银行制度已成为美国联邦政府推崇的机制。2004年，湿地科学家协会发布了一份立场文件，将缓解措施银行描述为一种健全的机制，可以提高补偿性缓解措施的成功率，并有助于实现湿地和其他水生资源没有净损失的目标。

自1983年美国第一个湿地缓解银行诞生以来，1992年全美湿地缓解银行只有46家，2005年达到了450家。自湿地缓解银行成立以来，每年被批准的湿地缓解银行数量总体上升，2013年达到最多，为207家。2016年特朗普执政后，陆续取消了奥巴马时期有关湿地保护的决定，当年被批准的湿地缓解银行数量124家，而2019年为138家。1998年，湿地面积年损失约2.39×10^4 hm^2，2005年湿地面积年损失下降到约1.3×10^4 hm^2（Palmer and Filoso，2009）。1999~2003年，湿地缓解银行平均每年湿地和河流保护的交易价值近30亿美元，平均每年修复河流生态超过73 km，保护了大约20 000 hm^2的湿地（Bendor and Riggsbee，2011）。2008~2016年，湿地缓解银行的交易价值由22亿美元涨到了67亿美元（Ola et al.，2019）。目前，美国湿地缓解银行大约保护了369 882 hm^2的湿地和河流。

在湿地缓解银行制度实施的40多年（自1983年），通过不断探索，美国已经形成了较为完整的湿地修复补偿体系，对其监管已开始仿效金融市场，并随着监管标准的提高和外部投资增加，提升了交易的透明度和标准化。美国湿地缓解银行在市场创建和市场运行方面的成功（柳荻等，2018），使其成为全美最大、最成熟的生态系统服务交易市场，且在全球范围得以推广，并衍生出诸如生物多样性保护银行。湿地缓解银行的制度创新和完整的市场化运作机制在一定程度上显示出湿地缓解的未来趋势（沈洪涛等，2008）。

18.2.1 湿地缓解银行的信用确定与核算方法

目前，在全美范围内并尚未形成统一的湿地信用的确定方法。美国联邦政府确定了湿地信用评估的总体规则，各州可以根据实际有所调整，所采用的方法不尽相同。美国湿地信用的测算方法有基于面积（面积比）、基于功能（生态系统服务）的两种方法。基于面积的方法比较简单，是通过湿地面积测量，按不同比率折算为湿地信用，精度较粗，更适合资源和生态系统服务较单一的湿地。基于功能的方法相对复杂，相对基于面积的方法的测算技术相对精准，更适合资源和生态系统服务多样的湿地。理论上，应该采用相关的生态价值评估方法，确定补偿湿地具有的生态系统服务价值和应得的湿地信用（唐圣囡和李京梅，2018），而基于功能的方法也有很多种，本章将探讨华盛顿州西部湿地评级系统使用的借贷法和佛罗里达州使用的统一缓解评估法（uniform mitigation assessment method，UMAM）。

18.2.1.1 华盛顿州借贷法中湿地信用核算方法

华盛顿州采用借贷法对湿地进行评级，从而确定湿地信用（Hruby，2012），该方法提供了一种将湿地的生态资源状况转化为缓解比率的半定量化指标（Stein et al.，2000）。借贷法既可以用于确定缓解点的贷方（credit），又可以用于确定影响点的借方（debit）[①]。该方

[①] 影响点是指因受土地开发等活动的影响而造成生态系统服务减弱或丧失的湿地。缓解点是指进行新建、恢复、保育或强化的湿地。

法需要进行两步计算：一是量化受影响湿地的生态系统服务的大小，二是量化引入湿地缓解措施（包括新建、恢复、保育和强化）后缓解湿地的生态系统服务的大小。

该方法选取了评估湿地为人类社会提供的 3 种生态系统服务，包括：①水文调节；②水质改善；③栖息地和食物网维持（生境功能）。首先根据以下因素对服务功能进行打分：①湿地所在位置、类型及功能（场地潜力）；②湿地物种及景观情况，用来确定所能提供生态系统服务的潜力（景观潜力）；③直接提供给社会经济系统的贡献价值（社会潜力）。打分按照高、中、低三档进行定性评级。

该方法在交易中使用的标的物被称为"信用"，其单位是"土地积分"（acre-point），它代表 1 acre 湿地生态系统服务的等级评分。将影响点或缓解点的生态系统服务的大小（评分）乘以面积，以确定信用的多少。例如，影响点的面积为 0.5 acre，其生境功能评分为 7 分，那么该影响点的生境功能所需要缓解的信用额为 3.5 土地积分。

该方法的核算流程如图 18-2 所示。通过地图、航拍、实地观测、人员培训确定湿地类型（图 18-3），根据湿地的生态系统服务确定湿地的等级评分。这种方法实质上评估"当前状况"和"引入缓解措施后的状况"。生态系统服务增量等于引入缓解措施后生态系统服

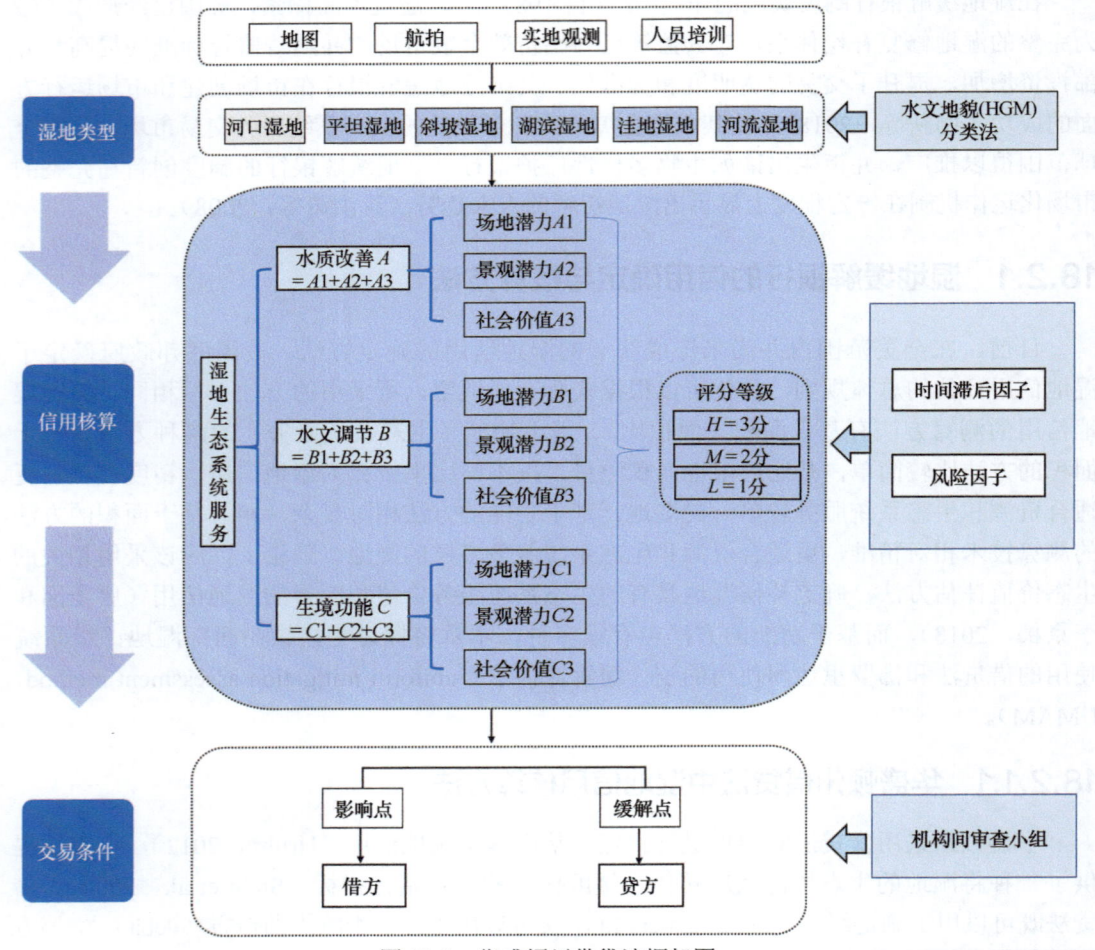

图 18-2　华盛顿州借贷法框架图

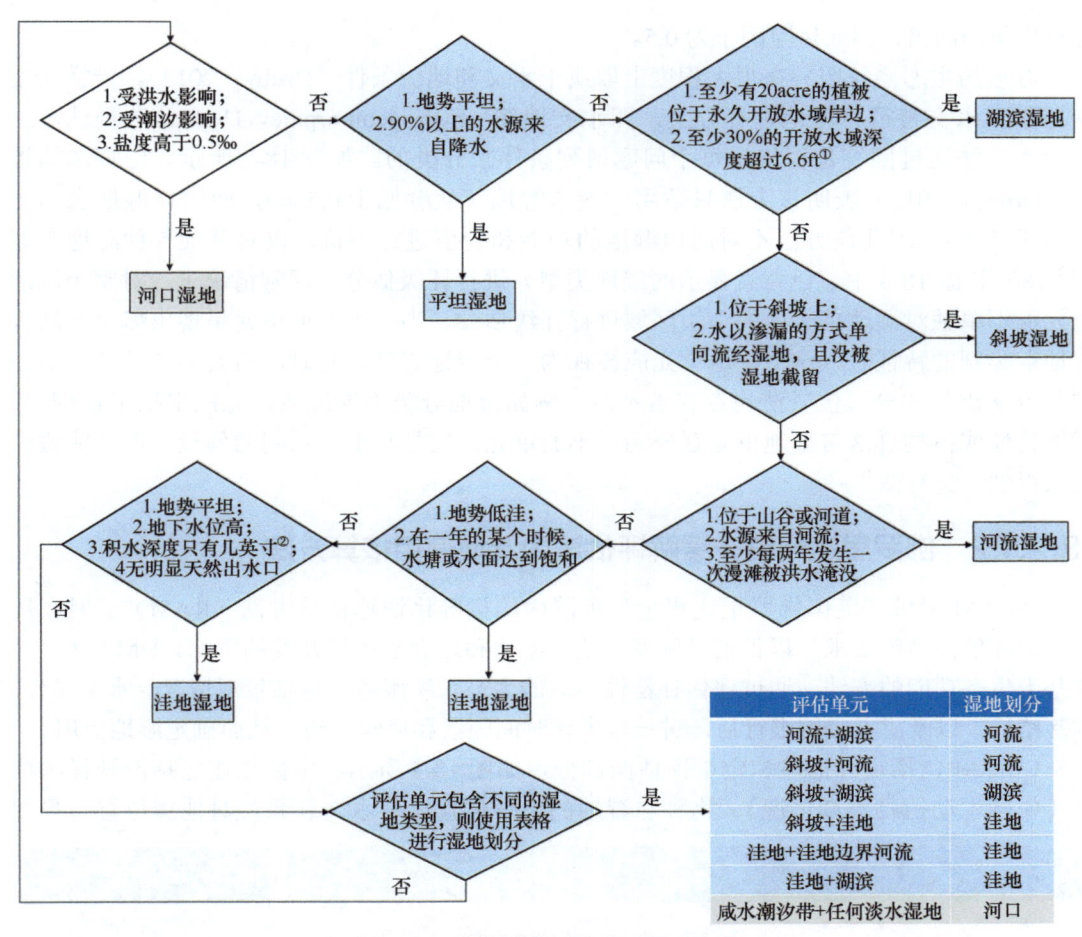

图 18-3　借贷法的湿地类型划分流程

务总量与当前生态系统服务总量之差，生态系统服务增加的多少受到缓解时间长短的影响，同时也存在着一定的风险，因此需要考虑时间滞后因子和风险因子对生态系统服务增量进行调整，湿地信用等于调整后的生态系统服务增量与面积的乘积。对于每项功能，当通过缓解产生的信用至少不低于因影响而产生的损失（也用信用计量）时，缓解计划才足以弥补湿地损失的生态系统服务。时间滞后因子也称为时间损失因子。研究表明，即使在开发项目产生影响的同时开始采取缓解措施，也需要几十年甚至几百年才能完全恢复湿地的功能（Sheldon et al.，2005）。华盛顿州生态部建议采用 1.5∶1 的比率来解释突发湿地和灌木湿地功能的暂时损失。由生态学者和国家科学院的补偿缓解研究（Hruby，2012；Sheldon et al.，2005；NRC，2002）表明，许多缓解项目未能成功地取代影响点丧失的功能。约有一半的新建和恢复的缓解项目以失败告终，而增强缓解项目的失败率更高。因此，风险成为计算信用的一个重要因素。华盛顿州生态部建议采用 2∶1 的比率来解释一半项目失败的可能性。这意味着考虑风险的缓解点的生态系统服务的增加量必须是影响点的生态系统服

① 1 ft=3.048×10⁻¹ m。

② 1 in（英寸）=2.54 cm。

务损失量的两倍,因此风险因子为0.5。

　　湿地的生态系统服务在很大程度上取决于水文和地貌条件(Hruby,2012)。借贷法根据地貌和水文特征将湿地进行分类,即水文地貌(hydrogeomorphic,HGM)分类法,这种分类方法通过回答是否满足每个问题所列条件来分类的。如图18-2所示。借贷法的指南(Hruby,2012)表明该方法只适用于淡水湿地(盐度低于0.5‰),而河口湿地水的盐度高于0.5‰,因此该方法不对河口湿地的功能和价值进行评价,仅对其他5种湿地类型(图18-2和图18-3中蓝色背景显示的湿地类型)进行评级估分。通常情况下,对整个湿地单元而不单独对湿地单元内的小块区域进行评级估分。当一个湿地单元呈现出多个不同水文地貌类别的特征时,这个湿地单元应被视为一个湿地类型,此时,需要参考推荐表格的划分方法进行评分。借贷法也存在着不足,例如湿地分类不够细致,无法根据干扰程度、湿地特性或植物群落将湿地单元划分为更小的单元,它是基于一系列的假设,但某些假设尚未得到广泛测试[①]。

18.2.1.2　佛罗里达州统一缓解评估法中湿地信用核算方法

　　UMAM提供了美国佛罗里达州全州范围内的标准化快速评估方法(RAM)工具,用于确定补偿性缓解要求,以抵消对佛罗里达州湿地和地表水项目开发的影响。UMAM是一种基于生态功能的方法,通过评估补偿性湿地的生态系统服务,包括景观情况、水文条件、群落结构,以及引入缓解银行后,进一步考虑时间因素和风险等级,从而确定湿地信用。

　　UMAM包括定性描述和定量评估两部分,如图18-4所示。定性描述包括湿地详细信息(如野生动植物预期情况)、物种与湿地的地理位置以及水文联系。对地理位置与景观

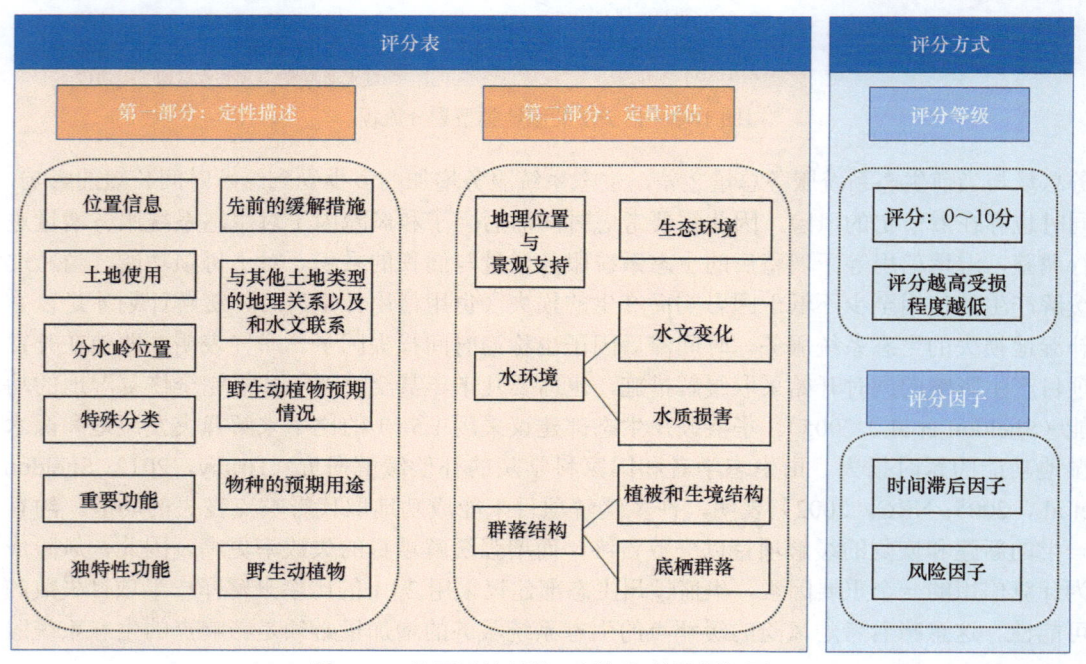

图18-4　佛罗里达州统一缓解评估法框架图

---

① Thompson K, Harper K, Holder Y, et al. 2013. Washington State Department of Ecology U.S. Army Corps of Engineers.

支持、水环境和群落结构等进行定量评分,打分范围为 0~10 分,其评分越高受损程度越低,并进一步考虑时间因素和风险等级进行量化。定性描述为定量描述提供了评价背景和基准,定量评估依据定量描述中定位的湿地建设目标对生态系统服务指标进行打分(Reiss and Hernandez, 2018)。UMAM 中还包括一些信用打分调整因子,包括时间滞后因子、风险因子、生态变动程度等。

18.2.2 湿地缓解银行的运行机制

各参与方职责明确使得湿地缓解银行能够成功运行,如图 18-5 所示。监管机构是由美国陆军工程兵团、美国环境保护署、湿地所在地政府以及其他机构组成的跨部门小组。银行发起人需要为创建和管理生态银行制定详细计划,先识别出可以产生有效的、可供出售的湿地信用场址,并制定合适的湿地信用创造方案,然后向主管当局(常为陆军工程兵团)提交授权请求。主管部门应在专业机构的协助下对银行发起人指定的期限内评估湿地缓解项目的经济和环境可行性。开发商作为借方需向监管机构提交签署开发协议。审核通过后,建设者须与陆军工程兵团签署具有约束力的湿地银行协议且严格执行,才能取得"湿地信用",获得湿地开发许可。

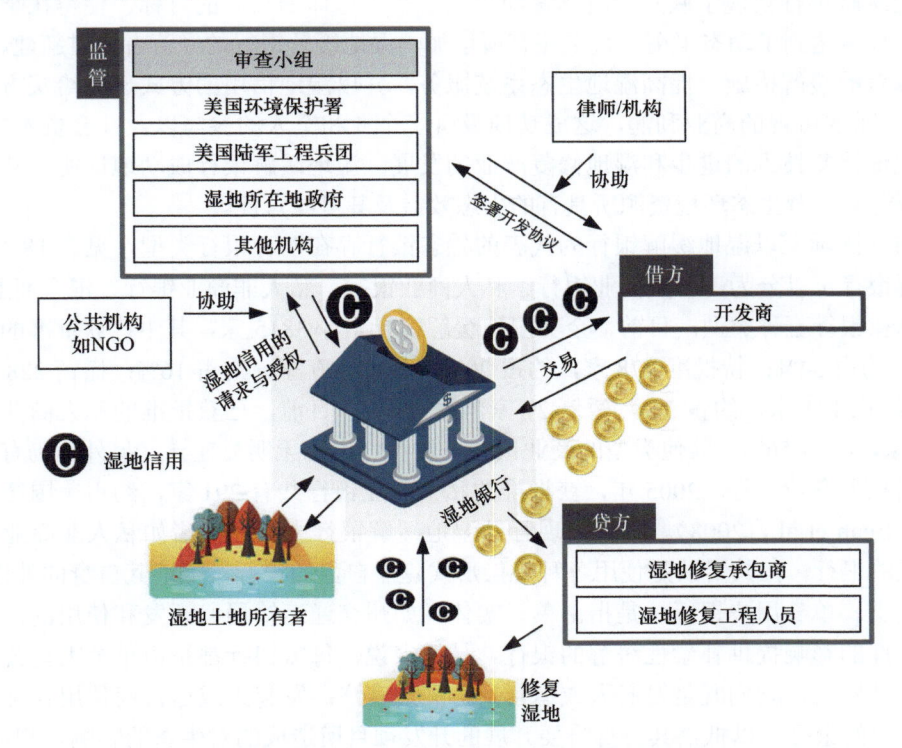

图 18-5 湿地缓解银行的参与者之间的关系

湿地缓解银行在完成湿地建造的既定目标或完整建造湿地之后,可以申请湿地信用,缓解银行的湿地信用是分阶段取得的,90% 的信用是在湿地建造完成以后,其余 10% 的信用是在第一年(5%)和第二年(5%)的成功管理之后获得的(Kinzig et al., 2011)。湿地信用的获得由补偿湿地建造完成程度决定,当补偿湿地达到相关管理部门规定的标准时,就可以获得相应的湿地信用。这些标准是以当地自然湿地的平均水平作为参考湿地,标准包括目标动植物群落的数量、湿地功能的恢复状况、湿地所处的地理位置和湿地结构、水文条件等(Stefanik and Mitsch, 2012)。此外,对周边的湿地生态系统具有正面效益的指标也可以获得信用,如保护邻近湿地免受损害、控制外来物种等。湿地银行可获得信用的多少实际上就是湿地生态系统服务价值的确定。

基于生态学原理,工程项目评估期应尽可能长,以使生态系统达到趋近"自然"的生态系统连通性并尽可能实现"零净损失",即在经济上湿地银行须平衡其成本和收益,而在生态上则要求充分缓解以抵消湿地功能损害。值得注意的是,在湿地缓解银行实施的早期阶段,有些项目仅仅强调了缓解措施的积极影响,并宣称可以在项目实施期内就能实现经济和生态的平衡(Stephen and Peter, 2001; Froger et al., 2015)。但是,后续研究发现通过人工修复方式来快速抵消,有可能会干扰生物多样性的自然构建,从而影响湿地长期可持续性。

18.2.2.1 湿地缓解银行的功能

湿地缓解银行实现了联邦政府"零净损失"和"总体增长"的目标,使得在全美范围内,湿地数量达到了动态平衡,甚至还有所增加。湿地缓解银行的经营者通过新建、恢复、增强和保育的缓解措施,提高湿地生态系统服务,并以湿地信用的方式出售给买方(土地开发商),赚取可观的商业利润,这成功地吸引了企业和个人的参与以及社会资本的进入,推动了湿地修复技术的进步和湿地修复产业的发展。湿地缓解银行成功地证明了从保护生态环境资源到经营生态环境资源所具有的生态效益及其可经营性。

目前在国际上以湿地缓解银行为代表的生态银行存在多种银行类型,见表 18-1。美国湿地缓解银行可以分为,公共商业银行、私人商业银行、私人非商业银行、混合商业银行、公共非商业银行五种类型。目前,全美湿地缓解银行累计 3815 家,其中已获批准的银行有 2051 家,约占 54%;待批准 778 家,约占 20%;售完 600 家,约占 16%;撤销 228 家,约占 6%,终止 131 家,约占 3%,暂停 27 家,约占 1%。目前,已获批准的私人商业银行共有 1148 家,约占 56%,其他类型的商业银行的数量和占比无明显差异。另外,仍有 307 家待批准的私人商业银行。2005 年,获批准的私人商业银行共有 291 家,约占美国缓解银行的 70%(Bean et al., 2008)。尽管,现行的湿地缓解银行中存在着诸如私人非商业银行的非营利性的银行,但其目的是使用各种补偿形式建立自己的银行,抵消其自身的补偿需求,以减少开支。单一用户银行,是指由单一实体(如州交通运输局)开发和使用的,专门为其自身允许的影响提供补偿性缓解的银行。具体来说,每家银行都是由单个大型公共或私人开发商开发,它们既是发起人或运营商,又是客户;发起人或运营商使用各种补偿形式建立自己的银行,以抵消其自身将要开展的开发项目所造成的对生态的影响。相比之下,私人缓解信贷市场将鼓励企业家建立商业缓解银行,从中获得信贷这样的市场可以通过增加成功获得补偿性湿地损失补偿的机会来帮助国家实现湿地"零净损失"(Shabman et al., 1998)。混合商业银行,例如土地可能由国家或地方政府机构持有,而补偿性缓解活动则由私营部门进行。

表 18-1　不同类型生态银行的功能与运行模式

银行类型	银行说明	案例
私人非商业银行	私人单一用户银行，私人发起人或运营商也是其中的客户。在这种情况下，大型工业公司或开发商可以使用各种补偿形式建立自己的银行，以抵消其自身的几个项目。实物补偿措施或财务措施，或者将多种方法结合使用，以提供"同类"和"实物"补偿	马达加斯加的 Rio Tinto，加纳的 Akyem 金矿项目（Froger et al.，2015）
私人商业银行	也被称为创业银行。由私人企业家管理，其信用可在市场上出售。它们独立于项目开发人员。这些银行的客户可以是公共或私人实体	美国（Bean et al.，2008）和荷兰
混合商业银行	根据私人和公共实体之间的协议建立的。生物多样性信用额的发起人是私人的，政府既充当监管者（它检查抵消方式），又充当经纪人（信用的买卖双方的中介实体）。潜在的客户可能是寻求抵消其项目，保护团体或政府机构对生态的影响的开发商	澳大利亚（Pilgrim et al.，2013）和加拿大
公共商业银行	由公共实体管理，以抵消公共或私人开发项目造成的影响	法国（Morandeau and Vilaysack，2012）
公共非商业银行	仅供各种公共机构使用。公共实体的一个或多个联合体，如联邦、州和/或地方政府机构，为该银行提供赞助	德国（Rundcrantzk and Skärbäck，2003）

18.2.2.2　湿地缓解信用的交易价格确定

有效评估湿地缓解银行的湿地信用、合理确定湿地信用的价格是湿地缓解银行与银行客户的交易顺利进行的重要前提（唐圣囡和李京梅，2018）。湿地信用的市场价格由买卖双方公开交易确定，价格的形成往往受到建设成本、市场需求、交易时间等因素的影响。湿地缓解银行的发起人在确定信用价格时可考虑该地区缓解银行建设的费用，以及场地管理和维护的费用。建设成本主要是指湿地缓解银行建造补偿湿地的资本投入和行政审批费用，以及向湿地管理部门申请补偿湿地建造、获取湿地信用等行政审批费用（唐圣囡和李京梅，2018）。信用价格可能会受到服务区域相似的其他银行或服务费计划的影响，也将反映出申请人愿意支付（Thompson et al.，2013）。此外，当地区经济发展处于衰退阶段，湿地开发活动较少，本地区湿地缓解银行无法发挥补偿作用，湿地信用的市场需求下降，也会对其价格产生影响。

如果讨论湿地信用价格的校准因素，如时间偏好（即新的设施比早期的设施估值更低）和折现率等，可以将这些因素整合到计算湿地价值的公式中（Gutrich and Hitzhusen，2004；Bendor，2009）。例如，式（18-1）中加入了折现率变量，折现率认为对早期湿地的收益或损失的估价比对远期未来的收益或损失的估价更高。指数折现函数对功能区损益值进行计算，同时使用湿地函数的每英亩/年值的估算参数来计算此暂时性损失的总成本（Tong et al.，2007）。

$$总成本 = c \int_{t_0}^{\infty} (f_g - f_1) e^{-r(t-t_0)} dt \qquad (18-1)$$

式中，c 为每年每英亩湿地价值；f_g 和 f_1 分别为湿地价值的增值和减值的函数；r 为折现率。

在垄断情况下，缓解银行的经营者和土地所有者在对信用进行定价时，会选择略低于开发商个案补偿方案时必须承担的成本，以便具有竞争力并鼓励开发商购买信用（Vaissière and Levrel，2015）。在寡头垄断的情况下，价格会根据交易市场（即服务区）进行调整。

如果银行面临现金流紧张的情况，银行可以决定降价出售更多的信用。缓解银行也可以实施营销技巧，给予购买者一定的折扣。例如在购买信用时，当购买的信用数量小于 5 时，信用单价是 49 500 美元；当购买的信用数量介于 5~9 时，信用单价是 47 500 美元；当购买的信用数量在 10 或者 10 以上时，信用单价是 37 500 美元（Thompson et al.，2013）。

18.3　湿地缓解银行存在的问题和挑战

尽管湿地缓解银行与传统的受许可方负责的补偿性缓解相比具有诸多优势，包括减少能否成功抵消项目影响的不确定性；减少许可证处理时间，并提供更具成本效益的补偿性缓解机会等。但是，湿地缓解银行也面临着挑战。最大的挑战是监管机构在正确评估经济或生态损失方面的信用。实质上，湿地缓解银行交易的信用是生态系统服务。然而，在美国各个州、各个银行间的核算方法不尽相同。这对实现多跨区域交易造成了一定的障碍。同时，湿地缓解银行交易的信用并没有涵盖所有生态系统服务。此外，湿地缓解银行的信用必须由监管机构进行适当定价和评估发布，虽然湿地缓解银行所涉及的多方机构采用了许多环境评估技术，但要完全掌握此类自然资源造成的经济影响并非易事。

目前美国的湿地缓解银行的实际运转所存在的这些问题，亟须以更精确的核算生态系统服务确定"信用"值进行交易（Ruhl and Salzman，2006a）。在信用核算方法方面，无论以华盛顿州为代表的借贷法，还是以佛罗里达州为代表的 UMAM，都存在着一定的不足。借贷法是一种通过对不同湿地类型的服务等级进行评估打分，然后乘以一定的系数得出分数。由于大量的不同湿地类型可能存在误差，且这种误差不是均等的，因此不利于不同区域的比较。UMAM 自成立以来一直进行修正，这也反映了该方法存在不足。佛罗里达州环境保护部开展的关于 UMAM 调查报告显示有 31.9% 的参与湿地缓解银行工作的人员认为 UMAM 不太科学，甚至有 2.1% 的人认为该方法完全不适用[1]。无论是借贷法还是 UMAM，都依赖于评估者对被评估湿地类型的熟悉程度和专业判断（Reiss and Hernandez，2018），均要求对评估者进行培训，且不同评估者之间存在着误差。在现实中，这两种方法的信用评估费时又耗力，不易操作，而且不同的州、不同的地区都有一套自己的评估体系，难以实行统一的标准。

有研究也指出美国湿地缓解银行存在一些风险，详见表 18-2。在全球推进生态产品价值实现市场化机制之际，充分讨论并评估这些风险至关重要（Levrel et al.，2017）。例如，项目开发影响的湿地和占补平衡新建或修复的湿地之间存在空间位置的断开问题，这是湿地缓解银行的一项重要风险。在佛罗里达州，影响湿地和补偿湿地的空间距离在连续三年持续增加，导致当地生态系统服务与人群的空间重新分配。湿地缓解银行强调行政效率和产生、维持缓解措施的激励措施，不可避免地会重新布局湿地及其所产生的生态系统服务。当前的难题是如何在不损害银行业务和激励机制的前提下解决空间分配问题（Ruhl and Salzman，2006b）。缓解点的生态系统服务的水平或质量可能与影响点不符，缓解措施并没

---

[1] Florida Department of Environment Protection (FDEP). 2014. Florida Coastal Management Program Guide – A Guide to the Federally Approved Florida Coastal Management Program. Florida Coastal Office, Florida Department of Environmental Management. Tallahassee, Florida. Updated June 25, 2014.

有真正地成功（Palmer and Filoso，2009）。

表 18-2 湿地缓解银行可能存在的风险

风险	文献
湿地私有化和商品化的风险	Dauguet，2015；Spash，2015；Robertson，2000
进一步促进了湿地的开发（而不是加强了保护）的风险	Walker et al.，2009
市场力量导致修复的湿地同质化的风险	Dauguet，2015；Walker et al.，2009
项目开发和湿地缓解的时间错位（湿地信用信贷发放时间尺度不同）造成在某一段时间湿地功能丧失的风险	Robertson and Hayden，2008；Bendor et al.，2011
项目开发影响的湿地和占补平衡新建或修复的湿地空间位置可能是断开的，导致土地空间格局的变化，存在社会和经济效益的空间再分配的风险	Ruhl and Salzman，2006b
缺乏长期管理，导致湿地破坏的风险	Robertson，2008
出现目标的反转，形成了保护交易市场而不是保护环境的风险	Bendor and Riggsbee，2011；Walker et al.，2009
出现措施的反转如利用了补偿资金来进行湿地修复的风险	Bendor and Riggsbee，2011；Walker et al.，2009

补偿湿地修复成效的度量标准体系尚未统一。湿地补偿标准经常由美国陆军工程兵团批准的持证机构提出，存在性能标准设定的随意性。不同部门对"湿地信用"评估方法及标准还不统一，也影响湿地修复成效度量。有效的湿地环境治理监管体制尚未建立。例如，契约设计中很少涉及对逃避责任的处罚，政府监管执行成本较高，有效的监督管理很难到位（郑启伟，2020）。

18.4 中国的生态银行探索与经验

国际上以湿地缓解银行、物种银行、生境银行为代表的生态银行实现了地区性生态补偿，开辟一条实现生态产品价值增值与收益、拓宽生态环境保护提供资金来源渠道的全新市场化路径。近年来，我国在生态银行也进行了探索，开展了"生态银行"试点，在福建省南平市顺昌县建立了首家"森林生态银行"。它是在政府审核与监管下，由银行主办者通过恢复、保护、新建生态资源产生生态信用，资源开发者购买生态信用，从而实现生态资源资产化、资本化运营，生态产品市场化的生态补偿机制（赵晓宇和李超，2020b）。南平市的森林生态银行以森林资源为根，以存储业务为纽，借鉴现代金融银行的理念、运作模式与生态资源保护和开发有效结合起来（王继文，2020），采取"分散式输入、集中式输出"方式，对生态资源进行保护和优化，引入市场化资金和专业运营商，形成规模化、专业化、产业化运营机制（张文明，2020）。南平市森林生态银行搭建了一个促进自然资源管理整合、转换提升、市场化交易和可持续运营的平台，推动生态系统服务的资产化、市场化，使生态产品成为生产力，从而打通资源变资产、资产变资本的通道（郑启伟，2020；张文明，2020）。从运行机制来看（图 18-6），森林生态银行通过入股、托管、租赁、赎买等模式将不同的资源权属进行管理和运营，从而使得生态资本得到保值增值，也使得林农获得惠益。

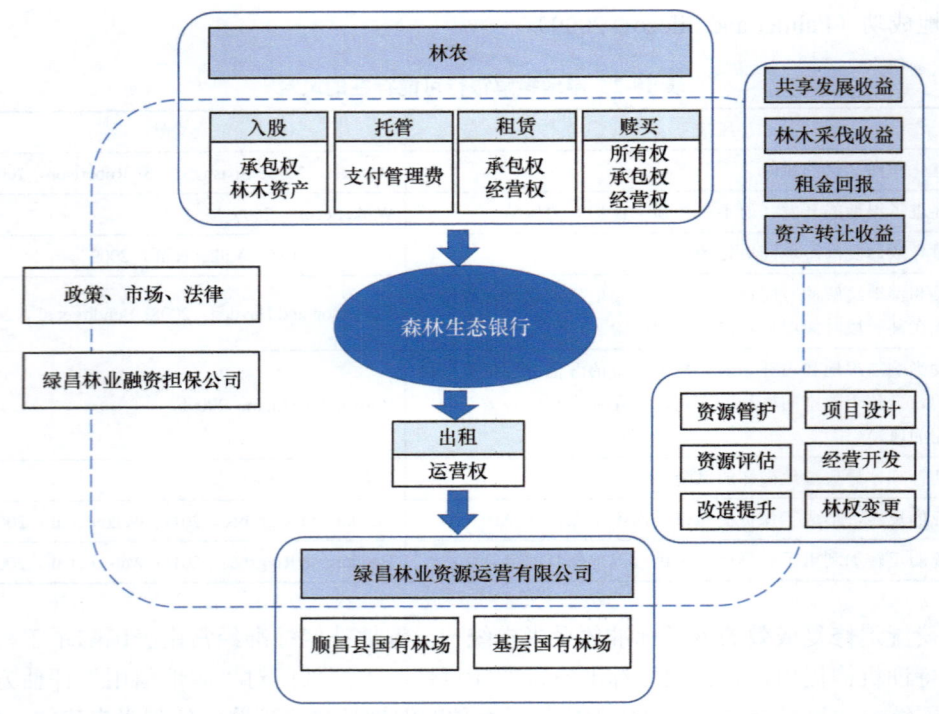

图 18-6　南平市森林生态银行运行机制

美国湿地缓解银行和我国南平市森林生态银行都是生态银行的一种形式，是市场化的生态系统服务的交易平台。但在政策目标、出发点、交割标的物等方面存在不同（郑启伟，2020），见表 18-3。美国湿地缓解银行的政策目标是在湿地"零净损失"和"总体增长"，以及限制开发的条件下实现湿地的占补平衡。森林生态银行的政策目标是保护和开发兼顾发展绿色经济。美国湿地缓解银行通过交易以"生态信用"为单位的生态系统服务，获取收益。南平市森林生态银行交易林木和林木的使用权、经营权、运营权等对森林资源进行优化整合，发展绿色经济（如林下经济）获取收益。

表 18-3　美国湿地缓解银行和我国南平市森林生态银行的对比

项目	美国湿地缓解银行	南平市森林生态银行
政策目标	湿地"零净损失"，限制开发下的占补平衡	有限条件下鼓励非财政资本投入，发展绿色经济
出发点	在湿地资源遭到过度开发利用、生态环境受到严重威胁的条件下，以确保湿地生态安全为主，兼顾生态资产经济效益	在丰富生态资源的基础上，将碎化和分散的生态资源资产归集和收储，以促进资源资产合理开发利用、生态产品价值实现为主，兼顾生态资产保值增值
设立程序	由湿地建设者作为发起人，向美国陆军工程兵团申请，经严格审核后签订法律约束协议后成立	由政府作为发起人和总牵头方，由其授权代表作为出资人与合作方（国企、金融机构及民企等）共同出资成立
交割标的物	通过市场机制交割的标的物是湿地生态信用，其实质交易的是湿地生态系统的生态系统服务	是在坚持包括自然和人文资产的国有与集体所有制度的基础上，通过市场机制交割的标的物是自然和人文资产的使用权、经营权等用益物权

续表

项目	美国湿地缓解银行	南平市森林生态银行
适用对象	只适用于湿地信用的收储，信用交易对象仅为湿地开发许可证拥有者，适用对象范围相对明确单一	适用于森林资产的收储，资产权益交易对象为不确定的相关专业运营商（优质社会资本），适用对象范围相对广泛

南平市森林生态银行在践行"绿水青山就是金山银山"理论中卓有成效，但由于仍处于初步探索阶段，在市场发展、估价机制等方面存在瓶颈和挑战。此外，南平市"生态银行"仍无法获得正规金融牌照，因此金融属性不强。"生态银行"内生演化出生产性主体和经营性主体，但是尚未演化出正式金融服务主体，除了抵押和担保之外的其他金融工具嵌入缓慢，金融属性薄弱（黄颖等，2020）。生态银行的参与主体农户、开发者、管理者在各自的专长领域，但相互之间的衔接度不够，积极性不高。此外，"生态银行"分别对前端交易环节（从分散所有者到运营平台）和后端交易环节（从运营平台到产业投资运营商）进行评估作价（王继文，2020）。市场培育是建立生态资源与市场需求有效对接的媒介，这种方式无法充分体现生态环境的外部性与外溢价值，也影响资源利用效益在农户、开发企业、政府之间的分配情况，需要得到合理调控。

18.5 本章小结

在生态文明建设的背景下，如何构建生态产品价值实现机制，拓宽"绿水青山"转化为"金山银山"的通道，已成为亟须解决的热点命题。国际上的生态银行主要依托生态权属交易实现地区性生态补偿，建立以生态银行为载体的生态产品价值实现机制是未来趋势。借鉴国际上成功的生态系统服务交易机制，有助于加快建立市场化、多元化生态补偿机制的进程。本章综述了美国湿地缓解银行的发展历史、功能模式、运行机制、核算方法以及风险与挑战，同时分析了我国南平市森林生态银行的运行情况。

湿地缓解银行将湿地生态系统服务纳入市场交易，吸引了私人实体投资到湿地保护中，减少了政府对湿地保护的公共投入，推动了湿地生态产业的发展。湿地缓解银行作为美国最大的生态系统服务交易市场，在历经了 40 年（自 1983 年起）的发展后，对交易的统一单元（信用）的确定仍存在标准不统一问题，对跨区域交易造成了一定的障碍，而信用的确定并没有涵盖所有生态系统服务类型。此外，美国湿地缓解银行存在的风险，启示我国在未来的生态补偿机制建设中需要规避的风险，如湿地过度私有化、商品化、同质化；保护交易市场而不是保护环境；造成了土地空间格局的变化，存在社会和经济效益的空间再分配的风险等。

我国开展的生态银行试点——南平市森林生态银行，作为初步探索，已取得了明显的成效。但在市场培育、估价机制等方面仍有待进一步探索。与美国湿地缓解银行不同的是，南平市森林生态银行交易的是自然和人文资产的使用权、经营权等用益物权。在进一步推进生态产品价值实现的过程中，对生态产品进行量化，设立统一的交易单元至关重要。在我国建立生态银行，亟须探索出一套既能全面核算生态系统服务类型，又能为生态产品的交易提供统一单元的方法。

第 19 章

生态产品价值实现的市场化途径二：生态银行的中国本土化改造

19.1 引言

目前，湿地缓解银行、生物多样性银行等生态银行的主要困难是核算其交易信用的多少（Froger et al.，2015）。制定明确有效的国家标准，平衡全国的一致性和区域的灵活性，准确地确定湿地信用是保障市场化的补偿交易顺利进行的前提（柳荻等，2018）。在以美国湿地缓解银行为代表的生态系统服务交易体系中，乃至其延伸的生物多样性银行，所面临的最基础也是最关键的问题是生态系统服务价值的统一核算问题。

生态系统服务价值的统一核算或者"信用"的交易本质是寻找代币体系。代币在本质上是虚拟商品，也就是说尝试将难以定价的外部性的商品（如生态资产与生态系统服务）实现与货币链接的基础。生态产品价值实现的核心是寻找提升代币价值的途径。

本章基于第 18 章对生态银行的梳理与分析，全新提出"生态元"理论，利用湿地缓解银行的借贷法和基于能值分析的"生态元"方法对广东的 22 个湖泊进行生态信用的核算，对比分析不同核算方法的优势与缺点，探讨构建多元可持续的生态治理资金渠道以及提供相关的政策配套保障。

19.2 基于"生态元"的代币机制与信用核算改进方法

19.2.1 "生态元"理论与代币机制

基于"生态元"的生态资本服务价值核算体系，选择能值作为核算量纲，将"生态元"作为核算生态系统服务价值的通用单位（刘世锦和刘耕源，2019）。根据生态学理论，太阳能被植物吸收产生化学能储藏在叶绿素的有机物中，并通过食物链将该能量在生态系统中层层传导，其间伴随着植物性生产和动物性生产。将"太阳能值"作为生态系统服务的统一量纲，打通了不同生态系统服务之间不可加和的传统障碍，有利于在同一地区不同生态系统服务之间，以及不同地区同一生态系统服务之间进行对比分析，进而更好地统一度量全国生态系统服务，推进生态系统服务市场化。该方法以各类生态资源提供生态系统服务所需的太阳能值为纽带，将林地、灌木、高/中/低覆盖度草地、河流、湖泊、水库坑塘和沼泽地等各类生态资源拥有的生态服务分别计算出来，最后统一用"生态元"表示。"生态元"定义为一定量的太阳能值所包含的生态资本服务价值的效用，每个生态元等于 10^{10} 太阳能焦耳（刘世锦和刘耕源，2019）。

生态元的计算是基于能值理论进行的，能值理论最早提出于 20 世纪 80 年代末，强调了应用热力学和一般系统理论在开放系统中应用能量系统语言的重要性（Odum，1996）。该方法被视为衡量自然资源对经济活动贡献的环境核算工具（Brown and Ulgiati，1999）。能值理论在环境核算和计量方面至少有三大优势（Tian and Sarkis，2019）。首先，能值理论关注的是贡献者视角；它可以确定来自自然系统的投入资源对经济系统的贡献。其次，该方法能够重新理解自然资产和生态系统服务的产生，能够细致剖析物质流动和能量传递，允许量化每个流量或存量的环境工作量（刘耕源和杨青，2018）。商业和环境方面的大多数评价侧重于作为单一单位的货币估价。这种将不同输入的物质和能量流转换为统一衡量单位的方式有助于决策制定，尤其是对于企业和决策者需要做关于生态的投资和政策定量分析时。最后，生态系统服务价值的不同存在形式，对应的效用类型不同，彼此之间不可通约，也无法直接进行加总。找到内在统一的量纲或尺度是价值核算的关键所在。太阳能值方法认为，"万物生长靠太阳"，太阳能等基本驱动力是驱动生态系统提供服务价值的最终来源。太阳光照辐射会通过树木的光合作用等一系列复杂的能值转换环节，提供多种形式的生态系统服务，简单地说，社会经济系统之间使用的货币是人民币或美元等，生态元是生态资本服务价值的内在统一度量的尺度，是生态世界的货币。其特点在于：①能量是所有生态系统及其产生的不同服务价值的共同来源，具有本源性，可以打通山水林田湖草各种生态系统进行度量；②基于能量学，其生态系统所产生的服务价值之间形成统一量纲，从而具有可加总性；③由于相关因素的正向或负向作用，由效用体现的价值量可以增加或者减少，即体现出增值与减值。

19.2.2 "生态元"核算方法体系

"生态元"核算框架详见图 19-1。"生态元"核算方法体系包括识别生态系统类型，识别生态系统服务类型，纳入"生态元"计算生态系统服务类型，核算纳入"生态元"计算的生态系统服务，运用"生态元"加和原则，以及确定"生态元"单元格值及总值。其中，

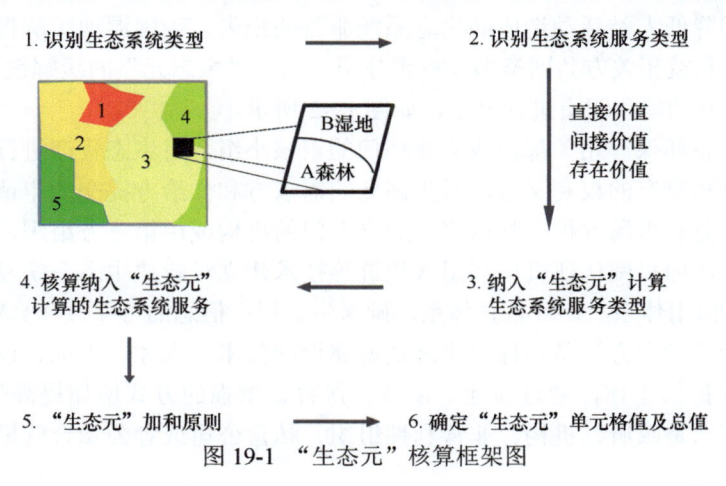

图 19-1 "生态元"核算框架图

生态系统类型可包括林地（有林地、灌木林）、草地（高覆盖度草地、中覆盖度草地、低覆盖度草地）、湿地（沼泽地、湖泊、水库坑塘、河流）生态系统等。纳入"生态元"核算的生态系统服务类型主要包括固碳释氧、构建土壤、补给地下水、净化空气、净化水质、固持土壤、调节局地温湿度、调节气候。某生态系统 i 的以上生态系统服务分别为 Em_{CSi}、Em_{SBi}、Em_{GRi}、Em_{APi}、Em_{WPi}、Em_{SRi}、Em_{MRi}、Em_{CRi}。各项生态系统服务均采用能值核算方法（Yang W et al., 2018; Yang Q et al., 2019a, 2019b），各项生态系统服务的单位均为 sej/a。核算完各项生态系统服务后，为避免重复计算，某一生态系统类型或某一地区"生态元"总值并非各项生态系统服务直接相加，而是遵循加和原则。

以湿地生态系统为例，其总生态系统服务（Em_{wi}）计算公式为

$$Em_{wi} = \sum[\max(Em_{CSwi}, Em_{SBwi}, Em_{GRwi}, Em_{MRwi}), Em_{WPwi}, Em_{APwi}, Em_{CRwi}] \quad (19\text{-}1)$$

式中，Em_{CSwi} 为湿地生态系统 i 固碳释氧所需的能值，sej/a；Em_{SBwi} 为湿地生态系统 i 有机质沉积所需的能值，sej/a；Em_{GRwi} 为湿地生态系统 i 补给地下水所需的能值，sej/a；Em_{MRwi} 为湿地生态系统 i 减少生态系统损失所需的能值，sej/a；Em_{WPwi} 为湿地生态系统 i 净化水质服务所需的能值，sej/a；Em_{APwi} 为湿地生态系统 i 净化空气所需的能值，sej/a；Em_{CRwi} 为湿地生态系统 i 调节气候所需的能值，sej/a。

一个地区总的"生态元"（Eco-Coin）计算公式如下：

$$\text{Eco-Coin} = \sum(Em_{fi}, Em_{gi}, \cdots, Em_{wi})/(1 \times 10^{10}) \quad (19\text{-}2)$$

式中，Em_{fi} 为森林生态系统总生态系统服务；Em_{gi} 为草地生态系统总生态系统服务。

19.2.3 基于"生态元"的生态银行信用运行机制

将"生态元"运用于湿地生态银行中可替代湿地缓解银行的"信用"，湿地信用是进行补偿湿地售卖时使用的统一单位，即湿地补偿银行的信贷量的多少。湿地缓解银行通过新建、恢复、保育、增强等措施补偿湿地，将量化的湿地价值——湿地信用存储在银行账户中，在湿地管理机构的监管下，与银行客户（开发者）进行湿地信用的交易。"生态元"类似于湿地缓解银行的"信用"，基于"生态元"的缓解银行是一种基于污染者付费原则的准市场化生态补偿制度，它为生态资源的供给方和需求方提供跨区域流动与补偿服务平台以通过补偿的方式降低人类活动造成的生态系统服务的损失。美国湿地缓解银行的成功运行的重要因素是各利益相关方共同努力、权责分明。基于"生态元"的缓解银行的成功运用，要求各参与方对其功能和职责进行界定，如图 19-2 所示。

由政府、生态环保等相关部门成立跨部门的审核小组，对生态资产进行确权登记，明确生态资产产权和享有的权利义务，对生态元的需求方和供给方提交的申请进行审批，发布生态元，同时监管市场维护交易秩序。成立专门的机构或由第三方组织，开展生态系统服务价值的评估，由权威认证机构利用区块链等技术建立对新建生态系统及其生态系统服务的认证体系、信用体系、审计核查体系，确保生态资产信息的可靠性和真实性。

生态元供给方（卖方）是指拥有生态资源建设的技术、人才、土地、设备，能对生态资源进行长期管护的主体，通过新建、恢复、保育、增强的方式增加提高生态系统服务。供给方的主体可以是政府、机构、非营利性组织、私营公司或者公私合营模式。生态元需

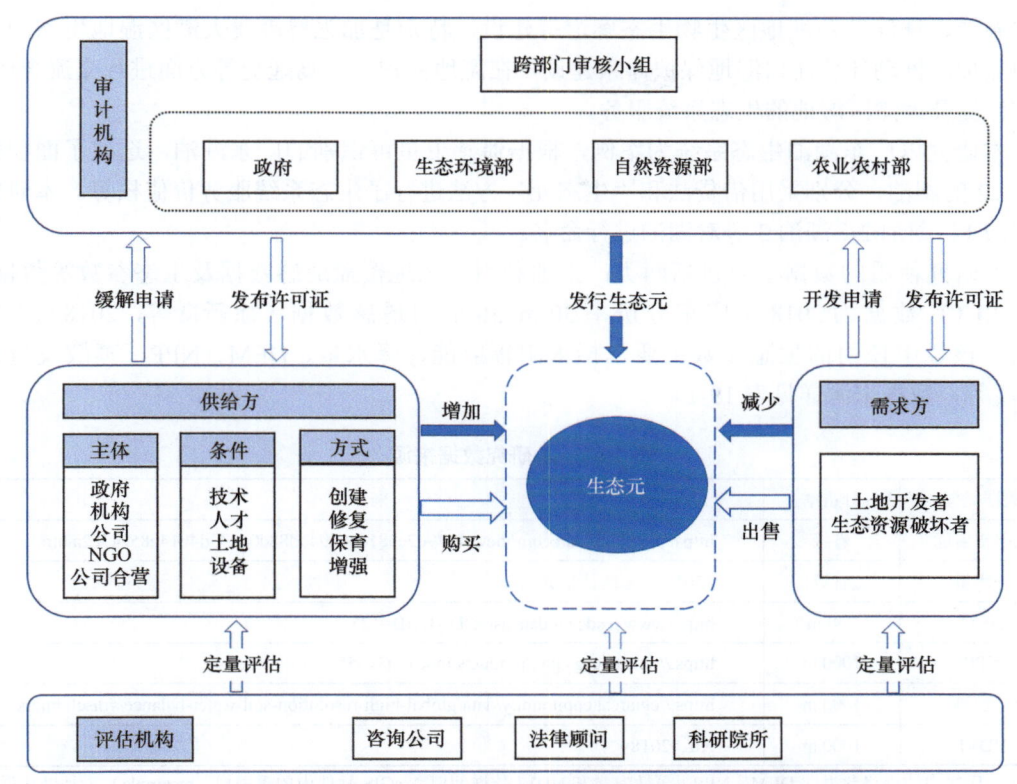

图 19-2 基于"生态元"的缓解银行运作机制示意图

求方(买方)是指生态元总量约束下和总体增加的目标下,为了发展农业、工业或房地产业进行土地开发将可能产生林地、草地或者湿地等生态系统服务损失,造成损失的主体需要购买生态元对生态系统受破坏的主体进行补偿。生态元需求方在土地开发之前须就可能造成的生态元损失向生态环境或其他主管部门进行许可申请,根据其要求采取事前补偿或事后补偿。

生态元评估机构是对资源破坏前和增强后的生态元进行评估的第三方主体,包括评估生态元需求方拟进行土地开发时造成生态元损失的数量,还包括生态元供给方采用新建、修复、增强或保育模式生产的生态元增加的数量。此外,该评估机构还需要对生态元供给方在生态元生产过程中所投入的成本进行审计。

19.3 基于"生态元"的生态银行运行案例模拟

19.3.1 案例区介绍与数据来源

广东地处 20°19′N~25°31′N、109°45′E~117°20′E,位于岭南热带、亚热带沿海地区,深受海洋气候影响,降水量充沛,河网密布,水资源丰富。该省是我国湿地资源较为丰富的地区之一。全省湿地总面积为 2630 万亩,湿地类型包括近海与海岸湿地、河流湿地、湖泊湿地、沼泽湿地、人工湿地五大湿地类 21 个湿地型。广东陆续启动粤港澳大湾区水鸟迁徙廊道、珠江三角洲地区生物生态廊道等建设，特别是加强粤港澳大湾区湿地生态的复育和保护，推动环珠江口湿地保护体系建设，在湿地保护、水鸟迁徙等方面进行交流合作，全方位提升大湾区湿地的生态系统服务。

本研究以广东湖泊生态系统为案例，根据遥感卫星可识别的广东湖泊，选取了面积排名前22的湖泊，分别采用借贷法和"生态元"方法进行了生态系统服务价值核算。本研究用湖泊1、湖泊2、湖泊3等对湖泊进行命名。

本研究使用的数据主要包括两类：土地利用与土地覆盖遥感数据及生态参数等数据。其中LUCC数据为2018年广东分辨率30 m×30 m的遥感数据（徐新良等，2018）。"生态元"核算中使用的生态参数主要包括太阳辐射能、降水量、DEM、NPP、蒸散发量和NDVI等，数据来源详见表19-1。

表 19-1　本研究数据来源

数据类型	分辨率	来源
太阳辐射能	省级	https://wenku.baidu.com/view/4479d2c381eb6294dd88d0d233d4b14e85243e2a.html
降水量	省级	《2019 广东统计年鉴》
DEM	250 m	http://www.resdc.cn/data.aspx?DATAID=123
NPP	1000 m	https://lpdaac.usgs.gov/products/mod17a3v055/
蒸散发量	1000 m	https://cgiarcsi.community/data/global-high-resolution-soil-water-balance/#disclaimers
NDVI	1000 m	Xu, 2018

注：研究中的栅格数据即DEM、NPP、蒸散发量和NDVI数据使用ArcGIS软件中的重采样（resample）工具以获得和LUCC数据相同的分辨率；对于省级尺度的数据，由于缺少栅格数据，因此假定一个省（自治区、直辖市）中所有生态系统的太阳辐射能和降水量相同。

生态系统服务的交易，本质上是对生态系统服务增量的交易，因此需要对生态系统服务的现状进行核算。由于广东的湖泊尚未进行交易，本研究作了两种假设：①未来的几年中，广东的这22个湖泊将有被开发的可能，利用借贷法中被开发湿地（影响点）的信用核算，那么，首先计算开发前湖泊的生态系统服务（信用）；②未来几年中，广东将通过对湖泊的恢复、保育、增强等缓解措施提高生态系统服务，进而补偿因开发造成的生态系统服务的损失，那么需要核算引入缓解措施前生态系统服务的多少。基于这两种假设，本研究利用借贷法核算广东22个湖泊的生态信用，核算框架如图19-3所示。考虑到这两种假设前提是尚未引入缓解措施，所以采用的时间滞后因子是借贷法推荐的缓解前的系数（Hruby，2012），该系数是1.25。

19.3.2　现有的湿地缓解银行信用和"生态元"信用结算结果与比较

借贷法和"生态元"方法核算的广东22个湖泊的生态信用结果见图19-4。总体上，两种方法核算的湖泊生态信用结果总体趋势一致，但仍存在差异。将两种计算方法的结果进行比较分析，可以看出"生态元"方法和借贷法计算的信用具有很强的相关性（R^2=0.9802），如图19-4（a）所示。图19-4（a）中圆圈的大小代表湖泊面积的大小，湖泊面积越大，"生态元"和信用值越大。生态系统的面积是其生态系统服务重要的影响因素。

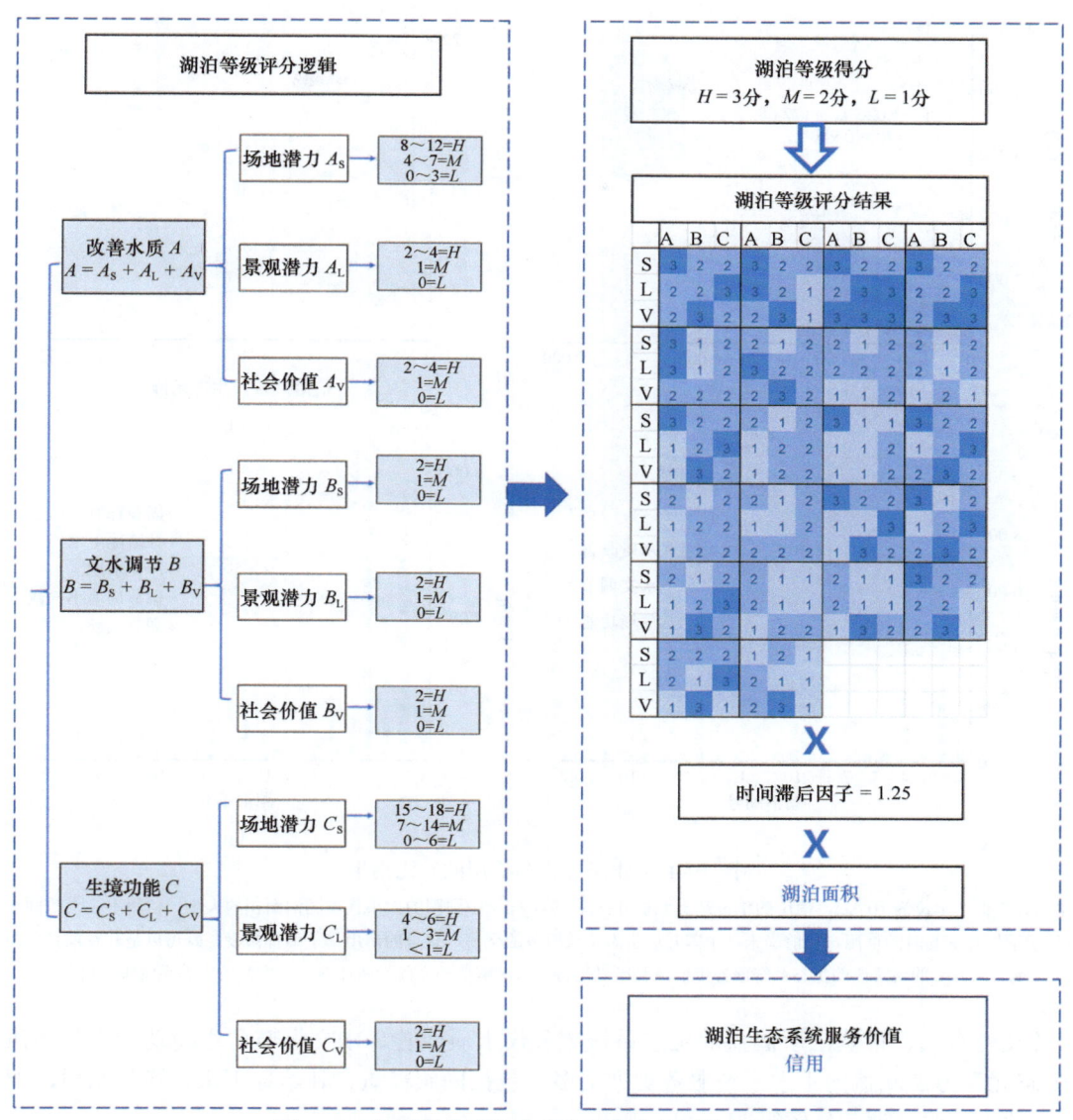

图 19-3 基于借贷法的广东湖泊生态信用核算框架

生态元方法和借贷法都是基于生态评估技术的核算方法，归根结底，这两种方法都是在面积的基础上与其他因素通过某种函数计算得到的。在湿地缓解银行的发展过程中，初期普遍仅采用"面积"作为交易依据，但后来越来越多地考虑生态系统服务的不同类型，根据实际需要开发了多种核算方法。借贷法已在湿地缓解银行中成功应用，两种方法的核算结果的相关性强，说明"生态元"具有较强的可替代性，验证了"生态元"在未来的生态银行中应用的可能性。

因生态元和信用的核算单位不同，将湖泊的两种核算结果进行排名以进行对比分析，可以看出，少数（9个）湖泊两种方法的计算结果排名一致，多数（13个）湖泊的排名并不一致，如图 19-4（b）所示。这说明，尽管生态元和信用具有很强的相关性，但是不同湖泊因其提供的各项服务的大小不同，总体服务结果也有所不同，与这两种方法所核算的

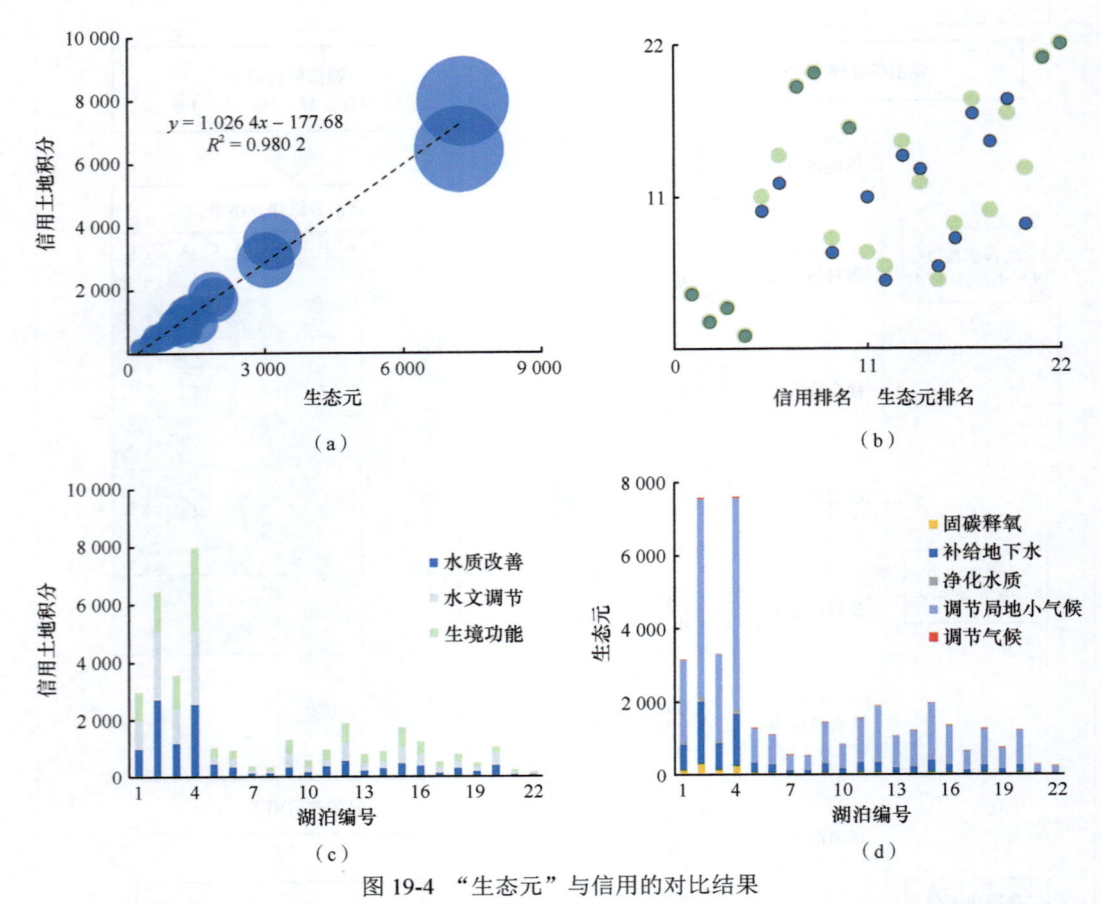

图 19-4 "生态元"与信用的对比结果

"生态元"值的单位为 10^{10}sej,信用的单位是土地积分;图 19-4(a)中圆圈的大小代表湖泊面积的大小。信用不完全等同于湿地缓解银行交易时的信用,目前尚未在中国开展生态系统服务的交易,这里的信用基于两种假设,既可以是开发项目所在地(买方)的现阶段的生态系统服务价值,又可以是将引入缓解措施之前的所在地(卖方)的生态系统服务价值

服务类型有关,借贷法所涵盖的生态系统服务仅水质改善、水文调节和生境功能三项,而"生态元"方法涵盖的生态系统服务类型更多,包括固碳释氧、补给地下水、净化水质、调节局地小气候、调节气候等。

从图 19-4(c)和(d)可以看出,同一个湖泊不同生态系统服务类型的信用值相近,甚至有 2 项或 3 项服务是相同,如湖泊编号 1~4。同一湖泊不同生态系统服务类型的"生态元"则差异明显,这与两种方法的核算过程有关。借贷法是基于等级估分的半定量化方法。借贷法首先将湿地进行划分,然后根据湿地的水质改善、水文调节和生境功能进行低-中-高三个等级的评级,分别代表 1 分、2 分、3 分,最后根据影响点或缓解点的生态系统服务的大小(评分)乘以面积,从而确定湿地信用的多少。然而,等级的界定取决于对不同问题的打分结果,打分的范围较大,决定不同等级有可能相差甚微,如水质改善的场地潜力 7 分和 8 分虽然仅差一分,但是 7 分属于中级,8 分属于高级。每个等级又重新转化成 1~3 分。此外,该方法是一种基于主观判断的半量化方法,评分人员必须具有识别自然特征、湿地功能指标、植物种类和一些区分景观地貌差异的能力方面的经验和知识。这要求,评分人员必须提前接受培训。如果没有接受培训,评分结果平均存在至少 1 分的偏差。未经训练的评分人员将平均低估或高估15%所需的缓解量,而实际差异可能高达40%(Hruby,2014)。使用这种方法对生态系统服务进行核算时,还需要进行大量的湿地考察。因此,这种基于主观判断的等级打分的方法,不同阶段的误差叠加,造成的最终结果误差较大。这种方法基于多种条件假设,而这些假设尚未广泛地实证。"生态元"方法使用量化手段核算湖泊的每一项生态系统服务,避免了主观判断的误差。"生态元"方法核算的每一项服务均是根据土地利用与土地覆盖遥感数据及生态参数等数据进行定量化核算的。因此,"生态元"方法能将同一生态系统的不同服务类型的差异区分开,这有利于在未来的生态银行交易中,提供更精准的生态系统服务的类型(生态产品的种类),买卖双方根据其供给或需求选择对应的生态产品。

另外,"生态元"方法根据遥感数据及生态参数(包括太阳辐射能、降水量、DEM、NPP、蒸散发量和NDVI),这些数据是客观、多尺度、长周期的。有利于提供生态系统服务的长周期、多尺度核算,有助于推进跨区域生态补偿。此外,这些数据的研究已相当成熟,获取方便,利用遥感技术,无须进行大量的湿地考察,无须对核算人员进行培训。因此,"生态元"方法是一种省时、省力又经济的方法。"生态元"方法是基于能值分析方法,将太阳能值作为生态系统服务的统一量纲,打通了山水林田湖草沙等多个生态系统间不可统一度量的传统障碍,有利于将不同生态系统及其不同类型的服务进行对比分析,进而更好地统一度量全国生态系统服务,推进生态系统服务市场化。

综上所述,"生态元"方法在核算生态系统服务方面更具有优势:①将抽象的服务具象化,剥离了差异化评估人群感受,核算结果更客观;②核算的生态系统服务类型更多,将不同生态系统服务差异化,准确性更高;③能够提供可监控、可预测、长周期的生态系统服务核算结果;④是一种省时、省力、低成本的核算方法;⑤可提供跨尺度、跨类型的生态系统服务核算。本研究认为,借贷法核算的准确性有待提高,时间和人力成本较高,也很难在更大范围内推广。"生态元"方法作为一种量化方法,更容易推广,更加客观,它在一定程度上取代借贷法。同时,这两种方法在实际应用中应该相互借鉴,如借贷法中考虑了生态系统服务对社会的影响。借贷法考虑了时间滞后因子和风险因子,未来"生态元"方法将这两者纳入核算体系中,进一步完善核算方法。

19.4 基于"生态元"的湿地缓解银行的应用场景

在美国湿地缓解银行的借贷法的基本思路是一个地方的生态系统服务的减少,通过缓解措施(新建、恢复、保育、强化)来增加另一个地方的生态系统服务,从而达到"零净损失"。每个生态银行的服务区是指对不可避免的影响的生态资源合理地提供适当、可获得的补偿缓解的指定地理区域。服务区边界是通过审核小组与银行发起人之间的谈判并根据银行批准程序确定的。评估机构可以帮助确定其影响是否在银行的服务范围内,确定该区内的缓解是否满足补偿要求。使用银行补偿外部影响指定的服务区域是根据具体情况确定的,与其他缓解措施相比,需选择在环境和生态两方面都满意的方案。"生态元"的额度无论区内还是区外的补偿,根据占用地和新建地的地理位置差异、生态类型差异、重要性稀缺性差异等因素进行调整。因服务范围的不同,在交易时,开发项目所造成的生态元的损失量与其购买的"生态元"额度不一定等额。

缓解措施需要经过若干年后才能完全发挥相应的生态功能、提供相应的生态系统服务，因此在核定所需购买的"生态元"的额度时，需要进一步研究不同缓解措施所对应的时间滞后因子的系数。在核定开发项目所造成的"生态元"损失量时，除了核定当前状态的"生态元"，也应该核定若干年后该地可能的"生态元"增量。在购买"生态元"时，通过当前和预期的"生态元"进行一定的调整。

"生态元"方法将太阳能值作为生态系统服务的统一量纲，使得山水林田湖草沙等生态系统及其不同类型的服务具有可加和性。尽管本研究以湖泊生态系统为例，讨论了基于生态元的生态银行机制。目前，林地（有林地、灌木林）、草地（高覆盖度草地、中覆盖度草地、低覆盖度草地）、湿地（沼泽地、湖泊、水库坑塘、河流）等生态系统的能值分析方法都有了研究（Yang W et al.，2018；刘世锦和刘耕源，2019；Yang Q et al.，2019a，2019b）。在土地利用开发的过程中，土地利用变化是多样的（如林转草、林转田、湖转田等），而不同生态系统服务具有相似性或具有可替代性。未来的生态补偿体系，可以有选择地进行跨生态系统的交易，而不限于某一种生态系统。这将使得土地利用开发造成的生态系统的破坏可通过多种土地利用类型进行异地补偿。基于生态产品交易机制——生态银行，已在我国进行了初步探索，将是我国未来生态产品价值实现的重要抓手。美国湿地缓解银行的湿地信用交易的本质上是生态产品（生态系统服务）的交易，"生态元"方法是基于能值分析方法核算生态系统服务的价值。"信用"和"生态元"都是生态产品交易的代币。

区块链是一种新兴技术，影响并改变个人的生活方式、行业和政府的运营方式（Green and Newman，2017）。区块链技术在生态环境领域的应用已让各国决策机构产生了浓厚的兴趣，并已开始运用区块链探索解决生态环境类公共政策问题，这项探索扩展到了气候变化行动以及电力和碳市场（Diestelmeier，2019）。区块链是分布式数据存储、点对点传输、共识机制、加密算法等技术的集成应用，生态产品核算的统一标的物为其提供了代币的基础，二者的集合形成生态资产加密数字货币化的可能性，可以有效地解决生态产品市场交易机制中的公开透明和信任等问题。"生态元"能根据能量传递链追踪到能量起点，包括具体是哪种生态系统服务类型和哪种土地利用类型，这就需要探索建立生态产品的鉴定、评估、确权、上链、监管等机制（刘耕源等，2019）。建立生态产品认证体系是指利用生态产品区块链来源可查、去向可追、责任可究的特点，将生态产品标的物打上地理标识和产权标签再进行上链，确保生态产品防伪溯源，从而完善生态产品供给方与受益方的信任机制（刘耕源等，2019）。

19.5 政策配套机制

19.5.1 基于"生态元"推进自然资源资产产权制度改革

（1）健全自然资源资产产权体系。推动自然资源资产所有权与使用权分离，结合区块链确权技术加快构建分类科学的自然资源资产产权体系，着力解决权力交叉、缺位等问题。处理好自然资源资产所有权与使用权的关系，创新自然资源资产全民所有权和集体所有权的实现形式。通过赋予一定期限的自然资源资产使用权等产权安排，激励民营资本等社会投资主体从事生态治理。

（2）建立健全自然资源分权经营制度。落实承包土地所有权、承包权、经营权"三权分置"，开展经营权入股、抵押。鼓励政府机构、企业和其他社会主体通过租赁、置换、赎买等方式扩大国土绿色空间。构建以产业生态化和生态产业化为主体的生态经济体系。

（3）完善自然资源资产产权法律体系。建立健全协商、调解、仲裁、行政裁决、行政复议和诉讼等有机衔接、相互协调、多元化的自然资源资产产权纠纷解决机制。全面落实公益诉讼和生态环境损害赔偿诉讼等法律制度，构建自然资源资产产权民事、行政、刑事案件协同审判机制。

19.5.2　依托生态银行构建多元可持续的生态治理资金渠道

（1）依托流域/湿地等生态治理工程，拓宽融资渠道。针对关键性湿地、流域生态治理工程的流动资金需求，鼓励由大型商业性银行设立专项流动资金贷款科目，并按照国家有关政策，对此类贷款给予期限和利率上的优惠，或给予贷款贴息扶持政策。充分调动政策性银行和行业基金参与生态保护修复；筹划增设国家级绿色发展银行，专门从事流域/湿地生态治理的投资和资金融通业务，以最大限度地提升专业金融机构对生态治理的支持。

（2）积极探索资本市场融资渠道。支持湿地、流域沿线地方政府发行专项债券，鼓励大型企业、商业银行、政策性银行以及国际金融机构发行绿色债券。支持符合条件的大型流域/湿地生态治理企业上市融资或再融资，支持与流域/湿地生态治理相关的并购重组，推动流域/湿地生态治理企业做大做优做强。鼓励社保基金通过购买政府发行的具有长期稳定收益的流域/湿地生态治理专项债券，或购买信用等级评级较高的生态治理企业发行的企业债券，投资流域/湿地生态治理，以进一步拓宽融资渠道。

19.5.3　加快建立分类型的生态产品价值实现机制

（1）施行分类化的生态产品价值评估核算机制。按照生态产品的不同分类和是否已经市场定价情况，鼓励创新生态产品价值评估核算体系、方法与机制，构建建立区域实物账户、功能量账户和资产账户，开展实物量统计，探索"生态元"等虚拟货币价值量核算，编制自然资源资产负债表，建立自然资源动态监测制度，及时跟踪掌握各类自然资源变化情况。建立统一权威的自然资源调查监测评价信息发布和共享机制。允许可变现自然资源资产通过抵质押、担保、证券化形成融资工具，为企业提供长效投入与良性回报。

（2）针对已经市场定价的生态产品进一步实现价值的保值增值。聚焦沿线水资源、农业渔业产品、土地和其他已经通过市场交易进行定价的生态产品，深挖消费需求，探索提价增值的途径，形成已经市场定价的生态产品交易机制，完善生态产品市场交易规则，逐步建立起包括自然资源资产投资、自然资源资产消费、自然资源资产评估在内的交易运行制度体系，创新绿色金融产品。

（3）针对尚无市场定价的生态产品创新流域生态银行机制，实现多元化生态补偿。以"谁受益、谁补偿"为原则建立流域/湿地生态银行，包括为整个大流域服务的流域生态银行以及为湿地等小范围区域服务的地区性生态银行。利用"生态元"等虚拟货币统一核算调节服务等难以用传统方法进行市场定价的生态产品,并作为生态信用,开展事前补偿和事后补偿。事前补偿要求需求方在从事流域开发活动之前先请第三方评估机构对拟破坏的生态资源进行生态元评估,并到生态银行购买相应的生态信用(含加成比例),然后才可以进行开发活动。事后补偿方式下,需求方可以先从事土地开发,之后请第三方评估机构对开发过程中破坏的生态资源进行生态元核算,并从生态银行购买生态信用。各省(自治区、直辖市)的生态元下限确定后,并非所有的区域在其生态元下降至下限以下时都可以通过购买生态元来弥补其缺口。受到国家现有关于土地利用相关制度规制的红线区不能参与生态元的购买。就流域而言,上游、中游和下游地区的地价、工资与技术水平总体来说存在区域分异,这种特征会引导生态元需求方优先购买单位生态元生产成本较低的地区即地价、工资和技术相对落后地区的生态元。这样,生态银行机制不仅能够利用市场机制保障区域的生态元目标,还能对不同地区的经济差距进行调节,让生态功能区的"绿水青山"真正转化为"金山银山"。

（4）针对生态建设带动周边的资产升值,创新形成反哺机制。生态建设对污染净化、景观改造、文化提升会进一步形成生态溢价。例如,通过河道生态补水和地下水源的回补涵养,实现水资源的修复和储备,把当前生态用水转化为未来城市供水水源,既改善了河道生态环境,又储备了战略资源；通过城市河流水质与景观改造,带动周边人群聚集与房价(商铺价值)提升。探索基于生态元等核算方法,通过潜在受益区域匹配和升值拉动效益核算,通过立法,划出一定比例的资金用于生态治理企业生态反哺。

19.6　本章小结

美国湿地缓解银行的信用核算方法和标准尚未统一,跨区域交易造成了一定的障碍。本研究利用湿地缓解银行的信用核算方法(借贷法)与全新提出的"生态元"方法对广东湖泊的生态信用进行了核算并对其适用性进行了对比研究。"生态元"方法是一种基于禀赋价值(能值)的生态系统服务核算方法,反映了山水林田湖草各种生态系统的热力学驱动本质,具有本源性、可加和性和代币属性,是生态世界的货币。研究发现：①借贷法是一种基于专家经验进行等级打分的半定量化方法,主观性较高,且仅统计生态系统服务中水质改善、水文调节和生境功能这三种服务；②"生态元"方法是定量化方法,所涵盖的生态系统服务类型更多,在客观性、准确性、动态监测、可推广方面更具有优势；③"生态元"方法的核算成本较低,可提供跨尺度、跨类型的生态系统服务核算；④"生态元"作为生态产品交易的代币,与区块链的结合是未来的一种趋势。未来生态银行的建设与发展,可基于"生态元"推进产权制度改革、构建多元可持续的生态治理资金渠道以及提供相关的政策配套保障。

第 20 章

生态银行如何支持生物多样性保护

20.1 引言

自 1992 年 G20 达成第一个全球生物多样性保护承诺以来，已经过去了 30 多年。据估计，全世界平均损失了大约 13% 的当地物种多样性（Newbold et al., 2015），自 1970 年以来脊椎动物种群规模下降了 58%（McRae et al., 2017），目前的物种灭绝速度是自然灭绝率的 100~1000 倍（Proença and Pereira, 2017）。如果要实现 2030 年可持续发展目标（SDG），不仅必须制止这种下降趋势，而且必须扭转这种下降趋势（Mace et al., 2018）。保护、加强生态系统服务是实现可持续发展目标和保证人类与生物圈的生存以及支持人类活动的资源基础的关键因素（Yan et al., 2021），保护生物多样性关乎人类和自然的未来。

生态补偿是用于解决人类活动对自然的负面影响，包括生物多样性和生态系统服务的丧失（Cole et al., 2021）。2019 年，特隆赫姆生物多样性会议提出的一项重要建议是"实现自然栖息地零净损失和物种零灭绝"。2020 年 5 月在联合国《生物多样性公约》第十五次缔约方大会（COP 15）上通过的《2020 年后全球生物多样性框架》，预计将有助于避免超过 100 万种动植物物种灭绝；会议做出的决定将影响未来 30 年的生物多样性保护（Obura et al., 2021）。《生物多样性公约》中提到的资源调动战略方案包括一套创新的金融机制，其中提到应在其中纳入生物多样性的内在价值和其他价值方面的指标，生物多样性缓解银行就是其中一个例子[①]。全球金融机构将生物多样性缓解作为获得资助条件这一举措极大地促进了生物多样性补偿（Bank, 2017; Koh et al., 2019）。例如，欧盟已制定了生物多样性的零净损失政策（《中国生物多样性保护战略与行动计划（2011—2020 年）》（已到期）和《2020 年后全球生物多样性框架》），一些成员国已采用了生物多样性银行和相关补偿政策（Dupont, 2017）。同时，《生物多样性公约》的 195 个签署国也已开始制定新的 2020 年后战略计划（Mace et al., 2018）。至今，全球至少有 33 个国家采用了生物多样性补偿政策，累计恢复和保护了 830 万 hm² 土地（Bennett et al., 2017）。

生物多样性补偿政策文件通常强调必须在项目层面采用"缓解措施等级"（mitigation hierarchy），它包括 4 个步骤，即避免、减少、修复和抵消，但实际项目中很难确保遵守缓解措施等级，因为前 3 个步骤往往被忽视（Kiesecker et al., 2010）。虽然缓解措施等级的前两个用于预防的步骤（避免和最大限度地减少生物多样性损失）与传统的自然保护一致，

[①] CBD. 2011. Strategy for resource mobilization: Methodological and implementation guidance for the "indicators for monitoring the implementation of the convention's strategy for resource mobilization". UNEP/CBD/SRM/Guidance/1, S.

但后两个用于补偿的步骤（修复和抵消生物多样性损失）的不同之处在于它们是使用长短不同的时间滞后性来补偿生物多样性损失的。因此，有研究认为，《2020年后全球生物多样性框架》下使用完整的4个步骤的缓解措施等级以实现生物多样性"零净损失"仍可能在两方面导致保护目标的偏离：①允许使用相对而非绝对的生物多样性衡量标准；②允许当代生物多样性的损失能够被未来的收益抵消（Buschke and Brownlie，2020）。

生态银行可以通过生态系统产生以生物多样性的绝对量为单位的"生态信用"[①]来实现提前补偿，形成抵消方案，这样通常可以减少环境破坏和补偿措施实施之间的延迟，从而达到"零净损失"的要求。实质上，生物多样性银行等生态银行交易的信用是生态系统服务，所面临的主要困难是评估出售其所有信用的能力，其面临的最基础也是最关键的难题就是生态系统服务价值的统一核算问题（颜宁聿等，2020）。随着生物多样性信用价格的高度商品化，买卖双方都有动力提升所交易的生物多样性质量（Briggs et al.，2009；Vatn，2015）。与任何市场一样，生物多样性银行需要开发一种通用的货币，以促进抵消生物多样性损失的能力提升并用于市场交易（Dupont，2017），这意味着"损失"和"收益"必须量化并转化为生态信用。然而，成功的生物多样性补偿（零净损失）需要大量采集和定量化不同类型生态系统的损失或收益（Cole et al.，2021）。由于生态系统定价方式复杂，交易过程中存在大量信息不对称和外部性，土地开发商有动机低估生物多样性的损失，而生物多样性补偿提供方有动机高估保护收益，因此在生态补偿政策设计中要紧紧抓住生态信用核算的本源性、客观性、可通约性、可调整性，方能成功（Koh et al.，2019）。

本章分析当前国际上生物多样性的概念、核算方法及其在生态银行中进行生态补偿的难点，通过梳理国际上比较成熟的生物多样性交易银行的信用核算方法与流程，总结国际上生物多样性银行的经验和局限，最后探讨在中国建立生物多样性银行的可行性。

20.2 通过生态银行开展的生态补偿在生物多样性保护上的信用核算难题

亚里士多德指出"没有等同性，就不可能交换；没有可通约性，就不可能等同"。任何一个价值理论首先必须通过一个试金石——价值必须是交换等式的等价物，即一种等同且可通约的东西（王伟龙，2009）。类似地，建立生物多样性银行，首先要解决生物多样性交换比例的问题，即交换比例如何确定的问题，并且交换比例应在逻辑上先于交换行为而确定。生物多样性银行交易的单元是信用，信用的测算方法尚未得到广泛的认可。

《生物多样性和生态系统服务全球评估报告》指出《2011—2020年生物多样性战略计划》中的目标2（到2020年，将生物多样性的价值纳入国家和地方发展和减贫战略和规划进程，并开始酌情纳入国家账户及报告制度）实施进展并不如预期，这表明生物多样性的核算具有很大的挑战性。

首先是数据的问题，如果没有足够好的空间数据和生态数据，生物多样性核算问题是

[①] 国际上，无论是生物多样性银行，还是生态银行，二者的交易对象在不同银行中的核算体系中，有的只核算生物多样性或生态系统服务，有的两者都核算了，但其交易单元通常被称为"信用"。因此，本书为了统一说法，将生物多样性银行的信用和生态银行的信用均称为生态信用。

无法解决的（Schmidt-Traub，2021）。迄今为止，工业农业开发、基础设施建设、城市化带来的土地利用变化是生物多样性丧失的最大驱动因素（Díaz et al.，2019）。但由于物种个体、种群或栖息地范围等生态数据缺乏监测，大多数研究仅通过物种覆盖率和生态区覆盖率这两个指标来评估生物多样性的潜在收益（Zhu et al.，2021）。

其次，生态系统是相互关联的。特别是，由于不同生态系统服务之间的相互作用，很难仅仅将单一生态系统的所有效益最大化（Yang W et al.，2018）。生物多样性在很大程度上取决于更大尺度的生态系统的水文和地貌条件（Hruby，2012，2014）。通常，不同尺度（国家、城市和内部区域）上的不同生态系统是相互嵌套的，尺度之间和尺度内部的相互作用也是相互嵌套的，其功能也是如此（Yan et al.，2020）。任何一个生态系统都由相互作用的成分组成，也通过资源的流动与其他生态系统相互作用。此外，生态系统需要空间连通性以最大限度地提供生态系统服务。保持生境之间和跨尺度的连通性对生物多样性保护至关重要（Allen et al.，2020）。然而，在定义不同生态系统之间的边界时会出现困难。对生态系统边界的正确评估对于避免干预至关重要，因为干预可能会产生不必要的生态系统成分或功能损失。这些困难反映了识别多个生态系统时潜在存在的实际需要，对生态系统服务变化的准确评估也取决于此。

最后，测量生物多样性和生态系统服务的变化，如损失和收益，是市场化生态补偿中最复杂的问题之一（Robertson，2004），仍然面临最基本和最关键的挑战，即对生态系统服务价值的统一核算（Froger et al.，2015）。目前生态信用的核算，通常是基于区域范围实施的，在已有的生态银行之间有所不同（Yan et al.，2021）。这些问题阻碍了成熟的生态信用交易市场的产生，阻碍了大规模和多层次的基于信贷的生态银行的推广，阻碍了跨区域交易的实施，也阻碍了对信贷价值的长期有效监督。因此，应研究一个更加全面、系统、可监测和可实施的生态信用核算框架，以便为各级决策提供一个统一的、可解决生态系统服务市场化支付方面的方案，并为该领域的政策制定提供基础（Pirard，2012）。这种统一的核算方法必须基于对影响和补偿的评估，以确保透明的核查和信用监管（Grimm，2020）。

20.3 国际生态银行对生物多样性缓解的经验与局限

20.3.1 美国的湿地缓解银行和濒危物种缓解银行

湿地缓解银行是美国最大的生态系统市场，也是世界上最早和最完善的栖息地与生物多样性的市场化补偿机制，已在全球得到推广和借鉴，并催生了更多的生物多样性保护银行等建立。从制度创新和完善的市场化运行机制来看，湿地缓解银行在一定程度上反映了未来生态系统服务和生物多样性交易的发展趋势。同时，美国也是生物多样性补偿和抵消评估的研究中心，有57%的生物多样性抵消研究来自美国（Gonçalves et al.，2015）。

湿地缓解银行是在"零净损失"的政策下建立的产权明确的第三方补偿机制，由政府根据相关法律法规进行监督和管理（颜宁聿等，2020），它为湿地开发项目提供补偿缓解方案。湿地缓解银行可以在完成设定的湿地建设目标或完成湿地建设后申请湿地信用（Kinzig et al.，2011）。由美国陆军工程兵团主持的缓解银行审查小组根据《清洁水法》的规定承担所有审批程序。任何想要建立银行机制的项目都必须通过一系列审批,包括建立保护地权和获得相关信用的批准。自20世纪90年代起,在政府部门和私营部门的各种协调下,美国湿地缓解银行在美国各地迅速发展,仅2019年全美就新成立了共有138家湿地缓解银行(颜宁聿等,2020)。

近年来,与湿地缓解银行类似的、基于《濒危物种法案》建立的濒危物种缓解银行也已进入大众的视角。尽管它成立的时间远远比湿地缓解银行晚,且迄今为止对其运行效果的分析仍缺乏数据支持,但是它汲取了湿地缓解银行的优点,更加关注濒危物种和栖息地的保护。

缓解银行的信用测算方法各不相同,但每家银行只能使用一种方法。许多银行基于打分的半定量化方法来估计生态系统服务提升和损失,通常是将湿地生态资源状况转化为缓解比率的半定量指标(Stein et al., 2000)。这些方法通常由各州或地区开发或只适用于部分地区,如华盛顿州使用的借贷法以及佛罗里达州采用的UMAM。UMAM首先对评估的湿地单元的景观条件、水文条件和群落结构进行定性描述,然后在0~10的尺度上对生态系统服务指标进行打分(Reiss and Hernandez, 2018)。类似地,借贷法也是对湿地单元进行评级,以确定湿地的信用,首先对湿地进行分类,然后根据湿地水质改善、水文调节和生境功能,最后根据生态系统的影响点或缓解点,对湿地进行低-中-高三级评级(刘耕源等,2021)。至关重要的是,信用产生后才能进行交易,也就是说在异地必须先创造收益才能用来抵消开发带来的信用的损失。大多数美国湿地和物种保护银行为损失的每英亩栖息地("借方")出售一个补偿"信用"(即恢复的1 acre栖息地),实际中,补偿比例取决于具体栖息地的质量(Briggs et al., 2009)。值得注意的是,湿地缓解银行中未直接考虑生物多样性,而是通过相关的指标有所体现,如佛罗里达州采用的UMAM中评估了群落结构,包括植被和生境结构;借贷法评估了生境功能,包括:①场址提供功能的潜力(场址潜力);②景观在场地尺度上维持每个功能的潜力(景观潜力);③每种功能对社会所具有的价值(价值潜力)。

但是,美国湿地缓解银行的现有方法不能实现客观、快速、方便的计算。例如,借贷法是通过评估不同湿地类型的服务水平来对其进行评级,这种方法是主观的,经常会导致不准确。此外,需要进行大规模的野外调查,湿地恢复效果补偿的计量标准体系也还没有标准化。借贷法的等级定义取决于回答不同的问题来打分。评分范围比较大,不同等级之间的差异可能很小。若水质改善潜力分别为7分和8分,虽然差异只有1分,但7分属于中等水平(M),8分属于高水平(H),每一级重新转换为1分、2分或3分。此外,这种方法要求计分员必须事先进行培训。否则,评分结果的平均偏差至少为1分。此外,未经训练的评估人员平均会低估或高估所需缓解量的15%,实际差异可能高达40%(Hruby, 2014)。此外,它是基于各种条件假设,但某些假设尚未得到广泛的检验[①]。借贷法是根据湿地的水文特征将湿地分为多种类型,实际上无论哪种类型的湿地都有灌木、草地等多种植物,所以通过计数来衡量等级会有很大的误差。因此,这种基于主观判断的评分方法在不同阶段存在误差叠加,导致湿地信用误差较大,不能真正反映生态系统服务或者生物多样性价值(Yan et al., 2021)。总的来说,借贷法都依赖于评估人员

---

① Thompson K, Harper K, Holder Y, et al. 2013. Washington State Department of Ecology U.S. Army Corps of Engineers.

对被评估湿地类型的熟悉程度和专业判断（Reiss and Hernandez，2018），都需要对评估人员进行培训，而且不同的评估人员得到的结果之间存在误差。在现实中，这些方法的信用评估费时费力，不易操作，加之不同的州和地区有各自的评估体系，很难采用统一的标准。

除了面临着信用统一核算的问题外（Froger et al.，2015），缓解银行业仍然面临着湿地和栖息地破坏的风险（Robertson，2004）。例如，出现了目标的倒置，鼓励了开发而不是保护，还有措施的倒置，利用补偿资金进行修复而非先修复后得到补偿金（BenDor and Riggsbee，2011）。生物多样性交易并未产生其承诺的生物多样性效果，多数情况下，在补偿未达到目标或补偿措施还未实施的情况下就进行了开发建设（Council，2001），这通常是因为可用于交易的生物多样性的信用不足、无视补偿比率限制和执行不力等（Walker et al.，2009）。

20.3.2　澳大利亚新南威尔士州的生物多样性银行

新南威尔士州生物银行计划是一个完全由州政府管理的监管计划，由位于悉尼的环境与遗产办公室负责监管实施。管制补偿要求是根据1979年《环境规划和评估法》提出的。2007年，新南威尔士州出台了《濒危物种修正案（生物库）法案》，2008年，新南威尔士州启动了"生物库和补偿计划"。该计划刚启动时，其工作人员仅10人。随后，推出"生物银行信托基金"——以持有交易所的收益和管理正在进行的分配管理资金。该计划的目的是向市场发出有关生物多样性保护价值的信号，减少对生物多样性的影响，并力求不造成生物多样性的零净损失。该计划自2010年"生物多样性评估方法"（biodiversity assessment method，BAM）制定后开始生效运行至今。

新南威尔士州生物多样性银行根据生物多样性信息数据库可利用"生物多样性计算器"进行信用的计算。该计算器是根据BAM建立的，只能由经认可的评估人员执行，其生物多样性信息数据库收录了1600种植被类型和所列受威胁物种的位置和范围等详细信息[①]。

该银行机制是将一个建设项目的环境影响因场地外另一块被称为"生物银行用地"的土地得到缓解。BAM可评估建设项目用地和生物银行用地的生物多样性价值变化，例如它可以测量项目的开发建设迁移或破坏了本地植被、受威胁物种栖息地和受威胁物种导致的生物多样性价值的损失，也可以测量生物银行用地的管理行动中获得的生物多样性价值提升。该方法中计量生物多样性的生态信用分为两类：①生态系统信用——衡量对受威胁生态群落和濒危物种的栖息地影响的补偿需求，主要针对一般植物群落类型；②物种信用——衡量对受威胁物种个体或栖息地范围影响的补偿需求。

BAM评估生物多样性价值包括3个维度：土地的景观价值、土地上的原生植被价值和土地上的受威胁物种价值。必须评估的特定属性包括该用地在景观中的重要性及其连通作用，建设用地内的原生植被的范围、类型和生长条件，以及受威胁物种个体或栖息地范围影响等（Dupont，2017）。

新南威尔士州计划建立一套很有前景的生物多样性的指标体系，但仍有研究提出，对

---

① https://www.ecosystemmarketplace.com/articles/nsw-biobanking-review-the-method-and-the-market/.

大多数参与的项目来说，其计算的价值似乎在很大程度上是不切实际的。同时，对生态价值的不完全理解使得判断评估结果的真实性变得困难（Brown，2017）。

20.3.3　英国的生境银行

英国开展生物多样性补偿交易的银行业务称为生境银行（Habitat Banking），也叫栖息地银行。它采用类似于美国湿地缓解银行的借贷机制，生境银行流程由一个工作组监督，以确保生境银行满足栖息地恢复、管理和保护的严格标准。银行发起人/所有者可以是任何部门、机构、企业家或集团实体，理论上他们负责确保足够的资金以应对银行违约或倒闭时的应急行动。此外，发起人负责确保足够的资金来监控和维护银行的整个运营生命周期。

生境银行通过将受保护的物种和栖息地转化为具有直接货币价值与美学价值的资产，生境银行的实践尝试同时实现对物种和栖息地保护以及在经济上的可行性（Fox and Nino-Murcia，2005）。在英国，栖息地区域通常很小且不完整，栖息地银行也提供了一种将这些斑块连接到更大生态网络的机制（Briggs et al.，2009）。

生境银行建立时，采用美国湿地缓解银行的谅解备忘录（memorandum of understanding，MOU）所设计的内容，包括信用的评估方法，主要涉及栖息地质量和恢复面积的绩效标准。生物多样性的补偿交付由发起人监督，但银行可以与野生动物信托机构或其他适当的保护非政府组织一起创建和管理，最终将承担该栖息地的持续管理（资金将包含在信用成本中）。生境银行的所有各方都会有强烈的动力来推动项目的成功，包括开发商可以在控制成本效益的同时减少责任；银行可以在经济上获益；野生动物信托机构/非政府组织可以获得有效保护野生动物的资金；地方政府可以实现经济增长和获得更多受保护的绿色空间。

目前，英国生境银行的模式主要有区域银行和特殊保护/保育区 SPA/SAC 湿地银行。区域银行主要是通过汇集来自区域内多个地方开发项目的补偿信贷，例如来自新建住房或企业的补偿信贷。开发项目的环境影响最常影响陆地或陆地/水生混合栖息地，由于开发地点可能存在受保护物种，通常需要进行补偿。区域银行涉及的开发项目的规模通常相对较小且分散，不利于独立开展补偿，因此区域银行可以聚集这些开发项目，发挥规模经济的巨大优势，并可能在该区域形成一个或几个大型的自然保护区，超越单个项目边界形成区域内自然边界下的生物栖息地，为当地提供更好的生态娱乐和教育的资源。早前，特殊保护/保育区湿地银行是根据欧盟栖息地指令 92/43/EEC（根据英国法律通过 1994 年栖息地条例实施）要求建立的，要求保持英国单个特殊保护/保育区（SPA/SAC）的生境状况，以及该区域对整个欧盟 Natura 2000 自然保护区生态网络的一致性。任何对欧盟 Natura 2000 自然保护区产生影响的开发项目都需要进行补偿。这种开发项目的补偿由于对更大尺度有关联性影响，不太可能仅在生物多样性的原栖息地进行，因此需要使用异地补偿方式，即通过生境银行进行栖息地保护，这可能是最有效和快速重建栖息地的方式（Morris et al.，2006）。

20.4 生物多样性银行的中国本地化思考

中国生物多样性资源丰富，在全球生物多样性保护中占有重要地位。目前通过保护区建设等方式，中国的生物多样性保护工作取得了一定成效。但随着社会经济的快速发展，自然资源的过度利用和生态环境的破坏事件不断发生，使得生物多样性保护的压力不断增长（温亚利和谢屹，2009）。在昆明举行的《生物多样性公约》第十五次缔约方大会（COP15）上，中国同140多个缔约方及30多个国际机构和组织商讨生物多样性保护的务实行动，探索全球生物多样性治理的新战略。因此，梳理市场化的生物多样性补偿机制实践经验，对于科学推进中国市场化、多元化生态补偿机制的改革实践具有重要意义。对于中国的生物多样性补偿的市场化，国际上的生物多样性银行各具特色，以不同的方式进行生物多样性的管理，并且它们利益相关者类型也有所不同。但与不透明的方法相比，它仍然是管理生物多样性影响的首选方法。因此，在中国借鉴国际上的生物多样性银行的模式，开展生物多样性的管理是很有必要的。

在生物多样性的评估中需要对复杂性、全面性以及参与度进行权衡。所有基于市场的机制都有一些共同的基本特征，例如生态银行都对生态保护下的损失和收益进行生态信用核算。生物多样性的核算是进行生态补偿、交易的关键性一步，但存在困难和挑战，目前仍然没有一个广泛认可的评估体系和方法。基于简单指标（如面积等）作为生态信用的生物多样性交易虽然简单、易操作，还有利于提高多方参与，但是使用简单的测量方法进行生物多样性评估、交易，往往会导致信息流失，并容易加剧发展对生物多样性造成的损害风险，也可能掩盖生物多样性的某些重大损失。因此，在使用生物多样性指标时，必须尽可能全面和公平地获取所关注的信息。

建立生物多样性信息数据库和设计良好的生态银行监管机制是开展补偿和交易的关键环节。国际上的生物多样性银行的成功运行在很大程度上是因为它们都有强大的监管基础，对生物多样性进行多方、全面、长期的管理。生境、物种等信息是开展生物多样性补偿、交易的重要基础，需要完善生物多样性的相关信息，尤其是濒危物种名单等。

20.5 本章小结

本章分析了当前国际上生物多样性的概念、核算方法及其在生态银行中进行生态补偿的难点，总结了国际上生物多样性银行的经验和局限，提出在中国建立生物多样性银行的启示。研究表明：①当前对生物多样性和生态系统服务的概念界定及二者的关系存在争议，在中国建立生物多样性银行首先需要统一生物多样性的概念框架；②生态银行中生态信用核算是进行生态补偿、交易的关键性一步，但存在困难和挑战，目前仍然没有一个广泛认可的评估体系和方法；③国际上的生物多样性银行取得了一定成功，但也存在着一些风险，这与选取的生物多样性核算指标的权衡密切相关，复杂指标全面而简单指标易行；④建立生物多样性信息数据库和监管机制有助于中国建立生物多样性银行的有效与长久运行。

第 21 章

生态产品价值实现未来展望

习近平总书记提出"绿水青山就是金山银山""保护生态环境就是保护生产力",而真正将生态文明建设和绿色发展落到实处必然要对生态资本开展核算。一是确保各类制度体系能够落地,解决我国生态环境保护领域一直存在的"理念先进、行动落后"的问题。二是有助于全社会形成资源环境有限、有价、有偿使用的理念。长期以来,自然环境无限、无价、无偿的观念一直根深蒂固,这种观念伴随着我国粗放式的经济发展方式愈演愈烈,导致了长期以来我国资源环境利用效率不高、环境污染严重、生态遭到破坏等问题。开展生态资本和生态系统服务核算,将能够显示自然环境的供给能力是有限的,是有成本的,是需要价值补偿的。三是有利于形成支持生态文明建设和绿色发展的利益导向机制。只有开展生态资本和生态系统服务核算,生态资本才有可能进入市场交易体系,通过逐步建立生态资本的价格形成机制和交易机制,实现以最低代价保护生态环境。同时,生态资本和服务核算也为绿色金融发展提供基础。四是有利于形成经济社会可持续发展的评价体系和约束机制。生态资本和服务核算将为把资源消耗、环境损害、生态效益纳入经济社会发展评价体系提供技术支撑,并在此基础上形成促进可持续发展的激励手段和约束机制。

本书围绕生态系统服务非货币量化方法体系及动态演变归因分析开展研究工作,研究成果为精细化生态系统保护与管理措施提供了科学参考。但生态系统的差异性、生态系统服务形成机制的复杂性等,使得生态系统服务核算方法及归因分析研究仍有很多待完善的地方,今后研究还需从以下几方面拓展。

(1)继续完善非货币量生态系统服务核算方法体系。本书核算了 12 种生态系统服务,但生态系统还包括一些一直为研究难点的服务类型,如全球气候调节、文化教育等,这在本书理论部分中已经提及。其难点在于逻辑起点不同,调节服务虽然"货币化"失灵,但这种服务的产生必须遵守热力学第一定律。也就是说,进入所有经济和生态过程的能量输入必须等于这些过程的能量输出。文化服务,即从生态系统获得的非物质惠益,该部分生态系统服务一直以来都是核算的难点,常见有通过旅行价值法等进行价值估算。近些年,由赵景柱教授提出的关于景感营造理论和方法(即广义景感生态学,或简称为景感学),已出现相关应用。其主张将人的感知即视觉、嗅觉、听觉、味觉、触觉以及心理感受等纳入生态环境研究中,并尝试对其进行定量化。景感学可能是破解当前对文化服务难以纳入的有效办法。

(2)丰富生态系统类型。本研究选取林地、草地、湿地、农业、海洋等生态系统作为研究对象,可代表同类生态系统服务的核算方法,同时还包括其他生态系统,如滩涂、沙漠、盐碱地、冰川常年积雪等生态系统。因此下一步研究应该丰富生态系统类型的选择,

第 21 章　生态产品价值实现未来展望

构建其生态系统服务核算方法体系，使得非货币量生态系统服务核算方法体系更加系统、完善和具有推广性。

（3）进行不确定性分析。本研究选取的数据收集量、计算量和分析量巨大，在参数选取、数据处理、核算等方面存在一定的不确定性。因此，需要进一步分析数据不确定造成的结果与政策的偏差问题。

（4）实现慢变量与快变量相结合。考虑生态系统的相对稳定性，本研究将生态系统服务视为慢变量，下一步研究应考虑污染物可能引起的生态系统退化及污染事件暴发后生态系统的响应及对净化服务的影响。

（5）进一步研究生态产品价值实现机制。例如，在经济学方面有帕累托最优，在热力学和景感学方面却不一定。不同的学科伴随着不同的约束条件和目标函数，构成了复杂系统的非线性优化问题。例如，Costanza 和 Neill（1984）开发了一种线性规划方法来确定"最佳"生态产品价格和"最佳生产过程"，他们选择了"输入到系统中的太阳能值总量最小化"为目标函数，这满足 Odum 提出的生态系统最大功率原理。Jørgensen（1998）则将"生态可用能"（eco-exergy）视为生态系统分析中的最优目标函数。因此，对生态系统而言，其最优策略应不只有一个目标函数。生态产品的价值通过热力学、经济学、景感学计算出的不同单位的值也可通过一些方法进行统一核算，例如能值分析方法通过能值货币比作为桥梁打通了能量系统和经济系统；同样，计算出的能值也可以通过交易的手段获得其市场价值等。

建立生态产品价值实现机制，是贯彻落实习近平生态文明思想的生动实践，是建设"美丽中国"的必由之路。目前实践需求强烈但理论及方法研究仍在探索，亟须各界人士从不同的角度出发，为推动建立生态产品价值实现机制建言献策、参与其中，这也是本书的一点小小愿景。

主要参考文献

白杨, 郑华, 庄长伟, 等. 2013. 白洋淀流域生态系统服务评估及其调控. 生态学报, 33: 711-717.
白洋, 胡锋. 2021. 我国海洋蓝碳交易机制及其制度创新研究. 科技管理研究, 41(3): 187-193.
蔡礼彬, 王晨琳. 2018. 近年来国外海洋旅游研究综述. 旅游论坛, 11(4): 31-42.
曹明兰, 宋豫秦, 李亚东. 2012. 浙南红树林的生态服务价值研究. 中国人口·资源与环境, 22(S2): 157-160.
常春, 金晓斌, 展炜, 等. 2009. 基于能值理论的土地整理生态效益评价方法与实证研究. 河南科学, 27(7): 857-861.
陈浩. 2019. 黄土高原退耕还林前后流域土壤侵蚀时空变化及驱动因素研究. 杨凌: 西北农林科技大学.
陈花丹, 何东进, 游巍斌, 等. 2014. 基于能值分析的天宝岩国家级自然保护区森林生态系统服务评价. 西南林业大学学报, 34(4): 75-81.
陈慧, 齐振方. 2021. 基于 LSTM 网络的川东地区月降水量预测. 水电能源科学, 39(8): 14-17, 13.
陈凯, 朱钰. 2007. 机器学习及其相关算法综述. 统计与信息论坛, (5): 105-112.
陈美田. 2019. 上海海洋生态系统服务功能及价值的时空变化和影响因素研究. 上海: 华东师范大学.
陈铭. 2020. 基于深度学习的浮选过程智能控制研究. 徐州: 中国矿业大学.
陈青, 谢钊, 唐南奇. 2014. 基于 Markov 模型的福清市土地利用和覆被变化动态研究. 湖南农业科学, 21: 50-53, 56.
陈尚, 张朝晖, 马艳, 等. 2006. 我国海洋生态系统服务功能及其价值评估研究计划. 地球科学进展, 21(11): 1127-1133.
陈尚, 任大川, 夏涛, 等. 2013. 海洋生态资本理论框架下的生态系统服务评估. 生态学报, 33(19): 6254-6263.
陈永宗. 1989. 黄河粗泥沙来源及其侵蚀产沙机理研究文集. 北京: 气象出版社.
程根伟, 陈桂蓉. 2003. 贡嘎山暗针叶林区森林蒸散发特征与模拟. 水科学进展, (5): 617-621.
褚琳, 张欣然, 王天巍, 等. 2018. 基于 CA-Markov 和 InVEST 模型的城市景观格局与生境质量时空演变及预测. 应用生态学报, 29(12): 4106-4118.
大卫·李嘉图. 2011. 政治经济学及赋税原理. 郭大力, 王亚南, 译. 南京: 译林出版社.
邓兴耀, 刘洋, 刘志辉, 等. 2017. 中国西北干旱区蒸散发时空动态特征. 生态学报, 37(9): 2994-3008.
邓雪. 2016. 广东海珠国家湿地公园重金属物质流研究. 广州: 华南农业大学.
刁承泰, 刘树人, 穆桂春. 2004. 三峡水库建成后对长江河床演变的影响. 西南师范大学学报(自然科学版), (1): 119-122.
丁娟, 葛雪倩. 2013. 制度供给、市场培育与海洋战略性新兴产业发展. 华东经济管理, 27(11): 88-93.
董孝斌. 2003. 北方农牧交错带农业生态系统生产力分析评价及实证研究. 北京: 中国农业大学.
董玉琛, 刘旭. 2008. 中国作物及其野生近缘种. 北京: 中国农业出版社.
范振林. 2021. 开发蓝色碳汇助力实现碳中和. 中国国土资源经济, 34(4): 12-18.
方巍. 2005. 环境价值论. 上海: 复旦大学.
封学勇. 2020. 基于深度学习的两阶段目标检测方法及其在表面缺陷检测中的应用. 自动化应用, 8: 3.
冯路, 何梦舒. 2014. 碳排放权期货定价模型的构建与比较. 经济问题, (5): 5.
付元宾, 王伟伟, 张建民. 2013. 海洋管理中的海洋区域划分方案探讨. 海洋开发与管理. 30(8): 20-23.

傅声雷, 娄治平. 2011. 植物迁地保育与土壤生物互作机制. 中国科学院院刊, 26(1): 86-92.
高茂生, 骆永明. 2016. 我国重点海岸带地下水资源问题与海水入侵防控. 中国科学院院刊, 31(10): 1197-1203.
高若楠, 谢阳生, 雷相东, 等. 2019. 基于随机森林模型的天然林立地生产力预测研究. 中南林业科技大学学报, 39(4): 39-46.
高耸耸. 2015. 徐州农田生态系统服务价值研究——基于环境会计视角. 北京: 中国地质大学.
高晓龙, 林亦晴, 徐卫华, 等. 2020. 生态产品价值实现研究进展. 生态学报, 40(1): 24-33.
高雅. 2014. 三江源区草原生态系统生态服务价值的能值评价. 兰州: 兰州大学.
高玉琴, 刘云苹, 王怀志, 等. 2018. 退役坝拆除现状及其影响研究进展综述. 水资源与水工程学报, 29(6): 133-139.
葛坤. 2017. 水生植物对富营养水体氮和磷及重金属的净化. 太原大学教育学院学报, 35(2): 72-76.
郭文娟. 2012. 绿色食品价格构成研究. 长沙: 中南林业科技大学.
郭文献, 李越, 王鸿翔, 等. 2018. 三峡水库对下游河流水沙情势影响评估. 中国农村水利水电, (11): 87-92, 97.
郭正刚, 王锁民, 梁天刚, 等. 2004. 草地资源分类经营初探. 草业学报, (2): 1-6.
国家林业和草原局. 2019. 我国森林面积和蓄积实现30年持续增长. http://www.forestry.gov.cn/[2020-11-01].
国家统计局. 2016. 中国统计年鉴2016. 北京: 中国统计出版社.
韩丽红, 吴文强, 杨宝中, 等. 2014. 国内外水库降等与报废管理现状与启示. 华北水利水电大学学报(自然科学版), 35(2): 39-42.
韩林桅, 张淼, 石龙宇. 2019. 生态基础设施的定义、内涵及其服务能力研究进展. 生态学报, 39(19): 7311-7321.
韩增林, 夏雪, 林晓, 等. 2014. 基于集对分析的中国海洋战略性新兴产业支撑条件评价. 地理科学进展, 33(9): 1167-1176.
河北省自然资源厅. 2022. 海洋环境大数据系统建设研究进展. https://zrzy.hebei.gov.cn/heb/gongk/gkml/kjxx/kjfz/10688826665699536896.html[2023-11-01].
何恩佩. 2017. 近60年来三峡地区蒸发皿蒸发量时空格局分析. 重庆: 中国科学院大学(中国科学院重庆绿色智能技术研究院).
何晓飞, 郭茂祖, 张敏灵. 2015. 大数据时代的机器学习研究专刊前言. 软件学报, 26(11): 2749-2751.
贺义雄. 2021. 海洋生态产品价值核算研究综述. 会计之友, (11): 99-105.
贺义雄, 叶芳. 2021. 我国海洋生态产品的供给机制与制度设计研究. 海洋开发与管理, 38(8): 55-60.
胡恒. 2014. 基于能值分析的海洋溢油生态系统服务功能损失研究. 青岛: 中国海洋大学.
胡亚斌. 2016. 台湾岛海岸线遥感提取与35年来演变特征分析. 内蒙古: 内蒙古师范大学.
黄博强, 黄金良, 李迅, 等. 2015. 基于GIS和InVEST模型的海岸带生态系统服务价值时空动态变化分析——以龙海市为例. 海洋环境科学, 34(6): 916-924.
黄黄. 2019. 戴云山自然保护区及毗邻乡镇生态系统服务价值能值分析. 南京: 南京师范大学.
黄亮. 2006. 水工程建设对长江流域鱼类生物多样性的影响及其对策. 湖泊科学, (5): 553-556.
黄蓉, 张建梅, 林依雪, 等. 2019. 新安江上游流域径流变化特征与归因分析. 自然资源学报, 34(8): 1771-1781.
黄颖, 温铁军, 范水生, 等. 2020. 规模经济、多重激励与生态产品价值实现——福建省南平市"森林生态银行"经验总结. 林业经济问题, (5): 499-509.
黄玉林, 张亮, 周志波, 等. 2018. 我国环境保护税的实施: 演化、困境与完善. 西部论坛, 28(2): 72-78.
贾后明, 吴娅茹. 2002. 试论劳动价值论的适用范围. 求是学刊, (6): 61-66.
贾雨岚. 2012. 基于能值分析的重庆市绿地系统生态服务价值研究. 重庆: 重庆大学.
姜文来. 1999. 水资源价值初论. 中国水利, (7): 10-11.

蒋薇, 刘芸芸, 陈鹏, 等. 2021. 利用深度神经网络和先兆信号的江苏夏季降水客观预测方法. 气象学报, 79(6): 1035-1048.

焦李成. 2023. 下一代深度学习的思考与若干问题. 智能系统学报, 18(1): 1.

焦念志. 2012. 海洋固碳与储碳——并论微型生物在其中的重要作用. 中国科学: 地球科学, 42(10): 1473-1486.

景德基, 程娜娜, 蔡兴农, 等. 2022. 基于机器学习的典型制药企业工艺过程VOCs排放特征因子识别. 能源环境保护, 36(1): 77-82.

卡尔·门格尔. 2007. 经济学方法论探究. 姚中秋, 译. 北京: 新星出版社.

康安. 2020. 基于机器学习的异构感知映射方法研究. 合肥: 合肥工业大学.

孔维纹. 2021. 基于循环神经网络的雾霾浓度预测研究. 南京: 南京信息工程大学.

旷建军, 谢振华, 彭珍宝, 等. 2010. 2种森林价值估算方法的对比分析——以湖南省南岳树木园为例. 中南林业科技大学学报, 30(5): 29-34, 39.

蓝盛芳. 1998. 中国农业生态的能流能值分析. 生态科学, 17 (1): 32-39.

蓝盛芳, 钦佩, 陆宏芳. 2002. 生态经济系统能值分析. 北京: 化学工业出版社.

李广泳, 姜翠红, 程滔, 等. 2016. 基于地理国情监测地表覆盖数据的生态系统服务价值评估研究——以伊春市为例. 生态经济, 32(10): 126-129, 178.

李海涛, 许学工. 2003. 天山北坡三工河上游森林生态系统服务价值. 武汉: 中国地理学会2003年学术年会.

黎华, 王道飘, 刘博源, 等. 2018. 元胞自动机和粗集支持下的土地利用变化研究. 华中师范大学学报(自然科学版), 52(6): 910-915.

李辉, 赵卫智, 古润泽, 等. 1999. 居住区不同类型绿地释氧固碳及降温增湿作用. 环境科学. (6): 41-44.

李辉, 李娜, 俞茜, 等. 2017. 海绵城市建设基本原则及灰色与绿色结合的案例浅析. 中国水利水电科学研究院学报, (1): 1-9.

李继东. 2015. 江门海洋生态旅游资源开发战略初探. 生态经济, 31(5): 111-114, 174.

李捷, 刘译蔓, 孙辉, 等. 2019. 中国海岸带蓝碳现状分析. 环境科学与技术, 42(10): 207-216.

李金昌. 1999. 生态价值论. 重庆: 重庆大学出版社.

李京梅, 王腾林. 2017. 美国湿地补偿银行制度研究综述. 海洋开发与管理, 34(9): 3-10.

李军洋, 郝吉明. 2019. 生态经济经营的结构和运行机制. 中国人民大学学报, (1): 64-72.

李俊. 2008. 不同营养条件对水生植物吸收重金属影响的研究. 长沙: 中南林业科技大学.

李凯, 崔丽娟, 李伟, 等. 2016. 基于能值代数的湿地生态系统服务评价去重复性计算. 生态学杂志, 35(4): 1108-1116.

李丽锋, 惠淑荣, 宋红丽. 2013. 盘锦双台河口湿地生态系统服务功能能值价值评价. 中国环境科学, 33(8): 1454-1458.

李琳, 林慧龙, 高雅. 2016. 三江源草原生态系统生态服务价值的能值评价. 草业学报, 25(6): 34-41.

李瑞, 黄慧玲. 2011. 我国滨海旅游发展现状特征与趋势分析. 宁波大学学报(人文科学版), 24(6): 88-93, 128.

李瑞扬. 2008. 浅析农业多功能性与农业的可持续发展. 经济视角(上), (5): 51-53.

李睿倩, 孟范平. 2012. 填海造地导致海湾生态系统服务损失的能值评估——以套子湾为例. 生态学报, 32(18): 5825-5835.

李伟玲. 2022. 生态学马克思主义政治观研究. 哈尔滨: 黑龙江大学.

李文华. 2008. 生态系统服务功能价值评估的理论、方法与应用. 北京: 中国人民大学出版社.

李文华, 欧阳志云, 赵景柱. 2002. 生态系统服务功能研究. 北京: 气象出版社.

李晓, 王颖, 李红艳, 等. 2020. 我国海洋生物医药产业发展现状与对策分析. 渔业研究, 42(6): 533-543.

李晓赛, 朱永明, 赵丽, 等. 2015. 基于价值系数动态调整的青龙县生态系统服务价值变化研究. 中国生态农业学报, 23(3): 373-381.

李秀山, 李俊生, 孟伟, 等. 2012. 探索生态系统服务价值开启生物多样性保护新路. 环境保护, (17): 12-15.

李学敏, 文力, 刘琛, 等. 2018. 丹江口水库库区及周边地区水土流失空间分布特征及影响因素. 湖南农业科学, (9): 54-59.

李媛媛. 2015. 中国碳保险法律制度的构建. 中国人口·资源与环境, 25(2): 144-151.

李志伟. 2020. "生态+"视域下海洋经济绿色发展的转型路径. 经济与管理, 34(1): 35-41.

李祖扬, 邢子政. 1999. 从原始文明到生态文明: 关于人与自然关系的回顾和反思. 南开学报, (3): 37-44.

利多, 林汶怡, 陈秋凝, 等. 2015. 北海市绿化树种选取与种植的调查. https://wenku.baidu.com/view/06e4134c0b4c2e3f56276373.html[2020-11-01].

林婧. 2019. 蓝碳保护的理论基础与法治进路. 中国软科学, (10): 14-23.

林育青, 马君秀, 陈求稳. 2017. 拆坝对河流生态系统的影响及评估方法综述. 水利水电科技进展, 37(5): 9-15, 21.

刘百桥, 孟伟庆, 赵建华, 等. 2015. 中国大陆1990—2013年海岸线资源开发利用特征变化. 自然资源学报, 30(12): 2033-2044.

刘博. 2014. 我国荒漠生态系统生物多样性保育价值评估. 北京: 北京林业大学.

刘畅, 刘耕源, 杨青. 2019. 水坝建设对河流生态系统服务价值影响评估. 人民黄河, 41(8): 88-94.

刘丛强. 2009. 生物地球化学过程与地表物质循环: 西南喀斯特土壤–植被系统生源要素循环. 北京: 科学出版社.

刘涤源. 1996. 再论"没有凯恩斯主义的凯恩斯效应". 经济学动态, (6): 3-6.

刘耕源. 2018. 生态系统服务功能非货币量核算研究. 生态学报, 38(4): 1487-1499.

刘耕源, 杨青. 2018. 生态系统服务价值非货币量核算: 理论框架与方法学. 中国环境管理, 10(4): 10-20.

刘耕源, 杨志峰. 2018. 能值分析理论与实践: 生态经济核算与城市绿色管理. 北京: 科学出版社.

刘耕源, 杨青. 2019. 生态系统服务的三元价值理论及在大尺度生态补偿上的应用探讨. 中国环境管理, 11(1): 29-37.

刘耕源, 杨志峰, 陈彬. 2013a. 基于能值分析方法的城市代谢过程——案例研究. 生态学报, 33(16): 5078-5089.

刘耕源, 杨志峰, 陈彬. 2013b. 基于能值分析方法的城市代谢过程研究——理论与方法. 生态学报, 33(15): 4539-4551.

刘耕源, 杨志峰, 杨青, 等. 2019. 生态元系统服务功能在线可视化计算系统. 2019SR0239970.

刘耕源, 王硕, 颜宁聿, 等. 2020. 生态产品价值实现机制的理论基础: 热力学, 景感学, 经济学与区块链. 中国环境管理, 12(5): 28-35.

刘耕源, 颜宁聿, 杨青, 等. 2021. 生态银行运行机制与本土化改造研究: 案例实证. 中国国土资源经济, 34(2): 4-13, 48.

刘堃, 韩立民. 2012. 海洋战略性新兴产业形成机制研究. 农业经济问题, 33(12): 90-96.

刘世锦, 刘耕源. 2019. 基于"生态元"的全国省市生态资本服务价值核算排序评估报告. 深圳: 深圳腾景大数据应用科技研究院.

刘世梁, 安南南, 王军. 2014. 土地整理对生态系统服务影响的评价研究进展. 中国生态农业学报, 22(9): 1010-1019.

刘婉. 2021. 基于时钟循环神经网络的多车道短时交通速度预测研究. 北京: 北京交通大学.

刘伟民, 麻常雷, 陈凤云, 等. 2018. 海洋可再生能源开发利用与技术进展. 海洋科学进展, 36(1): 1-18.

刘晓霞. 2007. 基于地表水和地下水动态转化的水资源优化配置模型研究. 北京: 中国水利水电科学研究院.

刘旭, 邓永智, 蔡文博, 等. 2015. 基于三种方法评估填海工程对海洋生态系统服务功能损耗方法研究. 生态科学, 34(4): 137-143.

刘尧, 张玉钧, 贾倩. 2017. 生态系统服务价值评估方法研究. 环境保护, 45(6): 64-68.
刘毅, 杨晟, 陈吉宁, 等. 2013. 基于元胞自动机模型的城市土地利用变化模拟. 清华大学学报(自然科学版), 53(1): 72-77.
刘正刚, 李晓, 田军. 2019. 面向可持续发展的马克思主义经济科学研究. 北京: 科学出版社.
柳荻, 胡振通, 靳乐山. 2018. 美国湿地缓解银行实践与中国启示: 市场创建和市场运行. 中国土地科学, 32(1): 65-72.
龙佳. 2020. 北京老城区建筑与小区绿地植被对雨水的截留效应研究. 北京: 北京建筑大学.
龙岳林, 陈琼琳, 黄璜, 等. 2007. 湖南山地即时水库防洪体系: 体系的建立及其生态服务功能分析. 自然灾害学报, (1): 101-103.
楼东, 谷树忠, 钟赛香. 2005. 中国海洋资源现状及海洋产业发展趋势分析. 资源科学, (5): 20-26.
路文海, 王晓莉, 李潇, 等. 2019. 关于提升生态产品价值实现路径的思考. 海洋经济, 9(6): 39-44.
路甬祥. 2004. 统筹人与自然的和谐发展. 党建研究, (4): 6-9.
栾博, 柴民伟, 王鑫. 2017. 绿色基础设施研究进展. 生态学报, 37(15): 5246-5261.
马程, 王晓玥, 张雅昕, 等. 2017. 北京市生态涵养区生态系统服务供给与流动的能值分析. 地理学报, 72(6): 974-985.
马凤娇, 刘金铜. 2014. 基于能值分析的农田生态系统服务评估——以河北省栾城县为例. 资源科学, 36(9): 1949-1957.
马景行. 2017. 空气质量对北京市常见绿化树种固碳释氧影响. 北京: 北京林业大学.
马良, 金陶陶, 文一惠, 等. 2015. InVEST模型研究进展. 生态经济, 31(10): 126-131, 179.
马卫, 黄蕾. 2008. 特色农产品垄断竞争经营的经济学分析——从成本收益视角. 江西社会科学, (9): 90-94.
马小凡, 郭晓泽, 王菊, 等. 2005. 水坝工程建设与生态保护的利弊关系分析. 地理科学, (5): 621-625.
马小雅, 黄武. 2017. "互联网+"背景下广西特色农产品电商物流发展研究. 价格月刊, (1): 82-85.
孟范平, 李睿倩. 2011. 基于能值分析的滨海湿地生态系统服务价值定量化研究进展. 长江流域资源与环境, 20(S1): 74-80.
孟素花, 费宇红, 张兆吉, 等. 2013. 50年来华北平原降水入渗补给量时空分布特征研究. 地球科学进展, 28(8): 923-929.
牟晓杰, 刘兴土, 阎百兴, 等. 2015. 中国滨海湿地分类系统. 湿地科学, 13(1): 19-26.
聂宾汗, 靳利飞. 2019. 关于我国生态产品价值实现路径的思考. 中国国土资源经济, (7): 34-37, 57.
聂家琴. 2018. 中国东部典型潮间带沉积物有机质的分布特征与来源分析. 上海: 华东师范大学.
欧阳志云, 王效科, 苗鸿. 1999. 中国陆地生态系统服务功能及其生态经济价值的初步研究. 生态学报, 19(5): 607-613.
欧阳志云, 王效科, 苗鸿. 2000. 中国生态环境敏感性及其区域差异规律研究. 生态学报, 20(1): 9-12.
欧阳志云, 朱春全, 杨广斌, 等. 2013. 生态系统生产总值核算: 概念、核算方法与案例研究. 生态学报, 33(21): 6747-6761.
欧阳志云, 郑华, 谢高地, 等. 2016. 生态资产、生态补偿及生态文明科技贡献核算理论与技术. 生态学报, 36(22): 7136-7139.
潘鹤思, 李英, 陈振环. 2018. 森林生态系统服务价值评估方法研究综述及展望. 干旱区资源与环境, 32(6): 72-78.
潘晓滨. 2018. 中国蓝碳市场建设的理论同构与法律路径. 湖南大学学报(社会科学版), 32(1): 155-160.
庞明月, 张力小, 王长波. 2015. 基于能值分析的我国小水电生态影响研究. 生态学报, 35(8): 2741-2749.
彭辉, 刘德富, 田斌. 2009. 国际大坝拆除现状分析. 中国农村水利水电, (5): 130-135.
彭嘉晖. 2021. 基于CA-Markov喀什市土地利用变化分析与预测. 乌鲁木齐: 新疆大学.
彭欣, 杨建毅, 陈少波, 等. 2012. 基于海洋渔业生存发展的生物多样性保护对策研究——以浙江省为例. 浙江农业学报, 24(1): 41-47.

齐子萱, 周金龙, 季彦桢, 等. 2019. 基于长系列观测资料的干旱区降水入渗补给规律研究. 水资源与水工程学报, 30(5): 124-133.

钱俊生. 2013. 自然价值论是发展资源再生产业的理论基础. 经济研究参考, (60): 38-46.

秦传新, 陈丕茂, 张安凯, 等. 2015. 珠海万山海域生态系统服务价值与能值评估. 应用生态学报, 26(6): 1847-1853.

邱广龙, 林幸助, 李宗善, 等. 2014. 海草生态系统的固碳机理及贡献. 应用生态学报, 25(6): 1825-1832.

邱慧青, 肖建红. 2017. 基于海洋生态产品的海岛旅游绿色发展经济激励额度评估. 中国人口·资源与环境, 27(4): 128-135.

任心欣, 汤伟真. 2015. 海绵城市年径流总量控制率等指标应用初探. 中国给水排水, 31(13): 105-109.

任耀武, 袁国宝. 1992. 初论"生态产品". 生态学杂志, (6): 50-52.

沈洪涛, 任树伟, 何志鹏, 等. 2008. 湿地缓解银行——美国湿地保护的制度创新. 环境保护, 12: 72-74.

沈满洪, 毛狄. 2019. 海洋生态系统服务价值评估研究综述. 生态学报, 39(6): 2255-2265.

时运兴, 韩沙沙, 周祥森. 2017. 我国海绵城市与国际蓝绿城市比较研究. 中国防汛抗旱, 27(4): 70-74, 90.

苏冠芳, 张祖陆. 2009. 黄河河口湿地植被退化与生态系统服务能值分析. 北京: 中国地理学会百年庆典.

孙洁斐. 2008. 基于能值分析的武夷山自然保护区生态系统服务功能价值评估. 福州: 福建农林大学.

孙谦. 2015. 大通湖湿地生态系统服务功能评价研究. 长沙: 中南林业科技大学.

孙荣, 袁兴中, 刘红, 等. 2011. 三峡水库消落带植物群落组成及物种多样性. 生态学杂志, 30(2): 208-214.

孙新章, 周海林, 谢高地. 2007. 中国农田生态系统的服务功能及其经济价值. 中国人口·资源与环境, 17(4): 55-60.

孙元芹, 李晓, 王颖, 等. 2021. 我国海洋生物医药产业发展分析. 渔业信息与战略, 36(1): 1-8.

孙照渤, 谭桂容, 赵振国. 1998. 人工神经网络方法在夏季降水预报中的应用. 南京气象学院学报, 21(1): 47-52.

覃卫坚, 何莉阳, 蔡悦幸. 2022. 基于两种机器学习方法的广西后汛期降水预测模型. 气象研究与应用, 43(1): 8-13.

谭德明, 丁仕宇, 韩宝龙, 等. 2022. 不同发展模式对城市生态系统调节服务价值的影响. 生态学报, 42(16): 6554-6564.

谭荣. 2021. 生态产品的价值实现与治理机制创新. 中国土地, (1): 4-11.

汤萃文, 杨莎莎, 刘丽娟, 等. 2012. 基于能值理论的东祁连山森林生态系统服务功能价值评价. 生态学杂志, 31(2): 433-439.

唐佳, 陈芝兰, 方江平. 2018. 基于能值分析的西藏森林生态系统涵养水源价值估算. 高原农业, (6): 654-659.

唐圣囡, 李京梅. 2018. 美国湿地补偿银行制度运转的关键点及对中国的启示. 湿地科学, 16(6): 764-770.

陶梅平. 2008. 活性藻类吸附重金属的实验研究. 武汉: 华中科技大学.

汪成刚. 2015. 湖北襄阳市降水入渗补给系数分析. 中国防汛抗旱, 25(2): 57-59, 68.

汪秀丽, 董耀华. 2006. 美国建坝与拆坝. 水利电力科技, 32(1): 20-41.

汪有科, 吴钦孝, 赵鸿雁, 等. 1993. 林地枯落物抗冲机理研究. 水土保持学报, (7): 75-80.

王法明, 唐剑武, 叶思源, 等. 2021. 中国滨海湿地的蓝色碳汇功能及碳中和对策. 中国科学院院刊, 36(3): 241-251.

王芳, 陈省宏, 陈安祺, 等. 2022. 中国废水排放量趋势预测——基于任务相关性的机器学习方法. 生态经济, 38(3): 196-201.

王恒松, 熊康宁, 张芳美. 2015. 地形因子对喀斯特坡面水土流失影响的机理研究. 水土保持通报, 35(4): 1-7.

王继文. 2020. "生态银行"试点的武夷山探索. 中国生态文明, 1: 94-96.

王建华. 2018. 消费者绿色偏好下供应链产品的定价协调研究. 镇江: 江苏大学.

王健民, 王如松. 2001. 中国生态资产概论. 南京: 江苏科学技术出版社.

王金环. 2016. 资源环境约束下的海水养殖发展模式研究——基于循环经济视角. 中国渔业经济, 34(6): 76-82.

王金南, 王志凯, 刘桂环, 等. 2021. 生态产品第四产业理论与发展框架研究. 中国环境管理, 13(4): 5-13.

王凯, 梁红, 施鹏, 等. 2019. 基于"风感"的紧凑型城市开放空间风环境实测和CFD模拟比对研究. 生态学报, 39(16): 6051-6057.

王萌, 慕永通. 2011. 渔业生态标签制度的发展与问题. 中国渔业经济, 29(1): 102-106.

王楠楠. 2013. 九寨沟自然保护区旅游生态系统能值研究. 南京: 南京大学.

王鹏伟. 2021. 内在价值、人的本质与伦理道德——现代西方环境哲学批判. 重庆科技学院学报(社会科学版), 4: 7-12.

王瑞芳. 2014. 当代中国水利史(1949—2011). 北京: 中国社会科学出版社.

王伟龙. 2009. 马克思劳动价值论的理论地位和现实意义. 广州: 华南师范大学.

王伟伟, 周立华, 孙燕, 等. 2019. 禁牧政策对宁夏盐池县农业生态系统服务影响的能值分析. 生态学报, 39(1): 146-157.

王显金, 钟昌标. 2017. 沿海滩涂围垦生态补偿标准构建——基于能值拓展模型衡量的生态外溢价值. 自然资源学报, 32(5): 742-754.

王项南, 贾宁, 薛彩霞, 等. 2019. 关于我国海洋可再生能源产业化发展的思考. 海洋开发与管理, 36(12): 14-18.

王兴杰, 张骞之, 刘晓雯, 等. 2010. 生态补偿的概念、标准及政府的作用——基于人类活动对生态系统作用类型分析. 中国人口·资源与环境, 20(5): 41-50.

王萱, 陈伟琪, 陈祖峰. 2006. 人类活动对近海环境资源的损耗及其货币化评估. 海洋开发与管理, 23(3): 100-107.

王瑄, 郭月峰, 高云彪, 等. 2007. 坡度、坡长变化与水土流失量之相关性分析. 中国农学通报, 23(9): 611-614.

王亚林, 龚容, 吴凤敏, 等. 2017. 2001-2013年中国灌木生态系统净初级生产力的时空变化特征及其对气候变化的响应. 植物生态学报, 41(9): 925-937.

王亚林, 丁忆, 胡艳, 等. 2019. 中国灌木生态系统的干旱化趋势及其对植被生长的影响. 生态学报, 39(6): 2054-2062.

王艳芳. 2016. 三峡工程对下游河流生态水文影响评估研究. 郑州: 华北水利水电大学.

王一尧. 2019. 基于能值分析方法的中国海洋生态系统服务价值研究. 大连: 辽宁师范大学.

王雨辰. 2022. 论中国形态的生态文明理论构建的方法论问题. 山西师大学报(社会科学版), 49(5): 1-9.

温建丽. 2018. 昆嵛山自然保护区生态系统服务价值评估及生态补偿研究. 济南: 山东大学.

温亚利, 谢屹. 2009. 中国生物多样性资源权属特点及对保护影响分析. 北京林业大学学报(社会科学版), 8(4): 87-92.

吴锋, 战金艳, 邓祥征, 等. 2012. 中国湖泊富营养化影响因素研究——基于中国22个湖泊实证分析. 生态环境学报, 21(1): 94-100.

吴婧慈. 2018. 基于能值分析的海岛生态系统服务价值研究——以舟山市为例. 杭州: 浙江海洋大学.

吴清佳, 张庆平, 万健. 2005. 遗传神经网络的智能天气预报系统. 计算机工程, 14: 176-177, 189.

吴珊珊, 张祖陆, 管延波. 2008. 基于RS与GIS的莱州湾南岸滨海湿地景观类型与破碎化分析. 资源开发与市场, (10): 865-867.

吴欣欣. 2014. 海洋生态系统外在价值评估: 理论解析、方法探讨及案例研究. 厦门: 厦门大学.

夏溶矫, 包星月, 刘新民. 2020. 四川省流域生态补偿探索与实践. 成都: 四川省生态环境科学研究院.

向衍, 盛金保, 杨孟, 等. 2008. 水库大坝退役拆除及对生态环境影响研究. 岩土工程学报, 30(11): 1758-1764.

肖寒, 欧阳志云, 赵景柱, 等. 2000. 海南岛生态系统土壤保持空间分布特征及生态经济价值评估. 生态学报, 4: 552-558.

肖建红, 施国庆, 毛春梅, 等. 2005. 水坝对河流生态系统服务功能影响评价. 生态学报, 27(2): 526-537.

肖建红, 王敏, 刘娟, 等. 2016. 基于生态标签制度的海洋生态产品生态补偿标准区域差异化研究. 自然资源学报, 31(3): 402-412.

谢标, 杨永岗. 1999. 水资源定价方法的初步探讨. 环境科学, (3): 101-104.

谢高地, 曹淑艳. 2011. 中国生态资源的可持续利用与管理. 环境保护与循环经济, 31(1): 4-7.

谢高地, 鲁春霞, 冷允法, 等. 2003. 青藏高原生态资产的价值评估. 自然资源学报, 18(2): 189-196.

谢高地, 甄霖, 鲁春霞, 等. 2008. 一个基于专家知识的生态系统服务价值化方法. 自然资源学报, 23(5): 911-919.

谢高地, 张彩霞, 张昌顺, 等. 2015a. 中国生态系统服务的价值. 资源科学, 37(9): 1740-1746.

谢高地, 张彩霞, 张雷明, 等. 2015b. 基于单位面积价值当量因子的生态系统服务价值化方法改进. 自然资源学报, 30(8): 1243-1254.

谢梦婷, 朱玉贵. 2019. 中国海洋渔业发展 MSC 认证的困境与机遇. 中国渔业经济, 37(5): 1-7.

徐楠楠. 2021. 基于 LSTM 的中国大陆地区 ERA5 日尺度降水预测方法研究. 南京: 南京邮电大学.

徐新良, 刘纪远, 张树文, 等. 2018. 中国多时期土地利用土地覆被遥感监测数据集 (CNLUCC). 中国科学院资源环境科学数据中心数据注册与出版系统 (http://www.resdc.cn/DOI). DOI: 10.12078/2018070201.

徐艳平, 陈义安. 2021. 基于随机森林回归和气象参数的城市空气质量预测模型——以重庆市为例. 重庆工商大学学报 (自然科学版), 38(6): 118-124.

许凤娇, 周德民, 张翼然, 等. 2014. 中国湖泊、沼泽湿地的空间分布特征及其变化. 生态学杂志, 33(6): 1606-1614.

许劲. 2016. 消费者食品安全评价及其影响因素研究——基于南京市消费者的调查. 南京: 南京农业大学.

薛联芳, 顾洪宾, 李懿媛. 2007. 水电建设对生物多样性的影响与保护措施. 水电站设计, 23(3): 33-36.

亚当·斯密. 2008. 国富论: 国家财富的性质和起因的研究. 谢祖钧, 孟晋, 盛之, 译. 长沙: 中南大学出版社.

亚瑟·赛斯尔·庇古. 2009. 福利经济学. 何玉长, 丁晓钦, 译. 上海: 上海财经大学出版社.

严茂超. 2001. 生态经济学新论: 理论、方法与应用. 北京: 中国致公出版社.

颜宁聿, 刘耕源, 范振林. 2020. 生态银行运行机制与本土化改造研究: 文献综述. 中国国土资源经济, 33(12): 10-24.

杨宏. 2007. 流域水电梯级开发累积环境影响评价研究. 兰州: 兰州大学.

杨青. 2020. 生态系统服务非货币量化方法体系及动态演变归因分析. 北京: 北京师范大学.

杨青, 刘耕源. 2018. 湿地生态系统服务价值能值评估——以珠江三角洲城市群为例. 环境科学学报, 38(11): 4527-4538.

杨云平, 张明进, 孙昭华, 等. 2017. 三峡大坝下游水位变化与河道形态调整关系研究. 地理学报, 72(5): 776-789.

易炜, 陈新军. 2020. 蓝色增长研究进展及在近海渔业资源. 海洋湖沼通报, (3): 150-157.

于丽瑶, 石田, 郭静静. 2019. 森林生态产品价值实现机制构建. 林业资源管理, (6): 5.

于遵波, 洪绂曾, 韩建国. 2006. 草地生态资产及功能价值的能值评估——以锡林郭勒羊草草地为例. 中国草地学报, 28(2): 1-6.

余宝花, 董孝斌. 2011. 基于能值的湿地生态系统服务价值评估——以鄱阳湖湿地为例. 深圳: 2011 年机器智能国际会议.

俞孔坚, 李迪华, 袁弘, 等. 2015. "海绵城市" 理论与实践. 城市规划, 39(6): 26-36.

袁昆昆. 2013. 基于能值分析的南湾湖风景区生态系统服务功能价值评估. 泉州: 华侨大学.

袁先强, 卫亚星. 2017. 基于马尔科夫模型的盖州市土地利用动态变化研究. 国土与自然资源研究, 1: 19-22.

曾容, 赵彦伟, 杨志峰, 等. 2010. 基于能值分析的大坝生态效应评价: 以尼尔基大坝为例. 环境科学学报, 30(4): 890-896.

张爱民. 2018. 梯级水电开发对长江干流生态水文情势影响研究. 郑州: 华北水利水电大学.

张和钰, 陈传明, 郑行洋, 等. 2013. 漳江口红树林国家级自然保护区湿地生态系统服务价值评估. 湿地科学, 11(1): 108-113.

张华, 康旭, 王利, 等. 2010. 辽宁近海海洋生态系统服务及其价值测评. 资源科学, 32(1): 177-183.
张佳蕊. 2015. 长江口典型淡水潮滩湿地生态系统初级生产力及其对周边河口、海洋的有机碳贡献. 上海: 华东师范大学.
张健, 刘倡, 陶以军, 等. 2021. 美国湿地补偿银行制度经验对我国滨海湿地生态补偿的启示. 环境与可持续发展, 46(4): 45-51.
张静, 姜秉国. 2015. 我国海洋战略性新兴产业发展的政策体系研究. 中国渔业经济, 33(4): 4-11.
张林波, 虞慧怡, 李岱青, 等. 2019. 生态产品内涵与其价值实现途径. 农业机械学报, 50(6): 173-183.
张盼盼. 2019. 我国森林资源发展状况与趋势分析. 绿色科技, (17): 204-206.
张佩, 姚娟. 2015. 大喀纳斯旅游区湖泊-河流生态系统服务能值变化研究. 水电能源科学, 33(8): 37-41.
张平, 李日运. 1999. 降雨入渗补给地下水的影响因素. 辽宁大学学报(自然科学版), 26(2): 118-122.
张青云, 吕伟娅, 徐炳乾. 2021. 华北地区城市绿地固碳能力测算研究. 环境保护科学, 47(1): 41-48.
张润, 王永滨. 2016. 机器学习及其算法和发展研究. 中国传媒大学学报(自然科学版), 23(2): 10-18.
张文明. 2020. 完善生态产品价值实现机制——基于福建森林生态银行的调研. 宏观经济管理, 3: 73-79.
张绪良, 叶思源, 印萍, 等. 2008. 莱州湾南岸滨海湿地的生态系统服务价值及变化. 生态学杂志, 27(12): 2195-2202.
张学玲, 闫荣, 赵鸣. 2017. 中国古典园林中的景感生态学思想刍议. 生态学报, 37(6): 2140-2146.
张瑶, 赵美训, 崔球, 等. 2017. 近海生态系统碳汇过程、调控机制及增汇模式. 中国科学: 地球科学, 47(4): 438-449.
张耀辉, 蓝盛芳, 陈飞鹏. 1998. 海南省资源环境与可持续发展的能值分析. 生态科学, (2): 121-122.
张迎颖, 闻学政, 姚一丹, 等. 2019. 农田汇水河道水生植物原位净化工程处理效果分析. 农业环境科学学报, 38(7): 1607-1615.
张颖聪. 2012. 四川省耕地生态服务价值时空变化研究——基于农业产业结构调整视角. 雅安: 四川农业大学.
张永雨, 张继红, 梁彦韬, 等. 2017. 中国近海养殖环境碳汇形成过程与机制. 中国科学: 地球科学, 47(12): 1414-1424.
张远, 郑丙辉, 刘鸿亮, 等. 2005. 三峡水库蓄水后氮、磷营养盐的特征分析. 水资源保护, (6): 23-26.
张云倩, 张晓祥, 陈振杰, 等. 2016. 基于InVEST模型的江苏海岸带生态系统碳储量时空变化研究. 水土保持研究, 23(3): 100-105.
张志强, 王盛萍, 孙阁, 等. 2006. 流域径流泥沙对多尺度植被变化响应研究进展. 生态学报, 26(7): 2356-2364.
章海波, 骆永明, 刘兴华, 等. 2015. 海岸带蓝碳研究及其展望. 中国科学: 地球科学, 45(11): 1641-1648.
章守宇, 周曦杰, 王凯, 等. 2019. 蓝色增长背景下的海洋生物生态城市化设想与海洋牧场建设关键技术研究综述. 水产学报, 43(1): 81-96.
赵晟, 李梦娜, 吴常文. 2015. 舟山海域生态系统服务能值价值评估. 生态学报, 35(3): 678-685.
赵海珍, 李文华, 黄瑞玲, 等. 2010a. 拉萨达孜县北京杨人工林生态系统服务功能评价. 中国人口·资源与环境, 20(S2): 104-106.
赵海珍, 李文华, 马爱进, 等. 2010b. 拉萨河谷山地灌丛草地生态系统服务价值评价——以拉萨达孜县为例. 草业科学, 2712: 27-31.
赵明, 孙桂平, 何小弟, 等. 2009. 城市绿地群落环境效应研究——以扬州古运河风光带生态林为例. 上海交通大学学报(农业科学版), 27(2): 167-170, 176.
赵同谦, 欧阳志云, 王效科, 等. 2003. 中国陆地地表水生态系统服务功能及其生态经济价值评价. 自然资源学报, 18(4): 443-452.
赵同谦, 欧阳志云, 郑华, 等. 2004. 中国森林生态系统服务功能及其价值评价. 自然资源学报, 19(4): 480-491.
赵晓宇, 李超. 2020a. "生态银行"的国际经验与启示. 国土资源情报, 4: 24-28.

赵晓宇, 李超. 2020b. "生态银行"的国际经验与启示——以美国湿地缓解银行为例. 资源导刊, 6: 52-53.
赵雪雁, 徐中民. 2009. 生态系统服务付费的研究框架与应用进展. 中国人口·资源与环境, 19(4): 112-118.
赵耀, 陈家宽. 2018. 长江流域农作物起源及其与生物多样性特征的关联. 生物多样性, 26(4): 333-345.
郑启伟. 2020. 美国"湿地银行"和南平"生态银行"比较及启示. 浙江经济, 1: 72-75.
郑月蓉, 李勇. 2010. 三峡地区极短周期内剥蚀速率、下切速率及地表隆升速率对比研究. 成都理工大学学报(自然科学版), 37(5): 513-517.
中国机械工业联合会. 2016. 中国农机工业年鉴 2016. 北京: 机械工业出版社.
中国科学院中国植被图编辑委员会. 2007. 中华人民共和国植被图 1∶1 000 000. 北京: 地质出版社.
中国农业部. 2016. 中国农业年鉴 2016. 北京: 中国农业出版社.
中国生物多样性国情研究报告编写组. 1998. 中国生物多样性报告. 北京: 中国环境科学出版社.
中华人民共和国水利部. 2016. 中国水资源公报 2016. 北京: 水利水电出版社.
周晨昊, 毛覃愉, 徐晓, 等. 2016. 中国海岸带蓝碳生态系统碳汇潜力的初步分析. 中国科学, 46(4): 475-486.
周方文, 马田田, 李晓文, 等. 2015. 黄河三角洲滨海湿地生态系统服务模拟及评估. 湿地科学, 13(6): 667-674.
周琳. 2015. 北京市城市蒸散发研究. 北京: 清华大学.
周琪, 许津铭, 刘苗苗, 等. 2018. 我国环境费效分析方法的特点与应用潜力研究. 中国环境管理, 10(1): 20-24.
周淑梅, 武菁, 王国贞. 2017. 华北平原农田生态系统服务评价及灌溉效益分析. 中国生态农业学报, 25(9): 1360-1370.
周子贤. 2018. 滚动轴承微弱故障信号特征提取与识别研究. 南京: 南京信息工程大学.
朱力, 牛红卫. 2019. 运用市场机制实现生态补偿——聚焦美国湿地缓解银行. 资源导刊, 6: 50-51.
朱文泉, 潘耀忠, 阳小琼, 等. 2007. 气候变化对中国陆地植被净初级生产力的影响分析. 科学通报, (21): 2535-2541.
朱耀军, 郭菊兰, 武高洁. 2012. 红树林湿地有机碳研究进展. 生态学杂志, 31(10): 241-247.
左琴, 岳艳杰. 2018. 不同尺度植被恢复与水土流失关系研究评述. 绿色科技, 16: 152-154.
C. R. 唐纳利, 黎刚. 2006. 加拿大芬利森坝的拆除. 水利水电快报, 27(4): 12-15.
Aanesen M, Armstrong C, Czajkowski M, et al. 2015. Willingness to pay for unfamiliar public goods: Preserving cold-water coral in Norway. Ecological Economics, 112(1): 53-67.
Aburas M M, Ho Y M, Pradhan B, et al. 2021. Spatio-temporal simulation of future urban growth trends using an integrated CA-Markov model. Arabian Journal of Geosciences, 14: 131.
Adhikari K, Owens P R, Libohova Z, et al. 2019. Assessing soil organic carbon stock of Wisconsin, USA and its fate under future land use and climate change. Science of the Total Environment, 667: 833-845.
Ahmadi B, Moradkhani H. 2019. Revisiting hydrological drought propagation and recovery considering water quantity and quality. Hydrological Processes, 33(10): 1492-505.
Akbari H, Kurn D M, Bretz S E, et al. 1997. Peak power and cooling energy savings of shade trees. Energy and Buildings, 25: 139-148.
Allen C, Gonzales R, Parrott L. 2020. Modelling the contribution of ephemeral wetlands to landscape connectivity.Ecological Modelling, 419: 108944.
Almeida C M V B, Mariano M V, Agostinho F, et al. 2018. Comparing costs and supply of supporting and regulating services provided by urban parks at different spatial scales. Ecosystem Services, 30: 236-247.
Alves A, Gersonius B, Kapelan Z, et al. 2019. Assessing the Co-Benefits of green-blue-grey infrastructure for sustainable urban flood risk management. Journal of Environmental Management, 244-254.
Angermeier P L, Karr J R. 1994. Biological integrity versus biological diversity as policy directives: Protecting biotic resources. Bioscience, 44: 690-697.
Antonelli A, Smith R J, Simmonds M S J. 2019. Unlocking the properties of plants and fungi for sustainable

development. Nature Plants, 5: 1100-1102.

Arbault D, Ruggani B, Tiruta-Barna L, et al. 2014. A semantic study of the Emergy Sustainability Index in the hybrid lifecycle-emergy framework. Ecological Indicators, 43: 252-261.

Armstrong C W, Aanesen M, Rensburg T M, et al. 2019. Willingness to pay to protect cold water corals. Conservation Biology, 33(6): 1329-1337.

Arrow K J, Fisher A C. 1974. Environmental preservation, uncertainty, and irreversibility. The Quarterly Journal of Economics, 88(2): 312-319.

Asche F, Bronnmann J. 2017. Price premiums for ecolabelled seafood: MSC certification in Germany. Australian Journal of Agricultural and Resource Economics, 61(4): 576-589.

Aste T, Tasca P, Di Matteo T. 2017. Blockchain technologies: the foreseeable impact on society and industry. Computer, 50(9): 18-28.

Atkins J P, Burdon D, Elliott M, et al. 2011. Management of the marine environment: Integrating ecosystem services and societal benefits with the DPSIR framework in a systems approach. Marine Pollution Bulletin, 62(2): 215-226.

Badola R, Hussain S A. 2005. Valuing ecosystem functions: an empirical study on the storm protection function of Bhitarkanika mangrove ecosystem, India. Environmental Conservation, 32 (1): 85-92.

Bai J H, Lu Q Q, Zhao Q Q, et al. 2013. Effects of alpine wetland landscapes on regional climate on the Zoige Plateau of China. Advances in Meteorology, 5: 1-7.

Balmford A, Bruner A, Cooper P, et al. 2002. Ecology-Economic reasons for conserving wild nature. Science, 297(5583): 950-953.

Bank W. 2017. The World Bank environmental and social framework. https://thedocs.worldbank.org/en/doc/837721522762050108029002 2018/original/ESFFramework.pdf[2020-11-01].

Banzhaf H S, Walsh R P. 2008. Do people vote with their feet? An empirical test of Tiebout's mechanism. American Economic Review, 98(3): 843-863.

Bao W Z, Shan W, Yang X D, et al. 1998. Ecological crises facing the grassland resources in northern China and their solutions. Grassland of China, 20: 68-71.

Baptiste J, Brander L, Thebaud O, et al. 2015. Non-market use and non-use values for preserving ecosystem services over time: A choice experiment application to coral reef ecosystems in New Caledonia. Ocean & Coastal Management, 105: 1-14.

Barbier E B. 2012. Progress and challenges in valuing coastal and marine ecosystem services. Review of Environmental Economics and Policy, 6(1): 1-19.

Barbier E B, Koch E W, Silliman B R, et al. 2008. Coastal ecosystem-based management with nonlinear ecological functions and values. Science, 319(5861): 321-323.

Barbier E B, Hacker S D, Kennedy C, et al. 2011. The value of estuarine and coastal ecosystem services. Ecological Monographs, 81(2): 169-193.

Bardi E, Cohen M, Brown M T. 2005. Linear optimization method for computing transformations from ecosystem energy webs//Proceedings of the Third Biennial Emergy Analysis Research Conference, Emergy Synthesis: Theory and Applications of the Emergy Methodology, Gainesville, Florida, USA. Center for Environmental Policy, University of Florida.

Bardsley P, Chaudhri V, Stoneham G, et al. 2002. New directions in environmental policy. Agenda: A Journal of Policy Analysis and Reform, 9(3): 211-221.

Barnes P. 2006. Capitalism 3.0: A Guide to Reclaiming the Commons. San Francisco: Berrett-Koehler Publishers.

Barnett J, Rogers S, Webber M, et al. 2015. Sustainability: Transfer project cannot meet China's water needs.

Nature, 527(7578): 295-297.

Bastianoni S, Facchini A, Susani L, et al. 2007. Emergy as a function of exergy. Energy, 32: 1158-1162.

Bayefsky R. 2013. Dignity as a value in agency cost-benefit analysis. Yale Law Journal, 123: 1732-1782.

Bean M, Kihslinger R, Wilkinson J. 2008. Design of U.S. Habitat Banking Systems to Support the Conservation of Wildlife-Habitat and at-risk Species. Washington DC: Environmental Law Institute.

Beaumont N J, Austen M C, Atkins J P, et al. 2007. Identification, definition and quantification of goods and services provided by marine biodiversity: Implications for the ecosystem approach. Marine Pollution Bulletin, 54(3): 253-265.

Beaumont N J, Jones L, Garbutt A, et al. 2014. The value of carbon sequestration and storage in coastal habitats. Estuarine, Coastal and Shelf Science, 137(2): 32-40.

Beck P S A, Goetz S J. 2011. Satellite observations of high northern latitude vegetation productivity changes between 1982 and 2008: Ecological variability and regional differences. Environmental Research Letters, 6: 049501.

Beddoe R, Costanza R, Farley J, et al. 2009. Overcoming systemic roadblocks to sustainability: The evolutionary redesign of worldviews, institutions, and technologies. Proceedings of the National Academy of Sciences of the United States of America, 106(8): 2483.

Bekkers E, Brockmeier M, Francois J, et al. 2017. Local Food Prices and International Price Transmission. World Development, 96: 216-230.

Bendor T. 2009. A dynamic analysis of the wetland mitigation process and its effects on no net loss policy. Landscape and Urban Planning, 89(1-2): 17-27.

Bendor T K, Riggsbee J A. 2011. A survey of entrepreneurial risk in U.S. wetland and stream compensatory mitigation markets. Environmental Science & Policy, 14(3): 301-314.

Bendor T K, Riggsbee J A, Doyle M. 2011. Risk and markets for ecosystem services. Environmental Science & Technology, 45(24): 10322-10330.

Ben-Hur E, Kadmon R. 2020. Heterogeneity-diversity relationships in sessile organisms: A unified framework. Ecology Letters, 23(1): 193-207.

Bennett G, Gallant M, Kate K T. 2017. State of Biodiversity Mitigation 2017: Markets and Compensation for Global Infrastructure Development. https://www.forest-trends.org/publications/state-biodiversity-mitigation-2017/[2020-11-01].

Beske-Janssen P, Johnson M P, Schaltegger S. 2015. 20 years of performance measurement in sustainable supply chain management—what has been achieved? Supply Chain Management, 20(6): 664-680.

Bhagabati N K, Ricketts T, Sulistyawan T B S, et al. 2014. Ecosystem services reinforce Sumatran tiger conservation in land use plans. Biological Conservation, 169: 147-156.

Bhagwat S, Haytowitz D B, Holden J M. 2008. USDA database for the isoflavone content of selected foods, release 2.0. Maryland: US Department of Agriculture 15.

Bimonte S, Ulgiati S. 2002. Exploring biophysical approaches to develop environ-mental taxation tools: Envitax, to face the "new scarcity"//Economic Institutions and Environmental Policy. England: Ashgate Publishing Limited: 177-200.

Bockstael N E, Freeman A M, Kopp R J, et al. 2000. On measuring economic values for nature. Environmental Science & Technology, 34: 1384-1389.

Böhnke-Henrichs A, Baulcomb C, Koss R, et al. 2013. Typology and indicators of ecosystem services for marine spatial planning and management. Journal of Environmental Management, 130: 135-145.

Boiral O. 2016. Accounting for the unaccountable: Biodiversity reporting and impression management. Journal of Business Ethics, 135(4): 751-768.

Bonan G B, Pollard D, Thompson S L. 1992. Effects of boreal forest vegetation on global climate. Nature, 359: 716-718.

Bond W J. 2016. Ancient grasslands at risk. Science, 351: 120-122.

Borthwick A G L. 2016. Marine renewable energy seascape. Engineering, 2(1): 69-78.

Boschen R E, Rowden A A, Clark M R, et al. 2013. Mining of deep-sea seafloor massive sulfides: A review of the deposits, their benthic communities, impacts from mining, regulatory frameworks and management strategies. Ocean & Coastal Management, 84: 54-67.

Bouwman A F, Beusen A H W, Billen G. 2009. Human alteration of the global nitrogen and phosphorus soil balances for the period 1970−2050. Global Biogeochemical Cycles, 23: GB0A04.

Bovenberg A L, Goulder L H. 1996. Optimal environmental taxation in the presence of other taxes: General-equilibrium analyses. The American Economic Review, 86(4): 985-1000.

Boyd J, Banzhaf H S. 2007. What are ecosystem services? The need for standardized environmental accounting units. Ecological Economics, 63: 616-626.

Braat L C. 2013. The value of the ecosystem services concept in economic and biodiversity policy//Jacobs S, Dendoncker N, Keune H. Ecosystem Services, Global Issues, Local Practices. Amsterdam: Elsevier.

Braat L C, de Groot R. 2012. The ecosystem services agenda: Bridging the worlds of natural science and economics, conservation and development, and public and private policy. Ecosystem Services, 1: 4-15.

Briggs B D J, Hill D A, Gillespie R. 2009. Habitat banking—how it could work in the UK. Journal for Nature Conservation, 17(2): 112-122.

Brinson M M, Lugo A E, Brown S. 1981. Primary productivity, decomposition and consumer activity in freshwater wetlands. Annual Review of Ecology Evolution and Systematics, 12: 123-161.

Bromley D W. 2007. Environmental regulations and the problem of sustainability: Moving beyond "market failure". Ecological Economics, 63(4): 676-683.

Brown G, Fagerholm N. 2015. Empirical PPGIS/PGIS mapping of ecosystem services: A review and evaluation. Ecosystem Services, 13: 119-133.

Brown M T, Mcclanahan T R. 1996. Emergy analysis perspectives of Thailand and Mekong River Dam proposals. Ecological Modelling, 91(1-3): 1-130.

Brown M T, Ulgiati S. 1999. Emergy evaluation of the biosphere and natural capital. AMBIO: A Journal of the Human Environment, 28: 486-493.

Brown M T, Bardi E. 2001. Handbook of emergy evaluation. Gainesville: University of Florida: 1-40.

Brown M T, Ulgiati S. 2004a. Energy quality, emergy, and transformity: H.T. Odum's contributions to quantifying and understanding systems. Ecological Modelling, 178: 201-213.

Brown M T, Ulgiati S. 2004b. Emergy, transformity and ecosystem health//Jorgensen E S, et al. Handbook of Ecological Indicators for Assessment of Ecosystem Health. New York: Elsevier.

Brown M T, Ulgiat S. 2010. Updated evaluation of exergy and emergy driving the geobiosphere: A review and refinement of the emergy baseline. Ecological Modelling, 221: 2501-2508.

Brown M T, Ulgiati S. 2011. Understanding the global economic crisis: A biophysical perspective. Ecological Modelling, 223: 4-13.

Brown M T, Ulgiati S. 2016. Assessing the global environmental sources driving the geobiosphere: A revised emergy baseline. Ecological Modelling, 339: 126-132.

Brown M T, Ulgiati S. 2023. Environmental Accounting: Coupling Human and Natural Systems. New York: Springer, 236-247.

Brown M T, Ulgiati S. 2024. Environmental Accounting: Coupling Human and Natural Systems. New York: Springer.

Brown M T, Cohen M J, Bardi E, et al. 2006. Species diversity in the Florida Everglades, USA: A systems approach to calculating biodiversity. Aquatic Sciences, 68: 254-277.

Brown M T, Campbell D E, de Vilbiss C, et al. 2016. The geobiosphere emergy baseline: A synthesis. Ecological Modelling, 339: 92-95.

Brown M A. 2017. Banking on biodiversity: The feasibility of biodiversity banking in New Zealand, environmental defence society incorporated. https://www.eds.org.nz/our-work/publications/reports/banking-on-biodiversity/[2020-11-01].

Brown P H, Lant C L. 1999. The effect of Wetland Mitigation Banking on the achievement of No-Net-Loss. Environmental Management, 23: 333-345.

Brulle R J, Pellow D N. 2006. Environmental justice: Human health and environmental inequalities. Annual Review of Public Health, 27: 103-124.

Buonocore E, Picone F, Donnarumma L, et al. 2019. Modeling matter and energy flows in marine ecosystems using emergy and eco-exergy methods to account for natural capital value. Ecological Modelling, 392: 137-146.

Burgin S. 2008. BioBanking: An environmental scientist's view of the role of biodiversity banking offsets in conservation. Biodiversity and Conservation, 17(4): 807-816.

Buschke F, Brownlie S. 2020. Reduced ecological resilience jeopardizes zero loss of biodiversity using the mitigation hierarchy. Nature Ecology & Evolution, 4(6): 815-819.

Buterin V. 2013. Ethereum. https://ethereum.org/en/whitepaper/[2020-11-01].

Calder R S D, Shi C J, Sara A M, et al.2019. Forecasting ecosystem services to guide coastal wetland rehabilitation decisions. Ecosystem Services, 39: 101007.

Callicott J B. 1984. Non-anthropocentric value theory and environmental ethics. American Philosophical Quarterly, 21(4): 299-309.

Camacho-Valdez V, Ruiz-Luna A, Ghermandi A, et al. 2014. Effects of land use changes on the ecosystem service values of coastal wetlands. Environmental Management, 54(4): 852-864.

Campbell D E. 2000. A revised solar transformity for tidal energy received by the earth and dissipated globally: Implications for Emergy Analysis//Brown M T, Brandt-Williams S, Tilley D, et al. Emergy Synthesis, Proceedings of the First Biennial Emergy Analysis Research Conference. Gainesville: University of Florida.

Campbell D E, Brandt-Williams S L, Cai T. 2005. Current technical problems in emergy analysis//Brown M T, Campbell D, Tilley D, et al. Emergy Synthesis 3: Proceeding of the Emergy Research Conference. Gainesville: University of Florida.

Campbell D E, Bastianoni S, Lu H F. 2010. The emergy baseline for the Earth: is it arbitrary?//Poster Presented at the 6th Biennial Emergy Analysis and Research Conference. Gainesville: University of Florida.

Campbell E T, Tilley D. 2011. Emergy synthesis for valuing the hydrologically driven ecosystem services of forest lands//Brown M T, Sweeney S, Campbell D E, et al. The 6th Biennial Emergy Conference. Gainesville: University of Florida.

Campbell E T, Brown M T. 2012. Environmental accounting of natural capital and ecosystem services for the US National Forest System. Environment, Development and Sustainability, 14: 691-724.

Campbell E T, Tilley D R. 2014. Valuing ecosystem services from Maryland forests using environmental accounting. Ecosystem Services, 7: 141-151.

Campbell E T, Tilley D R. 2016. Relationships between renewable emergy storage or flow and biodiversity: A modeling investigation. Ecological Modelling, 340: 134-148.

Canadell J, Jackson R B, Ehleringer J B, et al. 1996. Maximum rooting depth of vegetation types at the global scale. Oecologia, 108: 583-595.

Canu D M, Ghermandi A, Nunes P A L D, et al. 2015. Estimating the value of carbon sequestration ecosystem services in the Mediterranean Sea: An ecological economics approach. Global Environmental Change, 32(1): 87-95.

Cao S. 2008. Why Large-Scale Afforestation efforts in China have failed to solve the desertification problem. Environmental Science & Technology, 42(6): 1826-1831.

Carballeira C, Cebro A, Villares R, et al. 2018. Assessing changes in the toxicity of effluents from intensive marine fish farms over time by using a battery of bioassays. Environmental Science and Pollution Research, 25(13): 12739-12748.

Cardinale B J, Duffy J E, Gonzalez A, et al. 2012. Biodiversity loss and its impact on humanity. Nature, 486(7401): 59-67.

Carrington D P, Gallimore R G, Kutzbach J E. 2001. Climate sensitivity to wetlands and wetland vegetation in mid-Holocene North Africa. Climate Dynamics, 17: 151-157.

Casini M, Hjelm J, Molinero J C, et al. 2009. Trophic cascades promote threshold-like shifts in pelagic marine ecosystems. Proceedings of the National Academy of Sciences of the United States of America, 106(1): 197-202.

Catalini C, Gans J S. 2016. Some Simple Economics of the Blockchain. Cambridge: Rotman School of Management Working Paper No. 2874598, MIT Sloan Research Paper.

Chen C, Park T, Wang X, et al. 2019. China and India lead in greening of the world through land-use management. Nature Sustainability, 2: 122-129.

Chen J, Chuang C, Jan R, et al. 2013. Recreational benefits of ecosystem services on and around artificial reefs: A case study in Penghu, Taiwan. Ocean & Coastal Management, 85(1): 58-64.

Chen Y P, Wang K B, Lin Y S, et al. 2015. Balancing green and grain trade. Nature Geoscience, 8: 739-741.

Cherry J A. 2011. Ecology of wetland ecosystems: Water, substrate, and life. Nature Education Knowledge, 3: 16.

Chichilnisky G, Heal G. 2000. Securitizing the Biosphere, Environmental Markets. New York: Columbia University Press.

Cho C H, Patten D M. 2007. The role of environmental disclosures as tools of legitimacy: A research note. Accounting, Organizations and Society, 32(7-8): 639-647.

Christensen P P. 1989. Historical roots for ecological economics—biophysical versus allocative approaches. Ecological Economics, 1(1): 17-36.

Ciriacy-Wantrup S V. 1968. Resource Conservation: Economics and Policies. Berkeley: University of California Press.

Coase R H. 1960. Law economics. Journal of Law and Economics, 3: 1-44.

Cobb J, Daly H. 1989. For the Common Good, Redirecting the Economy toward Community, the Environment and a Sustainable Future. Boston: Beacon Press.

Cole J J, Prairie Y T, Caraco N F, et al. 2007. Plumbing the global carbon cycle: Integrating inland waters into the terrestrial carbon budget. Ecosystems, 10: 172-185.

Cole S, Moksnes P O, Söderqvist T, et al. 2021. Environmental compensation for biodiversity and ecosystem services: A flexible framework that addresses human wellbeing. Ecosystem Services, 50: 101319.

Coll M. 2009. Conservation biological control and the management of biological control services: Are they the same? Phytoparasitica, 37: 205-208.

Collingwood R G. 1960. The Idea of Nature. New York: Oxford University Press.

Collins D, Odum H T. 2000. Calculating transformations with an eigenvector method//Brown M T. Proceedings of the First Biennial Emergy Analysis Research Conference, Emergy Synthesis: Theory and Applications of the Emergy Methodology. Gainesville: University of Florida.

Cooper C, Senkl D. 2016. An (other) truth: A feminist perspective on KPMG's true value. Sustainability Accounting, Management and Policy Journal, 7(4): 494-516.

Costanza R. 1991. Ecological Economics: The Science and Management of Sustainability. New York: Columbia University Press.

Costanza R. 2007. Letter to the Editor Ecosystem services? Multiple classification systems are needed. Biological Conservation, 1(1): 8-10.

Costanza R, Neill C. 1984. Energy intensities, interdependence and value in ecological systems: A linear programming approach. Journal of Theoretical Biology, 106: 41-57.

Costanza R, Daly H E. 1992. Natural capital and sustainable development. Conservation Biology, 6: 37-46.

Costanza R, d'Arge R, Groot R d, et al. 1997. The value of the the world's ecosystem services and natural capital. Nature, 387: 253-260.

Costanza R, Alperovitz G, Daly H, et al. 2013. Building a Sustainable and Desirable Economy-in-Society-in-Nature: Report to the United Nations for the 2012 Rio+ 20 Conference. Canberra: ANU Press.

Costanza R, Groot R D, Sutton P, et al. 2014. Changes in the global value of ecosystem services. Global Environmental Change, 26: 152-158.

Costanza R, de Groot R, Braat L, et al. 2017. Twenty years of ecosystem services: How far have we come and how far do we still need to go? Ecosystem Services, 28: 1-16.

Council N R. 2001. Compensating for Wetland Losses under the Clean Water Act. Amsterdam: National Academies Press.

Cox D. 1958. The regression analysis of binary sequences. Journal of the Royal Statistical Society: Series B (Methodological), 20(2): 215-232.

Crossland C J, Hatcher B G, Smith S V. 1991. Role of coral reefs in global ocean production. Coral Reefs, 10: 55-64.

Cuckston T. 2018. Making accounting for biodiversity research a force for conservation. Social and Environmental Accountability Journal, 38(3): 218-226.

Czuba J A. 2018. A Lagrangian framework for exploring complexities of mixed-size sediment transport in gravel-bedded river networks. Geomorphology, 321: 146-152.

Dai E F, Huang Y, Wu Z, et al. 2016. Analysis of spatio-temporal features of a carbon source/sink and its relationship to climatic factors in the Inner Mongolia grassland ecosystem. Journal of Geographical Sciences, 26: 297-312.

Daily G C. 1997. Nature's Services: Societal Dependence on Natural Ecosystems. Washington DC: Island Press.

Daily G C, Matson P A. 2008. Ecosystem services: From theory to implementation. Proceedings of the National Academy of Sciences of the United States of America, 105 (28): 9455-9456.

Daily G C, Söderqvist T, Aniyar S, et al. 2000. The value of nature and the nature of value. Science, 289(5478): 395.

Daily G C, Polasky S, Goldstein J, et al. 2009. Ecosystem services in decision making: Time to deliver. Frontiers in Ecology and the Environment, 7(1): 21-28.

Daly H E. 1991. Steady-state Economics: With New Essays. Washington DC: Island Press.

Dang K B, Burkhard B, Windhorst W, et al. 2019. Application of a hybrid neural-fuzzy inference system for mapping crop suitability areas and predicting rice yields. Environmental Modelling & Software, 114: 166-180.

Dargusch P, Griffiths A. 2008. Introduction to special issue: A typology of environmental markets. Australasian Journal of Environmental Management, 15(2): 70-75.

Das S, Adhikary P P, Shit P K, et al. 2021. Urban wetland fragmentation and ecosystem service assessment using integrated machine learning algorithm and spatial landscape analysis. Geocarto International, 37(25): 7800-7818.

Dauguet B. 2015. Biodiversity offsetting as a commodification process: A French case study as a concrete example. Biological Conservation, 192: 533-540.

Dee L E, Cowles J, Isbell F, et al. 2019. When do ecosystem services depend on rare species?. Trends in Ecology & Evolution, 34(8): 746-758.

Dias V, Belcher K. 2015. Value and provision of ecosystem services from prairie wetlands: A choice experiment approach. Ecosystem Services, 15: 35-44.

Díaz S, Pascual U, Stenseke M, et al. 2018. Assessing nature's contributions to people. Science, 359(6373): 270-272.

Díaz S, Settele J, Brondízio E S, et al. 2019. Pervasive human-driven decline of life on Earth points to the need for transformative change. Science, 366(6471): eaax3100.

Diestelmeier L. 2019. Changing power: Shifting the role of electricity consumers with blockchain technology-Policy implications for EU electricity law. Energy Policy, 128: 189-196.

Dislich C, Keyel A C, Salecker J, et al. 2017. A review of the ecosystem functions in oil palm plantations, using forests as a reference system. Biological Reviews, 92: 1539-1569.

Djerbouai S. 2022. Missing precipitation data estimation using Long Short-Term Memory deep neural networks. Journal of Ecological Engineering, 23(5): 216-225.

Dobson A, Lodge D, Alder J, et al, 2006. Habitat loss, trophic collapse, and the decline of ecosystem services. Ecology, 87(8): 1915-1924.

Doherty S. 1995. Emergy Evaluations of and Limits to Forest Production. Gainesville: University of Florida.

Dong X B, Brown M T, Pfahler D, et al. 2012a. Carbon modeling and emergy evaluation of grassland management schemes in Inner Mongolia. Agriculture, Ecosystems & Environment, 158: 49-57.

Dong X B, Yang W K, Ulgiati S, et al. 2012b. The impact of human activities on natural capital and ecosystem services of natural pastures in North Xinjiang, China. Ecological Modelling, 225: 28-39.

Dong X B, Yu B H, Brown M T, et al. 2014. Environmental and economic consequences of the overexploitation of natural capital and ecosystem services in Xilinguole League, China. Energy Policy, 67: 767-780.

Dooling S. 2009. Ecological gentrification: A research agenda exploring justice in the city. International Journal of Urban and Regional Research, 33(3): 621-639.

Downing J A, Duarte C M. 2009. Abundance and size distribution of lakes, ponds and impoundments. Encyclopedia of Inland Waters, 51: 2388-2397.

Drinkwater L E, Snapp S S. 2007. Nutrients in agroecosystems: Re-thinking the management paradigm. Advances in Agronomy, 92: 163-186.

Du Z. 2002. Prospects of studies on man-land relationship in the 21st century. Geographical Research, 21(1): 9-13.

Duarte C M, Middelburg J J, Caraco N. 2005. Major role of marine vegetation on the oceanic carbon cycle. Biogeosciences, 2(1): 1-8.

Duarte C M, Losada I J, Hendriks I E, et al. 2013. The role of coastal plant communities for climate change mitigation and adaptation. Nature Climate Change, 3: 961-968.

Dupont V. 2017. Biodiversity offsets in NSW Australia: The biobanking scheme versus negotiated offsets in urban areas. Journal of Environmental Law, 29(1): 75-100.

Durevall D, Loening J L, Birru Y A. 2013. Inflation dynamics and food prices in Ethiopia. Journal of Development Economics, 104: 89-106.

Eatwell J, Milgate M. 2011. The Fall and Rise of Keynesian Economics. Oxford: Oxford University Press.

Ehrlich P, Ehrlich A, 1981. Extinction: The Causes and Consequences of the Disappearance of Species. New York: Random House.

Ehrlich P R, Mooney H A. 1983. Extinction, substitution, and ecosystem services. BioScience, 33: 248-254.

Elliff C I, Kikuchi R K P. 2017. Ecosystem services provided by coral reefs in a Southwestern Atlantic Archipelago. Ocean and Coastal Management, 136: 49-55.

Emmenegger S, Tschentscher A. 1993. Taking nature's rights seriously: The long way to biocentrism in environmental law. Georgetown International Environmental Law Review, 6: 545.

Engle R F. 1982. Autoregressive conditional heteroscedasticity with estimates of the variance of United Kingdom inflation. Econometrica, 50: 987-1007.

Engle R F, Rangel J G. 2008. The spline-GARCH model for low frequency volatility and its global macroeconomic causes. The Review of Financial Studies, 21: 1187-222.

Eni. 2019. How long does it take to form? http://www.eniscuola.net/en/argomento/soil/soil-formation/how-long-does-it-take-to-form/[2020-11-01].

Enquist B J, Feng X, Boyle B, et al. 2019. The commonness of rarity: Global and future distribution of rarity across land plants. Science Advances, 5(11): eaaz0414.

European Commission. 2012. The Multifunctionality of Green Infrastructure. Bristol: Science for Environment Policy.

Evans G. 2004. Mundo Maya: From Cancún to city of culture. World heritage in post-colonial Mesoamerica. Current Issues in Tourism, 7(4-5): 315-329.

Fagan W F, Kareiva P M. 1997. Using compiled species lists to make biodiversity comparisons among regions: A test case using Oregon butterflies. Biological Conservation, 80: 249-259.

Fang D L, Chen S Q, Chen B. 2015. Emergy analysis for the upper Mekong River intercepted by the Manwan hydropower construction. Renewable and Sustainable Energy Reviews, 51: 899-909.

Farber S C, Costanza R, Wilson M A. 2002. Economic and ecological concepts for valuing ecosystem services. Ecological Economics, 41(3): 375-392.

Farley J. 2012. Ecosystem services: The economics debate. Ecosystem Services, 1(1): 40-49.

Feng C, Ye S, Diao Z, et al. 2015. Ecological pressures on grassland ecosystems and their conservation strategies in Northern China AU-Zheng, Zhirong. Chinese Journal of Population Resources and Environment, 13: 87-91.

Feng X M, Fu B J, Piao S L, et al. 2016. Revegetation in China's Loess Plateau is approaching sustainable water resource limits. Nature Climate Change, 6: 1019-1022.

Fini A, Ferrini F, Frangi P, et al. 2009. Withholding irrigation during the establishment phase affected growth and physiology of Norway maple (Acer platanoides) and linden (Tilia spp.). Arboriculture & Urban Forestry, 35: 241-251.

Fioramonti L. 2013. Gross Domestic Problem: The Politics Behind the World's Most Powerful Number. London: Zed Books.

Fioramonti L. 2014. How Numbers Rule the World: The Use and Abuse of Statistics in Global Politics. London: Zed Books.

Fioramonti L. 2017. The World After GDP: Economics, Politics and International Relations in the Post-Growth Era. Cambridge: Polity Press.

Fisher B, Turner R K, Morling P. 2009. Defining and classifying ecosystem services for decision making. Ecological Economics, 68: 643-653.

Fletcher S, Saunders J, Herbert R J H. 2011. A review of the ecosystem services provided by broad-scale marine habitats in England's MPA network. Journal of Coastal Research, 1(1): 378-383.

Foley J A, DeFries R, Asner G P, et al. 2005. Global consequences of land use. Science, 309: 570-574.

Foley M M, Bellmore J R, O'Conner J E, et al. 2017. Dam removal-listening in. Water Resources Research, 53(7): 5229-5246.

Foley N S, Rensburg T M, Armstrong C W. 2010. The ecological and economic value of cold-water coral ecosystems. Ocean and Coastal Management, 53(7): 313-326.

Fox J, Nino-Murcia A. 2005. Status of species conservation banking in the United States. Conservation Biology, 19(4): 996-1007.

Fox K A. 1953. A spatial equilibrium model of the livestock-feed economy in the United States. Econometrica, 21: 547-66.

Francisco K, Swanson D. 2018. The supply chain has no clothes: Technology adoption of blockchain for supply chain transparency. Logistics, 2(1): 2.

Frank K T, Petrie B, Choi J S, et al. 2005. Trophic cascades in a formerly cod-dominated ecosystem. Science, 308(5728): 1621-1623.

Franzese P P, Buonocore E, Donnarumma L, et al. 2017. Natural capital accounting in marine protected areas: The case of the Islands of Ventotene and S. Stefano (Central Italy). Ecological Modelling, 360: 290-299.

Freeman A M III, Herriges J A, Kling C L. 2014. The Measurement of Environmental and Resource Values. Washington DC: RFF Press.

Freeze A, Cherry J. 1979. Groundwater. New Jersey: Prentice-Hall, INC, Englewood Cliffs.

Friedlingstein P, O'Sullivan M, Jones M W, et al. 2020. Global carbon budget 2020. Earth System Science Data, 12(4): 3269-3340.

Froelich P N, Klinkhammer G P, Bender M L, et al. 1979. Early oxidation of organic matter in pelagic sediments of the eastern equatorial Atlantic: Suboxic diagenesis. Geochimica et Cosmochimica Acta, 43: 1075-1090.

Froger G, Ménard S, Méral P. 2015. Towards a comparative and critical analysis of biodiversity banks. Ecosystem Services, 15: 152-161.

Fuente G D L, Asnaghi V, Chiantore M, et al. 2019. The effect of Cystoseira canopy on the value of midlittoral habitats in NW Mediterranean, an emergy assessment. Ecological Modelling, 404: 1-11.

Gaitani N, Spanou A, Saliari M, et al. 2011. Improving the microclimate in urban areas: A case study in the center of Athens. Building Services Engineering Research and Technology, 32: 53-71.

Gale P M, Reddy K R. 1994. Carbon flux between sediment and water column of a shallow, subtropical, hypereutrophic lake. Journal of Environmental Quality, 23(5): 965-972.

Gallai N, Salles J M, Settele J, et al. 2009. Economic valuation of the vulnerability of world agriculture confronted with pollinator decline. Ecological Economy, 68: 810-821.

Galloway J N, Dentener F J, Capone D G, et al. 2004. Nitrogen cycles: Past, present, and future. Biogeo- chemistry, 70: 153-226.

Galparsoro I, Borja A, Uyarra M C. 2014. Mapping ecosystem services provided by benthic habitats in the European North Atlantic Ocean. Frontiers in Marine Science, 1(1): 23-28.

Gang C C, Zhou W, Chen Y Z, et al. 2014. Quantitative assessment of the contributions of climate change and human activities on global grassland degradation. Environmental Earth Sciences, 72: 4273-4282.

Gao L H, Wei F Y, Yan Z W, et al. 2019. A study of objective prediction for summer precipitation patterns over eastern China based on a multinomial logistic regression model. Atmosphere, 10(4): 213.

Gao Q, Yu M, Zhou C. 2013. Detecting the differences in responses of stomatal conductance to moisture stresses between deciduous shrubs and *Artemisia* subshrubs. PLoS One, 8: e84200.

Gao Y, Wang W C, Yao T D, et al. 2018. Hydrological network and classification of lakes on the Third Pole.

Journal of Hydrology, 560: 582-594.

Gardner B L. 1975. The farm-retail price spread in a competitive food industry. American Journal of Agricultural Economics, 57: 399-409.

Garratt J R. 1992. The Atmospheric Boundary Layer. Cambridge: Cambridge University Press.

Gavriletea M D. 2017. Environmental impacts of sand exploitation. Analysis of sand market. Sustainability, 9(7): 1118.

Gee K, Burkhard B. 2010. Cultural ecosystem services in the context of offshore wind farming: A case study from the west coast of Schleswig-Holstein. Ecological Complexity, 7(3): 349-358.

Geng Y, Sarkis J, Ulgiati S, et al. 2013. Measuring China's circular economy. Science, 339: 1526-1527.

Geng Y, Sarkis J, Ulgiati S. 2016. Sustainability, well-being, and the circular economy in China and worldwide. Science, 6278: 73-76.

Georgescu-Roegen N. 1977. The steady state and ecological salvation: A thermodynamic analysis. BioScience, 27(4): 266-270.

Ghosh P K, Mahanta, S K. 2014. Carbon sequestration in grassland systems. Range Management and Agroforestry, 35: 173-181.

Gillman L N, Wright S D, Cusens J, et al. 2015. Latitude, productivity and species richness. Global Ecology and Biogeography, 24: 107-117.

Givnish T J, Barfuss M H J, Ee B V, et al. 2014. Adaptive radiation, correlated and contingent evolution, and net species diversification in Bromeliaceae. Molecular Phylogenetics and Evolution, 71: 55-78.

Goedkoop M, Spriensma R. 2001. The Eco-indicator 99: A Damage Oriented Method for Life Cycle Impact Assessment, Methodology Report. Groningen: University of Groningen.

Goetz S J, Bunn A G, Fiske G J, et al. 2005. Satellite-observed photosynthetic trends across boreal North America associated with climate and fire disturbance. Proceedings of the National Academy of Sciences of the United States of America, 102(38): 13521-13525.

Goldstein J H, Caldarone Q, Duarte T K, et al. 2012. Integrating ecosystem tradeoffs into land-use decisions. PNAS, 109(19): 7565-7570.

Gómez-Baggethun E, de Groot R, Lomas P L, et al. 2010. The history of ecosystem services in economic theory and practice: From early notions to markets and payment schemes. Ecological Economics, 69: 1209-1218.

Gonçalves B, Marques A, Soares A M V D M, et al. 2015. Biodiversity offsets: From current challenges to harmonized metrics. Current Opinion in Environmental Sustainability, 14: 61-67.

González S O, Almeida C A, Calderón M, et al. 2014. Assessment of the water self-purification capacity on a river affected by organic pollution: Application of chemometrics in spatial and temporal variations. Environmental Science and Pollution Research, 21: 10583-10593.

Goodland R, Ledec G. 1987. Neoclassical economics and principles of sustainable development. Ecological Modelling, 38(1-2): 19-46.

Gosselink J G, Odum E P, Pope R M. 1974. The Value of the Tidal Marsh. Baton Rouge: Center for Wetland Resources at Louisiana State University.

Gosz J R, Holmes R T, Likens G E, et al. 1978. The flow of energy in a forest ecosystem. Scientific American, 238: 92-102.

Govaerts B, Verhulst N, Castellanos-Navarrete A, et al. 2009. Conservation agriculture and soil carbon sequestration: Between myth and farmer reality. Critical Reviews in Plant Sciences, 28: 97-122.

Granger, C W J. 1969. Investigating causal relations by econometric models and cross-spectral methods. Econometrica, 37: 424-438.

Green J, Newman P. 2017. Citizen utilities: The emerging power paradigm. Energy Policy, 105: 283-293.

Greenhalgh S, Samarasinghe O, Curran-Cournane F, et al. 2017. Using ecosystem services to underpin cost-benefit analysis: Is it a way to protect finite soil resources? Ecosystem Services, 27: 1-14.

Grêt-Regamey A, Walz A, Bebi P. 2008. Valuing ecosystem services for sustainable landscape planning in Alpine regions. Mountain Research and Development, 28(2): 156-165.

Grime J P. 1997. Biodiversity and ecosystem function: The debate deepens. Science, 277: 1260-1261.

Grimm M. 2020. Conserving biodiversity through offsets? Findings from an empirical study on conservation banking. Journal for Nature Conservation, 57: 125871.

Griscom B W, Adams J, Ellis P W, et al. 2017. Natural climate solutions. Proceedings of the National Academy of Sciences of the United States of America, 114(44): 11645-11650.

Gu S Z, Jenkins A, Gao S J, et al. 2017. Ensuring water resource security in China; the need for advances in evidence-based policy to support sustainable management. Environmental Science & Policy, 75: 65-69.

Guo Z G, Liang T G, Zhang Z H. 2003. Classification management for grassland in Gansu Province, China. New Zealand Journal of Agricultural Research, 46: 123-131.

Guo Z G, Liang T G, Liu X Y, et al. 2006. A new approach to grassland management for the arid Aletai region in Northern China. The Rangeland Journal, 28: 97-104.

Gutrich J J, Hitzhusen F J. 2004. Assessing the substitutability of mitigation wetlands for natural sites: Estimating restoration lag costs of wetland mitigation. Ecological Economics, 48(4): 409-424.

Haberl H, Erb K H, Krausmann F, et al. 2007. Quantifying and mapping the human appropriation of net primary production in earth's terrestrial ecosystems. Proceedings of the National Academy of Sciences of the United States of America, 104(31): 12942-12947.

Hadi N, Mohammad N, Hadi S, et al. 2020. A systematic review of civil and environmental infrastructures for coastal adaptation to sea level rise. Civil Engineering Journal, 6: 1375-1399.

Haines-Young R H, Potschin-Young M B. 2018. Revision of the Common International Classification for Ecosystem Services (CICES V5.1): A Policy Brief. One Ecosystem, 3: e27108.

Halpern B S, Walbridge S, Selkoe K A, et al. 2008. A global map of human impact on marine ecosystems. Science, 319(5865): 948-952.

Han D M, Wang G Q, Xue B L, et al. 2018. Evaluation of semiarid grassland degradation in North China from multiple perspectives. Ecological Engineering, 112: 41-50.

Hand J D O, Bielicki J M, Wang Y, et al. 2019. The value of bulk energy storage for reducing CO_2 emissions and water requirements from regional electricity systems. Energy Conversion And Management, 181: 674-685.

Hardin G. 1968. Tragedy of the commons. Science, 162: 1243-1248.

Hardin G. 1998. Extensions of "the tragedy of the commons". Science, 280(5364): 682-683.

Harris R B. 2010. Rangeland degradation on the Qinghai-Tibetan plateau: A review of the evidence of its magnitude and causes. Journal of Arid Environments, 74: 1-12.

Hasan M M, Rahman M M. 2017. Performance and emission characteristics of biodiesel–diesel blend and environmental and economic impacts of biodiesel production: A review. Renewable and Sustainable Energy Reviews, 74: 938-948.

Hasselbach J L, Roosen J. 2015. Motivations behind preferences for local or organic food. Journal of International Consumer Marketing, 27: 295-306.

Hassini E, Surti C, Searcy C. 2012. A literature review and a case study of sustainable supply chains with a focus on metrics. International Journal of Production Economics, 140(1): 69-82.

Hattam C, Böhnke H A, Börger T, et al. 2015. Integrating methods for ecosystem service assessment and valuation: Mixed methods or mixed messages?. Ecological Economics, 120(1): 126-138.

Hau J L, Bakshi B R. 2004. Promise and problems of emergy analysis. Ecological Modelling, 178: 215-225.

Hauton C, Brown A, Thatje S, et al. 2017. Identifying toxic impacts of metals potentially released during deep-sea mining—A synthesis of the challenges to quantifying risk. Frontiers in Marine Science, 4: 368.

Häyhä T, Franzesea P P. 2014. Ecosystem services assessment: A review under an ecological-economic and systems perspective. Ecological Modelling, 289: 124-132.

Hegerl G C, Hoegh-Guldberg O, Casassa G, et al. 2010. Good practice guidance paper on detection and attribution related to anthropogenic climate change//Stocker T F, Field C, Qin D, et al. Intergovernmental Panel on Climate Change Expert Meeting on Detection and Attribution of Anthropogenic Climate Change. IPCC Working Group I Technical Support Unit, University of Bern: 1-9.

Herre E A, Knowlton N, Mueller U G, et al. 1999. The evolution of mutualisms: Exploring the paths between conflict and cooperation. Trends in Ecology & Evolution, 14(2): 49-53.

Heymans J J, Ulanowicz R E, Bondavalli C. 2002. Network analysis of the South Florida Everglades graminoid marshes and comparison with nearby cypress ecosystems. Ecological Modelling, 149: 5-23.

Hilborn R. 2017.Traditional fisheries management is the best way to manage weak stocks. Proceedings of the National Academy of Sciences of the United States of America, 114(50): E10610.

Hilborn R, Costello C. 2018. The potential for blue growth in marine fish yield, profit and abundance of fish in the ocean. Marine Policy, 87: 350-355.

Hill T P. 1977. On goods and services. Review of Income and Wealth, 23(4): 315-338.

Hines R D. 1991. The FASB's conceptual framework, financial accounting and the maintenance of the social world. Accounting, Organizations and Society, 16(4): 313-331.

Hofstra N, Huisingh D. 2014. Eco-innovations characterized: A taxonomic classification of relationships between humans and nature. Journal of Cleaner Production, 66: 459-468.

Holguin G, Vazquez P, Bashan Y. 2001. The role of sediment microorganisms in the productivity, conservation, and rehabilitation of mangrove ecosystems: An overview. Biology and Fertility of Soils, 33(4): 265-278.

Hrasky S, Jones M. 2016. Lake Pedder: Accounting, Environmental Decision-making, Nature and Impression Management, Accounting Forum. Amsterdam: Elsevier.

Hruby T. 2012. Calculating Credits and Debits for Compensatory Mitigation in Wetlands of Western Washington. Olympia: Washington Department of Ecology.

Hruby T. 2014. Washington State Wetland Rating System For Western Washington. Olympia: Washington Department of Ecology.

Hu W, Hu Y, Hu Z, et al. 2019. Emergy-based sustainability evaluation of China's marine eco-economic system during 2006−2015. Ocean & Coastal Management, 179: 104811.

Hu Y, Han Y, Zhang Y, et al. 2017. Extraction and dynamic spatial-temporal changes of grassland deterioration research hot regions in China. Journal of Resources and Ecology, 8: 352-358.

Huang S L, Kao W C, Lee C L. 2007. Energetic mechanisms and development of an urban landscape system. Ecological Modelling, 201(3-4): 495-506.

Huang S L, Chen Y H, Kuo F Y, et al. 2011. Emergy-based evaluation of peri-urban ecosystem services. Ecological Complexity, 8: 38-50.

Hubacek K, van den Bergh J C. 2006. Changing concepts of 'land' in economic theory: From single to multi-disciplinary approaches. Ecological Economics, 56(1): 5-27.

Hueting R, Reijnders L, de Boer D, et al. 1998. The concept of environmental function and its valuation. Ecological Economics, 25: 31-35.

Iansiti M, Lakhani K R. 2017. The truth about blockchain. Harvard Business Review, 95(1): 118-127.

International Hydropower Association. 2018. Hydropower Status Report. London: IHA Central Office.

IPCC. 2007. Contribution of Working Group III to the Fourth Assessment Report of the Intergovernmental Panel on Climate Change. Cambridge: Cambridge University Press.

IPCC. 2013. Climate Change 2013: The Physical Science Basis. Contribution of Working Group I to the Fifth Assessment Report of the Intergovernmental Panel on Climate Change. Cambridge: Cambridge University Press.

IPCC. 2019. IPCC Special Report on the Ocean and Cryosphere in a Changing Climate. Switzerland: IPCC.

Jaeckel A, Gjerde K M, Ardron J A. 2017. Conserving the common heritage of humankind-options for the deep-seabed mining regime. Marine Policy, 78: 150-157.

Jenny H. 1994. Factors of Soil Formation: A System of Quantitative Pedology. New York: Dover Publications, INC.

Jia X Y, O'Connor D Y, Hou D Y, et al. 2019. Groundwater depletion and contamination: Spatial distribution of groundwater resources sustainability in China. Science of the Total Environment, 672: 551-562.

Jiao N Z, Herndl G J, Hansell D A, et al. 2010. Microbial production of recalcitrant dissolved organic matter: Long-term carbon storage in the global ocean. Nature Reviews Microbiology, 8(8): 593-599.

Jørgensen S E. 1998. Exergy as an orientor of the development of ecosystems//Advances in Energy Studies: Energy Flows in Ecology and Economy. Rome: Museum of Science and Scientific Information.

Jost J C. 2013. Partial Differential Equations. 3rd ed. New York: Springer.

Ju J C, Masek J G. 2016. The vegetation greenness trend in Canada and US Alaska from 1984−2012 Landsat data. Remote Sensing of Environment, 176: 1-16.

Kang D, Park S S. 2002. Emergy evaluation perspectives of a multipurpose dam proposal in Korea. Journal of Environmental Management, 66(3): 293-306.

Kareiva P, Marvier M. 2003. Conserving biodiversity coldspots. American Scienfist, 91: 344-351.

Karimi V, Karami E, Keshavarz M. 2018.Climate change and agriculture: Impacts and adaptive responses in Iran. Journal of Integrative Agriculture, 17 (1): 1-15.

Keddy P A. 2010. Wetland Ecology. Principles and Conservation. Cambridge: Cambridge University Press.

Kemp W M, Testa J M, Conley D J, et al. 2009. Temporal responses of coastal hypoxia to nutrient loading and physical controls. Biogeosciences, 6: 2985-3008.

Kenter J O. 2016. Editorial: Shared, plural and cultural values. Ecosystem Services, 21: 175-183.

Kiesecker J M, Copeland H, Pocewicz A, et al. 2010. Development by design: Blending landscape-level planning with the mitigation hierarchy. Frontiers in Ecology and the Environment, 8(5): 261-266.

Kinzig A P, Perrings C, Chapin F S, et al. 2011. Paying for ecosystem services—Promise and peril. Science, 334(6056): 603.

Klein A M, Vaissière B E, Cane J H, et al. 2007. Importance of pollinators in changing landscapes for world crops. Proceedings of the Royal Society B: Biological Sciences, 274(1608): 303-313.

Koh N S, Hahn T, Boonstra W J. 2019. How much of a market is involved in a biodiversity offset?A typology of biodiversity offset policies. Journal of Environmental Management, 232: 679-691.

Kohn M. 2004. Value and exchange. Cato Journal 24: 303.

Kopnina H, Washington H, Gray J, et al. 2018. The 'future of conservation' debate: Defending ecocentrism and the nature needs half movement. Biological Conservation, 217:140-148.

Kotchen M J. 2006. Green markets and private provision of public goods. Journal of Political Economy, 114(4): 816-834.

Kovacs K F, Haight R G, Jung S, et al. 2013. The marginal cost of carbon abatement from planting street trees in New York City. Ecological Economics, 95: 1-10.

Krebs C J. 2000. Ecological Methodology. Menlo Park, California: Addison Wesley Longman, Incorporated.

Kremen C, Williams N M, Aizen M A, et al. 2007. Pollination and other ecosystem services produced by mobile organisms: A conceptual framework for the effects of land-use change. Ecology Letters, 10(4): 299-314.

Kshetri N. 2017. Will blockchain emerge as a tool to break the poverty chain in the Global South?. Third World Quarterly, 38(8): 1710-1732.

Lal R. 2008a. Soil carbon stocks under present and future climate with specific reference to European ecoregions. Nutrient Cycling in Agroecosystems, 81: 113-127.

Lal R. 2008b. Sequestration of atmospheric CO_2 in global carbon pools. Energy & Environmental Science, 1(1): 86-100.

Landis D A, Gardiner M M, van der Werf W, et al. 2008. Increasing corn for biofuel production reduces biocontrol services in agricultural landscapes. Proceedings of the National Academy of Sciences of the United States of America, 105(51): 20552-20557.

Lanfear R, Kokko H, Eyre-Walker A. 2014. Population size and the rate of evolution. Trends in Ecology & Evolution, 29(1): 33-41.

Langan C, Farmer J, Rivington M, et al. 2018. Tropical wetland ecosystem service assessments in East Africa: A review of approaches and challenges. Environmental Modelling & Software, 102: 260-273.

Lange G M, Jiddawi N. 2009. Economic value of marine ecosystem services in Zanzibar: Implications for marine conservation and sustainable development. Ocean and Coastal Management, 52(10): 521-532.

Leary D, Vierros M, Hamon G, et al. 2009. Marine genetic resources: A review of scientific and commercial interest. Marine Policy, 33(2): 183-194.

Lee C G, Fletcher T D, Sun G Z. 2009. Nitrogen removal in constructed wetland systems. Engineering in Life Sciences, 9(1): 11-22.

Lee D J, Brown M T. 2019. Renewable empower distribution of the world. Journal of Environmental Accounting and Management, 7: 11-27.

Lee K Y, Tsao S H, Tzeng C W, et al. 2018. Influence of the vertical wind and wind direction on the power output of a small vertical-axis wind turbine installed on the rooftop of a building. Applied Energy, 209: 383-391.

Lee M S Y, Soubrier J, Edgecombe G D. 2013. Rates of phenotypic and genomic evolution during the cambrian explosion. Current Biology, 23(19): 1889-1895.

Lei J C, Quan Q, Li P Z, et al. 2021. Research on monthly precipitation prediction based on the least square support vector machine with multi-factor integration. Atmosphere, 12 (8): 1076.

Lemaire B E, Robbrecht B, van Wyk S, et al. 2011. Identification, origin, and evolution of leaf nodulating symbionts of Sericanthe (Rubiaceae). Journal of Microbiology, 49: 935-941.

Lemaire G, Hodgson J, Chabbi A. 2011. Grassland Productivity and Ecosystem Services. Wallingford: CABI.

Lepš J, Osbornová-Kosinová J, Rejmánek M. 1982. Community stability, complexity and species life history strategies. Vegetatio, 50: 53-63.

Lerman A, Imboden D, R. Gat J. 1995. Physics and Chemistry of Lakes. Berlin: Springer-Verlag.

Leuzinger S, Vogt R, Körner C. 2010. Tree surface temperature in an urban environment. Agricultural and Forest Meteorology, 150 (1): 56-62.

Levrel H, Scemama P, Vaissière A C. 2017. Should we be wary of mitigation banking? Evidence regarding the risks associated with this wetland offset arrangement in Florida. Ecological Economics, 135: 136-149.

Li L J, Lu H F, Campbell D E, Ren H. 2010. Emergy algebra: Improving matrix methods for calculating transformities. Ecological Modelling, 221: 411-422.

Li L J, Lu H F, Campbell D E, et al. 2011. Methods for estimating the uncertainty in emergy table-form models. Ecological Modelling, 222(15): 2615-2622.

Li Y, Piao S L, Li L Z X, et al. 2018. Divergent hydrological response to large-scale afforestation and vegetation greening in China. Science Advances, 4(5): eaar4182.

Limburg K E, O'Neill R V, Costanza R, et al. 2002. Complex systems and valuation. Ecological Economics, 41(3): 409-420.

Lin C W, Huang X P, Lin M X, et al. 2022. SF-CNN: Signal filtering convolutional neural network for precipitation intensity estimation. Sensors (Basel, Switzerland), 22(2): 551.

Lin H, Tang X, Shen P, et al. 2018. Using big data to improve cardiovascular care and outcomes in China: A protocol for the CHinese Electronic health Records Research in Yinzhou (CHERRY) Study. BMJ Open, 8: 1-10.

Lin L Z, Liu G Y, Wang X Q, et al. 2018. Emergy-based provincial sustainability dynamic comparison in China. Journal of Environment Accounting and Management, 6: 249-260.

Lin W, Wu J, Lin H. 2020. Contribution of unvegetated tidal flats to coastal carbon flux. Global Change Biology, 26: 3443-3454.

Liquete C, Piroddi C, Drakou E G, et al. 2013. Current status and future prospects for the assessment of marine and coastal ecosystem services: A systematic review. PLoS One, 8(7): 1-15.

Liu C, Liu G Y, Yang Q. 2019. An emergy-based assessment of the impact of dam construction on river ecosystem service values: A case study of the Three Gorges Dam. Journal of Environmental Accounting and Management, 7: 337-361.

Liu D, Cao C X, Dubovyk O, et al. 2017. Using fuzzy analytic hierarchy process for spatio-temporal analysis of eco-environmental vulnerability change during 1990–2010 in Sanjiangyuan region, China. Ecological Indicators, 73: 612-625.

Liu G Y, Yang Z F, Chen B, et al. 2011. Monitoring trends of urban development and environmental impact of Beijing, 1999-2006. Science of the Total Environment, 409(18): 3295-3308.

Liu H Y, Williams A P, Allen C D, et al. 2013. Rapid warming accelerates tree growth decline in semi-arid forests of Inner Asia. Global Change Biology, 19(8): 2500-2510.

Liu J, Diamond J. 2005. China's environment in a globalizing world. Nature, 435(7046): 1179-1186.

Liu J E, Zhou H X, Qin P, et al. 2009. Comparisons of ecosystem services among three conversion systems in Yancheng National Nature Reserve. Ecological Engineering, 35: 609-629.

Liu J Y, Xu X L, Shao Q. 2008. Grassland degradation in the "Three-River Headwaters" region, Qinghai Province. Journal of Geographical Sciences, 18: 259-273.

Liu X, Lu D, Zhang A, et al.2022. Data-driven machine learning in environmental pollution: Gains and problems. Environmental Science & Technology, 56: 2124.

Liu Y, Feng Q S, Wang C G, et al. 2018. A risk-based model for grassland management using MODIS data: The case of Gannan region, China. Land Use Policy, 72: 461-469.

Löbler H. 2016. Toward a frame for marketing as an (environmental responsible) social science. Dublin: The 41st Annual Macromarketing Conference.

Löbler H. 2017. Humans' relationship to nature-framing sustainable marketing. Journal of Services Marketing, 31(1): 73-82.

Losey J E, Vaughan M. 2006. The economic value of ecological services provided by insects. Bioscience, 56: 311-323.

主要参考文献

Lotka A J. 1922. Natural selection as a physical principle. Proceedings of the National Academy of Sciences of the United States of America, 8(6): 151-154.

Lotka A J. 1925. Elements of Physical Biology. Baltimore: Williams and Wilkins.

Lu H F, Campbell E T, Campbell D E, et al. 2017. Dynamics of ecosystem services provided by subtropical forests in Southeast China during succession as measured by donor and receiver value. Ecosystem Services, 23: 248-258.

Lucht W, Prentice I C, Myneni R B, et al. 2002. Climatic control of the high-latitude vegetation greening trend and pinatubo effect. Science, 296: 1687.

MA. 2005. Ecosystems and human well-being: Synthesis. Physics Teacher, 34(9): 534.

Ma F J, Eneji A E, Liu J T. 2015. Assessment of ecosystem services and dis-services of an agro-ecosystem based on extended emergy framework: A case study of Luancheng county, North China. Ecological Engineering, 82: 241-251.

Ma T T, Li X W, Bai J H, et al. 2019. Four decades' dynamics of coastal blue carbon storage driven by land use/land cover transformation under natural and anthropogenic processes in the Yellow River Delta, China. Science of the Total Environment, 655: 741-750.

MacArthur R. 1955. Fluctuations of animal populations and a measure of community stability. Ecology, 36: 533-536.

Mace G M, Norris K, Fitter A H. 2012. Biodiversity and ecosystem services: A multilayered relationship. Trends in Ecology & Evolution, 27(1): 19-26.

Mace G M, Barrett M, Burgess N D, et al. 2018. Aiming higher to bend the curve of biodiversity loss. Nature Sustainability, 1(9): 448-451.

MacGillivray C W, Grime J P. 1995. Testing predictions of the resistance and resilience of vegetation subjected to extreme events. Functional Ecology, 9: 640-649.

MacKenzie D. 2009. Making things the same: gases, emission rights and the politics of carbon markets. Accounting, Organizations and Society, 34(3-4): 440-455.

Maes J, Burkhard B, Geneletti D. 2018. Ecosystem services are inclusive and deliver multiple values. A comment on the concept of nature's contributions to people. One Ecosystem, 3: e24720.

Maltby E, Acreman M C. 2011. Ecosystem services of wetlands: Pathfinder for a new paradigm. International Association of Scientific Hydrology Bulletin, 56: 1341-1359.

Mares M A. 1992. Neotropical mammals and the myth of Amazonian biodiversity. Science, 255: 976-979.

Margalef R. 1961. Communication of the structure of planktonic populations. Limnology and Oceanography, 6: 124-128.

Marinelli M. 2018. How to build a 'Beautiful China' in the Anthropocene. The political discourse and the intellectual debate on ecological civilization. Journal of Chinese Political Science, 23(3): 365-386.

Marre J B, Brander L, Thebaud O, et al. 2015. Non-market use and non-use values for preserving ecosystem services over time: A choice experiment application to coral reef ecosystems in New Caledonia. Ocean & Coastal Management, 105(1): 1-14.

Martinez-Alier J, Roca J. 1987. Spain after Franco: from corporatist ideology to corporatist reality. International Journal of Political Economy, 17(4): 56-87.

Matson P A, Parton W J, Power A G, et al. 1997. Agricultural intensification and ecosystem properties. Science, 277: 504-509.

Mcleod E, Chmura G L, Bouillon S, et al. 2011. A blueprint for blue carbon: Toward an improved understanding of the role of vegetated coastal habitats in sequestering CO_2. Frontiers in Ecology and the Environment, 9(10): 552-560.

McRae L, Deinet S, Freeman R. 2017. The diversity-weighted living planet index: Controlling for taxonomic bias in a global biodiversity indicator. PLoS One, 12(1): e0169156.

MEA. 2005. Ecosystems and Human Well-Being: Synthesis. Washington DC: Island Press.

Mellino S, Buonocore E, Ulgiati S. 2015. The worth of land use: A GIS-emergy evaluation of natural and human-made capital. Science of the Total Environment, 506-507: 137-148.

Mendelsohn R, Olmstead S. 2009. The economic valuation of environmental amenities and disamenities: Methods and applications. Annual Review of Environment and Resources, 34: 325-347.

Meyer R S, DuVal A E, Jensen H R. 2012. Patterns and processes in crop domestication: An historical review and quantitative analysis of 203 global food crops. New Phytologist, 196: 29-48.

Meyers P A, Ishiwatari R. 1995. Organic matter accumulation records in lake sediments//Lerman A, Imboden D M, Gat J R. Physics and Chemistry of Lakes. New York: Springer.

Meyers P A, Teranes J L. 2001. Sediment organic matter//Last W M, Smol J P. Tracking Environmental Change Using Lake Sediments. Dordrecht: Kluwer Academic Publishers.

Mildenberger G, Schimpf G, Streicher J. 2020. Social Innovation Assessment? Reflections on the impacts of social innovation on society-Outcomes of a systematic literature review. European Public & Social Innovation Review, 5(2): 1-13.

Miller K A, Thompson K F, Johnston P, et al. 2018. An overview of seabed mining including the current state of development, environmental impacts, and knowledge gaps. Frontiers in Marine Science, 4: 418.

Mitchell M, Bennett E, Gonzalez A. 2015. Strong and nonlinear effects of fragmentation on ecosystem service provision at multiple scales. Environmental Research Letters, 10: 9.

Mitsch W J, Gosselink J G. 1993. Wetlands. Sec ed. New York: Van Nostrand Reinhold.

Mittelstaedt J D, Shultz C J, Kilbourne W E, et al. 2014. Sustainability as megatrend: Two schools of micromarketing thought. Journal of Macromarketing, 34(3): 253-264.

Montandon L M, Small E E. 2008. The impact of soil reflectance on the quantification of the green vegetation fraction from NDVI. Remote Sensing of Environment, 112: 1835-1845.

Mora C, Tittensor D P, Adl S, et al. 2011. How many species are there on earth and in the ocean? PLoS Biology, 9(8): e1001127.

Morandeau D, Vilaysack D. 2012.Compensating for damage to biodiversity: An international benchmarking study. http://www.forest-trends.org/documents/files/doc_3209.pdf[2023-11-01].

Morgenstern R D, Pizer W A. 2007. How well do voluntary environmental programs really work? https://www.resources.org/archives/how-well-do-voluntary-environmental-programs-really-work/[2023-11-01].

Morris R, Alonso I, Jefferson R, et al. 2006. The creation of compensatory habitat—Can it secure sustainable development? Journal for Nature Conservation, 14(2): 106-116.

Muneepeerakul R, Bertuzzo E, Rinaldo A, et al. 2019. Evolving biodiversity patterns in changing river networks. Journal of Theoretical Biology, 462: 418-424.

Murphy G. 2004. The Big Book of Concepts. Cambridge: MIT Press.

Murray C. 2013. An assessment of cost benefit analysis approaches to mangrove management. Auckland Council Technical Report, TR2013/006.

Murray C J L, Lopez A D, Jamison D T. 1994. The global burden of disease in 1990: Summary results, sensitivity analysis and future directions. Bulletin of the World Heath Organization, 72(3): 495-509.

Myers R J. 2006. On the costs of food price fluctuations in low-income countries. Food Policy, 31: 288-301.

Myneni R B, Keeling C D, Tucker C J, et al. 1997. Increased plant growth in the northern high latitudes from 1981 to 1991. Nature, 386: 698-702.

Nan Z. 2010. The grassland farming system and sustainable agricultural development in China. Grassland Science, 51: 15-19.

Naseem A, Mhlanga S, Diagne A, et al. 2013. Economic analysis of consumer choices based on rice attributes in the food markets of West Africa—The case of Benin. Food Security, 5(4): 575-589.

Nellemann C, Corcoran E, Duarte C M, et al. 2009. Blue carbon. A rapid response assessment. Arendal: United Nations Environment Programme.

Nelson E, Mendoza G, Regetz J, et al. 2009. Modeling multiple ecosystem services, biodiversity conservation, commodity production, and tradeoffs at landscape scales. Frontiers in Ecology & the Environment, 7: 4-11.

Neuteleers S, Engelen B. 2015. Talking money: How market-based valuation can undermine environmental protection. Ecological Economics, 117: 253-260.

Newbold T, Hudson L N, Hill S L L, et al. 2015. Global effects of land use on local terrestrial biodiversity. Nature, 520(7545): 45-50.

Nilsson C, Reidy C A, Dynesius M, et al. 2005. Fragmentation and flow regulation of the world's large river systems. Science, 308(5720): 405-408.

Norby R J, Warren J M, Iversen C M, et al. 2010. CO_2 enhancement of forest productivity constrained by limited nitrogen availability. Proceedings of the National Academy of Sciences of the United States of America, 107: 19368-19373.

Norton B, Costanza R, Bishop R C. 1998. The evolution of preferences why 'sovereign' preferences may not lead to sustainable policies and what to do about it. Ecological Economics, 24: 193-211.

NRC. 2002. Riparian Areas: Functions and Strategies for Management. Committee on Riparian Zone Functioning and Strategies for Management. Washington DC: National Academy Press.

O'Rourke M E. 2010. Linking Habitat Diversity with Spatial Ecology for Agricultural Pest Management. Ithaca: Cornell University.

Obura D O, Katerere Y, Mayet M, et al. 2021. Integrate biodiversity targets from local to global levels. Science, 373(6556): 746-748.

Odum H T. 1988. Self organization, transformity and information. Science, 242: 1132-1139.

Odum H T. 1996. Environmental Accounting: Emergy and Environmental Decision Making. New York: John Wiley & Sons INC.

Odum H T. 2000. Folio #2: Emergy of Global Processes. Handbook of Emergy Evaluation, A Compendium of Data for Emergy Computation Issued in a Series of Folios. Gainesville: Center for Environmental Policy, Environmental Engineering Sciences, University of Florida.

Odum H T, Odum E C. 1976. Energy Basis for Man and Nature. New York: McGraw Hill.

Odum H T, Odum E P. 2000. The energetic basis for valuation of ecosystem services. Ecosystems, 3: 21-23.

OECD. 2016. The Ocean Economy in 2030. Paris: OECD Publishing.

Oelmann Y, Lange M, Leimer S, et al. 2021. Above- and belowground biodiversity jointly tighten the P cycle in agricultural grasslands. Nature Communications, 12(1): 4431.

Ojea E, Loureiro M L. 2010. Valuing the recovery of overexploited fish stocks in the context of existence and option values. Marine Policy, 34(3): 514-521.

Ola O, Menapace L, Benjamin E, et al. 2019. Determinants of the environmental conservation and poverty alleviation objectives of Payments for Ecosystem Services (PES) programs. Ecosystem Services, 35: 52-66.

Ollerton J. 2006. Biological barter: Patterns of Specialization Compared Across Different Mutualisms, Plant-pollinator Interactions: From Specialization to Generalization. Chicago: University of Chicago Press.

O'Neill J, Holland A, Light A. 2008. Environmental Values. New York: Routledge.

Ostroumov S A. 2004. On the Biotic Self-purification of Aquatic Ecosystems: Elements of the Theory. Doklady Biological Sciences, 396: 206-211.

Ouyang X, Lee S Y, Connolly R M, et al. 2018. Spatially-explicit valuation of coastal wetlands for cyclone mitigation in Australia and China. Scientific Reports, 8: 1-9.

Ouyang Z, Zheng H, Xiao Y, et al. 2016. Improvements in ecosystem services from investments in natural capital. Science, 352: 1455-1459.

Ouyang Z Y, Song C S, Zheng H, et al. 2020. Using gross ecosystem product (GEP) to value nature in decision making. Proceedings of the National Academy of Sciences of the United States of America, 117: 14593-14601.

Owuor M A, Mulwa R, Otieno P, et al. 2019. Valuing mangrove biodiversity and ecosystem services: A deliberative choice experiment in Mida Creek, Kenya. Ecosystem Services, 40: 101040.

Palmer M A, Filoso S. 2009. Restoration of Ecosystem Services for Environmental Markets. Science, 325(5940): 575-576.

Palumbo L. 2013. A post-GDP critique of the Europe 2020 strategy. Procedia-Social and Behavioral Sciences, 72: 47-63.

Pan J. 2021. Ecological Civilization: From Instrumentalism to Teleology, the Chinese Approach: How China Has Transformed Its Economy and System? Berlin: Springer.

Papagiannakis G, Lioukas S. 2012. Values, attitudes and perceptions of managers as predictors of corporate environmental responsiveness. Journal of Environmental Management, 100: 41-51.

Park T, Ganguly S, Tømmervik H, et al. 2016. Changes in growing season duration and productivity of northern vegetation inferred from long-term remote sensing data. Environmental Research Letters, 11: 084001.

Pascal N, Allenbach M, Brathwaite A, et al. 2016. Economic valuation of coral reef ecosystem service of coastal protection: A pragmatic approach. Ecosystem Services, 21(Part A): 72-80.

Pataki D E, Carreiro M M, Cherrier J, et al. 2011. Coupling biogeochemical cycles in urban environments: Ecosystem services, green solutions, and misconceptions. Frontiers in ecology and the Environment, 9(1): 27-36.

Patterson M G. 1983. Estimation of the quality of energy sources and uses. Energy Policy, 11(4): 346-359.

Patterson M G. 1996. What is energy efficiency? Concepts, indicators and methodological issues. Energy Policy, 24(5): 377-390.

Patterson M G. 2002. Ecological production based pricing of biosphere processes. Ecological Economics, 41(2): 457-478.

Peciña M V, Ward R D, Bunce R G H, et al. 2019. Country-scale mapping of ecosystem services provided by semi-natural grasslands. Science of the Total Environment, 661: 212-225.

Peet R K. 1974. The measurement of biodiversity. Annual Review of Ecology and Systematics, 5: 285-307.

Pert P, Costanza R, Bohnet I, et al. 2012. The ecosystem service value of coastal wetlands for cyclone protection in Australia. Australia: Institute for Sustainable Solutions Publications and Presentations, 26(1): 1-14.

Peterson M J, Hall D M, Feldpausch-Parker A M, et al. 2009. Obscuring ecosystem function with application of the ecosystem services concept. Conservation Biology, 24: 113-119.

Petrolia D R, Interis M G, Hwang J. 2014. America's wetland? A national survey of willingness to pay for restoration of Louisiana's Coastal Wetlands. Marine Resource Economics, 29(1): 17-37.

Piao S, Fang J, Zhou L, et al. 2003. Interannual variations of monthly and seasonal normalized difference vegetation index (NDVI) in China from 1982 to 1999. Journal of Geophysical Research: Atmospheres, 108: 1-13.

Piao S, Fang J, Ciais P, et al. 2009. The carbon balance of terrestrial ecosystems in China. Nature, 458: 1009-

1013.

Piao S, Ciais P, Huang Y, et al. 2010. The impacts of climate change on water resources and agriculture in China. Nature, 467: 43-51.

Piao S, Yin G, Tan J, et al. 2015. Detection and attribution of vegetation greening trend in China over the last 30 years. Global Change Biology, 21: 1601-1609.

Piao S, Huang M, Liu Z, et al. 2018. Lower land-use emissions responsible for increased net land carbon sink during the slow warming period. Nature Geoscience, 11: 739-743.

Piao S, Wang X, Park T, et al. 2019. Characteristics, drivers and feedbacks of global greening. Nature Reviews Earth & Environment, 1: 14-27.

Picone F, Buonocore E, D'Agostaro R, et al. 2017. Integrating natural capital assessment and marine spatial planning: A case study in the Mediterranean sea. Ecological Modelling, 361: 1-13.

Picot X. 2004. Thermal comfort in urban spaces: Impact of vegetation growth: Case study: Piazza della Scienza, Milan, Italy. Energy and Buildings, 36: 329-334.

Pigou A C. 1920. Some problems of foreign exchange. The Economic Journal, 30(120): 460-472.

Pilgrim J D, Brownlie S, Ekstrom J M M, et al. 2013. A process for assessing the offsetability of biodiversity impacts. Conservation Letters, 6(5): 376-384.

Pimentel D. 2012. Global Economic & Environmental Aspects of Biofuels. Boca Raton: CRC Press.

Pirard R. 2012. Market-based instruments for biodiversity and ecosystem services: A lexicon. Environmental Science & Policy, 1920: 59-68.

Pitesky M E, Stackhouse K R, Mitloehner F M. 2009. Clearing the air: Livestock's contribution to climate change. Advances in Agronomy, 103: 1-40.

Piwowarczyk J, Kronenberg J, Dereniowska M A. 2013. Marine ecosystem services in urban areas: Do the strategic documents of Polish coastal municipalities reflect their importance? Landscape and Urban Planning, 109(1): 85-93.

Poffenbarger H J, Needelman B A, Megonigal J P. 2011. Salinity influence on methane emissions from tidal marshes. Wetlands, 31(5): 831-842.

Pothier A J, Millward A A. 2013. Valuing trees on city-centre institutional land: An opportunity for urban forest management. Journal of Environmental Planning and Management, 56(9): 1380-1402.

Potschin M B, Haines-Young R H. 2011. Ecosystem services: Exploring a geographical perspective. Progress in Physical Geography, 35(5): 575-594.

Poudel J, Zhang D, Simon B. 2019. Habitat conservation banking trends in the United States. Biodiversity and Conservation, 28(6): 1629-1646.

Primavera J H. 2006. Overcoming the impacts of aquaculture on the coastal zone. Ocean & Coastal Management, 49(9-10): 531-545.

Proenca V, Pereira H M. 2017. Reference Module in Life Sciences. Amsterdam: Elsevier.

Pulselli R M. 2010. Integrating emergy evaluation and geographic information systems for monitoring resource use in the Abruzzo region (Italy). Journal of Environment Management, 91(11): 2349-2357.

Reichstein M, Camps V G, Stevens B, et al. 2019. Deep learning and process understanding for data-driven Earth system science. Nature, 566: 195-204.

Reiss K C, Hernandez E. 2018. Florida Uniform Mitigation Assessment Method. Wetland and Stream Rapid Assessments, 371-379.

Reynaud A, Lanzanova D. 2017. A global meta-analysis of the value of ecosystem services provided by lakes. Ecological Economics, 137: 184-194.

Ricaurte L F, Olaya-Rodríguez M H, Cepeda-Valencia J, et al. 2017. Future impacts of drivers of change on wetland ecosystem services in Colombia. Global Environmental Change, 44: 158-169.

Ridker R G, Henning J A. 1967. The determinants of residential property values with special reference to air pollution. The Review of Economics and Statistics, 246-257.

Robertson M M. 2000. No net loss: Wetland restoration and the incomplete capitalization of nature. Antipode, 232(4): 463.

Robertson M M. 2004. The neoliberalization of ecosystem services: Wetland mitigation banking and problems in environmental governance. Geoforum, 35(3): 361-373.

Robertson M M. 2008. The work of wetland credit markets: two cases in entrepreneurial wetland banking. Wetlands Ecology and Management, 17(1): 35-51.

Robertson M M, Hayden N. 2008. Evaluation of a market in wetland credits: entrepreneurial wetland banking in Chicago. Conservation Biology, 22(3): 636-646.

Robinson R A, Sutherland W J. 2002. Post-war changes in arable farming and biodiversity in Great Britain. Journal of Applied Ecology, 39: 157-176.

Roelfsema M, Harmsen M, Olivier J J G, et al. 2018. Integrated assessment of international climate mitigation commitments outside the UNFCCC. Global Environmental Change, 48: 67-75.

Rogers L A, Griffin R, Young T, et al. 2019. Shifting habitats expose fishing communities to risk under climate change. Nature Climate Change, 9: 512-516.

Roheim C A, Asche F, Santos J I. 2011. The elusive price premium for ecolabelled products: Evidence from seafood in the UK market. Journal of Agricultural Economics, 62(3): 655-668.

Ruhl J B, Salzman J. 2006a. The effects of Wetland Mitigation Banking on people. Social Science Electronic Publishing, 28(2): 9.

Ruhl J B, Salzman J. 2006b. Ecosystem services and the public trust doctrine: Working change from within. Southeastern Environmental Law Journal, 15(1): 223-239.

Rundcrantz K, Skärbäck E. 2003. Environmental compensation in planning: a review of five different countries with major emphasis on the German system. European Environment, 13(4): 204-226.

Ryser R, Hirt M R, Haussler J, et al. 2021. Landscape heterogeneity buffers biodiversity of simulated meta-foodwebs under global change through rescue and drainage effects. Nature Communications, 12(1): 4716.

Sadeghi K M, Kharaghani S, Tam W, et al. 2019. Green Stormwater Infrastructure (GSI) for Stormwater Management in the City of Los Angeles: Avalon Green Alleys Network. Environmental Processes, 6(1): 265-281.

Sandel M J. 2012. What Money Can't Buy: the Moral Limits of Markets. New York: Farrar, Straus and Giroux-Macmillan.

Sangha K K, Stoeckl N, Crossman N, et al. 2019. A state-wide economic assessment of coastal and marine ecosystem services to inform sustainable development policies in the Northern Territory, Australia. Marine Policy, 107: 103595.

Sax J L. 1970. The public trust doctrine in natural resource law: Effective judicial intervention. Michigan Law Review, 68(3): 471-566.

Schirpke U, Candiago S, Vigl L E, et al. 2019. Integrating supply, flow and demand to enhance the understanding of interactions among multiple ecosystem services. Science of the Total Environment, 651: 928-941.

Schmalensee R, Stavins R N. 2017. Lessons learned from three decades of experience with cap and trade. Review of Environmental Economics and Policy, 11(1): 59-79.

Schmidt-Traub G. 2021. National climate and biodiversity strategies are hamstrung by a lack of maps.Nature Ecology & Evolution, 5(10): 1325-1327.

Schröter M, van der Zanden E H, van Oudenhoven A P, et al. 2014. Ecosystem services as a contested concept: A synthesis of critique and counter-arguments. Conservation Letters, 7(6): 514-523.

Schroter M, Zanden E, Oudenhoven A, et al. 2014. Ecosystem services as a contested concept: A synthesis of critique and counterarguments.Conservation Letters, 7(6): 514-523.

Schumpeter J A, Lekachman R L. 1978. Can Capitalism Survive? New York: Harper & Row.

Schwartz M W, Brigham C A, Hoeksema J D, et al. 2000. Linking biodiversity to ecosystem function: Implications for conservation ecology. Oecologia, 122: 297-305.

Sciubba E, Ulgiati S. 2005. Emergy and exergy analyses: Complementary methods or irreducible ideological options? Energy, 30: 1953-1988.

Scowen M, Athanasiadis I N, Bullock J M, et al. 2021. The current and future uses of machine learning in ecosystem service research. The Science of the total environment, 799: 149263.

Seto K C, Michail F, Burak G, et al. 2011. A meta-analysis of global urban land expansion. PLoS One, 6: e23777.

Shabman L, Stephenson K, Scodari P. 1998.Wetland credit sales as a strategy for achieving no-net loss: The limitations of regulatory conditions. Wetlands, 18 (3): 471-481.

Shackleton R T, Le Maitre D C, van Wilgen B W, et al. 2016. Identifying barriers to effective management of widespread invasive alien trees: Prosopis species (mesquite) in South Africa as a case study. Global Environmental Change, 38: 183-194.

Shah S M, Liu G Y, Yang Q, et al. 2019. Emergy-based valuation of agriculture ecosystem services and disservices. Journal of Cleaner Production, 239: 118019.

Shannon C E. 1948. A mathematical theory of communication. Bell System Technical Journal, 27: 379-423.

Sheldon D, Hruby T, Johnson P, et al. 2005. Freshwater Wetlands in Washington State: Volume 1: A synthesis of the science. Olympia: Washington State Department of Ecology, Ecology Publication.

Silva J M C D, Wheeler E. 2017. Ecosystems as infrastructure.Perspectives in Ecology and Conservation, 15(1): 32-35.

Silveira L, Usunoff E J. 2009. Groundwater-Volume Ⅲ. Oxford: Eolss Publishers Co. Ltd.

Sinden A. 2004. In defense of absolutes: Combating the politics of power in environmental law. Iowa Law Review, 90: 1405.

Singh S K, Zeddies M, Shankar U, et al. 2019. Potential groundwater recharge zones within New Zealand. Geoscience Frontiers, 10: 1065-1072.

Sitch S, Huntingford C, Gedney N, et al. 2008. Evaluation of the terrestrial carbon cycle, future plant geography and climate-carbon cycle feedbacks using five Dynamic Global Vegetation Models (DGVMs). Global Change Biology, 14: 2015-2039.

Smerdon B D. 2017. A synopsis of climate change effects on groundwater recharge. Journal of Hydrology, 555: 125-128.

Smith P, Martino D, Cai Z C, et al. 2008. Greenhouse gas mitigation in agriculture. Philosophical Transactions of the Royal Society B, 363: 789-813.

Smith T B, Bruford M W, Wayne R K. 1993. The preservation of process: The missing element of conservation programs. Biodiversity Letters, 1: 164-167.

Sogn-Grundvåg G, Larsen T A, Young J A. 2013. The value of line-caught and other attributes: An exploration of price premiums for chilled fish in UK supermarkets. Marine Policy, 38: 41-44.

Solarin S A, Shahbaz M, Hammoudeh S. 2019. Sustainable economic development in China: Modelling the role of hydroelectricity consumption in a multivariate framework. Energy, 168: 516-531.

Song X P, Hansen M C, Stehman S V, et al. 2018. Global land change from 1982 to 2016. Nature, 560: 639-643.

Soukissian T H, Denaxa D, Karathanasi F, et al. 2017. Marine renewable energy in the Mediterranean Sea: Status and perspectives. Energies, 10(10): 1512.

Spake R, Lasseur R, Crouzat E, et al. 2017. Unpacking ecosystem service bundles: Towards predictive mapping of synergies and trade-offs between ecosystem services. Global Environmental Change, 47: 37-50.

Spangenberg J H, Settele J. 2010. Precisely incorrect? Monetising the value of ecosystem services. Ecological Complexity, 7: 327-337.

Spash C L. 2015. Bulldozing biodiversity: The economics of offsets and trading-in Nature. Biological Conservation, 192: 541-551.

Sraffa P. 1960. Production of Commodities by Means of Commodities: Prelude to a Critique of Economic Theory. Cambridge: Cambridge University Press.

Steeneveld G J, Koopmans S, Heusinkveld B G, et al. 2014. Refreshing the role of open water surfaces on mitigating the maximum urban heat island effect. Landscape & Urban Planning, 121: 92-96.

Stefanik K C, Mitsch W J. 2012. Structural and functional vegetation development in created and restored wetland mitigation banks of different ages. Ecological Engineering, 39: 104-112.

Stein E D, Tabatabai F, Ambrose R F. 2000. PROFILE: Wetland Mitigation Banking: A framework for crediting and debiting. Environmental Management, 26(3): 233-250.

Stephen C B, Peter L M V. 2001. Effectiveness of compensatory wetland mitigation in Massachusetts, USA. Wetlands, 21(4): 508-518.

Stetter M G, Gates D J, Mei W, et al. 2017. How to make a domesticate. Current Biology, 27: R896-R900.

Stolaroff J K, Samaras C, O'Neill E R, et al. 2018. Energy use and life cycle greenhouse gas emissions of drones for commercial package delivery. Nature Communications, 9: 409.

Straton A. 2006. A complex systems approach to the value of ecological resources. Ecological Economics, 56: 402-411.

Su Y, He S, Wang K, et al. 2020. Quantifying the sustainability of three types of agricultural production in China: An emergy analysis with the integration of environmental pollution. Journal of Cleaner Production, 252: 119650.

Sugihara G, May R, Ye H, et al. 2012. Detecting causality in complex ecosystems. Science, 338(6106): 496-500.

Sullivan S. 2009. Green capitalism, and the cultural poverty of constructing nature as service-provider. Radical Anthropology, 3: 18-27.

Sullivan S, Hannis M. 2017. "Mathematics maybe, but not money": On balance sheets, numbers and nature in ecological accounting. Accounting, Auditing & Accountability Journal, 30(7): 1459-1480.

Sun Z, Peng S, Li X, et al. 2015. Changes in forest biomass over China during the 2000s and implications for management. Forest Ecology and Management, 357: 76-83.

Sutherland W J, Armstrong-Brown S, Armsworth P R, et al. 2006. The identification of 100 ecological questions of high policy relevance in the UK. Journal of Applied Ecology, 43: 617-627.

Swinton S M. 2008. Reimagining farms as managed ecosystems. Choices: The Magazine of Food, Farm and Resource, 23: 28-31.

Tallis H, Polasky S. 2009. Mapping and valuing ecosystem services as an approach for conservation and natural-resource management. Annals of the New York Academy of Sciences, 1162: 265-283.

Tallis H T, Ricketts T, Nelson, E, et al. 2010. InVEST 1.005 beta User's Guide. Stanford: The Natural Capital Project.

Tanner M K, Moity N, Costa M T, et al. 2019. Mangroves in the Galapagos: Ecosystem services and their valuation. Ecological Economics, 160: 12-24.

Taylor B. 2008. From the ground up: Dark green religion and the environmental future//Swearer D K. Ecology and the Environment: Perspectives from the Humanities. Cambridge: Center for the Study of World Religions/Harvard University Press.

TEEB. 2010. Mainstreaming the Economics of Nature: A Synthesis of the Approach, Conclusions and Recommendations of TEEB. London and Washington: Earthscan.

Ten Kate K, Bishop J, Bayon R. 2004. Biodiversity Offsets: Views, Experience, and the Business Case. London: IUCN.

Thompson M E, Halstead B J, Wylie G D, et al. 2013. Effects of prescibed fire on Coluber constrictor mormon in coastal San Mateo County, California. Herpetological Conservation and Biology, 8: 602-615.

Thomsen M S, Altieri A H, Angelini C, et al. 2022. Heterogeneity within and among co-occurring foundation species increases biodiversity. Nature Communications, 13(1): 581.

Thrush S F, Dayton P K. 2002. Disturbance to marine benthic habitats by trawling and dredging: Implications for marine biodiversity. Annual Review of Ecology and Systematics, 33(1): 449-473.

Tian X, Sarkis J. 2019. Expanding green supply chain performance measurement through emergy accounting and analysis. International Journal of Production Economics, 225: 107576.

Tilley D R. 1999. Emergy Basis of Forest Systems. Gainesville: University of Florida.

Tilley D R, Brown M.T. 2006. Dynamic emergy accounting for assessing the environmental benefits of subtropical wetland stormwater management systems. Ecological Modelling, 192: 327-361.

Tilman D, Downing J A. 1994. Biodiversity and stability in grasslands. Nature, 367: 363-365.

Tilman D, Reich Peter B, Knops J, et al. 2001. Diversity and productivity in a long-term grassland experiment. Science, 294(5543): 843-845.

Timm C, Luther S, Jurzik L, et al. 2016. Applying QMRA and DALY to assess health risks from river bathing. International Journal of Hygiene and Environmental Health, 219: 681-692.

Tinch R, Beaumont N, Sunderland T, et al. 2019. Economic valuation of ecosystem goods and services: a review for decision makers. Environmental Economic Policy, 8(4): 359-378.

Tisdell C. 2001. Globalisation and sustainability: Environmental Kuznets curve and the WTO. Ecological Economics, 39(2): 185-196.

Tong C, Feagin R A, Lu J, et al. 2007. Ecosystem service values and restoration in the urban Sanyang wetland of Wenzhou, China. Ecological Engineering, 29(3): 249-258.

Troell M, Joyce A, Chopin T, et al. 2009. Ecological engineering in aquaculture—potential for integrated multi-trophic aquaculture (IMTA) in marine offshore systems. Aquaculture, 297(1-4): 1-9.

Tscharntke T, Klein A M, Kruess A, et al. 2005. Landscape perspectives on agricultural intensification and biodiversity: Ecosystem service management. Ecological Letter, 8: 857-874.

Turner B L, Villar C, Sergio C V, et al. 2001. Deforestation in the southern Yucatán peninsular region: An integrative approach. Forest Ecology & Management, 154: 353-370.

Ukidwe N U, Bakshi B R. 2007. Industrial and ecological cumulative exergy consumption of the United States via the 1997 input−output benchmark model. Energy, 32: 1560-1592.

Ulanowicz R E. 2001. Information theory in ecology. Computers and Chemistry, 25: 393-399.

Ulanowicz R E, Heymans J J, Egnotovich M S. 2000. Network analysis of trophic dynamics in south Florida ecosystems FY99: The graminoid ecosystem. Annual Report to USGS/BRD.

Ulgiati S. 1999. Energy, emergy and embodied exergy: Diverging or converging approaches?//Brown M T. Proceedings from the First Biennial Emergy Analysis Research Conference. Gainesville, FL: The Center for

Environmental Policy, Department of Environmental Engineering Sciences, University of Florida.

Ulgiati S, Brown M T. 2014. Labor and Services as Information Carriers in Emergy-LCA Accounting. Environmental Accounting and Management, 2(2): 163-170.

USDA. 2014. The Conservation Reserve Program (CRP) grasslands. https://www.fsa.usda.gov/programs-and-services/conservation-programs/conservation-reserve-program/[2020-11-01].

US EPA. 2006. Global Anthropogenic Non-CO_2 Greenhouse Gas Emissions: 1990−2020. Washington DC: United States Environmental Protection Agency.

US EPA. 2008. Reducing urban heat islands: Compendium of strategies. https://www.epa.gov/heat-islands/heat-island-compendium[2020-11-01].

Vaissière A C, Levrel H. 2015. Biodiversity offset markets: What are they really? An empirical approach to wetland mitigation banking. Ecological Economics, 110: 81-88.

Vaissière A C, Levrel H, Pioch S. 2017. Wetland mitigation banking: Negotiations with stakeholders in a zone of ecological-economic viability. Land Use Policy, 69: 512-518.

Valero C, Alonso C, de Miguel R J, et al. 2017. Response of fish communities in rivers subjected to a high sediment load. Limnologica, 62: 142-150.

van Tongeren F, van Meijl H, Surry Y. 2001. Global models applied to agricultural and trade policies: A review and assessment. Agricultural Economics, 26: 149-72.

Vaquer-Sunyer R, Duarte C M. 2010. Sulfide exposure accelerates hypoxia-driven mortalit. Limnology and Oceanography, 55(3): 1075-1082.

Vargo S L. 2007. On a theory of markets and marketing: From positively normative to normatively positive. Australasian Marketing Journal, 15(1): 53-60.

Vargo S L, Lusch R F. 2010. From repeat patronage to value co-creation in service ecosystems: A transcending conceptualization of relationship. Journal of Business Market Management, 4: 169-179.

Vassallo P, Bianchi C N, Paoli C, et al. 2018. A predictive approach to benthic marine habitat mapping: Efficacy and management implications. Marine Pollution Bulletin, 131(1): 218-232.

Vatn A. 2015. Markets in environmental governance. From theory to practice. Ecological Economics, 117: 225-233.

Vijayaraghavan K, Balasubramanian R. 2015. Is biosorption suitable for decontamination of metal-bearing wastewaters? A critical review on the state-of-the-art of biosorption processes and future directions. Journal of Environmental Management, 160: 283-296.

Vitale S, Biondo F, Giosuè C, et al. 2020. Consumers' perception and willingness to pay for eco-labeled seafood in Italian hypermarkets. Sustainability, 12: 1-13.

Vitousek P M, Aber J D, Howarth R W, et al. 1997. Human alteration of the global nitrogen cycle: Sources and consequences. Ecological Applications, 7: 737-750.

Vitousek P M, Naylor R, Crews T, et al. 2009. Nutrient imbalances in agricultural development. Science, 324: 1519-1520.

von Döhren P, Haase D. 2015. Ecosystem disservices research: A review of the state of the art with a focus on cities. Ecological Indicators, 52: 490-497.

von Neumann J. 1945. A model of general equilibrium. Review of Economic Studies, 13: 1-9.

Wackernagel M, Schulz N B, Deumling D, et al. 2002. Tracking the ecological overshoot of the human economy. Proceedings of the National Academy of Sciences of the United States of America, 99(14): 9266.

Walker S, Brower A L, Stephens R T T, et al. 2009. Why bartering biodiversity fails. Conservation Letters, 2(4): 149-157.

Wang B, Gao P, Niu X, et al. 2017. Policy-driven China's Grain to Green Program: Implications for ecosystem services. Ecosystem Services, 27: 38-47.

Wang F, Pan X, Gerlein-Safdi C, et al. 2019. Vegetation restoration in Northern China: A contrasted picture. Land Degradation & Development, 31(6): 669-676.

Wang J, Mendelsohn R, Dinar A, et al. 2009. The impact of climate change on China's agriculture. Agricultural Economics, 40: 323-337.

Wang X, Chen W Q, Zhang L P, et al. 2010. Estimating the ecosystem service losses from proposed land reclamation projects: A case study in Xiamen. Ecological Economics, 69(12): 2549-2556.

Washington H. 2013. Human Dependence on Nature: How to Help Solve the Environmental Crisis. New York: Routledge.

Washington H. 2015. Demystifying Sustainability: Towards Real Solutions. New York: Routledge.

Watanabe M D B, Ortega E. 2011. Ecosystem services and biogeochemical cycles on a global scale: Valuation of water, carbon and nitrogen processes. Environmental Science & Policy, 14: 594-604.

Watanabe M D B, Ortega E. 2014. Dynamic emergy accounting of water and carbon ecosystem services: A model to simulate the impacts of land-use change. Ecological Modelling, 271: 113-131.

Wei Z, Han Y, Lu H, et al. 2017. Grassland degradation remote sensing monitoring and driving factors quantitative assessment in China from 1982 to 2010. Ecological Indicators, 83: 303-313.

Weir J T, Schluter D. 2007. The latitudinal gradient in recent speciation and extinction rates of birds and mammals. Science, 315: 1574.

Weitzman J, Filgueira R. 2020. The evolution and application of carrying capacity in aquaculture: Towards a research agenda. Reviews in Aquaculture, 12(3): 1297-1322.

Westman W E. 1977. How much are nature's services worth? Science, 197: 960-964.

Westrich B, Förstner U. 2007. Sediment Dynamics and Pollutant Mobility in Rivers. New York: Springer.

White E, Kaplan D. 2017. Restore or retreat? Saltwater intrusion and water management in coastal wetlands. Ecosystem Health and Sustainability, 3(1): e01258.

Whitehead A N. 1920. An Enquiry Concerning the principles of Natural Knowledge. Cambridge: Cambridge University Press.

Wild T C, Henneberry J, Gill L. 2017. Comprehending the multiple 'values' of green infrastructure-valuing nature-based solutions for urban water management from multiple perspectives. Environmental Research, 158: 179-187.

Wilkinson J, Thompson J. 2006. Status Report on Compensatory Mitigation in the United States. Washington DC: Environmental Law Institute.

World Resources Institute (WRI). 2000. World Resources 2000-2001: People and Ecosystems—the Fraying Web of Life. Washington DC: World Resources Institute.

Worm B, Duffy J E. 2003. Biodiversity, productivity and stability in real food webs. Trends in Ecology and Evolution, 18: 628-632.

Wunder S, Brouwer R, Engel S, et al. 2018. From principles to practice in paying for nature's services. Nature Sustainability, 1(3): 145-150.

Wunder S, Wertz-Kanounnikoff S. 2009. Payments for ecosystem services: A new way of conserving biodiversity in forests. Journal of Sustainable Forestry, 28(3-5): 576-596.

Xie G, Cao S, Yang Q, et al. 2015. Living Planet Report China 2015. Beijing: World Wide Fund For Nature.

Xiong Z, Li H. 2019. Ecological deficit tax: A tax design and simulation of compensation for ecosystem service value based on ecological footprint in China. Journal of Cleaner Production, 230: 1128-1137.

Xu B, Chen D, Behrens P, et al. 2018. Modeling oscillation modal interaction in a hydroelectric generating system. Energy Conversion and Management, 174: 208-217.

Xu X. 2018. China's annual Normalized Difference Vegetation Index (NDVI) spatial distribution data set. Data Registration and Publishing System of Data Center of Resources and Environmental Sciences, Chinese Academy of Sciences. http://www.resdc.cn/DOI[2020-11-01].

Yan N, Liu G, Ripa M, et al. 2020. From local to national metabolism: A review and a scale-up framework. Ecosystem Health and Sustainability, 6(1): 1839358.

Yan N, Liu G, Xu L, et al. 2021. Emergy-based eco-credit accounting method for wetland mitigation banking. Water Research, 210: 118028.

Yang G, Wang J, Shao W, et al. 2015. The relationship between China's coal resource development and water resource. Energy Procedia, 75: 2548-2555.

Yang J. 2016. Emergy accounting for the three gorges dam project: Three scenarios for the estimation of non-renewable sediment cost. Journal of Cleaner Production, 112: 3000-3006.

Yang Q, Liu G Y, Casazza M, et al. 2018. Development of a new framework for non-monetary accounting on ecosystem services valuation. Ecosystem Services, 34: 37-54.

Yang Q, Liu G Y, Casazza M, et al. 2019a. Emergy-based accounting method for aquatic ecosystem services valuation: A case of China. Journal of Cleaner Production, 230: 55-68.

Yang Q, Liu G Y, Hao Y, et al. 2019b. Donor-side evaluation of coastal and marine ecosystem services. Water Research, 166: 115028.

Yang Q, Liu G Y, Giannetti B F, et al. 2020. Emergy-based ecosystem services valuation and classification management applied to China's grasslands. Ecosystem Services, 42: 101073.

Yang S, Hu H, Hao Z. 2009. Trend Forecast for the Influence of the Three Gorges Project on the Water Environmental Capacity of Dongting Lake. Asia-pacific Power & Energy Engineering Conference: 1-4.

Yang S, Hao Q, Liu H, et al. 2019. Impact of grassland degradation on the distribution and bioavailability of soil silicon: Implications for the Si cycle in grasslands. Science of the Total Environment, 657: 811-818.

Yang W, Feng W, Li W. 2016. Principle and mode of combating desertification with low-coverage. Protection Forest Science and Technology, 4: 1-5.

Yang W, Jin Y. Sun T, et al. 2018. Trade-offs among ecosystem services in coastal wetlands under the effects of reclamation activities.Ecological Indicators, 92: 354-366.

Yin S J, Wu L H, Du L L, et al. 2010. Consumers' purchase intention of organic food in China. Journal of the Science of Food and Agriculture, 90(8): 1361-1367.

Yu D, Lu N, Fu B. 2017. Establishment of a comprehensive indicator system for the assessment of biodiversity and ecosystem services. Landscape Ecology, 32(8): 1563-1579.

Yu Z, Wang J, Liu S, et al. 2017. Global gross primary productivity and water use efficiency changes under drought stress. Environmental Research Letters, 12(1): 14016.

Zastrow M. 2019. China's tree-planting could falter in a warming world. Nature, 573: 474-475.

Zeng Z, Peng L, Piao S. 2018. Response of terrestrial evapotranspiration to Earth's greening. Current Opinion in Environmental Sustainability, 33: 9-25.

Zhan W, Deng X, Wei S, et al. 2017. What is the main cause of grassland degradation? A case study of grassland ecosystem service in the middle-south Inner Mongolia. Catena, 150: 100-107.

Zhang B, Shi Y T, Liu J H, et al. 2017. Economic values and dominant providers of key ecosystem services of wetlands in Beijing, China. Ecological Indicators, 77: 48-58.

Zhang B, Xie G D, Li N, et al. 2015. Effect of urban green space changes on the role of rainwater runoff reduction in Beijing, China. Landscape & Urban Planning, 140: 8-16.

Zhang C J, Wang H Y, Zeng J, et al. 2020. Short-Term Dynamic Radar Quantitative Precipitation Estimation Based on Wavelet Transform and Support Vector Machine. Journal of Meteorological Research, 34(2): 413-426.

Zhang F, Wang X H, Paulo A L D, et al. 2015. The recreational value of gold coast beaches, Australia: an application of the travel cost method. Ecosystem Services, 11(1): 106-114.

Zhang L X, Pang M Y, Wang C B. 2014. Emergy analysis of a small hydropower plant in southwestern China. Ecological Indicators, 38: 81-88.

Zhang W, Ricketts T H, Kremen C, et al. 2007. Ecosystem services and disservices to agriculture. Ecological Economics, 64: 253-260.

Zhang X H, Zhang R, Wu J, et al.2016. An emergy evaluation of the sustainability of Chinese crop production system during 2000–2010. Ecological Indicators, 60: 622-633.

Zhang Z, Hu B Q, Jiang W G, et al. 2021. Identification and scenario prediction of degree of wetland damage in Guangxi based on the CA-Markov model. Ecological Indicators, 127: 107764.

Zhao L, Cao X D, Zheng W, et al. 2014a. Phosphorus-assisted biomass thermal conversion: Reducing carbon loss and improving biochar stability. PLoS One, 9(12): 15.

Zhao L, Wu W, Xu X, et al. 2014b. Soil organic matter dynamics under different land use in grasslands in Inner Mongolia (northern China). Biogeosciences, 11: 5103-5113.

Zhao S, Wu C. 2015. Valuation of mangrove ecosystem services based on emergy: A case study in China. International Journal of Environmental Science and Technology, 12: 967-974.

Zhao S, Li Z, Li W. 2005. A modified method of ecological footprint calculation and its application. Ecological Modelling, 185: 65-75.

Zheng H, Wang L, Peng W, et al. 2019. Realizing the values of natural capital for inclusive, sustainable development: Informing China's new ecological development strategy. Proceedings of the National Academy of Sciences of the United States of America, 116: 8623-8628.

Zheng X, Zhang J, Cao S. 2018. Net value of grassland ecosystem services in mainland China. Land Use Policy, 79: 94-101.

Zhong S F, Zhang K, Bagheri M, et al.2021. Machine learning: New ideas and tools in environmental science and engineering. Environmental Science & Technology, 55: 12741.

Zhu L, Hughes Alice C, Zhao X Q, et al. 2021. Regional scalable priorities for national biodiversity and carbon conservation planning in Asia.Science Advances, 7(35): eabe4261.

Zhu Z, Piao S, Myneni R B, et al. 2016. Greening of the Earth and its drivers. Nature Climate Change, 6: 791-795.

Zilberman D, Hochman G, Rajagopal D, et al. 2013. The impact of biofuels on commodity food prices: Assessment of findings. American Journal of Agricultural Economics, 95: 275-281.

附录 1

附　表

附表 A1　高、中、低覆盖度草地占草地生态系统服务总值的比例　（单位：%）

2000 年		HCG	MCG	LCG	2015 年		HCG	MCG	LCG
HCG 占主导的省份	上海	100	0	0	HCG 占主导的省（自治区、直辖市）	上海	100	0	0
	安徽	100	0	0		安徽	100	0	0
	江苏	99	1	0		江苏	98	1	1
	广西	87	13	0		广东	88	12	0
	海南	86	13	1		广西	87	13	0
	广东	86	14	0		海南	86	13	1
	湖南	84	16	1		湖南	81	18	1
	北京	82	13	5		北京	79	15	6
	浙江	75	15	10		浙江	78	14	8
	黑龙江	75	24	1		黑龙江	74	25	1
	江西	68	30	1		江西	70	29	1
	云南	65	32	3		河南	70	26	4
	河南	65	31	4		河北	68	27	5
	河北	63	31	6		云南	64	33	3
	湖北	62	36	2		福建	59	31	10
	福建	58	31	11		湖北	59	39	2
	西藏	51	30	19		吉林	54	41	5
	内蒙古	51	30	19		西藏	51	30	19
MCG 占主导的省份	天津	45	54	1	MCG 占主导的省（自治区、直辖市）	天津	49	49	2
	吉林	34	63	3		内蒙古	44	38	18
	辽宁	4	88	8		新疆	38	24	38
	贵州	6	82	12		贵州	9	81	10
	重庆	13	82	5		重庆	18	77	5
	四川	29	61	10		辽宁	24	70	6
	陕西	31	59	10		四川	28	61	11
	山东	30	50	20		陕西	31	56	13
	甘肃	23	40	37		山东	32	50	18
LCG 占主导的省份	宁夏	7	40	53	LCG 占主导的省（自治区、直辖市）	甘肃	25	40	35
	青海	11	36	53		宁夏	7	41	52
	山西	30	26	44		青海	11	37	52
	新疆	32	27	41		山西	29	25	46

注：HCG、MCG 和 LCG 分别代表高、中和低覆盖度草地。

附表A2　2015年中国各省份人均卫生总费用排序　　　　　（单位：万元）

省份	人均卫生总费用	省（自治区、直辖市）	人均卫生总费用
北京	8451	山东	2888
上海	6363	海南	2883
天津	4866	湖北	2818
浙江	4062	黑龙江	2737
江苏	3729	四川	2638
新疆	3691	山西	2519
青海	3670	甘肃	2516
宁夏	3411	河北	2507
重庆	3315	湖南	2402
陕西	3307	河南	2382
内蒙古	3303	安徽	2377
辽宁	3222	云南	2310
西藏	3208	江西	2143
广东	3043	贵州	2136
吉林	3026	广西	2104
福建	2945		

资料来源：《2016中国卫生和计划生育统计年鉴》。

附表A3　2000～2015年中国地级市生态系统服务价值　　　　　（单位：sej/a）

省份	地级市	2000年	2005年	2010年	2015年
安徽	安庆市	1.01×10^{21}	1.07×10^{21}	1.07×10^{21}	1.17×10^{21}
	蚌埠市	6.17×10^{19}	6.53×10^{19}	6.65×10^{19}	6.98×10^{19}
	亳州市	1.26×10^{19}	1.34×10^{19}	1.38×10^{19}	1.45×10^{19}
	巢湖市	3.13×10^{20}	3.30×10^{20}	3.34×10^{20}	3.51×10^{20}
	池州市	7.75×10^{20}	8.27×10^{20}	8.31×10^{20}	9.10×10^{20}
	滁州市	3.16×10^{20}	3.40×10^{20}	3.44×10^{20}	3.68×10^{20}
	阜阳市	1.63×10^{19}	1.85×10^{19}	1.89×10^{19}	2.30×10^{19}
	合肥市	7.59×10^{19}	7.82×10^{19}	7.81×10^{19}	8.29×10^{19}
	淮北市	1.17×10^{19}	1.26×10^{19}	1.29×10^{19}	1.29×10^{19}
	淮南市	3.26×10^{19}	3.44×10^{19}	3.49×10^{19}	3.65×10^{19}
	黄山市	1.00×10^{21}	1.07×10^{21}	1.09×10^{21}	1.19×10^{21}
	六安市	1.04×10^{21}	1.12×10^{21}	1.12×10^{21}	1.24×10^{21}
	马鞍山市	6.05×10^{19}	6.49×10^{19}	6.54×10^{19}	6.93×10^{19}
	宿州市	4.86×10^{19}	5.29×10^{19}	5.44×10^{19}	5.65×10^{19}
	铜陵市	5.69×10^{19}	6.08×10^{19}	6.09×10^{19}	6.32×10^{19}
	芜湖市	1.19×10^{20}	1.27×10^{20}	1.29×10^{20}	1.40×10^{20}

续表

省份	地级市	2000 年	2005 年	2010 年	2015 年
安徽	宣城市	9.75×10^{20}	1.05×10^{21}	1.05×10^{21}	1.15×10^{21}
北京	北京	1.61×10^{21}	1.78×10^{21}	1.97×10^{21}	2.04×10^{21}
重庆	重庆	1.12×10^{22}	1.17×10^{22}	1.19×10^{22}	1.57×10^{22}
福建	福州市	3.99×10^{21}	3.90×10^{21}	4.10×10^{21}	4.58×10^{21}
福建	龙岩市	2.40×10^{21}	2.44×10^{21}	2.49×10^{21}	2.68×10^{21}
福建	南平市	6.68×10^{21}	6.50×10^{21}	6.82×10^{21}	6.88×10^{21}
福建	宁德市	3.01×10^{21}	2.96×10^{21}	3.11×10^{21}	3.42×10^{21}
福建	莆田市	3.76×10^{20}	3.71×10^{20}	3.81×10^{20}	4.42×10^{20}
福建	泉州市	1.61×10^{21}	1.52×10^{21}	1.57×10^{21}	1.71×10^{21}
福建	三明市	5.56×10^{21}	5.36×10^{21}	5.60×10^{21}	5.09×10^{21}
福建	厦门市	7.89×10^{19}	7.43×10^{19}	7.42×10^{19}	8.22×10^{19}
福建	漳州市	2.54×10^{21}	2.34×10^{21}	2.44×10^{21}	2.53×10^{21}
甘肃	白银市	2.46×10^{21}	3.15×10^{21}	3.23×10^{21}	2.91×10^{21}
甘肃	定西市	1.99×10^{21}	2.49×10^{21}	2.54×10^{21}	2.37×10^{21}
甘肃	甘南藏族自治州	7.08×10^{21}	8.85×10^{21}	8.85×10^{21}	9.31×10^{21}
甘肃	嘉峪关市	7.39×10^{20}	9.88×10^{20}	9.82×10^{20}	7.69×10^{20}
甘肃	金昌市	1.07×10^{20}	1.25×10^{20}	1.34×10^{20}	1.30×10^{20}
甘肃	酒泉市	3.51×10^{21}	4.48×10^{21}	4.66×10^{21}	5.51×10^{21}
甘肃	兰州市	2.84×10^{21}	3.70×10^{21}	3.77×10^{21}	3.52×10^{21}
甘肃	临夏回族自治州	1.89×10^{21}	2.44×10^{21}	2.65×10^{21}	2.22×10^{21}
甘肃	陇南市	5.22×10^{21}	6.57×10^{21}	6.57×10^{21}	5.99×10^{21}
甘肃	平凉市	2.00×10^{20}	2.38×10^{20}	2.46×10^{20}	3.03×10^{20}
甘肃	庆阳市	1.19×10^{21}	1.47×10^{21}	1.49×10^{21}	1.53×10^{21}
甘肃	天水市	1.98×10^{21}	2.56×10^{21}	2.56×10^{21}	2.29×10^{21}
甘肃	武威市	2.46×10^{21}	3.16×10^{21}	3.20×10^{21}	2.95×10^{21}
甘肃	张掖市	3.18×10^{21}	4.08×10^{21}	4.15×10^{21}	4.59×10^{21}
广东	潮州市	2.41×10^{20}	2.48×10^{20}	2.41×10^{20}	2.74×10^{20}
广东	东莞市	1.96×10^{20}	1.89×10^{20}	1.84×10^{20}	2.14×10^{20}
广东	佛山市	4.55×10^{20}	4.38×10^{20}	4.32×10^{20}	4.04×10^{20}
广东	广州市	6.52×10^{20}	6.63×10^{20}	6.56×10^{20}	7.14×10^{20}
广东	河源市	1.48×10^{21}	1.56×10^{21}	1.48×10^{21}	1.67×10^{21}
广东	惠州市	9.47×10^{20}	9.80×10^{20}	9.56×10^{20}	1.06×10^{21}
广东	江门市	8.42×10^{20}	8.43×10^{20}	8.40×10^{20}	8.90×10^{20}
广东	揭阳市	3.65×10^{20}	3.74×10^{20}	3.69×10^{20}	4.17×10^{20}
广东	茂名市	8.06×10^{20}	8.01×10^{20}	7.97×10^{20}	8.84×10^{20}
广东	梅州市	1.58×10^{21}	1.59×10^{21}	1.56×10^{21}	1.72×10^{21}

续表

省份	地级市	2000 年	2005 年	2010 年	2015 年
广东	清远市	1.93×10^{21}	1.92×10^{21}	1.87×10^{21}	2.09×10^{21}
	汕头市	1.81×10^{20}	1.87×10^{20}	1.88×10^{20}	2.68×10^{20}
	汕尾市	4.13×10^{20}	4.21×10^{20}	4.10×10^{20}	4.32×10^{20}
	韶关市	1.77×10^{21}	1.82×10^{21}	1.77×10^{21}	1.98×10^{21}
	深圳市	1.12×10^{20}	1.01×10^{20}	9.60×10^{19}	1.08×10^{20}
	阳江市	6.05×10^{20}	5.94×10^{20}	5.82×10^{20}	6.42×10^{20}
	云浮市	6.70×10^{20}	6.70×10^{20}	6.67×10^{20}	7.34×10^{20}
	湛江市	4.79×10^{20}	4.82×10^{20}	4.85×10^{20}	5.13×10^{20}
	肇庆市	1.65×10^{21}	1.69×10^{21}	1.65×10^{21}	1.80×10^{21}
	中山市	1.80×10^{20}	1.69×10^{20}	1.67×10^{20}	1.70×10^{20}
	珠海市	1.25×10^{20}	1.33×10^{20}	1.31×10^{20}	1.36×10^{20}
广西	百色市	6.57×10^{21}	4.97×10^{21}	5.33×10^{21}	1.06×10^{22}
	北海市	1.61×10^{21}	9.48×10^{20}	9.41×10^{20}	2.10×10^{21}
	崇左市	5.46×10^{21}	3.74×10^{21}	3.82×10^{21}	6.95×10^{21}
	防城港市	1.94×10^{21}	1.32×10^{21}	1.32×10^{21}	2.40×10^{21}
	贵港市	5.55×10^{21}	3.43×10^{21}	3.41×10^{21}	7.37×10^{21}
	桂林市	8.63×10^{21}	6.09×10^{21}	6.19×10^{21}	1.13×10^{22}
	河池市	9.61×10^{21}	6.92×10^{21}	7.23×10^{21}	1.27×10^{22}
	贺州市	4.32×10^{21}	2.97×10^{21}	3.05×10^{21}	5.72×10^{21}
	来宾市	5.00×10^{21}	3.25×10^{21}	3.34×10^{21}	6.53×10^{21}
	柳州市	9.21×10^{21}	6.14×10^{21}	6.15×10^{21}	1.23×10^{22}
	南宁市	1.01×10^{22}	6.34×10^{21}	6.34×10^{21}	1.29×10^{22}
	钦州市	3.44×10^{21}	2.23×10^{21}	2.23×10^{21}	4.25×10^{21}
	梧州市	7.17×10^{21}	4.62×10^{21}	4.62×10^{21}	1.03×10^{22}
	玉林市	2.26×10^{21}	1.66×10^{21}	1.68×10^{21}	2.95×10^{21}
贵州	安顺市	1.32×10^{21}	1.28×10^{21}	1.32×10^{21}	1.42×10^{21}
	毕节市	4.67×10^{21}	4.84×10^{21}	4.97×10^{21}	5.61×10^{21}
	贵阳市	1.71×10^{21}	1.90×10^{21}	1.96×10^{21}	1.96×10^{21}
	六盘水市	1.13×10^{21}	1.17×10^{21}	1.19×10^{21}	1.46×10^{21}
	黔东南苗族侗族自治州	7.55×10^{21}	6.77×10^{21}	7.07×10^{21}	8.70×10^{21}
	黔南布依族苗族自治州	5.55×10^{21}	5.30×10^{21}	5.45×10^{21}	7.09×10^{21}
	黔西南布依族苗族自治州	7.26×10^{21}	6.35×10^{21}	6.46×10^{21}	8.13×10^{21}
	铜仁市	8.04×10^{21}	7.00×10^{21}	7.47×10^{21}	9.57×10^{21}
	遵义市	8.67×10^{21}	8.17×10^{21}	8.47×10^{21}	8.71×10^{21}
海南	海口市	2.14×10^{20}	1.52×10^{20}	1.69×10^{20}	1.81×10^{20}
	三亚市	2.16×10^{20}	1.55×10^{20}	1.79×10^{20}	1.89×10^{20}

续表

省份	地级市	2000 年	2005 年	2010 年	2015 年
河北	保定市	$9.16×10^{20}$	$1.05×10^{21}$	$1.04×10^{21}$	$1.06×10^{21}$
	沧州市	$1.56×10^{20}$	$1.69×10^{20}$	$1.61×10^{20}$	$1.73×10^{20}$
	承德市	$3.12×10^{21}$	$3.74×10^{21}$	$3.68×10^{21}$	$3.90×10^{21}$
	邯郸市	$1.48×10^{20}$	$1.79×10^{20}$	$1.77×10^{20}$	$1.80×10^{20}$
	衡水市	$7.09×10^{19}$	$7.67×10^{19}$	$7.32×10^{19}$	$6.02×10^{18}$
	廊坊市	$2.87×10^{19}$	$3.10×10^{19}$	$2.95×10^{19}$	$3.32×10^{19}$
	秦皇岛市	$4.19×10^{20}$	$4.97×10^{20}$	$4.86×10^{20}$	$4.92×10^{20}$
	石家庄市	$4.16×10^{20}$	$4.79×10^{20}$	$4.67×10^{20}$	$5.05×10^{20}$
	唐山市	$3.20×10^{20}$	$3.67×10^{20}$	$3.57×10^{20}$	$3.48×10^{20}$
	邢台市	$2.00×10^{20}$	$2.37×10^{20}$	$2.30×10^{20}$	$2.06×10^{20}$
	张家口市	$1.58×10^{21}$	$1.88×10^{21}$	$1.85×10^{21}$	$1.93×10^{21}$
黑龙江	大庆市	$5.94×10^{20}$	$6.73×10^{20}$	$6.71×10^{20}$	$6.93×10^{20}$
	大兴安岭地区	$7.01×10^{21}$	$8.24×10^{21}$	$7.87×10^{21}$	$6.39×10^{21}$
	哈尔滨市	$2.64×10^{21}$	$3.15×10^{21}$	$3.04×10^{21}$	$3.14×10^{21}$
	鹤岗市	$7.59×10^{20}$	$9.00×10^{20}$	$8.73×10^{20}$	$7.87×10^{20}$
	黑河市	$4.79×10^{21}$	$5.65×10^{21}$	$5.42×10^{21}$	$4.80×10^{21}$
	佳木斯市	$1.20×10^{21}$	$1.39×10^{21}$	$1.34×10^{21}$	$8.22×10^{20}$
	鸡西市	$9.59×10^{20}$	$1.14×10^{21}$	$1.10×10^{21}$	$1.08×10^{21}$
	牡丹江市	$2.79×10^{21}$	$3.37×10^{21}$	$3.19×10^{21}$	$3.44×10^{21}$
	齐齐哈尔市	$6.58×10^{20}$	$7.49×10^{20}$	$7.47×10^{20}$	$6.27×10^{20}$
	七台河市	$2.34×10^{20}$	$2.83×10^{20}$	$2.69×10^{20}$	$3.02×10^{20}$
	双鸭山市	$9.69×10^{20}$	$1.17×10^{21}$	$1.11×10^{21}$	$1.07×10^{21}$
	绥化市	$8.45×10^{20}$	$9.98×10^{20}$	$9.76×10^{20}$	$1.04×10^{21}$
	伊春市	$3.05×10^{21}$	$3.66×10^{21}$	$3.48×10^{21}$	$3.36×10^{21}$
河南	安阳市	$7.02×10^{20}$	$6.94×10^{20}$	$7.15×10^{20}$	$4.43×10^{20}$
	鹤壁市	$4.81×10^{20}$	$4.66×10^{20}$	$4.69×10^{20}$	$1.69×10^{20}$
	焦作市	$1.93×10^{21}$	$2.10×10^{21}$	$2.25×10^{21}$	$9.68×10^{20}$
	济源市	$3.20×10^{20}$	$2.30×10^{20}$	$2.34×10^{20}$	$2.15×10^{20}$
	开封市	$1.83×10^{21}$	$2.17×10^{21}$	$2.12×10^{21}$	$9.05×10^{20}$
	漯河市	$8.14×10^{20}$	$7.76×10^{20}$	$8.03×10^{20}$	$2.56×10^{20}$
	洛阳市	$1.44×10^{21}$	$1.43×10^{21}$	$1.47×10^{21}$	$2.58×10^{21}$
	南阳市	$1.66×10^{21}$	$1.66×10^{21}$	$1.79×10^{21}$	$4.14×10^{21}$
	平顶山市	$4.82×10^{20}$	$4.86×10^{20}$	$5.35×10^{20}$	$1.50×10^{21}$
	濮阳市	$1.21×10^{21}$	$1.19×10^{21}$	$1.25×10^{21}$	$6.06×10^{20}$
	三门峡市	$1.69×10^{21}$	$1.53×10^{21}$	$1.63×10^{21}$	$1.78×10^{21}$
	商丘市	$1.62×10^{21}$	$1.66×10^{21}$	$1.71×10^{21}$	$4.57×10^{20}$

续表

省份	地级市	2000 年	2005 年	2010 年	2015 年
河南	新乡市	$1.96×10^{21}$	$2.28×10^{21}$	$2.09×10^{21}$	$1.24×10^{21}$
	信阳市	$4.90×10^{21}$	$4.98×10^{21}$	$5.15×10^{21}$	$3.68×10^{21}$
	许昌市	$5.31×10^{20}$	$5.13×10^{20}$	$5.31×10^{20}$	$2.98×10^{20}$
	郑州市	$1.87×10^{21}$	$1.71×10^{21}$	$2.14×10^{21}$	$9.09×10^{20}$
	周口市	$2.62×10^{21}$	$2.50×10^{21}$	$2.59×10^{21}$	$1.17×10^{21}$
	驻马店市	$3.08×10^{21}$	$2.96×10^{21}$	$3.06×10^{21}$	$1.80×10^{21}$
湖北	恩施土家族苗族自治州	$2.25×10^{21}$	$2.51×10^{21}$	$2.80×10^{21}$	$4.62×10^{21}$
	鄂州市	$2.71×10^{21}$	$2.35×10^{21}$	$2.63×10^{21}$	$2.16×10^{21}$
	黄冈市	$9.44×10^{21}$	$8.24×10^{21}$	$9.22×10^{21}$	$8.01×10^{21}$
	黄石市	$2.00×10^{21}$	$1.73×10^{21}$	$1.96×10^{21}$	$1.82×10^{21}$
	荆门市	$4.12×10^{21}$	$3.80×10^{21}$	$4.12×10^{21}$	$3.52×10^{21}$
	荆州市	$1.75×10^{22}$	$1.48×10^{22}$	$1.69×10^{22}$	$1.41×10^{22}$
	潜江市	$1.35×10^{21}$	$1.17×10^{21}$	$1.33×10^{21}$	$9.86×10^{20}$
	神农架林区	$3.62×10^{20}$	$3.75×10^{20}$	$3.86×10^{20}$	$4.25×10^{20}$
	十堰市	$7.02×10^{21}$	$6.95×10^{21}$	$7.66×10^{21}$	$1.21×10^{22}$
	随州市	$1.18×10^{21}$	$1.13×10^{21}$	$1.20×10^{21}$	$1.06×10^{21}$
	天门市	$1.46×10^{21}$	$1.25×10^{21}$	$1.44×10^{21}$	$1.14×10^{21}$
	武汉市	$6.71×10^{21}$	$6.70×10^{21}$	$7.56×10^{21}$	$6.36×10^{21}$
	襄阳市	$6.14×10^{21}$	$5.73×10^{21}$	$6.36×10^{21}$	$6.01×10^{21}$
	咸宁市	$3.92×10^{21}$	$3.56×10^{21}$	$3.83×10^{21}$	$3.45×10^{21}$
	仙桃市	$9.01×10^{20}$	$7.93×10^{20}$	$9.06×10^{20}$	$7.40×10^{20}$
	孝感市	$3.58×10^{21}$	$3.68×10^{21}$	$4.20×10^{21}$	$3.87×10^{21}$
	宜昌市	$1.05×10^{22}$	$1.09×10^{22}$	$1.23×10^{22}$	$1.11×10^{22}$
湖南	常德市	$5.54×10^{21}$	$5.16×10^{21}$	$5.99×10^{21}$	$5.37×10^{21}$
	长沙市	$2.17×10^{21}$	$2.09×10^{21}$	$2.31×10^{21}$	$2.27×10^{21}$
	郴州市	$2.03×10^{21}$	$1.94×10^{21}$	$2.14×10^{21}$	$4.10×10^{21}$
	衡阳市	$3.37×10^{21}$	$3.16×10^{21}$	$3.62×10^{21}$	$3.26×10^{21}$
	怀化市	$6.18×10^{21}$	$6.15×10^{21}$	$6.94×10^{21}$	$6.78×10^{21}$
	娄底市	$9.64×10^{20}$	$1.05×10^{21}$	$1.12×10^{21}$	$1.33×10^{21}$
	邵阳市	$2.71×10^{21}$	$2.62×10^{21}$	$2.86×10^{21}$	$3.28×10^{21}$
	湘潭市	$1.02×10^{21}$	$9.64×10^{20}$	$1.10×10^{21}$	$1.04×10^{21}$
	湘西土家族苗族自治州	$1.92×10^{21}$	$1.89×10^{21}$	$2.08×10^{21}$	$2.08×10^{21}$
	益阳市	$3.40×10^{21}$	$3.24×10^{21}$	$3.72×10^{21}$	$4.30×10^{21}$
	永州市	$2.80×10^{21}$	$2.63×10^{21}$	$2.91×10^{21}$	$2.83×10^{21}$
	岳阳市	$4.15×10^{21}$	$4.03×10^{21}$	$4.52×10^{21}$	$4.40×10^{21}$
	张家界市	$1.24×10^{21}$	$1.23×10^{21}$	$1.34×10^{21}$	$1.45×10^{21}$

续表

省份	地级市	2000年	2005年	2010年	2015年
湖南	株洲市	1.79×10^{21}	1.70×10^{21}	1.91×10^{21}	2.29×10^{21}
	常州市	9.48×10^{19}	1.01×10^{20}	9.98×10^{19}	1.01×10^{20}
	淮安市	2.85×10^{20}	2.96×10^{20}	2.95×10^{20}	3.02×10^{20}
	连云港市	5.96×10^{19}	6.25×10^{19}	6.11×10^{19}	6.46×10^{19}
	南京市	1.48×10^{20}	1.58×10^{20}	1.55×10^{20}	1.59×10^{20}
	南通市	6.43×10^{19}	6.38×10^{19}	6.21×10^{19}	6.05×10^{19}
	宿迁市	2.37×10^{20}	2.42×10^{20}	2.41×10^{20}	2.49×10^{20}
江苏	苏州市	4.93×10^{20}	4.98×10^{20}	4.93×10^{20}	5.14×10^{20}
	泰州市	4.64×10^{19}	4.83×10^{19}	4.76×10^{19}	5.14×10^{19}
	无锡市	2.03×10^{20}	2.06×10^{20}	2.05×10^{20}	2.10×10^{20}
	徐州市	1.01×10^{20}	1.06×10^{20}	9.98×10^{19}	9.47×10^{19}
	盐城市	1.22×10^{20}	1.24×10^{20}	1.23×10^{20}	1.11×10^{20}
	扬州市	1.43×10^{20}	1.48×10^{20}	1.46×10^{20}	1.51×10^{20}
	镇江市	7.85×10^{19}	8.18×10^{19}	7.97×10^{19}	7.98×10^{19}
	抚州市	1.65×10^{21}	1.71×10^{21}	1.89×10^{21}	1.99×10^{21}
	赣州市	3.66×10^{21}	3.66×10^{21}	4.09×10^{21}	4.36×10^{21}
	吉安市	2.54×10^{21}	2.62×10^{21}	2.96×10^{21}	2.96×10^{21}
	景德镇市	5.01×10^{20}	5.31×10^{20}	6.04×10^{20}	6.35×10^{20}
	九江市	2.22×10^{21}	2.34×10^{21}	2.50×10^{21}	2.63×10^{21}
江西	南昌市	8.07×10^{20}	8.66×10^{20}	9.95×10^{20}	1.45×10^{21}
	萍乡市	2.97×10^{20}	3.08×10^{20}	3.35×10^{20}	3.68×10^{20}
	上饶市	2.10×10^{21}	2.06×10^{21}	2.21×10^{21}	2.48×10^{21}
	新余市	2.28×10^{20}	2.38×10^{20}	2.62×10^{20}	2.70×10^{20}
	宜春市	1.70×10^{21}	1.79×10^{21}	1.94×10^{21}	2.01×10^{21}
	鹰潭市	2.85×10^{20}	2.98×10^{20}	3.37×10^{20}	3.65×10^{20}
	白城市	5.61×10^{20}	6.35×10^{20}	6.52×10^{20}	6.20×10^{20}
	白山市	1.37×10^{21}	1.62×10^{21}	1.64×10^{21}	2.02×10^{21}
	长春市	2.27×10^{20}	2.71×10^{20}	2.86×10^{20}	2.64×10^{20}
	吉林市	1.69×10^{21}	1.98×10^{21}	2.01×10^{21}	2.33×10^{21}
吉林	辽源市	1.55×10^{20}	1.81×10^{20}	1.83×10^{20}	2.34×10^{20}
	四平市	1.75×10^{20}	2.04×10^{20}	2.05×10^{20}	2.99×10^{20}
	松原市	4.21×10^{20}	5.04×10^{20}	5.18×10^{20}	4.92×10^{20}
	通化市	1.09×10^{21}	1.27×10^{21}	1.28×10^{21}	1.39×10^{21}
	延边朝鲜族自治州	3.53×10^{21}	4.15×10^{21}	4.18×10^{21}	4.80×10^{21}
辽宁	鞍山市	3.96×10^{20}	4.76×10^{20}	4.78×10^{20}	6.42×10^{20}
	本溪市	6.87×10^{20}	8.25×10^{20}	8.22×10^{20}	8.92×10^{20}

续表

省份	地级市	2000年	2005年	2010年	2015年
辽宁	朝阳市	8.22×10^{20}	9.98×10^{20}	1.03×10^{21}	1.57×10^{21}
	大连市	4.64×10^{20}	5.37×10^{20}	5.32×10^{20}	5.61×10^{20}
	丹东市	1.10×10^{21}	1.34×10^{21}	1.36×10^{21}	1.50×10^{21}
	抚顺市	9.77×10^{20}	1.16×10^{21}	1.16×10^{21}	1.11×10^{21}
	阜新市	2.58×10^{20}	3.15×10^{20}	3.35×10^{20}	3.88×10^{20}
	葫芦岛市	4.31×10^{20}	5.23×10^{20}	5.31×10^{20}	6.85×10^{20}
	锦州市	2.14×10^{20}	2.58×10^{20}	2.70×10^{20}	2.89×10^{20}
	辽阳市	2.06×10^{20}	2.49×10^{20}	2.51×10^{20}	2.68×10^{20}
	盘锦市	6.57×10^{19}	8.12×10^{19}	9.03×10^{19}	9.59×10^{19}
	沈阳市	1.68×10^{20}	2.04×10^{20}	2.20×10^{20}	2.55×10^{20}
	铁岭市	6.83×10^{20}	8.27×10^{20}	8.37×10^{20}	9.70×10^{20}
内蒙古	阿拉善盟	1.38×10^{21}	1.50×10^{21}	1.47×10^{21}	9.89×10^{20}
	包头市	9.45×10^{20}	1.09×10^{21}	1.03×10^{21}	9.87×10^{20}
	巴彦淖尔市	1.62×10^{21}	1.82×10^{21}	1.77×10^{21}	1.53×10^{21}
	赤峰市	3.43×10^{21}	4.08×10^{21}	3.74×10^{21}	4.21×10^{21}
	呼和浩特市	6.21×10^{20}	7.39×10^{20}	6.89×10^{20}	7.17×10^{20}
	呼伦贝尔市	1.52×10^{22}	1.88×10^{22}	1.69×10^{22}	1.81×10^{22}
	鄂尔多斯市	2.60×10^{21}	2.88×10^{21}	2.79×10^{21}	2.83×10^{21}
	通辽市	1.78×10^{21}	2.08×10^{21}	1.93×10^{21}	2.14×10^{21}
	乌兰察布市	1.64×10^{21}	1.91×10^{21}	1.84×10^{21}	1.83×10^{21}
	乌海市	3.51×10^{19}	3.80×10^{19}	3.75×10^{19}	3.73×10^{19}
	锡林郭勒盟	8.75×10^{21}	9.97×10^{21}	9.40×10^{21}	9.18×10^{21}
	兴安盟	2.63×10^{21}	3.21×10^{21}	2.91×10^{21}	3.06×10^{21}
宁夏	固原市	2.31×10^{20}	2.46×10^{20}	3.27×10^{20}	3.43×10^{20}
	石嘴山市	1.30×10^{21}	8.98×10^{20}	1.76×10^{21}	1.22×10^{21}
	吴忠市	7.19×10^{20}	6.23×10^{20}	1.33×10^{21}	9.96×10^{20}
	银川市	7.53×10^{20}	5.86×10^{20}	1.20×10^{21}	7.92×10^{20}
	中卫市	1.27×10^{21}	9.71×10^{20}	2.07×10^{21}	1.42×10^{21}
青海	果洛藏族自治州	7.13×10^{21}	9.49×10^{21}	8.26×10^{21}	7.45×10^{21}
	玉树藏族自治州	1.61×10^{22}	2.11×10^{22}	1.86×10^{22}	1.90×10^{22}
	海北藏族自治州	2.70×10^{21}	3.60×10^{21}	3.09×10^{21}	2.70×10^{21}
	海东市	1.78×10^{21}	2.55×10^{21}	2.22×10^{21}	2.03×10^{21}
	海南藏族自治州	4.02×10^{21}	5.33×10^{21}	4.59×10^{21}	4.62×10^{21}
	海西蒙古族藏族自治州	9.47×10^{21}	1.26×10^{22}	1.12×10^{22}	9.91×10^{21}
	黄南藏族自治州	2.01×10^{21}	2.74×10^{21}	2.34×10^{21}	2.12×10^{21}
	西宁市	5.33×10^{20}	7.10×10^{20}	6.10×10^{20}	5.76×10^{20}

续表

省份	地级市	2000年	2005年	2010年	2015年
陕西	安康市	1.62×10^{21}	1.67×10^{21}	1.81×10^{21}	1.98×10^{21}
	宝鸡市	1.37×10^{21}	1.42×10^{21}	1.50×10^{21}	1.46×10^{21}
	汉中市	1.70×10^{21}	1.76×10^{21}	1.89×10^{21}	2.04×10^{21}
	商洛市	1.21×10^{21}	1.30×10^{21}	1.36×10^{21}	1.48×10^{21}
	铜川市	1.70×10^{20}	1.83×10^{20}	1.95×10^{20}	2.11×10^{20}
	渭南市	1.03×10^{21}	1.22×10^{21}	1.30×10^{21}	1.35×10^{21}
	西安市	7.72×10^{20}	8.07×10^{20}	8.21×10^{20}	8.13×10^{20}
	咸阳市	5.53×10^{20}	5.72×10^{20}	6.20×10^{20}	6.08×10^{20}
	延安市	2.47×10^{21}	2.70×10^{21}	2.89×10^{21}	3.23×10^{21}
	榆林市	2.14×10^{21}	2.27×10^{21}	2.51×10^{21}	2.58×10^{21}
山东	滨州市	3.59×10^{19}	3.94×10^{19}	3.60×10^{19}	4.08×10^{19}
	德州市	9.93×10^{18}	1.05×10^{19}	1.02×10^{19}	9.26×10^{18}
	东营市	1.18×10^{20}	8.67×10^{19}	8.41×10^{19}	6.37×10^{19}
	菏泽市	1.57×10^{19}	1.80×10^{19}	1.70×10^{19}	1.34×10^{19}
	济南市	1.29×10^{20}	1.40×10^{20}	1.34×10^{20}	1.31×10^{20}
	济宁市	1.18×10^{20}	1.44×10^{20}	1.40×10^{20}	1.36×10^{20}
	莱芜市	5.72×10^{19}	6.33×10^{19}	6.04×10^{19}	5.79×10^{19}
	聊城市	7.51×10^{18}	8.09×10^{18}	7.92×10^{18}	3.58×10^{18}
	临沂市	3.11×10^{20}	3.45×10^{20}	3.27×10^{20}	2.47×10^{20}
	青岛市	1.39×10^{20}	1.53×10^{20}	1.47×10^{20}	1.10×10^{20}
	日照市	9.13×10^{19}	9.83×10^{19}	9.43×10^{19}	8.42×10^{19}
	泰安市	1.11×10^{20}	1.26×10^{20}	1.22×10^{20}	1.13×10^{20}
	潍坊市	1.50×10^{20}	1.65×10^{20}	1.58×10^{20}	1.96×10^{20}
	威海市	1.03×10^{20}	1.14×10^{20}	1.08×10^{20}	1.15×10^{20}
	烟台市	4.02×10^{20}	4.46×10^{20}	4.21×10^{20}	3.72×10^{20}
	枣庄市	1.29×10^{20}	1.43×10^{20}	1.35×10^{20}	1.18×10^{20}
	淄博市	1.64×10^{20}	1.79×10^{20}	1.71×10^{20}	1.78×10^{20}
上海	上海	6.29×10^{19}	6.20×10^{19}	5.86×10^{19}	5.47×10^{19}
山西	长治市	9.74×10^{20}	1.03×10^{21}	1.07×10^{21}	1.00×10^{21}
	大同市	8.28×10^{20}	8.91×10^{20}	9.17×10^{20}	1.06×10^{21}
	晋城市	8.04×10^{20}	8.45×10^{20}	8.65×10^{20}	1.10×10^{21}
	晋中市	1.20×10^{21}	1.28×10^{21}	1.32×10^{21}	1.53×10^{21}
	临汾市	1.91×10^{21}	1.98×10^{21}	2.02×10^{21}	2.34×10^{21}
	吕梁市	2.64×10^{21}	2.74×10^{21}	2.80×10^{21}	2.72×10^{21}
	朔州市	7.17×10^{20}	7.53×10^{20}	7.66×10^{20}	1.15×10^{21}
	太原市	7.21×10^{20}	7.38×10^{20}	7.52×10^{20}	9.13×10^{20}

续表

省份	地级市	2000 年	2005 年	2010 年	2015 年
山西	忻州市	$2.93×10^{21}$	$3.05×10^{21}$	$3.11×10^{21}$	$3.34×10^{21}$
	阳泉市	$3.60×10^{20}$	$3.81×10^{20}$	$3.90×10^{20}$	$4.53×10^{20}$
	运城市	$2.35×10^{21}$	$2.37×10^{21}$	$2.18×10^{21}$	$2.83×10^{21}$
四川	巴中市	$7.53×10^{21}$	$6.49×10^{21}$	$6.51×10^{21}$	$6.91×10^{21}$
	成都市	$1.04×10^{22}$	$8.72×10^{21}$	$8.71×10^{21}$	$9.02×10^{21}$
	达州市	$9.61×10^{21}$	$8.27×10^{21}$	$8.33×10^{21}$	$8.98×10^{21}$
	德阳市	$5.55×10^{21}$	$4.56×10^{21}$	$4.56×10^{21}$	$4.81×10^{21}$
	甘孜藏族自治州	$2.44×10^{22}$	$2.58×10^{22}$	$2.61×10^{22}$	$2.83×10^{22}$
	广安市	$7.17×10^{21}$	$5.91×10^{21}$	$5.93×10^{21}$	$6.15×10^{21}$
	广元市	$9.66×10^{21}$	$8.39×10^{21}$	$7.97×10^{21}$	$1.34×10^{22}$
	乐山市	$9.47×10^{21}$	$8.01×10^{21}$	$8.09×10^{21}$	$1.02×10^{22}$
	凉山彝族自治州	$1.17×10^{22}$	$1.13×10^{22}$	$1.13×10^{22}$	$1.59×10^{22}$
	泸州市	$1.26×10^{22}$	$1.04×10^{22}$	$1.04×10^{22}$	$1.09×10^{22}$
	眉山市	$4.45×10^{21}$	$3.74×10^{21}$	$3.78×10^{21}$	$4.10×10^{21}$
	绵阳市	$8.29×10^{21}$	$7.31×10^{21}$	$7.30×10^{21}$	$9.00×10^{21}$
	南充市	$1.17×10^{22}$	$9.58×10^{21}$	$9.85×10^{21}$	$1.31×10^{22}$
	内江市	$1.56×10^{21}$	$1.27×10^{21}$	$1.27×10^{21}$	$1.31×10^{21}$
	阿坝藏族羌族自治州	$1.53×10^{22}$	$1.63×10^{22}$	$1.64×10^{22}$	$2.94×10^{22}$
	攀枝花市	$4.26×10^{21}$	$3.58×10^{21}$	$3.56×10^{21}$	$3.67×10^{21}$
	遂宁市	$5.29×10^{21}$	$4.36×10^{21}$	$4.36×10^{21}$	$4.61×10^{21}$
	雅安市	$4.69×10^{21}$	$4.38×10^{21}$	$4.39×10^{21}$	$4.02×10^{21}$
	宜宾市	$1.05×10^{22}$	$8.70×10^{21}$	$8.68×10^{21}$	$1.14×10^{22}$
	自贡市	$3.21×10^{21}$	$2.65×10^{21}$	$2.66×10^{21}$	$2.68×10^{21}$
	资阳市	$3.24×10^{21}$	$2.62×10^{21}$	$2.62×10^{21}$	$2.66×10^{21}$
天津	天津	$2.27×10^{20}$	$2.34×10^{20}$	$2.29×10^{20}$	$2.43×10^{20}$
新疆	阿克苏地区	$2.31×10^{21}$	$2.59×10^{21}$	$2.94×10^{21}$	$1.98×10^{21}$
	阿勒泰地区	$2.99×10^{21}$	$3.47×10^{21}$	$3.65×10^{21}$	$3.40×10^{21}$
	乌鲁木齐市	$3.54×10^{20}$	$4.06×10^{20}$	$4.34×10^{20}$	$4.01×10^{20}$
	博尔塔拉蒙古自治州	$7.58×10^{20}$	$9.10×10^{20}$	$9.48×10^{20}$	$9.41×10^{20}$
	巴音郭楞蒙古自治州	$6.20×10^{21}$	$7.16×10^{21}$	$8.05×10^{21}$	$7.41×10^{21}$
	昌吉回族自治州	$1.59×10^{21}$	$1.85×10^{21}$	$2.04×10^{21}$	$1.64×10^{21}$
	哈密市	$1.02×10^{21}$	$1.18×10^{21}$	$1.33×10^{21}$	$1.34×10^{21}$
	伊犁哈萨克自治州	$2.43×10^{21}$	$2.74×10^{21}$	$2.89×10^{21}$	$2.75×10^{21}$
	克拉玛依市	$1.19×10^{20}$	$1.48×10^{20}$	$1.66×10^{20}$	$1.35×10^{20}$
	喀什市	$2.05×10^{21}$	$2.26×10^{21}$	$2.52×10^{21}$	$1.98×10^{21}$
	和田市	$2.58×10^{21}$	$2.94×10^{21}$	$3.43×10^{21}$	$3.01×10^{21}$

续表

省份	地级市	2000 年	2005 年	2010 年	2015 年
新疆	克孜勒苏柯尔克孜自治州	1.74×10^{21}	2.00×10^{21}	2.25×10^{21}	2.04×10^{21}
	石河子市	5.95×10^{18}	6.40×10^{18}	7.30×10^{18}	6.34×10^{18}
	塔城地区	2.23×10^{21}	2.58×10^{21}	2.82×10^{21}	2.53×10^{21}
	吐鲁番市	3.93×10^{20}	4.56×10^{20}	5.15×10^{20}	5.06×10^{20}
西藏	昌都市	1.02×10^{22}	1.15×10^{22}	1.08×10^{22}	1.19×10^{22}
	拉萨市	1.83×10^{21}	1.98×10^{21}	1.89×10^{21}	2.69×10^{21}
	那曲市	2.12×10^{22}	2.35×10^{22}	2.25×10^{22}	2.36×10^{22}
	阿里地区	1.22×10^{22}	1.35×10^{22}	1.30×10^{22}	1.25×10^{22}
	林芝市	8.03×10^{21}	8.99×10^{21}	8.36×10^{21}	7.98×10^{21}
	山南市	3.48×10^{21}	3.72×10^{21}	3.52×10^{21}	4.28×10^{21}
	日喀则市	9.94×10^{21}	1.06×10^{22}	1.01×10^{22}	1.21×10^{22}
云南	保山市	7.29×10^{21}	7.05×10^{21}	7.15×10^{21}	7.01×10^{21}
	楚雄彝族自治州	8.33×10^{21}	8.58×10^{21}	8.65×10^{21}	9.15×10^{21}
	迪庆藏族自治州	9.33×10^{21}	9.42×10^{21}	9.51×10^{21}	1.01×10^{22}
	大理白族自治州	7.51×10^{21}	7.56×10^{21}	7.62×10^{21}	8.00×10^{21}
	德宏傣族景颇族自治州	4.19×10^{21}	4.08×10^{21}	4.12×10^{21}	4.45×10^{21}
	红河哈尼族彝族自治州	1.19×10^{22}	1.16×10^{22}	1.17×10^{22}	1.24×10^{22}
	昆明市	5.11×10^{21}	5.28×10^{21}	5.31×10^{21}	5.68×10^{21}
	丽江市	7.95×10^{21}	7.98×10^{21}	8.07×10^{21}	8.24×10^{21}
	临沧市	7.84×10^{21}	7.68×10^{21}	7.77×10^{21}	8.45×10^{21}
	怒江傈僳族自治州	6.72×10^{21}	6.64×10^{21}	6.70×10^{21}	7.15×10^{21}
	普洱市	1.20×10^{22}	1.19×10^{22}	1.20×10^{22}	1.22×10^{22}
	曲靖市	6.18×10^{21}	6.43×10^{21}	6.45×10^{21}	7.24×10^{21}
	文山壮族苗族自治州	7.32×10^{21}	7.47×10^{21}	7.53×10^{21}	8.73×10^{21}
	西双版纳傣族自治州	6.46×10^{21}	6.29×10^{21}	6.28×10^{21}	6.02×10^{21}
	玉溪市	5.40×10^{21}	5.32×10^{21}	5.38×10^{21}	5.57×10^{21}
	昭通市	7.56×10^{21}	7.73×10^{21}	7.83×10^{21}	1.07×10^{22}
浙江	杭州市	2.42×10^{21}	2.45×10^{21}	2.80×10^{21}	2.93×10^{21}
	湖州市	4.32×10^{20}	4.47×10^{20}	5.08×10^{20}	5.30×10^{20}
	嘉兴市	2.05×10^{20}	2.08×10^{20}	2.53×10^{20}	2.32×10^{20}
	金华市	9.26×10^{20}	9.43×10^{20}	1.05×10^{21}	1.12×10^{21}
	丽水市	1.99×10^{21}	2.01×10^{21}	2.22×10^{21}	2.61×10^{21}
	宁波市	5.99×10^{20}	6.14×10^{20}	6.90×10^{20}	7.31×10^{20}
	衢州市	8.72×10^{20}	8.79×10^{20}	9.81×10^{20}	1.03×10^{21}
	绍兴市	7.11×10^{20}	7.36×10^{20}	8.35×10^{20}	8.89×10^{20}
	台州市	8.73×10^{20}	8.92×10^{20}	9.99×10^{20}	1.05×10^{21}

续表

省份	地级市	2000年	2005年	2010年	2015年
浙江	温州市	1.33×10^{21}	1.36×10^{21}	1.54×10^{21}	1.59×10^{21}
	舟山市	7.51×10^{19}	7.62×10^{19}	8.30×10^{19}	9.90×10^{19}

附表 A4　2000~2015年中国有林地生态系统服务变化的因素贡献率　　（单位：%）

省份		因素			
		R	τ	S	δ
服务增加的省份	河南	-15	6	103	6
	内蒙古	-1	5	97	-1
	黑龙江	-1	6	94	1
	辽宁	0	5	93	2
	云南	0	9	89	1
	河北	4	7	87	2
	陕西	1	13	84	2
	贵州	0	21	77	2
	湖北	-3	26	74	3
	四川	13	9	73	5
	山东	-5	35	69	2
	重庆	16	6	66	11
	吉林	0	8	61	31
	宁夏	0	32	58	10
	天津	1	36	55	8
	青海	8	34	54	4
	江西	34	9	52	6
	湖南	27	17	52	3
	甘肃	12	13	52	23
	北京	-2	42	49	12
	山西	-1	39	47	15
	广东	28	22	46	3
	安徽	29	20	46	4
	广西	50	21	27	3
	浙江	42	33	22	3
	江苏	-32	131	2	0
	福建	18	86	-4	0
	西藏	0	128	-26	-2
	上海	-53	237	-78	-6
	海南	-865	802	-191	354
服务减少的省份	新疆	-13	116	-177	-27

注：R：自然因素（降水量、蒸散发量等）；τ：重视因素（人类对生态系统服务改善的重视程度）；S：人为因素（生态系统面积）；δ：误差项。后同。

附表 A5　2000～2015年中国灌木林生态系统服务变化的因素贡献率　　（单位：%）

省份		R	τ	S	δ
服务增加的省份	河南	−44	16	102	26
	陕西	0	4	97	−1
	湖北	−1	11	89	1
	重庆	12	2	88	−2
	福建	3	13	82	2
	湖南	11	6	81	3
	四川	10	11	78	1
	甘肃	6	7	73	13
	安徽	−1	8	73	20
	云南	0	10	72	18
	贵州	0	8	66	25
	西藏	0	7	66	27
	山西	1	32	61	7
	青海	10	31	57	2
	浙江	26	18	53	4
	辽宁	0	5	51	44
	江西	39	8	50	3
	内蒙古	0	7	49	44
	宁夏	0	18	48	34
	河北	0	12	46	42
	广西	39	14	44	4
	北京	0	66	31	3
	山东	−10	97	12	0
	天津	0	277	−168	−9
	广东	1173	804	−1819	−57
服务减少的省份	新疆	12	17	−116	−13
	黑龙江	1	1	−101	−1
	海南	−96	76	−100	19
	江苏	−124	133	−99	−10
	上海	0	30	−85	−45
	吉林	0	10	−58	−52

附表 A6　2000~2015 年中国高覆盖度草地生态系统服务变化的因素贡献率　（单位：%）

省份		因素			
		R	τ	S	δ
服务增加的省份	青海	−35	75	241	−181
	河南	−80	3	129	48
	西藏	0	182	127	−209
	河北	0	12	119	−31
	陕西	−1	9	113	−21
	吉林	0	4	107	−12
	宁夏	0	41	104	−45
	湖北	−3	28	102	−27
	上海	−6	1	101	4
	贵州	0	4	101	−4
	云南	0	18	100	−18
	新疆	5	5	93	−2
	山西	−7	9	89	9
	四川	28	22	88	−37
	甘肃	33	1	88	−22
	辽宁	0	1	83	16
	北京	−25	41	83	1
	福建	7	3	77	13
	重庆	22	10	71	−3
	广东	27	2	59	12
	安徽	−4	2	54	48
	浙江	36	2	48	13
	广西	42	1	43	13
	江西	51	1	38	10
	湖南	732	40	−548	−123
服务减少的省份	天津	−42 397	16 847	26 435	−985
	海南	−98	8	−37	27
	山东	−27	1	−81	7
	黑龙江	−2	1	−88	−11
	江苏	12	1	−96	−17
	内蒙古	0	26	−100	−26

附表 A7　2000～2015 年中国中覆盖度草地生态系统服务变化的因素贡献率　　（单位：%）

省份		R	τ	S	δ
服务增加的省份	青海	26	94	132	-153
	甘肃	12	1	123	-36
	西藏	0	293	113	-306
	河北	0	81	112	-93
	陕西	2	12	109	-23
	宁夏	0	38	104	-43
	云南	0	9	101	-10
	湖北	-1	15	101	-14
	贵州	0	15	100	-15
	安徽	-3	0	91	12
	北京	-1	10	90	2
	内蒙古	8	1	88	3
	四川	32	15	80	-27
	山西	6	9	74	10
	福建	10	4	73	13
	湖南	19	1	65	15
	广西	36	1	48	15
	浙江	98	7	-4	-1
	广东	971	66	-775	-162
	新疆	125	41	-66	0
	江西	104	2	-5	-1
服务减少的省份	海南	-124	10	-9	23
	河南	-67	2	-46	10
	天津	-22	4	-85	2
	山东	-22	1	-85	6
	黑龙江	8	1	-95	-14
	江苏	17	1	-95	-23
	吉林	0	13	-109	-4
	辽宁	0	6	-110	3
	重庆	357	167	-427	-196

附表 A8 2000～2015年中国低覆盖度草地生态系统服务变化的因素贡献率　（单位：%）

省份		R	τ	S	δ
服务增加的省份	青海	24	76	138	−137
	西藏	0	171	128	−199
	甘肃	5	1	115	−21
	陕西	0	5	111	−16
	新疆	−19	13	110	−4
	吉林	0	3	108	−10
	宁夏	0	46	104	−50
	云南	0	5	101	−6
	湖北	−1	26	100	−24
	北京	1	8	89	2
	四川	25	14	88	−27
	山西	−2	7	86	10
	广东	6	2	79	13
	安徽	5	0	75	20
	湖南	14	1	70	16
	江西	26	1	58	15
	天津	12	34	53	0
	广西	36	1	48	15
	黑龙江	15	1	42	42
服务减少的省份	内蒙古	−113	1	13	−1
	海南	−59	5	−47	1
	河南	−54	2	−67	19
	江苏	9	2	−93	−18
	山东	−9	1	−96	4
	福建	11	4	−98	−17
	辽宁	0	5	−109	4
	贵州	0	385	−133	−352
	河北	0	91	−136	−55
	重庆	108	56	−187	−77
	浙江	189	13	−236	−66

附表 A9　2000～2015 年中国沼泽地生态系统服务变化的因素贡献率　　（单位：%）

省份		R	τ	S	δ
服务增加的省份	山东	−10	1	122	−13
	四川	98	1	121	−120
	内蒙古	−11	1	115	−5
	黑龙江	−3	1	103	−1
	云南	0	2	98	0
	辽宁	0	3	96	1
	宁夏	0	8	92	0
	西藏	0	130	80	−110
	陕西	11	5	80	4
	湖南	23	2	67	8
	甘肃	3	39	58	0
	广西	−21	3	28	91
	江苏	0	100	0	0
服务减少的省份	天津	−790	834	824	−968
	吉林	−112	9	312	−309
	青海	−212	76	56	−19
	广东	−52	1	−68	18
	海南	−52	6	−75	22
	河南	−100	2	−97	95
	安徽	−100	1	−100	99
	江西	2	1	−102	−1
	山西	−2	17	−104	−12
	湖北	2	10	−111	−1
	河北	0	7	−133	26
	新疆	78	100	−259	−20

附表 A10　2000～2015 年中国湖泊生态系统服务变化的因素贡献率　　（单位：%）

省份		R	τ	S	δ
服务增加的省份	四川	−38	6	140	−8
	福建	6	4	86	4
	青海	−3	14	85	3
	甘肃	13	1	74	12
	贵州	0	27	70	2

续表

省份		因素			
		R	τ	S	δ
服务增加的省份	西藏	4	22	66	7
	宁夏	0	33	64	3
	新疆	9	21	61	9
	江苏	5	41	52	3
	安徽	7	55	36	2
	浙江	−22	13	35	74
	上海	−19	40	11	67
	重庆	88	5	4	2
	广西	116	5	−14	−6
	黑龙江	120	6	−28	1
	吉林	1239	128	−914	−352
服务减少的省份	广东	−209	25	103	−18
	陕西	−80	2	−36	15
	海南	−60	7	−66	19
	河南	−58	8	−66	16
	辽宁	0	3	−102	−1
	湖南	7	5	−108	−4
	内蒙古	11	4	−111	−4
	云南	0	16	−113	−3
	山西	9	31	−115	−25
	河北	5	14	−118	0
	江西	13	15	−125	−4
	山东	268	41	−377	−32
	湖北	545	1079	−1715	−9

附表 A11　2000~2015 年中国水库坑塘生态系统服务变化的因素贡献率　　（单位：%）

省份		因素			
		R	τ	S	δ
服务增加的省份	浙江	−144	48	221	−25
	河南	−60	16	169	−24
	安徽	−79	34	148	−3
	陕西	−32	5	140	−13
	福建	−31	10	128	−7
	江苏	−17	6	116	−5

续表

省份		因素			
		R	τ	S	δ
服务增加的省份	甘肃	−11	5	110	−3
	河北	−5	2	102	1
	山东	−3	1	102	0
	黑龙江	−1	1	101	−1
	云南	0	0	99	0
	贵州	0	0	99	1
	山西	−16	26	93	−4
	青海	0	2	93	5
	辽宁	5	2	89	5
	宁夏	0	8	85	7
	内蒙古	26	1	56	17
	海南	2	16	56	26
	四川	10	4	55	31
	新疆	−190	271	54	−36
	重庆	3	3	46	48
	广西	−3	15	23	65
	天津	10	70	16	3
	江西	−34	20	−13	127
	湖南	−4334	300	−378	4512
服务减少的省份	湖北	−2724	238	3270	−884
	西藏	−45	293	−15	−334
	广东	−68	5	−43	5
	吉林	−44	14	−60	−9
	上海	2	30	−122	−10
	北京	89	51	−162	−79

附表 A12　2000~2015 年中国河流生态系统服务变化的因素贡献率　　（单位：%）

省份		因素			
		R	τ	S	δ
服务增加的省份	广东	102	1	−4	0
	四川	100	0	0	0
	甘肃	100	0	0	0
	广西	100	0	0	0
	福建	100	0	0	0

续表

省份		因素			
		R	τ	S	δ
服务增加的省份	重庆	99	0	1	0
	湖南	99	0	0	0
	青海	99	0	1	−1
	贵州	99	0	1	0
	浙江	99	0	1	0
	江西	99	0	1	0
	宁夏	99	4	−2	0
	北京	98	0	2	−1
	山西	97	1	1	0
	陕西	91	1	9	−2
	黑龙江	88	0	12	0
	安徽	87	6	7	0
	吉林	62	1	38	0
	新疆	57	9	26	9
	山东	36	6	49	9
	内蒙古	26	1	58	15
	辽宁	15	0	4	81
	河北	8	4	83	5
服务减少的省份	上海	29	97	−206	−21
	江苏	−54	52	−94	−4
	天津	−55	56	−97	−4
	河南	−70	0	0	−30
	云南	−100	0	0	0
	西藏	−103	2	0	0
	海南	−104	1	1	2
	湖北	−104	0	4	0

附表 A13　2000～2015 年中国生态系统服务变化的因素贡献率

省份		因素				各省面积/10^4 km^2
		R/%	τ/%	S/%	δ/%	
服务增加的省份	湖北	−280	69	314	−3	18.59
	陕西	1	8	102	−12	20.56
	内蒙古	−9	18	100	−8	118.3
	云南	−15	12	99	4	38.33

续表

省份		因素				各省面积/10^4 km^2
		R/%	τ/%	S/%	δ/%	
服务增加的省份	青海	31	49	96	−75	72.23
	宁夏	5	36	90	−31	6.64
	河北	2	11	86	1	18.77
	西藏	−4	76	79	−52	122.8
	江苏	−41	82	76	−16	10.26
	辽宁	2	5	75	18	14.59
	新疆	12	24	69	−5	166
	黑龙江	10	27	67	−5	47.3
	贵州	13	10	66	11	17.6
	吉林	1	9	63	27	18.74
	山西	4	26	59	10	15.63
	安徽	17	14	54	15	13.97
	四川	59	6	40	−5	48.14
	广东	40	21	35	4	18
	江西	55	6	35	4	16.7
	北京	29	34	32	6	1.68
	甘肃	73	1	30	−4	45.44
	重庆	69	2	29	0	8.23
	福建	40	29	29	2	12.13
	湖南	76	5	18	1	21.18
	浙江	61	21	16	2	10.2
	天津	−5	92	8	5	1.13
	广西	92	2	5	1	23.6
服务减少的省份	上海	6	57	−147	−16	0.63
	山东	−70	30	−81	20	15.38
	海南	−319	200	−72	91	3.4
	河南	−83	1	15	−33	16.7

附表 A14　河南和海南 2000～2015 年年均降水量　　　　（单位：mm）

年份	河南	海南
2000	996.5	2170.4
2001	533.0	—
2002	882.5	—
2003	1182.5	—
2004	806.0	—

续表

年份	河南	海南
2005	988.0	1756.5
2006	825.0	—
2007	927.5	1690.4
2008	875.0	2095.2
2009	737.0	2275.0
2010	1032.0	2251.8
2011	751.0	2273.3
2012	639.0	1939.9
2013	544.9	2393.7
2014	696.1	1993.0
2015	694.9	1403.5

— 无数据。

资料来源：2001～2016年河南统计年鉴及2001～2016年海南省水资源公报。

附表A15 2000～2015年山东、河南和上海生态系统面积及其变化率

生态系统类型	山东 2000年面积/m²	山东 2015年面积/m²	变化率/%	河南 2000年面积/m²	河南 2015年面积/m²	变化率/%	上海 2000年面积/m²	上海 2015年面积/m²	变化率/%
F	4.17×10^9	4.45×10^9	7	1.42×10^{10}	2.04×10^{10}	44	7.92×10^6	7.65×10^6	−3
Sh	1.34×10^9	1.34×10^9	0	2.47×10^9	2.66×10^9	8	4.38×10^6	2.41×10^6	−45
HCG	2.85×10^9	2.08×10^9	−27	4.30×10^9	4.80×10^9	12	1.28×10^7	2.58×10^7	102
MCG	4.69×10^9	3.31×10^9	−29	2.01×10^9	1.92×10^9	−4	0	0	—
LCG	1.96×10^9	1.24×10^9	−37	2.79×10^8	2.54×10^8	−9	0	0	—
W	1.26×10^8	2.95×10^8	134	2.00×10^7	1.27×10^6	−94	0	0	—
L	8.34×10^8	7.26×10^8	−13	3.53×10^6	2.34×10^6	−34	2.04×10^6	2.08×10^6	2
R/P	1.93×10^9	4.47×10^9	132	1.06×10^9	1.58×10^9	49	3.04×10^8	2.04×10^8	−33
Ri	1.05×10^9	1.22×10^9	16	1.09×10^9	1.97×10^9	81	1.07×10^8	9.00×10^7	−16
总值	1.90×10^{10}	1.91×10^{10}	1	2.54×10^{10}	3.36×10^{10}	32	4.38×10^8	3.32×10^8	−24

注：山东2015年总生态系统面积大于2000年，但其2000～2015年生态系统服务的减少主要是其生态系统面积下降引起的，这说明其生态系统服务的减少集中在面积较大或单位面积服务较高的生态系统子类，如草地或湖泊生态系统。

F：有林地；Sh：灌木林；HCG：高覆盖度草地；MCG：中覆盖度草地；LCG：低覆盖度草地；W：沼泽地；L：湖泊；R/P：水库坑塘；Ri：河流。后同。

生态系统面积来源于土地利用类型遥感数据。

附表A16 吉林和黑龙江灌木林生态系统面积及其变化率

省份	2000年面积/m²	2015年面积/m²	变化率/%
吉林	2.34×10^9	1.90×10^9	−19
黑龙江	1.98×10^{10}	6.29×10^9	−68

附表 A17 九类生态系统对中国生态系统服务 2000～2015 年变化的贡献率　　　　（单位：%）

生态系统类型	省份	F	Sh	HCG	MCG	LCG	W	L	R/P	Ri
F	黑龙江	381	−278	−33	−9	0	24	3	2	9
	湖北	150	154	13	15	1	0	0	0	−232
	内蒙古	102	9	−44	33	−9	11	−3	1	1
	吉林	100	−3	5	−3	1	0	0	0	1
	广东	85	0	6	0	0	0	0	−9	18
	辽宁	84	9	3	−10	−1	0	0	2	13
	浙江	71	3	2	−7	−8	0	0	0	38
	江西	62	7	3	1	0	−1	−1	0	29
	北京	57	14	1	1	0	0	0	−1	28
	安徽	50	31	13	0	0	0	1	0	4
	云南	43	41	14	13	2	0	0	2	−14
	河北	43	24	28	2	0	0	0	3	1
	山西	35	33	7	6	14	0	0	0	5
Sh	贵州	14	52	4	16	0	0	0	1	13
	西藏	8	47	18	7	7	0	18	0	−4
Sh&G	陕西	15	27	19	27	12	0	0	0	1
F&Ri	福建	31	19	14	5	−2	0	0	1	32
Ri	广西	9	4	2	0	0	0	0	0	85
	甘肃	4	6	5	9	7	0	0	0	69
	湖南	27	6	0	0	0	0	−1	0	67
	重庆	12	25	1	0	0	0	0	0	61
	四川	17	16	4	12	2	0	0	0	48
G&Ri	青海	2	10	6	22	25	−1	12	3	22
G	新疆	−8	−10	76	7	19	0	11	0	6
	宁夏	3	12	6	34	38	0	0	2	5
Ri/P	江苏	12	−15	−58	−1	0	0	71	110	−20
	天津	62	1	1	−22	0	1	0	96	−40
	上海	−1	3	−34	0	0	0	0	110	21
Ri	河南	−13	−1	−1	0	0	0	0	0	114
	海南	−30	32	13	1	0	0	0	−17	99
G&R/P	山东	−55	−6	105	175	77	−9	3	−178	−11

附录 2

某泉水生态系统食物网中物种能值转换率求解方法

下面以某泉水生态系统为例对食物网络的能量流矩阵、物种的能值转换率求解方法及维持整个生态系统食物网络所需的总能值计算方法（即基于能值的生物多样性维持动态度量方法）进行详细说明。某泉水生态系统食物网各物种的能量流转移矩阵如附图 A1 所示。

能值转换率		Tr1	Tr2	Tr3	Tr4	Tr5	Tr6	Tr7
	输入	太阳能	光合作用	植物	凋落物	腐殖质	细菌	食腐质者	食肉动物
输出		x1	x2	x3	x4	x5	x6	x7	x8
光合作用	x2	2 000	−1	0	0	0	0	0	0
植物	x3	0	11 184	−9 181	0	0	0	0	0
凋落物	x4	4 000	0	0	−1	0	0	0	0
腐殖质	x5	0	0	8 881	635	−8 374	1 600	200	167
细菌	x6	0	0	0	0	5 205	−1 930	0	0
食腐质者	x7	0	0	0	0	2 309	75	−570	0
食肉动物	x8	0	0	0	0	0	0	370	−167

附图 A1　某泉水生态系统食物网各物种能量流转移矩阵

x1~x8 表示其左侧或上侧对应的物种；Tr1~Tr7 是待求解的物种能值转换率。

资料来源：Bardi et al.，2005

具体能值转换率求解步骤如下。

（1）可将该矩阵在 excel 中呈现，如附图 A2 所示。

	A	B	C	D	E	F	G	H	I
1									
2									
3									
4	某泉水生态系统								
5									
6									
7		x1	x2	x3	x4	x5	x6	x7	x8
8	x2	2000	−1	0	0	0	0	0	0
9	x3	0	11184	−9181	0	0	0	0	0
10	x4	4000	0	0	−1	0	0	0	0
11	x5	0	0	8881	635	−8374	1600	200	167
12	x6	0	0	0	0	5205	−1930	0	0
13	x7	0	0	0	0	2309	75	−570	0
14	x8	0	0	0	0	0	0	370	−167
15									

附图 A2　某泉水生态系统食物网能量流转移矩阵

资料来源：Bardi et al.，2005

（2）接着使用线性优化方法计算能值转换率。在矩阵上方插入一行数据，将该数据初始值设置为1，在矩阵右侧插入名为 SUMPRODUCT（即乘积之和）的列。然后在该列的右侧插入名为 CONSTRAINT（即约束条件）的列，将该列数据设置为0，如附图 A3 所示。

附图 A3　某泉水生态系统食物网能量流转移矩阵物种初始能值转换率及约束条件设置

（3）打开 excel 工具栏中的"数据"模板，选择右上角的"规划求解"模板，在弹出的规划求解窗口进行如附图 A4（a）的参数设置，在窗口的"选项"模块中进行附图 A4（b）~（d）的设置。这种设置通过变化能值转换率初始值使得第 k 列对应的物种能量与其能值转换率的积和在多次迭代中无限接近约束条件0，以实现对能值转换率的求解。需要说明的是，可以根据食物网络的复杂性设置最大时间和迭代次数（对于小型网络，二者设置为100就足够了，但对于更大或者复杂网络可能需要更多的时间和迭代次数）。根据网络的复杂性也可将精度设置为0.1或更小，并将收敛性设置为0.1或更小。一般经验是约束精度大大超过输入数据的精度（Bardi et al., 2005）。

（a）

附录 2　某泉水生态系统食物网中物种能值转换率求解方法

（b）

（c）

（d）

附图 A4　求解某泉水生态系统食物网能量流转移矩阵物种能值转换率的参数设置

· 507 ·

（4）参数设置完毕之后，点击求解，弹出以下对话框，选择保留规划求解的解［附图A5（a）］，点击确定，即可求得各物种的能值转换率［附图A5（b）］，也即某泉水生态系统中光合作用（x2）、植物（x3）、凋落物（x4）、腐殖质（x5）、细菌（x6）、食腐质者（x7）和食肉动物（x8）对应的能值转换率分别为2000 sej/J、2436 sej/J、4000 sej/J、15 621 sej/J、42 129 sej/J、68 823 sej/J 和 152 482 sej/J。

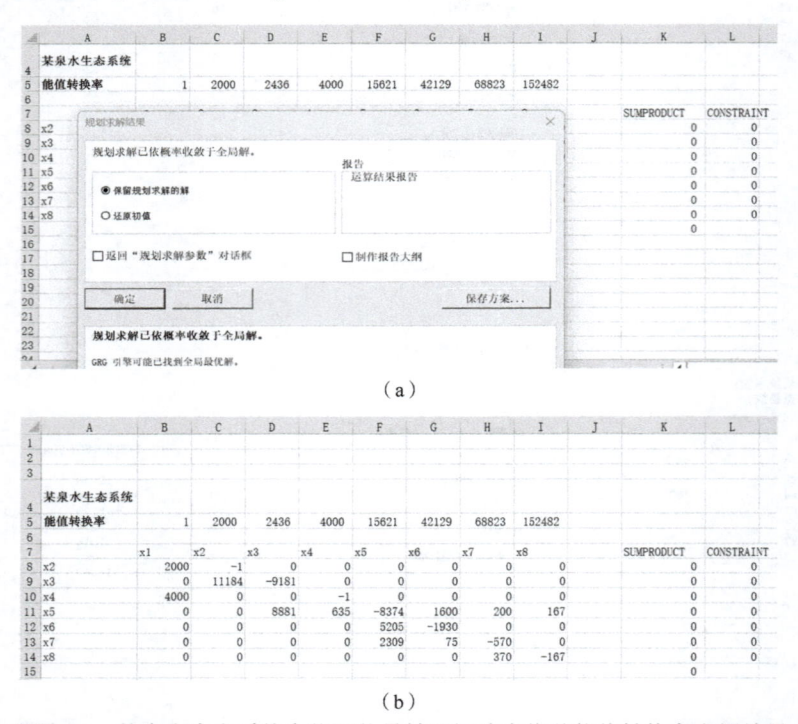

附图A5　某泉水生态系统食物网能量转移矩阵中物种能值转换率求解结果

（5）维持该生态系统食物网络中生物多样性所需的单位面积能值为各物种的能量（矩阵对角线）与其对应的能值转换率的乘积之和（计算方法详见附图A6），即 5.99×10^8 sej/($m^2 \cdot a$)，再乘以该生态系统面积得到维持该生态系统生物多样性所需的总能值（单位：sej/a）。

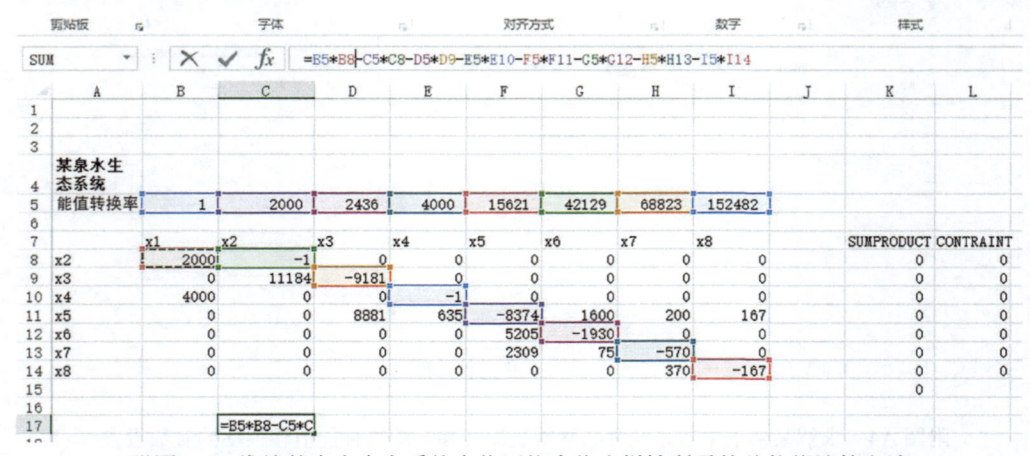

附图A6　维持某泉水生态系统食物网络生物多样性所需的总能值计算方法

附录 3

文中缩写及其含义汇总

文中缩写及其含义汇总：
（1）MA，Millennium Ecosystem Assessment，《千年生态系统评估报告》。
（2）TEEB，The Economics of Ecosystems and Biodiversity，生态系统与生物多样性经济学。
（3）Em($u1$)，Em($u2$) 和 Em($u3$)，不同且独立的输入能值流。
（4）E_1、E_2 和 E_n，有效能投入。
（5）E_{out}，有效能输出。
（6）Em$_{out}$，系统输出产品的能值。
（7）UEV，unit emergy value，为能值转换率。
（8）Em(u_i)，输入能值流。
（9）Em(y)，输出能值流。
（10）E_j，生产过程中路径拆分前子路径 j 的有效能量。
（11）E_T，生产过程中路径拆分前的总能量。
（12）Em$_T$，生产过程中路径拆分前的总能值。
（13）Em$_j$，生产过程中路径拆分前子路径 j 的能值。
（14）HHV，high heating value，高热值。
（15）LHV，lower heating value，低热值。
（16）H_e，焓（enthalpy）所具有的热量。
（17）U，系统内部热量。
（18）P_r，压力。
（19）V，体积。
（20）A，亥姆霍兹自由能。
（21）T，温度。
（22）S_e，熵（entropy），即系统物质不能用于做功的能量度量。
（23）G，吉布斯自由能。
（24）GC，Granger causality，格兰杰因果关系。
（25）InVEST，Integrated Valuation of Ecosystem Services and Tradeoff，生态系统服务价值综合评估和权衡。
（26）IPBES，Intergovernmental Science-Policy Platform on Biodiversity and Ecosystem Services，政府间生物多样性和生态系统服务科学政策平台。

（27）NCP，nature's contribution to people，自然对人类的贡献。

（28）MAES，Mapping and Assessment of Ecosystems and their Services，生态系统及其服务制图和评估。

（29）NPP，net primary productivity，净初级生产力。

（30）CICES，Common International Classification of Ecosystem Services，生态系统服务国际通用分类。

（31）VF，vegetation fraction，植被覆盖度。

（32）NDVI，normalized difference vegetation index，归一化植被指数。

（33）VF_i，第 i 个生态系统的植被覆盖度。

（34）$NDVI_i$，生态系统 i 的归一化植被指数。

（35）$NDVI_{min}$，研究区域内生态系统 i 的 NDVI 最小值。

（36）$NDVI_{max}$，研究区域内生态系统 i 的 NDVI 最大值。

（37）S_i，生态系统 i 的面积（m^2）。

（38）S'_i，基于 VF 修正后的生态系统 i 的面积（m^2）。

（39）LUCC，Land Use and Land Cover Change，土地利用与土地覆盖变化。

（40）DEM，digital elevation model，数字高程模型。

（41）ET，evapotranspiration，蒸散发量。

（42）Em_{NPPfi} 或 Em_{NPPfj}，林地生态系 i 或 j NPP 服务对应的能值（sej/a）。

（43）$\max(R_{fi})$ 或 $\max(R_{fj})$，林地生态系统 i 或 j 本地每种可更新资源投入的最大值（sej/a）。

（44）Em_{CSfi}，林地生态系统 i 固碳释氧服务所需的能值（sej/a）。

（45）C_{fi}，第 i 个林地生态系统单位面积固碳量 [g C/($m^2 \cdot a$)]。

（46）T_{ci}，第 i 个林地生态系统碳库的平均周转时间（a）。

（47）S'_{fi}，经 VF 修正后的第 i 个林地生态系统的面积（m^2）。

（48）UEV_{csfi}，第 i 个林地生态系统固碳的能值转换率（sej/g）。

（49）NPP_{fi}，第 i 个林地生态系统的 NPP [g C/($m^2 \cdot a$)]。

（50）Em_{OMfi}，林地生态系统 i 构建土壤有机质所需的能值（sej/a）。

（51）k_{1i}，第 i 个林地生态系统植被凋落物占生物量的比例（g/g，%）。

（52）k_2，植被凋落物中碳含量（g/g，%）。

（53）Em_{Minfi}，林地生态系统 i 构建土壤矿物质所需的能值（sej/a）。

（54）P_{ij}，林地生态系统 i 土壤中第 j 种矿物质占总矿物质的比例（%）。

（55）BD_i，第 i 种林地生态系统的土壤容重（g/cm^3）。

（56）D_i，第 i 个生态系统的土壤厚度（cm）。

（57）S'_{fi}，经过 VF 修正后的第 i 个林地生态系统的面积（m^2）。

（58）R，土壤矿物质占总土壤质量的比例（%）。

（59）T_{mj}，第 j 种矿物质的周转时间（a）。

（60）UEV_{mj}，第 j 种矿物质的能值转换率（sej/g）。

（61）Em_{SBfi}，林地生态系统 i 构建土壤所需的能值（sej/a）。

（62）Em_{GRfi}，林地生态系统 i 补给地下水对应的能值（sej/a）。

附录3 文中缩写及其含义汇总

（63）P_i，林地生态系统 i 的年均降水量（m）。

（64）ρ，水的密度（kg/m³）。

（65）k_i，林地生态系统 i 的降水入渗补给系数。

（66）UEV_{GR}，降水入渗补给地下水的能值转换率（sej/g）。

（67）DALYs，disability adjusted life years，失能生命调整年。

（68）PDF，potentially disappeared fraction of species，潜在物种灭绝比例。

（69）Em_{HHfi}，林地生态系统 i 净化大气污染物后人体健康损失减少量的能值（sej/a）。

（70）M_{aij}，林地生态系统 i 净化第 j 种大气污染物的能力[kg/(hm²·a)]。

（71）$DALY_{aj}$，1 kg 第 j 种大气污染物对人造成的失能生命调整年[(人·a)/kg]。

（72）τ，区域人均卫生总费用对应的能值（sej）。

（73）I，地区投入到医疗卫生方面的总费用（元）。

（74）EmR，地区能值货币比（sej/元）。

（75）Pop，地区常住人口数（人）。

（76）Em_{EQfi}，林地生态系统 i 净化大气污染物后生态系统损失减少量的能值（sej/a）。

（77）PDF_{aj}，受 1 kg 第 j 种大气污染物的影响物种的潜在灭绝比例[(PDF·m²·a)/kg]。

（78）Em_{spfi}，维持林地生态系统 i 的物种所需的能值（sej/a）。

（79）Em_{APfi}，林地生态系统 i 净化大气污染物所需的能值（sej/a）。

（80）Em_{SRfi}，林地生态系统 i 固持土壤所需的能值（sej/a）。

（81）G_{fi}，林地生态系统 i 的年固持土壤总量（t/a）。

（82）r_{OMfi}，林地生态系统 i 的土壤中有机质含量（%）。

（83）k_3，g 转化为 kcal 的系数（kcal/g）。

（84）k_4，kcal 转化为 J 的系数（J/kcal）。

（85）UEV_{soil}，土壤的能值转换率（sej/J）。

（86）G_{Pi}，林地生态系统 i 的潜在土壤侵蚀模数[t/(km²·a)]。

（87）G_{Ri}，林地生态系统 i 的现实侵蚀模数[t/(km²·a)]。

（88）Em_{MRfi}，林地生态系统 i 调节局地温湿度即蒸散发所需的能值（sej/a）。

（89）ET_i，林地生态系统 i 的年蒸散发量（g/m²）。

（90）UEV_{ET}，蒸散发的能值转换率（sej/g）。

（91）Em_{cr1fi}，林地生态系统 i 因减少温室气体排放而减少人群健康伤害所需能值（sej/a）。

（92）Em_{cr2fi}，林地生态系统 i 因减少温室气体排放而减少生态系统质量损失所需能值（sej/a）。

（93）C_{ij}，全球尺度上单位面积林地生态系统 i 对温室气体 j 的平均固定量[g/(m²·a)]。

（94）$DALY_{gj}$，1 kg 第 j 类温室气体造成的失能生命调整年[(人·a)/kg]。

（95）T_{gj}，第 j 类温室气体的生命周期（年）。

（96）PDF_{gj}，第 j 类温室气体造成的潜在物种灭绝比例[(PDF·m²·a)/kg]。

（97）Em_{CRfi}，林地生态系统 i 调节气候服务所需的能值（sej/a）。

（98）Em_{fi}，一个地区林地生态系统 i 的服务总和（sej/a）。

（99）ESV：生态系统服务价值。

（100）CRP，Conservation Reserve Program，自然保护区计划。

（101）ICG，index of classification management of grassland，草地分类管理指数。

（102）Em_{SRgi}，草地生态系统 i 固持土壤所需的能值（sej/a）。

（103）G_{gi}，因草地生态系统 i 的覆盖而固持的土壤量 $[t/(hm^2 \cdot a)]$。

（104）S'_{gi}，经 VF 修正后第 i 个草地生态系统的面积（hm^2）。

（105）r_{OMgi}，草地生态系统 i 的土壤有机质含量（%）。

（106）Em_{gi}，一个地区草地生态系统 i 的服务总和。

（107）Em_{NPPgi}，草地生态系 i 或 j NPP 服务对应的能值（sej/a）。

（108）Em_{CSgi}，草地生态系统 i 固碳释氧服务所需的能值（sej/a）。

（109）Em_{SBgi}，草地生态系统 i 构建土壤所需的能值（sej/a）。

（110）Em_{GRgi}，草地生态系统 i 补给地下水对应的能值（sej/a）。

（111）Em_{MRgi}，草地生态系统 i 调节局地温湿度即蒸散发所需的能值（sej/a）。

（112）Em_{APgi}，草地生态系统 i 净化大气污染物所需的能值（sej/a）。

（113）Em_{CRgi}，草地生态系统 i 调节气候服务所需的能值（sej/a）。

（114）PS'，羊的固定价格（美元/kg）。

（115）CC，草地年均承载力，即单位面积草地可承载的羊的数量。

（116）ES_{mg}，使用货币单位度量的单位面积草地生态系统服务价值（美元/hm^2）。

（117）ICG'，基于能值的非货币量的草地分类管理指数。

（118）$\max(R)_g$，单位面积草地生态系统可更新资源对应的能值 $[sej/(m^2 \cdot a)]$，用以表示当地草地的承载力。

（119）ESV_g，案例区单位面积草地生态系统服务 $[sej/(m^2 \cdot a)]$。

（120）CoS，生态功能区。

（121）MPS，混合功能区。

（122）IPS，经济功能区。

（123）HCG（或 G1），高覆盖度草地生态系统。

（124）MCG（或 G2），中覆盖度草地生态系统。

（125）LCG（或 G3），低覆盖度草地生态系统。

（126）Em_{NPPwi}，驱动第 i 个湿地生态系统 NPP 所需的可更新资源对应的能值（sej/a）。

（127）Em_{cswi}，湿地生态系统 i 固碳释氧所需的能值（sej/a）。

（128）C_{wi}，湿地生态系统 i 的年均固碳量 $[g\ C/(m^2 \cdot a)]$。

（129）S_{wi}，湿地生态系统 i 的面积（m^2）。

（130）UEV_{cswi}，第 i 个湿地生态系统固碳的能值转换率（sej/g）。

（131）NPP_{wi}，第 i 个湿地生态系统的 NPP 实物量（$g\ C/m^2$）。

（132）Em_{SBwi}，湿地生态系统 i 的有机质沉积所需的能值（sej/a）。

（133）OM_{wi}，第 i 个湿地生态系统有机质沉积量 $[g\ C/(m^2 \cdot a)]$。

（134）k_{w1}，湿地生态系统植物吸收有机质比例。

（135）k_{3i}，第 i 个湿地生态系统中 g 转化为 kcal 的系数（kcal/g）。

（136）UEV_{omwi}，第 i 个湿地生态系统中沉积有机质的能值转换率（sej/J）。

（137）k_{5i}，有机沉积物质占第 i 个湿地生态系统 NPP 的比例。

（138）Em_{HHwi}，第 i 个湿地生态系统减少人体伤害所需的能值（sej/a）。

(139) M_{wij}，第 i 个湿地生态系统净化第 j 种水体污染物的能力（mg/kg）。
(140) $DALY_{wj}$，第 j 类水体污染物引起的人体失能生命调整年 [(人·a)/kg]。
(141) T_{wj}，第 j 类水体污染物的周转时间（年）。
(142) Em_{EQwi}，湿地生态系统 i 减少生态系统损失所需的能值（sej/a）。
(143) PDF_{wj}，第 j 类水体污染物引起的潜在物种灭绝比例 [(PDF·m^2·a)/kg]。
(144) Em_{spwi}，第 i 个湿地生态系统维持当地物种所需能值（sej/a）。
(145) Em_{WPwi}，湿地生态系统 i 净化水质服务所需的能值（sej/a）。
(146) Em_{APwi}，湿地生态系统 i 净化空气服务所需的能值（sej/a）。
(147) Em_{MT}，河流生态系统运移物质所需的能值（sej/a）。
(148) S_r，河流生态系统面积（m^2）。
(149) R_r，河流生态系统年均降水量（m）。
(150) k_r，径流系数。
(151) h_r，河流生态系统所在地区高程差（m）。
(152) g，重力加速度（m/s^2）。
(153) UEV_{rgeo}，河流势能的能值转换率（sej/J）。
(154) Em_{HG}，河流生态系统水电潜力（自然贡献）所需的能值（sej/a）。
(155) Em_r，河流生态系统中降水量对水电潜力的贡献（sej/a）。
(156) Em_{mb}，河流生态系统中造山运动对水电潜力的贡献（sej/a）。
(157) S_{dci}，河流生态系统第 i 个大坝的集水面积（m^2）。
(158) R_{di}，河流生态系统中第 i 个大坝所在区的年均降水量（m）。
(159) UEV_r，雨水的能值转换率（sej/g）。
(160) r_{di}，第 i 个大坝所在区的年均侵蚀率（m）。
(161) ρ_m，山体的密度（g/cm^3）。
(162) UEV_m，山的能值转换率（sej/g）。
(163) Em_{wi}，湿地生态系统 i 的总服务（sej/a）。
(164) EmCF，emergy conversion factor，能值转换因子。
(165) F（或 F1），有林地生态系统。
(166) Sh（或 F2），灌木林生态系统。
(167) W（或 A1），沼泽地生态系统。
(168) L（或 A2），湖泊生态系统。
(169) R/P（或 A3），水库坑塘生态系统。
(170) Ri（或 A4），河流生态系统。
(171) T_F，有林地总的生态系统服务。
(172) Em_{NPP}，生态系统 NPP 服务（sej/a）。
(173) Em_{CS}，生态系统固碳释氧服务（sej/a）。
(174) Em_{SB}，生态系统构建土壤服务（sej/a）。
(175) Em_{GR}，生态系统补给地下水服务（sej/a）。
(176) Em_{MP}，生态系统调节局地温湿度服务（sej/a）。
(177) Em_{AP}，生态系统净化空气服务（sej/a）。

（178）Em_{SR}，生态系统固持土壤服务（sej/a）。

（179）Em_{CR}，生态系统调节气候服务（sej/a）。

（180）MaxR，当地的可更新资源对应的能值（sej/a）。

（181）AC，生态系统净化大气污染物的能力 $[kg/(hm^2 \cdot a)]$。

（182）S，生态系统的面积（m^2）。

（183）RM，生态系统的土壤保持量 $[t/(km^2 \cdot a)]$。

（184）CSM，生态系统的温室气体固定量 $[kg/(m^2 \cdot a)]$。

（185）ΔT，一定时间内总的生态系统服务变化量（sej/a）。

（186）ΔT_F，一定时间内有林地生态系统服务变化量（sej/a）。

（187）ΔT_S，一定时间内灌木林生态系统服务变化量（sej/a）。

（188）ΔT_{G1}，一定时间内高覆盖度草地生态系统服务变化量（sej/a）。

（189）ΔT_{G2}，一定时间内中覆盖度草地生态系统服务变化量（sej/a）。

（190）ΔT_{G3}，一定时间内低覆盖度草地生态系统服务变化量（sej/a）。

（191）ΔT_W，一定时间内沼泽地生态系统服务变化量（sej/a）。

（192）ΔT_L，一定时间内湖泊生态系统服务变化量（sej/a）。

（193）$\Delta T_{R/P}$，一定时间内水库坑塘生态系统服务变化量（sej/a）。

（194）ΔT_R，一定时间内河流生态系统服务变化量（sej/a）。

（195）R_{fr}，自然因素 R 对有林地生态系统服务变化量的贡献率（%）。

（196）R_{sr}，自然因素 R 对灌木林生态系统服务变化量的贡献率（%）。

（197）R_{g1r}，自然因素 R 对高覆盖度草地生态系统服务变化量的贡献率（%）。

（198）R_{g2r}，自然因素 R 对中覆盖度草地生态系统服务变化量的贡献率（%）。

（199）R_{g3r}，自然因素 R 对低覆盖度草地生态系统服务变化量的贡献率（%）。

（200）R_{wr}，自然因素 R 对沼泽地生态系统服务变化量的贡献率（%）。

（201）R_{lr}，自然因素 R 对湖泊生态系统服务变化量的贡献率（%）。

（202）$R_{r/pr}$，自然因素 R 对水库坑塘生态系统服务变化量的贡献率（%）。

（203）R_{rr}，自然因素 R 对河流生态系统服务变化量的贡献率（%）。

（204）$R_{f\tau}$，人类对生态系统服务改善的重视程度 τ 对有林地生态系统服务变化量的贡献率（%）。

（205）$R_{s\tau}$，人类对生态系统服务改善的重视程度 τ 对灌木林生态系统服务变化量的贡献率（%）。

（206）$R_{g1\tau}$，人类对生态系统服务改善的重视程度 τ 对高覆盖度草地生态系统服务变化量的贡献率（%）。

（207）$R_{g2\tau}$，人类对生态系统服务改善的重视程度 τ 对中覆盖度草地生态系统服务变化量的贡献率（%）。

（208）$R_{g3\tau}$，人类对生态系统服务改善的重视程度 τ 对低覆盖度草地生态系统服务变化量的贡献率（%）。

（209）$R_{w\tau}$，人类对生态系统服务改善的重视程度 τ 对沼泽地生态系统服务变化量的贡献率（%）。

（210）R_{lr}，人类对生态系统服务改善的重视程度 τ 对湖泊生态系统服务变化量的贡献率（%）。

（211）$R_{r/pr}$，人类对生态系统服务改善的重视程度 τ 对水库坑塘生态系统服务变化量的贡献率（%）。

（212）R_{rr}，人类对生态系统服务改善的重视程度 τ 对河流生态系统服务变化量的贡献率（%）。

（213）R_{fs}，生态系统面积 S 对有林地生态系统服务变化量的贡献率（%）。

（214）R_{ss}，生态系统面积 S 对灌木林生态系统服务变化量的贡献率（%）。

（215）R_{g1s}，生态系统面积 S 对高覆盖度草地生态系统服务变化量的贡献率（%）。

（216）R_{g2s}，生态系统面积 S 对中覆盖度草地生态系统服务变化量的贡献率（%）。

（217）R_{g3s}，生态系统面积 S 对低覆盖度草地生态系统服务变化量的贡献率（%）。

（218）R_{ws}，生态系统面积 S 对沼泽地生态系统服务变化量的贡献率（%）。

（219）R_{ls}，生态系统面积 S 对湖泊生态系统服务变化量的贡献率（%）。

（220）$R_{r/ps}$，生态系统面积 S 对水库坑塘生态系统服务变化量的贡献率（%）。

（221）R_{rs}，生态系统面积 S 对河流生态系统服务变化量的贡献率（%）。

（222）P1，三北防护林体系建设工程。

（223）P2，太行山绿化工程。

（224）P3，辽河流域防护林体系建设工程。

（225）P4，黄河中游防护林体系建设工程。

（226）P5，淮河太湖流域防护林体系建设工程。

（227）P6，长江中上游防护林体系建设工程。

（228）P7，珠江流域防护林体系建设工程。

（229）P8，沿海防护林体系建设工程。

（230）P，降水量（m/a）。

（231）El，高程（m）。

（232）BCD，生物量碳密度。

（233）CS，固碳释氧。

（234）SB，构建土壤。

（235）GR，补给地下水。

（236）AP，净化空气。

（237）SR，固持土壤。

（238）MR，调节局地温湿度。

（239）CR，调节气候。

（240）SN，样本量。

（241）H，香农多样性指数。

（242）P_{ij}，样本中属于第 j 种的个体 i 的概率。

（243）Em_{sp}，维持一个物种全球需投入的能值总量的平均值（sej）。

（244）T_e，全球物种进化时间（年）。

（245）GEB，全球能值基准线。

（246）N，全球物种数。

（247）Em_{sp1}，重新计算的维持一个物种全球需投入的能值总量的平均值（sej）。

（248）T_{e1}，更新的全球物种的循环周期（年）。

（249）N_1，更新的全球物种数。

（250）NP_i，食物网络中物种 i 的 NPP（J/a）。

（251）Tr_i，物种 i 的能值转换率（sej/J）。

（252）EB，生态系统中生物多样性指数。

（253）EIV_i，食物网络中物种 i 的能值占生态系统中总能值的比例。

（254）TET，生态系统中总的能值通量 $[sej/(m^2·a)]$。

（255）P_{ds}，被驯化的农作物物种数占植物物种总数的比例（%）。

（256）DS，被驯化的农作物物种数。

（257）TS，全球植物物种总数。

（258）Em_{ag}，全球农业生产所需能值（sej/a）。

（259）Em_{he}，全球人类经济所使用的不可更新资源对应的能值（sej/a），仅包括不可更新资源部分。

（260）P_{ag}，全球农业增加值占全球 GDP 的比例（%）。

（261）Em_{ds}，每年每驯化一个物种所需的能值（sej）。

（262）PDS，潜在被驯化的物种数量。

（263）RS，物种丰度。

（264）PCB，生物多样性对人类经济的贡献潜力（sej/a）。

（265）RI，网格中稀有物种的稀有指数。

（266）N_c，每个 1°×1° 网格中的物种观测值或样本总数。

（267）S_r，每个 1°×1° 网格中的观测到的稀有物种总数。

（268）Em_R，全球每个 1°×1° 网格的可更新资源对应的能值（sej/a）。

（269）Em_{rc}，维持每个 1°×1° 网格中稀有物种所需的能值（sej/a）。